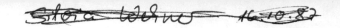

LERNBÜCHER FÜR WIRTSCHAFT UND RECHT

Herausgegeben von Prof. Dr. Dr. h.c. Günter Wöhe
und Prof. Dr. Dr. h. c. Gerhard Lüke

Klunzinger, Grundzüge des Gesellschaftsrechts

Grundzüge des Gesellschaftsrechts

von

Dr. Eugen Klunzinger

Professor
an der Universität Tübingen

4., überarbeitete Auflage

Verlag Franz Vahlen München

CIP-Kurztitelaufnahme der Deutschen Bibliothek

Klunzinger, Eugen:
Grundzüge des Gesellschaftsrechts / von Eugen
Klunzinger. – 4., überarb. Aufl. – München :
Vahlen, 1987.
  (Lernbücher für Wirtschaft und Recht)
  ISBN 3 8006 1237 2

ISBN 3 8006 1237 2

© 1987 Verlag Franz Vahlen GmbH, München
Satz: Fotosatz Otto Gutfreund, Darmstadt

Vorwort zur 4. Auflage

Nach der freundlichen Aufnahme des Lehrbuchs erscheint es nunmehr überarbeitet in 4. Auflage. Die durch das Bilanzrichtliniengesetz bedingten Veränderungen des Gesellschaftsrechts sind berücksichtigt. Die Grundkonzeption, namentlich das didaktische Schwergewicht, wurde beibehalten. Diese Lehrbuchreihe bezweckt zweierlei: Sie will dem jungen Studenten ein bestimmtes Gebiet rasch und eingängig nahebringen und dem Prüfungskandidaten wie auch dem Praktiker die konzentrierte Repetition ermöglichen. Deshalb wurde auch in der Neuauflage auf einen umfangreichen Anmerkungsapparat im Hinblick auf das besondere Ziel der „Lernbücher für Wirtschaft und Recht" bewußt verzichtet.

Für Hinweise und Anregungen aus dem Leserkreis bin ich auch weiterhin dankbar.

Tübingen, Frühjahr 1987 *Eugen Klunzinger*

Aus dem Vorwort zur 1. Auflage

Die überragende Bedeutung des Gesellschaftsrechts für die Rechts- und Wirtschaftsberatung ist unbestritten. Kenntnisse auf diesem Gebiet sind daher nicht nur im Examen, sondern auch in der späteren Praxis unverzichtbar. Das vorliegende Lehrbuch stellt das Gesellschaftsrecht in seinen Grundzügen dar und wendet sich in erster Linie an Studenten, die nach den einschlägigen juristischen bzw. wirtschafts- und sozialwissenschaftlichen Prüfungsordnungen über Grundkenntnisse in diesem Bereich verfügen müssen. Daneben ist es als Studienbegleiter im Rahmen der Berufs- und Erwachsenenfortbildung an Wirtschafts- und Verwaltungsakademien bzw. Industrie-, Handels- und Steuerberaterkammern konzipiert.

Der Grundriß ist bewußt als „Lernbuch" angelegt und verfolgt das besondere didaktische Ziel dieser Lehrbuchreihe. Die jeweiligen „Lernhinweise" wollen den Leser durch direkte Ansprache zum ökonomischen Erarbeiten der Materie auffordern. Wiederholungsfragen und Übungsfälle dienen der ständigen Eigenkontrolle. Zahlreiche Schaubilder, Übersichten und Zusammenfassungen sollen „lernpsychologische Blockierungen" abbauen und dem Examenskandidaten wie auch dem Praktiker die schnelle Repetition eines bestimmten Gebietes ermöglichen. Die Übungsfälle sind im Sinne einer stärkeren Praxisorientierung den Urteilen der höchstrichterlichen Rechtsprechung entnommen.

Tübingen, im Mai 1979 *Eugen Klunzinger*

Inhaltsverzeichnis

Vorwort V
Abkürzungsverzeichnis XXII

**1. Kapitel
Einführende Hinweise**

§ 1. **Einteilung der Gesellschaften** 1
   I. Unternehmensformen 1
      1. Öffentliches Recht 1
      2. Privates Recht 2
   II. Die Gesellschaften im Überblick 2
   III. Rechtsquellen des Gesellschaftsrechts 3

§ 2. **Bestimmungsfaktoren und Regelungsbereiche** 5
   I. Bestimmungsfaktoren für die Wahl der betrieblichen Rechtsform . 5
   II. Gesellschaftsvertrag 6
      1. Freiheit und Zwang im Gesellschaftsrecht 6
      2. Regelungsbereiche in Gesellschaftsverträgen 6

§ 3. **Lern- und Hilfsmittel** 9

**2. Kapitel
Recht der Personengesellschaften**

§ 4. **Die Gesellschaft bürgerlichen Rechts** 13
   I. Begriff und Rechtsgrundlagen 13
      1. Begriffsbestimmung 13
      2. Rechtsgrundlagen 15
         a) Unbewußte Zusammenschlüsse 15
         b) Entsprechende Anwendung auf andere Personengesellschaften . . . 15
            aa) oHG und KG 15
            bb) Stille Gesellschaft 16
         c) Anwendung des allgemeinen Schuldrechts 16
            aa) Anwendung der §§ 320 ff. BGB 16
            bb) Gesamtschuldnerische Haftung 17
   II. Erscheinungsformen der BGB-Gesellschaft 17
      1. Zusammenschlüsse von Nicht- oder Minderkaufleuten 17
      2. Zusammenschlüsse von Freiberuflern 17
      3. Gelegenheitsgesellschaften 19
         a) Konsortien 19
         b) Die Arbeitsgemeinschaft im Baugewerbe 19

c) Wettgemeinschaften 19
d) Mitfahrgemeinschaften 20
e) Investmentclubs 20
f) Bauherrengemeinschaften 20
4. Überbetriebliche Zusammenschlüsse 22
5. Holding-Gesellschaften 23
6. Vorgesellschaften 23
7. Nichtrechtsfähige Vereine 23
8. Landwirtschaftliche Zusammenschlüsse 23
9. Gesellschaften von Ehegatten und Familienangehörigen 24
10. Eheähnliche Lebensgemeinschaften 25
III. Gründung der BGB-Gesellschaft 25
1. Gesellschaftsvertrag 25
2. Gesellschaftsvermögen 26
   a) Gegenstand des Gesellschaftsvermögens 26
   b) Gesamthänderische Bindung 26
   c) Aufrechnungstatbestände 27
IV. Geschäftsführung und Vertretung bei der BGB-Gesellschaft 27
1. Geschäftsführung 28
   a) Grundsatz 28
   b) Vertragliche Abweichungen 28
      aa) Gesamtgeschäftsführung mehrerer Gesellschafter 28
      bb) Einzelgeschäftsführungsbefugnis 29
      cc) Widerspruchsrecht 29
   c) Rechte und Pflichten geschäftsführungsbefugter Gesellschafter ... 30
   d) Entzug und Kündigung der Geschäftsführung 31
      aa) Entziehung der Geschäftsführung 31
      bb) Kündigung der Geschäftführung 31
   e) Kontrollrechte 31
2. Vertretung 32
   a) Prinzip der Gesamtvertretung 32
   b) Abweichende Regelungen 32
   c) Entziehung der Vertretungsmacht 33
V. Schuldenhaftung 33
1. Gesellschaftsschulden 34
2. Privatschulden 35
VI. Gewinn- und Verlustbeteiligung 36
1. Höhe der gesetzlichen Gewinn-/Verlustbeteiligung 36
2. Durchführung der Gewinn-/Verlustverteilung 36
VII. Wechsel von Gesellschaftern 36
1. Unübertragbarkeit der Gesellschafterstellung 36
2. Ausscheiden von Gesellschaftern 37
3. Eintritt von Gesellschaftern 37
4. Prinzip der Anwachsung 37
VIII. Auflösung und Liquidation der Gesellschaft 39
1. Auflösungsgründe 39
2. Liquidation der Gesellschaft 39
IX. Steuerrechtliche Behandlung der BGB-Gesellschaft 40
1. Einkommensteuer 40
2. Gewerbesteuer 40
3. Kapitalverkehrsteuer 41
4. Vermögensteuer 41
5. Umsatzsteuer 41
6. Grunderwerbsteuer 42
   a) Übergang von der Gesellschaft auf die Gesellschafter 42

Inhaltsverzeichnis

b) Übertragung von den Gesellschaftern auf die Gesellschaft	42
c) Anteilsvereinigung	43
Wiederholungsfragen und Übungsfälle zu § 4	44

§ 5. Die offene Handelsgesellschaft ... 49

I. Wesensmerkmale der offenen Handelsgesellschaft ... 49
  1. Begriff. ... 49
  2. Rechtsnatur ... 49
    a) Die oHG als Gesamthandsgemeinschaft ... 49
    b) Rechtliche Verselbständigung der oHG ... 50
II. Wirtschaftliche Bedeutung ... 51
III. Gründung der oHG ... 51
  1. Vertragspartner ... 51
    a) Natürliche Personen ... 51
    b) Juristische Personen. ... 51
    c) Personenhandelsgesellschaften ... 55
    d) Keine BGB-Gesellschaften und dgl. ... 55
    e) Keine „Einmann-Gesellschaften" ... 55
    f) Testamentsvollstrecker ... 55
  2. Gesellschaftsvertrag ... 55
  3. Anmeldung zum Handelsregister ... 56
  4. Entstehung der offenen Handelsgesellschaft ... 56
  5. Vertragsmängel ... 56
    a) Scheingesellschaften ... 57
    b) Fehlerhafte Gesellschaft ... 57
IV. Gesellschaftsvermögen, Kapital und Kapitalkonten ... 57
V. Rechte und Pflichten der Gesellschafter untereinander (Innenverhältnis) ... 58
  1. Grundsatz der Vertragsfreiheit ... 58
  2. Beitragspflichten ... 58
    a) Art der Beiträge ... 58
    b) Erbringung der Beiträge ... 59
    c) Verzögerte Einlagen ... 59
  3. Treupflichten ... 59
  4. Wettbewerbsverbote ... 60
    a) Der wettbewerbsrechtliche Tatbestand ... 60
    b) Rechtsfolgen eines Wettbewerbsverstoßes ... 61
    c) Kollision des Wettbewerbsverbotes mit dem Kartellverbot ... 61
  5. Geschäftsführung ... 62
    a) Gesetzliche Regelung ... 62
      aa) Einzelgeschäftsführung ... 62
      bb) Widerspruchsrecht ... 62
    b) Gesellschaftsvertragliche Abweichungen ... 63
      aa) Einzelgeschäftsführung mehrerer ... 63
      bb) Gesamtgeschäftsführung aller Gesellschafter ... 63
      cc) Gesamtgeschäftsführung mehrerer Gesellschafter ... 64
      dd) Notgeschäftsführung ... 64
    c) Umfang der Geschäftsführungsbefugnis ... 64
      aa) Gewöhnliche Geschäfte ... 65
      bb) Außergewöhnliche Geschäfte ... 65
      cc) Sonderfall der Prokura ... 66
    d) Entziehung und Kündigung der Geschäftsführungsbefugnis ... 66
    e) Kontrollrechte ... 66

		6. Aufwendungsersatz	67
		7. Gewinn- und Verlustbeteiligung	68
		a) Vertragsfreiheit	68
		b) Gesetzliche Regelung	68
		aa) Gewinn- und Verlustverteilung	68
		bb) Entnahmen	69
		8. Gesellschafterbeschlüsse	69
		a) Gesetzliche Regelung	69
		b) Gesellschaftsvertragliche Praxis	69
VI.	Rechtsbeziehungen von Gesellschaft und Gesellschaftern zu Dritten ("Außenverhältnis")		70
		1. Vertretung der Gesellschaft	71
		a) Gesetzliche Leitvorstellung	71
		b) Abweichende Regelungen	71
		aa) Echte Gesamtvertretung	71
		bb) Unechte Gesamtvertretung	72
		cc) Unechte Gesamtvertretung als verbotene Drittorganschaft	73
		dd) Erfordernis der Handelsregistereintragung	73
		c) Umfang der Vetretungsmacht	73
		aa) Vertretungsbereich	73
		bb) Verbot bestimmter Geschäfte	74
		cc) Unbeschränkbarkeit der Vertretungsmacht	74
		dd) Filialvertretung	74
		d) Entzug der Vertretungsmacht	74
		2. Haftung	76
		a) Haftung der Gesellschaft	76
		b) Haftung der Gesellschafter für Gesellschaftsverbindlichkeiten	76
		c) Einwendungen der Gesellschafter	77
		aa) Persönliche Einwendungen	77
		bb) Anfechtung und Aufrechnung	78
		d) Titel gegen die Gesellschaft	78
		e) Haftung bei Gesellschafterwechsel	79
		aa) Eintretende Gesellschafter	79
		bb) Ausscheidende Gesellschafter	79
		f) Haftung für Privatschulden	79
VII.	Wechsel von Gesellschaftern		81
		1. Eintritt neuer Gesellschafter	81
		2. Erben als Gesellschafter	81
		a) Fortsetzung mit den verbliebenen Gesellschaftern	82
		b) Fortsetzung mit den Erben	82
		c) Eintritt von Erben als Kommanditisten	82
		3. Ausschließung von Gesellschaftern	84
		a) Gesetzliche und vertragliche Möglichkeiten	84
		b) Ausschließung durch Urteil	85
		c) Ausschließung bei zweigliedriger Gesellschaft	85
VIII.	Auflösung und Liquidation der Gesellschaft		86
		1. Auflösungsgründe	86
		2. Liquidation	87
		a) Liquidation	87
		b) Aufgaben der Liquidatoren	87
		c) Verteilung des Restvermögens	88
		d) Ende der Liquidation	88
IX.	Steuerrechtliche Behandlung der oHG		88
	Wiederholungsfragen und Übungsfälle zu § 5		89

§ 6. Die Kommanditgesellschaft 93

I. Wesensmerkmale der Kommanditgesellschaft 93
   1. Begriff 93
   2. Rechtsnatur 94
      a) Sonderform der oHG 94
      b) Abgrenzung von anderen Gesellschaften 94
   3. Rechtsgrundlagen 95
      a) Rückgriff auf oHG und BGB-Gesellschaft 95
      b) Gesellschaftsvertragliche Abweichungen 95
II. Bedeutung in der Praxis 95
   1. Gründungsmotive 95
   2. Erscheinungsformen 96
      a) Familiengesellschaften 96
      b) Kapitalistische Kommanditgesellschaften 96
         aa) GmbH & Co. KG 96
         bb) Publikumsgesellschaften 96
III. Gründung der Kommanditgesellschaft 97
   1. Vertragspartner 97
   2. Gesellschaftsvertrag 97
   3. Anmeldung zum Handelsregister 97
IV. Rechte und Pflichten der Gesellschafter untereinander („Innenverhältnis") 98
   1. Grundsatz der Vertragsfreiheit 98
   2. Beitragspflichten 98
      a) Art der Beiträge 98
      b) „Hafteinlage" und „Pflichteinlage" 98
   3. Treupflichten 99
      a) Komplementäre 99
      b) Kommanditisten 99
   4. Geschäftsführung 100
      a) Gesetzliche Regelung 100
         aa) Keine Geschäftsführungsbefugnis für Kommanditisten 100
         bb) Widerspruchsrecht der Kommanditisten 100
         cc) Bestellung und Widerruf der Prokura 101
      b) Vertragliche Abweichungen 101
   5. Kontrollrechte 102
      a) Kontrollrecht des Komplementärs 102
      b) Kontrollrecht des Kommanditisten 102
         aa) Eingeschränktes Kontrollrecht 102
         bb) Außerordentliches Kontrollrecht 102
         cc) Sachlicher Umfang 103
         dd) Vertragliche Modifizierungen 103
   6. Gesellschaftsvermögen 103
   7. Gewinn, Verlust, Entnahmen 103
      a) Gewinn- und Verlustverteilung 104
      b) Entnahmen 104
      c) Steuerliche Gewinnverteilung 105
V. Rechtsbeziehungen von Gesellschaft und Gesellschaftern zu Dritten („Außenverhältnis") 105
   1. Vertretung 105
      a) Gesetzliche Regelung 105
      b) Vertragliche Möglichkeiten 105

	c) Prokurabestellung	106
	d) Unechte Gesamtvertretung	106
2.	Haftung	107
	a) Haftung der Gesellschaft	107
	b) Haftung der Komplementäre	107
	c) Haftung der Kommanditisten	108
	aa) Einlage noch nicht geleistet	108
	bb) Einlage ist geleistet	108
	cc) Rückgewähr der Einlage	109
	dd) Gewinnausschüttung	109
	ee) Geschäfte vor Handelsregistereintragung	109
	Zusammenfassendes Beispiel	109
VI.	Wechsel von Gesellschaftern	112
1.	Ausscheiden von Gesellschaftern	112
2.	Eintritt neuer Gesellschafter	112
3.	Übertragung von Geschäftsanteilen	113
VII.	Auflösung und Liquidation der Gesellschaft	113
1.	Auflösungsgründe	113
2.	Liquidation	113
VIII.	Steuerliche Behandlung der Kommanditgesellschaft	113
	Wiederholungsfragen und Übungsfälle zu § 6	114

§ 7. Die stille Gesellschaft 120

I.	Wesensmerkmale	120
1.	Die stille Gesellschaft als Innengesellschaft	120
2.	Die stille Gesellschaft als Personengesellschaft	120
	a) Keine Handelsgesellschaft	120
	b) Gesellschafter	120
	c) Zweigliedrigkeit	121
3.	Stille Gesellschaft und Unterbeteiligung	121
II.	Rechtsgrundlagen	122
III.	Gründungsmotive	122
1.	Kreditpolitische Motive	122
2.	Wettbewerbsrechtliche Motive	123
3.	Gewerberechtliche Motive	123
4.	Familienrechtliche Motive	123
5.	Steuerrechtliche Motive	123
IV.	Arten der stillen Gesellschaft	124
1.	Die typische stille Gesellschaft	124
2.	Die atypische stille Gesellschaft	124
V.	Abgrenzung der stillen Gesellschaft zu verwandten Beteiligungsverhältnissen	124
1.	Verwandte Rechtsformen	124
2.	Abgrenzungskriterien	125
	a) Innen-/Außenwirkung	125
	b) Kontrollmöglichkeiten des Beteiligten	126
	c) Gewinnbeteiligung	126
	d) Verlustbeteiligung	126
VI.	Gründung der stillen Gesellschaft	126
1.	Beurkundungserfordernisse	127
2.	Genehmigungserfordernisse	127
VII.	Rechte und Pflichten bei der stillen Gesellschaft	128
1.	Haftung und Vertretung	128
2.	Geschäftsführung und Kontrollrechte	129

Inhaltsverzeichnis

	3. Gewinn- und Verlustbeteiligung	130
	a) Regelungsmöglichkeiten	130
	b) Höhe der Gewinn-/Verlust-Beteiligung	130
	c) Gewinn- und Verlustrechnung	131
VIII.	Wechsel im Gesellschafterbestand	131
IX.	Auflösung und Liquidation der stillen Gesellschaft	131
	1. Auflösungsgründe	131
	a) Vertragliche Aufhebung	131
	b) Kündigung	131
	c) Tod eines Gesellschafters	132
	d) Konkurs des Geschäftsinhabers	132
	2. Liquidation	132
	3. Besonderheiten im Konkursverfahren	133
	a) Rückforderung der Einlagen	133
	b) Anfechtung der Einlagen-Rückgewährung	133
X.	Steuerliche Fragen	134
	Wiederholungsfragen und Übungsfälle zu § 7	135

3. Kapitel
Recht der Körperschaften

§ 8. Die Aktiengesellschaft 139

    I. Wesensmerkmale der Aktiengesellschaft 139
        1. Begriff 139
        2. Wesensmerkmale 140
            a) Juristische Person 140
            b) Körperschaftliche Struktur 140
            c) Handelsgesellschaft 140
            d) Formkaufmann 140
            e) Kapitalgesellschaft 140
    II. Wirtschaftliche Bedeutung 141
        1. Kapitalansammlungsfunktion 141
        2. Statistik 141
        3. Aktienstreuung 141
        4. Zielkonflikt der Beteiligung 141
        5. Beispiele führender deutscher Aktiengesellschaften 142
    III. Stichworte zur geschichtlichen Entwicklung 142
    IV. Vermögensordnung der Aktiengesellschaft 144
        1. Grundkapital 144
            a) Begriff 144
            b) Garantie des Grundkapitals 145
        2. Die Aktie 147
            a) Die Aktie als Bruchteil des Grundkapitals 147
            b) Die Aktie als Mitgliedschaftsrecht 148
            c) Die Aktie als Wertpapier 148
    V. Gründung der Aktiengesellschaft 150
        1. Einfache Gründung 150
            a) Feststellung der Satzung 150
            b) Aufbringung des Grundkapitals 151
            c) Bestellung der Organe 151
            d) Mindesteinzahlung auf das Aktienkapital 151
            e) Gründungsbericht und Gründungsprüfung 151

		f) Handelsregisteranmeldung	152
		g) Eintragungen in das Handelsregister	152
		h) Haftung vor der Eintragung	152
	2.	Qualifizierte Gründung	152
		a) Verschiedene Tatbestände	152
		b) Gesetzliche Zusatzerfordernisse	153
	3.	Die „Nachgründung"	153
	4.	Haftung der Gründer	153
VI.	Verfassung der Aktiengesellschaft (Übersicht)		155
	1.	Organschaftliches Handeln	155
	2.	Kompetenzgewichtung	155
	3.	Zusammensetzung und Aufgabenstellung	156
VII.	Vorstand		157
	1.	Zusammensetzung und Bestellung	157
		a) Zusammensetzung	157
		b) Bestellung	157
		c) Widerruflichkeit der Bestellung	158
		d) Bestellung durch das Gericht	158
	2.	Aufgabenbereich	158
		a) Geschäftsführung	158
		b) Vertretung	159
	3.	Verantwortlichkeit des Vorstands	159
		a) Sorgfaltspflicht	159
		b) Insolvenzfälle	160
		c) Regreßpflichten	160
VIII.	Aufsichtsrat		160
	1.	Zusammensetzung	160
		a) Zusammensetzung nach Aktienrecht	160
		b) Zusammensetzung nach Mitbestimmungsrecht	160
	2.	Wahl der Aufsichtsratsmitglieder	161
	3.	Amtszeit	162
	4.	Abberufung	162
	5.	Aufgabenbereich	162
IX.	Hauptversammlung		162
	1.	Aufgabenbereich	163
	2.	Einberufung	163
		a) Ordentliche Hauptversammlung	163
		b) Außerordentliche Hauptversammlung	163
		c) Einberufungsformalitäten	164
	3.	Auskunftsrecht des Aktionärs	164
	4.	Stimmrecht	165
	5.	Nichtigkeit und Anfechtbarkeit von Hauptversammlungsbeschlüssen	165
		a) Nichtigkeitsgründe	165
		b) Anfechtungsgründe	166
X.	Rechnungslegung und Gewinnverwendung		167
	1.	Jahresabschluß und Lagebericht	168
		a) Bilanz	169
		aa) Gesetzliche Rücklage	169
		bb) Gliederung der Jahresbilanz	170
		cc) Vorschriften zu einzelnen Posten der Jahresbilanz	171
		b) Gewinn- und Verlustrechnung	171
		c) Anhang	173
		d) Lagebericht	173
	2.	Prüfung des Jahresabschlusses und des Lageberichts	173

	a) Prüfung durch Abschlußprüfer	173
	b) Prüfung durch den Aufsichtsrat	174
	3. Feststellung des Jahresabschlusses	174
	4. Gewinnverwendung	174
	5. Offenlegung	174
	a) Bekanntmachung im Bundesanzeiger	176
	b) Einreichung zum Handelsregister	176
	c) Freiwillige Bekanntmachung	177
	d) Prüfung des Registergerichts	177
	6. Exkurs: Rechnungslegung für Großunternehmen nach dem Publizitätsgesetz	177
	a) Betroffene Unternehmen	177
	b) Vorausgesetzte Rechtsform	177
	c) Rechnungslegung	178
XI.	Satzungsänderungen	178
	1. Allgemeine Satzungsänderungen	178
	a) Beschluß der Hauptversammlung	178
	b) Handelsregistereintragung	179
	2. Kapitalerhöhungen	179
	a) Effektive Kapitalerhöhung	179
	b) Kapitalerhöhung aus Gesellschaftsmitteln	180
	3. Kapitalherabsetzungen	180
	a) Effektive Kapitalherabsetzung	180
	b) Nominelle Kapitalherabsetzung	181
XII.	Auflösung, Verschmelzung, Vermögensübertragung und Umwandlung	181
	1. Auflösung	181
	a) Auflösungsgründe	181
	b) Liquidation	181
	aa) Person der Liquidatoren	181
	bb) Aufgaben der Liquidatoren	181
	cc) Beschluß der Hauptversammlung	182
	dd) Gläubigerschutz	182
	ee) Ende der Liquidation	182
	2. Verschmelzung	182
	a) Tatbestände der Verschmelzung	182
	b) Aktienrechtliche Regelung der Verschmelzung (§§ 340–353 AktG)	183
	3. Vermögensübertragung	183
	4. Umwandlung	184
	a) Verschiedene Grundformen der Umwandlung	184
	b) Verschiedene Umwandlungstatbestände	185
	aa) Nach Aktienrecht	185
	bb) Nach dem Umwandlungsgesetz	185
	c) Umwandlungsverbote	185
	aa) GmbH & Co. KG	185
	bb) Juristische Personen als Aktionäre	186
XIII.	Steuerliche Behandlung der Aktiengesellschaft	186

§ 9. Die Kommanditgesellschaft auf Aktien ... 188

I.	Wesensmerkmale	188
	1. Begriff	188
	2. Rechtsnatur	189
	3. Praktische Bedeutung	189

II. Verfassung der Kommanditgesellschaft auf Aktien ... 189
1. Persönlich haftender Gesellschafter ... 189
2. Aufsichtsrat ... 190
3. Hauptversammlung ... 190

§ 10. Verbundene Unternehmen ... 191
I. Begriff ... 191
1. Verbundene Unternehmen nach §§ 16–19 AktG ... 191
   a) Mehrheitsbeteiligungen (§ 16 AktG) ... 192
   b) Abhängige und herrschende Unternehmen (§ 17 AktG) ... 192
   c) Konzerne (§ 18 AktG) ... 193
   d) Wechselseitige Beteiligungen (§ 19 AktG) ... 194
2. Unternehmensverträge ... 194
II. Sicherung der beteiligten Interessen ... 195
1. Sicherung der Aktionäre ... 195
2. Sicherung der Gläubiger ... 195
3. Sicherung der Transparenz ... 195
4. Leitungsmacht und Verantwortlichkeit ... 196
Wiederholungsfragen und Übungsfälle zu §§ 8–10 ... 197

§ 11. Die Gesellschaft mit beschränkter Haftung ... 205
I. Wesensmerkmale der GmbH ... 205
1. Begriff ... 205
2. Wesensmerkmale ... 205
   a) Juristische Person ... 205
   b) Zweckvielfalt ... 205
   c) Handelsgesellschaft ... 206
3. Vergleich zur Aktiengesellschaft ... 206
   a) Parallelen ... 206
   b) Unterschiede ... 206
4. Die GmbH-Reform ... 207
   a) Die GmbH-Novelle von 1980 ... 207
   b) Novellierung durch EG-Recht ... 209
II. Wirtschaftliche Bedeutung und Erscheinungsformen ... 209
1. Klein- und Mittelbetriebe ... 210
2. Großunternehmen ... 210
3. Familienunternehmen ... 210
4. Einmann-GmbH ... 211
5. GmbH & Co. KG ... 211
6. Unternehmen der öffentlichen Hand ... 211
7. Holdings ... 212
III. Gesellschaftsvermögen ... 212
1. Stammkapital ... 212
2. Stammeinlagen ... 213
3. Geschäftsanteil ... 213
4. Garantie des Stammkapitals ... 213
5. Eigenkapitalersetzende Gesellschafterdarlehen ... 215
IV. Gründung der GmbH ... 216
1. Gesellschafter ... 216
   a) Mindestzahl ... 216
   b) Juristische und natürliche Personen ... 217
   c) Personengesellschaften ... 217
   d) „Strohmann-Gründer" ... 217

2.	Gesellschaftsvertrag	217
	a) Form	218
	b) Inhalt des Gesellschaftsvertrages	218
	aa) Obligatorischer Mindestinhalt	218
	bb) Stichworte zum Mindestinhalt	218
	cc) Fakultativer Vertragsinhalt	219
3.	Übernahme der Stammeinlagen	219
	a) Mindesteinzahlungen	219
	b) Sachgründungen	220
4.	Anmeldung zum Handelsregister	220
	a) Anmeldungspflicht	220
	b) Inhalt	221
	c) Haftung der Gesellschafter und Geschäftsführer	222
5.	Prüfung der Anmeldung	222
	a) Formelles Prüfungsrecht	222
	b) Materielles Prüfungsrecht	222
6.	Eintragung in das Handelsregister	223
	a) Eintragung	223
	b) Veröffentlichung	223
7.	Entstehung der GmbH	223
	a) Konstitutive Eintragung	223
	b) Handelndenhaftung vor Eintragung	223
	c) Das Vorgründungsstadium	223
	d) Schuldübergang auf die entstandene GmbH	224
8.	Besonderheiten bei der Einmann-GmbH	227
V.	Mantelgründung und Mantelkauf	229
1.	Mantelgründung	229
2.	Mantelkauf	230
	a) Begriff	230
	b) Motive des Mantelkaufs	230
	c) Rechtliche Problematik	230
VI.	Die Organe der GmbH (Überblick)	230
VII.	Die Geschäftsführer	231
1.	Die Person der Geschäftsführer	231
2.	Bestellung der Geschäftsführer	232
3.	Rechtsstellung des Geschäftsführers	232
	a) Geschäftsführung	232
	b) Vertretung	232
	c) Widerruf der Geschäftsführer-Bestellung	234
	d) Haftung der Geschäftsführer	234
	e) Kreditgewährung an Geschäftsführer	234
	f) Angaben auf Geschäftsbriefen	235
VIII.	Gesellschafterversammlung	235
1.	Kompetenzen	235
2.	Beschlußfassung	236
	a) Einberufung der Versammlung	236
	b) Abstimmung	236
	c) Rechtsmittel gegen Gesellschafterbeschlüsse	236
IX.	Aufsichtsrat	237
1.	Zwingendes Organ	237
2.	Fakultatives Organ	238
X.	Rechte und Pflichten der Gesellschafter	238
1.	Rechte der Gesellschafter	238
	a) Mitverwaltungsrechte	238
	aa) Allgemein	238

		bb) Stimmrecht	238
	b)	Vermögensrechte	238
		aa) Allgemeine	238
		bb) Dividendenanspruch	238
	c)	Informationsrechte	239
	2. Pflichten der Gesellschafter		240
	a)	Einlagepflicht	240
		aa) Einzahlung	240
		bb) Verzinsung	240
		cc) Kaduzierungsverfahren	240
		dd) Ausfallhaftung	240
		ee) Kollektive Deckungspflicht	240
		ff) Zwingender Charakter	241
	b)	Nachschußpflichten	241
		aa) Beschränkte Nachschußpflichten	241
		bb) Unbeschränkte Nachschußpflichten	241
	c)	Sonstige Pflichten	242
XI.	Satzungsänderungen		245
	1. Allgemeine Regeln		245
	2. Kapitalerhöhung und Kapitalherabsetzung		245
XII.	Gesellschafterwechsel		246
	1. Freiwilliger Gesellschafterwechsel		246
	a) Veräußerung		246
	b) Teilung		246
	c) Kündigung		246
	2. Unfreiwilliger Gesellschafterwechsel		246
XIII.	Auflösung und Liquidation der GmbH		247
	1. Auflösungsgründe		247
	2. Liquidation		247
XIV.	Steuerliche Behandlung der GmbH		248
	Wiederholungsfragen und Übungsfälle zu § 11		249

§ 12. Die eingetragene Genossenschaft ... 260

I.	Wesensmerkmale der Genossenschaft		260
	1. Begriff		260
	2. Wesensmerkmale		261
	a) Offene Mitgliederzahl		261
	b) Gemeinschaftlicher Geschäftsbetrieb		261
	3. Rechtsnatur		261
	a) Rechtsfähigkeit		261
	b) Formkaufmann		261
II.	Arten		261
	1. Einteilung nach der wirtschaftlichen Zweckbestimmung		262
	a) Vorschuß- und Kreditvereine		262
	b) Rohstoffvereine		262
	c) Absatzgenossenschaften und Magazinvereine		262
	d) Produktivgenossenschaften		262
	e) Konsumvereine		262
	f) Werkgenossenschaften		262
	g) Baugenossenschaften		263
	2. Einteilung nach der Nachschußpflicht		263
	a) Genossenschaften ohne Nachschußpflicht		263
	b) Genossenschaften mit unbeschränkter Nachschußpflicht		263
	c) Genossenschaften mit beschränkter Nachschußpflicht		263

III.	Vermögensordnung der Genossenschaft	263
	1. Genossenschaftsvermögen	263
	2. Geschäftsanteil	264
	3. Mindesteinlage	264
	4. Geschäftsguthaben	264
	5. Gesetzliche Rücklage	264
	6. Haftung für Gesellschaftsverbindlichkeiten	264
IV.	Gründung der Genossenschaft	265
	1. Feststellung des Statuts	265
	a) Mindestinhalt	265
	b) Fakultativer Inhalt	265
	c) Firma der Genossenschaft	266
	2. Bestellung der Organe	266
	3. Anmeldung und Eintragung	266
V.	Die Organe der Genossenschaft	266
	1. Vorstand	267
	2. Aufsichtsrat	267
	3. Generalversammlung	268
	a) Generalversammlung	268
	b) Vertreterversammlung	268
	c) Einberufung und Durchführung	268
VI.	Genossenschaftliche Pflichtprüfung	269
	1. Regelmäßige Pflichtprüfung	269
	2. Prüfverband	270
	3. Prüfungsverfahren	270
	4. Prüfungsbericht	270
VII.	Rechtsstellung der Mitglieder	271
	1. Rechte der Mitglieder	271
	a) Genossenschaftliche Teilnahme	271
	b) Mitverwaltungsrechte	271
	c) Anspruch auf Gewinn	271
	aa) Maßstab der Gewinnverteilung	271
	bb) Aufstellung von Jahresabschluß und Lagebericht	272
	cc) Gewinnverteilung	272
	2. Pflichten der Mitglieder	272
	a) Hauptpflichten	272
	b) Zusätzliche Pflichten	273
	3. Erwerb und Verlust der Mitgliedschaft	273
	a) Erwerb	273
	b) Unübertragbarkeit der Mitgliedschaft	273
	c) Verlust	274
VIII.	Auflösung, Verschmelzung und Konkurs der Genossenschaft	274
	1. Auflösung	274
	2. Verschmelzung	274
	a) Verschmelzung nach § 93a GenG	274
	b) Verschmelzung durch Neubildung	275
	3. Konkurs	275
	a) Konkursgrund	275
	b) Realisierung der Nachschußpflicht	276
IX.	Steuerliche Behandlung der Genossenschaft	276
	Wiederholungsfragen und Übungsfälle zu § 12	277

4. Kapitel
Besondere Unternehmensformen

§ 13. Die GmbH & Co. KG 281
- I. Wesensmerkmale der GmbH & Co. KG 281
  1. Begriff 281
  2. Rechtliche Anerkennung 282
     - a) Handelsrechtliche Entwicklung 282
     - b) Steuerrechtliche Entwicklung 284
  3. Rechtsgrundlagen 285
- II. Gründungsmotive 285
  1. Haftungsbeschränkung 286
  2. Steuerliche Motive 286
  3. Möglichkeit der Drittorganschaft 288
  4. Unternehmensperpetuierung 288
  5. Firmenrechtliche Motive 288
  6. Kapitalbeschaffung 288
- III. Erscheinungsformen der GmbH & Co. KG 289
  1. Personengleiche und personenverschiedene GmbH & Co. KG 289
     - a) Personengleiche GmbH & Co. KG 289
     - b) Nicht personengleiche GmbH & Co. KG 289
  2. Publikumsgesellschaften 289
  3. Einmann-GmbH & Co. KG 291
  4. Die „Einheitsgesellschaft" 292
  5. Die mehrstufige GmbH & Co. KG 293
     - a) Begriff 293
     - b) Erste Gründungsstufe 293
     - c) Zweite Gründungsstufe 293
     - d) Gründungsmotiv 293
  6. Verwandte Erscheinungen 295
     - a) Die „GmbH & Stille" 295
     - b) Doppelgesellschaft 296
- IV. Gründung der GmbH & Co. KG 297
  1. Vertragspartner 297
  2. Gesellschaftsvertrag 297
     - a) Stufengründung 297
     - b) Verschiedene Modalitäten 297
     - c) Anwendbares Recht 297
     - d) Problem des § 181 BGB 297
  3. Unternehmensgegenstand 299
  4. Firma 299
  5. Anmeldung zum Handelsregister 300
  6. Inhaltskontrolle 300
  7. Wahrung der Beteiligungsidentität 300
- V. Rechte und Pflichten der Gesellschafter 301
  1. Geschäftsführung und Vertretung 301
  2. Zeichnung der Gesellschaft 302
  3. Haftung 302
  4. Gewinn- und Verlustbeteiligung 303
- VI. Steuerliche Behandlung der GmbH & Co. KG 303

Wiederholungsfragen und Übungsfälle zu § 13 304

§ 14. Die Doppelgesellschaft ... 311
  I. Begriff ... 311
  II. Erscheinungsformen ... 311
  III. Gründungsmotive ... 311
  IV. Modelle der Betriebsaufspaltung ... 312
     1. Besitz- und Betriebsgesellschaft ... 312
     2. Produktions- und Vertriebsgesellschaft ... 312
     3. Sonstige Erscheinungsformen ... 312
  V. Steuerliche Problematik der Betriebsaufspaltung ... 313

§ 15. Besondere Unternehmensformen für bestimmte Wirtschaftszweige 314
  I. Reederei ... 314
     1. Begriff ... 314
     2. Gesellschaftsvertrag ... 315
     3. Geschäftsführung und Vertretung ... 315
  II. Versicherungsverein auf Gegenseitigkeit (VVaG) ... 315
     1. Begriff ... 315
     2. Rechtsgrundlagen ... 315
     3. Organisation ... 316
  III. Bergrechtliche Gewerkschaft ... 316
     1. Begriff ... 316
     2. Rechtsgrundlagen ... 317
     3. Organisation ... 317
  IV. Kolonialgesellschaft ... 318
  Wiederholungsfragen zu § 15 ... 318

5. Kapitel
Tabellarischer Anhang

§ 16. Übersicht über die wichtigsten Regelungskomplexe der Gesellschaften ... 319

§ 17. Übersicht über die steuerlichen Wesensmerkmale der Gesellschaften ... 336

Sachverzeichnis ... 343

Abkürzungsverzeichnis

aaO.	am angegebenen Ort
Abs.	Absatz
a. E.	am Ende
a. F.	alte Fassung
AG	Aktiengesellschaft
AktG	Aktiengesetz
Anm.	Anmerkung
AO	Abgabenordnung
ARGE	Arbeitsgemeinschaft
BB	Betriebsberater
betr.	betreffend
BetrVerfG	Betriebsverfassungsgesetz
BewG	Bewertungsgesetz
BFH	Bundesfinanzhof
BGB	Bürgerliches Gesetzbuch
BGBl.	Bundesgesetzblatt
BGH	Bundesgerichtshof
BGHZ	Amtliche Sammlung der Entscheidungen des Bundesgerichtshofs in Zivilsachen
Bsp.	Beispiel
BStBl.	Bundessteuerblatt
BT-Drucks.	Bundestags-Drucksache
DVO	Durchführungsverordnung
e. G.	eingetragene Genossenschaft
EG	Europäische Gemeinschaft
EGBGB	Einführungsgesetz zum Bürgerlichen Gesetzbuch
EStG	Einkommensteuergesetz
ff.	fortfolgende
GbR	Gesellschaft bürgerlichen Rechts
GenG	Genossenschaftsgesetz
Gew.	Gewerkschaft
GewSt.	Gewerbesteuer
GewStG	Gewerbesteuergesetz
GF	Geschäftsführer
GG	Grundgesetz für die Bundesrepublik Deutschland
GmbH	Gesellschaft mit beschränkter Haftung
GmbHG	Gesetz betreffend die Gesellschaften mit beschränkter Haftung
GrEStG	Grunderwerbsteuergesetz
GWB	Gesetz gegen Wettbewerbsbeschränkungen
Halbs.	Halbsatz
HGB	Handelsgesetzbuch
h. M.	herrschende Meinung

i. V. m.	in Verbindung mit
KapErhG	Gesetz über die Kapitalerhöhung aus Gesellschaftsmitteln und über die Gewinn- und Verlustrechnung
Kd.	Kommanditist
KG	Kommanditgesellschaft
KGaA	Kommanditgesellschaft auf Aktien
KO	Konkursordnung
KSchG	Kündigungsschutzgesetz
KVStG	Kapitalverkehrsteuergesetz
LM	Lindenmaier-Möhring, Nachschlagwerk des Bundesgerichtshofes
MitbestG	Gesetz über die Mitbestimmung der Arbeitnehmer
m. w. N.	mit weiteren Nachweisen
n. F.	neue Fassung
NJW	Neue Juristische Wochenschrift
Nr.	Nummer
oHG	offene Handelsgesellschaft
OLG	Oberlandesgericht
RefE.	Referentenentwurf
RGZ	Amtliche Sammlung der Entscheidungen des Reichsgerichts in Zivilsachen
Rn.	Randnummer
S.	Seite, Satz
s. o.	siehe oben
Stat. Jahrbuch	Statistisches Jahrbuch für die Bundesrepublik Deutschland
StAnpG	Steueranpassungsgesetz
stG	stille Gesellschaft
StGB	Strafgesetzbuch
StKapErhG	Gesetz über steuerrechtliche Maßnahmen bei Erhöhung des Nennkapitals aus Gesellschaftsmitteln und bei Überlassung von eigenen Aktien an Arbeitnehmer
str.	streitig
s. u.	siehe unten
u.	und
UmwG	Umwandlungsgesetz
UStG	Umsatzsteuergesetz
VAG	Gesetz über die Beaufsichtigung der privaten Versicherungsunternehmen (Versicherungsaufsichtsgesetz)
vgl.	vergleiche
v. H.	vom Hundert
VVaG	Versicherungsverein auf Gegenseitigkeit
WM	Wertpapiermitteilungen
ZPO	Zivilprozeßordnung

1. Kapitel
Einführende Hinweise

§ 1. Einteilung der Gesellschaften

I. Unternehmensformen

Die Rechtsordnung kennt keinen einheitlichen Begriff des „Unternehmens", der gesetzliche Sprachgebrauch variiert. So spricht das Handelsgesetzbuch vom „Handelsgewerbe", „Gewerbebetrieb", „gewerblichen Unternehmen" und „Handelsgeschäft", das Betriebsverfassungsgesetz vom „Betrieb", das Kartell- und Konzernrecht vom „Unternehmen". Auch in der Betriebswirtschaftslehre werden die Begriffe unterschiedlich gebraucht.

Aus juristischer Sicht lassen sich die Unternehmensformen zunächst trennen in solche des öffentlichen Rechts und in solche des Privatrechts.

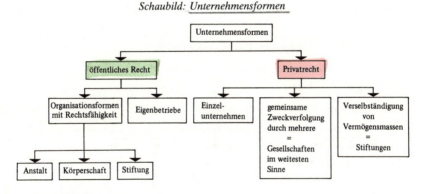

Schaubild: Unternehmensformen

1. Öffentliches Recht

Kennzeichen des öffentlichen Rechts ist die Über- und Unterordnung. Auch das öffentliche Recht stellt Organisationsformen für Bund, Länder und Gemeinden zur Verfügung. Namentlich bei Energieversorgungs- und Verkehrsbetrieben trifft man „Eigenbetriebe", also gemeindeeigene Betriebe, an. Daneben besteht die Möglichkeit einer Organisation in Form der (rechtsfähigen) Anstalt, Körperschaft oder Stiftung des öffentlichen Rechts. Dieser Themenkreis ist Gegenstand öffentlich-rechtlicher Vorlesungen. Darauf wird verwiesen.

1 Klunzinger, Gesellschaftsrecht 4. A.

2. Privates Recht

Privatrechtlich kann ein Unternehmen entweder als Einzelunternehmen oder als Gesellschaft betrieben werden. Denkbar ist auch die Verselbständigung einer Vermögensmasse in Form der rechtsfähigen Stiftung, die ein „Stiftungsgeschäft" (lebzeitig oder von Todes wegen) und eine staatliche Genehmigung voraussetzt (vgl. §§ 80ff. BGB). Als Gesellschaft im klassischen Sinne werden nur privatrechtliche Zusammenschlüsse angesehen. Nur diese sollen in der vorliegenden Darstellung erörtert werden. **Wesensmerkmale für die Gesellschaft** im weitesten Sinne sind zwei Dinge (wenn man von dem Sonderfall der Einmann-GmbH absieht):

(1) Der rechtsgeschäftliche **Zusammenschluß mehrerer**
(2) zur Verfolgung eines **gemeinsamen Zwecks.**

Dabei können die unterschiedlichsten Zwecke verfolgt werden. Jedoch hängt es vom Gesellschaftszweck ab, welche Gesellschaftsform in Betracht kommt. Während der gemeinsame Betrieb eines Handelsgewerbes automatisch zur offenen Handelsgesellschaft führt (bei beschränkter Haftung einzelner Gesellschafter zur Kommanditgesellschaft), kann bei der BGB-Gesellschaft (sonst) jeder beliebige, gesetzlich zulässige Zweck zugrunde liegen.

II. Die Gesellschaften im Überblick

Die allgemein als „Zusammenschlüsse mehrerer zur gemeinsamen Zweckverfolgung" definierten Gesellschaften lassen sich in verschiedener Hinsicht ein-

Schaubild: Einteilung der Gesellschaften

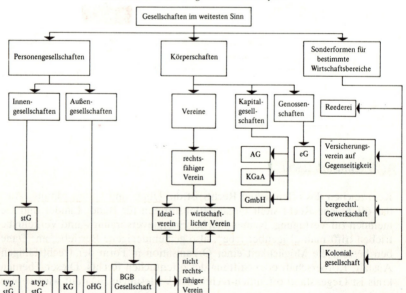

teilen. Herkömmlicherweise unterscheidet man nach der Rechtsfähigkeit solche, die als eigenständige juristische Personen auftreten, und solche, denen die Rechtsfähigkeit fehlt.

- **Lernhinweis:** Repetieren Sie die Begriffe „Rechtsfähigkeit" und „Geschäftsfähigkeit". Rechtsfähigkeit bedeutet die Fähigkeit, Träger von Rechten und Pflichten zu sein.

Rechtsfähig im vorerwähnten Sinne sind die Körperschaften, also namentlich die eingetragenen Vereine und die Kapitalgesellschaften. Der nicht eingetragene und damit nicht rechtsfähige Verein wird vom BGB (vgl. § 54 BGB – lesen!) dem Recht der BGB-Gesellschaft (§§ 705 ff. BGB) unterstellt. Die Vorschrift ist jedoch historisch zu verstehen und aufgrund der geänderten staatsrechtlichen Verhältnisse überholt, so daß heute gewohnheitsrechtlich auch auf den nichtrechtsfähigen Verein weitgehend die Vorschriften über den rechtsfähigen Verein Anwendung finden. Die Personengesellschaften sind nicht selbst Träger von Rechten und Pflichten, sondern – in unterschiedlichem Maße – „Gesamthandsgemeinschaften". Dies gilt für die Außengesellschaften, bei denen ein gemeinsames Gesellschaftsvermögen entsteht (oHG, KG sowie BGB-Gesellschaft), nicht dagegen für die stille Gesellschaft, deren Wesen als Innengesellschaft gerade darin liegt, daß die Leistung des Stillen in das Vermögen des Geschäftsinhabers übergeht.

Herkömmlicherweise werden die Unternehmensformen für spezielle Wirtschaftsbereiche gesondert aufgeführt: die „Reederei" für die Schiffahrt, der „Versicherungsverein auf Gegenseitigkeit" für die Versicherungswirtschaft, die „bergrechtliche Gewerkschaft" für den Bergbau, die „Kolonialgesellschaft" für die inzwischen obsolet gewordene Kolonialisierung. Durch das Gesetz über die Auflösung, Abwicklung und Löschung von Kolonialgesellschaften (BGBl. 1975 I, 2253) und das BBergG v. 1980 (BGBl. 1980 I, 1310) haben die beiden letztgenannten Rechtsformen ihre Bedeutung verloren (in § 1 KStG sind sie jedoch weiterhin als körperschaftsteuerpflichtige Rechtssubjekte aufgelistet).

III. Rechtsquellen des Gesellschaftsrechts

Rechtsquellen sind Rechtsgrundlagen für ein bestimmtes Rechtsgebiet. Das (geschriebene) Gesellschaftsrecht ist historisch bedingt in verschiedenen Rechtsquellen geregelt.

1. Bürgerliches Gesetzbuch

Das Bürgerliche Gesetzbuch ist Rechtsgrundlage für
- die BGB-Gesellschaft (§§ 705 bis 740 BGB),
- den rechtsfähigen (§§ 21 ff. BGB) und
- den nichtrechtsfähigen (§ 54 BGB) Verein.

2. Handelsgesetzbuch

Im Handelsgesetzbuch sind geregelt:
- die offene Handelsgesellschaft (§§ 105 bis 160 HGB),
- die Kommanditgesellschaft (§§ 161 bis 177a HGB),
- die stille Gesellschaft (§§ 230 bis 237 HGB) und
- die Reederei (§§ 489 bis 510 HGB).

3. Aktiengesetz

Die Vorschriften über die Aktiengesellschaft und die Kommanditgesellschaft auf Aktien waren ursprünglich im HGB enthalten. Seit der Aktienrechtsreform 1937 verfügen wir über ein gesondertes Aktiengesetz (jetzt in der Fassung v. 6.9. 1965 mit zahlreichen Änderungen und Ergänzungen, u. a. durch das Bilanzrichtliniengesetz v. 19.12. 1985).

4. GmbH-Gesetz

Die GmbH war von Anfang an selbständig im GmbHG v. 1892 geregelt (mehrfach novelliert, u. a. durch Ges. v. 4.7. 1980 – Zulassung der Einmann-GmbH – sowie Ges. v. 19.12. 1985 – Bilanzrichtliniengesetz –).

5. Sonstige Gesetze

Rechtsgrundlage für die Genossenschaft ist das Genossenschaftsgesetz von 1889, mehrfach geändert (u.a. durch Ges. v. 9.10. 1973 und Ges. v. 19.12. 1985).

Die Vorschriften über den Versicherungsverein auf Gegenseitigkeit sind im Versicherungsaufsichtsgesetz von 1931 enthalten. Rechtsgrundlagen für die bergrechtliche Gewerkschaft enthalten bzw. enthielten die Berggesetze der Länder; das Bundesberggesetz v. 1980 regelt ihre Auflösung bzw. Überführung in die Form der Aktiengesellschaft.

Daneben finden sich auch in anderen Gesetzen Regelungen gesellschaftsrechtlichen Inhalts (vgl. z. B. UmwG).

§ 2. Bestimmungsfaktoren und Regelungsbereiche

I. Bestimmungsfaktoren für die Wahl der betrieblichen Rechtsform

Das Gesellschaftsrecht bietet eine breite Palette von Möglichkeiten für die Wahl der betrieblichen Rechtsform. Sie setzt eine Abwägung der Vor- und Nachteile voraus. Es handelt sich hier um eine Materie, die im einzelnen im Rahmen der allgemeinen Betriebswirtschaftslehre dargestellt wird.

Schaubild: Bestimmungsfaktoren bei der Wahl der betrieblichen Rechtsform

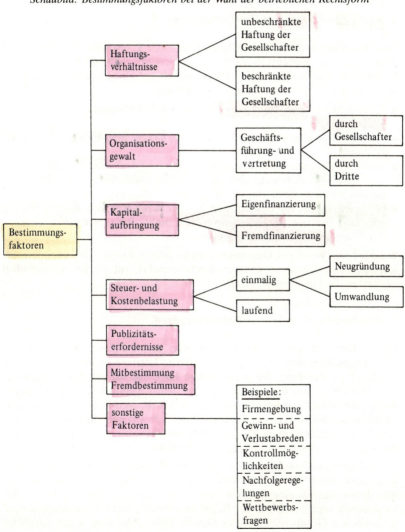

Bei den zu berücksichtigenden Bestimmungsfaktoren spielt ohne Zweifel die Haftungsfrage eine entscheidende Rolle. Die „Flucht in die GmbH" ist z. B. weitgehend wegen der Angst vor der persönlichen Inanspruchnahme erfolgt. An zweiter Stelle ist die Steuer- und Kostenbelastung zu nennen, die sowohl unter dem Gesichtspunkt der laufenden Besteuerung als auch als einmaliger Kostenfaktor bei Neugründung oder Umwandlung zu Buche schlagen kann. Hinter diese beiden Punkte treten die Organisationsgewalt, die Publizitätserfordernisse, die Mitbestimmung und sonstige Faktoren, die häufig nur im Einzelfall eine Rolle spielen, zurück.

II. Gesellschaftsvertrag

1. Freiheit und Zwang im Gesellschaftsrecht

Von den bürgerlich-rechtlichen Vorlesungen her kennen Sie das Prinzip der Vertragsfreiheit, namentlich im Recht der Schuldverhältnisse. Vertragsfreiheit bedeutet ein Dreifaches: Abschlußfreiheit, Inhaltsfreiheit und (ggf.) Formfreiheit. Für das Gesellschaftsrecht ist zu beachten:

- Es besteht ein **„numerus clausus"** der Gesellschaftsformen (man spricht vom **„Typenzwang"**),
- zulässig ist aber (in gewissem Rahmen) die **Typenvermischung** und **Typenverbindung,**
- innerhalb der zulässigen Gesellschaftsformen ist das **Gesetz** in weiten Bereichen **dispositiv,** es besteht also insofern **Vertragsfreiheit** (bei den Personengesellschaften mehr als bei den Kapitalgesellschaften),
- **Formfreiheit** gilt im wesentlichen bei der **Gründung** von **Personengesellschaften,** bei den **Kapitalgesellschaften** sieht der Gesetzgeber dagegen durchweg **notarielle Beurkundung** vor.

Beachten Sie: Wenn der Gesetzgeber im Gesellschaftsrecht (insbesondere bei Kapitalgesellschaften) zwingendes Recht einführt, tut er dies vornehmlich zugunsten des Gläubigerschutzes!

2. Regelungsbereiche in Gesellschaftsverträgen

Gesellschaftsverträge sind das Ergebnis von Verhandlungen, Kompromissen und Absprachen unter den Gesellschaftern. Letztere werden, meist unter sachkundiger Beratung, die gegenwärtige Lage und die zukünftige Entwicklung abschätzen und berücksichtigen und dem Ergebnis ihrer Überlegungen durch gesellschaftsvertragliche Klauseln rechtliche Verbindlichkeit verleihen. Nicht nur der Jurist, auch der Volks- und Betriebswirt muß die grundsätzlichen Regelungsbereiche kennen, die bei einem Gesellschaftsvertrag zu berücksichtigen sind. Vgl. dazu das nachfolgende Schaubild.

Die zukünftigen Gesellschafter werden sich als erstes fragen, welche Gesellschaftsform sie wählen sollen. Kausal für ihre Entscheidung werden die verschiedenen Bestimmungsfaktoren sein (s. o.). Zweck, Sitz und Firma der Gesellschaft ergeben sich in der Regel zwangsläufig aus den rechtlichen oder tatsächlichen Gegebenheiten. Bei Gesellschaften, die eine unterschiedliche

§ 2. Bestimmungsfaktoren und Regelungsbereiche

Schaubild: Gesellschaftsvertragliche Regelungsbereiche

1.	Gesellschaftsform
2.	Zweck, Sitz, Firma
3.	Gesellschafter und ihre Haftung
4.	Einlagen und Beteiligungsverhältnisse
5.	etwaige Nachschußpflichten
6.	Gewinn- und Verlustrechnung (-verteilung)
7.	Regelung der Entnahmen
8.	Tätigkeitsvergütungen
9.	Geschäftsführung und Vertretung
10.	Stimmrechte
11.	Informations- und Kontrollrechte
12.	Rechnungswesen
13.	Dauer der Gesellschaft
14.	Ausscheiden von Gesellschaftern (Tod, Ausschließung)
15.	Kündigungsmöglichkeiten
16.	Wechsel im Gesellschafterbestand durch Neueintritt von Gesellschaftern
17.	Reaktion der Gesellschaft auf Gläubigerzugriffe (Konkurs, Zwangsvollstreckung)
18.	Wettbewerbsverbote
19.	Liquidationsfragen
20.	steuerliche Fragen, Kosten des Vertrags
21.	Schriftformklauseln, Teilnichtigkeitsklauseln
22.	Schiedsgerichtsvereinbarung

Haftung der Gesellschafter vorsehen, muß der Gesellschaftsvertrag die persönlich haftenden Gesellschafter nennen. Dasselbe gilt für die Einlagen und Beteiligungsverhältnisse, etwaige Nachschußpflichten, die Regelung der Gewinn- und Verlustverteilung, die Entnahmen und Tätigkeitsvergütungen. Geschäftsführung und Vertretung werden in aller Regel mit der Haftungsfrage koordiniert (in der Praxis gilt das Prinzip: „Wer das Risiko trägt, trifft auch die Entscheidungen – wer haftet, bestimmt!"). Die Abstimmungsverhältnisse werden aus den Einlagen- und Beteiligungsverhältnissen folgen. An Informations- und Kontrollrechte müssen namentlich solche Gesellschafter denken, die von der Geschäftsführung ausgeschlossen sind. Der Gesellschaftsvertrag muß weiter Bestimmungen über das Rechnungswesen und die Dauer der Gesellschaft festlegen; in den meisten Fällen werden Gesellschaftsverträge auf unbestimmte Zeit abgeschlossen. Schließlich muß der Gesellschaftsvertrag Regelungen darüber enthalten, was beim Ausscheiden von Gesellschaftern (durch Tod, Ausschließung oder Kündigung) und der Insolvenz eines Gesellschafters geschehen soll. Die Gesellschafter werden sich auch entscheiden müssen, ob sie einem Wettbewerbsverbot unterliegen sollen oder nicht. Liquidationsfragen sowie die Regelung der anfallenden Steuern und Kosten des Vertrages werden zweckmäßigerweise beim Abschluß des Vertrages geregelt. Wie bei allen Verträgen empfiehlt sich die Schriftform- und die Teilnichtigkeitsklausel sowie eine

Schiedsgerichtsvereinbarung, um bei Streitfällen schnell und sachkundig zu Entscheidungen zu kommen.

Bei den meisten der vorerwähnten Regelungsbereiche ist das Gesetz mehr oder weniger dispositiv. Hier müssen die Gesellschafter entscheiden, ob sie es bei der gesetzlichen Regelung belassen oder diese durch individuelle Absprachen ersetzen wollen („Maßarbeit statt Konfektion"). Die Gesellschafter sind auch gut beraten, wenn sie gerade jene Bereiche bis in das Detail regeln, von denen sie hoffen, daß die zukünftige Entwicklung eine Regelung nicht nötig machen werde (z. B. Tod eines Gesellschafters oder Ausschließung lästiger Gesellschafter).

Es ist hier nicht der Platz, Kautelarjurisprudenz zu betreiben. Leider geschieht dies auch im Studium zu wenig. Es sei jedoch empfohlen, die einzelnen Gesellschaftsformen im Hauptteil dieses Buches nach dem ersten Durchgang noch einmal unter dem Aspekt zu repetieren, wie zweckmäßigerweise ein Gesellschaftsvertrag aussehen sollte. Vgl. Sie dazu auch die Übersichtstabellen über die rechtlichen und steuerlichen Wesensmerkmale der verschiedenen Gesellschaftsformen am Ende des Buches.

§ 3. Lern- und Hilfsmittel

Der Besitz eines Gesetzestextes ist für jeden Studenten der Rechts- und Wirtschaftswissenschaften unumgänglich. Merken Sie sich das geflügelte Wort: **„Ein Blick in das Gesetz beseitigt manchen Zweifel"**! Es bestehen zwei Möglichkeiten: Entweder man besorgt sich die Textausgabe des jeweiligen Gesetzes oder aber eine in „Loseblatt-Form" erschienene Gesetzessammlung. Einzelne Gesetzesausgaben sind gebunden und handlicher als die meist voluminösen Loseblattsammlungen. Ihr Nachteil besteht jedoch darin, daß sie bei Novellierungen veralten, wohingegen die Loseblattsammlung durch laufende Ergänzungslieferungen jeweils auf dem neuesten Stand gehalten werden kann.

1. Gebundene Textausgaben

Handelsgesetzbuch ohne Seehandelsrecht mit Wechselgesetz und Scheckgesetz, dtv, 22. Auflage 1986.
Handelsgesetzbuch einschließlich Seehandelsrecht, Gesellschaftsrecht, Wertpapierrecht, Gütertransportrecht, Wettbewerbsrecht. Textausgabe mit Verweisungen und Sachverzeichnis. 66. Auflage 1986. C. H. Beck, München.
Aktiengesetz, GmbH-Gesetz, 20. Auflage 1986, dtv.

2. Loseblatt-Sammlungen

Schönfelder, Deutsche Gesetze, Sammlung des Zivil-, Straf- und Verfahrensrechts, begründet von Heinrich Schönfelder, 14.–66. Auflage, München 1986. Der „Schönfelder" enthält neben den für die Wirtschaftswissenschaften in Betracht kommenden Normen auch noch andere Gesetze (Prozeßordnungen, Strafrecht, die für den Volks- und Betriebswirt nicht unbedingt erforderlich sind).
Wirtschaftsgesetze, Loseblatt-Textsammlung für Juristen und Wirtschaftsfachleute, 11. Auflage 1986. Diese Sammlung wurde speziell für den Bereich des Wirtschaftsrechts konzipiert. Sie konzentriert sich auf die auch für den Volks- und Betriebswirt einschlägigen Gesetze und kann daher zur Anschaffung empfohlen werden.

3. Lehrbücher

Eisenhardt, Ulrich, Gesellschaftsrecht, (Grundrisse des Rechts), 3. Auflage, München: Beck, 1985.
Emmerich, Volker/**Sonnenschein,** Jürgen, Konzernrecht (Kurzlehrbuch), 2. Auflage, München: Beck, 1977.
Fabricius, Fritz, Grundbegriffe des Handels-, Wirtschafts- und Unternehmensrechts, 5. Auflage, Stuttgart: Kohlhammer, 1978.
Hadding, Walter, Die HGB-Klausur, 2. Aufl., München: Beck 1987.

Hopt, Klaus/**Hehl,** Günther, Gesellschaftsrecht (Jur. Studienkurs), 3. Auflage, München: Beck, 1986.
Hueck, Götz, Gesellschaftsrecht (Kurzlehrbuch), 18. Auflage, München: Beck, 1983.
Hüffer, Uwe, Gesellschaftsrecht, 2. Auflage, München: Beck, 1983.
Kraft, Alfons/**Kreutz,** Peter, Gesellschaftsrecht (Jur. Lernbücher), 6. Auflage, Frankfurt: Metzner, 1985.
Kübler, Friedrich, Gesellschaftsrecht, 2. Aufl., Heidelberg: C. F. Müller 1986.
Maiberg, Hermann, Gesellschaftsrecht, 4. Auflage, München: Schweitzer 1981.
Pleyer, Klemens/**Pesch,** Günter, Gesellschaftsrecht (Wisu-texte), Tübingen: Mohr (Siebeck), 1975.
Raisch, Peter, Unternehmensrecht, Bd. I: Handels- und Gesellschaftsrecht, 1973, Bd. II: Aktien- und Konzernrecht, Mitbestimmung und Fusionskontrolle, Heidelberg: Müller, 1974.
Reinhardt, Rudolf/**Schultz,** Dietrich, Gesellschaftsrecht, 2. Auflage, Tübingen: Mohr (Siebeck), 1981.
Roth, Günther, Handels- und Gesellschaftsrecht, 2. Aufl., München: Vahlen 1986.
Westermann, Harry, Personengesellschaftsrecht, 4. Auflage, Köln: Otto-Schmidt-Verlag, 1979.
Wiedemann, Herbert, Gesellschaftsrecht (Prüfe Dein Wissen), 5. Auflage, München: Beck, 1986.
Wiedemann, Herbert, Gesellschaftsrecht, Band I: Grundlagen, München: Beck, 1980.
Würdinger, Hans, Aktienrecht und das Recht der verbundenen Unternehmen, 4. Auflage, Karlsruhe: Müller, 1981.

4. Kommentare

Zur Vertiefung von Einzelfragen bietet sich die Lektüre eines Kommentars an. Dies wird namentlich für solche Studenten der Wirtschafts- und Sozialwissenschaften gelten, die nach den einschlägigen Prüfungsordnungen eine Hausarbeit abzuliefern haben. Dasselbe gilt für die Anfertigung von Diplomarbeiten, soweit sie in die handels- und gesellschaftsrechtliche Sphäre hineinreichen. Vor allem wird die Lektüre juristischer Kommentare nach Beendigung des Studiums zur Lösung von Einzelfragen in der Praxis die beste Methode zur ersten Orientierung über spezielle Probleme sein.

Zu nennen sind:

Baumbach-Duden-Hopt, Handelsgesetzbuch mit Nebengesetzen ohne Seerecht, begründet von Adolf Baumbach, fortgeführt von Konrad Duden, neubearbeitet von Klaus J. Hopt, 27. Auflage, München 1987.
Baumbach-Hueck, GmbH-Gesetz, Gesetz betr. die Gesellschaften mit beschränkter Haftung, begründet von Adolf Baumbach, fortgeführt von Alfred Hueck, neubearbeitet von Götz Hueck, Joachim Schulze-Osterloh u. Wolfgang Zöllner, 14. Auflage, München 1985.
Heymann-Kötter, Handelsgesetzbuch (ohne Seerecht) mit Erläuterungen, nach dem Stande vom 1. Juli 1970, neu bearbeitet von Hans-Wilhelm Kötter, 4. Auflage (21. Gesamtauflage), Berlin – New York 1971.

Großkommentar HGB, begründet von H. Staub, weitergeführt von Mitgliedern des Reichsgerichts, 3. Auflage, neu bearbeitet von Brüggemann u. a., Berlin 1967 ff.; 4. Auflage, 1982 ff.

Großkommentar AktG, Aktiengesetz Großkommentar, 3., neu bearbeitete Auflage, Band I–IV, Berlin – New York 1973–1975.

Kölner Kommentar zum Aktiengesetz, herausgegeben von Wolfgang Zöllner, Köln – Berlin – Bonn – München, 1970 ff., 2. Aufl. 1986 ff.

Schlegelberger, Handelsgesetzbuch, Kommentar von Ernst Geßler, Wolfgang Hefermehl, Wolfgang Hildebrandt, Georg Schröder, 5. Auflage, München 1973 ff.

Scholz, Kommentar zum GmbH-Gesetz, 6., neubearbeitete Auflage, 1978 ff.

5. Entscheidungssammlungen

Obwohl wir im deutschen Recht kein „case-law" haben, kommt der Rechtsprechung, namentlich der höchstrichterlichen, eine überragende Bedeutung für Wissenschaft und Praxis zu.

a) **Amtliche Sammlungen.** Die für das Handels- und Gesellschaftsrecht einschlägigen Entscheidungen des Bundesgerichtshofes finden sich zunächst in der amtlichen Sammlung der „Entscheidungen des Bundesgerichtshofes in Zivilsachen", abgekürzt: „BGHZ". Die Zitierung erfolgt nach Band und Seitenzahl. Beispiel: BGHZ 20, 88 (Entscheidung des Bundesgerichtshofes in Zivilsachen, im 20. Band der amtlichen Sammlung, Seite 88).

b) **Lindenmaier-Möhring.** Eine nach Sachgebieten (Paragraphen) geordnete Entscheidungssammlung; Nachschlagewerk des Bundesgerichtshofes (LM), Leitsätze und Entscheidungen mit erläuternden Anmerkungen, begründet von Fritz Lindenmaier und Philipp Möhring, Verlag Beck, München.

6. Zeitschriften (Auswahl)

BB = Der Betriebs-Berater, Zeitschrift für Recht und Wirtschaft;
DB = Der Betrieb, Wochenschrift für Betriebswirtschaft, Steuerrecht, Wirtschaftsrecht, Arbeitsrecht;
JZ = Juristenzeitung;
NJW = Neue Juristische Wochenschrift;
WM = Wertpapier-Mitteilungen.

2. Kapitel
Recht der Personengesellschaften

§ 4. Die Gesellschaft bürgerlichen Rechts

● **Lernhinweis:** Die Gesellschaft bürgerlichen Rechts (häufig abgekürzt „GbR", auch „BGB-Gesellschaft" genannt – das Bürgerliche Gesetzbuch kennt nur eine Gesellschaftsform und spricht deshalb nur von „der" Gesellschaft) ist der Prototyp der Personengesellschaft. Ihr Kennzeichen ist die „gemeinsame Zweckverfolgung durch mehrere". Bei der offenen Handelsgesellschaft und der Kommanditgesellschaft ist die Zweckverfolgung spezialisiert: Bei ihnen betreiben die Gesellschafter unter gemeinsamer Firma ein Handelsgewerbe. Die Verwandtschaft der Personengesellschaften untereinander und ihr Stufenaufbau vom Allgemeinen zum Speziellen hin hat für die Anwendung der Rechtsgrundlagen Bedeutung. **Prägen Sie sich ein:** Auf das Recht der offenen Handelsgesellschaft und der Kommanditgesellschaft finden ergänzend die Vorschriften über die BGB-Gesellschaft Anwendung! Dasselbe gilt in gewissem Maße auch für die stille Gesellschaft; freilich nur insoweit, als nicht der Unterschied zwischen der Außengesellschaft (BGB-Gesellschaft) und der Innengesellschaft (stille Gesellschaft) eine entsprechende Rechtsanwendung verbietet.

I. Begriff und Rechtsgrundlagen

1. Begriffsbestimmung

Bei der BGB-Gesellschaft handelt es sich um **eine auf Vertrag beruhende Personenvereinigung ohne eigene Rechtsfähigkeit zur Förderung eines von den Gesellschaftern gemeinsam verfolgten, beliebigen Zwecks.**
Kennzeichen der BGB-Gesellschaft sind demnach

positiv:
- der vertragliche Zusammenschluß (ausdrücklich oder stillschweigend)
- die fehlende Rechtsfähigkeit
- die gemeinschaftliche Zweckverfolgung
- die Beliebigkeit jeder gesetzlich erlaubten Zweckverfolgung

negativ:
- kein (vollkfm.) Handelsgewerbe (dies würde zur oHG bzw. KG führen)
- keine Firma (weil diese gemäß § 17 HGB eine für Kaufleute vorbehaltene Namensführung darstellt).

Abzugrenzen ist die BGB-Gesellschaft **von der** bürgerlich-rechtlichen **Bruch-**

teilsgemeinschaft nach §§ 741 ff. BGB. Diese Vorschriften finden nach der ausdrücklichen Anordnung des § 741 Anwendung, wenn „ein Recht mehreren gemeinschaftlich zusteht"; allerdings nur insofern, als sich nicht aus dem Gesetz ein anderes ergibt. Auch bei der BGB-Gesellschaft entsteht eine „Gemeinschaftlichkeit", die jedoch in wesentlichen Punkten von derjenigen der Bruchteilsgemeinschaft abweicht. Zunächst scheiden für die BGB-Gesellschaft alle die Fälle aus, bei denen sich Gemeinschaften kraft Gesetzes aufgrund eines tatsächlichen Vorgangs ergeben. Dies ist etwa der Fall beim Miteigentum infolge Verbindung, Vermischung und Verarbeitung (§§ 946 ff. BGB). Bei rechtsgeschäftlich begründeten Gemeinschaften kommt es dagegen auf die Intensität des „gemeinsamen Zweckes" an. Ein bloßes „gemeinsames Interesse", etwa an der Pflege und Nutzung einer gemeinsamen Sache, genügt nicht. Erforderlich ist „eine über die bloße Rechtsverbundenheit hinausgehende Zweckverfolgung".

Beispiel:

Wenn zwei Personen gemeinsam eine Grundstücksparzelle kaufen und sich hälftig im Grundbuch als Eigentümer eintragen lassen, so begründen sie dadurch noch nicht eine BGB-Gesellschaft. Ihre Eintragung im Grundbuch wird als Miteigentum zu Bruchteilen vermerkt werden. Hatten sie zusätzlich noch beschlossen, auf dem zu erwerbenden Grundstück einen Freizeitpark zu betreiben, dann liegt eine über den bloßen Grundstückserwerb hinausgehende Zweckverfolgung vor. Der gemeinschaftliche Grundstückserwerb ist nur ein Nahziel auf dem Weg zum gemeinsamen Betrieb eines Freizeitparks.

Die rechtlichen Konsequenzen sind erheblich (**Lernhinweis:** Lesen Sie bitte die §§ 741–758 BGB aufmerksam durch, insbesondere die §§ 744 Abs. 2, 747, 749, 752 und 753). Vergleichen Sie dann die nachfolgende Übersicht.

Übersicht: Abgrenzung der Bruchteilsgemeinschaft von der BGB-Gesellschaft

BGB-GESELLSCHAFT	BRUCHTEILSGEMEINSCHAFT
§§ 705 – 740 BGB	§§ 741 – 758 BGB
Entstehung durch Vertrag	Entstehung vertraglich oder kraft Gesetzes
gemeinsame Zweckverfolgung	mehrheitliche Interessenübereinstimmung
gemeinschaftliches, gesamthänderisch gebundenes Gesellschaftsvermögen	ziffernmäßige Anteilsinnehabung an einem gemeinsamen Gegenstand durch mehrere Teilhaber
keine freie Verfügung über Gesellschaftsanteil	jeder Teilhaber kann über seinen Anteil frei verfügen
kein Recht, Teilung zu verlangen	jeder Teilhaber kann jederzeit die Aufhebung der Gemeinschaft verlangen

2. Rechtsgrundlagen

Das Recht der BGB-Gesellschaft ist in den §§ 705 ff. BGB geregelt. Es handelt sich hierbei weitestgehend um **dispositives Recht** (zur Disposition der Gesellschafter gestelltes = **nachgiebiges Recht!**). Es wird in vielen Fällen durch vertragliche Abreden ersetzt. Bei ausdrücklich begründeten BGB-Gesellschaften treten die §§ 705 ff. BGB deshalb in den Hintergrund. Bedeutung kommt ihnen jedoch in zweierlei Hinsicht zu:

a) Unbewußte Zusammenschlüsse

Bei manchen gemeinsamen Zweckverfolgungen wird den Beteiligten gar nicht bewußt, daß hierdurch eine Gesellschaft entsteht. Eine ausdrückliche Festlegung dessen, was zu gelten hat, unterbleibt demzufolge oder ist zumindest unvollständig. Als Beispiel ist etwa die kurzfristige Zweckverfolgung bei Mitfahrgemeinschaften zu nennen. Hier greift in Streitfällen die gesetzliche Regelung ein.

b) Entsprechende Anwendung auf andere Personengesellschaften

aa) oHG und KG

Die Bedeutung der §§ 705 ff. BGB liegt vor allem darin, daß sie auf das Recht der offenen Handelsgesellschaft und der Kommanditgesellschaft entsprechend anzuwenden sind. Dies ist in § 105 Abs. 2 HGB (lesen!) ausdrücklich bestimmt. Da nach § 161 Abs. 2 HGB (lesen!) auf die Kommanditgesellschaft ergänzend wiederum das Recht über die offene Handelsgesellschaft Anwendung findet, gilt letztlich das Recht der BGB-Gesellschaft auch für die Kommanditgesellschaft. Diese Rechtsverweisungen sind lediglich eine Konsequenz aus der Artverwandtheit der genannten Personengesellschaften: Die BGB-Gesellschaft verfolgt einen beliebigen Zweck, die oHG betreibt ein Handelsgeschäft bei unbeschränkter, die Kommanditgesellschaft bei teils unbeschränkter, teils beschränkter Gesellschafterhaftung. Diese Abstufung in der Zwecksetz-

Schaubild: System der Personen-(Außen)-Gesellschaften

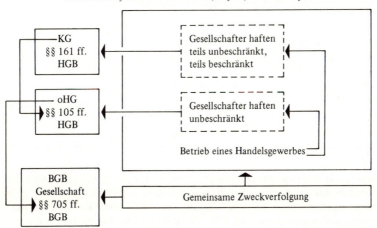

zung bzw. Haftung vom Allgemeinen zum Speziellen gestattet es dem Gesetzgeber, statt einer umfangreichen Durchnormierung jeder einzelnen Gesellschaftsform den eleganten und ökonomischen Weg der Verweisung auf die Vorschriften der §§ 705 ff. BGB bzw. 105 ff. HGB zu gehen.

bb) Stille Gesellschaft

Darüber hinaus finden die Vorschriften über die BGB-Gesellschaft subsidiär auf die stille Gesellschaft Anwendung, wenn der Gesellschaftsvertrag bzw. die §§ 230 ff. HGB keine Regelung enthalten. Allerdings mit der Einschränkung, daß wegen des Innencharakters der stillen Gesellschaft solche Vorschriften unanwendbar sind, die Außenbeziehungen, etwa das Entstehen eines gemeinschaftlichen Gesellschaftsvermögens, voraussetzen. Ansonsten liegt auch bei der stillen Gesellschaft eine gemeinschaftliche Zweckverfolgung vor, was die Anwendung der §§ 705 ff. BGB dann ermöglicht und gebietet, wenn die §§ 230 ff. HGB eine Lücke offenlassen und auch der Gesellschaftsvertrag schweigt.

Beispiel:

Was gilt, wenn bei der stillen Gesellschaft ein Gesellschafter stirbt und der Gesellschaftsvertrag keine Regelung enthält? Der Gesetzgeber hat in § 234 Abs. 2 HGB lediglich für den Tod des stillen Gesellschafters eine Anordnung getroffen. Durch dessen Tod wird die Gesellschaft nicht aufgelöst. Für den Tod des Geschäftsinhabers dagegen schweigt das Gesetz. Hier ist, da es sich um eine reine Innenbeziehung handelt, auf die Regelung bei der BGB-Gesellschaft zurückzugreifen, wonach die Gesellschaft nach § 727 Abs. 1 BGB durch den Tod eines Gesellschafters aufgelöst wird, sofern sich aus dem Gesellschaftsvertrag nichts anderes ergibt (oder – was im Personengesellschaftsrecht immer möglich ist – eine nachträgliche Vereinbarung mit den Erben getroffen wird).

c) Anwendung des allgemeinen Schuldrechts

Neben den §§ 705 ff. BGB finden auf das Recht der BGB-Gesellschaft die allgemeinen Vorschriften Anwendung. Dies ist an sich eine Binsenweisheit. So ist etwa ein Gesellschaftsvertrag, der gegen die guten Sitten verstößt, gemäß § 138 BGB nichtig. Auf zwei Dinge ist hinzuweisen:

aa) Anwendung der §§ 320 ff. BGB

Da der Gesellschaftsvertrag die Gesellschafter verpflichtet, durch ihre Beiträge den gemeinsamen Zweck zu fördern, sind auch die Vorschriften über den gegenseitigen Vertrag grundsätzlich anwendbar. Unanwendbar sind sie, soweit Sonderregelungen bestehen, insbesondere:

- wenn der Gesellschaftsvertrag bereits vollzogen ist (die Gesellschaft nach außen aufgetreten ist),
- ein gemeinschaftliches Vermögen gebildet wurde sowie
- grundsätzlich, wenn die Gesellschaft aus mehr als zwei Gesellschaftern besteht.

Prüfungsmaßstab ist, ob die Besonderheiten der gemeinsamen Zweckverfolgung dem auf ein Austauschverhältnis angelegten gegenseitigen Vertrag nicht entgegenstehen. Dies hat zur Konsequenz, daß etwa Rücktrittsrechte bei Leistungsstörungen gemäß §§ 325, 326 BGB im Gesellschaftsrecht durch dessen spezielle Vorschriften (Kündigung der Gesellschaft nach § 723 BGB) verdrängt werden.

bb) Gesamtschuldnerische Haftung

Das Gesetz enthält in den §§ 705 ff. BGB keine Aussage über den Umfang der Gesellschafterhaftung. Es ist daher ein Rückgriff auf die §§ 420 ff. BGB erforderlich. § 427 BGB ordnet im Zweifel die gesamtschuldnerische Haftung an, wenn sich mehrere durch Vertrag gemeinschaftlich zu einer teilbaren Leistung verpflichten.

II. Erscheinungsformen der BGB-Gesellschaft

Das Wesensmerkmal der beliebigen Zweckverfolgung bringt es mit sich, daß der Anwendungsbereich der BGB-Gesellschaft breit gestreut ist. Sie kann ausdrücklich oder stillschweigend vereinbart, längerfristig oder kurzfristig angelegt sein, materielle oder immaterielle Zwecke verfolgen. Ausgeklammert ist allerdings (wegen §§ 105, 161 HGB) der Betrieb eines Handelsgewerbes.

1. Zusammenschlüsse von Nicht- oder Minderkaufleuten

Nach § 4 Abs. 2 HGB (repetieren!) können Minderkaufleute keine offene Handelsgesellschaft oder Kommanditgesellschaft gründen. Entscheiden sie sich dennoch für die Wahl einer Personengesellschaft, so bleibt die BGB-Gesellschaft die einschlägige Organisationsform. Dasselbe gilt für Gewerbetreibende, die überhaupt nicht Kaufleute sind, wie etwa nicht in das Handelsregister einzutragende Lohnhandwerker.

Beispiele:

- Gemeinsamer Betrieb einer Kraftfahrzeugreparaturwerkstatt (BGHZ 45, 311)
- Betrieb einer Gastwirtschaft durch Eheleute (BGHZ 8, 249)
- Einrichtung einer gemeinsamen Annahmestelle durch mehrere Reinigungsbetriebe, um den Geschäftsbetrieb rationeller abzuwickeln.

2. Zusammenschlüsse von Freiberuflern

Angehörige freier Berufe, wie Anwälte, Ärzte, Steuerberater, Wirtschaftsprüfer und Architekten üben **kein Gewerbe** aus. Ihr Zusammenschluß hat deshalb auch nicht den Betrieb eines Handelsgewerbes zum Gegenstand. Insofern entfällt die Rechtsform der oHG oder KG. Für Zusammenschlüsse von Freiberuflern bietet sich deshalb die Form der BGB-Gesellschaft an.

Beispiele:

- Rechtsanwaltssozietäten
- ärztliche Gemeinschaftspraxen
- Partnerschaften bei Architekten
- gemeinschaftlich betriebene Steuerberatungsbüros.

Schaubild: „Hamburg-Anleihe"

6½ % Staatsanleihe von 1986 (1996)
der
FREIEN UND HANSESTADT HAMBURG
– Kenn-Nr. 136 523 –
VERKAUFSANGEBOT

Die Freie und Hansestadt Hamburg begibt eine Wertrechtsanleihe im Gesamtbetrage von

DM 250 000 000,–

Von der Anleihe werden DM 200 000 000,– von dem unterzeichneten Konsortium zum Verkauf angeboten.

Ausgabekurs: 100 % spesen- und börsenumsatzsteuerfrei unter Verrechnung von Stückzinsen.

Verzinsung: 6½ % p. a. nachträglich am 25. September der Jahre 1987–1996 fällig. Die Verzinsung endet am 24. September 1996.

Laufzeit: 10 Jahre.

Rückzahlung: Die Anleihe wird am 25. September 1996 zum Nennwert zurückgezahlt.

Rendite: 6,50 %.

Unkündbarkeit: Während der gesamten Laufzeit ist eine Kündigung seitens der Freien und Hansestadt Hamburg und der Anleihegläubiger ausgeschlossen.

Verkaufstermin: Die Anleihe wird ab
17. Oktober 1986
freibleibend zum Verkauf gestellt.

Verkaufsstellen: Teilbeträge der Wertrechtsanleihe können durch Vermittlung aller Banken, Sparkassen und Kreditgenossenschaften erworben werden.

Nennbeträge: DM 100,– oder ein Mehrfaches davon.

Mündelsicherheit und Deckungsstockfähigkeit: Die Anleihe ist nach § 1807 Abs. 1 Ziffer 2 BGB mündelsicher und nach § 54a Abs. 2 Ziffer 4 VAG deckungsstockfähig.

Lombardfähigkeit: Lombardfähig nach § 19 Abs. 1 Ziffer 3d des Gesetzes über die Deutsche Bundesbank.

Börseneinführung: Die Anleihe wird zum amtlichen Handel an sämtlichen deutschen Wertpapierbörsen eingeführt.

Die Ausgabe von Schuldverschreibungen ist für die gesamte Laufzeit ausgeschlossen. Weitere Einzelheiten sind aus dem ausführlichen Verkaufsangebot zu ersehen, das bei den Kreditinstituten erhältlich und im Bundesanzeiger vom 17. Oktober 1986 veröffentlicht ist.

Im Oktober 1986

HAMBURGISCHE LANDESBANK
– GIROZENTRALE –

BANK FÜR GEMEINWIRTSCHAFT AG	BAYERISCHE HYPOTHEKEN- UND WECHSEL-BANK AG
BAYERISCHE VEREINSBANK AG	JOH. BERENBERG, GOSSLER & CO.
BERLINER HANDELS- UND FRANKFURTER BANK	BREMER LANDESBANK KREDITANSTALT OLDENBURG – GIROZENTRALE –
COMMERZBANK AG zugleich für BERLINER COMMERZBANK AG und COMMERZ-CREDIT BANK AG EUROPARTNER	DELBRÜCK & CO.
DEUTSCHE BANK AG zugleich für DEUTSCHE BANK BERLIN AG und DEUTSCHE BANK SAAR AG	DEUTSCHE GIROZENTRALE – DEUTSCHE KOMMUNALBANK –
CONRAD HINRICH DONNER	DRESDNER BANK AG zugleich für BANK FÜR HANDEL UND INDUSTRIE AG
HAMBURGER SPARKASSE	BANKHAUS MARCARD & CO.
NORDDEUTSCHE GENOSSENSCHAFTSBANK AG	NORDDEUTSCHE LANDESBANK GIROZENTRALE
LANDESBANK SCHLESWIG-HOLSTEIN GIROZENTRALE	VEREINS- UND WESTBANK AG

M. M. WARBURG-BRINCKMANN, WIRTZ & CO.

3. Gelegenheitsgesellschaften

Nicht selten handelt es sich bei der BGB-Gesellschaft um kurzfristige Zusammenschlüsse. Man spricht dann von „Gelegenheitsgesellschaften". Charakteristisch für sie ist, daß sich die Zweckverfolgung entweder auf eine einmalige Angelegenheit beschränkt oder doch absehbar zeitgebunden ist. Dabei kann es sich sowohl um ideelle als auch wirtschaftliche Zwecke handeln.

a) Konsortien

Hierbei handelt es sich um wirtschaftliche Zusammenschlüsse vor allem zum Zwecke der Emission und Finanzierung. Wenn beispielsweise eine Anleihe dem Publikum zum Verkauf angeboten wird, dann schließen sich mehrere „Adressen" zur Abwicklung zusammen, um den Bankkunden die Zeichnung zu ermöglichen.

Beispiele:
- Begebung von Anleihen der öffentlichen Hand, vergleichen Sie dazu die Abbildung der „Hamburg-Anleihe" von 1986/96.
- Die Volksrepublik China möchte ein komplettes Industriezentrum durch eine deutsche Firmengruppe unter Führung einer deutschen Großbank erstellen lassen.

Daneben gibt es die Kursregulierungskonsortien sowie Bindungs-, Sperr- und Stimmrechtskonsortien durch Gesellschafter von Kapital- und Personengesellschaften.

b) Die Arbeitsgemeinschaft im Baugewerbe

Große Bedeutung hat die BGB-Gesellschaft als Organisationsform im Baugewerbe. Bei Großprojekten sind die technischen Möglichkeiten sowie die personellen und sachlichen Kapazitäten einzelner Unternehmer häufig überfordert. Deshalb schließen sich in zunehmendem Maße mehrere Baufirmen unter der Bezeichnung „Arbeitsgemeinschaft" (abgekürzt ARGE) für die Dauer des betreffenden Bauvorhabens zusammen.

Beispiele:
- „ARGE U-Bahnbau Stuttgart, Los 7"
- „ARGE Maier & Müller, Schwabenlandhalle Fellbach"
- „ARGE Westlicher Bodensee, Streckenabschnitt Rottweil-Singen".

Steuerrechtlicher Hinweis: Die Arbeitsgemeinschaft ist gewerbesteuerlich begünstigt: Nach § 2a GewStG entfällt die Steuerpflicht für Arbeitsgemeinschaften, deren alleiniger Zweck sich auf die Erfüllung eines einzigen Werkvertrags oder Werklieferungsvertrags beschränkt, es sei denn, daß bei Abschluß des Vertrags anzunehmen ist, daß er nicht innerhalb von drei Jahren erfüllt wird. Die Betriebstätten der Arbeitsgemeinschaften gelten insoweit anteilig als Betriebstätten der Beteiligten.

c) Wettgemeinschaften

Namentlich mit dem Aufkommen der staatlichen Toto- und Lottounternehmen erfreuen sich „Lottogemeinschaften" u. dgl. zunehmender Beliebtheit. In diesen Fällen schließen sich etwa mehrere Arbeitskollegen zu dem Zweck zusammen, durch Summierung des Einsatzes die Gewinnchancen zu erhöhen.

d) Mitfahrgemeinschaften

Diese Form des Zusammenschlusses ist vor allem unter Studien- oder Arbeitskollegen häufig anzutreffen. Um Benzin zu sparen, nimmt ein motorisierter Arbeitskollege andere in seinem Kraftfahrzeug gegen Kostenbeteiligung mit. Derartige Gemeinschaften waren Gegenstand höchstrichterlicher Erörterung im Hinblick auf den Umfang der dabei gebotenen Sorgfaltspflicht. Da nach § 708 BGB Gesellschafter bei der Erfüllung der ihnen obliegenden Verpflichtungen nur für „diligentia quam in suis", also nur für diejenige Sorgfalt einzustehen haben, welche sie in eigenen Angelegenheiten anzuwenden pflegen, könnte dies eine Haftungserleichterung gegenüber den straßenverkehrsrechtlichen Erfordernissen bedeuten. Der Bundesgerichtshof hat jedoch festgestellt, daß diese Haftungserleichterung nicht für die Pflicht zum Lenken eines Kraftfahrzeuges gilt, es vielmehr bei den allgemeinen Vorschriften verbleibt (BGHZ 46, 313; „... es besteht kein Spielraum für individuelle Sorglosigkeit im Straßenverkehr!"). Verursacht also der Fahrer einer Mitfahrgemeinschaft einen Unfall und läßt er dabei die im Verkehr erforderliche Sorgfalt außer acht, dann treffen ihn die Schadensersatzverpflichtungen nach allgemeinen Grundsätzen.

e) Investmentclubs

Mit dem Aufkommen der Kapitalanlage in Investmentanteilen haben sich (private) „Investmentclubs" gebildet, die in unterschiedlichen Varianten in Erscheinung treten. Entgegen dem auf das Vorliegen eines Vereins hindeutenden Ausdruck „Club" handelt es sich dabei um gesellschaftsrechtliche Zusammenschlüsse, die unter §§ 705 ff. BGB fallen. Es sind damit jedoch nicht die unter das KapitalAnlG fallenden Kapitalanlagegesellschaften, sondern „amateurhafte" Imitationen, meist auf freundschaftlicher oder kollegialer Basis, gemeint.

f) Bauherrengemeinschaften

Ein großes Anwendungsgebiet hat die BGB-Gesellschaft auf dem Gebiete des Wohnungsbaus im Rahmen von **„Bauherren-Modellen"** erlangt.

aa) Die Grundkonzeption

Als sog. „Bauherren-Modell" bezeichnet man eine besondere Form der Kapitalanlage auf dem Immobiliensektor, deren Attraktivität in der Ausschöpfung der für den Wohnungsbau bestehenden Steuervergünstigungen liegt. Es gründet sich auf ein von dem jeweiligen Anbieter vorbereitetes Vertragswerk, aufgrund dessen sich die Interessenten meist in der Form einer Gesellschaft des bürgerlichen Rechts (teilweise auch als Gemeinschaft nach §§ 741 ff. BGB) zusammenschließen. **Ziel** des Zusammenschlusses ist regelmäßig die **gemeinsame Erstellung von Eigentumswohnungen.** Den im einzelnen unterschiedlichen Vertragsgestaltungen ist gemeinsam, daß die Beteiligten alle mit der Errichtung, Finanzierung und z. T. auch der späteren Vermietung des Objekts anfallenden Aufgaben auf einen Treuhänder übertragen. Der Treuhänder ist berechtigt und verpflichtet, im Namen und für Rechnung der Beteiligten ein

§ 4. Die Gesellschaft bürgerlichen Rechts

Baubetreuungsunternehmen mit der Errichtung des Gebäudes zu beauftragen und die für die Durchführung des jeweiligen Modells notwendigen weiteren Verträge abzuschließen und zu überwachen. Die Mitwirkungspflichten des einzelnen Bauherrn werden dadurch im wesentlichen auf die eines Käufers, nämlich auf die Unterzeichnung des Vertragswerks und die Bereitstellung des Eigenkapitals, beschränkt. Das steuerliche Konzept des Bauherren-Modells ist nach den bestehenden steuerlichen Vorteilen für den Wohnungsbau ausgerichtet, die den Bauherrn stärker begünstigen als den Käufer einer Immobilie und die in einem Höchstmaß zum Tragen kommen, wenn das Objekt vermietet wird. Das **Bauherren-Modell soll** deshalb **dem Kapitalanleger die** steuerliche **Stellung eines Bauherren verschaffen.** Dadurch ergeben sich für den Bauherrn gegenüber dem Käufer einer Eigentumswohnung eine Reihe steuerlicher Vorteile.

bb) Grunderwerbsteuerliche Vorteile

Die Grunderwerbsteuer bemißt sich von vornherein nur nach dem Wert des unbebauten Grundstücks. Durch eine entsprechende bauliche Gestaltung konnte der Bauherr aber auch die Grunderwerbsteuer auf den Grund und Boden vermeiden: Gemäß § 6 des Grunderwerbsteuergesetzes war der Erwerb von unbebauten Grundstücken von der Grunderwerbsteuer befreit, wenn darauf ein im Sinne der Wohnungsbaugesetzgebung steuerbegünstigtes Gebäude oder eine steuerbegünstigte Eigentumswohnung errichtet wurde. Demgegenüber hatte der Käufer einer Eigentumswohnung, auch als Ersterwerber, grundsätzlich die volle Grunderwerbsteuer in Höhe von damals 7 v. H. des Kaufpreises für die Wohnung einschließlich des anteiligen Grund und Bodens zu tragen. Das seit 1983 geltende Grunderwerbsteuerrecht hat die vielfältigen Steuerbefreiungstatbestände abgeschafft und den Steuersatz auf einheitlich 2 v. H. herabgesetzt.

cc) Einkommensteuerliche Vorteile

Bei der Einkommensteuer ergeben sich steuerliche Vorteile für den Bauherren im Rahmen der Besteuerung der Einkünfte aus Vermietung und Verpachtung. Wird ein Gebäude vermietet, so sind die Mieteinnahmen einkommensteuerpflichtig. Andererseits können alle Aufwendungen für die Herstellung oder Anschaffung des Gebäudes als Werbungskosten steuermindernd geltend gemacht werden. Hinsichtlich des Zeitpunkts ist allerdings zu unterscheiden zwischen den sofort abzugsfähigen Werbungskosten, zu denen insbesondere die Finanzierungskosten (Auszahlungsverluste, laufende Zinsen, Gebühren für die Eintragung von Grundpfandrechten) gehören, und den steuerlichen Anschaffungs- oder Herstellungskosten, die grundsätzlich auf die durchschnittliche Nutzungsdauer des Gebäudes verteilt werden müssen und deshalb nur in Höhe der jährlich zulässigen Gebäudeabschreibung als Werbungskosten berücksichtigt werden. Der steuerliche Werbungskostenabzug führt, da die Marktmiete nicht selten niedriger liegt als die Kostenmiete, über die Jahre hinweg regelmäßig zu erheblichen Verlusten aus Vermietung und Verpachtung, die bei der Ermittlung des steuerpflichtigen Gesamteinkommens mit anderen positiven Einkünften verrechenbar sind und somit das zu versteuernde Einkommen mindern.

dd) Vergleich Bauherr/Käufer

Obwohl die vorerwähnten Grundsätze sowohl für den Bauherren als auch für den Käufer gelten, hat der Bauherr doch insoweit Vorteile, als er bereits bei den bis zur Fertigstellung anfallenden Kosten die sofort abzugsfähigen Werbungskosten aussondern kann. Demgegenüber werden dem Käufer diese Kosten mit dem Kaufpreis in Rechnung gestellt. Sie sind für den Käufer damit untrennbarer Bestandteil der Anschaffungskosten, die nur im Rahmen der jährlichen Abschreibungen berücksichtigt werden können. Der Bauherr hat somit die Möglichkeit, steuerlich höhere Anfangsverluste geltend zu machen, allerdings mit der Folge, daß sich dann die jährliche Gebäudeabschreibung entsprechend vermindert.

Die Erzielung hoher Anfangsverluste ist steuerlich von Vorteil, wenn der Bauherr hoch besteuerte andere Einkünfte hat, mit denen diese Verluste verrechnet werden können. Im Rahmen des Bauherren-Modells, das sich in erster Linie an höher verdienende Anleger richtet, wird deshalb angestrebt, in größtmöglichem Umfang sofort abzugsfähige Werbungskosten aus dem Gesamtvolumen der nicht absetzbaren Anschaffungskosten für Grund und Boden und der grundsätzlich nur auf die Dauer von 50 Jahren abschreibungsfähigen Gebäudeherstellungskosten abzuspalten. Dies geschieht dadurch, daß der Bauherr im Rahmen des Bauherren-Modells nicht nur Grundstück und Gebäude erhält, sondern darüber hinaus in größerem Umfang Dienstleistungen in Anspruch nimmt, wie z. B. die Erledigung der Fremdfinanzierung, die Baubetreuung, die Beschaffung der Baugenehmigung, die Beratung in steuerlichen Fragen. Die Kosten für diese Dienstleistungen, die **beim** konventionellen **Kauf** einer Eigentumswohnung regelmäßig in die **Anschaffungskosten** eingehen, werden **beim Bauherren-Modell** gesondert abgerechnet und dann als **sofort abzugsfähige Werbungskosten** steuerlich geltend gemacht.

Finanzverwaltung und Gesetzgeber haben im Laufe der Zeit unter dem Eindruck gesellschaftspolitischer Kritik die steuerliche Attraktivität des Bauherrenmodells stark reduziert.

4. Überbetriebliche Zusammenschlüsse

Die BGB-Gesellschaft eignet sich auch als Organisationsform für den überbetrieblichen Zusammenschluß.

Beispiele:

- **Kartelle,** also privatrechtliche Verbindungen zur Beeinflussung von Marktverhältnissen durch Wettbewerbsbeschränkungen (ihre Zulässigkeit und weitere kartellrechtliche Problematik ist jedoch nach dem GWB zu beurteilen).
- **Konzerne,** also der Zusammenschluß mehrerer rechtlich selbständiger Unternehmen aufgrund eines Unternehmensvertrages; namentlich der Zusammenschluß unter einheitlicher Leitung entweder in Form der Unterordnung (§ 18 Abs. 1 AktG), der Gleichordnung (§ 18 Abs. 2 AktG) oder als verbundene Unternehmen (§ 15 AktG); für sie gelten die §§ 291–337 AktG und §§ 290–315 HGB.
- **Interessengemeinschaften,** z. B. Schiffahrtspool, Gewinnbeteiligungen.

5. Holding-Gesellschaften

Häufig, aber nicht begriffsnotwendig, sind Holding-Gesellschaften als BGB-Gesellschaften organisiert. Hierbei handelt es sich um den Zusammenschluß mehrerer selbständiger Unternehmen zu einer Organisationsform, die reine Kontroll- oder Dachgesellschaft ist. Sie ist nicht im produktiven Sektor angesiedelt, sondern dient vorwiegend der Verwaltung und Koordinierung.

6. Vorgesellschaften

Kapitalgesellschaften erlangen ihre Rechtsfähigkeit erst durch die Eintragung ins Handelsregister (vgl. §§ 11 GmbHG, § 41 AktG). Für das Gründungsstadium wurde u. a. die Meinung vertreten, derartige „Vorgesellschaften" seien als BGB-Gesellschaft zu qualifizieren. Die neuere Rechtsprechung hat diese Theorie nicht mehr aufrecht erhalten (vgl. BGH WM 1965, 246; BGH NJW 72, 1660ff.; BGH JZ 77, 56ff.). Nach heutiger Auffassung werden Kapitalgesellschaften auch im Gründungsstadium dem Recht der zu gründenden Gesellschaft unterstellt mit Ausnahme der Vorschriften, die die Rechtsfähigkeit voraussetzen.

7. Nichtrechtsfähige Vereine

Nach § 54 S. 1 BGB müßten die Vorschriften über die BGB-Gesellschaft auch auf den nichtrechtsfähigen, also nicht eingetragenen Verein Anwendung finden. Diese historisch bedingte Vorschrift ist vom Gesetzgeber aus Gründen geschaffen worden, die mit unserem heutigen Rechts- und Verfassungsverständnis nicht mehr vereinbar sind [über den ursprünglich bestehenden Zwang zur Meldung der Mitglieder wollte man vor allem die damaligen „Arbeitervereine" als Vorläufer der Gewerkschaften unter Kontrolle bringen und die Nichteintragung (und damit Anonymität der Mitglieder) mit der persönlichen Haftung als BGB-Gesellschafter „bestrafen"]. Heute besteht in Rechtsprechung und Schrifttum Übereinstimmung, daß hinsichtlich der Haftung auf den nichtrechtsfähigen Verein die Vorschriften über den rechtsfähigen Verein (§§ 21ff. BGB) entsprechend Anwendung finden. Ein wesentlicher Unterschied besteht jedoch hinsichtlich der sogenannten „Handlungshaftung": Während der Vertreter des rechtsfähigen Vereins rechtsgeschäftlich nur bei Überschreitung der Vertretungsmacht haftet, kann der für einen nichtrechtsfähigen Verein „Handelnde" nach § 54 S. 2 vom Vertragspartner persönlich in Anspruch genommen werden.

8. Landwirtschaftliche Zusammenschlüsse

Die Kooperation in der Landwirtschaft zum Zwecke der Intensivierung und Mechanisierung bedient sich häufig der Gesellschaft bürgerlichen Rechts. Kapitalgesellschaften sind hier in der Regel zu aufwendig und schwerfällig, es sei denn, Größe und Aufgabe des Zusammenschlusses legen die Gründung einer Genossenschaft nahe. Die Gründung von Handelsgesellschaften war nach der früheren Fassung des § 3 HGB mangels Kaufmannseigenschaft nicht möglich; nach der Novellierung dieser Vorschrift können sich landwirtschaftliche Betriebe durch die Eintragung in das Handelsregister dem Handelsrecht unterwerfen; sie erwerben dadurch die Kaufmannseigenschaft und können sich der Rechtsform von Handelsgesellschaften bedienen (vgl. dazu Klunzinger, Grundzüge des Handelsrechts, § 6 III).

9. Gesellschaften von Ehegatten und Familienangehörigen

Soweit sich die vermögensrechtlichen Beziehungen zwischen Familienangehörigen im typischen Rahmen der ehelichen Lebens- und Familiengemeinschaft bewegen, beurteilen sich diese naturgemäß zunächst ausschließlich nach Familienrecht: Der gesetzliche Güterstand der Zugewinngemeinschaft berücksichtigt unterschiedliche Vermögensentwicklungen durch die Ausgleichung eines etwaigen Zugewinns bei Beendigung der Ehe.

• **Lernhinweis:** Das Güterrecht (die vermögensrechtlichen Beziehungen zwischen den Ehegatten) hat mannigfache Ausstrahlung auf das Gesellschaftsrecht! Das deutsche Recht kennt **drei Güterstände:** Die „**Zugewinngemeinschaft**" (gesetzlicher Güterstand, der immer vorliegt, wenn die Ehegatten keinen anderen Güterstand vereinbaren) sowie die beiden vertraglichen Güterstände der „**Gütergemeinschaft**" (soweit nicht „Vorbehaltsgut" oder „Sondergut" vorliegt, wird das Vermögen von Mann und Frau als „Gesamtgut" gemeinschaftliches Vermögen beider Ehegatten) und der „**Gütertrennung**" (bei ihr „gelten die Ehegatten vermögensrechtlich als nicht verheiratet"). Während man bei der Zugewinngemeinschaft durch eine einfache Rechenoperation (Endvermögen ./. Anfangsvermögen) bei jedem Ehegatten seinen Zugewinn errechnet und den überschießenden Zugewinn eines Ehegatten ausgleicht, entfällt diese „Korrektur" bei der Gütertrennung. Das ist der Grund, weshalb die Rechtsprechung namentlich in diesen Fällen versucht hat, über die Annahme „stillschweigender Ehegattengesellschaften" einen Vermögensausgleich herbeizuführen.

Unter §§ 705 ff. BGB fallende Ehegattengesellschaften können vorliegen, wenn ein Ehegatte über die familienrechtliche Pflicht hinaus im Erwerbsgeschäft des anderen mitarbeitet oder wenn ein Ehepartner dem anderen Vermögen für ein Erwerbsgeschäft zur Verfügung gestellt hat, das dem Familienunterhalt dient.

Beispiele:

- Die Ehefrau hat ein Metzgereifachgeschäft in die Ehe eingebracht, mitfinanziert und durch ihre Mitarbeit gefördert (BGHZ 31, 197 ff.);
- die Ehefrau hat den Betrieb einer Gastwirtschaft mitfinanziert und durch ihre Mitarbeit gefördert (BGHZ 47, 157 ff.);
- ein Ehegatte hat bei der Errichtung von Mietswohnhäusern Dienstleistungen erbracht und die persönliche Haftung mit übernommen (BGH NJW 74, 2278 f.).

Entscheidend ist jeweils, ob die Beteiligten abredegemäß durch beiderseitige Leistungen einen **über den typischen Rahmen der ehelichen Lebens- bzw. Familiengemeinschaft hinausgehenden Zweck verfolgen** und damit eine schuldrechtliche Sonderverbindung eingehen, die das übersteigt, wozu die Ehegatten nach familienrechtlichen Regeln verpflichtet sind. Diese Kriterien entfallen

- bei der bloßen Errichtung eines Familienwohnheims durch beide Ehegatten (BGH NJW 74, 1554f.);
- bei bloßer Mitfinanzierung einer Arztpraxis und Mitarbeit als Sprechstundenhilfe beim Aufbau der Praxis (BGH NJW 74, 2045f.);
- bei bloßer Zusammenarbeit von Mutter und Sohn im gemeinsam errichteten Haus (BGH Betrieb 72, 2459).

10. Eheähnliche Lebensgemeinschaften

Das Zusammenleben von Mann und Frau in Form einer „eheähnlichen Lebensgemeinschaft" begründet nach h. M. keine Gesellschaft. Unter bestimmten Voraussetzungen können jedoch die Grundsätze der BGB-Gesellschaft herangezogen werden (vgl. BGHZ 77, 55). Die Rechtsprechung verlangt als Mindestvoraussetzung, daß die Partner im Innenverhältnis die Absicht verfolgt haben, einen wirtschaftlich gemeinschaftlichen Wert zu schaffen, den sie während der bestehenden Partnerschaft gemeinsam nutzen und der ihnen gehören soll. Dies wurde z.B. für ein gewerbliches Unternehmen bejaht (BGHZ 84, 388). Der gegenwärtige Stand der Diskussion zur eheähnlichen Lebensgemeinschaft läßt noch viele Fragen offen. So folgt nach der Rechtsprechung die Absicht, einen gemeinschaftlichen Wert zu schaffen, nicht in jedem Fall schon daraus, daß ein Partner ein Grundstück erwirbt und der andere zu den Erwerbskosten beiträgt. Andererseits soll er nicht bereits daran scheitern, daß ein Partner nach außen das Unternehmen (in BGH NJW 85, 1841 war es eine Arztpraxis) allein führen soll.

III. Gründung der BGB-Gesellschaft

1. Gesellschaftsvertrag

Die BGB-Gesellschaft entsteht durch den <u>vertraglichen Zusammenschluß mehrerer Gesellschafter</u>. Erforderlich ist also zunächst der Abschluß eines Vertrages. Dieser kann ausdrücklich oder stillschweigend erfolgen. Letzteres ist vor allem bei Gelegenheitsgesellschaften der Fall. Eine bestimmte Form ist nicht vorgeschrieben. In der Praxis ist eine schriftliche Fixierung zu Beweiszwecken empfehlenswert. Form- und Genehmigungserfordernisse sind jedoch wie bei allen Gesellschaftsgründungen aus anderen Aspekten denkbar:

- Wenn etwa **Grundstücke** in die Gesellschaft eingebracht werden, ist wegen der in der Grundstücksveräußerung liegenden Änderung in der Rechtszuständigkeit die <u>notarielle Form</u> zu beachten (vgl. §§ 313, 873, 925 BGB);
- wenn **Minderjährige** mitwirken, kann die Mitwirkung des Vormundschaftsgerichts erforderlich sein (vgl. § 1822 Nr. 3 i.V.m. § 1643 BGB; § 1909 i.V.m. § 181 BGB);
- Verträge über **Kartelle** und sonstige Beschränkungen des Wettbewerbs müssen gem. § 34 GWB schriftlich abgefaßt sein.

Gesellschafter einer BGB-Gesellschaft kann jede natürliche und jede juristische Person sein. Es muß sich um <u>mindestens zwei Gesellschafter</u> handeln („zweigliedrige Gesellschaft"), häufig sind es mehr; dem Charakter einer auf gegenseitige Kenntnis angelegten Personengesellschaft entsprechend ist es jedoch selten, daß die Gesellschafterzahl – wie bei den Publikumsgesellschaften – größere Dimensionen annimmt.

2. Gesellschaftsvermögen

a) Gegenstand des Gesellschaftsvermögens

Das Gesellschaftsvermögen ist die sachenrechtliche Seite der Mitgliedschaft. Gegenstand des Gesellschaftsvermögens sind:
- die vertraglichen Beiträge der Gesellschafter (§ 718 Abs. 1 1. Fall),
- die durch die Geschäftsführung für die Gesellschaft erworbenen Gegenstände (§ 718 Abs. 1 2. Fall),
- was aufgrund eines zu dem Gesellschaftsvermögen gehörenden Rechts erworben wird (§ 718 Abs. 2 1. Fall),
- was als Ersatz für die Zerstörung, Beschädigung oder Entziehung eines zum Gesellschaftsvermögen gehörenden Gegenstandes erworben wird (§ 718 Abs. 2 2. Fall).

Mit anderen Worten: Alles, was die Gesellschafter durch ihre Tätigkeit jetzt oder später in Verfolgung des gemeinsamen Zwecks erwerben und erwirtschaften, wird gemeinschaftliches Vermögen, einschließlich der Surrogate.

b) Gesamthänderische Bindung

Typisch für das Gesellschaftsvermögen bei Personengesellschaften ist seine „Bindung zur gesamten Hand". Das Gesellschaftsvermögen (vgl. den Wortlaut von § 718 Abs. 1 BGB!) ist „gemeinschaftliches Vermögen der Gesellschafter"

Schaubild: Gesamthänderische Bindung des Gesellschaftsvermögens

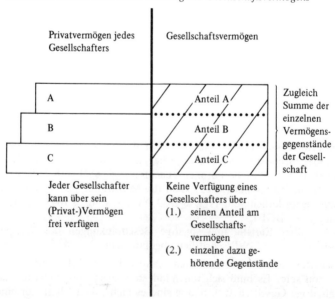

und steht damit nur allen gemeinschaftlich zu. Das Gesetz bringt diese gesamthänderische Bindung vor allem durch drei Aussagen zum Ausdruck (vgl. § 719 Abs. 1 – lesen!):

- ein Gesellschafter kann <u>nicht</u> über seinen **Anteil am Gesellschaftsvermögen** verfügen,
- ein Gesellschafter kann <u>nicht</u> über seinen **Anteil an den einzelnen** zum Gesellschaftsvermögen gehörenden **Gegenständen** verfügen,
- ein Gesellschafter ist <u>nicht</u> berechtigt, **Teilung** zu verlangen.

Es handelt sich also beim <u>Gesellschaftsvermögen</u> um ein gegenüber dem Privatvermögen der Gesellschafter <u>abgegrenztes Sondervermögen</u>.

c) Aufrechnungstatbestände

Die Trennung zwischen Gesellschaftsvermögen und Privatvermögen führt zwangsläufig zu Aufrechnungsverboten. Es muß sichergestellt sein, daß eine Aufrechnung von Privatforderungen gegen Gesellschaftsforderungen <u>nicht möglich ist</u>.

- Gegen eine Forderung, die zum Gesellschaftsvermögen gehört, kann der Schuldner gem. § 719 Abs. 2 BGB (lesen!) nicht eine ihm gegen einen einzelnen Gesellschafter zustehende Forderung aufrechnen.
- Dasselbe gilt (mangels Gegenseitigkeit) für den umgekehrten Fall: Ein Gesellschafter kann nicht mit einer der gesamthänderischen Bindung unterliegenden Forderung gegenüber einem Schuldner aufrechnen, der ihn aus einer Privatforderung in Anspruch nimmt.

Schaubild: Aufrechnungsverbot nach § 719 Abs. 2 BGB

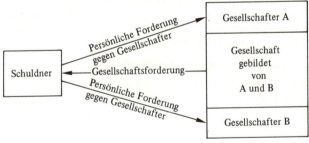

IV. Geschäftsführung und Vertretung bei der BGB-Gesellschaft

- **Lernhinweis:** Wie bereits betont, ist im Gesellschaftsrecht streng zwischen der Geschäftsführung einerseits und der Vertretung andererseits zu unterscheiden. Die Geschäftsführung betrifft das Innenverhältnis, die Vertretung das Außenverhältnis. Unter die Geschäftsführung fallen neben rechtsgeschäftlichen Handlungen auch alle sonstigen Betätigungen im Interesse der Gesellschaft, die sich aus der gemeinsamen Zweckverfolgung ergeben, also etwa tatsächliche Akte wie Buchführung, Korrespondenz und das sonstige „Management". Bei der BGB-Gesellschaft sind Geschäftsführung und <u>Vertretung miteinander gekoppelt</u>: Die Vertretungsbefugnis reicht so weit wie die Geschäftsführungsbefugnis. Deshalb empfiehlt es sich, die beiden Problemkreise zusammen darzustellen. Arbeiten Sie daher den nachfolgenden Abschnitt intensiv durch und repetieren Sie das Erlernte noch einmal an Hand der Schaubilder.

1. Geschäftsführung

a) Grundsatz

Die Führung der Geschäfte in der BGB-Gesellschaft steht nach § 709 Abs. 1 BGB (lesen!) den Gesellschaftern **gemeinschaftlich** zu. Für jedes Geschäft ist also die Zustimmung aller Gesellschafter erforderlich. Man spricht bei diesem Organisationsprinzip auch vom „positiven Konsensprinzip".

Beispiel:

A, B und C haben sich zu einer BGB-Gesellschaft zusammengeschlossen. Sollen für die Gesellschaft Einkäufe getätigt oder Aufträge erteilt werden, so muß zunächst im Innenverhältnis Einstimmigkeit über die zu treffenden Maßnahmen erzielt werden. Hält A etwa den Kauf eines Kopierautomaten für erforderlich, muß er die Zustimmung von B und C einholen, was selbstverständlich auch stillschweigend geschehen kann.

b) Vertragliche Abweichungen

Das Prinzip der Gesamtgeschäftsführung mit seinem Einstimmigkeitserfordernis ist für den einzelnen Gesellschafter vorteilhaft und „ungefährlich" (weil er bei jedem Organisationsakt gefragt werden muß), es ist aber auf der anderen Seite außerordentlich schwerfällig und daher in vielen Fällen unbrauchbar. Das Gesetz erlaubt deshalb, die Geschäftsführung durch Gesellschaftsvertrag abweichend zu regeln (vgl. § 709 Abs. 2 BGB).

aa) Gesamtgeschäftsführung mehrerer Gesellschafter

Durch Gesellschaftsvertrag kann die Führung der Geschäfte mehreren Gesellschaftern übertragen werden. Dabei können sich diese wiederum (wie bei der Gesamtgeschäftsführung aller Gesellschafter) gegenseitig (ausdrücklich oder stillschweigend) für einzelne oder mehrere Geschäftsführungsakte ermächtigen.

Ist die Geschäftsführung auf diese Weise auf mehrere Gesellschafter übertragen, so findet wiederum das Prinzip der Gesamtgeschäftsführung entsprechende Anwendung. Das bedeutet, daß zu Geschäftsführungsakten die Zustimmung aller geschäftsführungsberechtigten Gesellschafter erforderlich ist. Die übrigen Gesellschafter sind dagegen von der Geschäftsführung ausgeschlossen.

Beispiel:

A, B und C haben (entweder bei Abschluß des Gesellschaftsvertrages oder durch späteren Gesellschafterbeschluß) vereinbart, die Geschäftsführung den sach- und rechtskundigen Gesellschaftern B und C zu übertragen. In diesem Falle sind für Auftragsvergaben usw. nur B und C zuständig; A ist als nicht geschäftsführungsberechtigter Gesellschafter auf die Geltendmachung etwaiger Kontrollrechte (s. u.) angewiesen.

bb) Einzelgeschäftsführungsbefugnis

Nach § 710 BGB (lesen!) kann durch Gesellschaftsvertrag die Geschäftsführungsbefugnis auch einzelnen Gesellschaftern übertragen werden. Dies ist entweder in der Weise möglich, daß nur einer der Gesellschafter zur Geschäftsführung ermächtigt wird, denkbar ist es aber auch, daß mehrere Gesellschafter Geschäftsführungsbefugnis in der Weise erlangen, daß jeder allein zu handeln berechtigt ist.

Beispiel:

A, B und C bestimmen in Anbetracht des unter ihnen bestehenden Vertrauensverhältnisses, daß jeder von ihnen die Geschäfte eigenverantwortlich ausüben darf. Dann könnte sowohl A als auch B oder C allein über Einkäufe, Verkäufe und sonstige zu treffende Maßnahmen entscheiden.

cc) Widerspruchsrecht

Steht nach dem Gesellschaftsvertrag die Führung der Geschäfte allen oder mehreren Gesellschaftern derart zu, daß jeder allein zu handeln berechtigt ist, so stellt sich eine Frage: Kann ein geschäftsführungsbefugter Gesellschafter einen anderen geschäftsführungsbefugten Gesellschafter „blockieren"? Es könnte ja sein, daß der eine Gesellschafter die Maßnahme als vorteilhaft, der andere sie jedoch als nachteilig ansieht.

Beispiel:

A, B und C haben sich im Gesellschaftsvertag auf Einzelgeschäftsführungsbefugnis geeinigt, weitere Maßnahmen jedoch nicht getroffen. Als A einen teuren Kopierautomaten anschaffen will, kommt es zum Streit mit B, der eine derart teure Anschaffung für nicht angemessen hält. Kann A trotzdem den Automaten bestellen oder ist der Widerspruch des B zu beachten?

Zu unterscheiden sind zwei Möglichkeiten:

- **Die Regelung des Gesetzes:** Nach § 711 BGB (lesen!) muß im Falle eines Widerspruchs anderer Gesellschafter das Geschäft unterbleiben: Steht nach dem Gesellschaftsvertrag die Führung der Geschäfte allen oder mehreren Gesellschaftern in der Art zu, daß jeder allein zu handeln berechtigt ist, so kann jeder der Vornahme eines Geschäfts durch den anderen widersprechen!
- **Gesellschaftsvertragliche Abweichungen:** § 711 BGB ist dispositives Recht. Der Gesellschaftsvertrag kann abweichende Regelungen enthalten. Wenn A, B und C deshalb entweder bei Vereinbarung der Einzelgeschäftsführungsbefugnis oder später durch entsprechenden Gesellschafterbeschluß übereinkommen, daß jeder einzelne Gesellschafter voll verantwortlich in dem Sinne sein soll, daß ein anderer Gesellschafter ihm nicht „dreinreden" darf, dann würde diese Klausel das Widerspruchsrecht ausschließen. Derartige Bestimmungen können zwar bei unüberlegten und übereilten Entscheidungen geschäftsführungsbefugter Gesellschafter für die Gesellschaft nachteilig sein; auf der anderen Seite läßt sich nicht verkennen, daß Widerspruchsrechte das Gesellschaftsmanagement u. U. lähmen.

- **Lernhinweis:** Repetieren Sie noch einmal die prinzipiellen Möglichkeiten bei der Geschäftsführung und beachten Sie dabei anhand des nachfolgenden Schaubildes den Stufenaufbau vom Allgemeinen zum Speziellen.

Schaubild: *Stufenaufbau der Geschäftsführungsbefugnis bei der BGB-Gesellschaft*

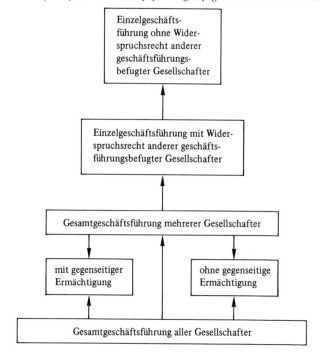

c) Rechte und Pflichten geschäftsführungsbefugter Gesellschafter

Die Rechtsstellung geschäftsführungsberechtigter Gesellschafter ist zunächst aus dem Gesellschaftsvertrag zu entnehmen. Hilfsweise findet gem. § 713 BGB das Auftragsrecht (§ 664–670 BGB) entsprechende Anwendung.

- **Lernhinweis:** Hier haben Sie ein gutes Beispiel dafür, daß das Gesetz häufig bei Treuhandverhältnissen und Interessenwahrnehmungen auf das bürgerlich-rechtliche Auftragsrecht verweist. Die Bedeutung des Auftragsrechts liegt deshalb auch weniger in der unmittelbaren Vereinbarung von (definitionsgemäß unentgeltlichen!) Auftragsverhältnissen, als vielmehr in seiner Funktion als „Ersatz-Rechtsordnung" für gesetzliche oder sonstige Interessenwahrnehmungen. Die Anwendung des Auftragsrechts führt bei der BGB-Gesellschaft vor allem zu zwei Anspruchsgrundlagen:

- geschäftsführungsbefugte Gesellschafter haben Anspruch auf **Aufwendungsersatz** (§ 670 BGB);
- geschäftsführungsbefugte Gesellschafter **müssen** alles, was sie durch die Geschäftsführung erlangt haben, an die Gesellschaft **herausgeben** (§ 667 BGB).

d) Entzug und Kündigung der Geschäftsführung

aa) Entziehung der Geschäftsführung

Einem Gesellschafter kann durch einstimmigen Beschluß oder, wenn der Gesellschaftsvertag dies bestimmt, mehrheitlich die Geschäftsführung entzogen werden. Voraussetzung ist, daß ein „wichtiger Grund" vorliegt. Dies trifft insbesondere bei **„grober Pflichtverletzung"** oder **„Unfähigkeit zur ordnungsgemäßen Geschäftsführung"** zu (vgl. § 712 Abs. 1 BGB – lesen!). Der Gesellschaftsvertrag kann darüber hinaus engere oder weitere Voraussetzungen aufstellen.

bb) Kündigung der Geschäftsführung

Umgekehrt kann auch ein geschäftsführungsbefugter Gesellschafter seinerseits die Geschäftsführung kündigen, wenn für ihn ein wichtiger Grund vorliegt.

§ 712 II

Beispiele:

In der von A, B und C gegründeten BGB-Gesellschaft kommt es zum Streit, weil C wiederholt Konkurrenzgeschäfte getätigt hatte und auch nach Abmahnung durch A und B Geschäftsinterna für eigene Interessen verwertet. Hier kann durch Beschluß von A und B dem Mitgesellschafter C wegen seiner groben Pflichtverstöße die Geschäftsführung entzogen werden.

Wenn umgekehrt C sich vertagsgetreu verhält, A und B dagegen durch „Schlamperei" das Ansehen der Gesellschaft schädigen und C um seine eigene Reputation fürchtet, könnte er die Geschäftsführung kündigen, sofern ihm nicht zuzumuten ist, weiterhin für die Gesellschaft tätig zu sein. Die Niederlegung der Geschäftstätigkeit darf jedoch nicht „zur Unzeit" erfolgen (vgl. § 712 Abs. 2 a. E. i. V. m. § 671 Abs. 2).

e) Kontrollrechte

Das Bedürfnis, Geschäftsführungsmaßnahmen zu kontrollieren, ist selbstverständlich. Dies gilt vor allem für solche Gesellschafter, die von der Geschäftsführung ausgeschlossen sind. „Vertrauen ist gut, Kontrolle ist besser!" Der Gesetzgeber befriedigt dieses Bedürfnis durch die Normierung von Kontrollrechten zugunsten einzelner Gesellschafter. Bemerkenswert hierbei ist, daß Kontrollrechte durch Gesellschaftsvertrag zwar erweitert und bis zu einem gewissen Grade auch eingeschränkt werden dürfen, zum Nachteil von Gesellschaftern abweichende Klauseln jedoch unbeachtlich sind, wenn „Grund zu der Annahme unredlicher Geschäftsführung" besteht. § 716

Nach § 716 BGB (lesen!) hat ein Gesellschafter, auch wenn er von der Geschäftführung ausgeschlossen ist, nachfolgende **Kontrollrechte:**

- er kann sich von den Angelegenheiten der Gesellschaft **persönlich unterrichten,**
- er kann die **Geschäftsbücher** und die „Papiere" der Gesellschaft (Verträge, Korrespondenz usw.) einsehen und
- er kann sich aus diesen Unterlagen eine **Übersicht** über den Stand des Gesellschaftsvermögens **anfertigen.**

2. Vertretung

• **Lernhinweis:** Machen Sie sich noch einmal die Grundprinzipien der Stellvertretung nach bürgerlichem Recht klar: Ein Vertreter gibt Willenserklärungen im Namen des Vertretenen ab, die innerhalb seiner Vertretungsbefugnis für und gegen den Vertretenen wirken (§ 164 Abs. 1 BGB).

Wie immer im Gesellschaftsrecht, lautet auch bei der BGB-Gesellschaft die Frage: Wer kann nach außen hin wirksam Erklärungen abgeben und dadurch „die Gesellschaft" verpflichten? Da jedoch die BGB-Gesellschaft nicht rechtsfähig ist und im Gegensatz zur oHG und KG (vgl. dort § 124 Abs. 1 HGB!) auch nicht selbständig im Rechtsverkehr auftreten kann, **wird bei der BGB-Gesellschaft nicht „die Gesellschaft" vertreten,** vielmehr werden es „die anderen Gesellschafter" (vgl. den Wortlaut von § 714 BGB)! Das bedeutet, daß ein vertetungsbefugter Gesellschafter zugleich im eigenen und im fremden Namen (nämlich für die vertretenen Gesellschafter) handelt. Die Wirkungen seiner Erklärungen treffen das Gesellschaftsvermögen in seiner gesamthänderischen Bindung.

Wie bei der Geschäftsführung sind auch bei der Vertretung die dispositive gesetzliche Regelung und die Möglichkeiten gesellschaftsvertraglicher Abweichungen zu unterscheiden:

a) Prinzip der Gesamtvertretung

Das Gesetz hat für den „Normalfall" eine sehr einfache Regelung der Vertretungsmacht getroffen: Soweit einem Gesellschafter nach dem Gesellschaftsvertrag die Befugnis zur Geschäftsführung zusteht, ist er im Zweifel auch ermächtigt, die anderen Gesellschafter Dritten gegenüber zu vertreten (§ 714 BGB – lesen!)

Mit anderen Worten: **Das Gesetz verknüpft bei der BGB-Gesellschaft die Geschäftsführung mit der Vertretung.** Wer die Geschäftsführungsbefugnis hat, hat (im Zweifel) auch die Vertretungsbefugnis! Da im gesetzlichen Regelfall die Gesellschafter nur gemeinschaftlich geschäftsführungsbefugt sind, andererseits der Umfang der Vertretungsmacht vom Umfang der Geschäftsführung abhängt, heißt dies: **Die Gesellschafter sind im Zweifel gesamtvertretungsbefugt!** Das bedeutet für die Praxis: Wirksame Erklärungen können für „die Gesellschaft" nur abgegeben werden, wenn sämtliche Gesellschafter mitwirken.

b) Abweichende Regelungen

Genauso wie die Geschäftsführung einzelnen oder mehreren allein oder zusammen übertragen werden kann, so ist es durch gesellschaftsvertragliche Regelung zulässig, die Vertretung einzelnen oder mehreren (allein oder zusammen) zu übertragen.

• **Lernhinweis:** Prägen Sie sich die wichtige Regelung des § 714 BGB ein und vergleichen Sie dazu die Übersicht: Geschäftsführung und Vertretung bei der BGB-Gesellschaft.

§ 4. Die Gesellschaft bürgerlichen Rechts

c) Entziehung der Vertretungsmacht

Wie bei der Geschäftsführung ist auch bei der Vertretung ein Entzug dieser Befugnis möglich. § 715 BGB (lesen!) bestimmt hierzu, daß die Entziehung nur unter den Voraussetzungen des § 712 (also denselben wie bei der Geschäftsführungsbefugnis) möglich ist. Wurde die Vertretungsbefugnis in Verbindung mit der Geschäftsführungsbefugnis erteilt, dann darf sie des weiteren nur mit dieser zusammen entzogen werden.

Übersicht: Geschäftsführung und Vertretung bei der BGB-Gesellschaft

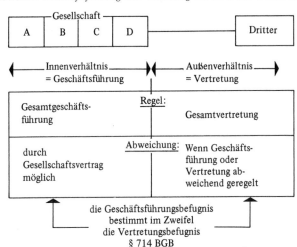

V. Schuldenhaftung

● **Lernhinweis:** Machen Sie sich in diesem Zusammenhang zunächst die Begriffe „Schuld", „Haftung", „Privatschulden", „Gesellschaftsschulden" klar.

Für „Verbindlichkeiten der BGB-Gesellschaft" haften alle Gesellschafter als Gesamtschuldner. Da bei der BGB-Gesellschaft nicht die Gesellschaft, sondern nur die Gesellschafter Träger von Rechten und Pflichten sind, kommt als Haftungssubjekt nicht die Gesellschaft, sondern lediglich der Gesellschafter in Betracht. Dennoch spricht die h. M. auch bei der BGB-Gesellschaft von „Gesellschaftsschulden". Rechtsgrundlagen hierfür finden sich nicht in den §§ 705ff. BGB, sondern im allgemeinen Schuldrecht unter dem Abschnitt „Mehrheit von Schuldnern und Gläubigern" (§§ 420ff. BGB). Als Konsequenz der gemeinsamen Zweckverfolgung haften die Gesellschafter gem. § 427 BGB im Zweifel als Gesamtschuldner. Das heißt: Gläubiger können sich an jeden einzelnen Gesellschafter wegen der gesamten Summe halten; es ist den Gesellschaftern überlassen, untereinander einen Ausgleich durchzuführen (vgl. die Regelung der Ausgleichspflicht unter Gesamtschuldnern nach § 426 BGB).

2. Kapitel. Recht der Personengesellschaften

Schaubild: Gesamtschuldnerische Haftung

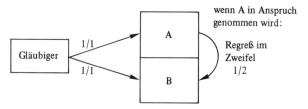

1. Gesellschaftsschulden

„Gesellschaftsschulden" im Gesellschaftsrecht sind solche, die im Rahmen des Gesellschaftsverhältnisses begründet werden und für die alle Gesellschafter haften (terminologische Streitigkeiten können hier außer Betracht bleiben). Für derartige „Gesellschaftsschulden" haften sämtliche Gesellschafter gesamtschuldnerisch auch mit ihrem Privatvermögen. Gesellschaftsgläubiger können deshalb sowohl in das Privatvermögen einzelner Gesellschafter vollstrecken als auch in das Gesellschaftsvermögen. Eine Vollstreckung in das Gesellschaftsvermögen setzt jedoch einen „Titel" (z. B. ein Urteil) gegen sämtliche Gesellschafter voraus (vgl. § 736 ZPO).

Das heißt: Die Gesellschaftsgläubiger müssen sämtliche Gesellschafter zusammen verklagen, um in das Gesellschaftsvermögen vollstrecken zu können.

Natürlich kann sich ein Gesellschaftsgläubiger auch darauf beschränken, nur einen Gesellschafter in Anspruch zu nehmen (z. B. indem er dessen Gesellschaftsanteil pfändet). In diesem Fall genügt ein Titel gegen den betreffenden Gesellschafter (§ 859 ZPO).

Schaubild: Haftung der Gesellschafter bei der BGB-Gesellschaft

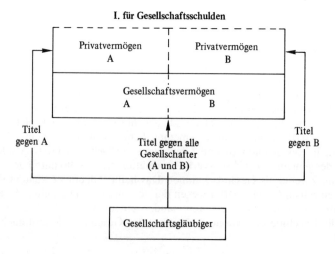

§ 4. Die Gesellschaft bürgerlichen Rechts

- **Lernhinweis:** Die Bezeichnung „Titel" ist der vollstreckungsrechtlichen Terminologie entnommen. Man versteht darunter sämtliche öffentliche Urkunden, die einen materiellrechtlichen Anspruch bescheinigen, der mittels Zwangsvollstreckung realisiert werden kann. In der Regel handelt es sich um Urteile (§ 704 ZPO). Des weiteren gibt es vollstreckbare Urkunden (§ 794 Ziff. 5 ZPO) sowie Vollstreckungsbescheide im Anschluß an das Mahnverfahren (§ 700 ZPO) u. a.; auch der Auszug aus der Konkurstabelle ist ein Vollstreckungstitel (§ 164 KO).

2. Privatschulden

Für Privatschulden haftet nur der einzelne Gesellschafter. Sie entstehen durch Rechtsgeschäfte, die eigenverantwortlich und außerhalb der gesellschaftsvertraglichen Zweckverfolgung (also in der „Privatsphäre") getätigt werden. Hier kann der Privatgläubiger zunächst unbedenklich in das Privatvermögen seines (Gesellschafter-)Schuldners vollstrecken. Er muß sich aber auch am Gesellschaftsvermögen schadlos halten können (namentlich, wenn im Privatvermögen „nichts zu holen ist"), zumindest in Höhe des Gesellschaftsanteils seines Schuldners. Denn genau genommen gehört ja der Gesellschaftsanteil auch zum Vermögen des in seiner Schuld stehenden Mitgesellschafters. Das Gesetz hat dies berücksichtigt und die Konfliktsituation wie folgt gelöst (vgl. §§ 725 BGB, 859 ZPO – lesen!):

- Der Privatgläubiger des Gesellschafters muß den **Gesellschaftsanteil** seines Schuldners **pfänden** lassen,
- dann kann er ohne Einhaltung einer Kündigungsfrist **die Gesellschaft kündigen,**
- der dadurch entstehende **Abfindungsanspruch** unterliegt dann der beliebigen **Verwertung** des Privatgläubigers.

- **Lernhinweis:** Vergleichen Sie zu den verschiedenen Haftungssituationen bei der BGB-Gesellschaft noch einmal das entsprechende Schaubild.

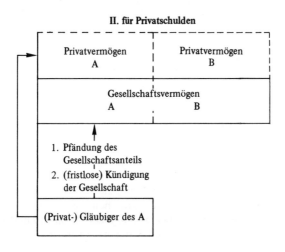

VI. Gewinn- und Verlustbeteiligung

Über die Gewinn- und Verlustbeteiligung von Gesellschaftern wird in erster Linie der Gesellschaftsvertrag Regelungen enthalten. Die gesetzlichen Vorschriften (§§ 721, 722 BGB) sind dispositiver Natur. Sie greifen selten und nur dort ein, wo eine vertragliche Vereinbarung nicht besteht, wie etwa bei manchen Gelegenheitsgesellschaften.

1. Höhe der gesetzlichen Gewinn-/Verlustbeteiligung

Sind die Anteile der Gesellschafter an Gewinn und Verlust nicht gesellschaftsvertraglich bestimmt, so hat gem. § 722 Abs. 1 BGB jeder Gesellschafter ohne Rücksicht auf Art und Größe seines Beitrags einen **gleichen Anteil am Gewinn und Verlust**. Diese (dispositive) Art der Gewinnverteilung ist dann untragbar, wenn die Gesellschafterbeiträge unterschiedlich sind und eine Gewinnverteilung nach Köpfen an den Realitäten vorbeigeht. Dieser (dispositive) Gewinnverteilungsschlüssel beruht darauf, daß die BGB-Gesellschafter in der Regel durch ihre persönliche Mitarbeit gemeinsam den Gewinn erwirtschaften. Sollte die gesetzliche Leitvorstellung im Einzelfall nicht zutreffen, kann dem unterschiedlichen Gewicht der Gesellschafterbeiträge durch eine entsprechende Gewinnverteilungsabrede Rechnung getragen werden.

Es dürfte selten vorkommen, daß zwar eine Bestimmung über den Gewinn, aber keine über den Verlust getroffen wird. Für diesen Fall bestimmt § 722 Abs. 2 BGB, daß die Gewinnquote auch für die Verlustquote maßgebend sein soll. Dasselbe gilt für den umgekehrten Fall, daß lediglich der Anteil am Verlust bestimmt ist.

2. Durchführung der Gewinn-/Verlustverteilung

Auch hierüber wird der Gesellschaftsvertrag in aller Regel Bestimmungen enthalten, die den jeweiligen Einzelfall berücksichtigen. Nach der dispositiven gesetzlichen Regelung kann ein Gesellschafter den Rechnungsabschluß und die Verteilung des Gewinns bzw. Verlustes erst nach der Auflösung der Gesellschaft verlangen (§ 721 Abs. 1 BGB). Ist die Gesellschaft von längerer Dauer, so hat der Rechnungsabschluß für die Gewinnverteilung im Zweifel am Schluß eines jeden Geschäftsjahres zu erfolgen.

VII. Wechsel von Gesellschaftern

1. Unübertragbarkeit der Gesellschafterstellung

Nach § 717 Abs. 1 BGB sind die Ansprüche, die den Gesellschaftern aus dem Gesellschaftsverhältnis gegeneinander zustehen, nicht übertragbar (man spricht vom sog. **„Abspaltungsverbot"**). Sinn: Die Mitgliedschaft bildet eine Einheit, die eine Abspaltung einzelner Befugnisse nicht zuläßt und verhindern

§ 4. Die Gesellschaft bürgerlichen Rechts

soll, daß außenstehende Dritte sich ohne Zustimmung der übrigen Gesellschafter einmischen.

Übertragbar sind jedoch nach § 717 Satz 2 BGB die einem Gesellschafter aus seiner Geschäftsführung zustehenden Ansprüche, soweit deren Befriedigung vor der Auseinandersetzung verlangt werden kann, sowie die Ansprüche auf einen Gewinnanteil oder das Auseinandersetzungsguthaben.

Bezüglich der Übertragung der Gesellschafterstellung insgesamt gilt: Bei der BGB-Gesellschaft dominiert das persönliche Element. Die Gesellschafterstellung im Ganzen ist deshalb (im Zweifel) nicht übertragbar. Ein Mitgliedschaftswechsel ist zulässig:

- Wenn der Gesellschaftsvertrag ihn zuläßt bzw. alle Gesellschafter zustimmen und
- Mitgliedschaft und Anteil am Gesellschaftsvermögen zusammen übertragen werden.

2. Ausscheiden von Gesellschaftern

Obwohl bei der BGB-Gesellschaft von der grundsätzlichen Unübertragbarkeit der Gesellschafterstellung auszugehen ist, können gesellschaftsvertragliche Bestimmungen oder andere Ereignisse zum Ausscheiden von Gesellschaftern führen.

Es sind dies:

- **Einvernehmliches** Ausscheiden
- **Kündigung** durch einen Gesellschafter
- **Ausschließung** eines Gesellschafters
- **Tod** eines Gesellschafters
- **Konkurs** eines Gesellschafters.

3. Eintritt von Gesellschaftern

Durch Gesellschaftsvertrag allgemein oder durch besonderen Gesellschafterbeschluß können neue Gesellschafter aufgenommen werden. Einem Gesellschafter kann auch bereits im Gesellschaftsvertrag die Zustimmung zur Übertragung seines Gesellschaftsanteils erteilt werden. Damit wird der Gesellschaftsanteil entgegen der gesetzlichen Grundvorstellung frei übertragbar.

4. Prinzip der Anwachsung

Scheidet ein Gesellschafter aus, so stellt sich die Frage, was aus seinem Anteil am Gesellschaftsvermögen werden soll, wenn die Gesellschaft mit den verbleibenden Gesellschaftern fortgeführt wird. An sich müßten sämtliche Rechtspositionen des Ausscheidenden nach den Vorschriften des bürgerlichen Rechts übertragen werden. Das Gesetz kennt eine viel einfachere Lösung:

Nach § 738 BGB (lesen!) wächst der Anteil des ausgeschiedenen Gesellschafters am Gesellschaftsvermögen den übrigen Gesellschaftern zu. Diesen Vorgang bezeichnet man als „**Anwachsung**". Es ist also nicht erforderlich, Eigentum durch Einigung und Übergabe bzw. Auflassung und Grundbucheintragung zu übertragen, Forderungen abzutreten usw., wie es nach formellem Sachen- und Schuldrecht erforderlich wäre. Die sich aus dem Gesamthandsverhältnis erklärende Anwachsung bewirkt eine automatische Änderung in der Rechtszuständigkeit. Die verbleibenden Gesellschafter werden durch Anteilserhöhung unmittelbar Inhaber der dem Ausscheidenden zugestandenen Rechte. (**Lernhinweis:** Gehört zum Gesellschaftsvermögen ein Grundstück, dann ist das Grundbuch unrichtig geworden und deshalb zu berichtigen – jedoch mit rein deklaratorischer Wirkung!).

Schaubild: Anwachsung des Gesellschaftsanteils eines ausscheidenden Gesellschafters

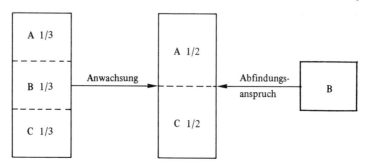

Anstelle seines Gesellschaftsanteils erhält der Ausscheidende (schuldrechtliche) **Abfindungsansprüche**. Die verbleibenden Gesellschafter sind verpflichtet:
- dem Ausscheidenden die zur Benutzung überlassenen **Gegenstände zurückzugeben**,
- ihn **von** den gemeinschaftlichen **Schulden zu befreien**,
- dasjenige zu zahlen, was er bei der Auseinandersetzung erhalten würde, wenn die Gesellschaft zur Zeit seines Ausscheidens aufgelöst worden wäre (**Abfindungsanspruch**).

Zur Ermittlung des Abfindungsanspruchs ist das Gesellschaftsvermögen notfalls im Wege der Schätzung zu ermitteln. Maßgeblicher Abfindungswert ist der **Verkehrswert**. Die gesellschaftsrechtliche Praxis sieht jedoch häufig eine andere Bewertung vor: In vielen Fällen wird der Abfindungsanspruch auf den „**Buchwert**" reduziert, was namentlich bei Ausschließungen von Gesellschaftern zugleich eine „Strafmaßnahme" darstellt. Ihre Grenze findet die vertragliche Abfindungsregelung insbes. in zwei Fällen:

- **Kündigungsvereitelung.** Eine Abfindungsklausel ist dann unzulässig, wenn sie aufgrund wirtschaftlich nachteiliger Folgen, insbes. wegen eines erheblichen Mißverhältnisses zwischen Buchwert und wirklichem Wert, die Freiheit des Gesellschafters, sich zu einer Kündigung zu entschließen, unvertretbar eingrenzt (§ 723 BGB ist zwingendes Recht und schützt auch vor mittelbarem Zwang, BGH NJW 1985, 92).
- **Gläubigerbenachteiligung.** Die gesellschaftsvertragliche Herabsetzung von Abfindungsguthaben im Falle der Zwangsvollstreckung in das Vermögen des Ausscheidenden darf den Gläubigerzugriff nicht vereiteln.

§ 4. Die Gesellschaft bürgerlichen Rechts

Beispiel:

Ein Gesellschaftsvertrag bestimmt, daß ein Gesellschafter im Falle seines Konkurses bzw. der Zwangsvollstreckung durch Privatgläubiger aus der Gesellschaft auszuscheiden habe, ohne daß ihm ein Abfindungsanspruch zustehe. Hier handelt es sich um ein allgemeines zwangsvollstreckungsrechtliches Problem im Gesellschaftsrecht (vgl. dazu auch die Musterlösung zu Fall e) nach § 11 unten).

VIII. Auflösung und Liquidation der Gesellschaft

1. Auflösungsgründe

Die Gesellschaft bürgerlichen Rechts kann aufgelöst werden durch

- **vertragliche** Vereinbarung
- **Kündigung** durch einen **Gesellschafter**
- **Kündigung** durch einen **Privatgläubiger**
- **Unerreichbarwerden** des vereinbarten **Zweckes**
- **Tod** eines Gesellschafters
- **Konkurs** eines Gesellschafters
- **Zeitablauf** bei befristeter Gesellschaft.

Beachten Sie auch hier, daß der Gesellschaftsvertrag Änderungen vorsehen, insbesondere bestimmen kann, daß die Gesellschaft mit den verbleibenden Gesellschaftern fortgeführt wird, wenn in der Person eines Gesellschafters Umstände eintreten, die normalerweise zur Auflösung der Gesellschaft führen. Dies gilt insbesondere für den Tod eines Gesellschafters.

2. Liquidation der Gesellschaft

Wird die Gesellschaft aufgelöst, so findet die Auseinandersetzung (Liquidation) statt. Die Modalitäten der Liquidation können im Gesellschaftsvertrag geregelt sein. Ergänzend greifen die §§ 732 ff. BGB ein.

- **Lernhinweis:** Beachten Sie, daß bei den **Personengesellschaften** die **Liquidation weniger streng geregelt** ist als bei den Kapitalgesellschaften und zum Teil den gesellschaftsvertraglichen Vorstellungen der Beteiligten anheim gestellt wird. Warum ist das so? Anwort: wegen der gesamtschuldnerischen Haftung, auch nach Beendigung und Auflösung der Gesellschaft. Deshalb bedarf es – im Gegensatz zu den Kapitalgesellschaften – keiner gesteigerten Schutzbestimmungen im Gläubigerinteresse. Bei juristischen Personen ist dies anders: Nach ihrer Liquidation endet zugleich ihre juristische Existenz; den Gläubigern wird der Schuldner entzogen. Dies ist der Grund, weshalb bei den Kapitalgesellschaften verschiedene „Schutzstationen", wie Sperrfristen, Gläubigerbenachrichtigungen usw. eingebaut sind, bevor ein etwaiger Liquidationserlös an die Gesellschafter verteilt werden darf (vgl. §§ 264 ff. AktG, 65 ff. GmbHG)!

Die **gesetzliche Liquidationsregelung** nach §§ 732 ff. BGB sieht vor:

- **Gegenstände,** die ein Gesellschafter der Gesellschaft zur Benutzung überlassen hat, sind ihm **zurückzugeben,**
- gemeinschaftliche **Schulden** werden **berichtigt,**

- **Einlagen** werden aus dem berichtigten Gesellschaftsvermögen **zurückerstattet**,
- ein etwaiger **Überschuß** wird im Verhältnis der Gewinnanteile **verteilt**.

Reicht das Gesellschaftsvermögen zur Berichtigung der gemeinschaftlichen Schulden und Zurückerstattung der Einlagen nicht aus, so haben die Gesellschafter für den Fehlbetrag nach dem Verhältnis ihrer Verlustbeteiligung (in der Regel also nach Köpfen) aufzukommen. Beim Ausfall eines Gesellschafters bleiben die restlichen Gesellschafter anteilsmäßig verpflichtet (§ 735 S. 2 BGB).

IX. Steuerrechtliche Behandlung der BGB-Gesellschaft

- **Lernhinweis:** Auf die enge Verknüpfung zwischen Gesellschafts- und Steuerrecht wurde schon mehrfach verwiesen. In der Praxis können gesellschaftsrechtliche Regelungen ohne Berücksichtigung steuerlicher Aspekte kaum bestehen. Es ist deshalb erforderlich, auch im Studium die Grundzüge des Steuerrechts bei den einzelnen Gesellschaftsformen kennenzulernen. Im Nachfolgenden wird die steuerliche Seite bei der BGB-Gesellschaft verhältnismäßig umfangreich dargestellt. Bei den folgenden Sonderformen von Personengesellschaften wird dann lediglich darauf Bezug genommen. Die grundsätzlichen Dinge, wie die Tatbestandsmerkmale der jeweiligen Steuerart, werden dann als bekannt vorausgesetzt. Vergleichen Sie bitte auch die Übersichtstabellen am Ende des Buches!

1. Einkommensteuer

Die BGB-Gesellschaft selbst ist **nicht Steuersubjekt.** Jedoch unterliegen die Gewinnanteile der Gesellschafter (sofern es sich um natürliche Personen handelt) der Einkommensteuer bzw. (sofern es sich um juristische Personen handelt, was seltener ist) der Körperschaftsteuer. Welche Einkunftsart bei den Gesellschaftern vorliegt, entscheidet sich danach, ob eine „Mitunternehmerschaft" im Sinne von § 15 Abs. 1 Nr. 2 EStG vorliegt. Wenn auch die Gesellschaft nicht selbst Steuersubjekt ist, so findet doch eine **einheitliche Gewinnfeststellung** durch das für die Gesellschaft zuständige Betriebsfinanzamt gem. § 180 AO statt.

2. Gewerbesteuer

Der Gewerbesteuer unterliegt nach § 2 GewStG „jeder stehende Gewerbebetrieb". Darunter versteht das Gesetz ein gewerbliches Unternehmen i. S. des Einkommensteuergesetzes. Nach § 15 Abs. 3 EStG gilt als Gewerbebetrieb in vollem Umfang die mit Einkunftserzielungsabsicht unternommene Tätigkeit u. a. einer Personengesellschaft, wenn sie eine Tätigkeit i. S. von § 15 Abs. 1 Nr. 1 EStG ausübt („Einkünfte aus gewerblichen Unternehmen"). Die BGB-Gesellschaft ist also gewerbesteuerpflichtig, wenn sie eine gewerbliche Tätigkeit i. S. d. GewO ausübt. Tut sie das nicht, ist eine BGB-Gesellschaft etwa lediglich zur Vermögensverwaltung gegründet, dann entfällt mangels Gewerbebetriebs auch die Gewerbesteuerpflicht.

Wird die gewerbliche Tätigkeit jedoch bejaht, so greift das Gewerbesteuergesetz ein: Die Besteuerungsgrundlagen sind der Gewerbeertag („Gewerbeertragsteuer") und das Gewerbekapital („Gewerbekapitalsteuer"). Als Gewerbeertrag gilt der nach Einkommensteuergesetz oder Körperschaftsteuergesetz ermittelte Gewinn aus Gewerbebetrieb, vermehrt und vermindert um bestimmte Hinzurechnungen und Kürzungen gem. §§ 8 und 9 GewStG. Als Gewerbekapital gilt der Einheitswert des gewerblichen Betriebs, vermehrt und gekürzt um die Hinzurechnungen und Kürzungen gem. § 12 Abs. 2 und 3 GewStG. Die Berechnung der Gewerbesteuer erfolgt durch Anwendung der Steuermeßzahl auf einen Steuermeßbetrag. Die Steuermeßzahl beträgt, von Ausnahmen abgesehen, für die Gewerbeertragsteuer 5 v. Hundert, für die Gewerbekapitalsteuer 2 v. Tausend.

Besonderheiten gelten nach § 2a GewStG für **Arbeitsgemeinschaften** (ARGE): Die Steuerpflicht entfällt für solche Arbeitsgemeinschaften, deren alleiniger Zweck sich auf die Erfüllung eines einzigen Werkvertrags oder Werklieferungsvertrags beschränkt, es sei denn, daß bei Abschluß des Vertrags anzunehmen ist, daß er nicht innerhalb von drei Jahren erfüllt wird. Der vorübergehende Zusammenschluß etwa zur Verwirklichung größerer Bauvorhaben durch einzelne Unternehmer in Form der „ARGE" führt also nicht zu einer zusätzlichen Gewerbesteuerpflicht; es verbleibt dann bei der Steuerpflicht der als Gesellschafter beteiligten Unternehmen.

3. Kapitalverkehrsteuer

Eine Kapitalverkehrsteuerpflicht entfällt, da die BGB-Gesellschaft nicht Kapitalgesellschaft im Sinne des Kapitalverkehrsteuergesetzes ist.

4. Vermögensteuer

Die BGB-Gesellschaft ist in ihrer Eigenschaft als Personengesellschaft **nicht vermögensteuerpflichtig.** Es werden vielmehr die jeweiligen Anteile der Gesellschafter zur Vermögensteuer herangezogen. Wie bei der Einkommensteuer findet jedoch auch hier eine einheitliche Feststellung (allerdings nur hinsichtlich des Betriebsvermögens) statt.

5. Umsatzsteuer

Lieferungen und sonstige Leistungen, die ein Unternehmen im Inland gegen Entgelt im Rahmen seines Unternehmens ausführt, unterliegen der Umsatzsteuer (= Mehrwertsteuer). Vorausgesetzt ist also die Unternehmereigenschaft; nach § 2 UStG liegt sie vor bei demjenigen, der eine gewerbliche oder berufliche Tätigkeit selbständig ausübt. Dies triff für BGB-Gesellschaften nur dann zu, wenn sie entsprechende Tätigkeiten entfalten (s.o.).

6. Grunderwerbsteuer

Der Grunderwerbsteuer unterliegen nach § 1 GrEStG u. a. Kaufverträge oder andere Rechtsgeschäfte, welche den Anspruch auf Übereignung eines Grundstücks begründen. Werden von der Gesellschaft Grundstücke erworben oder veräußert, so sind diese Tatbestände grunderwerbsteuerpflichtig. Wer die Grunderwerbsteuer im Innenverhältnis bezahlt (in der Regel der Erwerber), ist eine Angelegenheit der vertraglichen Absprache.

Drei Besonderheiten sind bei der Grunderwerbsteuerpflicht von Personengesellschaften zu beachten (das Nachfolgende gilt also nicht nur für die BGB-Gesellschaft, sondern auch für die oHG sowie die Kommanditgesellschaft, einschließlich der GmbH & Co. KG):

a) Übergang von der Gesellschaft auf die Gesellschafter

Geht ein Grundstück von einer Gesamthand in das Miteigentum mehrerer an der Gesamthand beteiligter Personen über, so wird die Steuer nach § 6 GrEStG nicht erhoben, soweit der Bruchteil, den der einzelne Erwerber erhält, dem Anteil entspricht, zu dem er am Vermögen der Gesamthand beteiligt wird. Damit ist folgendes gemeint: Die ursprünglich ideelle Beteiligung der Gesellschafter zur gesamten Hand wird in dem Sinne „realisiert", daß jeder Gesellschafter tatsächlich den seiner Beteiligung entsprechenden Anteil übertragen erhält (Realteilung). Dies kann einmal dadurch geschehen, daß ein Grundstück aus dem Gesellschaftsvermögen „herausgenommen" wird (= „Entnahmen" i. S. des Einkommensteuerrechts mit der Folge eines etwaigen „Buchgewinns"!), zum anderen ist denkbar, daß bei der Liquidation des Gesellschaftsvermögens Grundstücksanteile auf die einzelnen Gesellschafter übertragen werden. Wenn die reale Anteilshöhe mit der ideellen Beteiligungsquote identisch ist, so wäre es formalistisch, hier Grunderwerbsteuer anfallen zu lassen: Der Gesellschafter erhält ja nicht mehr und nicht weniger als das, was ihm ursprünglich (allerdings nur ideell) zur gesamten Hand zustand.

Schaubild: Grunderwerbsteuerfreiheit bei Grundstücksübertragung von der Gesellschaft auf den Gesellschafter

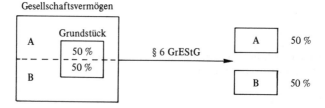

b) Übertragung von den Gesellschaftern auf die Gesellschaft

Hier handelt es sich um den umgekehrten Fall: Geht ein Grundstück von mehreren Miteigentümern auf eine Gesamthand über, so wird die Steuer nicht erhoben, soweit der Anteil des einzelnen am Vermögen der Gesamthand Beteiligten seinem Bruchteil am Grundstück entspricht (§ 5 Abs. 1 GrEStG). Geht ein Grundstück von einem Alleineigentümer auf eine Gesamthand über,

§ 4. Die Gesellschaft bürgerlichen Rechts

so wird die Steuer in Höhe des Anteils nicht erhoben, zu dem der Veräußerer am Vermögen der Gesamthand beteiligt ist. Auch dafür ist der Grund einleuchtend, insbesondere wenn man sich den Fall des § 5 Abs. 2 GrEStG vergegenwärtigt: Hier bringt der Gesellschafter ein Grundstück in die Gesellschaft ein. Zunächst war er Alleineigentümer; nach Einbringung wird er Gesamthandseigentümer in Höhe seiner Anteilsquote.

Schaubild: Grunderwerbsteuerfreiheit bei Grundstücksübertragung von Gesellschaftern auf die Gesellschaft

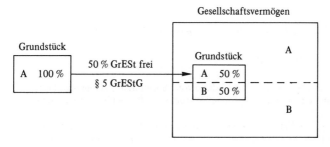

Es ist dabei jedoch überhaupt die Frage, ob es gesellschaftsrechtlich wie auch steuerrechtlich empfehlenswert ist, Grundstücke in das Gesellschaftsvermögen einzubringen. Häufig werden Grundstücke lediglich zur Verfügung gestellt. Dann verbleibt es beim ursprünglichen Eigentum eines Gesellschafters, der dann Überlassungsverträge mit der Gesellschaft abschließt. Haftungsprobleme und das Risiko späterer (als außerordentliche Erträge zu versteuernder) Buchgewinne legen diese Lösung nahe.

c) Anteilsvereinigung

Für das Gesellschaftsrecht zu beachten ist schließlich die Grunderwerbsteuerpflicht im Falle der Anteilsvereinigung nach § 1 Abs. 3 GrEStG. Gehört nämlich zum Vermögen einer Gesellschaft ein inländisches Grundstück, so unterliegt der Grunderwerbsteuer auch ein Rechtsgeschäft, das den Anspruch auf Übertragung eines oder mehrerer Anteile der Gesellschaft begründet,

Schaubild: Anteilsvereinigung

2. Kapitel. Recht der Personengesellschaften

wenn durch die Übertragung alle Anteile der Gesellschaft in der Hand des Erwerbers vereinigt werden (nach § 1 Abs. 3 Nr. 2 bis 4 GrEStG gilt dies auch für eine Reihe von Paralleltatbeständen). Die gesetzliche Ratio ist einleuchtend: Mit der Übertragung des (letzten Mit-)Anteils wird der verbleibende Gesellschafter Alleineigentümer.

Zu beachten ist, daß der grunderwerbsteuerpflichtige Tatbestand der Anteilsvereinigung nicht nur für die BGB-Gesellschaft gilt, sondern gleichermaßen für alle Gesellschaften (also auch Aktiengesellschaft, GmbH, oHG usw.).

Wiederholungsfragen und Übungsfälle zu § 4

Wiederholungsfragen

Welche Rechtsform liegt der Bildung von „Sozietäten", „Gemeinschaftspraxen", „Partnerschaften" und dgl. zugrunde? Warum scheiden oHG oder KG von vornherein aus? (Seite 17) *kein Handelsgewerbe*
Was ist typisch beim Gesellschaftsvermögen der BGB-Gesellschaft? (Seite 26) *§ 718 BGB*
Wie regelt das Gesetz Geschäftsführung und Vertretung der einzelnen Gesellschafter bei der BGB-Gesellschaft; kann der Gesellschaftsvertrag hiervon abweichen? (Seite 28, 32) *§ 709 BGB / ja §709 II §714*
Wie haften die Gesellschafter der BGB-Gesellschaft für Gesellschaftsverbindlichkeiten? (Seite 33) *Gesamtschuldner*
An einem Streckenabschnitt der A 7 lesen Sie das Schild: „Hier baut die ARGE A 7-Streckenabschnitt Würzburg-Ulm..." Was schließen Sie daraus? (Seite 19) *Arbeitsgemeinschaft*
Unter welchen Voraussetzungen kann ein Privatgläubiger eines Gesellschafters auf die Gesellschaft „zugreifen"? (Seite 35) *§ 725 wenn kein Privatvermögen vorhanden*
Was versteht man unter der „Anwachsung" eines Gesellschaftsanteils? (Seite 37)
Welche Auflösungsgründe kennt das Gesetz bei der BGB-Gesellschaft; inwieweit sind sie zwingend? (Seite 39) *siehe Aufstellung / zwingend §732 BGB*
→ bei Ausscheiden eines Gesellschafters -Zuteilung des Geschäftsanteils an die anderen Gesellschafter

Übungsfälle

a) Die verkrachte Sozietät

Die Rechtsanwälte Scharf und Schneidig, die zunächst getrennte Praxen unterhalten hatten, vereinbaren, ab 1. Januar eine Gemeinschaftspraxis auszuüben. Schneidig verfügt über ein zentral gelegenes Büro, das absprachegemäß als gemeinsame Kanzlei dienen soll. Scharf ist zugleich Mitglied des Stadtparlaments und daher bei der Bevölkerung wohlbekannt, wovon sie sich einen positiven Einfluß auf die Klientenzahl versprechen. Scharf und Schneidig vereinbaren mündlich, Gewinn und Unkosten jeweils hälftig zu teilen.

(1) Nach geraumer Zeit kommt es zwischen beiden zu Meinungsverschiedenheiten. Hierbei spielt insbesondere eine Rolle, daß Scharf nach dem 1. Januar eine Reihe ansehnlicher Honorarzahlungen erhielt aus noch vor der gemeinsamen Praxisausübung abgeschlossenen Prozessen. Schneidig vertritt die Auffassung, diese Einkünfte müßten gleichfalls in den „gemeinsamen Topf". Wer hat Recht?

(2) Nach Gründung der Gemeinschaftspraxis kommt zu Schneidig der Mandant M und trägt ihm vor, er habe K vor geraumer Zeit eine Maschine im Werte von 10000,- DM geliefert. Die Rechnung sei durch ein Büroversehen immer noch offen. Er bitte Schneidig, alles zu unternehmen, damit er möglichst bald zu seinem Geld komme. Schneidig kassiert einen Honorarvorschuß und sichert ihm prompte Erledigung zu. Aus Schlampe-

rei läßt er die Sache über den Eintritt der Verjährung hinaus liegen und erhebt erst dann beim zuständigen Landgericht Klage gegen K. Dieser läßt durch seinen Anwalt die Einrede der Verjährung vortragen. M ist erbost und will sich nicht nur an Schneidig, sondern auch an Scharf schadlos halten. Kann er das?

b) Der Widerspruch des Gesellschafters

Anton und Berta betreiben ein kleineres Papiergeschäft in der Rechtsform einer BGB-Gesellschaft. Eines Tages wird Anton vom Gläubiger G in Anspruch genommen aus einem Druckauftrag, welcher von Berta erteilt worden war. Anton weigert sich zu zahlen mit dem Argument, er sei mit der Auftragserteilung nicht einverstanden gewesen und habe dies Berta auch deutlich gesagt. Der Gesellschaftsvertrag sieht unter anderem die Klausel vor: „... jeder Gesellschafter ist zur Geschäftsführung allein zu handeln berechtigt...". G meint, diese Interna gingen ihn nichts an, von einem etwaigen Protest des Anton sei ihm nichts bekannt gewesen. Wie ist die Rechtslage?

c) Die Folgen einer Schlamperei

Tünnes und Schäl betreiben eine kleinere Tankstelle mit angegliederter Kraftfahrzeugwerkstätte. Sie sind in die Handwerksrolle eingetragen. Tünnes repariert den Wagen des Kunden K, wobei er das Bremsventil nicht ordnungsgemäß zuschraubt, so daß die Bremsflüssigkeit allmählich ausfließen konnte und infolgedessen die Bremswirkung der Fußbremse beim späteren Fahrtantritt des K aufgehoben war, so daß es zu einem schweren Unfall kam. K verlangt sowohl von Tünnes als auch von Schäl Ersatz seines materiellen Schadens sowie Schmerzensgeld. Hat die Klage Aussicht auf Erfolg?

Musterlösungen

Zu a) Wiederholen Sie zunächst Seite 25 f.

(1) Der Zusammenschluß zweier Rechtsanwälte zu gemeinschaftlicher Berufsausübung in einer Sozietät beinhaltet nach der Rechtsprechung zugleich die Gründung einer Gesellschaft bürgerlichen Rechts, bei der sich die Beteiligten gegenseitig verpflichten, anwaltlich tätig zu sein, für die Gesellschaft Einkünfte zu erzielen und den Ertrag zu teilen. Scharf und Schneidig haben demnach eine BGB-Gesellschaft gegründet. Die ihnen nach § 705 BGB obliegende Beitragspflicht besteht – von der Bereitstellung der bereits eingerichteten Praxis des Schneidig abgesehen – mangels weitergehender Absprachen im wesentlichen nur im Einsatz ihrer Arbeitskraft. Dementsprechend fließen ins Gesellschaftsvermögen nur diejenigen Honorare, die gemeinschaftlich erarbeitet wurden (§ 718 Abs. 1 BGB). Im vorliegenden Fall handelt es sich dagegen um sog. „Althonorare". Diese standen Scharf aus Tätigkeiten zu, welche vor der Praxisgemeinschaft lagen. Für sie hat die Sozietät keine Tätigkeit entfaltet. Nach Auffassung der Rechtsprechung (der vorliegende Fall entstammt BGH NJW 1972, 101) sind solche Honorare als zusätzlicher Kapitalbeitrag desjenigen Partners zu bewerten, der sie allein verdient hatte. Eine Verpflichtung zur Leistung zusätzlicher Kapitalbeiträge kann jedoch nur dann angenommen werden, wenn dies besonders vereinbart wurde. Das ist im vorliegenden Fall nicht geschehen. Scharf und Schneidig haben lediglich abgemacht, ab 1. Januar die Praxis gemeinschaftlich gegen hälftige Gewinn- und Verlustbeteiligung auszuüben. Über die Altforderungen wurde gar nicht gesprochen. Daß Schneidig möglicherweise anderweitige Vorstellungen hatte, ist nicht entscheidend, weil für das Vorliegen eines Vertrags nicht ausreichend. Schneidig kann deshalb von Scharf nicht auch die Hälfte der noch eingehenden Honorare aus der Zeit vor dem 1. Januar verlangen.

(2) M könnte gegen Scharf einen Schadensersatzanspruch haben aus positiver Vertragsverletzung (Schlechterfüllung) des mit Schneidig eingegangenen Geschäftsbesorgungsvertrags. Dies setzt voraus, das M einen Schaden erlitten hat. Dieser besteht darin, daß

die ihm gegen K zustehende Forderung zwischenzeitlich verjährt ist. Damit steht zunächst nur fest, daß Schneidig als Vertragspartner haftet. Eine Mithaftung des Scharf ergibt sich unter Anwendung der Haftungsgrundsätze bei der BGB-Gesellschaft. Nach BGHZ 56, 355 haften sämtliche einer Sozietät angehörenden Anwälte auf Schadensersatz, auch wenn nur der Anwalt, der die Sache bearbeitet hat, den Schaden verschuldete. Der Bundesgerichtshof stellt hierbei darauf ab, daß der Anwaltsvertrag im Zweifel nicht nur mit dem Rechtsanwalt zustande kommt, der die Angelegenheit des Mandanten bearbeitet, sondern mit allen weiteren Anwälten der Praxisgemeinschaft. Nimmt nämlich bei einer Sozietät einer der Anwälte ein ihm angetragenes Mandat an, so handelt er (entsprechend §§ 157, 242 BGB) regelmäßig namens der Sozietät, d. h. er verpflichtet nicht nur sich, sondern gem. § 714 BGB auch seine Kollegen. Wenn damit jeder Gesellschafter den anderen rechtsgeschäftlich verpflichten kann, so heißt es allerdings noch nicht, daß er dann, wenn er die so begründeten Pflichten verletzt, auch den anderen zum Schadensersatz verpflichtet. § 425 Abs. 2 BGB würde an sich das Gegenteil nahelegen (hiernach sind bei Gesamtschuldnern besondere Umstände, wie etwa das Verschulden, nur bei dem Gesamtschuldner zugrunde zu legen, in dessen Person sie eintreten). Jedoch zeigen nach Ansicht der Rechtsprechung die Besonderheiten des mit einer Anwaltssozietät geschlossenen Vertrages, daß sich aus diesem Schuldverhältnis das Gegenteil von § 425 Abs. 2 BGB ergibt, somit also die einschlägigen Umstände, etwa das Verschulden, sich auch zu Lasten der anderen Büropartner auswirken. Scharf haftet deshalb auch für die von Schneidig zu vertretenden Versäumnisse. M kann auch von ihm Schadensersatz verlangen.

Zu b) Wiederholen Sie zunächst Seite 29

G könnte gegen Anton einen Anspruch auf Bezahlung des Werklohns gem. § 631 Abs. 1 BGB haben. Voraussetzung hierfür ist, daß Berta beim Vertragsabschluß Vertretungsmacht hatte und somit eine Gesellschaftsverbindlichkeit vorliegt, für die auch Anton gesamtschuldnerisch haftet. Bei der BGB-Gesellschaft steht die Geschäftsführung dem Grundsatze nach allen Gesellschaftern gemeinschaftlich zu (§ 709 BGB). Die Gesellschafter können jedoch abweichende Regelungen treffen. Dies war im vorliegenden Fall geschehen. Laut Gesellschaftsvertrag waren sowohl Anton als auch Berta allein zur Geschäftsführung berechtigt. Für diesen Fall bestimmt aber § 711 BGB, daß jeder Gesellschafter der Vornahme eines Geschäfts durch den anderen Gesellschafter widersprechen kann mit der Folge, daß im Falle des Widerspruchs das Geschäft unterbleiben muß. Berta hat jedoch gleichwohl den Druckauftrag erteilt und es fragt sich nun, welche Wirkung der Widerspruch des Anton im Außenverhältnis zum „ahnungslosen" G hat. Der Bundesgerichtshof hat diese Frage in seiner Entscheidung BGHZ 16, 394 in einer fast lehrbuchmäßigen Form abgehandelt, so daß dieses Urteil zur Lektüre sehr empfohlen werden kann: An sich ist bei der BGB-Gesellschaft die Vertretungsmacht vom Vorliegen der Geschäftsführungsbefugnis abhängig. § 714 BGB (prägen Sie sich diese „Koppelungsnorm" gut ein!) verweist hinsichtlich der Vertretungsmacht auf die Geschäftsführungsbefugnis. Wenn nun aber jedem Gesellschafter die Geschäftsführungsbefugnis allein zusteht, dann wäre er auch nach außen vertretungsbefugt. Dies könnte man nur dann in Zweifel ziehen, wenn man dem Widerspruch nach § 711 BGB „Außenwirkung" zumißt. Diese Ansicht hat der Bundesgerichtshof entgegen der wohl früher herrschenden Meinung abgelehnt. Er verweist hierbei auf das Recht der offenen Handelsgesellschaft, wo Innenverhältnis und Außenverhältnis mit Rücksicht auf die Rechtsklarheit strenger getrennt sind als bei der BGB-Gesellschaft. Dort ist eine Beschränkung der Vertretungsmacht nach § 126 Abs. 2 HGB Dritten gegenüber unwirksam und selbst eine völlige Entziehung der Vertretungsmacht nach außen nur unter den Voraussetzungen des § 15 HGB (siehe zu der Publizität des Handelsregisters: Klunzinger, Grundzüge des Handelsrechts, § 13 IV) wirksam. Die frühere Meinung, die einem Widerspruch nach § 711 Satz 2 BGB Außenwirkung beimaß, hat dies damit begründet, daß der von einem Gesellschafter erklärte Widerspruch die Geschäftsführungsbefugnis aufhebe. Mit Recht

§ 4. Die Gesellschaft bürgerlichen Rechts

weist der Bundesgerichtshof jedoch darauf hin, daß übersehen wird, daß auch bei der BGB-Gesellschaft die Geschäftsführungsbefugnis und die Vertretungsmacht nur bei Vorliegen eines wichtigen Grundes und in einer aus mehr als zwei Personen bestehenden Gesellschaft, niemals jedoch durch einen einzelnen Gesellschafter, sondern nur durch einstimmigen Beschluß oder durch einen Mehrheitsbeschluß entzogen werden kann. Eine Beschränkung des Umfangs der Befugnis zur alleinigen Geschäftsführung und Vertretung sieht das Gesetz nicht vor. Aus dem Umstand, daß ein Gesellschafter nach § 711 BGB einer bestimmten Handlung widerspricht, kann aber keineswegs allgemein der Schluß gezogen werden, daß er auch den Willen hat, die Befugnis eines anderen zur Geschäftsführung allgemein aufzuheben oder auch nur einzuschränken. Könnte ein einzelner Gesellschafter durch seinen Widerspruch die Vertretungsmacht eines anderen einschränken oder aufheben, so könnte das zu einer völligen „Lahmlegung der Gesellschaft" führen und bei einer aus mehr als zwei Personen bestehenden Gesellschaft zu fast unlösbaren Schwierigkeiten bei der Verteilung des Gewinnes aus einem trotz des Widerspruchs abgeschlossenen, aber für den widersprechenden Gesellschafter möglicherweise nicht wirksamen Geschäfts führen. Aus diesem Grunde ist die neuere Rechtsprechung der Auffassung, daß ein Widerspruch keine Außenwirkungen hat und deshalb das vom einzelgeschäftsführungsberechtigten Gesellschafter vorgenommene Rechtsgeschäft trotzdem Bestand hat. Für den vorliegenden Fall bedeutet dies also: Anton konnte zwar dem von Berta erteilten Druckauftrag widersprechen, der gleichwohl erteilte Auftrag war G gegenüber dennoch wirksam. Damit handelt es sich bei der Werklohnforderung um eine Gesellschaftsverbindlichkeit, für die auch Anton gesamtschuldnerisch in Anspruch genommen werden kann.

Zusatzfrage: Wie wäre es, wenn G den Widerspruch des Anton gekannt hätte? Die Rechtsprechung hat diese auch im Schrifttum kontrovers erörterte Frage noch nicht abschließend entschieden. Man wird aber auch in diesem Fall die Außenwirkung des Widerspruchs ablehnen müssen, sofern es sich nicht um rechtsmißbräuchliche Tatbestände handelt. Die Gesellschafter wären in diesem Fall gut beraten, die Geschäftsführungsbefugnis neu zu regeln, beispielsweise eine Gesamtgeschäftsführung einzuführen. Dann müßten bekanntlich alle geschäftsführungsberechtigten Gesellschafter dem Vertrag zustimmen, sonst würde es sich um Vertretung ohne Vertretungsmacht handeln, aus der letztlich gem. §§ 177, 179 BGB nur der allein handelnde Gesellschafter haftet.

Zu c) Wiederholen Sie zunächst Seite 33 f.

Wenn Ansprüche gegen zwei Personen geltend gemacht werden, sind diese zweckmäßigerweise getrennt zu prüfen.

(1) Ansprüche des K gegen Tünnes:

Schadensersatzansprüche können entweder aus dem Gesichtspunkt der Vertragsverletzung oder der unerlaubten Handlung begründet sein. K hatte einen Werkvertrag abgeschlossen, der von Tünnes schlecht erfüllt wurde. Anspruchsgrundlage wären sowohl § 635 BGB (Geltendmachung eines Mangelschadens) wie auch §§ 325, 326 BGB analog (positive Vertragsverletzung hinsichtlich des Mangelfolgeschadens). Der Umfang des Schadensersatzanspruches richtet sich nach §§ 249 ff. BGB. Daraus könnte K zwar den Ersatz sämtlicher Einbußen verlangen, nicht jedoch ein etwaiges Schmerzensgeld, welches eine deliktische Anspruchsgrundlage nach § 847 BGB voraussetzt.

Deliktische Ansprüche des K gegen Tünnes ergeben sich einmal aus § 823 Abs. 1 BGB (Verletzung eines absoluten Rechts); daneben kommt § 823 Abs. 2 in Verbindung mit einem Schutzgesetz (hier wäre etwa § 230 StGB – fahrlässige Körperverletzung – heranzuziehen) in Betracht. Als Rechtsgrundlage für die Geltendmachung von Schmerzensgeld greift § 847 BGB ein.

(2) Ansprüche des K gegen Schäl:

Zu denken ist an § 31 BGB. Hiernach haftet der Verein als juristische Person für unerlaubte Handlungen seiner Organe. Nun ist zwar anerkannt, daß § 31 BGB einen allgemeinen Rechtsgrundsatz darstellt, der nicht nur für den Verein, sondern für sämtliche juristischen Personen gilt und darüber hinaus (das ist das Entscheidende) auch auf einen Teil der Personengesellschaften entsprechend anzuwenden ist. Dies gilt auf jeden Fall für die offene Handelsgesellschaft und die Kommanditgesellschaft. Im vorliegenden Fall handelt es sich jedoch um eine BGB-Gesellschaft, da Tünnes und Schäl als Handwerker kein Handelsgewerbe und somit auch keine Handelsgesellschaft, vielmehr eine einfache BGB-Gesellschaft betreiben. Auf die BGB-Gesellschaft wird aber § 31 BGB gerade nicht angewandt. Die Rechtsprechung (vgl. BGHZ 45, 311) erachtet die BGB-Gesellschaft im Gegensatz zur oHG und KG als „zu wenig körperschaftlich organisiert, als daß man die für sie handelnden Gesellschafter als ihre Organe bezeichnen könnte".

Wenn damit eine Zurechnung über § 31 BGB auch ausscheidet, so könnte doch eine solche über § 278 BGB oder § 831 BGB in Betracht kommen. Repetieren Sie zunächst noch einmal den Unterschied zwischen § 278 BGB (Erfüllungsgehilfe) und § 831 BGB (Verrichtungsgehilfe)! Gegen eine Anwendung des § 278 BGB im Rahmen der BGB-Gesellschaft bestehen im Regelfall keine Bedenken, wenn der handelnde Gesellschafter (im vorliegenden Fall also Tünnes) vertretungsbefugt ist (§§ 711, 714 BGB); dies dürfte bei Tünnes zutreffen.

Eine Anwendung des § 831 BGB wird jedoch von der Rechtsprechung abgelehnt. Verrichtungsgehilfe im Sinne des § 831 BGB ist bekanntlich nur, wer von den Weisungen seines Geschäftsherrn abhängig ist, wobei es genügt, daß dieser die Tätigkeit des Handelnden jederzeit beschränken oder entziehen oder nach Zeit und Umfang bestimmen kann. Bei der von Tünnes vorgenommenen Arbeit am Kfz des K fehlt es jedoch an Anhaltspunkten dafür. Eine Abhängigkeit im vorerwähnten Sinne kann auch nicht schon daraus hergeleitet werden, daß sich die beiden Gesellschafter durch Vertrag gegenseitig verpflichten, ein jeder von ihnen habe in Verfolgung des Gesellschaftszwecks die gerade anfallenden Reparaturen durchzuführen. Aus diesen Gründen hat der BGH in der vorerwähnten Entscheidung eine Haftung des Gesellschafters, der die schädigende Handlung nicht selbst verursacht hat, nach § 831 BGB abgelehnt. Schäl konnte deshalb infolge der Anwendung des § 278 BGB zwar auf Ersatz des materiellen Unfallschadens in Anspruch genommen werden, nicht jedoch über § 831 BGB auf Ersatz des immateriellen Schadens (= Schmerzensgeld gem. § 847 BGB).

§ 5. Die offene Handelsgesellschaft

• **Lernhinweis:** Vergegenwärtigen Sie sich zunächst noch einmal das System der Personengesellschaften. Sie erkennen daraus, daß die in §§ 105 ff. HGB geregelte offene Handelsgesellschaft ein Spezialfall der BGB-Gesellschaft ist und daher ergänzend §§ 705 ff. BGB Anwendung finden. Beachten Sie zugleich, daß auf die Kommanditgesellschaft nach § 161 Abs. 2 HGB wiederum ergänzend die Vorschriften der §§ 105 ff. HGB anzuwenden sind. Und vergessen Sie bitte nie, daß namentlich im Recht der Personengesellschaften **weitgehende Vertragsfreiheit** herrscht, die gesetzlichen Regelungen somit meist dispositiven Charakter haben. Der Bearbeiter sollte deshalb die Abhandlung der gesetzlichen Regelungskomplexe stets auch unter dem Gesichtspunkt einer möglichen alternativen vertraglichen Gestaltung sehen!

I. Wesensmerkmale der offenen Handelsgesellschaft

1. Begriff

Die offene Handelsgesellschaft ist eine **Gesellschaft, deren Zweck auf den Betrieb eines (vollkaufmännischen) Handelsgewerbes unter gemeinschaftlicher Firma gerichtet ist und die keine Haftungsbeschränkung der Gesellschafter gegenüber den Gesellschaftsgläubigern kennt** (vgl. § 105 Abs. 1 HGB – lesen!).

Kennzeichnend für die oHG sind demnach:
- der spezielle Zweck (Betrieb eines Handelsgewerbes),
- die gemeinschaftliche Firma (vgl. dazu § 19 HGB!),
- die unbeschränkte Haftung aller Gesellschafter.

2. Rechtsnatur

a) Die oHG als Gesamthandsgemeinschaft

Die offene Handelsgesellschaft ist
- Gesellschaft,
- Personengesellschaft,
- Personenhandelsgesellschaft.

Sie gehört ihrem Typus nach **nicht zu den juristischen Personen.**

• **Lernhinweis:** Die Frage nach der juristischen Qualifikation der oHG ist ein beliebtes Thema in der mündlichen Prüfung. Ganz herrschende, aber nie unbestrittene Meinung ist, daß die oHG nicht eine juristische Person, sondern einen **Gesamthandsverband** der Gesellschafter darstellt. Die in diesem Zusammenhang in theoretischen Abhandlungen aufgeworfenen Fragen konnten sich nur stellen, weil der Gesetzgeber in § 124 HGB der oHG Eigenschaften beigelegt hat, die normalerweise Kennzeichen juristischer Personen sind; vgl. dazu nachfolgende Ausführungen.

b) Rechtliche Verselbständigung der oHG

Kennzeichen juristischer Personen ist ihre Rechtsfähigkeit, also die Fähigkeit (repetieren Sie die einschlägigen Partien des bürgerlichen Rechts!), „Träger von Rechten und Pflichten zu sein". Der Gesetzgeber hat der oHG derartige Fähigkeiten verliehen (lesen Sie vor allem § 124 HGB!):

- die oHG kann unter ihrer Firma **Rechte erwerben** und **Verbindlichkeiten eingehen,** insbesondere Eigentum und andere dingliche Rechte an Grundstücken erwerben („die oHG ist **grundbuchfähig**"!),
- die oHG kann vor Gericht **klagen und verklagt werden,**
- über das Vermögen der oHG kann selbständig ein **Konkursverfahren** eröffnet werden (§ 209 KO),
- in das Vermögen der oHG kann die **Zwangsvollstreckung** mit einem gegen die Gesellschaft (!) gerichteten vollstreckbaren Schuldtitel stattfinden (repetieren Sie: Bei der BGB-Gesellschaft war ein Titel gegen sämtliche Gesellschafter notwendig!),
- für deliktisches Verhalten vertretungsberechtigter Gesellschafter wird die **Organhaftung** des § 31 BGB (lesen!) **entsprechend** angewandt.

Aus diesem Katalog wird ersichtlich, daß die oHG nach außen hin als selbständige Einheit auftritt und daher (im Vergleich etwa zur BGB-Gesellschaft) mit größerer Effektivität und Flexibilität am Rechts- und Geschäftsleben teilnehmen kann.

Ob man daraus nun die Theorie ableitet, die oHG sei selbst juristische Person oder werde nur in gewisser Hinsicht wie eine juristische Person behandelt oder sie sei „relative juristische Person", ist für die Praxis, namentlich aus wirtschaftswissenschaftlicher Sicht, sekundär.

Schaubild: Grundmodell der oHG

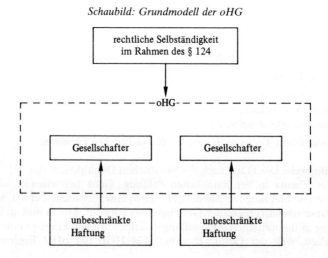

Gegen die Theorie von der juristischen Person sprechen:
- es fehlt die körperschaftliche Strukturierung;
- die oHG ist dem gesetzlichen Leitbild nach vom Mitgliederwechsel abhängig (§ 131 Nr. 4 und 5 HGB);
- es fehlen körperschaftliche Organe (kein „Vorstand" oder „Aufsichtsrat");
- die Gesellschafter haften persönlich (§ 128 HGB, bei juristischen Personen haften die Mitglieder grundsätzlich nicht);
- das Gesellschaftsvermögen ist den Gesellschaftern gesamthänderisch zugeordnet (§ 105 Abs. 2 HGB, §§ 718, 719 BGB), bei juristischen Personen ist es den „Anteilseignern" quotenmäßig zugeordnet;
- die vom Gesetz angeordnete subsidiäre Anwendung personengesellschaftsrechtlicher (vgl. §§ 705ff. BGB, 105 Abs. 2 HGB) und nicht körperschaftsrechtlicher Regelungen.

II. Wirtschaftliche Bedeutung

Die oHG ist die typische Rechtsform für kleinere und mittlere Unternehmen. Verbreitet ist sie sowohl im engeren Bereich des Handels (Groß- und Einzelhandel), als auch in der Fertigungswirtschaft. Die oHG ist eine ideale Kombination von Arbeitseinsatz, Kapitaleinsatz und Kreditwürdigkeit. Ihrem Leitbild nach sind sämtliche Gesellschafter geschäftsführungsbefugt, in der Regel ist die Stellung eines Gesellschafters identisch mit seiner Berufsausübung. Die Kreditwürdigkeit ist wegen der unbeschränkten Haftung optimal. Man kann deshalb mit Recht die offene Handelsgesellschaft als volkswirtschaftlich wünschenswerte Unternehmensform bezeichnen, da sie individuelle Initiativen fördert und an das Verantwortungsbewußtsein der Gesellschafter appelliert. Die bei der Umsatzsteuerstatistik ermittelte Zahl von offenen Handelsgesellschaften (einschließlich Kommanditgesellschaften) liegt etwas über 200000.

III. Gründung der oHG

1. Vertragspartner

Gesellschafter der offenen Handelsgesellschaft können sein:

a) *Natürliche Personen*

Bei **minderjährigen Gesellschaftern** sind für den Gesellschaftsvertrag die vormundschaftsgerichtlichen Genehmigungserfordernisse nach §§ 1643, 1822 Nr. 3 BGB zu beachten. Für verheiratete Gesellschafter, die im gesetzlichen Güterstand der Zugewinngemeinschaft leben, kann (in Ausnahmefällen!) das Zustimmungserfordernis des Gesellschafter-Ehegatten nach § 1365 BGB relevant werden, wenn die Beitragspflicht das gesamte Vermögen umfaßt.

b) *Juristische Personen*

Es kann auch eine Aktiengesellschaft oder GmbH Mitglied einer oHG sein (Beispiel: Gesellschaft zur gemeinsamen Rohstoff- oder Patentverwertung), sofern nicht besser eine GmbH bzw. GmbH & Co. KG gegründet wird. Es ist nicht zu leugnen, daß gegenüber derartigen Konstruktionen Bedenken bestehen: Zwar haften auch die juristischen Personen als Gesellschafter unbeschränkt, jedoch ist die Realisierung dieser Haftung gefährdet, wenn das Vermögen der juristischen Person erschöpft ist (im allgemeinen wird diese Problematik anhand der GmbH & Co. KG dargestellt). Auf der anderen Seite können diese Erwägungen nicht zum Verbot derartiger Rechtsformen führen; der Gesetzgeber versucht den Bedenken durch die nachfolgend aufgezeigten Regelungen Rechnung zu tragen (mit den genannten Bestimmungen legitimiert er danach zugleich die Zulässigkeit einer Mitgliedschaft juristischer Personen in der Personengesellschaft).

Schaubild: Juristische Personen als Gesellschafter einer oHG

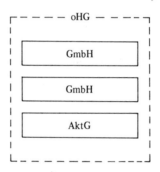

aa) Konkursrechtliche Besonderheiten

Bei einer derartigen „kapitalistischen" oHG ist eine konkursrechtliche Besonderheit zu beachten, die erst mit Gesetz vom 29.7. 1976 (BGBl. I S. 2034) eingeführt wurde. Zuvor war bei Personengesellschaften unabhängig von der Art ihrer Gesellschafter das Konkursverfahren lediglich bei Zahlungsunfähigkeit zu eröffnen. Nur bei Kapitalgesellschaften bestand und besteht auch weiterhin die Verpflichtung, bereits bei Überschuldung das Konkursverfahren zu beantragen. Nunmehr verpflichtet § 130a HGB (lesen!) bei solchen offenen Handelsgesellschaften, deren Gesellschafter keine natürlichen Personen sind, die organschaftlichen Vertreter, die Eröffnung des Konkursverfahrens oder des gerichtlichen Vergleichsverfahrens zu beantragen, wenn die oHG zahlungsunfähig wird oder das Vermögen der Gesellschaft nicht mehr die Schulden deckt. Ab diesem Zeitpunkt dürfen keine Zahlungen mehr geleistet werden. Zuwiderhandlungen führen zum Schadensersatz; wer die erforderlichen Anträge nicht unverzüglich stellt, macht sich nach § 130b HGB strafbar.

Dies gilt nicht, wenn zu den Gesellschaftern der oHG eine andere oHG oder KG gehört, bei der ein persönlich haftender Gesellschafter eine natürliche Person ist (vgl. § 130a Abs. 1 Satz 1 2. Halbs.). Der Grund dafür ist einleuchtend: In diesen Fällen haftet eine natürliche Person als Gesellschafter der Mitglieds-oHG (oder als persönlich haftender Gesellschafter der Mitglieds-KG) unbeschränkt. Solche Gesellschaften verfügen deshalb nicht wie die Kapitalgesellschaft nur über eine beschränkte Haftungsmasse.

§ 5. Die offene Handelsgesellschaft

bb) Firmenrechtliche Besonderheiten

Nach § 19 Abs. 5 HGB (eingefügt durch die GmbH-Novelle 1980) muß die Firma einer oHG, bei der kein Gesellschafter eine natürliche Person ist, auch wenn sie nach den §§ 21, 22, 24 oder nach anderen gesetzlichen Vorschriften fortgeführt wird, eine Bezeichnung enthalten, welche die „Haftungsbeschränkung" (so der Gesetzestext; besser wäre die Formulierung, „die beschränkte Realisierbarkeit des Gläubigerzugriffs") kennzeichnet. Das gilt nur dann nicht, wenn zu den persönlich haftenden Gesellschaftern eine andere offene Handelsgesellschaft oder Kommanditgesellschaft gehört, bei der ein persönlich haftender Gesellschafter eine natürliche Person ist (§ 19 Abs. 5 S. 2).

Prüfungsfrage: Gilt § 19 Abs. 5 S. 2 HGB auch für Fälle, bei denen persönlich haftender Gesellschafter der Mitgliedergesellschaft zwar keine natürliche Person, sondern wiederum eine oHG oder KG ist, bei der aber dann als persönlich haftender Gesellschafter eine natürliche Person auftritt?

Antwort: § 19 Abs. 5 S. 2 greift auch ein (die firmenrechtliche Besonderheit nach § 19 Abs. 5 S. 1 entfällt also), wenn dem Gläubiger wenigstens eine (voll haftende) natürliche Person unbeschränkt für die Verbindlichkeiten der oHG (dasselbe gilt für die KG) haftet. Allerdings ist diese Begründung zunächst nur für die Kommanditgesellschaft voll überzeugend, deren Definition die unbeschränkte Haftung wenigstens eines Gesellschafters voraussetzt. Das Leitbild der oHG geht jedoch von mindestens 2 unbegrenzt haftenden Gesellschaftern aus. Der Gesetzgeber hat aber bei den firmenrechtlichen Besonderheiten nach § 19 Abs. 5 HGB nicht auf die abstrakte Vollhaftung (auch eine Kapitalgesellschaft „haftet voll"), sondern auf die Realisierbarkeit der Haftung eines Vollhafters abgestellt und dabei genügen lassen, daß diese wenigstens bei einem Gesellschafter (als natürlicher Person) vorliegt.

*Schaubild: Gesellschaftstypus nach § 19 Abs. 5 S. 2 HGB
(einschlägig auch für §§ 125 a, 129 a, 130 a, 172 Abs. 6, 172 a, 177 a HGB)*

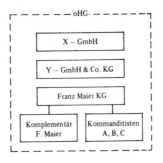

Der konkrete Firmenwortlaut muß „die Haftungsbeschränkung kennzeichnen". Dies kann z. B. durch die in der Praxis geläufigen Bezeichnungen **„GmbH & Co."** usw. erfolgen. Ergibt sich allerdings aus der Firma des persönlich haftenden Gesellschafters die Haftungsbeschränkung nicht eindeutig, muß ein Zusatz wie **„beschränkt haftende oHG"** bzw. bei der Kommanditgesellschaft **„beschränkt haftende KG"** verwendet werden. Im übrigen hat der Gesetzgeber die Anforderungen an die Kennzeichnung der Haftungsbeschränkung der Rechtsprechung überlassen.

cc) Angaben auf Geschäftsbriefen

Wie bei der GmbH (vgl. § 35a GmbHG) und der Aktiengesellschaft (§ 80 AktG) verlangt § 125a HGB für derartige kapitalistische offene Handelsgesellschaften, die Verhältnisse der Gesellschaft nach außen durchschaubar zu machen. Aus diesem Grunde müssen die Geschäftsbriefe solcher Gesellschaften bestimmte Angaben enthalten: die Rechtsform und den Sitz der Gesellschaft, das Registergericht und die Nummer der Registereintragung sowie die Firmen der persönlich haftenden Gesellschafter. Außerdem sind für die persönlich haftenden Gesellschafter, sofern es sich um eine GmbH oder AG handelt, wiederum die in § 35a GmbHG bzw. § 80 AktG vorgeschriebenen Angaben zu machen.

dd) Gesellschafterdarlehen

Bei offenen Handelsgesellschaften ohne natürliche Personen als persönlich haftende Gesellschafter (deren Gläubigern somit lediglich ein begrenzter Haftungsstock wie bei einer Kapitalgesellschaft zur Verfügung steht) finden die Vorschriften über die (eigenkapitalersetzenden) Gesellschafterdarlehen bei der GmbH entsprechende Anwendung (§ 129a HGB i. V. m. §§ 32a, 32b GmbHG): Hat bei der GmbH ein Gesellschafter der Gesellschaft in einem Zeitpunkt, in dem ihr die Gesellschafter als ordentliche Kaufleute Eigenkapital zugeführt hätten, statt dessen ein Darlehen gewährt, so kann er den Anspruch auf Rückgewähr des Darlehens im Konkurs nach § 32a GmbHG nicht geltend machen. Für bereits zurückgezahlte Darlehen haftet er nach § 32b GmbHG. Nach § 129a HGB finden diese Vorschriften sinngemäß mit der Maßgabe Anwendung, daß an die Stelle der Gesellschafter der GmbH die Gesellschafter oder Mitglieder der Gesellschafter der oHG treten. Praktischer Hinweis: § 129a HGB hat keine große praktische Bedeutung, da offene Handelsgesellschaften ohne natürliche Personen als Gesellschafter selten sind und für den praktisch wichtigen Fall der GmbH & Co. KG in § 172a eine gleichlautende Regelung besteht. Die Bedeutung des § 129a HGB liegt deshalb nur darin, daß er die Umgehung des § 172a durch Bildung einer oHG ohne natürliche Person als Gesellschafter verhindert.

Schaubild: Personenhandelsgesellschaften als oHG-Gesellschafter

§ 5. Die offene Handelsgesellschaft

c) Personenhandelsgesellschaften (oHG, KG)

Nach heute herrschender Auffassung kann bei offenen Handelsgesellschaften auch eine oHG bzw. KG selbst Gesellschafter sein. Auch hier sind früher erhobene Vorbehalte wegen unklarer Haftungsverhältnisse und komplizierter Vertretungsbefugnisse unbegründet (die Vertretung liegt bei den vertretungsbefugten Gesellschaftern der Beteiligungsgesellschaft).

d) Keine BGB-Gesellschaften und dgl.

Gesellschafter einer oHG können nicht sein: **BGB-Gesellschaften, Erbengemeinschaften** und **nicht rechtsfähige Vereine**.

e) Keine „Einmann-Gesellschaften"

„Einmann-Personengesellschaften" sind anders als im Kapitalgesellschaftsrecht nicht denkbar; bei der Reduzierung der Gesellschafterzahl entsteht letztendlich eine Einzelfirma.

f) Testamentsvollstrecker

Testamentsvollstrecker als Mitglieder offener Handelsgesellschaften sind problematisch, da sich ihre Haftung nach erbrechtlichen Grundsätzen auf den Nachlaß beschränkt. Aus diesem Grunde läßt die Rechtsprechung (vgl. BGHZ 12, 100) den „Testamentsvollstrecker als Gesellschafter" nur in der Form zu, daß er entweder als Treuhänder für die Erben (mit der Konsequenz seiner persönlichen Haftung) oder als Vertreter der Erben auftritt (und dann die Erben unbeschränkt verpflichtet).

Schaubild: Testamentsvollstreckung und oHG

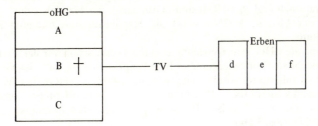

2. Gesellschaftsvertrag

Der Vertragsabschluß zur Gründung einer offenen Handelsgesellschaft bedarf **keiner besonderen Form**, es gelten vielmehr die allgemeinen Regeln des bürgerlichen Rechts für Rechtsgeschäfte. Das bedeutet, daß eine notarielle Beurkundung lediglich bei Einbringung von Grundstücken in das Gesellschaftsvermögen erforderlich ist, jedoch empfiehlt sich die Schriftform aus Gründen der Beweisführung. Bei der Inhaltsfreiheit muß man unterscheiden: Für die Rechte der Gesellschafter untereinander (Innenverhältnis) gilt nach § 109 HGB (lesen!) Vertragsfreiheit, für das Rechtsverhältnis der Gesellschafter zu Dritten (Außenverhältnis) ist diese durch §§ 123 ff. HGB eingeschränkt.

3. Anmeldung zum Handelsregister

Die oHG muß beim Registergericht des Sitzes zur Eintragung in das Handelsregister angemeldet werden (§ 106 Abs. 1 HGB). Die Anmeldung muß folgende Angaben enthalten:

- Namen, Vornamen, Stand (= Beruf) und Wohnort jedes Gesellschafters;
- Firma der Gesellschaft und Firmensitz;
- den Zeitpunkt des Gesellschaftsbeginnes.

Dabei sind Anmeldungen von sämtlichen Gesellschaftern „zu bewirken", wobei vertretungsbefugte Gesellschafter die Firma nebst ihrer Namensunterschrift zur Aufbewahrung beim Gericht „zu zeichnen haben". Wird die Firma später geändert oder der Firmensitz an einen anderen Ort verlegt, so muß dies ebenfalls dem Handelsregister gemeldet werden, ebenso der Eintritt neuer Gesellschafter.

Repetition: Sie haben also hier Beispiele für „einzutragende Tatsachen". Wiederholen Sie den Komplex „Handelsregister" in Klunzinger, „Grundzüge des Handelsrechts", § 13.

4. Entstehung der offenen Handelsgesellschaft

Hinsichtlich des Zeitpunktes, ab dem die oHG als existent anzusehen ist, ist zu differenzieren:

- **Im Verhältnis der Gesellschafter** zueinander richtet sich der Entstehungszeitpunkt der oHG nach dem Gesellschaftsvertrag; in der Regel werden Entstehungszeitpunkt und Vertragsabschluß zusammenfallen.
- **Im Verhältnis zu Dritten** entsteht die Gesellschaft mit der Eintragung in das Handelsregister (vgl. § 123 Abs. 1 HGB). Wird von der oHG ein Grundhandelsgewerbe betrieben, so ist die Eintragung in das Handelsregister **deklaratorisch** (vgl. § 1 HGB und „Grundzüge des Handelsrechts" § 5); im Falle der §§ 2 u. 3 HGB wirkt die Handelsregistereintragung dagegen **konstitutiv.**
- Beginnt die oHG ihre **Geschäfte** ausnahmsweise schon **vor der Eintragung**, so entsteht sie Dritten gegenüber bereits mit dem Zeitpunkt des Geschäftsbeginnes (allerdings wieder eingeschränkt durch § 2 HGB bei fehlendem Grundhandelsgewerbe). Beachten Sie, daß Vereinbarungen unwirksam sind, wonach die Gesellschaft erst zu einem späteren Zeitpunkt entstehen soll (§ 123 Abs. 3 HGB).

5. Vertragsmängel

- **Lernhinweis:** Repetieren Sie zunächst die stets examensrelevanten Problemkreise „Nichtigkeits-, Anfechtungs- und Unwirksamkeitsgründe beim Abschluß von Verträgen" nach allgemeinem bürgerlichem Recht. Wie jeder Vertrag, so kann auch ein Gesellschaftsvertrag gegen gesetzliche Verbote, die guten Sitten oder Formvorschriften verstoßen oder anfechtbar sein. Nach bürgerlichem Recht laufen derartige Mängel auf die (rückwirkende) Nichtigkeit des Vertrages hinaus. Im Gesellschaftsrecht muß jedoch Rücksicht auf die Interessen Dritter genommen werden. Diesen Problembereich umschreibt man

§ 5. Die offene Handelsgesellschaft

in der Regel mit dem Stichwort „fehlerhafte Gesellschaft"; zum Teil werden auch die Begriffe „faktische Gesellschaft" und „Scheingesellschaft" benutzt, obwohl diese Begriffe unterschiedliche Probleme betreffen.

a) Scheingesellschaften

Treten nach außen hin Personen als Mitglieder einer Gesellschaft in Erscheinung, obwohl einverständlich kein Gesellschaftsvertrag (auch nicht konkludent) abgeschlossen wurde, so spricht man von der „Scheingesellschaft". Hier finden die allgemeinen und speziellen Rechtsscheinvorschriften Anwendung (§ 242 BGB, §§ 5, 15 HGB). Es entspricht dem Grundsatz von Treu und Glauben, daß jemand, der „sich in bestimmter Weise geriert", sich auch hinsichtlich der Rechtsfolgen seines Tuns so behandeln lassen muß (Verbot des „venire contra factum proprium").

b) Fehlerhafte Gesellschaft

Leidet ein Gesellschaftsvertrag unter „Mängeln", dann sind die bürgerlichrechtlich rückwirkend eintretenden Nichtigkeitsfolgen (vgl. § 142 BGB!) nur eingeschränkt anzuwenden. Bis zur Geltendmachung der Anfechtungs- bzw. Nichtigkeitsgründe ist die Gesellschaft wie eine voll gültige zu behandeln. Mit anderen Worten: Die Gesellschaft ist nicht von vornherein nichtig, sondern nur (ex nunc) vernichtbar. Der Schutz des gutgläubigen Rechtsverkehrs geht vor (beachten Sie jedoch auch hier, daß der Minderjährigenschutz wiederum vor dem Vertrauensschutz Dritter rangiert!). Wenn die Gesellschaft für die Vergangenheit als existent anzusehen ist, dann heißt dies für die Zukunft, daß eine Auflösung nur aus „wichtigem Grund" möglich ist. Das bedeutet bei der oHG, daß die Gesellschaft entsprechend § 133 HGB mit der Auflösungsklage liquidiert werden muß. (**Lernhinweis:** Vergleichen Sie zu diesem allgemeinen gesellschaftsrechtlichen Problem die Musterlösungen auf den Seiten 116 u. 279).

IV. Gesellschaftsvermögen, Kapital und Kapitalkonten

Die oHG ist Gesamthandsgemeinschaft, das Gesellschaftsvermögen steht den Mitgliedern zur gesamten Hand zu. Es gilt dasselbe wie bei der BGB-Gesellschaft (§§ 105 Abs. 2, 718, 719 BGB, vgl. oben). Die Gesellschafter können also nicht einzeln, sondern nur gemeinsam über das Gesellschaftsvermögen verfügen (vgl. im einzelnen die Ausführungen bei der BGB-Gesellschaft).

Der Gesetzgeber kennt (wie es zum Schutz der Gläubiger bei Kapitalgesellschaften der Fall ist) für die oHG weder ein festes Mindestkapital, noch eine Mindesteinlage. Dies ist wegen der Haftung der Gesellschafter mit ihrem Privatvermögen auch gar nicht erforderlich.

Die Kapitalkonten sind dem Grundsatz nach veränderlich, in der Praxis können aber sowohl feste als auch variable Kapitalkonten vereinbart werden.

V. Rechte und Pflichten der Gesellschafter untereinander (Innenverhältnis)

1. Grundsatz der Vertragsfreiheit

Für das „Innenverhältnis" der oHG gilt Vertragsfreiheit: Das Rechtsverhältnis der Gesellschafter untereinander richtet sich zunächst nach dem Gesellschaftsvertrage (vgl. § 109 HGB – lesen!). Das Gesetz ist dispositiv: „Die Vorschriften der §§ 110 bis 122 finden nur insoweit Anwendung, als nicht durch den Gesellschaftsvertrag ein anderes bestimmt ist" (§ 109 2. Halbs. HGB). Auch hier zeigt sich wieder das Bemühen des Gesetzgebers um eine flexible Regelung, die es den Betroffenen überläßt, für den Einzelfall sachgemäße Lösungen zu finden. Offene Handelsgesellschaften werden in aller Regel von wenigen Gesellschaftern gegründet, die sich gut kennen. Ihre Tätigkeit für die Gesellschaft ist meist identisch mit ihrer Berufsausübung. Die Regelung derart intensiver Beziehungen der Gesellschafter untereinander sollte man deshalb in erster Linie den Betroffenen selbst überlassen; das Gesetz kann nur „Lückenbüßer" sein.

- **Lernhinweis:** Machen Sie sich dies klar und berücksichten Sie deshalb, daß die nachfolgenden Stichworte zum Innenverhältnis stets unter dem Vorbehalt abweichender Vereinbarungen zu sehen sind. Die Ausführungen können deshalb auch kürzer gefaßt werden. Hinsichtlich des „Außenverhältnisses" sind die Belange des Rechtsverkehrs angesprochen; demzufolge sind dort die gesellschaftsvertraglichen Möglichkeiten eingeschränkt.

2. Beitragspflichten

a) Art der Beiträge

Die Pflicht der Gesellschafter einer oHG zur Leistung von Beiträgen ergibt sich aus § 105 Abs. 2 HGB i. V. m. §§ 705, 706 BGB. Art und Umfang der Beiträge bestimmen sich nach dem Gesellschaftsvertrag. Welche Beiträge die Gesellschafter erbringen wollen, ist ihren Absprachen überlassen. In Betracht kommen:

- Geldzahlungen
- Einbringung von Sachen und Rechten (z. B. Patente, Lizenzen)
- Dienstleistungen

Beispiel:

Anton, Berta, Cäsar und Dietrich schließen einen Gesellschaftsvertrag zur Gründung einer oHG im Baustoffhandel. Anton verpflichtet sich, das notwendige Startkapital in Höhe von DM 200000 einzubringen. Er zahlt diesen Betrag auf das neu errichtete Gesellschaftskonto bei einer Bank ein. Berta ist Inhaberin eines Patentes zur industriellen Verwertung wärmedämmender Stoffe, dessen Wert von Fachleuten auf mindestens 300000 DM geschätzt wird. Zur Erfüllung der Beitragspflicht überträgt sie der Gesellschaft dieses Recht. Cäsar hatte früher ein Transportunternehmen betrieben. Er stellt der Gesellschaft mehrere Lkw's und sein Betriebsgelände samt Büroanbau zur Verfügung. Dietrich ist seit Jahren in der Baustoffbranche tätig; er hat Erfahrungen in der Fertigungswirtschaft und im Absatz. Er verpflichtet sich, seine Dienste der Gesellschaft zur Verfügung zu stellen.

b) Erbringung der Beiträge

Beitragsleistungen bezeichnet man auch als **„Einlagen".** Diese können so erbracht werden, daß die Gesellschaft Inhaberin der „eingebrachten Rechte" wird (Sachen werden übereignet, Forderungen und dgl. werden abgetreten). Bei **Sacheinlagen** ist es aber häufig zweckmäßig, sie nicht zum gemeinschaftlichen Eigentum der Gesellschafter einzubringen, sondern sie der Gesellschaft lediglich zur Verfügung zu stellen. In der Praxis wird nicht selten bei der Einbringung von Grundstücken so verfahren. Meist wird nur ein Miet- oder Pachtvertrag zwischen dem Gesellschafter einerseits und der Gesellschaft andererseits abgeschlossen. Ansonsten gelten hinsichtlich der „Einbringung" von Einlagen die üblichen Vorschriften des BGB (also bei Sacheinlagen die Übereignungsvorschriften des Sachenrechts, §§ 929ff., 873ff. BGB; bei Forderungen und Rechten das Zessionsrecht, §§ 398ff., 413 BGB).

c) Verzögerte Einlagen

Gesellschafter, die ihre Geldeinlage nicht rechtzeitig einzahlen, haben Zinsen von dem Tage an zu entrichten, an welchem die Zahlungen termingemäß hätten geleistet werden müssen. Die Geltendmachung darüber hinausgehender Schäden ist nicht ausgeschlossen (vgl. § 111 HGB). *Text*

Dasselbe gilt,
- wenn eingenommenes Gesellschaftsgeld nicht zur rechten Zeit abgeliefert oder
- unbefugt Geld aus der Gesellschaftskasse für Privatzwecke entnommen wurde.

3. Treupflichten

Das Verhältnis der Gesellschafter untereinander ist bei der oHG durch die enge persönliche Beziehung gekennzeichnet. Dieses **personengebundene Gemeinschaftsverhältnis** wird unter Anwendung des § 242 BGB vom Grundsatz gegenseitiger Rücksichtnahme beherrscht. Es ist deshalb unbestritten, daß für alle Gesellschafter eine allgemeine Treupflicht besteht, die sich auf zweifache Weise äußern kann:

- **positiv:** Gesellschafter haben die Pflicht, die Interessen der Gesellschaft wahrzunehmen
- **negativ:** Gesellschafter haben die Pflicht, alles zu unterlassen, was diese Interessen schädigt.

Beispiele und Anwendungsbereiche:

- Positive Treupflichten bestehen in erster Linie für **geschäftsführende Gesellschafter.** Jeder Gesellschafter muß deshalb bei seiner Geschäftsführung die Interessen der Gesellschaft in Rechnung stellen.

- Die Treupflicht gebietet es, daß (auch nicht geschäftsführende) Gesellschafter der oHG **drohende Gefahren mitteilen.**
- Aus der Treupflicht können sich **Zustimmungserfordernisse** zu Gesellschafterbeschlüssen ergeben (z. B. BGHZ 64, 253 ff.).
- Gesellschafter sind zu einer gewissen **Vertraulichkeit** verpflichtet. Sie dürfen über die oHG und deren interne Verhältnisse nichts „nach außen tragen", wenn dies Kredit oder Ansehen der oHG schädigen würde.
- Die Treupflicht verbietet es, **Geschäfts-** oder **Betriebsgeheimnisse** der Gesellschaft an Unbefugte weiterzuleiten.
- Es ist ein Treuverstoß, wenn Gesellschafter sich besondere **Vergünstigungen verschaffen,** z. B. Sondervorteile bei Lieferungen in Anspruch nehmen.
- Aus dem Gesichtspunkt der Treupflicht muß ein Gesellschafter bei der Durchsetzung eigener Forderungen gegenüber der Gesellschaft **Rücksicht** auf die Gesellschaft **nehmen,** ggf. noch etwas zuwarten.
- Die gesellschaftsrechtliche Treupflicht kann einem Gesellschafter auch die Verpflichtung auferlegen, aus der Gesellschaft **auszuscheiden** (BGH NJW 1986, 256).

Grenzen findet die Treupflicht allerdings an der Wahrnehmung berechtigter eigener Interessen des Gesellschafters. Verstößt ein Gesellschafter schuldhaft gegen ihm obliegende Treupflichten, so ergeben sich **zwei Konsequenzen:**

- Der Gesellschafter kann auf **Unterlassung** verklagt werden.
- Der Gesellschafter muß **Schadenersatz** leisten.

4. Wettbewerbsverbote

a) Der wettbewerbsrechtliche Tatbestand

Nach § 112 HGB unterliegen Gesellschafter von offenen Handelsgesellschaften Wettbewerbsverboten: Ein Gesellschafter darf ohne Einwilligung der anderen Gesellschafter

- weder **in dem Handelszweige** der Gesellschaft **Geschäfte machen**
- noch **an** einer anderen **gleichartigen Handelsgesellschaft** als persönlich haftender Gesellschafter **teilnehmen.**

Es handelt sich hierbei um eine spezielle Ausformung der allgemeinen Treupflicht. Sinn dieser Regelung ist folgender: Der Gesellschafter einer oHG soll seine Tätigkeit, Erfahrungen, geschäftlichen Verbindungen und Positionen, die er gesellschaftsbedingt erlangt hat, ausschließlich der oHG zugute kommen lassen und nicht eigennützig verwerten.

Beispiele:

In der von Anton, Berta, Cäsar und Dietrich gegründeten Baustoffhandel-oHG kommt es zu folgenden Entwicklungen: (1.) Dietrich möchte „nebenbei" als Geschäftsführer in der ebenfalls auf dem Gebiete des Baustoffhandels tätigen Einzelfirma des Kaufmanns K tätig werden; (2.) Anton will mit Geschäftsfreunden ein in der Rechtsform der Kommanditgesellschaft zu betreibendes Bauunternehmen gründen und sich als Komplementär beteiligen; (3.) Berta möchte aus ihrem Privatvermögen eine Kommanditeinlage der XY-BauKG zeichnen; (4.) Cäsar erwirbt einen Geschäftsanteil einer überregional im Baugewerbe tätigen GmbH, ggf. will er deren Geschäftsführer werden. Wie ist die Rechtslage?

Im ersten Fall trifft das Wettbewerbsverbot nach § 112 HGB ohne jeden Zweifel zu: Für Dietrich ergibt sich dies aus der ersten Alternative des § 112 Abs. 1: Er darf als

Gesellschafter einer oHG ohne Einwilligung der anderen Gesellschafter, „in dem Handelszweig der Gesellschaft keine Geschäfte machen". (2.) Bei Anton greift die zweite Alternative des § 112 Abs. 1 Platz: Er verstößt mit der Beteiligung als Komplementär an einer gleichartigen Handelsgesellschaft gegen das dort enthaltene Wettbewerbsverbot. (3.) Der Erwerb des Kommanditanteils durch Berta ist „wettbewerbsneutral". Verboten ist lediglich die Beteiligung an einer gleichartigen Handelsgesellschaft als persönlich haftender Gesellschafter, die Kommanditistenstellung reicht nicht aus. (4.) Dasselbe gilt für Cäsar: Der Erwerb eines GmbH-Anteils fällt ebensowenig unter das Wettbewerbsverbot nach § 112 HGB, wie die Beteiligung als Aktionär an einer Aktiengesellschaft oder der Beitritt als Genosse zu einer Genossenschaft. Verboten wäre allerdings die über die bloße Kapitalbeteiligung hinausgehende Tätigkeit als GmbH-Geschäftsführer, wie auch jede sonstige aktive Mitwirkung an der Geschäftsführung eines anderen Unternehmens des gleichen Handelszweiges.

Zu beachten ist § 112 Abs. 2 HGB: Danach gilt die Einwilligung zur Teilnahme an einer anderen Gesellschaft als erteilt, wenn den übrigen Gesellschaftern bei Eingehung der Gesellschaft bekannt ist, daß der Gesellschafter an einer anderen Gesellschaft als persönlich haftender Gesellschafter teilnimmt, und gleichwohl die Aufgabe dieser Beteiligung nicht ausdrücklich verlangt wird.

Beispiel:

War Anton schon bei der oHG-Gründung Komplementär der Konkurrenz-KG und nehmen die übrigen Gesellschafter dies stillschweigend zur Kenntnis, dann können sie sich nachträglich nicht mehr auf § 112 HGB berufen.

b) Rechtsfolgen eines Wettbewerbsverstoßes

Verletzt ein Gesellschafter das Wettbewerbsverbot, so bestehen nach § 113 HGB zwei Möglichkeiten:

- Die oHG kann **Schadensersatz** fordern (sie muß dann einen entstandenen Schaden nachweisen und beziffern).
- Die oHG hat statt dessen auch ein „**Eintrittsrecht**": Sie kann von dem Gesellschafter verlangen, daß er die für eigene Rechnung gemachten Geschäfte als für Rechnung der Gesellschaft eingegangen gelten läßt und die aus den Geschäften für fremde Rechnung bezogene Vergütung herausgibt bzw. den Anspruch auf die Vergütung abtritt.

c) Kollision des Wettbewerbsverbotes mit dem Kartellverbot

Das Gesetz beschränkt in § 112 HGB die wirtschaftliche Betätigung der Gesellschafter. Auf der anderen Seite verbietet § 1 GWB wettbewerbsbeschränkende Maßnahmen. Diese Kollision hat der Bundesgerichtshof (BGHZ 38, 306) zugunsten des § 112 HGB entschieden. Die Einschränkung des Kartellverbotes im Interesse der „volkswirtschaftlich besonders erwünschten Unternehmensform oHG" (vgl. oben II) muß nach Ansicht der Rechtsprechung hingenommen werden. Obwohl die gesetzliche Regelung letztlich wie eine gesellschaftsvertragliche Wettbewerbsbeschränkung wirkt, kann sie nicht grundsätzlich entfallen, da sonst die gesellschaftstreue Mitarbeit einzelner Gesellschafter in Frage gestellt wäre.

- **Lernhinweis:** Zu diesem Problemkreis hat sich eine umfangreiche Literatur entwickelt: Sie sollten sich die Zeit nehmen, das Verhältnis zwischen Gesellschaftsrecht und Kartellrecht in diesem Zusammenhang zu repetieren, lesen Sie deshalb BGHZ 38, 306 sowie BGHZ 70, 331.

5. Geschäftsführung

• **Lernhinweis:** Die gesellschaftsrechtlichen Regelungskomplexe „Geschäftsführung" und „Vertretung" sind in der Praxis äußerst wichtig und damit auch zu Recht examensrelevant! Als Lernziel sollten Sie daher für jede Unternehmensform die gesetzliche Regelung und die verschiedenen Möglichkeiten vertraglicher Abweichungen „abrufbereit parat haben". Gehen Sie deshalb so vor, daß Sie zunächst bei den einzelnen Gesellschaftsformen Geschäftsführung und Vertretung erarbeiten und anschließend überblicksartig vergleichen. In der mündlichen Prüfung sind derartige Vergleiche sehr beliebt. Bedienen Sie sich hierzu auch der am Schluß des Buches aufgenommenen Übersichtstabellen, die eine synoptische Darstellung der einzelnen Regelungskomplexe bei den verschiedenen Unternehmensformen geben. Sie können dabei auch testen, wieviel bei der vorausgegangenen Erarbeitung „hängen blieb". Repetieren Sie als Einstieg für die oHG zunächst noch einmal die Regelung der Geschäftsführung bei der BGB-Gesellschaft.

a) Gesetzliche Regelung

aa) Einzelgeschäftsführung

Nach § 114 HGB sind bei der offenen Handelsgesellschaft zur Führung der Geschäfte **„alle Gesellschafter berechtigt und verpflichtet"**. Steht die Geschäftsführung allen zu, so ist **jeder von ihnen allein zu handeln berechtigt** (vgl. § 115 Abs. 1 1. Halbs.). Mit anderen Worten: Es gilt bei der offenen Handelsgesellschaft das **Prinzip der Einzelgeschäftsführung.** Hierin unterscheidet sich die oHG von der BGB-Gesellschaft, für die der Grundsatz der Gesamtgeschäftsführung gilt. Der Grund für die unterschiedliche Behandlung ist einleuchtend: Im Handelsverkehr besteht ein Bedürfnis nach Schnelligkeit und Flexibilität (vgl. Klunzinger, „Grundzüge des Handelsrechts" § 1); im Wirtschaftsleben wäre es hinderlich, bei jedem Geschäftsführungsakt die Zustimmung sämtlicher Gesellschafter einholen zu müssen.

bb) Widerspruchsrecht

Der Grundsatz der Einzelgeschäftsführung birgt jedoch unverkennbar eine gewisse Gefahr in sich: Wer garantiert, daß vorschnelle und egoistische Entscheidungen einzelner Gesellschafter nicht dem Gesamtinteresse widersprechen? Aus diesem Grunde gibt das Gesetz jedem geschäftsführungsberechtigten Gesellschafter ein **Vetorecht:** Widerspricht ein geschäftsführungsberechtigter Gesellschafter der von einem anderen geschäftsführungsberechtigten Gesellschafter vorgenommenen Handlung, so muß diese unterbleiben (vgl. § 115 Abs. 1 2. Halbs.).

Beispiel:

Anton, Berta, Cäsar und Dietrich haben bei ihrer in Form einer oHG betriebenen Baustoffhandlung Einzelgeschäftsführung aller Gesellschafter vereinbart. Dietrich ist der Meinung, aus betriebswirtschaftlichen Gründen sei es nicht länger vertretbar, die

§ 5. Die offene Handelsgesellschaft

Auslieferung der Baustoffe durch firmeneigene Lkw's vorzunehmen. Es sei viel günstiger, Frachtverträge mit selbständigen Fuhrunternehmen abzuschließen und sich so die erheblich gestiegenen Vorhalte- und Wartungskosten für den eigenen Fuhrpark zu ersparen. Die übrigen Gesellschafter sind skeptisch, vor allem Cäsar verweigert kategorisch sein Einverständnis. Wegen der jedem Gesellschafter zustehenden Geschäftsführung greift § 115 Abs. 1 2. Halbs. ein: Durch den Widerspruch von Cäsar ist Dietrich gehindert, die an sich unter die Geschäftsführungsbefugnis fallende Maßnahme vorzunehmen. Die weitergehende Frage ist die, welche Auswirkung es hat, wenn trotz Widerspruchs das Geschäft durchgeführt wird: Angenommen, Dietrich würde sich durch den Widerspruch von Cäsar nicht beeinflussen lassen und mit dem Fuhrunternehmer F einen Frachtvertrag abschließen. Nach h. M. hat ein Widerspruch auf die Wirksamkeit einer gleichwohl vorgenommenen Handlung im Außenverhältnis keine Wirkung (vgl. Sie dazu das bei der BGB-Gesellschaft dargestellte Problem beim Übungsfall: „Der Widerspruch des Gesellschafters"). Unstreitig ist es dann aber auch, daß sich Dietrich wegen Verletzung seiner Geschäftsführerpflichten schadensersatzpflichtig macht. Beharrliche Vorstöße dieser Art können schließlich einen zur Ausschließung des Gesellschafters berechtigenden „wichtigen Grund" darstellen (vgl. Sie dazu den Übungsfall „Der lästige Komplementär" Seite 115).

b) Gesellschaftsvertragliche Abweichungen

Das Gesetz ist dispositiv, durch Gesellschaftsvertrag können andere Modalitäten der Geschäftsführung vereinbart werden. Denkbar ist eine Abweichung in zwei gegensätzlichen Richtungen: Man kann entweder dem einzelnen Gesellschafter eine noch weitergehende Freiheit einräumen (auf das Widerspruchsrecht verzichten), man kann aber auch durch eine stärkere „Gemeinschaftlichkeit" eine größere Sicherung der Gesellschafter erreichen, was allerdings wiederum zu Lasten der Flexibilität geht.

aa) Einzelgeschäftsführung mehrerer

Durch Gesellschaftsvertrag kann bestimmt werden, daß nicht alle, sondern nur einzelne Gesellschafter geschäftsführungsbefugt sein sollen. Für die nicht geschäftsführungsbefugten Gesellschafter bedeutet dies, daß sie dann auch kein Widerspruchsrecht gegenüber Maßnahmen der geschäftsführungsbefugten Gesellschafter haben. Es bleiben ihnen aber die Kontrollrechte nach § 118 HGB (siehe dazu unten unter b).

Beispiel:

Wenn in der Anton, Berta, Cäsar und Dietrich-oHG Cäsar selbst nicht geschäftsführungsbefugt wäre, wären seine Bedenken hinsichtlich der von Dietrich verfolgten Maßnahme unerheblich. Ein Widerspruchsrecht stünde ihm nicht zu. Dietrich könnte das Geschäft mit dem Fuhrunternehmer abschließen, es sei denn, Anton oder Berta würden Widerspruch erheben.

bb) Gesamtgeschäftsführung aller Gesellschafter

Selbstverständlich ist es auch möglich, die Geschäftsführungsbefugnis allen Gesellschaftern gemeinschaftlich zu erteilen. Dann hätten wir dieselbe Lösung wie bei der BGB-Gesellschaft. Wegen der darin liegenden Schwerfälligkeit wird sich dies jedoch im Regelfall aus den speziellen Erfordernissen des kaufmännischen Rechts- und Geschäftsbetriebes nicht empfehlen.

cc) Gesamtgeschäftsführung mehrerer Gesellschafter

Denkbar ist es schließlich, daß die Geschäftsführung zwar nicht allen, sondern nur einem Teil der Gesellschafter, diesen aber wiederum gemeinschaftlich, zustehen soll. In diesem Fall sind die nicht geschäftsführungsbefugten Gesellschafter ausgeschlossen, sie haben auch kein Widerspruchsrecht; die geschäftsführungbefugten Gesellschafter dagegen müssen bei den zu treffenden Maßnahmen Einstimmigkeit erzielen.

Beispiel:

Wenn in der Anton, Berta, Cäsar und Dietrich-oHG die Geschäftsführung Anton und Dietrich gemeinsam zusteht, wären Widersprüche gegen den abzuschließenden Frachtvertrag von Berta und Cäsar unbeachtlich. Dietrich müßte sich jedoch mit Anton ins Benehmen setzen und dessen Einverständnis zu der gesellschaftlichen Maßnahme einholen.

dd) Notgeschäftsführung

Wenn jeder Gesellschafter allein geschäftsführungsbefugt ist, braucht er – abgesehen vom Widerspruchsrecht – auf die Überlegungen anderer Gesellschafter keine Rücksicht zu nehmen, sofern er die von der Treupflicht gesetzten Grenzen beachtet. Bei gemeinschaftlicher Geschäftsführung dagegen ist die Zustimmung der Gesellschafter einzuholen. Es sind jedoch Fälle denkbar, bei denen unverzüglich entschieden werden muß und ein weiteres Zuwarten der Gesellschaft zum Schaden gereichen würde. Hier kann sich die Gesamtgeschäftsführung als hinderlich und für die Gesellschaft schädlich erweisen. Aus diesem Grund bestimmt § 115 Abs. 2 HGB (lesen!), daß bei **„Gefahr im Verzuge"** einzelne Gesellschafter die erforderliche Maßnahme allein treffen dürfen, selbst wenn im Gesellschaftsvertrag bestimmt ist, daß die Gesellschafter nur zusammen handeln können.

Beispiel:

In der Anton, Berta, Cäsar und Dietrich-oHG ist gesellschaftsvertraglich bestimmt, daß Maßnahmen der Geschäftsführung von Anton und Dietrich nur mit jeweiliger gegenseitiger Zustimmung getroffen werden dürfen (Gesamtgeschäftsführung mehrerer). Die Gesellschaft möchte einen „abgeschriebenen" (in der Bilanz nach der letzten AfA-Rate mit 1 DM angesetzten) Lkw verkaufen. Anton besucht die Baumaschinenausstellung in München und ist deshalb für acht Tage nicht oder nur unter Schwierigkeiten erreichbar. Ausgerechnet in dieser Zeit meldet sich ein Interessent, der bereit ist, den Lkw für einen über dem Listenpreis liegenden Betrag abzunehmen. Da er jedoch eine sofortige Entscheidung verlangt und Anton trotz telefonischer Versuche nicht erreichbar bleibt, liegt hier „Gefahr im Verzuge" vor, so daß trotz gemeinschaftlicher Geschäftsführung für den konkreten Einzelfall Dietrich allein den Kaufvertrag mit dem Interessenten abschließen darf.

c) Umfang der Geschäftsführungsbefugnis

• **Lernhinweis:** Nicht selten verwechselt der Student den personellen und den sachlichen Bereich der Geschäftsführungsbefugnis. Bei den oben unter a) und b) erörterten Fragen ging es darum, **wer** geschäftsführungbefugt ist. Beim sachlichen Umfang der Geschäftsführung stellt sich die Frage, **was** die Geschäftsführung beinhaltet, **welche** Handlungen also ein geschäftsführungsbe-

§ 5. Die offene Handelsgesellschaft

Übersicht: Modalitäten der Geschäftsführungsbefugnis bei der offenen Handelsgesellschaft

gesetzlich	vertraglich	
Einzelgeschäftsführung aller	Einzelgeschäftsführung aller ohne Widerspruchsrecht	
	Einzelgeschäftsführung mehrerer	
mit Widerspruchsrecht	mit Widerspruchsrecht	ohne Widerspruchsrecht
geschäftsführungsbefugter Gesellschafter	Gesamtgeschäftsführung mehrerer	
	Gesamtgeschäftsführung aller	

fugter Gesellschafter vornehmen darf. Das Gesetz unterscheidet zwei Fälle: gewöhnliche Geschäfte und außergewöhnliche Geschäfte.

aa) Gewöhnliche Geschäfte

Nach § 116 Abs. 1 HGB (lesen!) umfaßt die Geschäftsführungsbefugnis alle Handlungen, die der **gewöhnliche Betrieb** des Handelsgewerbes der Gesellschaft mit sich bringt. Beachten Sie, daß die Gesetzesformulierung absichtlich auf die Branchenspezifität abstellt („des Handelsgewerbes der Gesellschaft").

Beispiele:

- An- und Verkauf von Waren
- Einstellung und Entlassung von Personal
- Kreditbeschaffungsmaßnahmen und Versicherungsabschlüsse

Kurzum: Sämtliche für den Geschäftsbetrieb erforderlichen Maßnahmen im Bereich von Beschaffung, Produktion, Absatz, Marketing, Rechnungswesen, Personalwesen usw., sofern sie nach der spezifischen Sicht des Einzelfalles zum „gewöhnlichen Betrieb" der betreffenden Gesellschaft gehören.

bb) Außergewöhnliche Geschäfte

Zur Vornahme von Handlungen, die über den gewöhnlichen Betrieb des Handelsgewerbes der Gesellschaft hinausgehen, ist gem. § 116 Abs. 2 HGB ein Beschluß sämtlicher Gesellschafter erforderlich.

Beispiele:

- Bauliche Maßnahmen auf Geschäftsgrundstücken
- Ersteigerung von Grundstücken
- Einrichtung von Zweigniederlassungen
- Verkauf von Wertpapieren, die als Notrücklage gedacht waren
- Übertragung des Gesellschaftsvermögens

cc) Sonderfall der Prokura

Für die Prokura könnte es zweifelhaft sein, ob ihre Erteilung bzw. deren Widerruf unter den Bereich der gewöhnlichen oder außergewöhnlichen Geschäfte fällt. Das Gesetz stellt in § 116 Abs. 3 (lesen!) klar:

- die **Bestellung der Prokura** bedarf (außer bei Gefahr im Verzuge) der Zustimmung aller geschäftsführenden Gesellschafter;
- der **Widerruf der Prokura** kann von jedem der zur Erteilung oder zur Mitwirkung bei der Erteilung befugten Gesellschafter erfolgen.

Beispiel:

In der Anton, Berta, Cäsar und Dietrich-oHG sind Anton und Dietrich je einzeln zur Geschäftsführung bestellt. Soll der leitende Angestellte Paul Prokura erhalten, so bedarf dies einer Übereinkunft zwischen Anton und Dietrich. Zum Widerruf der Paul erteilten Prokura genügt es, wenn entweder Anton oder Dietrich eine entsprechende Erklärung abgibt.

d) Entziehung und Kündigung der Geschäftsführungsbefugnis

aa) Entziehung (§ 117 HGB)

Die Befugnis zur Geschäftsführung kann einem Gesellschafter auf Antrag der übrigen Gesellschafter entzogen werden. Vorausgesetzt ist zweierlei:

- Es muß ein entsprechender Antrag auf **gerichtliche Entscheidung** gestellt werden (es genügt also nach dispositivem Recht nicht – wie bei der BGB-Gesellschaft – ein Mehrheitsbeschluß der Gesellschafter).
- Es muß ein **wichtiger Grund** vorliegen. Als solcher gilt insbesondere grobe Pflichtverletzung oder Unfähigkeit zur ordnungsgemäßen Geschäftsführung (Beispiele: strafbare Handlungen, schwere Erkrankungen).

Da § 117 HGB dispositives Recht ist, kann im Gesellschaftsvertrag auch der Entzug der Geschäftsführung durch bloßen Mehrheitsbeschluß vorgesehen werden.

bb) Kündigung der Geschäftsführung durch den Gesellschafter

Umgekehrt ist es auch denkbar, daß einzelne Gesellschafter ihre vertraglich übernommene Geschäftsführungsverpflichtung kündigen. Voraussetzung ist auch hier ein wichtiger Grund. Das Gesetz regelt diesen Fall bei der offenen Handelsgesellschaft nicht; insofern ist ein Rückgriff auf die subsidiären Vorschriften der BGB-Gesellschaft erforderlich (vgl. § 712 Abs. 2 BGB, § 105 Abs. 2 HGB; repetieren Sie hierzu bei der BGB-Gesellschaft § 4 IV 1 d).

e) Kontrollrechte

Für nicht geschäftsführungsberechtigte Gesellschafter ist das Kontrollrecht nach § 118 HGB die einzige Möglichkeit, sich „über die Gesellschaft auf dem Laufenden zu halten". Das Kontrollrecht des oHG-Gesellschafters ist weitgehend dem bei der BGB-Gesellschaft nachgebildet. Ein Gesellschafter kann

- sich von den Angelegenheiten der Gesellschaft **persönlich unterrichten,**
- die **Handelsbücher** und die **Papiere** der Gesellschaft **einsehen,**
- sich hieraus eine **Bilanz** und einen **Jahresabschluß** anfertigen.

§ 5. Die offene Handelsgesellschaft

Das Kontrollrecht kann vertraglich erweitert, eingeschränkt oder ausgeschlossen werden. Beachten Sie jedoch: Wenn Grund zu der Annahme unredlicher Geschäftsführung besteht, greift das an sich dispositive Kontrollrecht nach § 118 Abs. 1 auch dann Platz, wenn es durch Vereinbarung ausgeschlossen oder eingeschränkt war (§ 118 Abs. 2).

Beispiel:

In der Anton, Berta, Cäsar und Dietrich-oHG ist Anton allein geschäftsführungsbefugter Gesellschafter. Im Gesellschaftsvertrag ist unter anderem bestimmt: „... nicht geschäftsführungsberechtigte Gesellschafter haben lediglich einen Anspruch auf Aushändigung einer jährlichen Bilanzabschrift. Weitergehende Rechte bestehen nicht." Nach einigen Jahren erfolgreicher Gesellschaftstätigkeit wird bekannt, daß Anton dem Kunden K Sonderrabatte gewährte und hierfür persönliche Vorteile erhielt. Berta, Cäsar und Dietrich verlangen von Anton „schonungslose Offenheit", unter anderem eine sofortige Einsicht in die mit K abgeschlossenen Lieferverträge. Anton weigert sich mit dem Hinweis auf den entsprechenden Passus im Gesellschaftsvertrag. Trotzdem muß Anton die erbetene Auskunft erteilen bzw. den Einblick in Papiere der Gesellschaft gestatten. Die restriktive Klausel im Gesellschaftsvertrag greift hier nicht Platz, weil wegen der persönlichen Vorteilsgewährung „Grund zu der Annahme unredlicher Geschäftsführung" besteht.

Zum **Umfang des Kontrollrechts** ist zu bemerken: Ein Gesellschafter darf

- die Geschäftsräume betreten,
- Anlagen und Einrichtungen des Unternehmens besichtigen,
- die Handelsbücher einsehen,
- sonstige Papiere (Verträge, Korrespondenzen, Akten, Notizen) überprüfen,
- Auskunft verlangen, wenn er sich aus den Büchern keine Klarheit verschaffen kann (BGH WM 83, 911).

Das Informationsrecht muß jedoch **persönlich** ausgeübt werden, was aber nach der Rechtsprechung die Zuziehung geeigneter (zur beruflichen Verschwiegenheit verpflichteter!) Sachverständiger nicht ausschließt. Der Gesellschafter darf also einen Wirtschaftsprüfer, Steuerberater oder Rechtsanwalt bei der Ausübung seines Kontrollrechts hinzuziehen.

Strittig ist, ob auch **ausgeschiedene Gesellschafter** noch ein Kontrollrecht haben. Nach herrschender Meinung setzt § 118 HGB die Zugehörigkeit zur Gesellschaft voraus; ausgeschiedene Gesellschafter können sich (deshalb zwar nicht auf § 118 HGB, wohl) aber auf ein aus dem Grundgedanken von Treu und Glauben nach § 242 BGB abzuleitendes Auskunftsrecht berufen.

Die Position der Mitgesellschafter, seien sie geschäftsführungsberechtigt oder nicht, wird noch dadurch verstärkt, daß die geschäftsführenden Gesellschafter jedem Mitgesellschafter auf dessen Verlangen Bericht, Auskunft und Rechenschaft schulden (dies ergibt sich durch Anwendung des § 666 BGB, auf den § 105 Abs. 2 HGB mittelbar über § 713 BGB verweist).

6. Aufwendungsersatz

Schon bei der BGB-Gesellschaft hatten wir gesehen, daß ein geschäftsführender Gesellschafter den Ersatz von Aufwendungen verlangen kann, die er in Gesellschaftsangelegenheiten gemacht hat (§ 713 i. V. m. § 670 BGB). Das

HGB regelt dies für die offene Handelsgesellschaft in § 110 (lesen!). Die Gesellschaft ist ersatzpflichtig:

- **für Aufwendungen** eines Gesellschafters in Gesellschaftsangelegenheiten, die er den Umständen nach für erforderlich halten darf (**Beispiel:** Der Gesellschafter bezahlt bei einer Geschäftsreise Hotel- und Taxirechnung aus der eigenen Tasche);
- **für Verluste,** wenn ein Gesellschafter unmittelbar durch seine Geschäftsführung oder damit untrennbar verbundene Gefahren Einbußen erleidet (**Beispiel:** Der Gesellschafter kommt bei einer Geschäftsreise durch einen Unfall, dessen finanzielle Nachteile nur teilweise durch Versicherungen abgedeckt sind, zu Schaden).

Problem: Muß die Gesellschaft auch **Geldstrafen** ersetzen, die gegen den Gesellschafter infolge von Straftaten anläßlich seiner Geschäftsführertätigkeit verhängt werden? Antwort: Nein, da es sich hier um „unerlaubte" Geschäftsführung handelt.

Beachten Sie: Der Ersatzanspruch wendet sich gegen **die Gesellschaft.** Es handelt sich insofern um eine **Sozialverpflichtung.** Ein Gesellschafter kann also den Anspruch nach § 110 HGB lediglich gegen die Gesellschaft, nicht aber gegen die Mitgesellschafter richten; diese haften nicht nach § 128 HGB, weil dies entgegen § 707 BGB auf eine Nachschußpflicht hinausliefe (vgl. unten VI, 2, sowie den Übungsfall „Die Zahlung der Gewerbesteuer").

7. Gewinn- und Verlustbeteiligung

a) Vertragsfreiheit

Wichtigste Bestimmung jedes Gesellschaftsvertrages ist naturgemäß die Gewinn- bzw. Verlustverteilung. Hier werden die Gesellschafter bei der Gründung in aller Regel detaillierte Lösungen erarbeiten, um dem jeweiligen Einzelfall gerecht zu werden. Dabei wird es eine Rolle spielen, welche Beiträge von den Gesellschaftern erbracht werden, welche Tätigkeiten im Rahmen der Geschäftsführung vorgesehen sind, ob die Einlagen aus eigenen Mitteln stammen oder (so bei Geschäftsgründungen zum Zwecke der Steuerersparnis) etwa von Mitgesellschaftern (dem Senior) unentgeltlich übertragen wurden und dergleichen mehr. Nur wenn keine vertragliche Regelung vorliegt, greifen §§ 120ff. HGB ein. Diesen liegt das gesetzliche Leitbild der oHG zugrunde. Es orientiert sich am persönlichen Arbeitseinsatz jedes Gesellschafters und vernachlässigt deshalb die Verzinsung der Kapitalanteile.

b) Gesetzliche Regelung

aa) Gewinn- und Verlustverteilung

Zum Schluß jedes Geschäftsjahres wird aufgrund der Bilanz der Jahresgewinn bzw. -verlust ermittelt und für jeden Gesellschafter sein Anteil daran berechnet (§ 120 Abs. 1 HGB). Die Erstellung der Bilanz erfolgt nach den Grundsätzen ordnungsgemäßer Buchführung (vgl. insofern die Vorlesungen über das Rechnungswesen).

Die Verteilung von Gewinn und Verlust richtet sich gem. § 121 HGB teils nach kapitalistischen, teils nach personalistischen Grundsätzen: Vom Jahresgewinn erhält jeder Gesellschafter zunächst einen Anteil in Höhe von 4 Prozent seines Kapitalanteils. Der übersteigende Teil des Jahresgewinnes wird unter die Gesellschafter „nach Köpfen", also zu gleichen Teilen verteilt. Daher auch die Formel für die Gewinnverteilung der oHG: „**4%, Rest nach Köpfen!**" Der einem Gesellschafter zugewiesene Gewinn wird seinem Kapitalanteil zugeschrieben, ein entsprechender Verlust sowie das während des Geschäftsjahres auf den Kapitalanteil entnommene Geld wird davon abgeschrieben (Prinzip der **variablen Kapitalanteile**).

bb) Entnahmen

Bei der oHG arbeiten in aller Regel die Gesellschafter selbst mit, sie machen ihre Gesellschaftertätigkeit zur Grundlage ihrer Lebensführung. Es ist deshalb notwendig, schon vor der am Schluß eines Rechnungsjahres erfolgenden Gewinnauszahlung den Gesellschaftern Leistungen zukommen zu lassen. Diese Zuführung erfolgt über die „Entnahmen" (Geschäftsführergehälter). Wenn der Gesellschaftsvertrag nichts Abweichendes regelt, ist nach § 122 Abs. 1 HGB jeder Gesellschafter berechtigt, „aus der Gesellschaftskasse Geld bis zu einem Betrage von vier Prozent seines für das letzte Geschäftsjahr festgestellten Kapitalanteils zu seinen Lasten zu erheben". Wenn es die Gesellschaft nicht offenbar schädigt, kann er auch die Auszahlung seines den vorbezeichneten Betrag übersteigenden Anteils am Gewinn des letzten Jahres verlangen. Im übrigen ist ein Gesellschafter nicht befugt, ohne Einwilligung der anderen seinen Kapitalanteil zu vermindern.

8. Gesellschafterbeschlüsse

a) Gesetzliche Regelung

Wie erfolgt die Beschlußfassung, wenn kraft Gesetzes oder kraft Gesellschaftsvertrages alle oder mehrere Gesellschafter mitwirken müssen? Auch hier kann der Gesellschaftsvertrag entsprechende Regelungen für den Einzelfall treffen. Ist dies nicht der Fall, so ist zunächst durch § 119 HGB klargestellt, daß für die von den Gesellschaftern zu fassenden Beschlüsse die Zustimmung aller zur Mitwirkung bei der Beschlußfassung berufenen Gesellschafter erforderlich ist. Im Zweifel berechnet sich die Stimmenmehrheit nicht nach den Kapitalanteilen, sondern nach der Zahl der Gesellschafter (§ 119 Abs. 2 HGB).

Beispiele für die **Zustimmungspflicht aller Gesellschafter** (vorbehaltlich gesellschaftsvertraglicher Abweichungen):
- Außergewöhnliche Geschäftsführungsakte gem. § 116 Abs. 2 HGB
- Auflösung der Gesellschaft, § 131 Nr. 2 HGB
- Bestellung, Abberufung und Instruktion von Liquidatoren, §§ 146 Abs. 1, 147, 152 HGB
- **Vor allem aber: Jede Abänderung des Gesellschaftsvertrages!**

b) Gesellschaftsvertragliche Praxis

In der gesellschaftsvertraglichen Praxis wird häufig nach der Art der Geschäfte differenziert: Bei wichtigen Geschäften wird meist Einstimmigkeit oder qualifizierte Mehrheit verlangt, bei weniger wichtigen dagegen nur einfache Mehrheit.

Probleme ergeben sich, wenn ein Gesellschaftsvertrag nur die Klausel enthält, daß „für die Beschlußfassung das Mehrheitsprinzip gilt", ohne genau zu spezifizieren, worauf sich die einzelne Entscheidung bezieht. Hier greift der von der Rechtsprechung eingeführte **„Bestimmtheitsgrundsatz"** ein: Ungewöhnliche Maßnahmen können mit Mehrheit nur dann wirksam beschlossen werden, wenn der jeweilige Beschlußgegenstand bereits im Vertragstext für jeden Gesellschafter erkennbar formuliert wurde.

Beispiele: Das Mehrheitsprinzip legitimiert nicht global zu Änderungen des Gesellschaftsvertrags und anderen einschneidenden Vorkommnissen, wie dem Ausschluß von Gesellschaftern, Beitragserhöhungen, Schaffung oder Beseitigung von Sonderrechten, Bildung offener Rücklagen, Umwandlung der Gesellschaft in eine andere Rechtsform u. dgl.

Wie die Beschlußfassung erfolgt, überläßt der Gesetzgeber den Beteiligten. Es können **Gesellschafterversammlungen** einberufen werden; genauso gut und bei nebensächlichen Angelegenheiten sicher zweckmäßig sind telefonische oder schriftliche Übereinkünfte (Umlaufverfahren). Bei wichtigen Angelegenheiten empfiehlt sich die Gesellschafterversammlung nicht zuletzt aus dem Grunde, weil entscheidende Argumente häufig erst im Rahmen der Meinungsbildung im Gremium zu Tage treten.

VI. Rechtsbeziehungen von Gesellschaft und Gesellschaftern zu Dritten („Außenverhältnis")

• **Lernhinweis:** Die Trennung in „Innenverhältnis" und „Außenverhältnis" wird bei der oHG schon durch den gesetzlichen Aufbau deutlich: §§ 109 bis 122 regeln (vgl. die Überschrift im Gesetzestext!) das „Rechtsverhältnis der Gesellschafter untereinander"; §§ 123 bis 130b regeln das „Rechtsverhältnis der Gesellschafter zu Dritten". Im nachfolgenden werden vor allem die grundsätzlichen (auch für das Examen wichtigen!) Fragen der Vertretung und Haftung erörtert. Kenntnisse auf diesen Gebieten sind unverzichtbar! Es wird deshalb dringend empfohlen, gerade diese Partien bei jeder Gesellschaftsform gründlich durchzuarbeiten (vgl. Sie dazu auch die Übersichtstabellen am Ende des Buches).

Während das Innenverhältnis bei der oHG einzelvertraglicher Disposition überlassen ist, kann dies im Interesse des Vertrauensschutzes für das Außenverhältnis nicht oder nur eingeschränkt gelten. Es wäre unerträglich, außenstehende Dritte auf für sie unbekannte, interne Abmachungen der Gesellschafter zu verweisen. Deshalb ist nicht nur für die Haftung, sondern auch für die Vertretung das Außenverhältnis nach klaren, übersichtlichen und transparenten Kategorien geregelt. Abweichungen von gesetzlichen Leitvorstellungen (auf die man sich sonst grundsätzlich verlassen kann) müssen durch Handelsregistereintragungen publik gemacht werden. Außerdem ergibt sich aus dem Vorerwähnten die wichtige Feststellung: Bei der oHG ist die Vertretungsbefugnis nicht (wie bei der BGB-Gesellschaft) an die jeweilige Regelung bei der Geschäftsführung gekoppelt!

1. Vertretung der Gesellschaft

a) Gesetzliche Leitvorstellung

Im Interesse des Verkehrsschutzes ist die Vertretungsbefugnis bei der oHG **nicht von der** jeweiligen Art der **Geschäftsführungsbefugnis abhängig**. Vielmehr bringt das Gesetz in § 125 HGB eigenständige Regelungen. Zu beachten ist dabei, daß (wiederum im Gegensatz zur BGB-Gesellschaft) wegen der relativen Verselbständigung der oHG (vgl. Sie oben die Ausführungen zu § 124 HGB, unter I, 2) vertretungsbefugte Gesellschafter nicht die anderen Gesellschafter, sondern die Gesellschaft selbst vertreten (vgl. § 125 Abs. 1 HGB).

Die gesetzliche Leitvorstellung bringt § 125 Abs. 1 HGB (lesen!) zum Ausdruck. Zur Vertretung der Gesellschaft ist **jeder Gesellschafter ermächtigt**, wenn er nicht durch den Gesellschaftsvertrag von der Vertretung ausgeschlossen ist. Es gilt also das **Prinzip der Einzelvertretung!** Das heißt: Jeder einzelne Gesellschafter kann Willenserklärungen mit Wirkung für und gegen die oHG abgeben.

b) Abweichende Regelungen

Von der gesetzlichen Leitvorstellung kann durch Gesellschaftsvertrag abgewichen werden. Da der Gesetzgeber vom Grundsatz der Einzelvertretung ausgeht, bedeuten Abweichungen hiervon die Vereinbarung von Gesamtvertretungen. Diese sind in mehrfacher Weise denkbar:

aa) Echte Gesamtvertretung

Im Gesellschaftsvertrag kann bestimmt werden, daß Gesellschafter nur gemeinschaftlich zur Vertretung der Gesellschaft ermächtigt sein sollen (§ 125 Abs. 2 Satz 1 HGB – lesen!). Dies kann dadurch geschehen, daß

- **alle Gesellschafter** oder
- **mehrere Gesellschafter**

gesamtvertretungsberechtigt sein sollen. Möglich ist es dabei auch, daß die zur Gesamtvertretung berechtigten Gesellschafter einzelne von ihnen zur Vornahme bestimmter Geschäfte oder bestimmter Arten von Geschäften ermächtigen.

Liegt Gesamtvertretung vor, so müssen sämtliche gesamtvertretungsberechtigten Gesellschafter bei Willenserklärungen für die Gesellschaft mitwirken. Besonderes gilt bei der **passiven Vertretung:** Ist der Gesellschaft gegenüber eine Willenserklärung abzugeben, so genügt die Abgabe gegenüber einem der zur Mitwirkung bei der Vertretung befugten Gesellschafter (§ 125 Abs. 2 Satz 3 HGB).

Beispiel:

In der Anton, Berta, Cäsar und Dietrich-oHG ist Gesamtvertretung vereinbart und im Handelsregister eingetragen. Soll für die oHG ein neuer Lastwagen gekauft werden, so müssen Anton, Berta, Cäsar und Dietrich dem Kaufvertrag zustimmen, ggf. unter gegenseitiger Ermächtigung. Wollen sie den Mietvertrag über eine vom Vermieter V angemietete Lagerhalle kündigen, so muß die Kündigungserklärung (wenn Schriftform vereinbart ist) gleichfalls durch alle Gesellschafter (bzw. unter gegenseitiger Ermächtigung) erfolgen. Will jedoch umgekehrt Vermieter V das Mietverhältnis kündigen, so genügt es, wenn er die Kündigungserklärung einem der Gesellschafter schickt, nach § 125 Abs. 2 Satz 3 HGB braucht er nicht vier gleichlautende Briefe zuzustellen.

bb) Unechte Gesamtvertretung

§ 125 Abs. 3 HGB läßt auch die unechte Gesamtvertretung zu: Im Gesellschaftsvertrag kann bestimmt werden, daß die Gesellschafter, wenn nicht mehrere zusammen handeln, nur in Gemeinschaft **mit einem Prokuristen** zur Vertretung der Gesellschaft ermächtigt sein sollen.

Beispiel:

In der Anton, Berta, Cäsar und Dietrich-oHG ist bestimmt und im Handelsregister eingetragen, daß Anton und Berta die Gesellschaft vertreten, Anton jedoch nur zusammen mit dem Prokuristen Paul. Anton schließt auf der Baumaschinenausstellung in München einen Kaufvertrag über die Lieferung eines Montagekrans in Höhe von DM 100000 ab. Berta und Paul halten diese Anschaffung für nicht notwendig. Paul verweigert die Zustimmung zu diesem Geschäft. Die Lieferfirma V ist der Meinung, Vertrag sei Vertrag und verlangt von der Gesellschaft Abnahme des Krans. Mit Recht?

Die Vertretungsregelung in der Gesellschaft ist im Sinne des § 125 Abs. 3 geregelt: Anton konnte die Gesellschaft nur zusammen mit dem Prokuristen Paul vertreten. Wirksame Erklärungen für die oHG hängen deshalb von der Zustimmung Pauls ab (vgl. §§ 177ff. BGB).

• **Lernhinweis:** Vergegenwärtigen Sie sich bei Fragen der Vertretung von Gesellschaften jeweils den Zusammenhang mit den allgemeinen Vorschriften des BGB über die Stellvertretung. Hatte ein Gesellschafter keine Vertretungsmacht oder überschreitet er seine Vertretungsmacht, so greifen die Vorschriften über die „Vertretung ohne Vertretungsmacht" nach §§ 177ff. BGB ein. Der Vertrag ist dann schwebend unwirksam und von der Genehmigung der (mit-)vertretungsberechtigten Gesellschafter abhängig. Wird die Genehmigung verweigert, ist der Vertrag unwirksam. Der Vertragspartner hat dann wahlweise Anspruch auf Erfüllung oder Schadensersatz gegen den als Vertreter ohne Vertretungsmacht zu behandelnden Gesellschafter.

Schaubild: Vertretung ohne Vertretungsmacht bei der oHG

Beachten Sie bei § 179 BGB: Nach Abs. 2 haftet der Vertreter u. U. nur beschränkt und nach Abs. 3 gar nicht, wenn der andere Teil (im obigen Fall also die Lieferfirma V) den Mangel der Vertretungsmacht kannte oder kennen mußte.

Fortführung des Beispiels: Anton hätte aus eigenem Interesse die Lieferfirma beim Abschluß des Kaufvertrags auf die gesellschaftsvertragliche Vertretungsregelung hinweisen müssen.

cc) Unechte Gesamtvertretung als verbotene Drittorganschaft?

Im obigen Ausgangsfall wurde unterstellt (vgl. auch das dort aufgeführte Beispiel), daß neben der unechten Gesamtvertretung (Gesellschafter plus Prokurist) auch Einzelvertretung (jeder Gesellschafter für sich) oder echte Gesamtvertretung (Anton und Berta zusammen) besteht. Es stellt sich nun die Frage, ob es gesellschaftsvertraglich zulässig ist, die Vertretung der Gesellschaft nur einem Gesellschafter jeweils im Zusammenhang mit einem Prokuristen zu gestatten. Die Konsequenz derartiger Regelungen wäre folgende: Angenommen der Prokurist verweigert seine Zustimmung zu Rechtsgeschäften, die ein Gesellschafter für die Gesellschaft tätigt, dann hätte im Endergebnis ein Nichtgesellschafter (der Prokurist als „Dritter") den entscheidenden Einfluß. Da dies nicht mehr dem Prinzip der Selbstorganschaft entspricht, verneint die Rechtsprechung (vgl. BGHZ 26, 333) die Zulässigkeit derartiger gesellschaftsvertraglicher Absprachen, weil darin die Vereinbarung einer unzulässigen Drittorganschaft läge. Auch der Gesetzestext weist darauf hin: § 125 Abs. 3 S. 1 HGB sieht unechte Gesamtvertretung nur neben Einzel- oder echter Gesamtvertretung vor („wenn nicht mehrere zusammen handeln").

Merke:

- Die Vertretung der Gesellschaft durch einen Gesellschafter zusammen mit einem Prokuristen (unechte Gesamtvertretung) ist nur zulässig, wenn daneben andere Gesellschafter (einzeln oder zusammen) vertretungsbefugt sind.
- Ein **wichtiger Anwendungsbereich** der unechten Gesamtvertretung findet sich bei der Kommanditgesellschaft: Dem an sich nicht vertretungsberechtigten Kommanditisten kann über die Prokuraerteilung zusammen mit unechter Gesamtvertretung ein wesentliches Mitspracherecht in der Kommanditgesellschaft eingeräumt werden! (Vgl. zu diesem Problem unten bei der Kommanditgesellschaft § 6 V, 1).

dd) Erfordernis der Handelsregistereintragung

Im Interesse der Verläßlichkeit und Transparenz muß jede von der gesetzlichen Leitvorstellung **abweichende Vertretungsregelung** und jede spätere Änderung **zum Handelsregister angemeldet** werden (§ 125 Abs. 4 HGB – lesen!). Nur die Publizität des Handelsregisters garantiert klare Rechtsverhältnisse, über die sich jeder informieren und auf die sich jeder verlassen kann (vgl. zur Publizität des Handelsregisters „Grundzüge des Handelsrechts", § 13 IV).

c) Umfang der Vertretungsmacht

Unterscheiden Sie auch bei der Vertretung zwischen dem persönlichen und dem sachlichen Bereich: § 125 HGB regelt die Frage, **wer** vertretungsbefugt ist, § 126 HGB bestimmt, **welche** Rechtsgeschäfte ein vertretungsbefugter Gesellschafter wirksam vornehmen darf.

aa) Vertretungsbereich

Die Vertretungsmacht der Gesellschafter erstreckt sich gem. § 126 Abs. 1 HGB (lesen!) auf

- alle **gerichtlichen Geschäfte und Rechtshandlungen**
- alle **außergerichtlichen Geschäfte und Rechtshandlungen** einschließlich
- **Veräußerungen** und **Belastungen von Grundstücken** sowie
- **Erteilung** und **Widerruf** einer **Prokura**.

Ein Vergleich mit dem sachlichen Umfang der Geschäftsführungsbefugnis ergibt (vgl. Sie § 126 Abs. 1 HGB einerseits und § 116 Abs. 2 und 3 HGB andererseits), daß bei der Vertretungsmacht **keine Unterscheidung zwischen gewöhnlichen und außergewöhnlichen Geschäften** erfolgt. Es entfallen auch die für den Prokuristen nach § 49 Abs. 2 HGB zutreffenden Beschränkungen.

Merke: Die Vertretungsmacht eines oHG-Gesellschafters geht weiter als seine Geschäftsführungsbefugnis und weiter als die Prokura!

• **Lernhinweis:** Dies hat zur Konsequenz, daß auch beim Überschreiten der Geschäftsführungsbefugnis ein Gesellschafter möglicherweise noch im Rahmen der Vertretungsmacht handelt und damit die Gesellschaft wirksam verpflichten kann.

bb) Verbot bestimmter Geschäfte

Die an sich uneingeschränkte Vertretungsmacht des Gesellschafters einer oHG findet ihre Schranke in den Grundlagen des Gesellschaftsverhältnisses, d. h. ein Gesellschafter kann sich nicht über die Grenzen seiner Gesellschafterstellung hinwegsetzen: Er kann den **Gesellschaftsvertrag nicht abändern.** Sog. „**Grundlagengeschäfte**" sind von der regulären Vertretungsmacht nach § 126 HGB nicht umfaßt: Ein Gesellschafter kann deshalb z. B. nicht die **Gesellschaft „auflösen"** oder ungefragt einen **weiteren Gesellschafter aufnehmen** (dies gilt nicht für die Einräumung einer Unterbeteiligung, vgl. dazu unten § 7 I, 3).

cc) Unbeschränkbarkeit der Vertretungsmacht

Wie bei Prokuristen, so ist auch bei Gesellschaftern einer oHG die Beschränkung des Umfangs der Vertretungsmacht Dritten gegenüber unwirksam (§ 126 Abs. 2 HGB – lesen!). Dies gilt insbesondere für die Beschränkung

• **auf gewisse Geschäfte,**
• **auf gewisse Arten** von Geschäften sowie auf die Absprachen, daß
• Geschäfte nur für ein **gewisse Zeit** oder
• Geschäfte nur unter **gewissen Umständen** oder
• Geschäfte nur **an einzelnen Orten** stattfinden sollen.

Merke: Genau wie bei der Prokura ist eine derartige Absprache **für das Innenverhältnis zulässig.** Verstößt ein Gesellschafter gegen derartige gesellschaftsvertragliche Interna, macht er sich **schadensersatzpflichtig.** Es kann unter Umständen (etwa bei beharrlichen Verstößen) auch ein zur **Ausschließung** aus der Gesellschaft führender **wichtiger Grund gegeben sein.**

dd) Filialvertretung

Wie bei Prokuristen ist auch bei Gesellschaftern einer oHG die Beschränkung der Vertretungsmacht auf den Betrieb einer von mehreren Niederlassungen der Gesellschaft möglich (vgl. § 126 Abs. 3 HGB).

d) Entzug der Vertretungsmacht

Auch bei der oHG ist ein Entzug der Vertretungsmacht möglich. Er erfolgt durch **gerichtliche Entscheidung.** Vorausgesetzt wird ein **wichtiger Grund.** Auch hierzu wiederholt das Gesetz, was es schon an anderen Stellen bestimmt (vgl. § 127 HGB, § 117 HGB, § 712 BGB): Wichtige Gründe sind insbesondere

§ 5. Die offene Handelsgesellschaft

Übersicht: Geschäftsführung und Vertretung bei der oHG

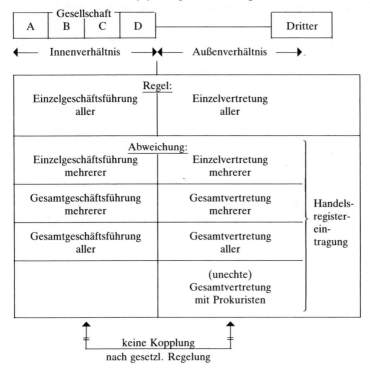

- **Lernhinweis:** Merken Sie sich zur Geschäftsführung (GF):

§ 114	bestimmt,	wer geschäftsführungsberechtigt ist,
§ 115	bestimmt,	wie die GF unter mehrere verteilt wird,
§ 116	bestimmt,	welche Art von Handlungen die GF umfaßt,
§ 117	bestimmt,	wann die GF entzogen werden kann.

- **Lernhinweis:** Merken Sie sich zur Vertretungsbefugnis (VB):

§ 125	bestimmt,	wer von den Gesellschaftern VB hat,
	§ 125 I	→ alle Gesellschafter einzeln
	§ 125 II 1	→ alle oder mehrere gemeinsam
	§ 125 III 1	→ Gesellschafter mit Prokuristen
§ 126	bestimmt,	welche Art von Handlungen die VB umfaßt,
§ 127	bestimmt,	wann die VB entzogen werden kann.

- grobe Pflichtverletzung und
- Unfähigkeit zur ordnungsgemäßen Vertretung der Gesellschaft (vgl. hierzu auch die Musterlösung zum Übungsfall „Der lästige Komplementär").

Problem: Kann auch einem einzigen alleinvertretungsberechtigten oHG-Gesellschafter die Vertretungsmacht entzogen werden? Wird die Gesellschaft dadurch nicht „führungslos"? Die Rechtsprechung (vgl. BGHZ 33, 108) löst diese Kollision zugunsten der Gesellschafter: Es kann nicht angehen, daß ein alleinvertretungsberechtigter Gesellschafter über sein Vertretungsmonopol sanktionslos die Gesellschaft schädigt. Die Führungslosigkeit der Gesellschaft wird verhindert durch die nach der Rechtsprechung mit Entzug der Vertretungsmacht eintretende Gesamtvertretungsbefugnis aller Gesellschafter.

2. Haftung

- **Lernhinweis:** Beim Stichwort „Haftung" stellen sich bei der offenen Handelsgesellschaft u. a. drei Fragen: Haftet die Gesellschaft selbst? Wie haften die Gesellschafter für Gesellschaftsverbindlichkeiten? Wie wirkt sich die Haftung eines Gesellschafters für Privatschulden auf die Gesellschaft aus?

a) Haftung der Gesellschaft

Die offene Handelsgesellschaft kann nach § 124 Abs. 1 HGB unter ihrer Firma Verbindlichkeiten eingehen. Sie haftet also für Gesellschaftsschulden selbst. Demzufolge kann sie auch unter ihrer Firma vor Gericht verklagt werden. In das Gesellschaftsvermögen ist mit einem gegen die Gesellschaft gerichteten vollstreckbaren Schuldtitel die Zwangsvollstreckung möglich.

Beispiel:

Wenn die vertretungsberechtigten Gesellschafter der Anton, Berta, Cäsar und Dietrich-oHG für ihren Baustoffhandel einen Betriebs-Lkw kaufen und die Rechnung über 100000 DM noch offensteht, kann der Verkäufer V die Gesellschaft als solche verklagen. Mit einem für vorläufig vollstreckbar erklärten Urteil kann er in das Vermögen der oHG vollstrecken, die Pfändung von Büroeinrichtung, Fuhrpark, Forderungen und dgl. in die Wege leiten. V muß lediglich einen Titel gegen die Gesellschaft selbst vorweisen, es ist nicht wie bei der BGB-Gesellschaft ein Titel gegen alle Gesellschafter erforderlich.

b) Haftung der Gesellschafter für Gesellschaftsverbindlichkeiten

Die Gesellschafter einer oHG haften gem. § 128 S. 1 HGB (lesen!) für die Verbindlichkeiten der Gesellschaft den Gläubigern als Gesamtschuldner persönlich. Eine entgegenstehende Vereinbarung ist Dritten gegenüber unwirksam. (Das heißt: Die vorbezeichnete Haftung eines Gesellschafters kann ihm durch Gesellschaftsvertrag nicht mit Außenwirkung erlassen werden).
Zur Verdeutlichung: Der Gesellschafter einer oHG haftet für Gesellschaftsverbindlichkeiten

- **unmittelbar:** Ein Gläubiger kann jeden einzelnen Gesellschafter unmittelbar (und nicht auf dem Umweg über die Gesellschaft, z. B. über eine Nachschußpflicht) in Anspruch nehmen;
- **unbeschränkt:** Der Gesellschafter haftet mit seinem gesamten Vermögen,

also **auch mit** seinem Privatvermögen und nicht nur mit dem in die oHG eingebrachten Gesellschaftsanteil;
- **unbeschränkbar:** Vereinbarungen mit dem Ziel, die in § 128 HGB normierte Haftung des oHG-Gesellschafters zu beschränken bzw. auszuschließen, sind Dritten gegenüber unwirksam (vgl. § 128 S. 2 HGB);
- **primär:** Ein Gläubiger kann sich **sofort** an den Gesellschafter halten, er muß nicht zuerst die Gesellschaft in Anspruch nehmen; der Gesellschafter hat also nicht eine Art „Einrede der Vorausklage";
- **gesamtschuldnerisch:** Jeder Gesellschafter haftet dem Gläubiger gegenüber für die volle Summe **(auf das Ganze)** und nicht lediglich in Höhe der Quote seiner Beteiligung am Gesellschaftsvermögen (vgl. dazu die Ausführungen bei der BGB-Gesellschaft und das dort abgebildete Schaubild S. 34);
- **akzessorisch:** Die Gesellschafter haften allerdings nur im jeweiligen Umfang der Gesellschaftsverbindlichkeit; rechtliche Veränderungen dieser Verbindlichkeit etwa durch Leistungsstörungen, Erfüllung usw. wirken sich auch auf die Gesellschafterhaftung aus.

Hinweis: Vergleichen Sie für die Haftung von Gesellschaft und Gesellschaftern bei der oHG das entsprechende Schaubild unten!

c) Einwendungen der Gesellschafter

aa) Persönliche Einwendungen

Wird ein Gesellschafter wegen einer Gesellschaftsverbindlichkeit in Anspruch genommen, so kann er Einwendungen, die nicht in seiner Person begründet sind, nur insoweit geltend machen, als sie auch von der Gesellschaft erhoben werden können (§ 129 Abs. 1 HGB – lesen!). Diese Bestimmung ist etwas unklar. Gemeint ist:

Schaubild: Einwendungen eines Gesellschafters bei Haftung mit dem Privatvermögen

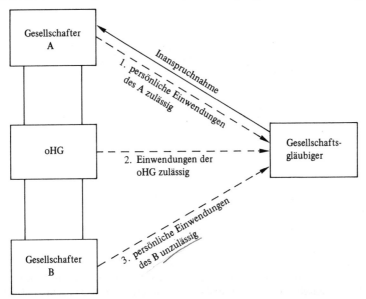

(1) Ein Gesellschafter kann sämtliche in seiner Person begründeten Einwendungen vorbringen (Beispiele: Der Gläubiger hat ihm persönlich Stundung zugesagt – dann hat er für die Zeit des Zahlungsaufschubs ein Leistungsverweigerungsrecht auch dann, wenn dieses Recht der oHG selbst nicht zusteht. Oder: Der Gesellschafter hat gegenüber dem Gläubiger eine private Forderung – mit dieser kann er selbstverständlich aufrechnen, auch wenn dies der oHG mangels Gegenseitigkeit verwehrt ist).

(2) Der Gesellschafter kann sämtliche Einwendungen geltend machen, die auch der Gesellschaft zustehen (Beispiel: Alle Nichtigkeitsgründe, die das allgemeine bürgerliche Recht im Rahmen der Rechtsgeschäftslehre kennt; ein Gesellschafter könnte etwa bei der Inanspruchnahme durch Gesellschaftsgläubiger auf die fehlende Schriftform beim Vertragsabschluß mit der Gesellschaft hinweisen oder Verstöße gegen §§ 134, 138 BGB geltend machen).

(3) Der Gesellschafter kann nicht Einwendungen geltend machen, die weder ihm persönlich, noch der oHG zustehen (Beispiel: Er beruft sich auf Gegenrechte, die aus Rechtsverhältnissen mit Dritten – seinem Ehegatten oder einem anderen Gesellschafter – folgen).

bb) Anfechtung und Aufrechnung
Ein Gesellschafter kann die Befriedigung des Gläubigers verweigern, solange der Gesellschaft das Recht zusteht, das ihrer Verbindlichkeit zugrunde liegende Rechtsgeschäft anzufechten. Dasselbe gilt, solange sich der Gläubiger durch Aufrechnung gegen eine fällige Forderung der Gesellschaft befriedigen kann.

Schaubild: Einreden des Gesellschafters nach § 129 Abs. 2 und 3 HGB

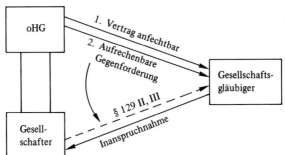

d) Titel gegen die Gesellschaft

§ 129 Abs. 4 HGB bestimmt, daß aus einem nur gegen die Gesellschaft gerichteten Titel (Urteil o. ä.) nicht auch die Zwangsvollstreckung gegen die Gesellschafter betrieben werden kann.
Hinweis für die Praxis: Es empfiehlt sich deshalb, stets die Gesellschaft und die Gesellschafter zusammen zu verklagen. Nur so kommt man schnell und direkt an das Gesellschaftsvermögen **und** das Privatvermögen der Gesellschafter!

§ 5. Die offene Handelsgesellschaft

e) Haftung bei Gesellschafterwechsel

aa) Eintretende Gesellschafter

Wer in eine bestehende oHG eintritt, haftet gem. § 130 HGB (lesen!) für die vor seinem Eintritt begründeten Verbindlichkeiten der Gesellschaft, ohne Unterschied, ob die Firma geändert wird oder nicht. Damit ist klargestellt, daß neueintretende Gesellschafter auch

- **für Altschulden** haften.
- **Für Neuschulden** haften die Gesellschafter wiederum nach §§ 128 f. HGB.

Beispiel:

In die Anton, Berta, Cäsar und Dietrich-oHG tritt Ferdinand als neuer Gesellschafter mit Wirkung zum 1. Mai 1987 ein. Kurze Zeit später wird er von einem Gesellschaftsgläubiger in Anspruch genommen wegen der noch offenstehenden Zahlung für die Lieferung eines Lkw von Oktober 1986. Ferdinand meint, „dies sei alles noch vor seiner Zeit gewesen". Dieser Gesichtspunkt ist ohne Belang: Er haftet nach § 130 HGB auch für Gesellschaftsverbindlichkeiten, die vor seinem Eintritt begründet wurden („Altschulden"). Wenn der Kauf des Lkw erst nach dem Gesellschaftseintritt getätigt wurde, handelt es sich um eine „Neuschuld", für die Ferdinand wie alle anderen Gesellschafter nach § 128 HGB haftet.

- **Lernhinweis:** Repetieren Sie die parallele Situation beim Eintritt eines Kaufmanns in eine Einzelfirma nach § 28 HGB (Klunzinger, „Grundzüge des Handelsrechts" § 12 II 5). Beachten Sie aber: Nach § 28 Abs. 2 HGB ist eine abweichende Vereinbarung Dritten gegenüber wirksam, wenn sie in das Handelsregister eingetragen und bekanntgemacht oder von einem Gesellschafter dem Dritten mitgeteilt worden ist. Demgegenüber ist § 130 Abs. 2 zwingend; eine der Haftung des eintretenden Gesellschafters entgegenstehende Vereinbarung ist Dritten gegenüber schlechthin unwirksam!

bb) Ausscheidende Gesellschafter

Nach § 159 HGB verjähren die Ansprüche gegen einen Gesellschafter aus Gesellschaftsverbindlichkeiten in 5 Jahren nach seinem Ausscheiden, sofern nicht der Anspruch gegen die Gesellschaft einer kürzeren Verjährung unterliegt. Letzteres ist häufig der Fall (vergleichen Sie dazu den Katalog der Verjährungsfristen nach § 196 BGB!). Hier sind zunächst wiederum die Altschulden eines früheren Gesellschafters angesprochen; für Neuschulden, also solche, die erst nach seinem Ausscheiden aus der Gesellschaft begründet wurden, haftet er dagegen nicht mehr. Eine Haftung kommt lediglich noch aus Rechtsscheingründen, insbesondere nach Handelsregisterrecht (§ 143 Abs. 2 i. V. m. § 15 HGB!) in Betracht. Ein ausscheidender Gesellschafter sollte deshalb im eigenen Interesse sein Ausscheiden aus der Gesellschaft zur Eintragung in das Handelsregister anmelden! Vgl. dazu Klunzinger, „Grundzüge des Handelsrechts" § 13 IV.

f) Haftung für Privatschulden

Privatschulden beruhen auf Verpflichtungen, die nicht für die Gesellschaft eingegangen wurden. Es handelt sich also um private Geschäfte, die ein Gesellschafter außerhalb seiner Gesellschaftergeschäftsführung vorgenommen hat.

2. Kapitel. Recht der Personengesellschaften

Schaubild: Haftung der Gesellschafter bei der oHG

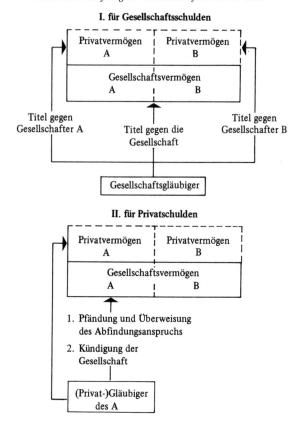

Beispiele:

- private Darlehensaufnahmen
- Ein- und Verkauf für eigene Zwecke
- ein Gesellschafter baut sich ein Einfamilienhaus

Wegen der hieraus resultierenden Verbindlichkeiten kann sich der Gläubiger an das Privatvermögen des Gesellschafters halten. Zu diesem Vermögen gehört letztlich aber auch der Gesellschaftsanteil des Schuldners. Eine Vollstreckung in das Gesellschaftsvermögen ist jedoch nicht zulässig. Aus dieser Schwierigkeit hilft § 135 HGB: Hat ein Privatgläubiger eines Gesellschafters, nachdem innerhalb der letzten 6 Monate eine Zwangsvollstreckung in das bewegliche Vermögen des Gesellschafters ohne Erfolg versucht ist, auf Grund eines nicht bloß vorläufig vollstreckbaren Schuldtitels die Pfändung und Überweisung des Anspruches auf dasjenige erwirkt, was dem Gesellschafter bei der Auseinandersetzung zukommt, so kann er die Gesellschaft ohne Rücksicht darauf, ob sie für bestimmte oder unbestimmte Zeit eingegangen ist, 6 Monate vor dem Ende des Geschäftsjahrs für diesen Zeitpunkt kündigen. Diesen Grundsatz hatten wir bereits bei der BGB-Gesellschaft kennengelernt; die speziellen Abwei-

§ 5. Die offene Handelsgesellschaft 81

chungen zwischen BGB-Gesellschaft einerseits und oHG und KG andererseits ergeben sich aus der Übersichtstabelle Kündigung von Personengesellschaften durch Privatgläubiger.
Vergleichen Sie auch das Schaubild Haftung der Gesellschafter bei der oHG.

VII. Wechsel von Gesellschaftern

- **Lernhinweis:** Die oHG als personenbezogener Zusammenschluß meist weniger Gesellschafter basiert auf dem gegenseitigen Vertrauen ihrer Mitglieder. Dies unterscheidet sie von der Körperschaft, bei der die kapitalmäßige Beteiligung im Vordergrund steht. Demzufolge kann es keinen freien Wechsel der Gesellschafter geben. Das Gesetz geht im Gegenteil von der Unübertragbarkeit des Gesellschaftsanteils aus. Nach § 105 Abs. 2 HGB i. V. m. § 717 BGB sind **Gesellschafterrechte grundsätzlich unübertragbar.** Auch hier ist jedoch zu betonen, daß diese Regelung dispositiv ist. Der Gesellschaftsvertrag kann Abweichendes bestimmen. Grundsätzlich jedoch bleibt es dabei: Gesellschafter einer oHG brauchen sich keine neuen Gesellschafter aufdrängen zu lassen! Beim Wechsel von Gesellschaftern sind nachfolgende Tatbestände möglich:

- Eintritt von Gesellschaftern
- Ausscheiden von Gesellschaftern, sei es freiwillig (durch einseitige Kündigung oder gegenseitiges Einvernehmen), durch zwangsweises Ausscheiden (Ausschließung) oder durch Todesfall.

Repetieren Sie zunächst die Ausführungen bei der BGB-Gesellschaft § 4 VII. Im nachfolgenden werden lediglich die Besonderheiten beim Ausscheiden von Gesellschaftern aus einer oHG dargestellt.

1. Eintritt neuer Gesellschafter

Hierzu bedarf es einer gesellschaftsvertraglichen Absprache, entweder schon beim Abschluß des Gesellschaftsvertrages oder später in Form eines entsprechenden Gesellschafterbeschlusses. Fehlt eine entsprechende Regelung im Gesellschaftsvertrag, so muß die spätere Aufnahme eines neuen Gesellschafters **einstimmig** beschlossen werden. Der Gesellschaftsvertrag kann aber auch das **Mehrheitsprinzip** einführen. In der Praxis wird die Aufnahme neuer Gesellschafter meist auf einen bestimmten Personenkreis (etwa Familienangehörige eines Mitgesellschafters) beschränkt. Zu der Haftung des eintretenden Gesellschafters für Alt- und Neuschulden vgl. oben VI 2e.

2. Erben als Gesellschafter

Beim Tode eines Gesellschafters wird nach der Regelvorstellung des Gesetzes die oHG aufgelöst (§ 131 Nr. 4 HGB; – lesen!). Der Gesellschaftsvertrag kann hiervon abweichen. Letzteres ist in der Praxis regelmäßig der Fall (es wäre unsinnig, den Fortbestand der Gesellschaft von persönlichen Schicksalsschlägen einzelner Gesellschafter abhängig zu machen!). Die Frage ist, wie die Gesellschaft fortgeführt wird. Es bieten sich mehrere Möglichkeiten an:

Übersicht: Kündigung von Personengesellschaften durch Privatgläubiger

	oHG, KG	BGB-Ges.
Rechts-grund-lage	§ 135 (161 II) HGB	§ 725 BGB
Voraus-setzungen (1.)	Schuldtitel gegen Gesellschafter	Schuldtitel gegen Gesellschafter
(2.)	Schuldtitel nicht nur vorläufig vollstreckbar	ebenso
(3.)	Pfändung und Überweisung des Abfindungsanspruchs	Pfändung des Anteils am Gesellschaftsvermögen
(4.)	erfolglose Zwangsvollstreckung in das bewegliche Vermögen des Gesellschafters innerhalb der letzten 6 Monate	nicht erforderlich
Zeitpunkt	Kündigung mit 6-Monatsfrist auf Ende des Geschäftsjahres	Kündigung fristlos

a) Fortsetzung mit den verbliebenen Gesellschaftern

Der Gesellschaftsvertrag kann bestimmen, daß die Erben des verstorbenen Mitgesellschafters nicht Gesellschafter der oHG werden sollen, diese vielmehr durch die verbliebenen Gesellschafter fortgeführt werden soll (Fortsetzungsklausel). In diesen Fällen steht den Erben nach Maßgabe von Gesellschaftsvertrag und letztwilliger Regelung ein Abfindungsanspruch zu.

b) Fortsetzung mit den Erben

Der Gesellschaftsvertrag kann jedoch bestimmen, daß im Falle des Todes eines Gesellschafters die Gesellschaft mit dessen Erben fortgesetzt werden soll (Nachfolgeklausel). Denkbar ist es wiederum, daß alle Erben (einfache Nachfolgeklausel) oder **einzelne** Erben oder nur **ein einzelner** Erbe (qualifizierte Nachfolgeklausel) automatisch nachfolgen sollen bzw. erst nach Erklärung in die Gesellschaft eintreten dürfen (Eintrittsklausel). In diesen Fällen erwirbt der Erbe die Rechtsstellung des verstorbenen Gesellschafters.

c) Eintritt von Erben als Kommanditisten

Ist im Gesellschaftsvertrag vorgesehen, daß die Gesellschaft mit den Erben eines verstorbenen Gesellschafters fortgeführt werden soll, so kann gem. § 139 Abs. 1 HGB jeder Erbe sein Verbleiben in der Gesellschaft davon abhängig machen, daß ihm unter Belassung des bisherigen Gewinnanteils die Stellung eines Kommanditisten eingeräumt und der auf ihn fallende Teil der Einlage des Erblassers als seine Kommanditeinlage anerkannt wird. Vergleichen Sie zu den

§ 5. Die offene Handelsgesellschaft

einzelnen Formalerfordernissen den Wortlaut des § 139 HGB (aufschlagen und lesen!).

Schaubild: Fortführung der oHG mit den Erben eines verstorbenen Gesellschafters als Kommanditisten

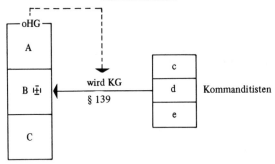

Beachten Sie:

* Die übrigen Gesellschafter können einen **Erben-Antrag** auf Umwandlung der Beteiligung in eine Kommanditistenstellung **ablehnen,**
* der Erbe ist aber dann befugt, **fristlos** aus der Gesellschaft **auszuscheiden,**
* die Geltendmachung der Erbenrechte ist **befristet** (3 Monate nach Kenntniserlangung vom Erbanfall),
* scheidet der Erbe innerhalb der 3-Monatsfrist aus oder wird ihm die Kommanditistenstellung eingeräumt, so **haftet** er für die bis dahin entstandenen Gesellschaftsschulden **nur nach bürgerlichem Erbrecht** (§§ 1967 ff. BGB),
* die vorstehenden Regelungen (§ 139 Abs. 1 bis 4 HGB) sind **zwingend,** es ist jedoch möglich, den **Gewinnanteil** des Erben **anders** als den des Erblassers zu regeln, wenn der Erbe sein Verbleiben in der Gesellschaft von der Einräumung der Stellung eines Kommanditisten abhängig macht (§ 139 Abs. 5 HGB).

* **Lernhinweis:** Es kann in diesem Zusammenhang nicht Aufgabe dieses Lehrbuches sein, das Problem der Kollision des Gesellschaftsrechts mit dem Erbrecht in all seinen Verästelungen darzustellen. Die hier auftretenden Rechtsfragen sind außerordentlich strittig. Wer sich näher informieren möchte, sollte die Kommentare zu § 139 HGB zu Rate ziehen. Hinzuweisen ist auf zwei Entscheidungen des Bundesgerichtshofes: BGHZ 22, 186; 68, 225. Es versteht sich von selbst, daß derartige Rechtsfragen vor allem für diejenigen interessant sind, die sich für das Wahlfach Gesellschaftsrecht entscheiden oder eine Diplomarbeit im Fach Recht schreiben wollen. Die Zahl der hierzu ergangenen Diplomarbeiten und Dissertationen ist fast schon Legion (was die Beleuchtung der einen oder anderen Frage unter neuen Aspekten in Diplomarbeiten auch in Zukunft nicht ausschließt)!

Übersicht: *Gesellschaftsvertragliche Klauseln beim Tod eines Gesellschafters*

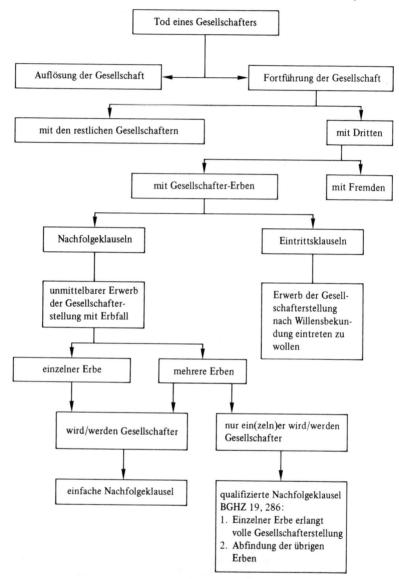

3. Ausschließung von Gesellschaftern

a) *Gesetzliche und vertragliche Möglichkeiten*

Um einen Gesellschafter gegen seinen Willen aus der Gesellschaft zu „entfernen", bedarf es entweder einer Regelung im Gesellschaftsvertrag oder eines Ausschließungsurteils nach § 140 HGB. Viele Gesellschaftsverträge enthalten

§ 5. Die offene Handelsgesellschaft

Ausschließungstatbestände als „letzte Waffe", um das Gesamtinteresse der Gesellschaft vor schädigenden Machenschaften einzelner Gesellschafter zu bewahren. So ist häufig bestimmt, daß ein Gesellschafter bei **beharrlicher Verletzung** vertraglicher **Pflichten** durch Mehrheitsbeschluß ausgeschlossen werden kann. Vielfach gilt dasselbe, wenn über das Privatvermögen eines Gesellschafters der **Konkurs** eröffnet wird oder das Gesamtinteresse durch Maßnahmen der **Einzelzwangsvollstreckung** von Privatgläubigern bedroht ist (denken Sie an die Kündigung der Gesellschaft durch einen Privatgläubiger!). Es ist auch denkbar, einzelne Gesellschafter durch bloßen **Mehrheitsbeschluß** auszuschließen („Hinauskündigung"); die Rspr. ist jedoch restriktiv: Der Gesellschaftsvertrag muß eindeutig sein („Bestimmtheitsgrundsatz") und es müssen besondere Umstände vorliegen, vgl. BGHZ 68, 215; 81, 269. Unzulässig ist eine Regelung, die nicht nur die berufliche Tätigkeit und die Lebensgrundlage des persönlich haftenden Gesellschafters zur freien Disposition eines Dritten stellt, sondern auch dessen Entschließungs- und Entscheidungsfreiheit erheblich beeinträchtigt. Solche „Hinauskündigungsklauseln" bringen den betreffenden Gesellschafter in eine persönliche und wirtschaftliche Abhängigkeit, die nicht mehr erträglich und hinnehmbar ist (BGH NJW 85, 2421).

b) Ausschließung durch Urteil

Enthält der Gesellschaftsvertrag keine Regelung, dann setzt die Ausschließung eines Gesellschafters einen **Antrag auf gerichtliche Entscheidung** voraus. Das Gesetz verweist hierbei auf § 133 HGB (lesen!): „Wichtige Gründe" müssen den Ausschluß des betreffenden Gesellschafters rechtfertigen. Solche Gründe liegen insbesondere vor, wenn der auszuschließende Gesellschafter eine ihm nach dem Gesellschaftsvertrag obliegende wesentliche **Verpflichtung** vorsätzlich oder aus grober Fahrlässigkeit **verletzt** hat **oder** ihm die Erfüllung einer solchen Verpflichtung **unmöglich wird** (vgl. § 133 Abs. 2 HGB i. V. m. § 140 Abs. 1 HGB – lesen!).

Vgl. Sie dazu das Beispiel unten bei den Übungsfällen S. 90.

c) Ausschließung bei zweigliedriger Gesellschaft

Sind nur zwei Gesellschafter vorhanden („zweigliedrige Gesellschaft"), so besteht für den Fall der Ausschließung eine Besonderheit: Gem. § 142 Abs. 1 (lesen!) kann ein Gesellschafter auf seinen Antrag „vom Gericht für berechtigt erklärt werden, **das Geschäft ohne Liquidation** mit Aktiven und Passiven **zu übernehmen**", wenn bei dem anderen Gesellschafter ein vorbezeichneter Ausschließungsgrund vorliegt. Dann wird aus der offenen Handelsgesellschaft eine Einzelfirma. Diese Regelung ist sinnvoll und vermeidet die meist zwangsläufig mit der Liquidation einhergehende unerwünschte Vernichtung volkswirtschaftlicher Werte. Die Übernahme des Geschäfts mit Aktiven und Passiven ohne Liquidation beendet zwar die oHG, erhält aber das Unternehmen als solches.

Beachten Sie, daß das Übernahmerecht **auch** gilt **bei Kündigung durch** einen **Privatgläubiger** eines Gesellschafters **und** beim **Konkurs** über das Vermögen eines Gesellschafters. Im übrigen kann der Gesellschaftsvertrag auch diese Tatbestände einschränken oder erweitern. Dies gilt vor allem für die Höhe der Abfindung: Ausgeschlossenen Gesellschaftern steht häufig lediglich eine Abfindung nach dem „Buchwert" zu!

Problem: Was ist, wenn die Gesellschaft aus mehr als zwei Personen besteht, Ausschließungsgründe aber bei mehreren vorliegen? Antwort: § 142 HGB ist auch bei mehrgliedrigen Gesellschaften entsprechend anzuwenden, wenn bis auf einen Gesellschafter für alle übrigen die Ausschließungstatbestände zutreffen.

VIII. Auflösung und Liquidation der Gesellschaft

- **Lernhinweis:** Bei der oHG ist, wie bei den übrigen Gesellschaftsformen auch, zwischen der Auflösung und der Beendigung zu unterscheiden. An sich bestehen nach Eintritt von Auflösungstatbeständen **drei Möglichkeiten:**
- Die Gesellschaft wird beendet durch **Liquidation** (Abwicklung).
- Die Auseinandersetzung wird aus Zweckmäßigkeitsgründen durch **andere Tatbestände** ersetzt, insbesondere durch die „globale Übernahme des Unternehmens" durch einen Dritten (Unternehmensveräußerung in toto). Derartige Lösungen vermeiden, daß durch Liquidation einzelner Unternehmenswerte finanzielle Einbußen entstehen: Der überwiegende Anteil des Anlagevermögens erreicht seinen höchsten Wertansatz nur bei der Unternehmensfortführung (vgl. das ähnliche Problem beim Ansatz des „Teilwerts" im Einkommensteuerrecht).
- Ausnahmsweise mag es auch vorkommen, daß die Gesellschafter den **Auflösungstatbestand** – soweit zulässig – wieder **rückgängig machen** und den vollen Betrieb der oHG wieder aufnehmen.

Mit Auflösung der Gesellschaft verändert sich ihr Charakter. Aus der bisherigen „werbenden Gesellschaft" wird trotz Identitätswahrung eine Liquidationsgesellschaft: Ihr **Gesellschaftszweck** ist nunmehr **auf Abwicklung und Verwertung** des Gesellschaftsvermögens gerichtet.

1. Auflösungsgründe

Die offene Handelsgesellschaft wird nach § 131 HGB (lesen!) aufgelöst
- durch **Zeitablauf**
- durch **Gesellschafterbeschluß**
- durch **Konkurseröffnung** über das Vermögen der **Gesellschaft**
- durch **Tod eines Gesellschafters,** vorbehaltlich gesellschaftsvertraglicher Abweichungen
- durch **Konkurseröffnung** über das Vermögen eines **Gesellschafters**
- durch **Kündigung**
- durch **gerichtliche Entscheidung**
- wenn der **Gesellschaftsvertrag anderweitige Auflösungsgründe vorsieht.** Insbesondere können wichtige Gründe, die nach § 133 HGB eine Auflösung durch gerichtliche Entscheidung ermöglichen, als selbständige Auflösungsgründe im Gesellschaftsvertrag aufgeführt werden, so daß eine gerichtliche Entscheidung entbehrlich ist (Kosten- und Zeitersparnis!).

- **Lernhinweis:** Lesen Sie die §§ 131 bis 144 HGB noch einmal aufmerksam durch. Auf vieles ist bereits hingewiesen worden.

§ 5. Die offene Handelsgesellschaft

Beachten Sie:

- Die Auflösung ist (wie das Ausscheiden eines Gesellschafters) zur **Handelsregistereintragung** anzumelden (§ 143 Abs. 1 HGB).
  Verständnisfrage: Warum bestimmt § 143 Abs. 1 HGB, daß dies für den Gesellschafts-Konkurs nicht gilt? Antwort: Hier verpflichtet bereits die Konkursordnung zur Eintragung in die öffentlichen Register, unter anderem auch in das Handelsregister, vgl. § 112 KO.
- Für die Kündigung der Gesellschaft ist zu beachten, daß im Gegensatz zur BGB-Gesellschaft die **Kündigung aus wichtigem Grund** bei der oHG **in Form der Auflösungsklage** nach § 133 HGB geltend gemacht werden muß.
- Die **Kündigung durch** einen **Privatgläubiger** ist gegenüber der BGB-Gesellschaft **erschwert** (vgl. § 135 HGB und dazu die vergleichende Übersicht oben VII).

2. Liquidation

Die Liquidation der oHG richtet sich

- entweder nach den gesetzlichen Liquidationsvorschriften (§§ 145 bis 158 HGB) oder
- nach abweichenden gesellschaftsvertraglichen Regelungen.

Die gesetzliche Regelung ist **dispositiv**. Aus dem Gesichtspunkt des Gläubigerinteresses heraus ist dies unbedenklich, da die Gesellschafter auch nach Durchführung der Liquidation für Gesellschaftsschulden nach allgemeinen Prinzipien (§ 128 HGB) haften. Die Haftung ist jedoch auf maximal 5 Jahre beschränkt (vgl. die Verjährungsvorschrift § 159 HGB).

a) Liquidation

Wenn durch Beschluß der Gesellschafter oder durch Gesellschaftsvertrag nichts anderes bestimmt ist, erfolgt die Liquidation durch sämtliche Gesellschafter (§ 146 HGB). Sind mehrere Gesellschafter vorhanden, so sind diese gesamtgeschäftsführungsbefugt und gesamtvertretungsbefugt (§ 150 HGB). Es gilt also im Gegensatz zum Normalfall bei der Liquidation für die oHG das „**Prinzip der Gemeinschaftlichkeit**". Die Person der Liquidatoren und jede Veränderung ihrer Vertretungsmacht müssen zur Eintragung ins Handelsregister angemeldet werden.

b) Aufgaben der Liquidatoren

Die Rechte und Pflichten der Liquidatoren ergeben sich aus §§ 149 ff. HGB (lesen!). Danach obliegt ihnen

- die **Beendigung der laufenden Geschäfte**
- der **Einzug von Forderungen**
- die **Umsetzung des übrigen Vermögens in Geld**
- die **Befriedigung der Gläubiger** sowie
- die **Aufstellung einer Bilanz** bei Beginn und Beendigung der Liquidation (§ 154 HGB) und

- die **Verteilung des Restvermögens** unter die Gesellschafter (§ 155 HGB). Ist es zur Beendigung schwebender Geschäfte erforderlich, können die Liquidatoren auch neue Geschäfte eingehen.

c) Verteilung des Restvermögens

Nach § 155 Abs. 1 HGB ist das nach Schuldenberichtigung verbleibende Gesellschaftsvermögen **nach dem Verhältnis der Kapitalanteile,** wie sie sich aufgrund der Schlußbilanz ergeben, unter die Gesellschafter zu verteilen.

Sonderproblem: Wie werden aufgelöste **stille Reserven** verteilt? Antwort: Nicht nach dem Verhältnis der Kapitalanlage, sondern nach dem **Gewinnverteilungsschlüssel** (vgl. BGHZ 19, 48 – stille Reserven als nicht ausgeschüttete Gewinne, vgl. dazu unten auch Übungsfall c).

d) Ende der Liquidation

Nach Abschluß der Liquidation muß das Erlöschen der Firma von den Liquidatoren zur Eintragung in das Handelsregister angemeldet werden. Bücher und Papiere der aufgelösten Gesellschaft werden einem der Gesellschafter oder einem Dritten (wenn sich die Gesellschafter nicht einigen können, wird dieser gerichtlich bestimmt) in Verwahrung gegeben. Gesellschafter und deren Erben haben auch später das Recht auf Einsicht und Benutzung dieser Unterlagen.

IX. Steuerrechtliche Behandlung der oHG

Die steuerliche Behandlung der oHG ist weitgehend die gleiche wie bei der BGB-Gesellschaft. Repetieren Sie daher die Ausführungen oben § 4 IX.

Beachten Sie:

- **Einkommensteuer:** Die oHG ist selbst **nicht einkommensteuerpflichtig.** Steuersubjekt ist der Gesellschafter. Für die Gesellschaft wird lediglich eine einheitliche und gesonderte **Gewinnfeststellung** vorgenommen (weiterführendes Stichwort „Bilanzbündeltheorie").
- **Gewerbesteuer:** Die oHG ist selbständiges Steuersubjekt (vgl. § 2 Abs. 1 GewStG, § 15 Abs. 3 Nr. 1 EStG).
- **Vermögensteuer:** Die oHG ist als Personengesellschaft **nicht** selbständiges **Vermögensteuersubjekt.** Steuerpflichtig sind die Gesellschafter. Es findet aber hinsichtlich des Betriebsvermögens eine einheitliche Feststellung der Einheitswerte statt.
- **Umsatzsteuer:** Die offene Handelsgesellschaft ist **steuerpflichtiger Unternehmer** i. S. des § 2 UStG.
- **Grunderwerbsteuer:** Grunderwerbsteuer fällt bei der oHG an, wenn Gesellschafter (namentlich bei Gründung) Grundstücke als Einlage in das Gesellschaftsvermögen einbringen (also nicht nur zur Benutzung zur Verfügung stellen). Zu Sondertatbeständen vgl. oben die Ausführungen bei der BGB-Gesellschaft.

Wiederholungsfragen und Übungsfälle zu § 5

Wiederholungsfragen

Welche Rechtsgrundlagen gelten für die offene Handelsgesellschaft? (Seite 49)
Welches sind die Wesensmerkmale der offenen Handelsgesellschaft? (Seite 49)
Ist es möglich, bei der oHG die Rechtsverhältnisse der Gesellschafter untereinander durch Gesellschaftsvertrag vom Gesetz abweichend zu regeln? (Seite 58)
Welche Lösung schlägt das Gesetz für die Geschäftsführung in der oHG vor? (Seite 62)
Welche Kontrollrechte hat ein von der Geschäftsführung ausgeschlossener Gesellschafter bei der oHG? Kann ein Gesellschaftsvertrag den Ausschluß jeglicher Kontrollrechte vorsehen? (Seite 66f.)
Was gilt bei der oHG für die Gewinn- bzw. Verlustbeteiligung? (Seite 68)
Wer (und in welchem Umfang) ist bei der oHG zur Vertretung der Gesellschaft berechtigt? (Seite 71, 73)
Was versteht man bei der oHG unter einer „unechten Gesamtvertretung"? (Seite 72)
Welche Tatbestände führen nach der gesetzlichen Leitvorstellung zur Auflösung der oHG? Inwiefern kann der Gesellschaftsvertrag davon abweichen? (Seite 86)
Welche Möglichkeiten haben bei der oHG die Erben eines Gesellschafters bei dessen Tod? (Seite 81f.)
Wie kommt ein Privatgläubiger „zu seinem Geld", wenn sein Schuldner außer der Beteiligung an einer oHG kein nennenswertes Privatvermögen besitzt? (Seite 79f.)
Was ist bei der Liquidation einer oHG zu tun? (Seite 87)

Übungsfälle

a) Die Änderung des Pachtvertrages

A, B und C hatten vor Jahren die ABC-oHG gegründet und die Vertretung und Geschäftsführung der Gesellschaft wie folgt geregelt: „Die Vertretungs- und Geschäftsführungsbefugnis ist in der Weise auszuüben, daß je zwei Gesellschafter gemeinsam oder jeder in Gemeinschaft mit einem Prokuristen für die Gesellschaft handeln." A war Eigentümer eines Betriebsgrundstücks, welches bereits mit Errichtung der oHG an die Gesellschaft zu Lager- und Produktionszwecken verpachtet worden war. Nach einigen Jahren kündigte A den Pachtvertrag fristgemäß auf Jahresende mit der Begründung, der bisherige Pachtzins sei nicht mehr angemessen. Daraufhin verhandelte B mit A über eine Erhöhung des Pachtzinses und schloß für die Gesellschaft mit Wirkung zum Januar des darauffolgenden Jahres einen neuen Pachtvertrag ab, der einen Zuschlag in Höhe von 15 000 DM jährlich zum seitherigen Pachtzins vorsah. Dieser Vertrag wurde einerseits von A und für die Gesellschaft von B unterzeichnet. A entnahm in den darauffolgenden Jahren jeweils 15 000 DM als zusätzlichen Pachtzins. C war mit der ganzen Angelegenheit nicht einverstanden. Er hält den abgeschlossenen Pachterhöhungsvertrag für unwirksam und verlangt von A, die entnommenen Beträge der Gesellschaft zurückzuzahlen. Mit Recht?

b) Die Zahlung der Gewerbesteuer

A und B sind Gesellschafter einer in Liquidation befindlichen oHG. Als die örtliche Gemeindeverwaltung rückständige Gewerbesteuerschulden in Höhe von 8000 DM anmahnt, zahlt A diesen Betrag und verlangt von B anteilige Erstattung in Höhe von 4000 DM. Er ist der Meinung, die Zahlung der Gewerbesteuer sei eine Aufwendung im Interesse der Gesellschaft gewesen, die jeden der beiden Gesellschafter zur Hälfte träfe. Trifft seine Meinung zu?

c) Der Streit um die stillen Reserven

A, B und C sind Gesellschafter einer in Liquidation befindlichen oHG. Der Kapitalanteil von A beträgt 50 % des Gesellschaftskapitals, auf B und C entfallen je 25 %. Laut Gesellschaftsvertrag ist gesetzliche Gewinnverteilung maßgebend. Bedingt durch die Auflösung stiller Reserven ergibt sich ein Aktivposten in Höhe von 100 000 DM, um dessen Verteilung sich die Gesellschafter streiten. A verlangt entsprechend seiner Beteiligungsquote 50 %. B und C stehen auf dem Standpunkt, die Gesellschafter könnten allenfals eine 4 %ige Verzinsung des Kapitals verlangen, wohingegen der überschießende Betrag nach Köpfen zu verteilen sei. Wer hat Recht?

d) Der Bruderzwist in der oHG

Die Gebrüder Arnim und Benno sind Gesellschafter der Arnim-oHG, bei der die Geschäftsführungs- und Vertretungsverhältnisse der gesetzlichen Regelung entsprechen. Als sich Benno zum wiederholten Male über intern mit Arnim getroffene Absprachen hinwegsetzt, kommt es zu erheblichen Zerwürfnissen zwischen den beiden Gesellschaftern. Schließlich beantragt Arnim beim zuständigen Landgericht, Benno auszuschließen und das Geschäft mit sämtlichen Aktiven und Passiven auf ihn zu übertragen.

Benno entgegnet, „erstens könne man so etwas unter Verwandten nicht machen; zweitens umso weniger, als die Kapitalbeteiligung der beiden Geschwister je 50 % betrage". Außerdem fragt Benno, was denn nun aus einer vor kurzem von ihm persönlich für eine Gesellschaftsschuld eingegangenen Bürgschaft werden solle.

Musterlösungen

Zu a) Wiederholen Sie zunächst Seite 62f., 70f.

Der Rückforderungsanspruch des C hat nur dann Aussicht auf Erfolg, wenn der zwischen A und B abgeschlossene Änderungsvertrag nicht wirksam ist. Bedenken könnten sich aus § 181 BGB ergeben. Hiernach kann ein Vertreter, sofern ihm ein anderes nicht gestattet ist, nicht im Namen des Vertretenen mit sich selbst ein Rechtsgeschäft vornehmen. Ein derartiger Tatbestand liegt jedoch im geschilderten Sachverhalt nicht vor. Denn beim Abschluß des Pachtänderungsvertrages zwischen A einerseits und der oHG andererseits war die Gesellschaft durch den Gesellschafter B vertreten. A trat lediglich im eigenen Namen auf, nicht zugleich auch als Vertreter der Gesellschaft. Der Vertrag konnte jedoch nur dann wirksam werden, wenn die Gesellschaft durch B allein rechtswirksam vertreten werden konnte. Laut Gesellschaftsvertrag waren jeweils zwei der Gesellschafter gemeinsam vertretungsberechtigt. A konnte wegen des verbotenen Selbstkontrahierens die Gesellschaft nicht vertreten, C wollte am Geschäft, mit dem er nicht einverstanden war, nicht mitwirken. Deshalb spitzt sich alles auf die Frage zu, ob die Gesellschaft in diesen Fällen durch die Alleinvertretung seitens B einen wirksamen Vertrag abschließen konnte. Dies ist im Hinblick auf § 125 Abs. 2 S. 2 HGB zulässig. Hiernach können die zur Gesamtvertretung berechtigten Gesellschafter einzelne von ihnen zur Vornahme bestimmter Geschäfte oder bestimmter Arten von Geschäften ermächtigen. Dies hat A im vorliegenden Falle getan. § 125 Abs. 2 S. 2 HGB ist zwar im Regelfall für solche Situationen gedacht, bei denen der gesamtvertretungsberechtigte Gesellschafter mit Dritten, nicht jedoch mit einem anderen gesamtvertretungsberechtigten Gesellschafter für die Gesellschaft Rechtsgeschäfte abschließt. Dennoch entfallen Bedenken im Hinblick auf § 181 BGB, wenn man berücksichtigt, daß der mit der Gesellschaft kontrahierende Gesamtvertreter, der einen anderen gesamtvertretungsberechtigten Geschäftsführer zum alleinigen Handeln für die Gesellschaft ermächtigt, weder die ihm persönlich insoweit nicht zustehende gesetzliche Vertretungsmacht überträgt noch auf unzulässige Weise seine eigene Vertretungsmacht erweitert. Er enthält sich

§ 5. Die offene Handelsgesellschaft

vielmehr einer Mitwirkung an dem betreffenden Geschäft und überläßt dem anderen Gesellschafter die Alleinvertretung der Gesellschaft.

B konnte somit die oHG wirksam vertreten. Der mit A abgeschlossene Pachterhöhungsvertrag ist wirksam; C kann keine Rückzahlung der entnommenen Beträge verlangen.

Zu b) Wiederholen Sie zunächst Seite 67f.

Es ist zu prüfen, ob A seinen Anspruch auf § 110 Abs. 1 HGB stützen kann. Danach ist die Gesellschaft zum Ersatz von Aufwendungen verpflichtet, die ein Gesellschafter in Gesellschaftsangelegenheiten macht, die er den Umständen nach für erforderlich halten darf. Dieser Aufwendungsersatzanspruch richtet sich aber gegen die Gesellschaft als solche (aus dem Innenverhältnis), nicht gegen den einzelnen (Mit-)Gesellschafter.

Anspruchsgrundlage für die Haftung der Gesellschafter (Dritten – Gläubigern – gegenüber) ist § 128 HGB. Diese Bestimmung kommt jedoch für den vorliegenden Fall deshalb nicht zur Anwendung, weil A bei der Zahlung der rückständigen Gewerbesteuer ja „Aufwendungen" machte, die eine „soziale Verpflichtung" (die Terminologie ist uneinheitlich) der Gesellschaft gegenüber dem Gesellschafter (nicht einem Dritten gegenüber) begründen; die Gesellschafter haften hierfür nicht. Diese Auffassung ist unbestritten und hat ihren Grund darin, daß im gegenteiligen Fall die Gesellschafter wirtschaftlich gesehen während des Bestehens der Gesellschaft gegen ihren Willen zur Leistung weiterer Beträge gezwungen werden könnten.

A könnte jedoch einen Ausgleichsanspruch gegen B gem. § 426 Abs. 1 BGB haben, denn es ist unbestritten, das A und B als Gesamtschuldner für die Gewerbesteuerforderung der örtlichen Gemeinde gegenüber haften. Nach § 426 Abs. 1 BGB sind Gesamtschuldner im Zweifel zum anteiligen Ausgleich verpflichtet. Die Forderung von A gegen B auf Zahlung der 4000 DM ist deshalb im Ergebnis begründet.

Zu c) Wiederholen Sie zunächst Seite 87f.

Die Gesellschafter A und B streiten sich über die Verteilung eines Restvermögens, das durch die Auflösung stiller Reserven bedingt ist. Wenn der Gesellschaftsvertrag keine ausdrückliche Vorschrift hierüber enthält, kommen zwei Möglichkeiten in Betracht: Man könnte zunächst daran denken, derartige Posten im Verhältnis der Kapitalanteile auf die Gesellschafter zu verteilen. Dann wäre nach dem Kapitalschlüssel (bei der im Sachverhalt erwähnten Beteiligung A 50%, B und C je 25%) auf A 50000 DM, auf B und C je 25000 DM zu übertragen. Denkbar wäre jedoch auch eine Aufteilung entsprechend dem Gewinnverteilungsschlüssel. Da im Gesellschaftsvertrag auf die gesetzliche Gewinnverteilung Bezug genommen wurde, würde dies gem. § 121 Abs. 1 und 3 HGB bedeuten, daß zunächst der jeweilige Kapitalanteil in Höhe von 4% zu verzinsen ist und ein darüber hinaus reichender Posten unter die Gesellschafter A, B und C nach Köpfen verteilt wird. Nach § 155 HGB ist das nach Berichtigung der Schulden verbleibende Vermögen der Gesellschaft von den Liquidatoren nach dem Verhältnis der Kapitalanteile, wie sie sich auf Grund der Schlußbilanz ergeben, unter die Gesellschafter zu verteilen. Diese Vorschrift kann jedoch nicht ohne weiteres auf unseren Sachverhalt übernommen werden, wenn man berücksichtigt, daß es sich bei dem zu verteilenden Betrag um stille Reserven handelt. Deren Bildung beruht in einer Personenhandelsgesellschaft auf dem Entschluß der Gesellschafter, erwirtschafteten Gewinn nicht an die Gesellschafter auszuschütten, sondern der Gesellschaft als Gesellschaftskapital zu erhalten.

Eine derartige Umwandlung von Betriebsgewinn in Gesellschaftskapital ist nun aber nicht in der Weise endgültig, daß damit die Herkunft der stillen Reserven für das Verhältnis zwischen den Gesellschaftern überhaupt keine Bedeutung mehr haben soll. Es kann ja jederzeit ihre Auflösung durch Beschluß der Gesellschaft erfolgen, womit bilanztechnisch ein echter Betriebsgewinn erscheint und als solcher nach dem Gewinnverteilungsschlüssel zu verteilen wäre. Darüber hinaus sind die stillen Reserven als versteckter Betriebsgewinn auch dann von Bedeutung, wenn ein Gesellschafter ausscheidet und sein Auseinandersetzungsguthaben zu berechnen ist. In diesem Fall hat der ausscheidende Gesellschafter bei der Berechnung seines Auseinandersetzungsguthabens nicht nur einen anteiligen Anspruch am Wert der stillen Reserven, es wird bei der Art der Berechnung auch die Herkunft der stillen Reserven als echter Betriebsgewinn – und nicht ihre augenblickliche Funktion als Gesellschaftskapital – berücksichtigt. Deshalb bestimmt sich der Anteil des ausscheidenden Gesellschafters an den stillen Reserven nach dem Gewinnverteilungsschlüssel und nicht nach dem Verhältnis der Gesellschafter-Kapitalkonten. Was die Rechtsprechung beim Ausscheiden eines einzelnen Gesellschafters in der geschilderten Weise behandelt, gilt ebenfalls bei der Auflösung einer Personenhandelsgesellschaft insgesamt (vgl. BGHZ 19, 43). Auch hier werden die stillen Reserven nicht nach § 155 HGB im Verhältnis der Kapitalanteile auf die Gesellschafter aufgeteilt, sondern spätestens bei der Aufstellung der Liquidationsschlußbilanz auf die einzelnen Gesellschafter nach dem Gewinnverteilungsschlüssel umgelegt. Erst nach dieser Aufteilung wird das verbliebene Vermögen der Liquidationsgesellschaft an die Gesellschaft nach Maßgabe ihrer so ermittelten Kapitalkonten gem. § 155 ausgeschüttet. Das bedeutet für den vorliegenden Fall, daß B und C sich mit Recht auf den gesetzlichen Gewinnverteilungsschlüssel bei der Verteilung der stillen Reserven berufen.

Zu d) Wiederholen Sie zunächst Seite 84f.

Als Anspruchsgrundlage gegen Benno kommt § 142 HGB in Betracht. Danach kann bei einer zweigliedrigen Gesellschaft ein Gesellschafter vom Gericht für berechtigt erklärt werden, das Geschäft ohne Liquidation mit Aktiven und Passiven zu übernehmen. Voraussetzung hierfür ist, daß ein Ausschließungsgrund vorliegt. Dieser greift nach § 140 HGB ein, wenn in der Person eines Gesellschafters ein Umstand eintritt, der nach § 133 HGB für die übrigen Gesellschafter das Recht begründet, die Auflösung der Gesellschaft zu verlangen. Auflösung der Gesellschaft wiederum kann nach § 133 Abs. 1 verlangt werden, wenn ein wichtiger Grund vorliegt. Ein solcher Grund ist insbesondere vorhanden, wenn ein Gesellschafter eine ihm nach dem Gesellschaftsvertrag obliegende wesentliche Verpflichtung vorsätzlich oder aus grober Fahrlässigkeit verletzt oder wenn die Erfüllung einer solchen Verpflichtung unmöglich wird. Die Rechtsprechung stellt dabei auf eine Gesamtwürdigung aller Umstände des Einzelfalles ab. Mehrmalige und beharrliche Verletzungen von Gesellschafterbeschlüssen, wie sie Benno vorgeworfen werden, können einen ausreichenden Ausschließungsgrund darstellen. Im vorliegenden Falle könnte dies allenfalls zweifelhaft sein, weil es sich bei den beiden Gesellschaftern um Geschwister handelt. Enge verwandtschaftliche Beziehungen sind nicht ohne weiteres schon ein Grund, um strengere Anforderungen an die Übernahmeklage zu stellen. Mit Recht betont die Rechtsprechung (vgl. BGHZ 51, 204), daß bestimmte gesellschaftswidrige Handlungen unter engen Verwandten eher gravierender sein können. Es ist auch unerheblich, daß Arnim und Benno je zur Hälfte an der Gesellschaft beteiligt sind. Denn bei der Übernahmeklage ist der Umfang der beiderseitigen kapitalmäßigen Beteiligung an der Gesellschaft regelmäßig kein Gesichtspunkt, der bei der gebotenen Gesamtwürdigung der Umstände des Falles ins Gewicht fallen könnte. Zu prüfen ist jedoch, ob die von Benno eingegangene Bürgschaftsverpflichtung einen Hinderungsgrund für die Übernahmeklage darstellt. Benno hatte sich für eine Gesellschaftsverbindlichkeit verbürgt. Nach Bürgschaftsrecht hätte er gem. § 775 BGB das Recht, Freistellung oder Sicherheitsleistung zu verlangen. Es wäre unerträglich, Benno weiterhin als Bürge haften zu lassen, wenn seine Beteiligung an der Gesellschaft durch die Übertragung nach § 142 HGB entfällt. Aus diesem Grund kann einer Übernahmeklage dann nicht stattgegeben werden, wenn der klagende Gesellschafter aus wirtschaftlichen Gründen eine mit der Übernahme entstehende Verpflichtung, den ausscheidenden Gesellschafter von einer für Gesellschaftsverbindlichkeiten übernommenen Bürgschaft zu befreien, nicht erfüllen könnte (BGHZ 51, 204). Im Sachverhalt ist jedoch nichts derartiges vorgetragen, so daß man davon ausgehen kann, daß Arnim finanziell in der Lage ist, Benno von seinen Bürgschaftsverbindlichkeiten zu befreien. Unter diesen Voraussetzungen ist der Klage des Arnim stattzugeben.

§ 6. Die Kommanditgesellschaft

• **Lernhinweis:** Repetieren Sie noch einmal anhand des Schaubildes Seite 15 das System der Personen-Außengesellschaften. Sie erkennen daraus, daß die Kommanditgesellschaft eine **Sonderform der offenen Handelsgesellschaft** darstellt. Demzufolge finden auf die KG die für oHG und BGB-Gesellschaft geltenden Vorschriften entsprechend Anwendung. Der Gesetzgeber regelt also in §§ 161 ff. HGB nicht erneut sämtliche Problembereiche, sondern nur das, was vom Recht der offenen Handelsgesellschaft bzw. BGB-Gesellschaft abweicht. Dem entspricht es, daß die §§ 161 ff. HGB ohne größere Systematik eine gedrängte Aneinanderreihung verschiedenartiger Rechtsfragen enthalten. Beachten Sie aber auch bei dieser Gesellschaftsform, daß weitgehend Vertragsfreiheit herrscht, die **Beteiligten** also durch Gesellschaftsvertrag **Abweichendes regeln können.**

I. Wesensmerkmale der Kommanditgesellschaft

1. Begriff

Eine Kommanditgesellschaft liegt vor beim **Zusammenschluß mehrerer zu einer Gesellschaft, deren Zweck auf den Betrieb eines Handelsgewerbes unter gemeinschaftlicher Firma gerichtet ist, wenn bei einem oder bei einigen der Gesellschafter die Haftung gegenüber den Gesellschaftsgläubigern auf den Betrag einer bestimmten Vermögenseinlage beschränkt ist, während bei dem anderen Teil der Gesellschafter eine Beschränkung der Haftung nicht stattfindet** (vgl. § 161 Abs. 1 HGB – lesen!).

Typisch für die Kommanditgesellschaft ist also

- der Betrieb eines **Handelsgewerbes,**
- die **gemeinschaftliche Firma** (beachten Sie dazu jedoch § 19 Abs. 4 HGB, wonach die Kommanditisten in den Firmenwortlaut nicht aufgenommen werden dürfen),
- die **unterschiedlichen Haftungsverhältnisse** der Gesellschafter: Ein Teil der Gesellschafter haftet lediglich mit einer bestimmten Vermögenseinlage (das Gesetz bezeichnet sie selbst als „**Kommanditisten**"); ein anderer Teil der Gesellschafter haftet unbeschränkt (das Gesetz spricht vom „persönlich haftenden Gesellschafter", besser wäre die Bezeichnung „unbeschränkt haftender Gesellschafter" – das Gesellschaftsrecht bezeichnet ihn als „**Komplementär**").

Schaubild: Grundmodell der KG

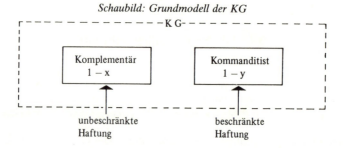

2. Rechtsnatur

a) Sonderform der oHG

Die Kommanditgesellschaft ist eine **Sonderform der offenen Handelsgesellschaft.** Sie ist **Gesamthandsgemeinschaft** und gehört nicht zu den juristischen Personen. **Wie die oHG** ist sie jedoch **rechtlich verselbständigt** und kann deshalb unter ihrem Namen Rechte erwerben und Verbindlichkeiten eingehen, vor Gericht klagen und verklagt werden; ihr Vermögen ist in Konkurs und Zwangsvollstreckung verselbständigt (vgl. im einzelnen § 124 HGB sowie die Ausführungen hierzu oben bei der offenen Handelsgesellschaft). Die entscheidenden Wesensmerkmale der KG folgen aus der unterschiedlichen Gesellschafterstellung von Komplementär und Kommanditist. Die Kommanditistenstellung ermöglicht die **Beteiligung** an einer Personengesellschaft, **ohne unbeschränkt** für die Verbindlichkeiten **zu haften**. In der Regel sind Kommanditisten lediglich Geldgeber, die ohne persönlichen Arbeitseinsatz der Gesellschaft Einlagen zur Verfügung stellen. Ihrem bloß auf Kapitaleinsatz abgestellten Motiv entspricht es, daß sie von den Entscheidungen der Gesellschaft (also Geschäftsführung und Vertretung) ausgeschlossen sind und daß ihnen lediglich ein Kontrollrecht zusteht. Komplementäre dagegen leisten für die Gesellschaft durch ihren persönlichen Arbeitseinsatz den entscheidenden Beitrag. Ihnen obliegt die Geschäftsführung und die Vertretung der Gesellschaft, was auf der anderen Seite ja auch der unbeschränkten Haftung entspricht („wer für etwas aufkommen soll, muß auch entscheiden können"). Zu beachten ist jedoch, daß der Gesellschaftsvertrag von dieser grundsätzlichen Aufgaben- und Funktionszuweisung abweichen kann.

b) Abgrenzung von anderen Gesellschaften

Die auf die Kapitalbeteiligung ausgerichtete Gesellschafterstellung der Kommanditisten gibt der Kommanditgesellschaft einen **„kapitalistischen Einschlag".** Dieser Wesenszug nähert sie auf der einen Seite den Kapitalgesellschaften, auf der anderen Seite der stillen Gesellschaft an. Von den Kapitalgesellschaften unterscheidet sie sich durch die (trotz § 124 HGB) fehlende Rechtspersönlichkeit. Das gilt auch im Vergleich zur Kommanditgesellschaft auf Aktien, die zwar ebenfalls in verschiedener Weise haftende Gesellschaftergruppen aufweist (die persönlich haftenden Gesellschafter und die Kommanditaktionäre), die jedoch wie die Aktiengesellschaft juristische Person ist.

Von der stillen Gesellschaft unterscheidet sich die Kommanditgesellschaft durch ihre Außenbeziehung; die Beteiligung als stiller Gesellschafter erfolgt gem. §§ 230 ff. HGB bekanntlich in der Weise, daß die Einlage des Stillen in das Vermögen des Geschäftsinhabers übergeht (vgl. dazu unten die Ausführungen bei der stillen Gesellschaft), wohingegen bei der Kommanditgesellschaft ein besonderes Gesellschaftsvermögen entsteht und die Existenz des Kommanditisten über die Handelsregistereintragung verlautbart wird.

3. Rechtsgrundlagen

a) Rückgriff auf oHG und BGB-Gesellschaft

Das Recht der Kommanditgesellschaft ist in §§ 161 bis 177a HGB geregelt. Es handelt sich hierbei um Vorschriften, die vom Recht der offenen Handelsgesellschaft abweichen. Im übrigen findet jedoch gem. § 161 Abs. 2 HGB das Recht der offenen Handelsgesellschaft, also §§ 105 ff. HGB Anwendung. Soweit auch hier Lücken auftreten, greift letztlich das Recht der BGB-Gesellschaft (§§ 705 ff. BGB) ein. Das in §§ 161 bis 177a HGB geregelte Recht der Kommanditgesellschaft enthält lediglich Vorschriften für den Kommanditisten. Die Rechtsstellung des Komplementärs bestimmt sich nach den Vorschriften über die oHG.

b) Gesellschaftsvertragliche Abweichungen

Darüber hinaus gilt Vertragsfreiheit: Die Rechtsverhältnisse der Gesellschafter untereinander sind in §§ 164 bis 169 HGB lediglich dispositiv geregelt, der Gesellschaftsvertrag kann anderes vorsehen. **Abweichungen** sind grundsätzlich **in zweierlei Hinsicht** denkbar:

- Denkbar ist, die **Rechte des Kommanditisten** weiter **einzuschränken.**
- Denkbar ist aber auch, die **Rechte des Kommanditisten zu verstärken.** In Ausnahmefällen kann sogar vereinbart werden, daß Kommanditisten an Stelle der Komplementäre die Geschäftsführung übernehmen und damit zum eigentlichen Lenker des Unternehmens werden. Auf das Außenverhältnis können sich derartige Abreden dagegen nicht auswirken; hier bleibt es bei der gesetzlichen Rollenverteilung.

II. Bedeutung in der Praxis

1. Gründungsmotive

Die Kommanditgesellschaft spielt im Wirtschaftsleben eine überragende Rolle. Ihre Attraktivität liegt in der **Kalkulierbarkeit des Beteiligungsrisikos** als Kommanditist. Dies trifft zwar auch für die Gesellschafter einer GmbH zu, jedoch ist bei letzterer (auch nach Einführung des Anrechnungsverfahrens im Körperschaftsteuersystem) der steuerliche „Doppelbelastungseffekt" bei der Vermögensteuer nach wie vor vorhanden.

2. Erscheinungsformen

Die Kommanditgesellschaft kennt verschiedene typische Erscheinungsformen in der Praxis. Neben der „klassischen" Kommanditgesellschaft ist eine Reihe atypischer Ausgestaltungen hervorzuheben.

a) Familiengesellschaften

Die klassische Kommanditgesellschaft findet sich namentlich im mittelständischen Bereich und bei Familienunternehmen. Wie bei der Gründung von stillen Gesellschaften soll die Aufnahme (namentlich mitarbeitender Familienangehöriger) in eine Kommanditgesellschaft, bei welcher der Senior weiterhin als Komplementär fungiert, den Generationenkonflikt abschwächen. Daneben ist naturgemäß auch bei der Familien-KG die steuerliche Motivation vorherrschendes Motiv: Die Übertragung von Einkommensquellen auf Familienangehörige hat progressionsabschwächende Wirkung.

b) Kapitalistische Kommanditgesellschaften

aa) GmbH & Co. KG

Heute findet man verstärkt Kommanditgesellschaften, bei denen die Komplementärin nicht eine natürliche Person, sondern eine GmbH ist. Das Grundmodell der GmbH & Co. KG will den Vorteil der Haftungsbeschränkung mit den steuerlichen Determinanten (stärkere Belastung der Kapitalgesellschaften gegenüber der Personalgesellschaft) kombinieren. Vergleichen Sie im einzelnen dazu unten.

bb) Publikumsgesellschaften

Strukturelemente von Kapitalgesellschaften finden sich bei solchen Kommanditgesellschaften, die (wie die Aktiengesellschaft) **Kapitalansammlungsfunktion** übernehmen. Dies ist bedingt durch die Steuergesetzgebung: Namentlich zur **Investitionsförderung** in bestimmten Bereichen (Berlin, Zonenrandgebiete, Schiffahrt usw.) werden Steuervorteile gewährt. Dazu ist jedoch in der Regel eine einkommensteuerliche Mitunternehmerschaft notwendig. Mit der Beteiligung als Kommanditisten erlangen Kapitalanleger diese Rechtsstellung, auch wenn sie ansonsten keine gewerblichen Einkünfte erzielen. Durch Sonderabschreibungen entstehen in der investitionsausführenden Kommanditgesellschaft Verluste, die den einzelnen Gesellschaftern „zugeschrieben" werden und von ihnen bei ihrer eigenen Einkommensteuer-Veranlagung mit positiven Einkünften verrechnet werden können. Da derartige Gesellschaften (**„Abschreibungsgesellschaften"**) eine **Vielzahl von Kommanditisten** aufweisen, die sich zum größten Teil gar nicht kennen und deren Kapitaleinsatz den der Komplementärin (in der Regel eine GmbH) bei weitem übersteigt, spricht man von **„Publikums-Gesellschaften"**. Die Rechtsprechung hat sich mit diesen Erscheinungsformen schon mehrfach zu beschäftigen gehabt; vgl. dazu unten.

III. Gründung der Kommanditgesellschaft

1. Vertragspartner

Wie bei der oHG, so können auch bei der KG sowohl **natürliche**, als **auch juristische Personen** Gesellschafter sein. Theoretisch gilt dies sowohl für die Komplementär- als auch für die Kommanditistenstellung. Beteiligt sich eine juristische Person in der Kommanditgesellschaft, so erfolgt dies in der Praxis durchweg als Komplementär (vgl. die GmbH & Co. KG). Im übrigen gilt dasselbe wie bei der oHG. Es könnte also theoretisch **auch** eine **Personenhandelsgesellschaft** als Gesellschafterin auftreten. Im Falle der „**doppelstöckigen GmbH & Co. KG**" findet sich sogar eine GmbH & Co. KG als Komplementärin einer KG (vgl. dazu unten).

2. Gesellschaftsvertrag

Für das Recht der Kommanditgesellschaft gilt im Verhältnis der Gesellschafter untereinander Vertragsfreiheit. Es steht deshalb den Gesellschaftern frei, Abweichungen von gesetzlichen Leitvorstellungen durch Vertrag vorzunehmen. Auf die Ausführungen bei der oHG kann verwiesen werden.

3. Anmeldung zum Handelsregister

Wie die oHG, so muß auch die Kommanditgesellschaft zur Eintragung ins Handelsregister angemeldet werden. Es gelten die Regeln wie bei der oHG. Zusätzlich muß die **Handelsregisteranmeldung** gem. § 162 Abs. 1 HGB

- die **Bezeichnung** der **Kommanditisten** und
- den **Betrag jeder Kommanditeinlage** enthalten.

Dasselbe gilt beim Eintritt und Ausscheiden von Kommanditisten. Ein wesentlicher **Unterschied zur oHG** ist jedoch zu beachten: Während bei der oHG die Namen sämtlicher Gesellschafter bekannt gemacht werden, wird gem. § 162 Abs. 2 HGB (lesen!) bei der Kommanditgesellschaft nur die **Zahl der Kommanditisten** angegeben.

Nicht bekannt gemacht werden:

- Name des Kommanditisten
- Stand des Kommanditisten
- Wohnort des Kommanditisten
- Betrag der Kommanditeinlage.

Auch hier zeigt sich die auf bloße Kapitaleinlage reduzierte Gesellschafterfunktion deutlich: Mangels Haftungszugriffs braucht der Gläubiger den Namen des Kommanditisten nicht unbedingt zu wissen. Interessiert er sich doch dafür, kann er in das Handelsregister Einsicht nehmen (§ 9 HGB).

IV. Rechte und Pflichten der Gesellschafter untereinander („Innenverhältnis")

1. Grundsatz der Vertragsfreiheit

Für das **Innenverhältnis** der KG gilt Vertragsfreiheit: Die gesetzlichen Vorschriften greifen nur ein, wenn der Gesellschaftsvertrag nichts Abweichendes enthält. Für die Kommanditgesellschaft besteht vor allem die Möglichkeit, durch Gesellschaftsvertrag die Rechtsbeziehungen der Kommanditisten zu den Komplementären entscheidend zu verändern. So kann die ohnehin bescheidene gesetzliche **Einflußmöglichkeit des Kommanditisten** weiter **reduziert,** können etwa seine Kontrollrechte stärker beschnitten werden. Möglich ist aber auch, die **Kommanditistenstellung** auf Kosten der Komplementäre **auszubauen.** Kontrollrechte können ausgedehnt, Teile der Geschäftsführung auf den Kommanditisten übertragen werden. Denkbar und zulässig ist es sogar, die Geschäftsführung dem **Komplementär zu entziehen** und ausschließlich auf einen oder mehrere Kommanditisten zu übertragen. **Nach außen** allerdings haben derartige Abreden zunächst keine Wirkung; hierzu bedürfte es veränderter Regelungen im Rahmen der Vertretungsmacht. Denkbar ist es schließlich, dem **Kommanditisten Prokura zu erteilen** und dabei die Vertretung der Gesellschaft im Sinne der **unechten Gesamtvertretung** nach § 125 Abs. 3 i. V. m. § 161 Abs. 2 HGB auszugestalten. Allerdings muß auch hier das **Verbot der Drittorganschaft** beachtet werden, d. h. die organschaftliche Vertretung der Komplementäre muß unangetastet bleiben (vgl. dazu oben bei der oHG).

2. Beitragspflichten

a) Art der Beiträge

Die Pflicht der Gesellschafter einer Kommanditgesellschaft zur Beitragsleistung ergibt sich aus § 161 Abs. 2 HGB i. V. m. §§ 105 Abs. 2 HGB, 705, 706 BGB. Wie bei der oHG werden Art und Umfang der Beitragsleistungen durch den Gesellschaftsvertrag bestimmt. Denkbar sind auch hier Geldzahlungen, Einbringung von Sachen und Rechten sowie Dienstleistungen.

b) „Hafteinlage" und „Pflichteinlage"

Hinsichtlich der Beitragspflicht des Komplementärs ergeben sich im Vergleich zur oHG keine Besonderheiten. Da er den Gläubigern gegenüber unbeschränkt haftet, ist es letztlich gleichgültig, welchen Beitrag er für die Gesellschaft erbringt und wie dieser beziffert wird. Wegen der beschränkten Haftung kommt es jedoch beim Kommanditisten entscheidend darauf an, die Höhe seiner Haftung zu beziffern. Nach § 172 Abs. 1 HGB (lesen!) ist für den Umfang einer Kommanditistenhaftung grundsätzlich der im Handelsregister als Einlage angegebene Betrag maßgeblich. Diese Einlage ist stets in Geld zu beziffern. Man spricht insoweit von der **„Hafteinlage"** (genauer müßte es heißen „Haftsumme" = Maßstab für den Haftungsumfang des Kommanditisten im Außenverhältnis). Dieser Betrag wird in der Regel identisch sein mit der Einlage, zu der sich der Kommanditist im Gesellschaftsvertrag den anderen

Gesellschaftern gegenüber verpflichtet hat. Man spricht bei letzterer von der
„Pflichteinlage" (auch Pflichtsumme genannt = Kennzeichnung des Wertes der
den Mitgesellschaftern im Innenverhältnis versprochenen Beitragsleistung).
Die Pflichteinlage, also die im Innenverhältnis versprochene Beitragsleistung,
braucht nicht in einer Geldzahlung zu bestehen. Sie kann auch durch die
Einbringung von Rechten oder Dienstleistungen erfolgen. Vor allem in diesen
Fällen können Hafteinlage und Pflichteinlage differieren, wobei eine nicht in
Geld bestehende Pflichteinlage nur im Umfang ihres objektiven Wertes zu
einem Haftungsausschluß gem. § 171 Abs. 1, 2. Halbs. HGB führt (vgl. dazu
unten bei der Haftung des Kommanditisten).

● **Lernhinweis:** Vergegenwärtigen Sie sich noch einmal die unterschiedlichen
Begriffe „Hafteinlage" und „Pflichteinlage" und betrachten Sie dies unter dem
Gesichtspunkt der Gläubigerposition.

Beispiel:

Plisch und Plumm beschließen, eine Kommanditgesellschaft zu gründen. Plisch soll
Komplementär, Plumm Kommanditist werden. Im Gesellschaftsvertrag ist vereinbart,
daß Plumm einen Geldbetrag von 20000 DM durch Überweisung auf das einzurichtende
Gesellschaftskonto einzubringen habe. Dieser Betrag wird auch im Handelsregister
eingetragen. In diesem Falle decken sich die von Plumm vertragsgemäß geschuldete
„Pflichteinlage" und die im Handelsregister eingetragene „Hafteinlage". Hätte Plumm
dagegen die Verpflichtung zur Einbringung seiner beiden Lastkraftwagen übernommen,
dann hätte man bei der Handelsregisteranmeldung den Wert der Lkw's in Geld beziffern
müssen. Denkbar wäre auch, daß sich Plumm absichtlich zu weniger oder mehr verpflichtete, als in der Anmeldung zum Handelsregister angegeben. In diesen Fällen ist hinsichtlich des Haftungsumfanges allein die Eintragung im Handelsregister maßgeblich. Da nun
aber nach § 171 Abs. 1 2. Halbsatz die Haftung des Kommanditisten entfällt, soweit die
Einlage geleistet ist, taucht in diesem Zusammenhang dann die Frage auf, ob die
Hafteinlage richtig bewertet wurde. Sonst wäre es ja ein Leichtes, durch Überbewertungen der Pflichteinlage den Gläubiger zu schädigen. Aus diesem Grund verlangt die
Rechtsprechung, daß Sachleistungen mit ihrem wahren, Dienste mit ihrem objektiven
Wert anzusetzen sind.

3. Treupflichten

a) Komplementäre

Auch bei der Kommanditgesellschaft wird (von der Publikumsgesellschaft
abgesehen) das Verhältnis der Gesellschafter untereinander durch die persönliche Beziehung bestimmt. Das personenbezogene Gemeinschaftsverhältnis erfordert von den Komplementären dieselben Treupflichten wie bei der oHG.
Komplementäre unterliegen deshalb neben der allgemeinen Treupflicht auch
dem Wettbewerbsverbot (§ 161 Abs. 2 i. V. m. §§ 112, 113 HGB).

b) Kommanditisten

Kommanditisten dagegen **unterliegen keinem Wettbewerbsverbot** (vgl. § 165
HGB). Für sie besteht lediglich die allgemeine gesellschaftsrechtliche Treupflicht, alles zu unterlassen, was der KG zum Schaden gereicht. Daraus kann in

Ausnahmefällen die Pflicht folgen, einen besonders nachteiligen Wettbewerb zu unterlassen.

Zu beachten ist jedoch, daß der Gesellschaftsvertrag diese Bestimmung abbedingen kann: Es kann auch für den Kommanditisten ein Wettbewerbsverbot vereinbart werden, dann gilt auch für ihn § 112 HGB! Wenn ein Gesellschaftsvertrag dem Kommanditisten die Geschäftsführung überträgt, ist damit in der Regel stillschweigend ein Wettbewerbsverbot verbunden.

4. Geschäftsführung

- **Lernhinweis:** Repetieren Sie noch einmal die Regelung der Geschäftsführung bei der offenen Handelsgesellschaft.

a) Gesetzliche Regelung

aa) Keine Geschäftsführungsbefugnis für Kommanditisten

Nach § 164 HGB liegt die Geschäftsführung grundsätzlich bei den Komplementären. Die **Kommanditisten** sind nach dem gesetzlichen Modell von der Führung der Geschäfte **ausgeschlossen.**

bb) Widerspruchsrecht der Kommanditisten

Die Kommanditisten sind von der Geschäftsführung ausgeschlossen; sie können auch einer Handlung der persönlich haftenden Gesellschafter nicht widersprechen. Dies gilt jedoch nur für den gewöhnlichen Geschäftsverlauf. **Ungewöhnlichen Geschäften** können die **Kommanditisten** dagegen widersprechen. Diese Regelung entspricht der grundsätzlichen Funktionsteilung in der Kommanditgesellschaft: Komplementäre machen die Gesellschafterstellung zu ihrer Berufsausübung, Kommanditisten beschränken sich auf die kapitalistische Beteiligung. Deshalb sollen grundsätzlich nur die Komplementäre über die Geschicke der Gesellschaft bestimmen. Wenn jedoch Entscheidungen zu treffen sind, die über den gewöhnlichen Betrieb des Handelsgewerbes der Gesellschaft hinausgehen, ist auch die kapitalmäßige Beteiligung der Kommanditisten tangiert: Hier haben die normalerweise nicht geschäftsführungsbefugten Gesellschafter (die Kommanditisten) ein Widerspruchsrecht. Welche Wirkungen das Widerspruchsrecht hat, ist umstritten: Die herrschende Meinung sieht hierin ein **Zustimmungserfordernis.**

Zur Frage, was unter „ungewöhnlichen Geschäften" zu verstehen ist, vgl. die Ausführungen bei der oHG (oben § 5 V 5c).

Repetieren Sie:

- **Bei der oHG** erstreckt sich die Geschäftsführungsbefugnis auf alle Handlungen, die der gewöhnliche Betrieb des Handelsgewerbes der Gesellschaft mit sich bringt. Zur Vornahme von Handlungen, die darüber hinausgehen, ist ein Beschluß sämtlicher Gesellschafter erforderlich.
- **Bei der Kommanditgesellschaft** ist der Komplementär zur Vornahme gewöhnlicher Geschäftsführungsakte befugt, bei ungewöhnlichen Geschäften ist der Kommanditist widerspruchsberechtigt.

Als **außergewöhnliche Maßnahmen** gelten auch hier: Baumaßnahmen, Errichtungen von Zweigniederlassungen usw.

cc) *Bestellung und Widerruf der Prokura*

Wie bei der offenen Handelsgesellschaft könnte auch bei der Kommanditgesellschaft fraglich sein, ob Bestellung und Widerruf der Prokura gewöhnliche oder ungewöhnliche Geschäfte darstellen. § 164 Satz 2 HGB (lesen!) verweist auf § 116 Abs. 3 HGB. Das heißt:

- Die **Bestellung der Prokura** erfolgt durch die geschäftsführenden Gesellschafter ohne Mitwirkung der nicht geschäftsführungsberechtigten Kommanditisten;
- jeder zur Erteilung oder Mitwirkung bei der Erteilung befugte Gesellschafter kann eine **Prokura widerrufen**.

Beispiel:

In der Plisch-KG möchte der geschäftsführungsbefugte Komplementär Plisch ein Darlehen von 20000 DM aufnehmen, eine Filiale gründen und den Buchhalter B zum Prokuristen ernennen. Er fragt sich, ob er dies alles ohne Plumm tun kann. Wenn der Gesellschaftsvertrag nichts anderes bestimmt, greift § 164 Abs. 1 HGB ein. Danach ist der Kommanditist von der Führung der gewöhnlichen Geschäfte ausgeschlossen. Bei der Darlehensaufnahme in dieser Höhe dürfte es sich um ein gewöhnliches Geschäft handeln; die Zustimmung von Plumm ist deshalb irrelevant. Bei der Filialgründung handelt es sich um ein über den gewöhnlichen Betrieb des Handelsgewerbes der Gesellschaft hinausgehendes Geschäft. Hier könnte Plumm widersprechen, was auf die Zustimmungsbedürftigkeit des betreffenden Geschäftes hinausläuft. Die Ernennung des Buchhalters B zum Prokuristen obliegt nach § 164 Satz 2 i. V. m. § 116 Abs. 3 HGB dem geschäftsführungsbefugten Gesellschafter, also Plisch.

b) *Vertragliche Abweichungen*

Der Gesellschaftsvertrag kann die Geschäftsführung abweichend regeln. Zulässig ist es vor allem, auch Kommanditisten Geschäftsführungsbefugnisse einzuräumen. Dies kann durch Übertragung von Teilbereichen der Geschäftsführung (Personalabteilung, Revisionswesen) erfolgen; denkbar ist auch die uneingeschränkte Einräumung der Geschäftsführungsbefugnis. Die Rechtsprechung hat es sogar zugelassen, dem Komplementär die Geschäftsführung zu entziehen und sie im Innenverhältnis ausschließlich dem Kommanditisten zu übertragen. Hierin liegt keine unzulässige Drittorganschaft, weil diese gesellschaftsvertragliche Abweichung auf das Innenverhältnis beschränkt ist (vgl. im übrigen die Ausführungen bei der oHG oben § 5 V 5).

Beispiel:

In der Plisch-KG kann durch Gesellschaftsvertrag vereinbart werden, daß nicht Plisch als Komplementär die Geschäftsführung zusteht, sondern dem Kommanditisten Plumm. Fälle dieser Art finden sich zuweilen bei Familien- bzw. Ehegatten-Kommanditgesellschaften, in denen z. B. der Ehemann nur ein beschränktes Haftungsrisiko eingehen möchte, andererseits wegen seiner Sachkunde die Geschicke der Gesellschaft bestimmt. Die Ehefrau wird Komplementärin, dem Ehemann wird im Innenverhältnis die Geschäftsführungsbefugnis übertragen.

Übersicht: Geschäftsführung bei der Kommanditgesellschaft

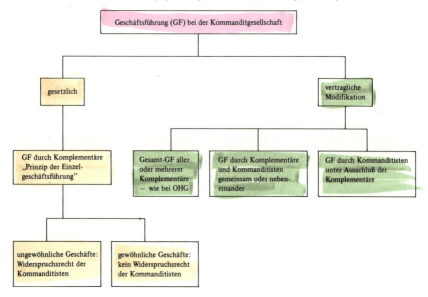

5. Kontrollrechte

a) Kontrollrecht des Komplementärs

Hier ergeben sich keine Besonderheiten gegenüber der oHG. Das Kontrollrecht eines (von mehreren – nicht geschäftsführungsbefugten) Komplementärs bestimmt sich nach § 118 HGB: Er kann sich, vorausgesetzt der Gesellschaftsvertrag weicht hiervon nicht ab, von den Angelegenheiten der Gesellschaft persönlich unterrichten, die Handelsbücher und die Papiere der Gesellschaft einsehen und sich aus ihnen eine Bilanz und einen Jahresabschluß anfertigen (s. o.).

b) Kontrollrecht des Kommanditisten

aa) Eingeschränktes Kontrollrecht

Das gesetzliche Kontrollrecht des Kommanditisten bestimmt sich nach § 166 HGB (lesen!). Danach ist er berechtigt:
- Die abschriftliche **Mitteilung des Jahresabschlusses** zu verlangen und
- dessen Richtigkeit unter **Einsicht** in die **Bücher und Papiere** zu prüfen.

Die in § 118 HGB dem von der Geschäftsführung ausgeschlossenen Gesellschafter eingeräumten weiteren Rechte (vgl. § 118 HGB einerseits und § 166 Abs. 2 HGB andererseits) stehen dem Kommanditisten nicht zu. Das **Kontrollrecht des Kommanditisten** ist also **enger als das des** von der Geschäftsführung ausgeschlossenen **oHG-Gesellschafters!**

bb) Außerordentliches Kontrollrecht

Auf Antrag des Kommanditisten kann jedoch das zuständige Gericht nach § 166 Abs. 3 HGB jederzeit anordnen:

- die Mitteilung einer Bilanz und eines Jahresabschlusses oder
- sonstige Aufklärungen sowie
- die Vorlegung der Bücher und Papiere.

Voraussetzung für dieses gerichtlich durchzusetzende Kontrollrecht ist ein **„wichtiger Grund"**.

Beispiel:

Tatsachen, die den Verdacht einer nicht ordnungsgemäßen Geschäfts- oder Buchführung begründen (Unterschlagung, Steuerhinterziehung, gesellschaftsvertragswidrig über den betrieblichen Bereich abgewickelte Privatgeschäfte).

cc) Sachlicher Umfang

Vergleichen Sie zum Umfang des Kommanditisten-Kontrollrechts die Erläuterungen bei der oHG zu § 118 HGB. Zum Jahresabschluß vgl. unten die Ausführungen über das Rechnungswesen.

Umstritten ist, ob auch die **Prüfungsberichte** des Finanzamtes vorzulegen sind. Dies wird für das regelmäßige Kontrollrecht abgelehnt. Wenn aber eine Betriebsprüfung stattfand und der Betriebsprüfungsbericht Vorgänge enthält, die Einfluß auf den Betriebsgewinn haben, und es deshalb zu einer Änderung der Gewinnfeststellung kommt, dann gehört der betreffende Bericht doch zu den in § 166 HGB angesprochenen „Papieren". Wenn dann dem Kommanditisten die Vorlage des Betriebsprüfungsberichts verweigert wird, besteht nach § 166 Abs. 3 HGB zugleich ein hinreichender Verdacht, der die Annahme eines „wichtigen Grundes" nahelegt und deshalb den Antrag auf gerichtliche Durchsetzung des Kontrollrechts nach § 166 Abs. 3 HGB rechtfertigt.

dd) Vertragliche Modifizierungen

Festzustellen ist auch hier, daß der Gesellschaftsvertrag weitgehende Änderungen vorsehen kann: Das Kontrollrecht des Kommanditisten kann erweitert, aber auch eingeschränkt werden. Beachten Sie jedoch, daß vertragliche Einschränkungen ihre Grenze beim Verdacht unredlicher Geschäftsführung finden (entsprechende Anwendung von §§ 716 Abs. 2 BGB, 118 Abs. 2 HGB). Der Gesellschaftsvertrag kann auch über die Wahrnehmung des Kontrollrechts Vorschriften aufnehmen, etwa bestimmen, daß bei einer Vielzahl von Kommanditisten die Ausübung der Kontrolle durch einen gemeinsamen Vertreter erfolgen muß (so häufig vereinbart bei Publikumsgesellschaften).

6. Gesellschaftsvermögen

Auf die Ausführungen bei der offenen Handelsgesellschaft ist zu verweisen. Auch für die Kommanditgesellschaft gilt die gesamthänderische Bindung des Gesellschaftsvermögens.

7. Gewinn, Verlust, Entnahmen

Über diese Fragen wird in aller Regel der Gesellschaftsvertrag Ausführungen enthalten. Ist dies nicht der Fall, greifen subsidiär §§ 167 bis 169 HGB ein:

Übersicht: Gesetzliche Kontrollrechte

	Gewöhnliche Kontrolle	Außergewöhnliche Kontrolle
BGB-Gesellschaft	Persönliche Unterrichtung von den Angelegenheiten der Gesellschaft: Einsicht in die Geschäftsbücher und Papiere der Gesellschaft. Anfertigung einer Übersicht über den Stand des Gesellschaftsvermögens.	Gewöhnliches Kontrollrecht, terminlich nicht beschränkt auf Rechnungsjahr; gesellschaftsvertraglicher Ausschluß des Kontrollrechtes zwar zulässig, bei Verdacht auf unredliche Geschäftsführung jedoch unwirksam.
oHG	Persönliche Unterrichtung: Einsicht in die Handelsbücher und Gesellschaftspapiere, Anfertigung einer Bilanz und eines Jahresabschlusses	
KG	Abschriftliche Mitteilung des Jahresabschlusses, Prüfung dessen Richtigkeit unter Einsicht der Bücher und Papiere.	Bei Vorliegen wichtiger Gründe auf Antrag gerichtliche Anordnung der jederzeitigen Mitteilung einer Bilanz und eines Jahresabschlusses oder sonstiger Aufklärungen sowie Vorlegung der Bücher und Papiere
stG	Abschriftliche Mitteilung des Jahresabschlusses. Prüfung dessen Richtigkeit unter Einsicht der Bücher und Papiere.	

a) Gewinn- und Verlustverteilung

Bei der Gewinnverteilung ist zunächst der aktive Kapitalanteil jedes Gesellschafters mit 4 % vom Hundert zu verzinsen. Hinsichtlich des Überschusses erfolgt jedoch nicht, wie bei der oHG, eine Verteilung „nach Köpfen", sondern nach dem Prinzip der Angemessenheit. Ein Verlust wird unter den Gesellschaftern ebenfalls „angemessen" verteilt. Zu beachten ist, daß der einem Kommanditisten zustehende Gewinn seinem Kapitalanteil nach § 167 Abs. 2 HGB nur so lange zugeschrieben wird, als dieser den Betrag der bedungenen Einlage nicht erreicht. An dem Verlust nimmt der Kommanditist nur bis zum Betrage seines Kapitalanteils und seiner rückständigen Einlage teil. Die Auszahlung von Gewinn kann der Kommanditist jedoch nicht fordern, solange sein Kapitalanteil durch Verlust unter den auf die versprochene Einlage geleisteten Betrag herabgemindert ist oder durch Auszahlung diesen Betrag unterschreiten würde (§ 169 Abs. 1 S. 2 2. Halbs.).

b) Entnahmen

Während die Komplementäre wie im Recht der oHG Entnahmen gem. § 122 HGB bis zu 4 Prozent ihrer für das letzte Geschäftsjahr festgestellten Kapitalanteile tätigen können, gilt dies für die beschränkt haftenden Gesellschafter nicht: Kommanditisten haben **kein (gesetzliches) Entnahmerecht** (§ 169 Abs. 1 S. 1 HGB).

c) Steuerliche Gewinnverteilung

Hinzuweisen ist in diesem Zusammenhang auf Grenzen der Gewinnverteilung, die sich aus dem Einkommensteuerrecht ergeben: Bei Familiengesellschaften kann die Gewinnverteilung nicht beliebig vereinbart werden; bei nicht mitarbeitenden Familienangehörigen, denen die Kommanditeinlage schenkungsweise übertragen wurde, muß der von ihnen bezogene Gewinn „der Angemessenheit" entsprechen. Es ist also ein Vergleich herzustellen zu dem, was ein außenstehender Dritter an Gewinn üblicherweise beziehen würde. Außerdem ist wie bei allen Familiengesellschaften aus dem Gesichtspunkt des Steuerrechts streng auf die Einhaltung der Formerfordernisse zu achten. Nur ernsthaft gewollte und tatsächlich durchgeführte Vereinbarungen haben Aussicht, als vollwertige Abreden im Einkommensteuerrecht beachtet zu werden („Es darf nicht alles beim alten bleiben...").

V. Rechtsbeziehungen von Gesellschaft und Gesellschaftern zu Dritten („Außenverhältnis")

• **Lernhinweis:** Wir haben im Innenverhältnis bereits gesehen, daß die unterschiedliche Beteiligungsform bei der Kommanditgesellschaft Konsequenzen haben muß. Dasselbe gilt für das Außenverhältnis. Da sich der Kommanditist in der Regel auf die kapitalistische Beteiligung beschränkt, ist er von der Geschäftsführung ausgeschlossen. Dem entspricht es, daß er auch nicht vertretungsbefugt ist. Weil er nach außen für die Verbindlichkeiten der Gesellschaft nicht aufkommen muß, kann er auch keine nach außen wirksamen Erklärungen abgeben. Der Ausschluß von der Haftung und der Ausschluß von der Vertretung sind für den Kommanditisten Zwangsläufigkeiten der gesetzlichen Leitvorstellung. Im nachfolgenden kann es deshalb nur darum gehen, Problemfälle aufzuzeigen.

1. Vertretung

a) Gesetzliche Regelung

Nach § 170 HGB (lesen!) ist der **Kommanditist nicht zur Vertretung** der Gesellschaft **ermächtigt**. Vertreten wird die Kommanditgesellschaft durch die Komplementäre.

b) Vertragliche Möglichkeiten

Der Ausschluß des Kommanditisten von der Vertretung ist **zwingend.** Es kann also von § 170 HGB nicht durch Gesellschaftsvertrag abgewichen werden. Unzulässig wären deshalb gesellschaftsvertragliche Klauseln, die einem Kommanditisten die Vertretung übertragen (nicht zu verwechseln mit der Geschäftsführung, sie kann auf den Kommanditisten übertragen werden). Beachten Sie jedoch, daß dies nur für die **organschaftliche** Vertretung gilt. § 170 HGB verbietet nicht, Kommanditisten durch Gesellschaftsvertrag oder durch Beschluß der Komplementäre **Vollmacht** nach BGB zu erteilen. Genauso wie jedem Dritten, etwa einem Angestellten, für einzelne Handlungen oder bestimmte Bereiche rechtsgeschäftlich Vertretungsmacht erteilt werden kann, so kann auch dem (gesellschaftsrechtlich nicht für die Kommanditgesellschaft legitimierten) Kommanditisten Vollmacht erteilt werden.

Beispiel:

In der Plisch-KG wird der Kommanditist Plumm beauftragt, ein bestimmtes Geschäft für die Gesellschaft abzuwickeln. Er ist dann im Rahmen der §§ 164 ff. BGB berechtigt, Erklärungen mit Wirkung für und gegen die KG gegenüber Dritten abzugeben.

c) Prokurabestellung

Zulässig ist es, einen Kommanditisten nicht lediglich nach bürgerlichem Recht zu bevollmächtigen, sondern ihm Prokura oder Handlungsvollmacht zu erteilen. Er ist dann im Rahmen der gesetzlich umschriebenen Vertretungsmacht nach außen hin unbeschränkbar (repetieren Sie die §§ 49, 50 HGB sowie Klunzinger, „Grundzüge des Handelsrechts" § 8, I) zu allen Arten von gerichtlichen und außergerichtlichen Geschäften und Rechtshandlungen ermächtigt, die der Betrieb eines Handelsgewerbes mit sich bringt. Durch die Prokurabestellung erwirbt der Kommanditist eine Rechtsposition, die auch nach außen hin weitgehend mit der des Komplementärs vergleichbar ist. Wird dann noch im Innenverhältnis dem Komplementär die Geschäftsführungsbefugnis entzogen und auf den Kommanditisten übertragen, ist die gesetzliche Leitvorstellung letztlich „auf den Kopf gestellt".

d) Unechte Gesamtvertretung

Sie erinnern sich: Bei der offenen Handelsgesellschaft konnte der Gesellschaftsvertrag gem. § 125 Abs. 3 HGB bestimmen, daß die Gesellschafter nur in Gemeinschaft mit einem Prokuristen zur Vertretung der Gesellschaft ermächtigt sein sollen. § 161 Abs. 2 HGB erlaubt die Anwendung dieses Rechtsgedankens auch auf die Kommanditgesellschaft. Es könnte also im Gesellschaftsvertrag bestimmt werden, daß der Komplementär nur zusammen mit einem Prokuristen vertretungsbefugt sein soll. Wenn dieser Prokurist zugleich Kommanditist ist, wäre auch nach außen hin für den Kommanditisten eine optimale Rechtsstellung erzielt. Es muß jedoch ebenfalls in diesem Zusammenhang das **Verbot der Drittorganschaft** beachtet werden. Bei den Personenhandelsgesellschaften gilt das Prinzip der Selbstorganschaft: Es ist unzulässig, außenstehenden Personen die gesellschaftsrechtliche Legitimation zu übertragen (nicht die rechtsgeschäftliche!). Das wäre aber der Fall, wenn ein Komplementär nur zusammen mit einem Prokura-Kommanditisten vertretungsbefugt ist. Zulässig dagegen ist eine gesellschaftsvertragliche Regelung, nach der mehrere Komplementäre (entweder allein oder mit anderen Komplementären) unter Mitwirkung des Prokura-Kommanditisten auftreten. Repetieren Sie insofern das oben bei der offenen Handelsgesellschaft dargestellte Problem!

Beispiel:

In der Plisch-KG kann Plumm Prokura erteilt werden. Eine gesellschaftsvertragliche Regelung, wonach die Plisch-KG durch Plisch lediglich zusammen mit dem Prokuristen Plumm vertreten wird, wäre wegen Verstoßes gegen das Prinzip der Selbstorganschaft unzulässig. Treten als zusätzliche Komplementäre Max und Moritz in die Gesellschaft ein, dann könnte der Gesellschaftsvertrag eine Regelung enthalten, wonach ein Komplementär entweder mit einem anderen Komplementär (Max oder Moritz) oder mit einem Prokuristen (Plumm) für die Gesellschaft zu handeln berechtigt ist.

Schaubild: Vertretungsbefugnis bei der KG

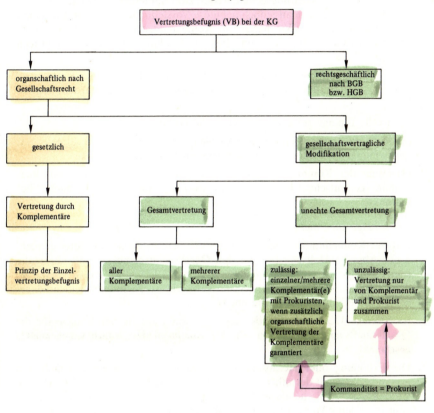

2. Haftung

a) Haftung der Gesellschaft

Die Kommanditgesellschaft kann wie die oHG nach § 124 Abs. 1 HGB i. V. m. § 161 Abs. 2 HGB unter ihrer Firma Verbindlichkeiten eingehen. Demzufolge haftet die Kommanditgesellschaft für Gesellschaftsschulden selbst. Auf das bei der oHG Ausgeführte wird verwiesen (vgl. oben § 5 VI 2).

b) Haftung der Komplementäre

Für die Komplementäre ist die für die offene Handelsgesellschaft geltende Rechtslage maßgebend. Komplementäre haften deshalb gem. § 128 HGB für Gesellschaftsverbindlichkeiten unmittelbar, unbeschränkt, unbeschränkbar, primär, gesamtschuldnerisch und akzessorisch, repetieren Sie oben § 5 VI 2!

c) Haftung der Kommanditisten

• **Lernhinweis:** Bei der Definition der Kommanditgesellschaft verweist das Gesetz darauf, daß bei den Kommanditisten die Haftung gegenüber den Gesellschaftsgläubigern auf den Betrag einer bestimmten Vermögenseinlage „beschränkt" ist. Erfahrungsgemäß wissen zwar Studenten diesen Satz wiederzugeben, häufig trifft man jedoch nebulöse Vorstellungen an, wenn Einzelheiten verlangt werden. Wie haftet ein Kommanditist, wenn er „beschränkt" haftet? Das Gesetz hat eine sehr einfache Leitlinie, die Sie sich einprägen sollten:

(1) Der Kommanditist haftet auf jeden Fall nur in Höhe seiner Hafteinlage (von Geschäften, die vor Handelsregistereintragung getätigt wurden, abgesehen).

(2) Ist die Einlage geleistet, so entfällt die Haftung.

(3) Wird die Einlage jedoch zurückgewährt, dann gilt sie als nicht geleistet, der Kommanditist haftet also wieder (bis zur Höhe der Hafteinlage).

(4) Wenn der Kommanditist haftet, dann haftet er ebenfalls unmittelbar, primär, gesamtschuldnerisch und akzessorisch (aber summenmäßig beschränkt).

aa) Einlage noch nicht geleistet

Hat der Kommanditist seine Einlage noch nicht erbracht, so haftet er gem. § 171 Abs. 1 1. Halbsatz (lesen!) den Gesellschaftsgläubigern bis zur Höhe seiner Einlage unmittelbar. Maßgeblich ist nach § 172 Abs. 1 HGB der Betrag, der als Hafteinlage im Handelsregister vermerkt ist. Nicht entscheidend dagegen ist die Pflichteinlage (siehe oben).

Im Klartext: Der Kommanditist haftet bis zur Leistung der Einlage für die Gesellschaftsverbindlichkeiten **wie der Komplementär, jedoch summenmäßig beschränkt.**

Die Erhöhung oder Herabsetzung der Kommanditeinlage gilt Gläubigern gegenüber erst mit der pflichtgemäßen Eintragung ins Handelsregister. Ist die Erhöhung jedoch in handelsüblicher Weise bekannt gemacht oder den Gläubigern in anderer Weise von der Gesellschaft mitgeteilt worden, so haftet der Kommanditist auch vor Handelsregistereintragung erhöht (vgl. § 172 Abs. 2 HGB). Schließlich ist eine Vereinbarung der Gesellschafter, durch die einem Kommanditisten die Einlage erlassen oder gestundet wird, den Gläubigern gegenüber unwirksam (§ 172 Abs. 3 HGB).

bb) Einlage ist geleistet

Hat der Kommanditist die versprochene Einlage geleistet, so entfällt seine Haftung (vgl. § 171 Abs. 1 2. Halbs. – lesen!). Wie die Einlage geleistet wird, ist unerheblich, sofern ihr Wert dem der Hafteinlage entspricht. Die Einlage kann deshalb erbracht sein:

- durch Leistung von Geldbeträgen
- durch Einbringung von Sachen und Rechten
- durch Dienstleistungen
- durch stehengelassene Gewinne
- durch Befriedigung von Gesellschaftsgläubigern aus eigenen Mitteln.

§ 6. Kommanditgesellschaft

Zu beachten ist jedoch, daß Einlagen, die nicht in Geld bestehen, objektiv der in der Hafteinlage bezeichneten Summe entsprechen müssen. Liegt eine Überbewertung (etwa von Dienstleistungen) vor, gilt die Einlage in Höhe der Differenz als nicht erbracht.

cc) Rückgewähr der Einlage

Die Rückzahlung der Einlage eines Kommanditisten führt zum Wiederaufleben der Haftung: Sie gilt gem. § 172 Abs. 4 S. 1 HGB (lesen!) als nicht geleistet.

Diesen Rechtsgedanken könnte man bei formalistischer Betrachtung auch im Falle der Übertragung eines Kommanditanteils auf einen Neueintretenden anwenden: Erfolgt ein Gesellschafterwechsel in der Weise, daß der Ausscheidende sich vom Eintretenden seine Einlage auszahlen läßt, so liegt darin eine Rückgewähr der Einlage. Trotzdem ist nach wirtschaftlicher Betrachtung dem Gläubiger kein Nachteil entstanden, da letztlich der Status quo erhalten bleibt: Der Neueintretende tritt an die Stelle des Ausscheidenden. Deshalb findet § 172 Abs. 4 Satz 1 HGB bei Übertragung des Kommanditanteils auf einen neueintretenden Kommanditisten keine Anwendung.

dd) Gewinnausschüttung

Die Einlagenrückgewähr kann wirtschaftlich gesehen auch darin liegen, daß ein Kommanditist Gewinnanteile entnimmt, während sein Kapitalanteil durch Verlust unter den Betrag der geleisteten Einlage herabgemindert ist oder durch die Entnahme herabgemindert wird. Deshalb bestimmt § 172 Abs. 4 Satz 2 HGB (lesen!), daß dieser Tatbestand der Einlagenrückgewähr gleichgesetzt wird. Dies gilt allerdings nicht, wenn gutgläubig Gewinn bezogen wird und dies auf einer „in gutem Glauben errichteten Bilanz" beruht (vgl. § 172 Abs. 5 HGB).

ee) Geschäfte vor Handelsregistereintragung

Die Haftungsbeschränkung des Kommanditisten greift gem. § 176 Abs. 1 HGB nicht ein, wenn die Gesellschaft mit Zustimmung des Kommanditisten ihre Geschäfte aufnimmt, bevor sie in das Handelsregister eingetragen ist. Hier können Gläubiger nicht von der beschränkten Haftung des Kommanditisten ausgehen. § 176 Abs. 1 HGB macht davon nur dann eine Ausnahme, wenn dem Gläubiger die Beteiligung als Kommanditist bekannt war.

Dasselbe gilt gem. § 176 Abs. 2 HGB, wenn ein Kommanditist in eine bestehende Handelsgesellschaft eintritt, für die Verbindlichkeiten, welche in der Zeit zwischen seinem Eintritt und dessen Eintragung in das Handelsregister begründet werden. Eine besondere Zustimmung zur Fortführung der Geschäfte ist hier im Gegensatz zu § 176 Abs. 1 HGB nicht erforderlich (BGHZ 82, 211).

Zusammenfassendes Beispiel:

Plisch und Plumm wollen ein Transport- und Speditionsunternehmen in Form der Kommanditgesellschaft betreiben. Plisch bringt seine Arbeitskraft ein und soll Komplementär werden, Plumm will sich dagegen lediglich mit einer Geldeinlage in Höhe von 20000 DM beteiligen. Ein dahingehender Gesellschaftsvertrag wird am 10. Januar abge-

2. Kapitel. Recht der Personengesellschaften

schlossen. Die erforderlichen Handelsregisteranmeldungen und -eintragungen erfolgen am 20. Januar.

(1) Am 15. Januar nimmt die KG mit Billigung von Plumm den Betrieb auf. Plisch kauft in Anwesenheit des ihn fachkundig beratenden Plumm beim Verkäufer V einen gebrauchten Lkw-Anhänger zum Kaufpreis von DM 30000. Haftet Plumm?

(2) Wie wäre es, wenn der Kauf des Lkw-Anhängers erst am 20. Februar, also nach der Handelsregistereintragung, erfolgt ist, Plumm seine Einlage jedoch noch nicht geleistet hatte?

(3) Wie wäre es, wenn Plumm zum Zeitpunkt der Geltendmachung des Kaufpreisanspruches durch V seine Einlage zu einem Teilbetrag von DM 15000 erbracht hatte, DM 5000 jedoch noch ausstehen?

(4) Nehmen Sie an, Plumm tritt am 15. Mai aus der Gesellschaft aus und läßt sich sein dem realen Verkehrswert entsprechendes Abfindungsguthaben in Höhe von DM 50000 (Einlage + zwischenzeitlich stehengelassene Gewinne) auszahlen. Inwiefern haftet er, wenn am 15. April von V für die Gesellschaft weitere Kraftfahrzeuge im Gesamtwert von DM 60000 gekauft und noch nicht bezahlt wurden?

(5) Nach geraumer Zeit ändern Plisch und Plumm den Gesellschaftsvertrag. Plumm übernimmt die Geschäftsführung unter gleichzeitiger Bestellung zum Prokuristen. Ein neu eintretender Gesellschafter Moritz wird Komplementär, im Gesellschaftsvertrag wird jedoch zusätzlich bestimmt und im Handelsregister eingetragen, daß die Gesellschaft vertreten werden kann entweder durch Plisch zusammen mit einem Komplementär (Moritz) oder mit einem Prokuristen (Plumm). Die Neuorganisation scheint sich auf die Geschäftsentwicklung nicht günstig auszuwirken. Nach einiger Zeit wird über das Vermögen der Gesellschaft der Konkurs eröffnet. Plisch und Moritz sind mittellos. Der Konkursverwalter fragt sich, ob er nicht den vermögenden Plumm in Anspruch nehmen kann.

(6) Nehmen Sie an, Plumm habe ordnungsgemäß seine Einlage in Höhe von 20000 DM geleistet. Die Gesellschaft macht in den Folgejahren Gewinne, die anteilig dem Kapitalanteil des Plumm auf insgesamt 80000 DM gutgeschrieben wurden. Wegen eines plötzlichen Geldbedarfes entnimmt Plumm mit Zustimmung des Plisch aus der Gesellschaftskasse DM 100000. Hat dies Konsequenzen?

(7) Nehmen Sie an, die Plisch-KG sei eine Abschreibungsgesellschaft gewesen, bei der es durch Inanspruchnahme hoher Sonderabschreibungen zu Buchverlusten und damit zu negativen Kapitalanteilen der Kommanditisten kam. Hat dies Auswirkungen auf die Haftung?

(8) Plumm hat aufgrund der vom Steuerberater Stani für das letzte Rechnungsjahr erstellten Bilanz einen Gewinn in Höhe von DM 30000 entnommen. Bei einer späteren Betriebsprüfung wird zugunsten der Gesellschaft festgestellt, daß wegen anderer Wertansätze die Gesellschaft in Wirklichkeit Verluste machte. Nach richtiger Bilanzierung wäre Plumm nicht zur Gewinnentnahme berechtigt gewesen; durch die Auszahlung der DM 30000 wurde seine Einlage dem Gesellschaftsvermögen entzogen.

Lösung:

(1) Nach § 176 Abs. 1 HGB haftet unter den dort genannten Voraussetzungen auch der Kommanditist für Gesellschaftsverbindlichkeiten, die vor der Handelsregistereintragung begründet wurden. Die Haftung bestimmt sich nach der des Komplementärs. Da Plumm dem Geschäftsbeginn zugestimmt hatte, haftet er für dieses Geschäft wie Plisch, also unmittelbar, persönlich, gesamtschuldnerisch und – was entscheidend ist – summenmäßig unbeschränkt. § 128 HGB

(2) Wenn das Geschäft erst nach Handelsregistereintragung getätigt wurde, haftet Plumm lediglich nach allgemeinen Prinzipien. Da er seine Einlage noch nicht geleistet

hatte, haftet er den Gläubigern gegenüber unmittelbar (vgl. § 171 Abs. 1 1. Halbs. HGB), allerdings summenmäßig beschränkt auf die Höhe seiner Hafteinlage, also nicht für die gesamte Forderung in Höhe von 30000 DM, sondern lediglich bis zu 20000 DM.

(3) Wenn Plumm seine Einlage hinsichtlich eines Teilbetrages von DM 15000 geleistet hat, entfällt „insoweit" seine Haftung. Für den noch ausstehenden Rest in Höhe von 5000 DM haftet er dagegen nach den allgemeinen Prinzipien mit seinem Privatvermögen. Der Verkäufer könnte also wegen des Teilkaufpreises in Höhe von 5000 DM gegen Plumm einen entsprechenden Titel erwirken.

(4) Hier greift § 172 Abs. 4 Satz 1 HGB ein. Plumm läßt sich das Abfindungsguthaben auszahlen; darin liegt die Rückgewähr seiner Einlage. Den Gläubigern gegenüber gilt diese damit als nicht erbracht. Er haftet dann dem Verkäufer wegen des Kaufpreisanspruches in Höhe von 60000 DM nach § 172 Abs. 4 Satz 1 HGB i. V. m. § 171 Abs. 1 1. Halbs. HGB bis zur Höhe der Hafteinlage, also bis zu 20000 DM unmittelbar, primär und gesamtschuldnerisch mit seinem Privatvermögen. Dabei soll unterstellt werden, daß die Einlagenhöhe gleich geblieben ist, der im Abfindungsguthaben steckende Überschuß also auf Kommanditisten-Darlehenskonten gebucht war.

(5) Plumm haftet als Kommanditist grundsätzlich nur nach Maßgabe der §§ 171 ff. HGB: wenn er seine Einlage geleistet hat, also grundsätzlich überhaupt nicht. Im geschilderten Fall sind jedoch die Geschäftsführungs- und Vertretungsverhältnisse der Kommanditgesellschaft „auf den Kopf gestellt". Wirtschaftlich betrachtet sind nicht die Komplementäre Plisch und Moritz für die Geschicke der Gesellschaft verantwortlich, sondern der mit Geschäftsführung und Prokura ausgestattete Kommanditist Plumm. Aus dieser „Typenvermischung" jedoch zugleich Konsequenzen für die Haftung zu fordern, würde zu einer unheilvollen Rechtsunsicherheit führen. Deshalb lehnt es die Rechtsprechung ab, den Kommanditisten unbeschränkt haften zu lassen, wenn ihm faktisch Komplementärbefugnisse eingeräumt werden. Daher haftet Plumm nicht, soweit er seine Einlage geleistet hat.

(6) Hier hat Plumm seine Einlage durch die übermäßige, über dem Gewinn liegende Entnahme zurückerhalten. Er haftet den Gläubigern gegenüber in Höhe der Haftsumme. Die interne Gestattung der Gewinnentnahme (auch wenn sie zu einem negativen Kapitalanteil führt) ist extern unbeachtlich.

(7) Wenn es sich um bloße Buchverluste handelt, ist strittig, ob bei einer gleichwohl erfolgenden Gewinnausschüttung der Tatbestand des § 172 Abs. 4 Satz 2 HGB zutrifft. An sich widerspricht die Ausschüttung den Gläubigerinteressen insofern nicht, als die Vermögenssubstanz vom Kommanditisten geleistet und im Augenblick der Gewinnausschüttung im Gesellschaftsvermögen enthalten war. Die Behandlung dieser Frage ist in der Literatur strittig. Zum Teil wird die Auffassung vertreten, der Gläubigerschutz verlange die Anwendung des § 172 Abs. 4 Satz 2 nicht, zum Teil wird jedoch ausschließlich auf die bilanzielle Ausweisung abgestellt. An sich könnte man daran denken, die lediglich durch die steuerlichen Sonderabschreibungen entstandenen Buchverluste ausschließlich in der Steuerbilanz auszuweisen; darin läge jedoch eine Verletzung des Prinzips der Maßgeblichkeit der Handelsbilanz. Entscheidend dürfte aber sein, daß die Ausschüttung den Gläubigerinteressen insofern nicht widerspricht, als die Vermögenssubstanz vom Kommanditisten geleistet wurde und im Augenblick der Gewinnausschüttung im Gesellschaftsvermögen enthalten war. Die erfolgte Gewinnausschüttung fällt somit nicht unter den Normzweck des § 172 Abs. 4 S. 2 HGB. Plumm haftet deshalb nicht.

(8) Hier liegt zweifelsfrei eine in gutem Glauben vorgenommene Gewinnauszahlung vor. Sie beruht auf einer vom Steuerberater Stani erstellten Bilanz, von deren Richtigkeit die Gesellschafter ausgehen durften (§ 172 Abs. 5 HGB). Deshalb haftet Plumm nicht.

112   2. Kapitel. Recht der Personengesellschaften

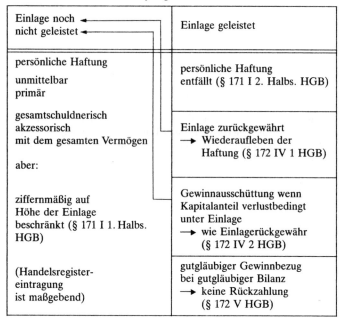

VI. Wechsel von Gesellschaftern

1. Ausscheiden von Gesellschaftern

Zu verweisen ist auf das Recht der oHG. Demnach können auch bei der Kommanditgesellschaft aus den bei der oHG erwähnten Gründen Gesellschafter ausscheiden bzw. ausgeschlossen werden. Es ist sogar zulässig, den einzigen Komplementär auszuschließen. Dann wird die Gesellschaft allerdings aufgelöst, sofern sie sich nicht durch Übernahme der Komplementärstellung durch einen (von mehreren) Kommanditisten bzw. durch einen Neueintretenden in eine werbende Gesellschaft zurückverwandelt.

Die Haftung ausgeschiedener Gesellschafter bestimmt sich für die Komplementäre nach § 128 HGB, für die Kommanditisten nach § 171 Abs. 1 1. Halbsatz HGB: Die Zahlung eines Abfindungsguthabens bedeutet die Rückzahlung der Einlage und damit das Wiederaufleben der Haftung, sofern nicht ein bloßer Gesellschafterwechsel (Ein- und Austritt unter „Stehenlassen" der Einlage) vorliegt.

2. Eintritt neuer Gesellschafter

Auch hier kann auf das bei der oHG Gesagte verwiesen werden. Die Aufnahme neuer Gesellschafter bedarf grundsätzlich der Zustimmung aller Gesellschafter. Im Gesellschaftsvertrag kann jedoch Abweichendes vereinbart werden. Dies ist häufig für bestimmte Familienangehörige (Kinder eines sich

§ 6. Kommanditgesellschaft

zurückziehenden Gesellschafters) der Fall. Tritt ein neuer Komplementär in die Gesellschaft ein, so bestimmt sich dessen Haftung gem. § 161 Abs. 2 i. V. m. §§ 130, 128 HGB nach dem Recht der oHG: Der eintretende Komplementär haftet für Alt- und Neuschulden unbeschränkt mit seinem Privatvermögen. Der eintretende Kommanditist haftet gem. § 173 HGB (lesen!) nach Maßgabe der §§ 171 und 172 HGB für die vor seinem Eintritt begründeten Verbindlichkeiten der Gesellschaft ohne Unterschied, ob die Firma geändert wird oder nicht. Bei Neuverbindlichkeiten greifen §§ 171, 172 HGB unmittelbar ein. Das bedeutet: Der neueintretende Kommanditist haftet also ziffernmäßig bis zur Höhe der Hafteinlage, soweit er seine Einlage noch nicht geleistet hat (siehe oben).

3. Übertragung von Geschäftsanteilen

In der Praxis fällt häufig der Austritt eines Gesellschafters mit dem gleichzeitigen Eintritt eines neuen Gesellschafters zusammen: Der Ausscheidende überträgt seine Kommanditeinlage an den Eintretenden. Bei rein formalistischer Betrachtung könnte man in diesem Vorgang den Tatbestand des § 172 Abs. 4 Satz 1 HGB erfüllt sehen: Dem ausscheidenden Gesellschafter wird die Einlage zurückgewährt. Eine wirtschaftliche Betrachtung zeigt jedoch, daß sich von der Warte des Gläubigers aus nichts verändert hat. Die Kommanditeinlage steht nach wie vor der Gesellschaft zur Verfügung, lediglich der Inhaber hat gewechselt. Dies ist der Grund, weshalb nach einhelliger Auffassung beim bloßen Gesellschafterwechsel und „Stehenlassen" der bereits geleisteten Einlage eine Haftung des ausscheidenden Kommanditisten nach § 172 Abs. 4 HGB entfällt.

VII. Auflösung und Liquidation der Gesellschaft

1. Auflösungsgründe

Für die Kommanditgesellschaft gelten die Vorschriften der oHG mit folgender Abweichung: **Der Tod eines Kommanditisten führt nicht zur Auflösung** der Gesellschaft, vgl. § 177 HGB.

2. Liquidation

Für die Liquidation enthält das Recht der Kommanditgesellschaft keine gesonderten Vorschriften. Es gilt deshalb das bei der oHG Gesagte (gesetzliche Liquidationsvorschriften bzw. vertragliche Besonderheiten).

VIII. Steuerliche Behandlung der Kommanditgesellschaft

Die steuerrechtliche Behandlung der Kommanditgesellschaft verläuft parallel zur oHG. Auf die früheren Ausführungen wird verwiesen. Komplementäre und Kommanditisten gelten beide als Mitunternehmer im Sinne des Einkommensteuerrechts.

2. Kapitel. Recht der Personengesellschaften

Übersicht: Rechte und Pflichten bei der Kommanditgesellschaft

Regelungskomplex	Komplementär	Kommanditist
Geschäftsführung	ja § 114 HGB	grundsätzlich nein § 164 HGB
Kontrollrechte	wenn von Geschäftsführung ausgeschlossen ja § 118 HGB	ja § 166 HGB
Vertretung	ja § 125 HGB	nein § 170 HGB beachte aber Möglichkeit der Prokura (vgl. § 125 III HGB)
Wettbewerbsverbot	ja § 112 HGB	grundsätzlich nein § 165 HGB
Haftung	wie oHG-Gesellschafter	beschränkt nach §§ 171 ff. HGB
Entnahmerecht	ja (§§ 161 II u. 122 HGB)	grundsätzlich nein § 169 I 1 HGB
Gewinnverteilung	„4%, Rest angemessen", § 168 HGB	
Tod	Auflösung § 131 Nr. 4 HGB	keine Auflösung § 177 HGB

Wiederholungsfragen und Übungsfälle zu § 6:

Wiederholungsfragen

Welches sind die Wesensmerkmale der Kommanditgesellschaft, welche Rechtsgrundlagen finden Anwendung? (Seite 93, 95)
- Welche Unterschiede im Vergleich zur oHG lassen sich bei der Anmeldung der Gesellschaft zum Handelsregister feststellen? (Seite 97)
Sind Kommanditisten zur Geschäftsführung berechtigt? (Seite 100)
Sind Kommanditisten vertretungsberechtigt? Wie kann ihnen eine ähnliche Position eingeräumt werden? (Seite 105)
Welche Kontrollrechte stehen dem Kommanditisten zu? (Seite 102)
Wie ist die gesetzliche Gewinnverteilung bei der Kommanditgesellschaft geregelt? (Seite 104)
Inwieweit haftet der Kommanditist den Gläubigern der Gesellschaft? Durch welchen Tatbestand wird seine Haftung ausgeschlossen, welche Tatbestände führen zu einem Wiederaufleben der Haftung? (Seite 108)

§ 6. *Kommanditgesellschaft*

Welches Risiko besteht für einen Kommanditisten, wenn die Gesellschaft ihre Geschäfte vor Eintragung in das Handelsregister aufnimmt? (Seite 109)
Führt der Tod eines Kommanditisten zur Auflösung der Gesellschaft? (Seite 113)

Übungsfälle

a) Die vorgetäuschte Erfindung

Max Murks arbeitet schon seit Jahren an einem Verfahren zur synthetischen Herstellung von Rohdiamanten. Zusammen mit dem Geldgeber Gold und anderen Interessenten gründet er die „Murks & Gold-Herstellungs- und Vertriebs-Kommanditgesellschaft von Rohdiamanten". Murks und Gold wurden persönlich haftende Gesellschafter. Nach einiger Zeit ließ Murks bei interessierten Kapitalanlegern das Gerücht verbreiten, er habe nunmehr eine sichere Methode zur Gewinnung synthetischer Diamanten erfunden, die von echtem Material nicht zu unterscheiden seien. Dies veranlaßte die „Treu-Vermögensanlagekommanditgesellschaft", vertreten durch den persönlich haftenden Gesellschafter Theodor Treu, eine Eintrittsurkunde zu unterzeichnen, mit der sie sich zur Zahlung einer Hafteinlage in Höhe von 50000 DM verpflichtete. Die „Treu-KG" wurde daraufhin als Kommanditistin der „Murks & Gold KG" in das Handelsregister eingetragen. Erst danach wurde bekannt, daß Murks die von ihm behauptete Erfindung gar nicht gemacht hatte, woraufhin die Treu-KG die Zahlung der versprochenen Einlage in Höhe von 50000 DM ablehnt. Sie verweist auf die ihres Erachtens arglistige Täuschung und ficht den Eintritt in die Gesellschaft an. Außerdem trägt sie wahrheitsgemäß vor, der persönlich haftende Gesellschafter Treu sei laut Gesellschaftsvertrag zur Vertretung der Gesellschaft nur im Zusammenwirken mit einem Prokuristen ermächtigt gewesen. Dieser habe jedoch seine Zustimmung nicht erteilt. Wie ist die Rechtslage?

b) Der lästige Komplementär

Castor und Pollux sind Gesellschafter der Castor-Kommanditgesellschaft. Pollux ist Kommanditist, Castor einziger Komplementär der Gesellschaft. Nach einigen Jahren kommt es zu erheblichen Meinungsverschiedenheiten und zum Zerwürfnis der beiden Gesellschafter. Pollux wirft Castor vor, er habe – was zutrifft – durch Fehler bei der kaufmännischen und technischen Führung des Unternehmens schweren Schaden für die Gesellschaft heraufbeschworen. Auch habe er verschiedene interne Gesellschafterbeschlüsse eigenmächtig überschritten. Pollux mutmaßt weiterhin, daß möglicherweise Castor infolge eines geraume Zeit vorher erlittenen Herzinfarktes schon gesundheitlich nicht mehr in der Lage sei, die Belange der Gesellschaft wirksam zu vertreten. Als es über diese Punkte zu einer Aussprache kommt, wird das Verhältnis zwischen den beiden Gesellschaftern noch gespannter: Castor läßt sich nun beleidigend über Pollux aus. Pollux ist schließlich der Meinung, so könne es nicht mehr weitergehen: er will Castor gerichtlich die Vertretung und Geschäftsführung der Gesellschaft untersagen lassen. Kann er das?

Castor ist der Meinung, er sei alleinhaftender Gesellschafter, weshalb ihm niemand etwas vorschreiben könne.

c) Der fragwürdige Firmenzusatz

Ottilie und Oskar sind die einzigen Komplementäre, Konrad einziger Kommanditist der „Ottilie & Oskar-Kommanditgesellschaft". Nach dem Tode von Konrad beschließen Oskar und Ottilie, die Gesellschaft fortzuführen. Sie beantragen beim Handelsregister folgenden Eintrag: „Der Kommanditist Konrad ist durch Tod ausgeschieden. Die Gesellschaft wird als offene Handelsgesellschaft fortgeführt." Als dieser Antrag der Industrie- und Handelskammer zur Stellungnahme vorgelegt wird, erhebt diese Einwendungen. Sie ist der Ansicht, die bisherige Firma könne unter den jetzigen Voraussetzungen nicht fortgeführt werden. Wer hat Recht?

d) Der zurückgestufte Gesellschafter

Leidig war einer von mehreren Gesellschaftern einer oHG. Nach dem Gesellschaftsvertrag war er wie alle anderen Gesellschafter verpflichtet, seine gesamte Arbeitskraft für die Gesellschaft einzusetzen. Hierfür erhielten die Gesellschafter eine von der Gesellschafterversammlung festzusetzende Vorwegvergütung. Jede Tätigkeit für andere gewerbliche Zwecke war den Gesellschaftern untersagt. Auch war Leidig wie andere Gesellschafter zu 25 % am Gewinn, Verlust und Kapital der Gesellschaft beteiligt. Der Gesellschaftsvertrag enthielt unter anderem nachfolgende Bestimmungen:

„Beantragt ein Gesellschafter, einen anderen Gesellschafter aus seiner Tätigkeit zu entlassen, so ist diesem Antrag stattzugeben, wenn alle übrigen Gesellschafter – den betroffenen Gesellschafter ausgenommen – darüber einen zustimmenden Beschluß fassen. Beantragt ein Gesellschafter, einen der Gesellschafter aus der persönlichen Haftung und der Geschäftsführung zu entlassen, so ist diesem Antrag stattzugeben, wenn alle übrigen Gesellschafter – den betroffenen Gesellschafter ausgenommen – darüber einen zustimmenden Beschluß fassen. Der persönlich haftende Gesellschafter wird Kommanditist.

Ausscheidende Gesellschafter erhalten als Abfindung lediglich die sich nach den Buchwerten der Ertragsteuerbilanz ergebenden Einlagen zurück."

Als es zu Spannungen zwischen Leidig und dem Mitgesellschafter Gierig kommt, beschließt eine Gesellschafterversammlung auf Antrag von Gierig, Leidig die Geschäftsführungsbefugnis zu entziehen und seine Komplementärstellung in die eines Kommanditisten umzuwandeln.

Leidig hält diesen Beschluß für unzulässig. Gierig und die verbleibenden Gesellschafter verklagen Leidig mit dem Antrag, ihn für verpflichtet zu erklären, bei der Anmeldung zum Handelsregister dahingehend mitzuwirken, daß er als persönlich haftender Gesellschafter gelöscht und als Kommanditist der Firma eingetragen wird. Hat die Klage Aussicht auf Erfolg?

Musterlösungen

Zu a) Wiederholen Sie zunächst Seite 56f., 97

Die Treu-KG muß die versprochene Einlage in Höhe von 50 000 DM bezahlen, wenn sie rechtswirksam Gesellschafterin der Murks & Gold KG geworden ist und keine Einwendungen durchgreifen. Die erste Frage ist, ob eine Kommanditgesellschaft als solche überhaupt Gesellschafterin einer anderen Personengesellschaft werden kann. Dies ist zu bejahen, da weder der personenbezogene Charakter einer Gesellschaft dem entgegensteht, noch sich unklare Rechtsverhältnisse hinsichtlich der Schuldenhaftung und Vertretung aus derartigen Gebilden ergeben. Die eingetretene Gesellschaft kann zwar selbst keine Geschäftsführungsbefugnisse ausüben; im vorliegenden Falle hatte die Treu-KG jedoch ihren Eintritt als Kommanditistin erklärt, so daß sich dieses Problem überhaupt nicht stellt.

Die Treu-KG konnte jedoch nur dann Kommanditistin werden, wenn ihr persönlich haftender Gesellschafter Treu bei der Zeichnung der Kommanditeinlage Vertretungsmacht hatte. Der Gesellschaftsvertrag der Treu-KG sah zwar zur Vertretung der Gesellschaft durch einen persönlich haftenden Gesellschafter jeweils die Zustimmung eines Prokuristen vor. Diese Bestimmung ist aber insoweit unbeachtlich, als sie die Vertretungsbefugnis des Komplementärs mit Wirkung nach außen betrifft. Zwar läßt § 125 Abs. 3 Satz 1 HGB bei einer Personengesellschaft auch die unechte Gesamtvertretung unter Mitwirkung eines Prokuristen zu. Dabei geht jedoch das Gesetz davon aus, daß eine Gesamtvertretung mehrerer persönlich haftender Gesellschafter vorgesehen ist. Dann erleichtert die unechte Gesamtvertretung lediglich die ohnehin bestehende Gesamtvertretung mehrerer Gesellschafter, ändert aber nichts an dem Grundsatz, daß in einer Personenhandelsgesellschaft stets eine Vertretung allein durch die persönlich haftenden Gesellschafter möglich sein muß. Die fehlende Zustimmung des Prokuristen konnte damit die rechtswirksame Verpflichtung der Treu-KG durch ihren persönlich haftenden Gesellschafter nicht hindern.

Es ist jedoch zu prüfen, ob die Treu-KG ihre Beitrittserklärung nicht wegen arglistiger Täuschung anfechten kann. Laut Sachverhalt erweckte Murks wahrheitswidrig den Eindruck, die aufnehmende Gesellschaft verfüge über ein sicheres Verfahren zur Herstellung von Rohdiamanten. Nach § 123 Abs. 1 BGB würde dies normalerweise zur Anfechtung wegen arglistiger Täuschung und damit gem. § 142 Abs. 1 BGB zur Nichtigkeit der angefochtenen Erklärung führen. Nun ist aber im Gesellschaftsrecht zu berücksichtigen, daß nach den für die „faktische Gesellschaft" geltenden Rechtsgrundsätzen der Eintritt in eine Gesellschaft durch eine spätere Anfechtung – von Ausnahmefällen abgesehen – nicht wieder rückgängig gemacht werden kann. Nachdem der Eintritt der Treu-KG als Kommanditistin im Handelsregister eingetragen und damit vollzogen war, kann die Anfechtung wegen arglistiger Täuschung nicht mehr durchgreifen. Man könnte allenfalls daran denken, dem Anspruch der Murks & Gold KG auf Zahlung der Einlage die Einrede der Treuwidrigkeit entgegenzusetzen. Ein solches Leistungsverweigerungsrecht setzt jedoch voraus, daß die Erfüllung der Einlagenverpflichtung mit Rücksicht auf eine begangene Täuschung zu einem rechtlich unerträglichen Ergebnis führen würde, indem diese Erfüllung im wesentlichen oder ausschließlich dem Täuschenden selbst zugute kommt. Im vorliegenden Falle ist jedoch nach der Aufdeckung des betrügerischen Verhaltens die Durchführung des vorgesehenen Gesellschaftsbetriebes praktisch unmöglich geworden, so daß die Gesellschaft nunmehr abgewickelt werden muß. Die Einlageforderung dient also nicht dazu, das Gesellschaftsunternehmen fortzuführen (wodurch sie primär dem betrügerischen Gesellschafter zugute käme), sie hat vielmehr den Zweck, die eingetretenen Vermögensverluste auf die Opfer des Betrügers nach Maßgabe ihrer Einlagezusagen einheitlich zu verteilen. Ein derartiger Zweck und ein derartiger Erfolg führen nicht zu einem rechtlich unerträglichen Ergebnis und stehen damit den Grundsätzen von Treu und Glauben, aus dem sich ein Leistungsverweigerungsrecht allein ableiten ließe, nicht entgegen.

Die Treu-KG muß deshalb die versprochenen 50000 DM leisten. Sie kann selbstverständlich wegen seines betrügerischen Verhaltens gegen Murks persönlich vorgehen.

Zu b) Wiederholen Sie zunächst Seite 66, 74

(1) Entzug der Vertretungsbefugnis

Nach § 127 HGB (für die Kommanditgesellschaft i. V. m. § 161 Abs. 2 HGB) kann einem Gesellschafter auf Antrag der übrigen Gesellschafter die Vertretungsmacht durch gerichtliche Entscheidung entzogen werden. Voraussetzung hierfür ist, daß „ein wichtiger Grund" vorliegt. Pollux kann also einen Antrag beim zuständigen Landgericht auf Entziehung der Vertretungsmacht stellen. Vor der Prüfung der Begründetheit dieses Antrags wäre jedoch zu fragen, ob dies überhaupt zulässig sein kann, da es sich bei Castor um den einzigen persönlich haftenden Gesellschafter der Kommanditgesellschaft handelt. Hier ist die Regelung der gesetzlichen Vertretungsverhältnisse nur in der Weise möglich und zulässig, daß der einzige Komplementär zugleich die Alleinvertretungsbefugnis erhält. Die vom Gesetz vorgeschriebene organschaftliche Vertretung der Gesellschaft kann bei einer Kommanditgesellschaft wegen § 170 HGB weder einem Kommanditisten, noch einem Dritten übertragen werden. Wenn man Castor die Vertretungsbefugnis entzöge, wäre die Kommanditgesellschaft weder aktiv noch passiv vertreten. Damit wäre nicht nur die praktische Durchführung des Gesellschaftsvertrages unmöglich, sondern darüber hinaus ein rechtlich unhaltbarer Zustand herbeigeführt, der mit dem Wesen der Kommanditgesellschaft nicht vereinbar ist. Dies ist der Grund, weshalb die Rechtsprechung (vgl. BGHZ 51, 198) eine Entziehung der Vertretungsmacht des einzigen Komplementärs einer Kommanditgesellschaft nach § 127 HGB als unzulässig angesehen hat. Pollux kann demzufolge mit seinem Antrag auf Entziehung der Vertretungsmacht nicht durchdringen. Er könnte allenfalls überlegen, ob die Fortführung der Gesellschaft überhaupt noch sinnvoll erscheint. Gegebenenfalls wäre an eine auch für Kommanditisten mögliche Ausschließungs- und Übernahmeklage nach §§ 140, 142 HGB zu denken oder an die Auflösung der Gesellschaft.

(2) Entzug der Geschäftsführungsbefugnis

Anspruchsgrundlage hierfür ist § 117 HGB i. V. m. § 161 Abs. 2 HGB. Hiernach kann einem Gesellschafter durch gerichtliche Entscheidung die Geschäftsführungsbefugnis entzogen werden, wenn ein „wichtiger Grund" vorliegt. Ein solcher Grund liegt insbesondere in grober Pflichtverletzung oder Unfähigkeit zur ordnungsgemäßen Geschäftsführung. Im Gegensatz zur Entziehung der Vertretungsbefugnis ist es auch bei der Kommanditgesellschaft unter den vorerwähnten Konstellationen möglich, dem einzigen Komplementär die Geschäftsführungsbefugnis zu entziehen. Dies ergibt sich bereits aus den §§ 114 Abs. 2, 163, 164 HGB, wonach durch Vertrag die Geschäftsführung auch unter Ausschluß des persönlich haftenden Gesellschafters auf einen oder mehrere Kommanditisten übertragen werden kann. Da hier keine Außenwirkung im Rechtsverkehr der Gesellschaft zu Dritten eintritt, ist die Entziehung der (internen) Geschäftsführung durchaus mit dem Wesen der Gesellschaft vereinbar. Sie wird dadurch nicht schlechthin führungslos; vielmehr fällt im Zweifel die Geschäftsführung auf die Gesamtheit aller Gesellschafter zurück.

Der Antrag von Pollux ist begründet, wenn ein wichtiger Grund vorliegt. Das Gesetz bringt dies selbst beispielhaft durch die Nennung der Tatbestandsmerkmale „grobe Pflichtverletzung" bzw. „Unfähigkeit zur ordnungsgemäßen Geschäftsführung" zum Ausdruck. Laut Sachverhalt hat Castor durch fehlende kaufmännische und technische Kenntnisse der Gesellschaft Schaden zugefügt, er hat seine Befugnisse überschritten und schließlich durch schwere Beleidigungen das Verhältnis unter den Gesellschaftern nachhaltig gestört. Auch scheint die erlittene Krankheit erheblichen Einfluß auf seine Geschäftsführertätigkeit gehabt zu haben. Diese Tatbestandsmerkmale, die vom Gericht erforderlichenfalls im Wege der Beweisaufnahme festzustellen sind, reichen aus, um das Vorliegen eines wichtigen Grundes zu bejahen. Der Antrag auf Entzug der Geschäftsführungsbefugnis hat deshalb Aussicht auf Erfolg. Wenn das Gericht Castor die Geschäftsführungsbefugnis entzieht, müssen sich die Gesellschafter auf eine geeignete Neuordnung der Gesellschaftsverhältnisse einigen. Nach Lage der Dinge müßte die Geschäftsführung durch Pollux erfolgen, notfalls kann Castor auf Zustimmung zu dieser Maßnahme verklagt werden.

Zu c) Wiederholen Sie zunächst Seite 93

Nach dem Ausscheiden des einzigen Kommanditisten Konrad wird das Geschäft nunmehr als offene Handelsgesellschaft fortgeführt. Die Frage ist jedoch, ob dann auch die Weiterbenutzung der Firma „Ottilie & Oskar KG" zulässig ist. Nach § 24 Abs. 1 HGB kann unter anderem beim Ausscheiden eines Gesellschafters aus einer Handelsgesellschaft die bisherige Firma fortgeführt werden. Dies gilt auch für einen etwaigen Gesellschaftszusatz, da auch dieser Firmenbestandteil ist. Allerdings ist zu beachten, daß das Verbot täuschender Firmenzusätze auch für die abgeleitete Firma gilt. Wenn Oskar und Ottilie die Gesellschaft nach außen mit dem KG-Zusatz fortführen, täuschen sie den Rechtsverkehr über die Rechtsform ihres Unternehmens, da nach dem Tode von Konrad nicht mehr eine Kommanditgesellschaft, sondern eine offene Handelsgesellschaft vorliegt. Allerdings zeigt gerade der vorliegende Sachverhalt, daß an sich durch diesen Zusatz kein Schaden für Außenstehende entsteht. Wer als Geschäftspartner glaubt, es mit einer Kommanditgesellschaft zu tun zu haben, wird nicht benachteiligt, wenn in

Wirklichkeit sämtliche Gesellschafter unbeschränkt haften. Deshalb hat es auch die Rechtsprechung für zulässig erachtet, daß ein auf eine Personenhandelsgesellschaft übergegangenes einzelkaufmännisches Unternehmen unter der bisherigen Firma ohne Beifügung eines Gesellschaftszusatzes fortgeführt wird. Für den vorliegenden Fall ist die Rechtsprechung jedoch anderer Meinung (vgl. BGHZ 68, 12). Ein schutzwürdiges Interesse an der Fortführung des Zusatzes „Kommanditgesellschaft" besteht ihrer Ansicht nach nicht, weil dieser Zusatz „farblos" sei und auf die Individualisierung der Firma keinen Einfluß habe. Oskar und Ottilie müssen deshalb den Zusatz „Kommanditgesellschaft" löschen lassen.

Zu d) Wiederholen Sie zunächst Seite 66

Die Klage gegen Leidig ist dann begründet, wenn der Gesellschafterbeschluß rechtswirksam war. Durch ihn wurde dem Mitgesellschafter Leidig die Geschäftsführung entzogen und seine Rechtsstellung in die eines Kommanditisten umgewandelt. Das Gesetz kennt die Entziehung der Geschäftsführungsbefugnis zunächst nur bei Vorliegen eines wichtigen Grundes (§ 117 HGB). Ob ein solcher gegeben ist, erscheint in Anbetracht des vorliegenden Sachverhaltes mehr als zweifelhaft. Offensichtlich stellen Gierig und die Mitgesellschafter auch gar nicht auf diese Norm ab, sondern auf den im Gesellschaftsvertrag enthaltenen Passus, wonach durch einfachen Beschluß die Rechtsstellung eines Mitgesellschafters in dieser einschneidenden Weise reduziert werden darf. Derartige Vertragsklauseln und darauf beruhende Beschlüsse sind nach der Rechtsprechung zulässig (vgl. BGH BB 1973, 442). Gesellschaftsvertragliche Vereinbarungen, wonach Gesellschafterrechte ohne wichtigen Grund nach dem freien Ermessen der Gesellschaftermehrheit entzogen werden können, sind grundsätzlich zulässig. Voraussetzung ist allerdings, daß es sich um verzichtbare Gesellschafterrechte handelt. Dies ist hier der Fall. Die Zulässigkeit einer derart einschneidenden Maßnahme ergibt sich aus nachfolgendem Gesichtspunkt: Die Gesellschafter einer Personengesellschaft setzen ihr Vermögen und ihre Arbeitskraft für die Gesellschaft ein. Sie übernehmen ein erhebliches Haftungsrisiko. Deshalb haben sie ein anerkennenswertes Interesse daran, einem Mitgesellschafter verzichtbare Gesellschafterrechte zu entziehen, wenn sie mit diesem nicht mehr zusammenarbeiten können. Dies muß auch ohne Nachweis eines wichtigen Grundes möglich sein, weil sonst ein langwieriger und in seinem Ausgang oftmals ungewisser und für das Ansehen der Gesellschaft schädlicher Prozeß geführt werden müßte. Wenn der Gesellschaftsvertrag eine derartige Möglichkeit eröffnet, dann verstößt dies weder gegen zwingende gesetzliche Vorschriften noch gegen die guten Sitten.

Für Leidig hat der Entzug der Geschäftsführungsbefugnis und die Rückstufung zum Kommanditisten die einschneidende Folge, daß er seine Tätigkeitsvergütung verliert und ihm letztlich nichts anderes mehr übrigbleibt, als aus der Gesellschaft auszuscheiden. Für diesen Fall könnte er laut Gesellschaftsvertrag aber nur eine nach dem Buchwert berechnete Abfindung beanspruchen. Im Zusammenhang betrachtet bedeutet dies, daß eine Gesellschaftermehrheit nach freiem Ermessen die einem geschäftsführenden Gesellschafter zustehenden Rechte entziehen kann, ohne ihm für den Fall des Ausscheidens eine angemessene Abfindung anbieten zu müssen. Bedenklich ist dies zumindest dann, wenn Buchwert und realer Unternehmenswert unverhältnismäßig weit auseinanderfallen. Dann könnte das Kündigungsrecht aus wichtigem Grund gem. § 723 Abs. 3 BGB (entsprechend anwendbar für die oHG gem. § 105 Abs. 2 HGB) unzulässig eingeschränkt sein. Denn ein Gesellschafter wird vernünftigerweise keine Kündigung aussprechen, wenn dies für ihn mit einem unangemessen hohen Vermögensverlust verbunden ist. Für die Praxis sollte es sich deshalb jeder vorher überlegen, ob er derartige Klauseln, die sich ja auch einmal gegen ihn selber richten können, unterschreiben soll.

Ergebnis: Der Beschluß der Gesellschaftermehrheit ist demnach rechtmäßig: Leidig muß bei der Anmeldung seiner Kommanditistenstellung zum Handelsregister mitwirken.

§ 7. Die stille Gesellschaft

I. Wesensmerkmale

1. Die stille Gesellschaft als Innengesellschaft

Die stille Gesellschaft ist eine reine Innengesellschaft. Bei ihrer Gründung entsteht **kein gemeinschaftliches Gesellschaftsvermögen,** vielmehr geht die Einlage des stillen Gesellschafters über in das Vermögen des „tätigen Gesellschafters" (das Gesetz nennt ihn den „Inhaber eines Handelsgeschäfts", man spricht auch vom „Geschäftsinhaber" und „Komplementär"). Eine stille Gesellschaft liegt demnach vor (vgl. § 230 Abs. 1 HGB – lesen!), **wenn sich jemand an dem Handelsgewerbe, das ein anderer betreibt, mit einer in dessen Vermögen übergehenden Einlage beteiligt.**

Schaubild: Modell der stillen Gesellschaft

Als Innengesellschaft wird die stille Gesellschaft **nicht in** das **Handelsregister** eingetragen. Sie betreibt als solche auch **kein Handelsgewerbe** und führt **keine Firma.** Nach außen hin verbleibt es also bei der Firma des tätigen Gesellschafters, der selbstverständlich ein Handelsgewerbe betreiben muß. Die stille Gesellschaft ist **nicht rechtsfähig,** kann also unter ihrem Namen weder auftreten noch Rechte erwerben und Verbindlichkeiten eingehen.

2. Die stille Gesellschaft als Personengesellschaft

a) Keine Handelsgesellschaft

Die stille Gesellschaft gehört zu den Personengesellschaften, nicht jedoch zu den Handelsgesellschaften. Folgerichtig lautet deshalb die Überschrift des 2. Buches des HGB: „Handelsgesellschaften und stille Gesellschaft".

b) Gesellschafter

Stiller Gesellschafter kann jede natürliche oder juristische Person sein (es hat sich z. B. in der Praxis als Alternative zur GmbH & Co. KG die **„GmbH & Stille"** entwickelt). Auch die oHG, KG und BGB-Gesellschaft, selbst eine Erbengemeinschaft kann sich in Form einer stillen Gesellschaft beteiligen (da außer der Beteiligung eine besondere Tätigkeit des Stillen nicht vorausgesetzt wird und keine Außenbeziehung entsteht).

Der stille Gesellschafter braucht nicht Kaufmann zu sein. Demgegenüber wird beim tätigen Gesellschafter die Kaufmannseigenschaft vorausgesetzt. Er kann jedoch sowohl Vollkaufmann als auch Minderkaufmann sein. Im Gegensatz zu den Handelsgesellschaften ist also bei minderkaufmännischem Gewerbe eine Beteiligung in Form der stillen Gesellschaft möglich.

c) Zweigliedrigkeit

Die stille Gesellschaft ist notwendig zweigliedrig. Mit anderen Worten: Im Gegensatz zu allen anderen Gesellschaften ist die Zahl der Gesellschafter auf zwei beschränkt, es kann sich durch eine stille Gesellschaft immer nur ein Kapitalgeber am Geschäft des Komplementärs beteiligen. Dies schließt freilich nicht aus, daß ein Geschäftsinhaber mehrere Kapitalgeber aufnimmt, auch in einem einheitlichen Gesellschaftsvertrag (BGH NJW 1972, 338).

Schaubild: Kumulation mehrerer stiller Gesellschaften

```
┌─────────────┐
│  Inhaber    │       stG_x     ┌───┐
│             │─────────────────│ X │
│  des        │                 └───┘
│             │       stG_y     ┌───┐
│  Handels-   │─────────────────│ Y │
│             │                 └───┘
│  geschäfts  │       stG_z     ┌───┐
│             │─────────────────│ Z │
└─────────────┘                 └───┘
```

Denkbar ist zudem, daß sich in diesen Fällen die verschiedenen stillen Gesellschafter untereinander (als BGB-Gesellschaft) organisieren, insbesondere wenn ihre wirtschaftlichen Interessen parallel verlaufen.

3. Stille Gesellschaft und Unterbeteiligung

Die stille Gesellschaft ist von der Unterbeteiligung („Beteiligung an einer Beteiligung") abzugrenzen. Letzteres ist kein gesetzlicher Begriff. Man verwendet ihn vielmehr für den Fall, daß sich jemand am Gesellschaftsanteil (nicht am „Handelsgewerbe", weshalb §§ 230ff. HGB vorderhand ausscheiden) eines anderen beteiligt. Der Unterbeteiligte ist also nicht direkt am Handelsgeschäft beteiligt, sondern nur indirekt über die Beteiligung an einem Gesellschaftsanteil. Diese Rechtsform gilt nach h.M. als BGB-Innengesellschaft zwischen Haupt- und Unterbeteiligtem. Problematisch ist dabei jeweils die denkbare Interessenkollision: Die Pflichten des Hauptbeteiligten gegenüber seinen Mitgesellschaftern können mit seinen Pflichten gegenüber dem Unterbeteiligten kollidieren. Im Zweifel gehen die Interessen innerhalb der Hauptgesellschaft denen der Unterbeteiligung vor. Der Unterbeteiligte muß eine etwaige Verschwiegenheitspflicht hinsichtlich wichtiger Vorgänge (Produktionsgeheimnisse usw.) akzeptieren.

Schaubild: Unterbeteiligung

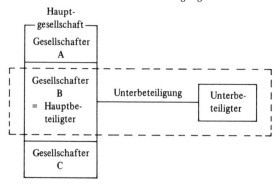

II. Rechtsgrundlagen

Das Recht der stillen Gesellschaft ist zunächst in §§ 230 bis 237 HGB geregelt. Da die stille Gesellschaft ihrem Wesen nach eine Sonderform der BGB-Gesellschaft darstellt (die „gemeinsame Zweckverfolgung" ist das verbindende Charakteristikum), sind neben den handelsrechtlichen Vorschriften auch die Vorschriften über die Gesellschaft bürgerlichen Rechts (§§ 705 ff. BGB) anzuwenden. Allerdings gilt dies nur für die Innenbeziehungen der Gesellschafter untereinander und nicht für das Gesellschaftsvermögen und die Rechtsverhältnisse der Gesellschafter zu Dritten. Neben den Vorschriften über die BGB-Gesellschaft verweist das HGB vereinzelt auch auf die Bestimmungen über die offene Handelsgesellschaft (vgl. § 234 HGB). Vor allem muß aber auch hier wieder betont werden, daß Gesellschaftsrecht grundsätzlich dispositives Recht darstellt, die Gesellschafter also durch spezielle Vereinbarungen ihre Rechtsbeziehungen frei regeln können. Mit anderen Worten: Der Gesellschaftsvertrag geht grundsätzlich den (dispositiven) gesetzlichen Bestimmungen vor!

III. Gründungsmotive

Der stillen Gesellschaft kommt in der Praxis große Bedeutung zu, wobei die Gründungsmotive variieren:

1. Kreditpolitische Motive

Die stille Gesellschaft ist als Innengesellschaft gut zur Stärkung und Aufstockung der Kapitalbasis geeignet. Ebenso wie ein Darlehensgeber tritt auch der Stille nach außen nicht in Erscheinung. Im Vergleich zum Darlehensgeber hat jedoch der stille Gesellschafter in der Regel mehr Mitwirkungsrechte und in Form der Gewinnabhängigkeit seiner Beteiligung intensiveren Kontakt mit dem Vertragspartner. Der begrenzte Kapitaleinsatz ohne notwendige Mitarbeit, ohne unmittelbare Haftung unter Vermeidung der Handelsregisterpublizität macht die stille Gesellschaft zu einer bevorzugten Form der Beteiligung an anderen Unternehmen.

2. Wettbewerbsrechtliche Motive

Die Geheimhaltung von Unterbeteiligungen läßt wirtschaftliche Betätigungen in Bereichen zu, die möglicherweise aufgrund eines gesetzlichen oder vertraglichen Wettbewerbsverbots in offener Form undurchführbar wären. So besteht bekanntlich für den Gesellschafter einer oHG gem. § 112 HGB ein Wettbewerbsverbot; die bloße Beteiligung als stiller Gesellschafter dagegen ist zulässig. Beruht das Wettbewerbsverbot auf einer vertraglichen Abmachung, so liegt sicher eine Pflichtverletzung vor; wegen der Verschwiegenheit der stG könnten praktische Konsequenzen hieraus jedoch kaum gezogen werden.

3. Gewerberechtliche Motive

Ähnlich verhält es sich bei Beteiligungen, die deshalb erfolgen, weil die eigentliche Ausübung der Tätigkeit gewerberechtliche oder berufsrechtliche Konzessionen voraussetzt. So darf z. B. eine Apotheke nur durch einen approbierten Apotheker betrieben werden; die Beteiligung eines Nichtapprobierten als stiller Gesellschafter ist entgegen der früheren Rechtslage nunmehr auch berufsrechtlich unzulässig.

4. Familienrechtliche Motive

Zur Lösung des Generationenkonflikts bietet sich eine rechtzeitige Beteiligung der nachfolgenden Generation vor allem dann an, wenn diese im Betrieb des Seniors mitarbeitet.

Es ist insbesondere im mittelständischen Bereich eine Erfahrungstatsache, daß die bloße Vergütung in Form des Arbeitslohnes vom Junior nur eine beschränkte Zeit akzeptiert wird. Die Beteiligung als Gesellschafter, sei es als Kommanditist oder als stiller Gesellschafter, kann mithelfen, den Generationenkonflikt zu vermeiden oder doch abzuschwächen.

5. Steuerrechtliche Motive

Wie jede Gesellschaftsform wird auch die Gründung einer stillen Gesellschaft stark von steuerlichen Überlegungen beeinflußt. Durch die Beteiligung weiterer Personen (namentlich Angehöriger) tritt bei der **Einkommensteuer** ein progressionsmindernder Effekt ein. Dies gilt besonders dann, wenn die betreffenden Gesellschafter selbst nicht mitarbeiten und ihr Entgelt deshalb nicht als Lohn (und damit als Betriebsausgabe) abziehbar ist. Die Beteiligung als stiller Gesellschafter wirkt sich durch die Verteilung des Gewinns bei der Einkommensteuer progressionsmindernd aus. Ein „steuervermeidender Effekt" tritt auch bei der **Erbschaftsteuer** ein: Durch die frühzeitige Einräumung von Gewinnbeteiligungen entziehen sich die daraus fließenden Erträge beim Erbfall der zu besteuernden Substanz.

IV. Arten der stillen Gesellschaft

Bei der stillen Gesellschaft ist zwischen der sog. „typischen" und der „atypischen" stillen Gesellschaft zu unterscheiden. Diese Unterscheidung, die im Gesetzestext des HGB nicht gemacht wird, gewinnt vor allem Bedeutung im Hinblick auf das Steuerrecht.

1. Die typische stille Gesellschaft

Hier ist der stille Gesellschafter am Gewinn, gegebenenfalls auch am Verlust beteiligt, nicht jedoch am Geschäftsvermögen, also an den stillen Reserven. Die Einkünfte des stillen Gesellschafters sind demnach Einkünfte aus Kapitalvermögen gem. § 20 EStG; der stille Gesellschafter selbst ist nicht Mitunternehmer i. S. des Steuerrechts. Kapitalertragsteuer wird gem. § 43 I Nr. 3 EStG einbehalten, die Versteuerung der Gewinnanteile erfolgt im Augenblick des Zuflusses.

2. Die atypische stille Gesellschaft

Hier ist der stille Gesellschafter neben seiner Gewinn- bzw. Verlustbeteiligung zusätzlich an den stillen Reserven (meist auch an der Geschäftsführung) beteiligt. Ob dies der Fall ist, wird in erster Linie danach beurteilt, ob er einen Anspruch auf das Auseinandersetzungsguthaben aufgrund einer Liquidationsbilanz hat. Ist dies der Fall, dann bezieht der stille Gesellschafter Einkünfte aus Gewerbebetrieb, da seine Beteiligung als Mitunternehmerschaft im Sinne des § 15 Abs. 1 Ziff. 2 EStG anzusehen ist.

V. Abgrenzung der stillen Gesellschaft zu verwandten Beteiligungsverhältnissen

• **Lernhinweis:** Namentlich in der mündlichen Prüfung wird der Kandidat gerne nach der unterschiedlichen Ausgestaltung der einzelnen Regelungskomplexe bei den verschiedenen Rechtsformen gefragt. Beliebtes Thema ist dabei auch die Abgrenzung der stillen Gesellschaft zu verwandten Beteiligungsverhältnissen.

1. Verwandte Rechtsformen

Die Beteiligung an einem anderen Unternehmen in Form der stillen Gesellschaft weist Berührungspunkte mit anderen Beteiligungsformen auf. Abzugrenzen sind insbesondere

- Darlehensverhältnisse,
- Arbeitsverhältnisse,
- die BGB-Gesellschaft,
- die Kommanditgesellschaft.

§ 7. Die stille Gesellschaft

Übersicht: Gegenüberstellung von typischer und atypischer stiller Gesellschaft

```
                    stille Gesellschaft
                    ┌────────┴────────┐
        typische stille Gesellschaft   atypische stille Gesellschaft
```

typische stille Gesellschaft	atypische stille Gesellschaft
Handelsrechtlicher Grundtypus	Besondere gesellschaftsvertragliche Ausgestaltung
Beteiligung am Gewinn, ggf. auch am Verlust, nicht jedoch an den stillen Reserven und/oder Firmenwert	Außer Gewinn- (und Verlust-) beteiligung auch Beteiligung an den stillen Reserven und/oder Firmenwert: Anspruch auf Auseinandersetzungsguthaben aufgrund einer Liquidationsbilanz
Einkünfte aus Kapitalvermögen	Einkünfte aus Gewerbebetrieb
keine Mitunternehmerschaft	Mitunternehmerschaft
Einbehaltung von Kapitalertragsteuer	keine Einbehaltung von Kapitalertragsteuer
Versteuerung der Gewinnanteile im Zeitraum des Zuflusses	Versteuerung der Gewinnanteile im Zeitraum der Gewinnerzielung

2. Abgrenzungskriterien

Für die Qualifizierung einer Beteiligung als stille Gesellschaft ist die Bezeichnung als solche nicht das Entscheidende, vielmehr ist auf die materiellen Kriterien abzustellen. Als solche kommen in Betracht:

a) Innen-/Außenwirkung

Typisch für die stille Gesellschaft ist ihr Charakter als Innengesellschaft. Es wird kein Gesellschaftsvermögen gebildet. Dies unterscheidet sie sowohl von der BGB-Gesellschaft als auch von der Kommanditgesellschaft. Mit letzterer verbindet sie jedoch der Grundgedanke, sich unter beschränktem Risiko am Unternehmen eines anderen mit einer Einlage zu beteiligen. Mangels Außenbeziehung entfällt bei der stillen Gesellschaft die Firma, desgleichen die Haftung des stillen Gesellschafters gegenüber den Gesellschaftsgläubigern. Die Beschränkung auf das Innenverhältnis nähert die stille Gesellschaft dagegen dem Darlehen und dem Arbeitsverhältnis an. Dies gilt vor allem für Darlehens- und Arbeitsverhätlnisse mit Gewinnbeteiligung. (Man spricht von sog. „partiarischen Verträgen").

b) Kontrollmöglichkeiten des Beteiligten

Sowohl stille Gesellschaft als auch BGB-Gesellschaft und Kommanditgesellschaft sehen Kontrollmöglichkeiten des Beteiligten vor. Bei Darlehens- und Arbeitsverhältnissen dagegen ist diese Kontrolle normalerweise nicht vorgesehen. Der Darlehensgeber hat nach der gesetzlichen Grundvorstellung lediglich einen Rückzahlungsanspruch, der Arbeitnehmer einen Vergütungsanspruch. Trotzdem hat die Praxis, namentlich im Bankbereich, beim Darlehen Kontrollmöglichkeiten für den Darlehensgeber entwickelt. Viele Bankinstitute machen die Darlehensgewährung von der Vorlegung der geschäftlichen Unterlagen (Bilanzen usw.) abhängig und verschaffen sich auch darüber hinausgehende laufende Kontrollrechte. Ähnliches gilt bei Arbeitsverhältnissen mit Gewinnbeteiligung. Insofern nähert sich die Darlehensgewährung der Beteiligung in Form der stillen Gesellschaft an.

c) Gewinnbeteiligung

Das Recht der stillen Gesellschaft sieht gem. § 231 Abs. 2 2. Halbs. HGB eine Gewinnbeteiligung des Stillen zwingend vor. Bei der BGB-Gesellschaft und der Kommanditgesellschaft gelten §§ 722 BGB und 168 HGB. Darlehen und Arbeitsverhältnis kennen meist keine Gewinnbeteiligung, sondern feste oder variable Zinssätze bzw. Vergütungen. Denkbar ist jedoch, auch die Darlehenshingabe mit einer variablen Gewinnbeteiligung zu koppeln. Dasselbe gilt für das Arbeitsverhältnis; hier wird (vor allem im familiären Bereich) häufig ein Sockel als feste Vergütung bezahlt und eine darüber hinausgehende Gewinnbeteiligung vereinbart.

d) Verlustbeteiligung

Gesellschafter der BGB-Gesellschaft und der Kommanditgesellschaft nehmen bei gesetzlicher Regelung auch an einem etwaigen Verlust teil, wobei sich die Außenhaftung nach §§ 427, 705 BGB bzw. §§ 171 ff. HGB richtet. Bei der stillen Gesellschaft ist die Verlustbeteiligung zwar die Regel, sie kann jedoch gem. § 231 Abs. 2 1. Halbs. HGB abbedungen werden. Ausgeschlossen ist die Verlustbeteiligung dagegen bei Beteiligungsverhältnissen in Form des Darlehens und des Arbeitsverhältnisses. Die Verlustbeteiligung ist insofern das sicherste Kriterium zur Abgrenzung von stiller Gesellschaft einerseits und Darlehen bzw. Arbeitsverhältnis andererseits. Ist eine Verlustbeteiligung kraft Vertrages vorgesehen, so handelt es sich auf jeden Fall um eine stille Gesellschaft und nicht um Darlehens- oder Arbeitsverhältnisse mit Gewinnbeteiligung.

VI. Gründung der stillen Gesellschaft

Stille Gesellschaften werden durch Abschluß eines Gesellschaftsvertrages errichtet. Dieser ist grundsätzlich formlos. Zu beachten ist jedoch, daß sich aus

§ 7. Die stille Gesellschaft

Übersicht: Stille Gesellschaft und verwandte Beteiligungsverhältnisse

	stG	Darlehen	Arbeits-verhältnis	BGB-Ges.	KG
Außenwirkung	nein Innengesellschaft	nein Austauschvertrag	nein Arbeitsvertrag	ja Außengesellschaft Gesellschaftsvermögen	
Kontrollrechte	ja § 233 HGB	normalerweise nicht		§ 716 BGB	§ 166 HGB
Gewinnbeteiligung	zwingend § 231 II HGB	fester Zinssatz, variabler Zinssatz, aber auch Gewinnbeteiligung denkbar beim „partiarischen Darlehen"	normalerweise feste Vergütung, aber auch Gewinnbeteiligung denkbar	§ 722 BGB	§ 168 HGB
Verlustbeteiligung	dispositiv § 231 II HGB	nein	nein	gesamtschuldnerische Haftung	Haftung nach §§ 171 ff. HGB

anderen Rechtsgebieten Formalerfordernisse ergeben können. Dabei sind zwei „Fußangeln" im Auge zu behalten:

- Das Erfordernis notarieller Beurkundung bestimmter Rechtsakte und
- Genehmigungserfordernisse unter dem Gesichtspunkt des Vormundschafts- und Pflegschaftsrechts.

1. Beurkundungserfordernisse

Werden Einlagen vom stillen Gesellschafter nicht selbst aufgebracht, sondern in Form von Schenkungen zunächst zur Verfügung gestellt, so kann § 518 BGB eingreifen: Das Schenkungsversprechen ist formbedürftig! Zwar wird die mangelnde Form durch den Vollzug der Schenkung geheilt; jedoch ist zu beachten, daß die Rechtsprechung (vgl. BGHZ 7, 174, 179; 7, 378; BFH BStBl. II 1975, 141) die bloße Umbuchung nicht bereits als Vollzug des Schenkungsversprechens betrachtet.

2. Genehmigungserfordernisse

Vormundschaftsgerichtliche Genehmigungserfordernisse ergeben sich aus dem Katalog der §§ 1821, 1822, 1643 BGB. Die Notwendigkeit einer Pflegschaftsbestellung folgt aus § 1909 BGB, wenn Rechtsgeschäfte zwischen einem Minderjährigen und dem gesetzlichen Vertreter abgeschlossen werden. **Hinweis:**

Bei nur einmaliger Kapitaleinlage und Ausschluß des minderjährigen stillen Gesellschafters vom Verlust und vom Geschäftsbetrieb bedarf es nach Auffassung des Bundesgerichtshofs keiner vormundschaftsgerichtlichen Genehmigung (BGH JZ 57, 382).

Die Nichtbeachtung der erforderlichen Formalitäten macht das betreffende Rechtsgeschäft nichtig bzw. schwebend unwirksam. Das hat vor allem steuerliche Konsequenzen: Die Finanzrechtsprechung anerkennt Rechtsgeschäfte mit steuervermeidender Wirkung zwischen Angehörigen nur dann, wenn sie ernsthaft gewollt und tatsächlich durchgeführt wurden. Dies wird verneint, wenn die zivilrechtlichen Formalerfordernisse nicht eingehalten sind. Werden also stille Gesellschaften in der Absicht gegründet, den einkommensteuerlichen Progressionseffekt abzuschwächen, so werden sie bei der Einkommensteuerveranlagung nur berücksichtigt, wenn zivilrechtlich alles „hieb- und stichfest" geregelt wurde. Fehlt es daran, so bleibt die Gesellschaftsgründung außer Betracht. Die Finanzrechtsprechung ist hierbei äußerst streng: Selbst nachträglich eingeholte Genehmigungen (die bürgerlichrechtlich auf den Zeitpunkt des Vertragsabschlusses zurückwirken) haben im Steuerrecht nur Wirkung für die Zukunft; im Steuerrecht gilt der Grundsatz, daß rechtsgeschäftliche Regelungen nicht rückwirkend steuerrechtliche Tatbestände verändern können!

VII. Rechte und Pflichten bei der stillen Gesellschaft

1. Haftung und Vertretung

a) Haftung

Wie bereits dargelegt beschränkt sich die stille Gesellschaft auf interne Rechtsbeziehungen zwischen dem Komplementär und dem Stillen. Im Außenverhältnis tritt der Komplementär als alleiniger Inhaber des Handelsgeschäfts auf. Demgemäß bestimmt § 230 Abs. 2 HGB, daß aus den in dem Betrieb geschlossenen Geschäften **allein der Inhaber berechtigt und verpflichtet** wird. Eine Haftung des stillen Gesellschafters scheidet deshalb aus. Er hat lediglich seine Einlage zu leisten. Ist er hiermit in Verzug, so können sich nicht etwa die Gläubiger des Komplementärs direkt an den stillen Gesellschafter halten. Die Einlageverpflichtung ist nur eine interne Verbindlichkeit, deren Geltendmachung ausschließlich dem Komplementär (bzw. im Konkursverfahren dem Konkursverwalter) zusteht. Der stille Gesellschafter wird von Gläubigerzugriffen lediglich insofern betroffen, als er Gefahr läuft, seine geleistete Einlage zu verlieren bzw. bei einer entsprechenden Verlustbeteiligung rückständige Einlagen auffüllen zu müssen. Hier könnte der Gläubiger, wie in allen anderen Fällen, die Forderung des Geschäftsinhabers gegen den stillen Gesellschafter pfänden lassen.

b) Vertretung

Mangels Außengesellschaft entfällt für den stillen Gesellschafter auch das Recht, die Gesellschaft zu vertreten. Dies schließt aber nicht aus, daß der Stille sich anderweitige Vollmachten (insbesondere Prokura oder Handlungsvollmacht) erteilen läßt und dann als Vertreter des Komplementärs nach allgemei-

§ 7. Die stille Gesellschaft

nen bürgerlich-rechtlichen oder speziellen handelsrechtlichen Vertretungsgrundsätzen auftritt. Ansonsten tritt der Komplementär nach außen allein und im eigenen Namen auf; es ist insofern auch nicht korrekt, von einer „Vertretung der stillen Gesellschaft durch den Geschäftsinhaber" zu sprechen.

Schaubild: Externe Geschäftsbeziehungen bei stiller Gesellschaft

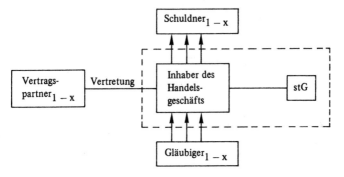

2. Geschäftsführung und Kontrollrechte

a) Geschäftsführung

Bei der stillen Gesellschaft liegt die Geschäftsführung beim Geschäftsinhaber. Der Stille hat lediglich Kontrollrechte. Durch Gesellschaftsvertrag kann jedoch seine Mitwirkung erweitert, insbesondere können ihm bestimmte Tätigkeitsbereiche zugewiesen werden. Letzteres ist namentlich der Fall bei Arbeitsverhältnissen mit gleichzeitiger Gesellschaftsbeteiligung, bei denen die vom Stillen geschuldete Einlage in Form von Dienstleistungen erbracht wird.

b) Kontrollrechte des stillen Gesellschafters

Zu unterscheiden ist auch hier die gesetzliche Ausgestaltung der Überwachungsrechte und die Möglichkeit einer vertraglich abweichenden Regelung. Durch entsprechenden Gesellschaftsvertrag kann die Kontrolle des stillen Gesellschafters erweitert oder beschränkt werden.
Nach § 233 HGB (lesen!) ist der Stille berechtigt,

- die **abschriftliche Mitteilung** des **Jahresabschlusses** zu verlangen und
- dessen Richtigkeit unter Einsicht der Bücher und Papiere zu **prüfen.**
- Wenn **wichtige Gründe** vorliegen, kann durch das Gericht die Mitteilung einer Bilanz und eines Jahresabschlusses oder sonstiger Aufklärungen sowie die Vorlegung der Bücher und Papiere jederzeit angeordnet werden.

Merke: Die gesetzlichen Überwachungsrechte des stillen Gesellschafters entsprechen denen des Kommanditisten. Sie sind jedoch geringer als die des BGB-Gesellschafters: § 233 Abs. 2 HGB schließt die nach § 716 BGB einem von der Geschäftsführung ausgeschlossenen BGB-Gesellschafter zustehenden weitergehenden Rechte aus. Wenn Sie beide Bestimmungen vergleichen, erkennen Sie: Dem stillen Gesellschafter ist es nicht gestattet, sich von den

Angelegenheiten der Gesellschaft „persönlich zu unterrichten", er kann die „Geschäftsbücher und Papiere der Gesellschaft" (von der Prüfung des Jahresabschlusses abgesehen) nicht einsehen und darf sich aus ihnen auch nicht eine Übersicht über den Stand des Gesellschaftsvermögens anfertigen. Er ist vielmehr (sofern keine wichtigen Gründe vorliegen) auf die Mitteilung und Überprüfung des Jahresabschlusses beschränkt. Selbstverständlich können ihm durch Gesellschaftsvertrag auch die Rechte eines BGB-Gesellschafters oder darüber hinausgehende Kontrollmöglichkeiten eingeräumt werden.

Beispiel:

S hat sich mit einer Einlage von 50000 DM am Handelsgewerbe des G beteiligt. Im Verlauf darauffolgender Jahre erfährt er aus gut unterrichteten Kreisen von angeblichen Unregelmäßigkeiten im Geschäftsbetrieb des G. Als das Finanzamt schließlich eine Außenprüfung vornimmt und auch der Staatsanwalt ein Ermittlungsverfahren einleitet, will S von G „unverzügliche und schonungslose Aufklärung". G behauptet, ein stiller Gesellschafter könne nur den Jahresabschluß verlangen.

Die Antwort des G ist zwar dem Grundsatze nach richtig. Nach § 233 Abs. 1 HGB hat der stille Gesellschafter lediglich das Recht, die abschriftliche Mitteilung des Jahresabschlusses zu verlangen und dessen Richtigkeit unter Einsicht der betrieblichen Unterlagen zu überprüfen. Er kann im Normalfall bei laufendem Rechnungsjahr keine Einsicht verlangen. Auch kann er sich nicht persönlich unterrichten wie ein BGB-Gesellschafter nach § 716 Abs. 1 BGB. G läßt jedoch außer acht, daß es zu Unregelmäßigkeiten im Geschäftsbetrieb des G gekommen ist. Wenn Außenprüfungen und Strafverfahren eingeleitet werden, muß das Vorliegen eines „wichtigen Grundes" im Sinne von § 233 Abs. 3 HGB bejaht werden. Hier können Bilanzen und Jahresabschluß, Aufklärung und Büchervorlegung jederzeit verlangt werden. S müßte also einen gerichtlichen Antrag mit Beweisantritt stellen, wenn G auf seinem Standpunkt beharrt.

3. Gewinn- und Verlustbeteiligung

a) Regelungsmöglichkeiten

Der stille Gesellschafter ist am Gewinn des Geschäftsinhabers beteiligt. Diese Gewinnbeteiligung kann nach § 231 Abs. 2 2. Halbs. nicht ausgeschlossen werden. Dagegen kann der Gesellschaftsvertrag bestimmen, daß der stille Gesellschafter nicht am Verlust beteiligt werden soll. In diesen Fällen können sich die oben erwähnten Abgrenzungsschwierigkeiten zum partiarischen Darlehen ergeben.

b) Höhe der Gewinn-/Verlust-Beteiligung

Hierüber wird regelmäßig der Gesellschaftsvertrag eine ausdrückliche Bestimmung treffen. Ist dies nicht der Fall, so gilt gem. § 231 Abs. 1 HGB ein „den Umständen nach **angemessener Anteil**" als ausgemacht. Aus praktischen Gründen empfiehlt sich dringend, zur Vermeidung von Streitigkeiten über das, was als angemessen anzusehen ist, im Gesellschaftsvertrag eine ausdrückliche Regelung zu treffen.

Bezüglich der steuerlichen Anerkennung von Gewinnbeteiligungen ergibt sich eine zusätzliche Schranke: Für nicht mitarbeitende Gesellschafter akzeptiert die Finanzrechtsprechung nur „angemessene" Gewinnbeteiligungen. Früher wurde noch eine Gewinnbeteiligung als angemessen betrachtet, die einer zwanzigprozentigen Nominalverzinsung der Einlage entsprach. Nach neuerer Rechtsprechung richtet sich die Angemessenheit nach dem „tatsächlichen Wert" der Einlage, für die im Regelfall eine fünfzehnprozentige Effektivverzinsung anzusetzen ist.

c) Gewinn- und Verlustrechnung

Der Gewinn bzw. Verlust wird am Schluß eines jeden Geschäftsjahres berechnet; ein auf den stillen Gesellschafter entfallender Gewinn ist auszuzahlen (§ 232 Abs. 1 HGB). Gewinne, die vom stillen Gesellschafter nicht entnommen werden, vermehren nicht die Einlage, sofern nicht ein anderes vereinbart ist. Das bedeutet vor allem: Für den Fall, daß der stille Gesellschafter zur Verlusttragung verpflichtet ist, nimmt er an dieser gem. § 232 Abs. 2 HGB nur bis zum Betrage seiner eingezahlten oder rückständigen Einlage teil. Der Stille ist auch nicht verpflichtet, den bezogenen Gewinn wegen späterer Verluste zurückzuzahlen. Solange jedoch seine Einlage durch Verlust vermindert ist, wird der jährliche Gewinn zur Deckung des Verlustes verwendet und zwar so lange, bis die Einlage wieder die geschuldete Höhe erreicht.

VIII. Wechsel im Gesellschafterbestand

Das Gesetz enthält keine ausdrücklichen Vorschriften über den Gesellschafterwechsel bei der stillen Gesellschaft. Es sind die Bestimmungen über die BGB-Gesellschaft entsprechend heranzuziehen. Demzufolge ist die Gesellschafterstellung **grundsätzlich unübertragbar.** Nur mit Zustimmung des anderen Gesellschafters ist deshalb ein Gesellschafterwechsel möglich. Selbstverständlich kann dies bereits beim Abschluß des Gesellschaftsvertrags vereinbart werden.

IX. Auflösung und Liquidation der stillen Gesellschaft

1. Auflösungsgründe

Die Auflösung der stillen Gesellschaft kommt bei nachfolgenden Tatbeständen in Betracht (sie entsprechen weitgehend §§ 723 ff. BGB):

a) Vertragliche Aufhebung

Einvernehmliche Beendigungen sind jederzeit möglich.

b) Kündigung

Der Gesellschaftsvertrag kann bestimmen, ob die Gesellschaft gekündigt werden kann oder nicht. Sind derartige Regelungen nicht getroffen, ist die Gesellschaft also auf unbestimmte Zeit abgeschlossen, so greifen dennoch die bei Dauerschuldverhältnissen üblichen Kündigungsmöglichkeiten ein. Gem. § 234 HGB finden auf die Kündigung der Gesellschaft durch einen Gesellschafter die Vorschriften der §§ 132, 134, 135 HGB Anwendung (auf die

Ausführungen bei der oHG wird verwiesen). Unberührt hiervon bleibt die schon bei der BGB-Gesellschaft bestehende Möglichkeit, die Gesellschaft aus wichtigen Gründen ohne Einhaltung einer Frist zu kündigen (§ 723 BGB i. V. m. § 234 Abs. 1 S. 2 HGB). Es kann also auch bei der stillen Gesellschaft aus wichtigem Grunde gekündigt werden. Dieses Recht kann durch den Gesellschaftsvertrag nicht ausgeschlossen werden.

c) *Tod eines Gesellschafters*

Beim Tod eines Gesellschafters ist zu unterscheiden: Während beim Tod des Geschäftsinhabers die stille Gesellschaft aufgelöst wird, ist dies beim Tod des stillen Gesellschafters nicht der Fall (§ 234 Abs. 2 HGB). Der Gesellschaftsvertrag kann jedoch abweichende Regelungen vorsehen.

d) Der *Konkurs des Geschäftsinhabers* löst die Gesellschaft auf (entspr. § 728 BGB).

2. Liquidation

Nach Auflösung der stillen Gesellschaft ist die Liquidation durchzuführen. Im Gegensatz zu den sonstigen Gesellschaften entsteht jedoch mangels vorhandenem Gesellschaftsvermögen keine Liquidationsgesellschaft, vielmehr obliegt die Liquidation dem Geschäftsinhaber.

Hierbei ergeben sich folgende **Liquidationsstadien:**

Die z. Zt. der Auflösung schwebenden Geschäfte werden vom Inhaber des Handelsgeschäfts vollends abgewickelt. Dabei nimmt der stille Gesellschafter an dem Gewinn und Verlust, der sich aus diesem Geschäft ergibt, teil. Auch nach seinem Ausscheiden aus der Gesellschaft hat er hinsichtlich dieser Geschäfte noch Kontrollrechte. Er kann am Schluß jedes Geschäftsjahrs

- Rechenschaft über die inzwischen beendigten Geschäfte,
- Auszahlung des ihm gebührenden Betrages und
- Auskunft über den Stand der noch schwebenden Geschäfte verlangen.

Schaubild: Rechtsstellung des stillen Gesellschafters bei Konkurs des Geschäftsinhabers

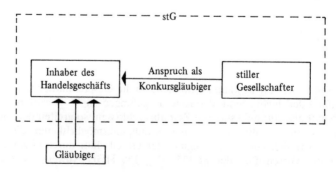

§ 7. Die stille Gesellschaft

3. Besonderheiten im Konkursverfahren

a) Rückforderung der Einlagen

Wird über das Vermögen des Geschäftsinhabers der Konkurs eröffnet, so kann der stille Gesellschafter gem. § 236 HGB (lesen!) seine Einlage als Konkursgläubiger geltend machen. Allerdings nur insoweit, als sie den Betrag des auf ihn fallenden Anteils am Verlust übersteigt. Auch hier zeigt sich der Charakter der Innengesellschaft. Während sonst Mitgesellschafter ihre Einlagen im Konkurs verlieren, ja manchmal sogar dem Gläubiger für die Schulden direkt haften, steht der stille Gesellschafter hinsichtlich der Einlagenrückgewähr auf der Seite der Gläubiger!

Beispiel:

S beteiligt sich als stiller Gesellschafter mit einer Einlage von 100 000 DM am Gewerbebetrieb des G. Im Gesellschaftsvertrag wird eine Verlusttragung in Höhe von 10 % vereinbart. Über das Vermögen des G wird das Konkursverfahren eröffnet: der Konkursverwalter stellt einen Gesamtverlust in Höhe von 500 000 DM fest. S will seine Einlage zurückfordern. Kann er das?

Nach § 236 HGB kann der stille Gesellschafter seine Einlage zurückfordern, allerdings nur soweit sie den Betrag des auf ihn fallenden Anteils am Verlust übersteigt. Insofern ist er normaler Konkursgläubiger. S hatte sich zur Verlusttragung in Höhe von 10 % verpflichtet, er muß also den Gesamtverlust in Höhe von 50 000 DM mittragen. Die Forderung auf Rückgewähr seiner Einlage wird deshalb um 50 000 DM vermindert. Angenommen, die Konkursquote beträgt 5 %, so ergibt sich folgende Rechnung:

Einlage		DM 100 000,-
./. Verlusttragung		DM 50 000,-
Anmeldung der Forderung als Konkursgläubiger		DM 50 000,-
Konkursquote 5 %		
Anspruch des S im Konkursverfahren		DM 2 500,-
Vermögenseinbuße des S	DM 100 000,-	
	./.DM 2 500,-	DM 97 500,-

Die **Rechtsstellung** des stillen Gesellschafters im Konkursverfahren ist also deutlich **günstiger als die des Kommanditisten**. Letzterer kann seine Kommanditeinlage nicht zurückfordern. Ansprüche kann er nur bezüglich solcher Guthaben stellen, die sich aus stehengelassenen Gewinnen ergeben, welche nicht seiner Einlage zugebucht, sondern auf einem Privat-/Darlehens-Konto geführt wurden. Ist die Einlage rückständig, so hat sie der stille Gesellschafter gem. § 236 Abs. 2 HGB bis zu dem Betrage, welcher zur Deckung seines Anteils am Verlust erforderlich ist, zur Konkursmasse einzuzahlen.

b) Anfechtung der Einlagen-Rückgewährung

Das Konkursrecht kennt die „Konkursanfechtung" (Lernhinweis: diese hat nichts mit der „Anfechtung" wegen Willensmängeln nach §§ 119 ff. BGB zu tun!), vor allem bei „dubiosen" Rechtsgeschäften vor Konkurseröffnung. Dies greift das Gesetz in § 237 HGB (lesen!) auf: Ist aufgrund einer in dem letzten

Jahre vor der Eröffnung des Konkurses zwischen dem Inhaber des Handelsgeschäfts und dem stillen Gesellschafter getroffenen Vereinbarung diesem

- entweder die Einlage ganz oder teilweise zurückgewährt oder
- sein Anteil an dem entstandenen Verlust ganz oder teilweise erlassen worden,

so kann die Rückgewährung oder der Erlaß von dem Konkursverwalter angefochten werden. Dabei ist es unerheblich, ob die Rückgewährung bzw. der Erlaß anläßlich der Auflösung der Gesellschaft stattgefunden hat oder nicht.

Schaubild: Konkursanfechtung bei stiller Gesellschaft

Die Anfechtung ist allerdings ausgeschlossen, wenn der Konkurs in Umständen seinen Grund hatte, die erst nach Vereinbarung der Rückgewähr oder des Erlasses eingetreten sind.

Beispiele:

- Ein erst nach Rückgewähr der Einlage beschlossenes Produktionsvorhaben wird ein geschäftlicher Mißerfolg.
- Plötzliche Konkurseröffnung über das Vermögen eines Großabnehmers.
- Naturereignisse, welche die Produktionsstätten vernichten.

X. Steuerliche Fragen

1. Einkommensteuer

Zunächst sei auf die Abgrenzung der typischen von der atypischen stillen Gesellschaft und die dort hinsichtlich der Einkunftsarten gemachten Ausführungen verwiesen. Die auf den Komplementär (also den Geschäftsinhaber) entfallenden Gewinnanteile sind Einkünfte aus Gewerbebetrieb nach § 15 Abs. 1 Ziff. 1 EStG. Im übrigen gilt die stille Gesellschaft für die Einkommensbesteuerung nicht als selbständiges Steuersubjekt. Vielmehr sind Gewinnanteile von den Gesellschaftern einzeln zu versteuern. Es wird jedoch bei der atypischen stillen Gesellschaft eine einheitliche Gewinnfestlegung durchgeführt.

2. Gewerbesteuer

Als Gewerbebetrieb im Sinne der Gewerbesteuer ist nicht die stille Gesellschaft, sondern der Betrieb des Geschäftsinhabers zu erfassen. Zum Gewerbeertrag gehören hier auch die Gewinnanteile des stillen Gesellschafters. Für die Ermittlung des Gewerbekapitals ist die Beteiligung des Stillen dem Einheitswert des Betriebsvermögens hinzuzurechnen (vgl. im einzelnen §§ 8 Ziff. 3, 12 Abs. 2 Ziff. 1 GewStG).

3. Vermögensteuer

Die stille Gesellschaft ist für die Vermögensteuer nicht selbständiges Steuersubjekt. Vom Betriebsvermögen des Geschäftsinhabers wird die Beteiligung des stillen Gesellschafters als Verbindlichkeit abgesetzt. Der Anteil selbst ist sonstiges Vermögen oder Betriebsvermögen (vgl. § 110 I Nr. 3 BewG).

4. Umsatzsteuer

Für die Umsatzsteuer ist nicht die stille Gesellschaft, sondern nur der Geschäftsinhaber Unternehmer im Sinne von § 2 UStG. Die Gewinnbeteiligung des Stillen ist nach der Rechtsprechung kein Entgelt im Rahmen eines Leistungsaustausches.

5. Grunderwerbsteuer

Auch bei der Grunderwerbsteuer ist der Charakter der Innengesellschaft entscheidend: Grunderwerbsteuerpflichtige Tatbestände können nur verwirklicht sein beim Erwerb von Grundstücken durch den Geschäftsinhaber.

Wiederholungsfragen und Übungsfälle zu § 7

Wiederholungsfragen

Entsteht bei der stillen Gesellschaft ein gemeinsames Gesellschaftsvermögen? (Seite 120)
Aus welchen Gründen werden stille Gesellschaften vereinbart? (Seite 122 f.)
Was versteht man unter einer atypischen stillen Gesellschaft? (Seite 124)
Nach welchen Kriterien läßt sich die stille Gesellschaft vom partiarischen Darlehen abgrenzen? (Seite 125 f.)
Kann der Gesellschaftsvertrag bei einer stillen Gesellschaft vorsehen, daß der Stille am Verlust beteiligt wird? Kann seine Beteiligung am Gewinn ausgeschlossen werden? (Seite 126)
Welche Kontrollrechte hat der stille Gesellschafter, inwiefern kann durch den Gesellschaftsvertrag Abweichendes vereinbart werden? (Seite 129)
Wie unterscheidet sich die Rechtsstellung des Kommanditisten von der des stillen Gesellschafters im Konkurs? (Seite 133)

Übungsfälle

a) Der neugierige Ehemann

Amalie Still hatte an die Firma X DM 100 000 geleistet gegen eine Beteiligung am Bilanzgewinn in Höhe von 33⅓ %. In der Folgezeit kommt es zu Streitigkeiten unter den Gesellschaftern. Amalie tritt daraufhin den von ihr behaupteten Gewinnanspruch an ihren Ehemann Emil (E) ab. E verlangt die Mitteilung des Jahresabschlusses sowie Einsicht in die Geschäftsbücher und die Geschäftspapiere, um den geltend gemachten Gewinnanteil beziffern zu können. X weigert sich. Mit Recht?

b) Das pingelige Finanzamt

Sachbearbeiter S bei der Einkommensteuer-Veranlagungsstelle des Finanzamtes in Köln hat zwei ihm bedenklich erscheinende Sachverhalte zu beurteilen:

(1) Steuerpflichtiger Senior (S) hat mit seinem Sohn Junior (J) einen Vertrag über die Bildung einer stillen Gesellschaft abgeschlossen. Die Einlage in Höhe von 30 000 DM war J von S in der Weise geschenkt worden, daß vom Kapitalkonto des S ein entsprechender Betrag abgebucht und als Einlage zugunsten des J auf ein neues Konto umgebucht wurde. Für den ersten Veranlagungszeitraum kam es zu der oben erwähnten Beanstandung seitens des Sachbearbeiters. Dieser vertrat die Auffassung, die Schenkung sei nicht wirksam, das Gesellschaftsverhältnis daher steuerlich nicht anzuerkennen.

(2) Vater V hatte mit seinem minderjährigen Sohn M eine stille Gesellschaft gegründet. M hatte als Einlage 30 000 DM geleistet, welche ihm geraume Zeit zuvor geschenkt worden waren. Im Gesellschaftsvertrag wurde ausdrücklich festgehalten, daß der stille Gesellschafter nicht zur Verlusttragung verpflichtet sei. Der Gesellschaftsvertrag wurde schriftlich festgehalten und bei der Einkommensteuerveranlagung dem Finanzamt mitübersandt. Der Sachbearbeiter war der Meinung, eine wirksame Gesellschaft sei gar nicht gegründet, da es an der seines Erachtens erforderlichen vormundschaftsgerichtlichen Genehmigung des Vertrages fehle.

Was wird ein konsultierter Fachanwalt für Steuerrecht sagen?

Musterlösungen

Zu a) Wiederholen Sie zunächst Seite 129

Emil macht Rechte geltend, die ihm von seiner Ehefrau als früherer Inhaberin abgetreten wurden. Es ist jedoch fraglich, ob diese Abtretung überhaupt zulässig war. Im Personenhandelsgesellschaftsrecht gilt der Grundsatz, daß die Rechte der Gesellschafter grundsätzlich unübertragbar sind und auch einzelne Rechte nur insoweit abgetreten werden können, als das Gesetz selbst Ausnahmen zuläßt. Dies gilt auch für die dem stillen Gesellschafter nach § 233 HGB zustehenden Informations- und Überwachungsrechte (vgl. BGH BB 1976, 11). E hat also die zugunsten seiner Ehefrau Amalie entstandenen Rechte nicht erworben und kann demgemäß von der Firma X weder die Mitteilung des Jahresabschlusses noch die Einsicht in die Geschäftsbücher und Papiere verlangen. Nach Auffassung der Rechtsprechung widerspricht es der Höchstpersönlichkeit des gesellschaftsrechtlichen Informations- und Überwachungsrechts, sie einem Dritten zur Ausübung im eigenen Namen zu überlassen (vgl. BGHZ 25, 115, 122 ff.). Trotzdem wäre eine etwa anzustrengende Klage des E erfolgversprechend. Zulässig ist nämlich die Abtretung des Gewinnanspruches, also des Rechtes auf Auszahlung eines bereits festgestellten Gewinnes. Wenn daher Amalie einen Auszahlungsanspruch aufgrund des festgestellten Bilanzgewinnes hatte, konnte dieser auch an E abgetreten werden. Dieser Zahlungsanspruch ist seinem Inhalt nach unbestimmt, er entsteht nur dann und soweit, als ein Gewinn festgestellt wird. In einem solchen Falle enthält die

§ 7. Die stille Gesellschaft

Verpflichtung, den jeweils festgestellten Gewinnanteil des übertragenden Gesellschafters dem Abtretungsempfänger (also E) auszuzahlen, nach h. M. gem. § 242 BGB auch das Gebot, diesem den errechneten Gewinnanteil der Höhe nach mitzuteilen. E kann also nicht die Vorlage der Bilanzen verlangen, wohl jedoch die Mitteilung und Auszahlung eines etwaigen Gewinnes.

Zu b) Wiederholen Sie zunächst Seite 127 f.

Vorbemerkung: Sie erkennen in den geschilderten Sachverhalten das vorherrschende Motiv beim Abschluß stiller Gesellschaften: die Steuerersparnis zwischen Familienangehörigen. Steuerlich werden Vereinbarungen jedoch nur dann anerkannt, wenn die zivilrechtlichen Formalerfordernisse voll eingehalten sind. Nur vollgültige bürgerlich-rechtliche Verträge können also den steuervermeidenden Zweck erfüllen. Hierum geht es.

Im Falle (1) ergibt sich das Bedenken des Sachbearbeiters aus § 518 BGB. Danach ist ein Schenkungsversprechen notariell zu beurkunden. Wird die notarielle Form nicht eingehalten, liegt gem. § 125 BGB ein zur Nichtigkeit führender Formmangel vor. Das gilt aber nicht, wenn es sich um eine „Handschenkung" handelt: Nach § 518 Abs. 2 BGB wird der Mangel der Form durch die Bewirkung der versprochenen Leistung geheilt. Im Fall (1) kommt es deshalb entscheidend darauf an, ob die Umbuchung der Einlage zugleich einen Vollzug des Schenkungsversprechens darstellt. Diese Frage ist strittig. Der Bundesgerichtshof hat in BGHZ 7, 174ff., 378 die Meinung vertreten, daß eine bloße Umbuchung keinen Vollzug des Schenkungsversprechens beinhaltet. Die einfache Gutschrift einer Einlage sei noch nicht die Vollziehung der Schenkung, weil ein solcher Buchungsvorgang nur die eine formlose Verpflichtung durch eine andere gleicher Art ersetze. Aus diesem Grunde kann durch die Umbuchung nicht der Formmangel eines derartigen Schenkungsversprechens in einem nicht notariell beurkundeten Gesellschaftsvertrag geheilt werden. Diese Entscheidung ist auf Kritik gestoßen; ebenso FG München EFG 70, 73; BFH BStBl. II 1975, 141; offengelassen von OLG Hamm DNotZ 74, 455, 459; vgl. auch BGHZ 51, 353; weitere Nachweise bei Baumbach-Duden-Hopt, § 230 Anm. 4B, 6B. Für die Wirtschafts- und Steuerberatung sind derartige Entscheidungen jedoch als eindringliche Ermahnung zu strikter Einhaltung bürgerlich-rechtlicher Formalerfordernisse zu werten!

(2) Im zweiten vom Sachbearbeiter beanstandeten Fall könnte eine notwendige vormundschaftsgerichtliche Genehmigung fehlen. Hinweis: Niemand wird von einem Studenten der Wirtschaftswissenschaften detaillierte Kenntnisse im Familienrecht verlangen. Was aber auch der Wirtschaftswissenschaftler wissen muß, ist, daß bestimmte Rechtsgeschäfte, an denen Minderjährige beteiligt sind, nicht nur der Genehmigung durch die Eltern bedürfen, sondern darüber hinaus vom Vormundschaftsgericht genehmigt werden müssen. Einen Katalog der Genehmigungsgründe enthalten die §§ 1821, 1822 BGB. Diese Vorschriften gelten an sich nur für den Vormund. Nach § 1643 BGB sind diese Vorschriften auch (z. T.) auf die Eltern anzuwenden. Sind erforderliche Genehmigungen nicht eingeholt worden, so ist das Rechtsgeschäft schwebend unwirksam und damit (zumindest nicht rückwirkend) für die entsprechenden Einkommensteuerveranlagungszeiträume nicht zu berücksichtigen. Die zivilrechtliche Unwirksamkeit hat also steuerschädliche Folgen. Diesen Zusammenhang müssen Sie sich ganz deutlich einprägen.

In unserem Fall stellt sich jedoch die Frage, ob eine vormundschaftsgerichtliche Genehmigung überhaupt erforderlich war. V hatte seinen Sohn M in eine stille Gesellschaft unter Ausschluß jeglicher Verlustbeteiligung aufgenommen. Einschlägig ist § 1822 Ziff. 3 BGB. Nach dem Wortlaut des Gesetzes ist ein Gesellschaftsvertrag genehmigungsbedürftig, der „zum Betrieb eines Erwerbsgeschäfts" eingegangen wird. Ein stiller Gesellschafter wird aber nicht Mitinhaber des Erwerbsgeschäftes, er ist lediglich mit einer bestimmten Vermögenseinlage am Gewinn des Geschäfts beteiligt (vgl. § 230 HGB).

Nach fast einhelliger Ansicht der Literatur betrifft § 1822 Ziff. 3 BGB deshalb nicht Verträge, durch die ein Minderjähriger als stiller Gesellschafter in eine Handelsgesellschaft eintritt. Der Bundesgerichtshof, dem diese Grundsatzfrage (in BGH LM Nr. 2 zu § 1643 BGB) vorlag, ließ es dahingestellt, ob ein Vertrag über den Eintritt als stiller Gesellschafter niemals der vormundschaftsgerichtlichen Genehmigung bedarf. Er hat darauf abgestellt, daß die Genehmigungspflicht des § 1822 Ziff. 3 im Interesse und zum Schutze des Minderjährigen für die Fälle geschaffen ist, in denen dem Minderjährigen aus der Beteiligung an einem Erwerbsgeschäft und aus dem Abschluß eines Gesellschaftsvertrages, der zum Betrieb eines Erwerbsgeschäftes eingegangen wird, Schäden oder Nachteile drohen. Dagegen bedürfte die Hingabe eines Darlehens durch den Vater als gesetzlichen Vertreter seines minderjährigen Kindes zu ihrer Wirksamkeit keiner vormundschaftsgerichtlichen Genehmigung. Aus der gleichartigen Behandlung der Gesellschaftsverträge, die zum Betriebe eines Erwerbsgeschäftes eingegangen werden, mit Verträgen über den Erwerb eines solchen Geschäftes einerseits und der abweichenden Behandlung reiner Kapitalbeteiligungen andererseits, ergibt sich nach Auffassung des Bundesgerichtshofes, daß im Einzelfall geprüft werden müsse, ob der Minderjährige durch den Vertrag nur eine einmalige Kapitaleinlage leiste, ohne am Risiko oder Verlust des Betriebes beteiligt zu sein, oder ob nach dem Vertrage die Beziehungen so eng gestaltet sind, daß der Minderjährige an dem Geschäftsbetrieb ebenfalls beteiligt ist. Nur aus einer der zuletzt genannten Beteiligungen können sich für den Minderjährigen über die Zahlung seines Kapitalanteils hinaus Verpflichtungen oder wirtschaftlich nachteilige Folgen ergeben. In diesem Fall wird möglicherweise der Vertrag einer vormundschaftsgerichtlichen Genehmigung bedürfen. Bei den zuerst genannten Beteiligungen ist dagegen die Ähnlichkeit mit den reinen Darlehensverträgen so groß und der Abstand von dem genehmigungsbedüftigen Betrieb oder der Beteiligung an Erwerbsgeschäften so weit, daß Sinn und Zweck des § 1822 Ziff. 3 BGB eine vormundschaftsgerichtliche Genehmigung nicht erfordern. Da M nur mit einer einmaligen Einlage ohne Verlusttragung beteiligt wurde, war eine vormundschaftsgerichtliche Genehmigung nicht erforderlich, der Vertrag damit voll wirksam. Die Bedenken des Sachbearbeiters sind daher unbegründet. Bei der Einkommensteuerveranlagung des V ist daher die Gewinnverteilung aufgrund der stillen Gesellschaft mit zu berücksichtigen.

Weiterführender Hinweis: In der Aufgabenstellung wurde nur nach dem Erfordernis der vormundschaftsgerichtlichen Genehmigung gefragt. Zu prüfen wäre nach den Sachverhaltsangaben darüber hinaus, ob nicht ein Fall des § 181 BGB vorliegt: Beim Vertragsabschluß zwischen V und M tritt V einmal als Vertragspartner und zum anderen als gesetzlicher Vertreter des Minderjährigen M auf. Eine solche Sachverhaltskonstellation erfüllt § 181 BGB! Bei der gesetzlichen Vertretung macht dies die Bestellung einer Ergänzungspflegschaft nach § 1909 BGB erforderlich.

3. Kapitel
Recht der Körperschaften

§ 8. Die Aktiengesellschaft

• **Lernhinweis:** Die Aktiengesellschaft ist für den Studenten der Rechts- und Wirtschaftswissenschaft Pflichtgegenstand juristischer Vorlesungen, das Aktienrecht hat auch zentrale Bedeutung für die volkswirtschaftlichen und betriebswirtschaftlichen Fachgebiete, man denke nur an die Volkswirtschaftspolitik, das Rechnungswesen sowie die Wirtschaftsprüfung und Steuerberatung.

Auch in der Wirtschafts- und Sozialgeschichte setzt das Aktienrecht entscheidende Akzente. Allein diese Hinweise genügen, um dem Studenten die überragende Bedeutung dieses Rechtsgebiets für Ausbildung, Examen und Praxis klarzumachen.

I. Wesensmerkmale der Aktiengesellschaft

1. Begriff

Die Aktiengesellschaft ist nach § 1 AktG (lesen!) eine **Gesellschaft mit eigener Rechtspersönlichkeit und einem in Aktien zerlegten Grundkapital, für deren Verbindlichkeiten den Gläubigern nur das Gesellschaftsvermögen haftet.**

Schaubild: Organisationsmodell der Aktiengesellschaft

```
                    ┌──────────────┐
                    │   Vorstand   │
                    │  Leitungs-   │
                    │   funktion   │
                    └──────▲───────┘
                           │
          ┌────────────────┴────────┐
          │      Aufsichtsrat       │◄─── Mitbestimmung
     ────►│     Überwachungs-       │     entspr. den
          │     und Mitbe-          │     Mitbestimmungs-
          │     stimmungsfunktion   │     gesetzen
          └─────────────────────────┘              │
             │                                     │
           Wahl                                  Wahl
             │                                     │
   ┌─────────┴─────────┐              ┌───────────┴────────┐
   │  Hauptversammlung │              │    Belegschaft     │
   │  Produktionsfaktor│              │  Produktionsfaktor │
   │      Kapital      │              │       Arbeit       │
   └───────────────────┘              └────────────────────┘
```

2. Wesensmerkmale

a) Juristische Person

Die Aktiengesellschaft ist nach § 1 Abs. 1 S. 1 AktG Gesellschaft mit eigener Rechtspersönlichkeit, somit juristische Person. Infolge der Rechtsfähigkeit kann sie selbst am Rechtsverkehr als Träger von Rechten und Pflichten teilnehmen, also unter ihrem Namen Rechte erwerben und Verbindlichkeiten eingehen, Eigentum und andere dingliche Rechte an Grundstücken erwerben, vor Gericht klagen und verklagt werden. Daraus folgt die vom Gesetzgeber in § 1 Abs. 1 S. 2 AktG getroffene Feststellung, daß für die Verbindlichkeiten lediglich das Gesellschaftsvermögen haftet; nicht dagegen haften (auch nicht zusätzlich) die Mitglieder, also die Aktionäre.

b) Körperschaftliche Struktur

Prototyp der Aktiengesellschaft ist der eingetragene Verein (demzufolge findet das bürgerlich-rechtliche Vereinsrecht, §§ 21 ff. BGB, entsprechende Anwendung. Wegen der Ausführlichkeit des AktG ist dies allerdings selten der Fall). Die körperschaftliche Struktur bedingt eine entsprechende Organisation: Die Aktiengesellschaft braucht als juristische Person, um handlungsfähig zu sein, „Kopf, Hände und Beine". Diese Handlungsfähigkeit erlangt die juristische Person über die Bestellung der notwendigen Organe: Die juristische Person handelt durch ihre Organe, Handlungen ihrer Organe werden ihr demzufolge auch zugerechnet. Dies bedeutet z. B., daß unerlaubte Handlungen der Organe der juristischen Person selbst zugerechnet werden (§ 31 BGB – lesen! – **„Organhaftung"**). Dieser vereinsrechtliche Grundsatz findet entsprechende Anwendung: Die Aktiengesellschaft ist für den Schaden verantwortlich, den ihre Organe in Ausführung ihrer Aufgaben einem Dritten zufügen!

c) Handelsgesellschaft

Die Aktiengesellschaft gilt gem. § 3 AktG stets als Handelsgesellschaft, auch wenn der Gegenstand des Unternehmens nicht auf den Betrieb eines Handelsgewerbes ausgerichtet ist.

d) Formkaufmann

Die Aktiengesellschaft ist Kaufmann kraft ihrer Rechtsform nach § 6 HGB. Auf Aktiengesellschaften findet deshalb stets Handelsrecht Anwendung (dasselbe gilt für die GmbH).

e) Kapitalgesellschaft

Für die Aktiengesellschaft ist das in Aktien zerlegte Grundkapital und nicht die Persönlichkeit der Mitglieder entscheidend. Personenbezogenheit wird durch Anonymität verdrängt. Die Einflußnahme bestimmt sich in der Hauptversammlung nach der Kapitalbeteiligung; die Aktiengesellschaft ist der Prototyp der Kapitalgesellschaft.

II. Wirtschaftliche Bedeutung

1. Kapitalansammlungsfunktion

Die Aktiengesellschaft ist ihrer Struktur nach vornehmlich **Organisationsform für Großunternehmen**. Sie hat vor allem Kapitalansammlungsfunktion: Ihre Gründung ermöglicht die Aufbringung des erforderlichen Kapitals durch eine Vielzahl anonymer Geldgeber (Großinvestitionen, Großrisiken). Das Risiko der Mitglieder ist auf den Verlust ihrer Kapitalbeteiligung beschränkt; besondere kaufmännische Fähigkeiten setzt die Beteiligung nicht voraus. Über den Börsenhandel kann der Kapitaleinsatz relativ schnell und einfach wieder liquide gemacht werden. Auf diese Weise ist die Beteiligung nicht nur in Form einer erwarteten Rendite, sondern auch im Hinblick auf erhoffte Kurssteigerungen spekulativ interessant.

2. Statistik

Die Statistik zeigt, daß die Aktiengesellschaft der absoluten Zahl nach zwar eine relativ unbedeutende, dem repräsentierten Grundkapital nach dagegen eine überragende Rolle im Wirtschaftsleben spielt. Am 31. 12. 1985 gab es in der Bundesrepublik 2141 Aktiengesellschaften (einschließlich KGaA) mit einem Gesamtgrundkapital von ca. 111 Mrd. DM (vgl. Stat. Jhb. 1986, 116).

3. Aktienstreuung

Nach der unterschiedlichen Aktienstreuung lassen sich Aktiengesellschaften einteilen in

- **Publikumsgesellschaften** (Beteiligung einer Vielzahl von Aktionären mit relativ geringem Kapitaleinsatz); Prototyp: Preussag, VW, Veba (im Zuge der Reprivatisierung von Bundesvermögen);
- **Familiengesellschaften** (der seltene Fall, daß sämtliche Aktien in Familienbesitz gehalten werden);
- **Majorisierte Aktiengesellschaft** (der Aktienbesitz befindet sich mehrheitlich bei einem Großaktionär oder einer überschaubaren Aktionärsgruppe);
- **Einmannaktiengesellschaft** (der seltene Fall, daß sämtliche Aktien von einem Gesellschafter gehalten werden).

4. Zielkonflikt der Beteiligung

Es liegt auf der Hand, daß Aktionäre verschiedene Zwecke mit der Beteiligung verfolgen: Der **„Kleinaktionär"** sucht entweder eine periodische Gewinnbeteiligung oder durch die erhoffte Kurssteigerung einen einmaligen Spekulationsgewinn.

Für den **„Großaktionär"** ist der Aktienbesitz Mittel der Einflußgewinnung („Beherrschung der Gesellschaft") und Entfaltung unternehmerischer Tätigkeit.

Hinzu kommt der **wirtschafts- und sozialpolitische Aspekt,** also die Berücksichtigung des Produktionsfaktors Arbeit in Form einer wie auch immer gestalteten Mitbestimmung der Arbeitnehmer, möglicherweise beschäftigungspolitische sowie allgemeine volkswirtschaftliche Überlegungen, dokumentiert durch staatliche Subventionspolitik bei nicht rentablem Geschäftsverlauf (konjunkturschädigende Auswirkungen auf die Zuliefer- und Abnehmerindustrie).

5. Beispiele führender deutscher Aktiengesellschaften

Aachener und Münchener Versicherungs AG, Aachen; Agfa-Gevaert AG, Leverkusen; AG „Weser", Bremen; AEG-Telefunken Kabelwerke AG, Rheydt; Allianz Versicherungs-AG, München; AUDI NSU Auto Union AG, Neckarsulm; Badische Anilin & Soda-Fabrik AG, Ludwigshafen; Bank für Gemeinwirtschaft AG, Frankfurt; Bausparkasse Schwäbisch Hall AG, Schwäbisch Hall; Bayer AG, Leverkusen; Bayerische Hypotheken- und Wechselbank AG, München; Bayerische Motorenwerke AG, München; Bertelsmann-AG, Gütersloh; Blohm & Voss AG, Hamburg; Co op Zentrale AG, Frankfurt; Commerzbank AG, Düsseldorf; Daimler-Benz AG, Stuttgart; Deutsche Bank AG, Frankfurt/Main; Degussa Deutsche Gold- und Silber-Scheideanstalt, vorm. Roessler AG, Frankfurt/Main; Dresdner Bank AG, Frankfurt/Main; Esso AG, Hamburg; Felten & Guilleaume Carlswerke AG, Köln-Mülheim; Fichtel & Sachs AG, Schweinfurt; Kali und Salz AG, Kassel; KHD Klöckner-Humboldt-Deutz AG, Köln; MAN Maschinenfabrik Augsburg-Nürnberg AG, Augsburg; Adam Opel AG, Rüsselsheim/Bochum; Ruhrgas AG, Essen; RWE Rheinisch-Westfälisches Elektrizitätswerk AG, Essen; SEL Standard Elektrik Lorenz AG, Stuttgart-Zuffenhausen; Vereinigte Elektrizitäts- und Bergwerk AG, Bonn und Berlin (Veba), Herne (Westfalen); Volkswagen AG, Wolfsburg.

III. Stichworte zur geschichtlichen Entwicklung

Die ersten Vorläufer der Aktiengesellschaft finden sich im oberitalienischen Bankwesen des 15. Jahrhunderts: **„Georgsbank"** in Genua, **„Ambrosiusbank"** in Mailand. Im 17. Jahrhundert entwickelten sich **„Handelskompagnien"** als Kolonialgesellschaften zur Erschließung neu entdeckter Länder. Die Blütezeit der Aktiengesellschaft setzt im 19. Jahrhundert ein; die Aktiengesellschaft wird die **typische Unternehmensform des Hochkapitalismus.** Zu dieser Zeit besteht das **„Konzessionssystem":** Die Gründung der zwar privatrechtlichen Körperschaft wird von staatlicher Überprüfung und Genehmigung abhängig gemacht (so noch im Allgemeinen Deutschen Handelsgesetzbuch von 1861).

Im Zuge der stärkeren wirtschaftlichen Liberalisierung in der zweiten Hälfte des 19. Jahrhunderts wird durch die Aktiennovelle von 1870 das **„Normativsystem"** eingeführt mit breiter Gestaltungsfreiheit für die Gründer. Erneute Mißbräuche führen schließlich durch die Aktiennovelle von 1884 zum **„System der verschärften Normativbestimmungen",** das vor allem eine scharfe Gründerhaftung einführte. Nach dem 1. Weltkrieg geriet das Aktienwesen im Zuge der Inflation und Spekulation wieder in Mißkredit. Der Gefahr von Überfremdung wollte man sich durch die **„Mehrstimmrechtsaktie"** erwehren, die sich bald als

§ 8. Die Aktiengesellschaft

das Mittel herausstellte, mit geringem Kapital ein Unternehmen zu beherrschen. Zusammen mit den (direkt oder indirekt der Gesellschaft gehörenden) „Verwaltungsaktien" und dem uneingeschränkten „Depot-Stimmrecht" führte diese Entwicklung zu einer weitgehenden Entrechtung der Aktionäre.

Zu einer umfassenden Reform kam es durch das Aktiengesetz vom 30. 1. 1937. Sie brachte die Erhöhung des Mindestkapitals auf 500000 RM, die Stärkung der Stellung des Vorstandes („Führerprinzip"!), verschärfte Publizitätsvorschriften, Einschränkungen von Mehrstimmrechtsaktien, Verwaltungsaktien und Depotstimmrecht. Außerdem wurden neue Maßnahmen der Kapitalbeschaffung eingeführt (Vorzugsaktien ohne Stimmrecht, bedingte Kapitalerhöhung und genehmigtes Kapital).

Die letzte größere Aktienrechtsreform stammt aus dem Jahre 1965. Zu nennen sind insbesondere:

(1) Einschränkung der Vertragsfreiheit (Abweichungen vom Aktiengesetz nur, insoweit dies ausdrücklich zugelassen ist),
(2) Senkung des Mindestnennbetrags der Aktien auf 50 DM,
(3) stärkeres Auskunftsrecht des Aktionärs,
(4) größerer Einfluß der Hauptversammlung auf die Gewinnverteilung (dadurch, daß der Vorstand Rücklagen nur in engen gesetzlichen Grenzen bilden darf),
(5) stärkerer Minderheitenschutz,
(6) Verschärfung der Publizitätsvorschriften („Prinzip der gläsernen Taschen"),
(7) umfassende Regelung des Rechts der verbundenen Unternehmen.

Impulse zur Novellierung des Kapitalgesellschaftsrechts kommen verstärkt **aus dem EG-Bereich**:

Unter Inanspruchnahme seiner im EWG-Vertrag enthaltenen Richtlinienkompetenz hat der Rat der Europäischen Gemeinschaft folgende Richtlinien erlassen, die jeweils der Transformation in das nationale Recht bedurften:

Die Erste Richtlinie **(„Publizitätsrichtlinie")** von 1968 (transformiert durch Bundesgesetz vom 15. 8. 1969) hat u. a. den Umfang der handelsregisterpflichtigen Tatsachen erweitert und die Kapitalgesellschaften verpflichtet, auf Geschäftsbriefen bestimmte Mindestangaben zu machen.

Die Zweite Richtlinie **(„Kapitalschutzrichtlinie")** von 1976 (transformiert durch Bundesgesetz vom 13. 12. 1978) hat die Vorschriften über die Gründung bzw. Kapitalerhöhung durch Sacheinlagen sowie den Erwerb eigener Aktien verschärft.

Die Dritte Richtlinie **(„Verschmelzungsrichtlinie")** von 1978 (transformiert durch Bundesgesetz vom 25. 10. 1982) hat die Verschmelzungsmöglichkeiten bei der AG erweitert und dabei den Gesellschafter- und Gläubigerschutz verbessert.

Als jüngstes Glied der Transformationsgesetzte ist das **Bilanzrichtliniengesetz** vom 19. 12. 1985 zu nennen. Mit ihm wurde die Vierte Richtlinie **(„Bilanzrichtlinie")** von 1978 sowie ergänzend die Siebente Richtlinie von 1983 **(„Konzernbilanzrichtlinie")** und die Achte Richtlinie von 1984 **(„Prüferrichtlinie")** in das nationale Recht umgesetzt. Neu geregelt wurde die Rechnungslegung von Kapitalgesellschaften sowie deren Prüfung und Offenlegung; darüber hinausgehend wurden allgemeine Vorschriften über Buchführung, Inventar und Jahresabschluß für alle Kaufleute normiert.

Merken Sie sich vorab:
(1) Das **Bilanzrecht** ist nunmehr **umfassend im** Dritten Buch des **HGB geregelt** (§§ 238–339: „Handelsbücher"). Es enthält vorab in einem „Allgemeinen Teil" (1. Abschnitt §§ 238–263) Vorschriften für alle Kaufleute. Im 2. Abschnitt (§§ 264 ff. HGB) folgen ergänzende Vorschriften für Kapitalgesellschaften. Die entsprechenden Normen des Aktiengesetzes wurden gestrichen.
(2) Das **AktG enthält** demzufolge **nur noch** wenige, **rechtsformspezifische** bilanzrechtliche **Vorschriften** (§§ 150 ff. AktG).
(3) Der Jahresabschluß von Kapitalgesellschaften gliedert sich in „Bilanz", „Gewinn- und Verlustrechnung" sowie einen „Anhang". Weiterhin muß ein „Lagebericht" aufgestellt werden.
(4) Der Jahresabschluß hat unter Beachtung der Grundsätze ordnungsgemäßer Buchführung ein „den tatsächlichen Verhältnissen entsprechendes Bild zu vermitteln".
(5) Bei den Ansatz- und Bewertungsvorschriften wurden verschiedene Änderungen eingeführt. So sind z. B. sog. „Pensionsrückstellungen" passivierungspflichtig.
(6) Bei den Anforderungen an die Rechnungslegung **differenziert das Gesetz nach verschiedenen Größenklassen**. Es unterscheidet zwischen „kleinen, mittelgroßen und großen Kapitalgesellschaften". Im einzelnen vgl. dazu die handelsrechtlichen Vorlesungen und Lehrbücher sowie unten die Ausführungen unter X.

IV. Vermögensordnung der Aktiengesellschaft

● **Lernhinweis:** Beachten Sie die Zusammenhänge zwischen den Begriffen „Grundkapital", „Gesellschaftsvermögen" und „Aktien". Das Grundkapital ist „in Aktien zerlegt", die Aktie verbrieft also einen Bruchteil des Grundkapitals, die Summe der Aktien ist damit mit dem Grundkapital identisch. Das Gesellschaftsvermögen ist das tatsächliche Vermögen der Aktiengesellschaft; es ändert sich jeweils mit der Gewinnentwicklung. Gesellschaftsvermögen und Grundkapital sind lediglich bei der Gründung identisch, wenn die Aktien zum Nennbetrag ausgegeben werden. Bei der „Überpari-Emission" liegt der Wert des Gesellschaftsvermögens bereits im Gründungsstadium über dem Grundkapital; darunter kann es zu diesem Zeitpunkt wegen des Verbots der „Unterpari-Emission" nicht liegen, wohl jedoch bei später ungünstigem Geschäftsverlauf.

1. Grundkapital

a) Begriff

Unter dem Grundkapital versteht man den durch die Aktionäre **bei Gründung mindestens aufzubringenden Kapitalbetrag**.

Es muß auf einen Nennbetrag in Deutscher Mark lauten (§ 6 AktG). Der Mindestnennbetrag des Grundkapitals beträgt gem. § 7 AktG 100 000 DM.

§ 8. Die Aktiengesellschaft

- **Lernhinweis:** Das Aktiengesetz von 1937 sah ein Mindestkapital von 500 000 RM vor. Das hohe Mindestkapital sollte Kleinunternehmen vom Aktienrecht fernhalten; die gesellschaftsrechtliche Praxis zeigt darüber hinaus, daß die Kapitalausstattung der meisten Aktiengesellschaften teilweise erheblich über dem gesetzlich vorgeschriebenen Limit liegt. Das Grundkapital ist eine **feste Rechnungsgröße**. Es ist nicht identisch mit dem Gesellschaftsvermögen. Seine Höhe kann grundsätzlich nur durch Satzungsänderung verändert werden (beachte dazu die Formen der Kapitalerhöhung bzw. Kapitalherabsetzung). Davon gibt es eine Ausnahme: Beim sog. „genehmigten Kapital" kann die Satzung den Vorstand für maximal 5 Jahre ermächtigen, das Grundkapital bis zu einem bestimmten Nennbetrag durch Ausgabe neuer Aktien gegen Einlagen zu erhöhen (§§ 202 ff. AktG).

b) Garantie des Grundkapitals

Bei Kapitalgesellschaften haftet für Verbindlichkeiten der Gesellschaft den Gläubigern nur das Gesellschaftsvermögen. Dieses ist bei unterschiedlicher Gewinnentwicklung kein fixierter Rechnungsbetrag. Anders das Grundkapital: Als fester Rechnungsposten übernimmt es eine **Garantiefunktion zugunsten der Gläubiger;** ihnen soll in Höhe des Grundkapitals ein Mindesthaftungsstock zustehen. Diese Garantie kann der Gesetzgeber jedoch nur geben, wenn er an „kritischen Stellen" Gefahren für das Grundkapital abwehrt.

- **Lernhinweis:** Prägen Sie sich diese für das Verständnis der Aktiengesellschaft wichtigen Punkte gut ein! Merken Sie sich den nachfolgenden **12-Punkte-Katalog.**

(1) Keine Unterpari-Emission

Nach § 9 Abs. 1 AktG (lesen!) dürfen Aktien nicht für einen geringeren Betrag als den Nennbetrag ausgegeben werden. Sinn dieser Regelung: Zumindest bei der Gründung muß das Grundkapital voll aufgebracht sein. Überpari-Emissionen sind nach § 9 Abs. 2 AktG zulässig (für den Gläubiger vorteilhaft).

(2) Vollständige Aktienübernahme

Die Aktiengesellschaft ist nach § 29 AktG (lesen!) erst mit Übernahme aller Aktien durch die Gründer errichtet. Das Gesetz will der Aktiengesellschaft damit einen Rechtsanspruch auf Einzahlung bzw. Einbringung aller zum Grundkapital gehörenden Bar- oder Sachleistungen garantieren.

(3) Mindesteinzahlung

Nach § 36 Abs. 2 AktG (lesen!) darf die Anmeldung der Gesellschaft zum Handelsregister erst erfolgen, wenn auf jede Aktie, soweit nicht Sacheinlagen vereinbart sind, der eingeforderte Betrag ordnungsgemäß einbezahlt worden ist und, soweit er nicht bereits zur Zahlung bei Gründung anfallender Steuern und Gebühren verwandt wurde, endgültig zur freien Verfügung des Vorstands steht. Der eingeforderte Betrag muß bei Bareinlagen mindestens ¼ **des Nennbetrags** (bei Überpari-Emission auch den Mehrbetrag) umfassen, Sacheinlagen sind vollständig zu leisten.

(4) Wertermittlung bei Sachgründung

Bei Sachgründungen (Sacheinlagen oder Sachübernahmen) muß die Satzung den Nennbetrag der bei der Sacheinlage zu gewährenden Aktien bzw. die bei der Sachübernahme zu gewährende Vergütung enthalten (§ 27 AktG – lesen!). In diesen Fällen ist nach § 33 AktG eine Gründungsprüfung erforderlich. Ergibt sie, daß der Wert der Sacheinlagen oder Sachübernahmen nicht unwesentlich hinter dem Nennbetrag der dafür zu gewährenden Aktien oder dem Wert der dafür zu gewährenden Leistungen zurückbleibt, so kann das Registergericht die Eintragung der Aktiengesellschaft ins Handelsregister ablehnen (§ 38 Abs. 2 AktG – lesen!).

(5) Beschränkte Zahlungsmodalität

Aktionäre können den vor Anmeldung der Gesellschaft eingeforderten Betrag nur in bestimmter Weise leisten. § 54 Abs. 3 AktG erlaubt Zahlung: mit gesetzlichen Zahlungsmitteln, mit von der Deutschen Bundesbank bestätigten Schecks, durch Gutschrift auf ein Konto im Inland bei der Deutschen Bundesbank oder einem Kreditinstitut oder auf ein Postscheckkonto der Gesellschaft oder des Vorstands zu seiner freien Verfügung.

(6) Kein Erlaß der Einzahlungspflicht

Aktionäre dürfen von ihren Leistungspflichten nicht befreit werden. Sie können insofern auch nicht mit eigenen Forderungen gegen die Gesellschaft aufrechnen (§ 66 AktG – lesen!).

(7) Kaduzierungsverfahren

Nach § 64 AktG (lesen!) kann Aktionären, die den eingeforderten Betrag nicht rechtzeitig einzahlen, eine Nachfrist mit der Androhung gesetzt werden, daß sie nach Fristablauf „ihrer Aktien und der geleisteten Einlagen für verlustig erklärt werden" („Kaduzierungsverfahren" wie bei der GmbH).

(8) Verbot der Einlagenrückgewähr

Aktionären dürfen die Einlagen nicht zurückgewährt werden. Auch dürfen ihnen Zinsen weder zugesagt noch ausgezahlt werden (§ 57 AktG – lesen!). Die Zahlung des Erwerbspreises beim zulässigen Erwerb eigener Aktien gilt nach § 57 Abs. 1 Satz 2 AktG nicht als Einlagenrückgewähr.

(9) Erwerb eigener Aktien eingeschränkt

Der Erwerb eigener Aktien durch die Aktiengesellschaft läuft wirtschaftlich gesehen auf die Rückgewähr der Einlagen hinaus. Aus diesem Grunde ist er nur in wenigen Fällen zugelassen, unter anderem wenn die Aktien den Arbeitnehmern der Gesellschaft zum Erwerb angeboten werden sollen (vgl. im einzelnen § 71 AktG).

(10) Schutz bei Kapitalherabsetzung

Die Herabsetzung des Grundkapitals vermindert den Mindestgarantiefonds der Gläubiger. Das Gesetz kann aus diesem Grunde die Kapitalherabsetzung zwar nicht verbieten, muß dabei jedoch verstärkt den Gläubigerbelangen Rechnung tragen. Dies geschieht nach § 225 AktG (lesen!) dadurch, daß Gläubiger wegen ihrer Forderungen Sicherheit verlangen können und Zahlungen an die Aktionäre aufgrund der Kapitalherabsetzung erst nach Ablauf von sechs Monaten seit der Bekanntmachung der Kapitalherabsetzung und nach Sicherheitsleistung erfolgen dürfen.

(11) Bilanzielle Garantien

Das Grundkapital ist für die Aktiengesellschaft keine Verbindlichkeit. Dennoch muß es in der Jahresbilanz auf der Passivseite eingestellt werden (§ 152 Abs. 1 S. 1 AktG i. V. m. §§ 266 Abs. 3, 272 Abs. 1 HGB – lesen!). Damit wird sichergestellt, daß aus dem Grundkapital keine Dividende ausgeschüttet werden kann. Ein verteilbarer Gewinn entsteht bilanztechnisch nur, solange das Gesellschaftsvermögen den Betrag des Grundkapitals übersteigt. Vorjahresverluste müssen also ausgeglichen werden, bevor wieder Gewinn verteilt werden kann.

● **Lernhinweis:** Vergleichen Sie hierzu die Regelung bei der oHG: Dort wird das Vermögen am Ende des Geschäftsjahres mit dem am Jahresanfang verglichen ohne Berücksichtigung der Gewinnentwicklung im Vorjahr (wegen der unbeschränkten Haftung der Gesellschafter ist dies für die Gläubiger irrelevant).

(12) Einberufung einer Hauptversammlung, Rücklagen

Wenn die Hälfte des Grundkapitals verloren ist, muß nach § 92 Abs. 1 AktG unverzüglich eine Hauptversammlung einberufen werden. Außerdem wird die Garantie des Mindestkapitals verstärkt durch eine Reihe anderer Maßnahmen, z. B. die Pflicht zur Bildung einer gesetzlichen Rücklage nach § 150 AktG (lesen!).

2. Die Aktie

● **Lernhinweis:** Das Gesetz verwendet den Ausdruck „Aktie" in dreifachem Sinne: Die Aktie ist
● Bruchteil des Grundkapitals,
● Mitgliedschaftsrecht,
● Wertpapier.

a) Die Aktie als Bruchteil des Grundkapitals

Nach § 1 Abs. 2 AktG hat die Aktiengesellschaft ein in Aktien zerlegtes Grundkapital. Die Aktien repräsentieren deshalb eine bestimmte Quote des Grundkapitals. Das deutsche Recht kennt aber nicht die „**Quotenaktie**" ($^1/_{5000}$, $^1/_{10000}$), sondern lediglich die „**Nennwertaktie**": Nach § 6 AktG muß die Aktie auf einen Nennbetrag in Deutscher Mark lauten. Der Mindestnennbetrag beträgt nach § 8 AktG 50 DM; höhere Aktiennennbeträge müssen auf volle Hundert Deutsche Mark lauten.

● **Lernhinweis:** Noch nach dem Aktiengesetz von 1937 betrug der Mindestnennbetrag 1000 RM, vom DM-Bilanzgesetz an 100 DM. Beachten Sie, daß die Aktie wirtschaftlich eine bestimmte Quote am jeweiligen Gesellschaftsvermögen repräsentiert; insofern verdeutlicht die Quotenaktie den Beteiligungscharakter besser. Der vom Nennbetrag unabhängige, tatsächliche Wert der Aktie findet seinen Ausdruck im Börsenkurs.

b) Die Aktie als Mitgliedschaftsrecht

Für die Aktiengesellschaft repräsentiert die Aktie die Mitgliedschaft in der Gesellschaft, vor allem als Summe der Rechte und Pflichten zur Mitverwaltung und Teilhabe am Ertrag (Dividende bzw. Liquidationserlös). Nach § 8 Abs. 3 AktG ist das Mitgliedschaftsrecht unteilbar, wohl jedoch veräußerlich und vererblich (sofern die Übertragbarkeit nicht im Falle der Namensaktien beschränkt ist). Nach dem Umfang des Mitgliedschaftsrechts werden unterschieden:

- **Stammaktien** (Normalfall) und
- **Vorzugsaktien,** die nach näherer Maßgabe der Satzung besondere Rechte gewähren (etwa Vorzugsdividende).

Übersicht: Einteilung der Aktien nach dem Inhalt des verbrieften Rechts und der wertpapierrechtlichen Übertragbarkeit

Stammaktien	Normalfall, allgemeines Stimmrecht, Dividendenbezug bzw. Liquidationsanteil
Vorzugsaktien	Stimmrechtsausschuß möglich, möglich auch als Mehrstimmrechtsaktien (mit behördlicher Genehmigung gem. § 12 II AktG). Anspruch auf Vorzugsdividende (mit oder ohne Nachzahlungspflicht) bzw. Anspruch auf Vorzugserlös bei der Liquidation
Inhaberaktien	Normalfall, auf den Inhaber lautend, Übertragung durch §§ 929 ff. BGB. Ausgeschlossen, wenn Kapital noch nicht voll einbezahlt (dafür Ausgabe von „Interimsscheinen")
Namensaktien	Orderpapier, auf Namen lautend, Übertragung durch Einigung, Übergabe und Indossament!
vinkulierte Namensaktien	auf Namen lautend, Übertragung durch Einigung, Übergabe, Indossament und Umschreibung im Aktienbuch zur Übertragung ist die Zustimmung der Gesellschaft erforderlich!

c) Die Aktie als Wertpapier

Die Aktiengesellschaft ist verpflichtet, den Aktionären auf den Nennbetrag lautende Aktienurkunden auszustellen. Dabei bestehen zwei Möglichkeiten:

- Ausgabe von **Inhaberaktien** (Regelfall) oder
- Ausstellung von **Namensaktien** (Ausnahme).

§ 8. Die Aktiengesellschaft

Der Unterschied ist vor allem relevant für die Art der Übertragung (vgl. dazu die vorstehende Übersicht). Zu beachten ist, daß vor der vollständigen Zahlung der Einlagen nur Namensaktien ausgegeben werden dürfen (§ 10 Abs. 2 AktG). Bis zur Ausgabe der Aktien können **Zwischenscheine** („Interimsscheine") ausgestellt werden. Mit den Aktien werden meist **Gewinnanteilscheine** (Dividendenscheine, „Coupons") ausgegeben. Diese sind ebenfalls Wertpapiere und zwar regelmäßig Inhaberschuldverschreibungen gem. §§ 793 ff. BGB. Als Wertpapiere sind sie getrennt von der Aktie übertragbar. Den Gewinnanteilscheinen ist am Ende ein **Erneuerungsschein** („Talon") angefügt. Er ermächtigt den Inhaber zum Empfang neuer Gewinnanteilscheine, ist also Legitimationspapier, vgl. § 75 AktG.

V. Gründung der Aktiengesellschaft

• **Lernhinweis:** Die Neugründung von Aktiengesellschaften ist relativ selten (vgl. als Beispiel etwa die Gründung der „Ruhrkohle AG" zur Überwindung der Kohlekrise). Veränderungen spielen sich mehr in Form der Fusion oder im Wege des Aktienhandels („Paketerwerb") ab. Das geltende Aktienrecht kennt nur noch die **„Einheitsgründung"** (Simultangründung). Früher war auch die **„Stufengründung"** (Sukzessivgründung) zulässig. Bei der Einheitsgründung müssen die Gründer das gesamte Grundkapital übernehmen; bei der Stufengründung können nicht von den Gründern übernommene Aktienbeträge von anderen Personen gezeichnet werden.

Auch hier regelt das Aktiengesetz die Materie bis ins kleinste Detail; konzentrieren Sie sich deshalb auf das Wesentliche: Prägen Sie sich die einzelnen Stufen der Normalgründung ein und arbeiten Sie die Unterschiede und Konsequenzen der qualifizierten Gründung heraus. Achten Sie auf Parallelen und Unterschiede zum GmbH-Recht.

1. Einfache Gründung

Sie ist der Regelfall und gliedert sich in folgende Abschnitte:

a) Feststellung der Satzung

Nach § 23 AktG (lesen!) muß die Satzung durch **notarielle Beurkundung** festgestellt werden. Diese Feststellung erfolgt durch mindestens **fünf Personen** (§ 2 AktG!); das Gesetz nennt sie die „Gründer" der Gesellschaft (§ 28 AktG – lesen!).

Die Satzung muß angeben:

- die Gründer,
- den Nennbetrag,
- den Ausgabebetrag,
- ggf. die Aktiengattung der von jedem Gründer zu übernehmenden Aktien sowie
- den eingezahlten Betrag des Grundkapitals.

Außerdem muß die Satzung (wie bei der GmbH) einen bestimmten Mindestinhalt haben:

§ 8. Die Aktiengesellschaft

- **Firmensitz:** Nach § 5 AktG hat die Aktiengesellschaft ihren Sitz entweder am Ort des Betriebs, der Geschäftsleitung oder der Verwaltung;
- **Firma der Gesellschaft:** Sie ist nach § 4 AktG in der Regel Sachfirma;
- **Unternehmensgegenstand:** Hierzu bestimmt § 23 Abs. 3 Nr. 2 AktG, daß namentlich bei Industrie- und Handelsunternehmen die hergestellten Erzeugnisse und gehandelten Waren näher anzugeben sind;
- **Höhe des Grundkapitals:** Nennbeträge, Zahl und (ggf.) Gattung der Aktien;
- **Form der Bekanntmachungen** der Gesellschaft;
- Angaben über die **Mitgliederzahl des Vorstands.**

Weitere fakultative Bestimmungen sind möglich und zugelassen. Es besteht jedoch **eingeschränkte Vertragsfreiheit:** Die Satzung kann von den Vorschriften des Aktienrechts nur abweichen, wenn es ausdrücklich zugelassen ist. Und außerdem: Ergänzende Bestimmungen der Satzung sind nur insoweit zulässig, als das Aktiengesetz keine abschließende Regelung enthält!

b) Aufbringung des Grundkapitals

Als nächste Stufe erfolgt die Übernahme der Aktien durch die Gründer. Wegen des Verbots der Stufengründung müssen die Gründer sämtliche Aktien selbst übernehmen.

- **Lernhinweis:** „Aufbringung des Grundkapitals" heißt nicht, daß die Gründer das gesamte Kapital einzahlen müssen; sie übernehmen nur eine feste Verpflichtung zur Einzahlung auf das übernommene Aktienpaket.

Mit der Übernahme aller Aktien durch die Gründer ist nach § 29 AktG die Gesellschaft „**errichtet**".

- **Lernhinweis:** Sie ist damit aber noch nicht juristisch existent; Rechtsfähigkeit erlangt sie erst durch die abschließende Eintragung in das Handelsregister. Es entsteht jedoch mit Errichtung der Gesellschaft eine „**Vorgesellschaft**", auf die nach richtiger Ansicht das Aktienrecht entsprechend anzuwenden ist, insoweit es nicht die Rechtsfähigkeit voraussetzt.

c) Bestellung der Organe

Mit der Errichtung der Gesellschaft werden von den Gründern die Mitglieder des ersten Aufsichtsrats und die Abschlußprüfer für das erste Voll- oder Rumpfgeschäftsjahr bestellt (§ 30 Abs. 1 AktG – lesen!). Der Aufsichtsrat bestellt dann den ersten Vorstand (§ 30 Abs. 4 AktG).

d) Mindesteinzahlung auf das Aktienkapital

Vor Anmeldung zum Handelsregister muß auf jede Aktie der eingeforderte Betrag ordnungsgemäß eingezahlt werden (§ 36 Abs. 2 AktG – lesen!). Die Höhe wird an sich durch Satzung festgelegt; das Gesetz schreibt aber für **Bareinlagen** die **Mindestgrenze von ¼** des Aktiennennbetrags vor; **Sacheinlagen** sind **vollständig** zu leisten.

e) Gründungsbericht und Gründungsprüfung

Nach § 32 AktG haben die Gründer einen schriftlichen Bericht über den Hergang der Gründung zu erstatten. Er dient als Grundlage für die Gründungsprüfung durch die Mitglieder des Vorstandes und des Aufsichtsrats gem. §§ 33ff. AktG.

Je ein Exemplar des Gründungsberichts ist dem Vorstand, dem Registergericht sowie der Industrie- und Handelskammer vorzulegen. Er ist beim Handelsregistergericht für jedermann einsehbar (§ 34 Abs. 3 AktG).

f) Handelsregisteranmeldung

Die Aktiengesellschaft entsteht erst mit der Eintragung in das Handelsregister. Dazu muß sie von sämtlichen Gründern, Vorstands- und Aufsichtsratsmitgliedern beim Registergericht ihres Sitzes angemeldet werden. Der Anmeldung sind u. a. die Satzung und der Gründungsbericht beizufügen (im einzelnen vgl. §§ 36, 37 AktG). Das **Registergericht überprüft,** ob die Gesellschaft ordnungsgemäß errichtet und angemeldet ist (§ 38 AktG). Die Eintragung kann u. a. abgelehnt werden, wenn der Gründungsbericht oder der Prüfbericht des Vorstands oder des Aufsichtsrats unrichtig oder unvollständig ist oder den gesetzlichen Vorschriften nicht entspricht. Dasselbe gilt bei Überbewertung von Sacheinlagen oder Sachübernahmen.

g) Eintragungen in das Handelsregister

Mit der Eintragung entsteht die Aktiengesellschaft als juristische Person (Umkehrschluß aus § 41 Abs. 1 AktG); vor der Eintragung besteht nur eine sog. „Vorgesellschaft".

Beachten Sie: Erst jetzt können Anteilsrechte übertragen und Aktien oder Zwischenscheine ausgegeben werden. Vor Eintragung ausgegebene Aktien oder Zwischenscheine sind nichtig (§ 41 Abs. 4 AktG – lesen!).

h) Haftung vor der Eintragung

Wie bei allen juristischen Personen stellt sich auch bei der Aktiengesellschaft die Frage nach dem rechtlichen Schicksal der vor ihrem Entstehen eingegangenen Verpflichtungen. § 41 AktG bestimmt hierzu:

- Wer vor der Eintragung der Gesellschaft im Namen der Aktiengesellschaft gehandelt hat, haftet persönlich; mehrere haften als Gesamtschuldner (§ 41 Abs. 1 S. 2 AktG).
- Die Gesellschaft kann diese Verpflichtungen aber nach ihrer Entstehung übernehmen (vgl. § 41 Abs. 2 AktG).

2. Qualifizierte Gründung

Von einer „qualifizierten Gründung" spricht man bei (für die Gläubiger!) riskanten Gründungen. Hier müssen besondere Vorkehrungen getroffen werden.

a) Verschiedene Tatbestände

Das Gesetz kennt nachfolgende Fälle:

- **Einräumung von Sondervorteilen:** Einzelne Aktionäre werden bevorzugt (**Beispiele:** Vorzugsgewinn, Nutzungsvorteile, Vorzugsrabatte beim Erwerb der Produkte).

§ 8. Die Aktiengesellschaft

- **Gründungsvergütungen:** Nach § 26 Abs. 2 AktG ist der Gesamtaufwand, der zu Lasten der Gesellschaft an Aktionäre oder an andere Personen als Entschädigung oder Belohnung für die Gründung oder ihre Vorbereitung gewährt wird, in der Satzung gesondert festzusetzen.
- **Sacheinlagen:** An sich sind die Leistungen der Aktionäre in Geld zu erbringen; Sacheinlagen können zu Überbewertungen und damit zur Schmälerung des Grundkapitals führen.
  Beispiel: Ein Gründer bringt unter Anrechnung auf seine Einzahlungsverpflichtung ein Patent in die Gesellschaft ein, dessen wirtschaftliche Verwertbarkeit zweifelhaft erscheint.
- **Sachübernahmen:** Hier soll die Gesellschaft vorhandene oder herzustellende Anlagen oder andere Vermögensgegenstände übernehmen (§ 27 AktG). Auch hier greifen die bei den Sacheinlagen geäußerten Bedenken ein. Sacheinlagen oder Sachübernahmen können nur Vermögensgegenstände sein, deren Wert wirtschaftlich feststellbar ist. Dienstleistungsverpflichtungen scheiden daher aus.

b) Gesetzliche Zusatzerfordernisse

Das Gesetz mißtraut der qualifizierten Gründung und baut deshalb entsprechende Sicherungen namentlich im Hinblick auf die ungeschmälerte Aufbringung des Grundkapitals ein.

- **Aufnahme in die Satzung:** Derartige Gründungsvorgänge müssen in die Satzung zur notariellen Beurkundung aufgenommen werden.
- **Besonderer Gründungsbericht:** Nach § 32 Abs. 2 AktG sind die „wesentlichen Umstände darzulegen, von denen die Angemessenheit der Leistungen für Sacheinlagen oder Sachübernahmen abhängt". Dasselbe gilt für Entschädigungen für angeblichen Gründungsaufwand.
- **Zusätzliche Gründungsprüfung:** Im Falle der qualifizierten Gründung findet nach § 33 Abs. 2 AktG (lesen!) zusätzlich zur Prüfung von Vorstand und Aufsichtsrat eine Gründungsprüfung durch besondere, gesetzlich bestellte Gründungsprüfer statt.

3. Die „Nachgründung"

Denkbar ist, daß bei Gründung einer Aktiengesellschaft Sachübernahmen nicht satzungsgemäß festgestellt werden, um die strengen Prüfungsbestimmungen zu umgehen, jedoch beabsichtigt ist, nach der Gründung die betreffenden Anlagen oder Vermögensgegenstände durch Rechtsgeschäft zu erwerben. Um Manipulationen auszuschließen, bestimmt § 52 AktG (lesen!), daß **Verträge** der Gesellschaft, nach denen sie vorhandene oder herzustellende Anlagen oder andere Vermögensgegenstände innerhalb der ersten zwei Jahre seit Eintragung der Gesellschaft in das Handelsregister erwerben soll, nur mit **Zustimmung** der Hauptversammlung und durch Eintragung in das Handelsregister wirksam werden, sofern die Vergütung ¹/₁₀ **des Grundkapitals** übersteigt.

4. Haftung der Gründer

Zur Sicherung eines ordnungsgemäßen Gründungsherganges verpflichtet das Aktienrecht die an der Gründung beteiligten Personen zu größter Gewissenhaftigkeit. Verletzen sie ihre Pflichten, haften sie als Gesamtschuldner! Die Lebenserfahrung zeigt, unabhängig vom Aktienrecht, daß derartige Sanktionen am besten geeignet sind, die beteiligten Personen zu peinlichster Einhaltung von Vorschriften zu veranlassen.

Es sind verantwortlich:

- **Die Gründer,** insbesondere für die Richtigkeit und Vollständigkeit der zum Zweck der Gründung gemachten Angaben (vgl. im einzelnen § 46 AktG – lesen!).

- **Die „Gründungsgenossen",** z.B. Empfänger von Vergütungen, die vorschriftswidrig nicht in den Gründungsaufwand aufgenommen wurden; wer bei Schädigung der Gesellschaft durch Sacheinlagen oder Sachübernahmen wissentlich mitgewirkt hat; Emissionsadressen, die unrichtige Angaben in den Gründungsberichten bzw. die Schädigung der Gesellschaft durch Sacheinlagen oder Sachübernahmen mindestens kennen mußten (§ 47 Nr. 1–3 AktG – lesen!).

- **Die „Hintermänner",** also solche Personen, für deren Rechnung die Gründer Aktien übernommen haben (§ 46 Abs. 5 AktG).

- **Mitglieder des Vorstands und Aufsichtsrats,** soweit sie bei der Gründung ihre Sorgfaltspflicht verletzen (§ 48 AktG – lesen!).

- **Die Gründungsprüfer,** wenn ihre Prüfung nicht gewissenhaft und unparteiisch durchgeführt wurde (§ 49 AktG i. V. m. § 323 HGB). Zu beachten ist, daß bei Fahrlässigkeit eine gesetzliche Reduzierung der Haftung auf DM 500000 für jede Prüfung besteht (§§ 49 AktG, 323 Abs. 2 HGB).

Zusammenfassung: Gründungsstadien bei der Aktiengesellschaft

einfache Gründung	qualifizierte Gründung	Bemerkungen
(1) **Feststellung der Satzung**	(1) **„Risiko"-Tatbestände:**	**Formerfordernis:** notarielle Beurkundung
(2) **Aktienübernahme durch die Gründer** Gesellschaft ist „errichtet".	a) Einräumung von Sondervorteilen	**Zahl der Gründer:** mind. 5 Personen
zuvor: „Vorgründungs- konsortium" = BGB-Gesellschaft	b) Vergütungszusagen für Gründungsaufwand	**Mindestinhalt der Satzung:** – Firma (Sachfirma)
danach: „Vorgesellschaft" = AktG analog	c) Sacheinlagen	– Sitz der Gesellschaft – Unternehmensgegenstand
	d) Sachübernahmen	– Höhe des Grundkapitals
(3) Bestellung des **Aufsichtsrats,** der **Abschlußprüfer** und des **Vorstandes**.	(2) **Konsequenzen**	– Nennbetrag, Zahl, Gattung der Aktien
(4) **Einzahlung auf das Aktienkapital** (mindestens 1/4 des Aktien- nennbetrages)	a) Spezifizierte Aufnahme der Sondertatbestände in die notarielle Satzung	– Mitgliederzahl des VSt – Form der Bekanntmachung
(5) **Gründungsbericht**	b) Zahl der Aufsichtsrats- mitglieder limitiert	**Fakultativer Satzungsinhalt:** soweit das Gesetz dies zuläßt
(6) **Gründungsprüfung**	c) Besondere Angaben im Gründungsbericht	**Handlungshaftung bei Rechts- geschäften für die AG** vor Entstehung
(7) **Handelsregisteranmeldung**	d) Zusätzliche Gründungs- prüfung durch besondere Gründungsprüfer	
(8) **Prüfung durch das Registergericht**		**Verantwortlichkeit von Gründern,** Gründergenossen, Hintermännern, VSt- + AR-Mitgliedern sowie Gründungsprüfern
(9) **Eintragung im Handelsregister** (Abt. B): Gesellschaft entsteht als juristische Person	e) Überprüfung durch das Registergericht	

VI. Verfassung der Aktiengesellschaft (Übersicht)

1. Organschaftliches Handeln

Wie jede juristische Person, so braucht auch die Aktiengesellschaft, um aktionsfähig zu sein, „Kopf, Hände und Beine". Sie handelt durch ihre Organe. Das Gesetz schreibt zwingend vor:

- den **Vorstand** (§§ 76–94 AktG),
- den **Aufsichtsrat** (§§ 95–116 AktG sowie die Mitbestimmungsgesetze),
- die **Hauptversammlung** (§§ 118–147 AktG).

Organschaftliches Handeln ist **mehr als Vertretung,** es umfaßt neben dem rechtsgeschäftlichen Handeln auch das tatsächliche und deliktische Verhalten. Demzufolge findet auf die Aktiengesellschaft die vereinsrechtliche **Organhaftung** nach § 31 BGB Anwendung: Die Gesellschaft ist für den Schaden verantwortlich, den der Vorstand, ein Mitglied des Vorstands oder ein anderer verfassungsmäßig berufener Vertreter durch eine in Ausführung der ihm zustehenden Verpflichtungen begangene, zum Schadensersatz verpflichtende Handlung einem Dritten zufügt.

2. Kompetenzgewichtung

Im Zuge der geschichtlichen Entwicklung hat verschiedentlich eine Kompetenzverlagerung zwischen den aktienrechtlichen Organen stattgefunden. Die Aktienrechtsreform von 1937 verstärkte die Stellung des Vorstandes („Führerprinzip"). Daran hat auch die Aktienrechtsreform von 1965 insoweit nichts geändert, als § 76 Abs. 1 AktG (lesen!) bestimmt, daß der Vorstand „die Gesellschaft unter eigener Verantwortung zu leiten" hat. Der Hauptversammlung sind Fragen der Geschäftsführung entzogen; über diesen Bereich kann sie nur noch entscheiden, wenn der Vorstand es verlangt (§ 119 Abs. 2 AktG – lesen!). Weisungsrechte gegenüber dem Vorstand hat die Hauptversammlung nicht. Aufgabe des Aufsichtsrats ist es vor allem, die Geschäftsführung des Vorstands zu überwachen. Maßnahmen der Geschäftsführung können dem Aufsichtsrat nach § 111 AktG nicht übertragen werden. Die Satzung oder der Aufsichtsrat kann jedoch nach § 111 Abs. 4 Satz 2 AktG anordnen, daß bestimmte Arten von Geschäften nur mit seiner Zustimmung vorgenommen werden dürfen.

Diese formalistische Kompetenzabgrenzung muß jedoch vor dem praktischen Hintergrund gesehen werden: Der Vorstand wird vom Aufsichtsrat bestellt, der Aufsichtsrat (von der Mitbestimmung abgesehen) durch die Hauptversammlung gewählt. Wenn deshalb auch die Details der Geschäftsführung ausschließlich beim Vorstand liegen, so kommt doch dem Aufsichtsrat und der Hauptversammlung, vor allem wenn diese durch Großaktionäre beherrscht wird, das entscheidende Machtgewicht zu. § 84 Abs. 3 Satz 2 AktG sieht demzufolge vor, daß der Aufsichtsrat den Vorstand abberufen kann, wenn ihm die Hauptversammlung das Mißtrauen ausspricht.

3. Zusammensetzung und Aufgabenstellung

Zusammensetzung und Aufgabenbereich der aktienrechtlichen Organe sind vom Gesetz weitgehend zwingend geregelt. Vergleichen Sie die nachstehende Übersicht.

Übersicht: Zusammensetzung und Aufgabenbereich aktienrechtlicher Organe

Vorstand	Aufsichtsrat	Hauptversammlung
Eigenverantwortliche Leitung	Überwachung der Geschäftsführung	Versammlung der Anteilseigner, grundlegende Entscheidungen
Bestellung durch Aufsichtsrat maximal 5 Jahre (Wiederholung zulässig). Anstellungsvertrag mit der Gesellschaft; Widerruf aus wichtigem Grund möglich. Inkompatibilität mit Aufsichtsrat. Selbst- oder Fremdorganschaft; juristische Personen nicht VSt-fähig.	**Zusammensetzung:** Mindestens 3 Mitglieder, höhere Mitgliederzahl muß durch 3 teilbar sein (9, 15, 21). Zusammensetzung bei mitbestimmungspflichtigen Betrieben nach den Mitbestimmungsgesetzen.	**Aufgabenbereich:** – Wahl der AR-Mitglieder – Verwendung des Bilanzgewinns – Entlastung von VSt und AR – Bestellung der Abschlußprüfer – Satzungsänderungen – Maßnahmen der Kapitalbeschaffung – Maßnahmen der Kapitalherabsetzung – Bestellung von Sonderprüfern – Auflösung der Gesellschaft – Entscheidung über Geschäftsführungsfragen, soweit dies der VSt verlangt – Verschmelzung, Vermögensübertragung und Umwandlung – Zustimmung zu Unternehmensverträgen – weitere Fälle, soweit in der Satzung vorgesehen.
Aufgabenbereich: Geschäftsführung und Vertretung (nach außen unbeschränkbar). Prinzip der Gesamtgeschäftsführung und Prinzip der Gesamtvertretung. (Durch Satzung Einzelgeschäftsführung und Einzelvertretung sowie unechte Gesamtvertretung möglich).	Wahl durch Hauptversammlung bzw. Belegschaft.	
	Inkompatibilität mit Vorstand.	
	Nicht wählbar: juristische Personen; wer bereits 10 AR-Mandate innehat; wer gesetzlicher Vertreter einer anderen Kapitalgesellschaft ist, deren Aufsichtsrat ein Vorstandsmitglied der eigenen AG angehört („Überkreuzverflechtung").	
Bei Montan-mitbestimmten Betrieben muß dem Vorstand als gleichberechtigtes Mitglied ein „Arbeitsdirektor" angehören. (Arbeitnehmervertreter im Aufsichtsrat haben auf seine Bestellung oder Abberufung besonderen Einfluß).	**Aufgabenbereich:** Bestellung und Abberufung des Vorstands; Überwachung der Geschäftsführung. Einsichts- und Prüfungsrecht.	**Stimmrecht:** Nach Aktiennennbeträgen, bei Satzungsänderung 3/4 Mehrheit, sonst einfache Mehrheit, in Sonderfällen geringere Quoten (Minderheitenschutz).
	Außerdem: Vertretung der AG gegenüber Vorstandsmitgliedern; Prüfung von Jahresabschluß, Gewinnverteilungsvorschlag und Lagebericht; Berichterstattung an Hauptversammlung; Feststellung des Jahresabschlusses. AR hat eine HV einzuberufen, wenn es „das Wohl der Gesellschaft erfordert".	**Depotstimmrecht:** Schriftliche Vollmacht, stets widerruflich, weisungsgebunden, längstens 15 Monate.
		Geltendmachung der Nichtigkeit bzw. Anfechtbarkeit von HV-Beschlüssen durch Klage beim Landgericht nach §§ 241 ff.

VII. Vorstand

Der Vorstand leitet die Aktiengesellschaft unter eigener Verantwortung. Ihm obliegt die Geschäftsführung und Vertretung.

1. Zusammensetzung und Bestellung

a) Zusammensetzung

Die **Zahl** der Vorstandsmitglieder wird **durch die Satzung bestimmt.** Nach § 76 Abs. 2 Satz 1 kann der Vorstand einer Aktiengesellschaft aus einer oder mehreren Personen bestehen. Namentlich bei größeren Gesellschaften hat sich der mehrköpfige, nach Aufgabenbereichen gegliederte Vorstand durchgesetzt.

Beispiel:

Dem Geschäftsbericht 1985 der Daimler-Benz AG ist folgende Ressortverteilung zu entnehmen: Vorsitzender, Gesamtes Personalwesen, Vertrieb, Forschung und Entwicklung, Beteiligungen, Produktion, Finanz- und Betriebswirtschaft, Materialwirtschaft.

Nach § 76 Abs. 2 Satz 2 muß der Vorstand bei Gesellschaften mit einem Grundkapital von **mehr als 3 Mio. DM mindestens** aus **zwei Personen** bestehen, sofern nicht die Satzung etwas anderes aussagt. Mitglied kann nur eine natürliche, unbeschränkt geschäftsfähige Person sein. Juristische Personen sind nicht vorstandsfähig. Es braucht sich nicht um einen Gesellschafter zu handeln. **Fremdorganschaft** ist also **zulässig** und die Regel. Wer rechtskräftig wegen einer Konkursstraftat nach §§ 283 ff. StGB verurteilt wurde, kann für die Dauer von 5 Jahren nicht Mitglied des Vorstands sein; ebensowenig kann dies, wem die Berufsausübung gem. § 76 Abs. 3 AktG untersagt ist.

Nach den Montan-Mitbestimmungsgesetzen muß dem Vorstand als gleichberechtigtes Mitglied ein „Arbeitsdirektor" angehören. § 76 Abs. 2 Satz 3 AktG nimmt hierauf Bezug.

b) Bestellung

Vorstandsmitglieder werden vom Aufsichtsrat auf höchstens **5 Jahre** bestellt (§ 84 Abs. 1 Satz 1 AktG – lesen!). Eine wiederholte Bestellung oder Verlängerung der Amtszeit, jeweils für höchstens 5 Jahre, ist zulässig. Werden mehrere Personen zu Vorstandsmitgliedern bestellt, so kann der Aufsichtsrat ein Mitglied zum Vorsitzenden ernennen.

Die Bestellung ist ein körperschaftlicher Akt und verschafft den davon betroffenen Personen die Rechtsstellung des Vorstands. **Im Innenverhältnis** zur Gesellschaft wird zusätzlich ein **Anstellungsvertrag** abgeschlossen, der die Rechte und Pflichten der Vertragsparteien näher regelt (Höhe der Vergütung, Kündigungsfristen). Die Aktiengesellschaft wird in diesem Fall durch den Aufsichtsrat vertreten (§ 112 AktG). Das Aktienrecht läßt es zu, den Vorstandsmitgliedern für ihre Tätigkeit eine Gewinnbeteiligung zu gewähren (§ 86 AktG). Vorstandsmitglieder unterliegen einem Wettbewerbsverbot gem. § 88

AktG. Kredit darf die eigene Gesellschaft ihnen nur aufgrund eines Beschlusses des Aufsichtsrats gewähren (§ 89 AktG).

c) Widerruflichkeit der Bestellung

Die Bestellung zum Vorstandsmitglied und die Ernennung zum Vorsitzenden des Vorstandes sind durch den Aufsichtsrat **widerruflich, wenn** ein **wichtiger Grund** vorliegt (§ 84 Abs. 3 AktG – lesen!). Als Gründe nennt das Gesetz
- grobe **Pflichtverletzung,**
- **Unfähigkeit** zur ordnungsgemäßen Geschäftsführung,
- **Vertrauensentzug durch die Hauptversammlung** (es sei denn, daß das Vertrauen aus offenbar unsachlichen Gründen entzogen worden ist: Die Hauptversammlung kann also nicht willkürlich entscheiden).

Für die Ansprüche aus dem Anstellungsvertrag gelten die allgemeinen Vorschriften. Das heißt: Wenn der in § 84 Abs. 3 AktG genannte Abberufungsgrund zugleich ein wichtiger Kündigungsgrund i. S. des Dienstvertragsrechts (§ 626 BGB) ist, endet mit der Abberufung infolge der dann zulässigen fristlosen Kündigung auch das Anstellungsverhältnis.

• **Lernhinweis:** Sie sehen auch hier in den Grundzügen die Parallele zum Prokuristen und Geschäftsführer einer GmbH (überall, wo gesetzlich umschriebene, nach außen hin unbeschränkte Vertretungsverhältnisse bestehen, muß im Interesse des Vollmachtgebers der Widerruf der Vollmacht zulässig sein, unbeschadet der anstellungsrechtlichen Ansprüche des Bevollmächtigten).

Die Widerruflichkeit der Bestellung des Arbeitsdirektors ist durch die Mitbestimmungsgesetze eingeschränkt.

d) Bestellung durch das Gericht

Fehlt ein Vorstandsmitglied, so hat nach § 85 AktG in dringenden Fällen das Gericht auf Antrag eines Beteiligten die Bestellung vorzunehmen. Das Amt eines gerichtlich bestellten Vorstandsmitglieds erlischt in jedem Fall, sobald der Mangel behoben ist (§ 85 Abs. 2 AktG).

2. Aufgabenbereich

Der Vorstand hat unter eigener Verantwortung die Gesellschaft zu leiten (§ 76 Abs. 1 AktG – lesen!). Dazu gehören die Geschäftsführung und die Vertretung.

a) Geschäftsführung

Die Geschäftsführungsbefugnis umfaßt den gesamten Geschäftsbereich der Gesellschaft. Sie wird durch die Satzung bestimmt. Nach § 77 Abs. 1 Satz 1 AktG (lesen!) gilt bei mehrgliedrigem Vorstand dispositiv **Gesamtgeschäftsführung.** Die Satzung kann hiervon abweichen, sie kann jedoch nicht bestimmen, daß (ein oder) mehrere Vorstandsmitglieder Meinungsverschiedenheiten im Vorstand gegen die Mehrheit seiner Mitglieder entscheiden.

Beispiel:

Satzungsklauseln, wonach dem Vorstandsvorsitzenden auch gegen die Meinung der Vorstandsmehrheit ein Alleinentscheidungsrecht zusteht, sind unzulässig; die Einräumung eines Stichentscheids bei Stimmengleichheit ist dagegen zulässig.

Im Rahmen der Geschäftsführung hat der Vorstand **dem Aufsichtsrat Bericht zu erstatten** über:

- die beabsichtigte Geschäftspolitik,
- die Rentabilität der Gesellschaft,
- den Gang der Geschäfte,
- solche Geschäfte, die für die Rentabilität oder Liquidität der Gesellschaft von erheblicher Bedeutung sein können (§ 90 AktG – lesen!).

b) Vertretung

Der Vorstand vertritt die Gesellschaft gerichtlich und außergerichtlich (§ 78 Abs. 1 AktG – lesen!).

Die Vertretungsbefugnis des Vorstands ist **nach außen unbeschränkbar** (§ 82 Abs. 1 AktG – lesen!). Im Innenverhältnis sind Vorstandsmitglieder verpflichtet, die Beschränkungen einzuhalten, die ihnen durch Satzung, Aufsichtsrat, Hauptversammlung und Geschäftsordnung für die Geschäftsführungsbefugnis auferlegt wurden.

- **Lernhinweis:** Auch hier sehen Sie die Parallele zum Prokuristen und GmbH-Geschäftsführer. Es gelten ebenso die bei den anderen gesetzlichen Vollmachten gemachten Einschränkungen: Die Berufung auf die unbeschränkte Vertretungsmacht entfällt bei Kollusion bzw. erkennbarem Mißbrauch. Im deutschen Recht gilt dagegen nicht die anglo-amerikanische „**ultra vires-Lehre**" (Beschränkung der Vertretungsmacht durch den Zweck der jeweiligen Gesellschaft).

Bei mehreren Personen gilt nach § 78 Abs. 2 im Zweifel **Gesamtvertretung**. Ist eine Willenserklärung gegenüber der Gesellschaft abzugeben, so genügt nach § 78 Abs. 2 Satz 2 die Abgabe gegenüber einem Vorstandsmitglied (bei der passiven Vertretung gilt somit zwingend Einzelvertretung. Vergleichen Sie die Parallelen bei anderen Rechtsformen: §§ 125 Abs. 3 HGB, 35 Abs. 2 S. 3 GmbHG).

Die Satzung kann aber bestimmen, daß einzelne Vorstandsmitglieder allein (**Einzelvertretungsbefugnis**) oder in Gemeinschaft mit einem Prokuristen (**unechte Gesamtvertretung**) zur Vertretung der Gesellschaft befugt sind.

3. Verantwortlichkeit des Vorstands

a) Sorgfaltspflicht

Vorstandsmitglieder haben nach § 93 AktG (lesen!) bei ihrer Geschäftsführung die Sorgfalt eines ordentlichen und gewissenhaften Geschäftsleiters anzuwenden. Über vertrauliche Angaben und Gesellschaftsgeheimnisse müssen sie Stillschweigen bewahren.

b) Insolvenzfälle

Ergibt sich bei Aufstellung der Jahresbilanz oder einer Zwischenbilanz oder ist bei pflichtgemäßem Ermessen anzunehmen, daß die **Hälfte des Grundkapitals** verloren ist, so hat der Vorstand nach § 92 Abs. 1 unverzüglich die Hauptversammlung einzuberufen und ihr dies anzuzeigen.

Wird die Gesellschaft zahlungsunfähig oder ist sie überschuldet, so hat der Vorstand unverzüglich, spätestens aber drei Wochen danach, die Eröffnung des Konkursverfahrens oder des gerichtlichen Vergleichsverfahrens zu beantragen. (Merke: Bei juristischen Personen ist nicht erst Zahlungsunfähigkeit, sondern bereits Überschuldung – Gläubigerschutz! – Konkursgrund).

c) Regreßpflichten

Vorstandsmitglieder, die ihre Pflichten verletzen, sind der Gesellschaft als Gesamtschuldner zum Ersatz des daraus entstehenden Schadens verpflichtet (§ 93 Abs. 2 AktG). Dies gilt nach § 93 Abs. 3 AktG insbesondere, wenn sie entgegen den Bestimmungen des Aktiengesetzes

- Einlagen an die Aktionäre zurückgewähren,
- Aktionären Zinsen oder Gewinnanteile zahlen,
- das Gesellschaftsvermögen verteilen,
- Zahlungen nach Eintritt der Zahlungsunfähigkeit bzw. Überschuldung leisten u. a. m.

VIII. Aufsichtsrat

Der Aufsichtsrat ist das Kontrollorgan der Aktiengesellschaft. Ihm obliegt vor allem die Bestellung bzw. Abberufung und Überwachung des Vorstands.

1. Zusammensetzung

Die Zusammensetzung des Aufsichtsrats bestimmt sich einerseits nach Aktienrecht, andererseits nach den **Mitbestimmungsgesetzen.**

a) Zusammensetzung nach Aktienrecht

Nach § 95 AktG besteht der Aufsichtsrat aus drei Mitgliedern. Die Satzung kann eine höhere Zahl festsetzen; diese muß durch 3 teilbar sein. Die Höchstzahl der Aufsichtsratsmitglieder nach Aktienrecht beträgt bei Gesellschaften mit einem Grundkapital

- bis zu 3 Mio. DM **neun,**
- von mehr als 3 Mio. DM **fünfzehn,**
- von mehr als 20 Mio. DM **einundzwanzig.**

b) Zusammensetzung nach Mitbestimmungsrecht

Die Mitbestimmungsgesetze sehen für mitbestimmungspflichtige Betriebe andere Zahlen vor. Über die von der Mitbestimmung erfaßten Gesellschaften gibt die nachfolgende Übersicht Auskunft.

§ 8. Die Aktiengesellschaft

Merken Sie sich: Bei Betrieben mit **weniger als 500** Arbeitnehmern setzt sich der (für die GmbH nur fakultative) Aufsichtsrat ausschließlich aus Vertretern der Anteilseigner zusammen, wenn es sich um Familiengesellschaften handelt. **Ab 500** Arbeitnehmern muß (insbesondere auch für die GmbH) ein Aufsichtsrat gebildet werden, der nach §§ 76, 77 BetrVerfG 1952 zu **einem Drittel** mit Arbeitnehmervertretern zu besetzen ist. **Ab 2000** Arbeitnehmern greift das Mitbestimmungsgesetz 1976 mit der „**paritätischen Mitbestimmung**" ein: Der Aufsichtsrat wird durch eine gleiche Zahl von Anteilseigner- und Arbeitnehmervertretern gebildet. Zwei wesentliche Gesichtspunkte mindern die Parität: Der Vorsitzende des Aufsichtsrats hat bei Stimmengleichheit den **Stichentscheid,** außerdem ist ein Platz auf der „Arbeitnehmerbank" für einen Vertreter der „**leitenden Angestellten**" reserviert, der (im einzelnen ist manches streitig) arbeitgeberähnliche Funktionen im Betrieb ausüben muß. Wegen Einzelheiten wird auf die arbeitsrechtlichen Vorlesungen verwiesen.

Übersicht: Mitbestimmung der Arbeitnehmer

Mitbestimmung nach	erfaßte Rechtsform	Mindestzahl der AN	Zahl der AR-Mitglieder	davon AN-Vertreter	davon AN des Unternehmens	Vertreter der GW	weitere Mitglieder
MitbestG (1976)	AG, KGaA, GmbH, bergrechtl. Gew., eG	2000	bis 10000 AN: 12 10000–20000: 16 ab 20000 AN : 20	6 8 10	4 6 7	2 2 3	
Montan MitbestG (1951)	Montanindustrie AG, GmbH, bergrechtl.Gew.	1000	11	4	2	2	je 1 auf seiten der AE und AN plus noch ein weiteres Mitglied, letzteres gewählt durch HV auf Vorschlag des AR bei Zustimmung von je 3 Mitgliedern der AE und der AN.
Mitbest.Erg.G. (1956)	AG, GmbH, bergrechtl. Gew., die aufgrund eines Organschaftverhältnisses ein Unternehmen beherrschen, für das MontanMitbestG gilt.		15	7	4 der Konzern-Unternehmen	3	1 wie bei Montan-Mitbestimmung „neutraler Mann"
§§ 76; 77 BetrVerfG (1952)	AG, KGaA (sofern nicht Familiengesellschaft mit weniger als 500 AN); GmbH, bergrechtl.Gew., Versicherungsverein aG., eingetr.Genoss..	500	Mindestzahl: 3 Höchstzahlen vom Grundkapital abhängig: bis 3 Mio.: 9 mehr als 3 Mio.: 15 mehr als 20 Mio.: 21	1/3	gestaffelt nach Zahl der auf AN entfallenden Zahl der AR-Mitglieder: 1 AR-Mitglied: 1 2 und mehr AR-Mitglieder: 2 müssen jeweils dem Unternehmen angehören.		

2. Wahl der Aufsichtsratsmitglieder

Die Mitglieder des Aufsichtsrats werden, soweit es die Vertreter der Anteilseigner betrifft, von der Hauptversammlung (§§ 101, 119 Abs. 1 Nr. 1 AktG), soweit es die Arbeitnehmervertreter betrifft, von der Belegschaft (entweder in Urwahl oder durch Wahlmänner) gewählt. Aufsichtsratsmitglieder können nur natürliche, unbeschränkt geschäftsfähige Personen sein. Zwischen Vorstand und Aufsichtsratsmitgliedschaft besteht **Inkompatibilität.** Nach § 100 Abs. 2

AktG beträgt die **Höchstzahl** der von einer Person wahrnehmbaren Aufsichtsratsmandate **10.** Es kann nicht Aufsichtsrat sein, wer gesetzlicher Vertreter eines von der Gesellschaft abhängigen Unternehmens ist oder gesetzlicher Vertreter einer anderen Kapitalgesellschaft, deren Aufsichtsrat ein Vorstandsmitglied der eigenen Gesellschaft angehört („Überkreuzverflechtung"). Damit sollen Interessenkollisionen von vornherein vermieden werden.

3. Amtszeit

Aufsichtsratsmitglieder können nach § 102 Abs. 1 AktG nicht für längere Zeit als „bis zur Beendigung der Hauptversammlung bestellt werden, die über die Entlastung für das 4. Geschäftsjahr nach dem Beginn der Amtszeit beschließt. Das Geschäftsjahr, in dem die Amtszeit beginnt, wird nicht mitgerechnet." Die Amtsdauer beträgt also **höchstens 4 Jahre.**

4. Abberufung

Die Abberufung von Aufsichtsratsmitgliedern vor Ablauf ihrer Amtszeit ist möglich. Der Beschluß bedarf einer Mehrheit von mindestens ¾ der abgegebenen Stimmen der Hauptversammlung. Auch eine gerichtliche Abberufung eines Aufsichtsratsmitglieds ist bei Vorliegen eines wichtigen Grundes möglich.

5. Aufgabenbereich

Der Aufsichtsrat hat nachfolgende Aufgaben:
- Bestellung und ggf. Abberufung des Vorstands (§ 84 AktG);
- Überwachung der Geschäftsführung des Vorstands (§ 111 AktG). Dazu kann er u. a. Bücher und Schriften der Gesellschaft einsehen und prüfen;
- Vertretung der Gesellschaft gegenüber Vorstandsmitgliedern (§ 112 AktG);
- Prüfung des Jahresabschlusses samt Lagebericht und Vorschlag für die Verwendung des Bilanzgewinns (§ 171 AktG);
- Feststellung des Jahresabschlusses (§ 172 AktG);
- Einberufung von Hauptversammlungen, wenn das Wohl der Gesellschaft dies erfordert (§ 111 Abs. 3 AktG);
- Zustimmung zu bestimmten Akten der Geschäftsführung, wenn die Satzung hierzu ermächtigt oder der Aufsichtsrat dies so bestimmt hat (§ 111 Abs. 4 Satz 2 AktG).

Für die Sorgfaltspflicht und Verantwortlichkeit der Aufsichtsratsmitglieder gelten die Bestimmungen über den Vorstand entsprechend (§ 116 AktG).

IX. Hauptversammlung

Die Hauptversammlung ist das oberste Organ der Aktiengesellschaft, sie ist die Versammlung der Anteilseigner, ihr stehen die grundlegenden Entscheidungen zu.

1. Aufgabenbereich

Die Hauptversammlung ist zuständig für

- die Bestellung der Aktionärsvertreter im Aufsichtsrat,
- die Verwendung des Bilanzgewinns,
- die Entlastung der Mitglieder des Vorstands und des Aufsichtsrats,
- die Bestellung der Abschlußprüfer,
- die Änderung der Satzung,
- die Maßnahmen der Kapitalbeschaffung und Kapitalherabsetzung,
- die Bestellung von Prüfern zur Kontrolle von Vorgängen bei der Gründung oder der Geschäftsführung,
- die Auflösung der Gesellschaft,
- die Verschmelzung, Vermögensübertragung und Umwandlung,
- die Zustimmung zu Unternehmensverträgen sowie
- andere in der Satzung vorgesehene Aufgaben.

Die Geschäftsführung geht die Hauptversammlung an sich nichts an. Nach § 119 Abs. 2 AktG (lesen!) kann aber der Vorstand ausnahmsweise Fragen der Geschäftsführung der Hauptversammlung zur Entscheidung vorlegen. Nach Auffassung der Rechtsprechung ist der Vorstand bei „schwerwiegenden Maßnahmen", die erhebliche Eingriffe in die Rechte und Interessen der Aktionäre bedeuten, sogar verpflichtet, die Hauptversammlung zu befragen (vgl. BGHZ 83, 122; dort ging es um die Ausgliederung eines wesentlichen Unternehmensbereichs durch Übertragung auf eine Tochtergesellschaft).

2. Einberufung

a) Ordentliche Hauptversammlung

Die Hauptversammlung ist einzuberufen

- wenn das Gesetz es vorschreibt
- in den satzungsgemäß bestimmten Fällen und
- wenn das Wohl der Gesellschaft es erfordert.

In der Regel wird sie durch den Vorstand einberufen, wobei bestimmte Formalitäten (vgl. dazu § 121 Abs. 3 AktG) zu beachten sind.

b) Außerordentliche Hauptversammlung

Die Hauptversammlung ist (auch) einzuberufen, wenn Aktionäre, deren Anteile zusammen 1/20 **des Grundkapitals** erreichen, die Einberufung schriftlich unter Angabe des Zwecks und der Gründe verlangen (§ 122 AktG – lesen!).

Das Gesetz geht beim Minderheitenschutz noch weiter: Nach § 122 Abs. 2 AktG (lesen!) können Aktionäre verlangen, daß Gegenstände zur Beschlußfassung einer Hauptversammlung bekannt gemacht werden, sofern eine der beiden nachfolgenden Voraussetzungen zutrifft:

- wenn die Anteile der betreffenden Aktionäre insgesamt mindestens 1/20 des Grundkapitals ausmachen oder
- wenn sie über einen Aktiennennbetrag von 1 Mio. DM verfügen.

c) Einberufungsformalitäten

Die Hauptversammlung ist mindestens **1 Monat** vor dem Tage der Versammlung einzuberufen (§ 123 Abs. 1 AktG). Die Satzung kann die Teilnahme an der Hauptversammlung oder die Ausübung des Stimmrechts davon abhängig machen, daß die Aktien bis zu einem bestimmten Zeitpunkt vor der Versammlung hinterlegt werden oder davon, daß sich die Aktionäre vor der Versammlung anmelden. Die **Tagesordnung** ist bei Einberufung in den Gesellschaftsblättern bekanntzumachen. Bei einem Minderheitenpetitum nach § 122 Abs. 2 genügt es, wenn diese Gegenstände binnen 10 Tagen nach der Einberufung der Hauptversammlung bekanntgemacht werden (§ 124 Abs. 1 S. 2).

Zu jedem Gegenstand der Tagesordnung, über den die Hauptversammlung beschließen soll, haben der Vorstand und der Aufsichtsrat (zur Wahl von Aufsichtsratsmitgliedern und Prüfern nur der Aufsichtsrat) in der Bekanntmachung der Tagesordnung **Vorschläge zur Beschlußfassung** zu machen (§ 124 Abs. 3 Satz 1 AktG – lesen!). Über Gegenstände der Tagesordnung, die nicht ordnungsgemäß bekanntgemacht sind, dürfen keine Beschlüsse gefaßt werden.

Der Vorstand muß binnen 12 Tagen nach der Bekanntmachung der Einberufung der Hauptversammlung im Bundesanzeiger den Kreditinstituten und Aktionärsvereinigungen, die in der letzten Hauptversammlung Stimmrechte für Aktionäre ausgeübt oder die die Mitteilung verlangt haben, die Einberufung der Hauptversammlung, die Bekanntmachung der Tagesordnung und etwaige Anträge und Wahlvorschläge von Aktionären einschließlich des Namens des Aktionärs, der Begründung und einer etwaigen Stellungnahme der Verwaltung mitteilen (§ 125 Abs. 1 AktG). Verwahrt ein Kreditinstitut für Aktionäre Aktien der Gesellschaft, so hat es diese Mitteilungen unverzüglich an die Aktionäre weiterzugeben.

3. Auskunftsrecht des Aktionärs

Die Aktienrechtsreform von 1965 hat das Auskunftsrecht des Aktionärs konkretisiert und verstärkt. Nach § 131 AktG (lesen!) ist jedem Aktionär auf Verlangen in der Hauptversammlung vom Vorstand Auskunft über Angelegenheiten der Gesellschaft zu geben, soweit sie „zur **sachgemäßen Beurteilung** des Gegenstands der Tagesordnung erforderlich ist". Die Auskunftspflicht erstreckt sich auch auf die rechtlichen und geschäftlichen Beziehungen der Gesellschaft zu einem verbundenen Unternehmen. Der Vorstand hat die Auskunft nach den Grundsätzen einer gewissenhaften und getreuen Rechenschaft zu geben. Der Vorstand darf die Auskunft verweigern,

- soweit die Erteilung der Auskunft nach vernünftiger kaufmännischer Beurteilung geeignet ist, der Gesellschaft oder einem verbundenen Unternehmen einen **nicht unerheblichen Nachteil** zuzufügen;
- soweit sie sich auf **steuerliche Wertansätze** oder die **Höhe einzelner Steuern** bezieht;
- über den **Unterschied zwischen dem Wert,** mit dem Gegenstände in **der Jahresbilanz** angesetzt worden sind, **und einem höheren Wert** dieser Gegenstände, es sei denn, daß die Hauptversammlung den Jahresabschluß feststellt;
- über die **Bilanzierungs- und Bewertungsmethoden,** soweit die Angabe dieser

Methoden im Anhang ausreicht, um ein den tatsächlichen Verhältnissen entsprechendes Bild der Vermögens-, Finanz- und Ertragslage der Gesellschaft zu vermitteln; dies gilt nicht, wenn die Hauptversammlung den Jahresabschluß feststellt;

- **soweit sich** der **Vorstand** durch die Erteilung der Auskunft **strafbar machen würde.**

Aus anderen Gründen darf die Auskunft nicht verweigert werden. Ein Aktionär kann bei Verweigerung der Auskunft verlangen, daß seine Frage und der Grund, aus dem die Auskunft verweigert worden ist, **protokolliert** werden. Nach § 132 AktG (lesen!) entscheidet auf Antrag das zuständige Landgericht über die Pflicht zur Auskunfterteilung. Vgl. zu diesen Fragen auch den Übungsfall „Die turbulente Hauptversammlung".

4. Stimmrecht

Das Stimmrecht wird **nach Aktiennennbeträgen** ausgeübt (§ 134 AktG). Mit Genehmigung der obersten Landesbehörde ausgegebene **Mehrstimmrechtsaktien** gewähren ein entsprechend höheres Stimmgewicht (s. o.). Bei stimmrechtslosen **Vorzugsaktien** (§§ 139 ff. AktG) entfällt das Stimmrecht. Nach § 136 AktG besteht ein **Stimmrechtsverbot bei Befangenheit**. Die Ausübung des Stimmrechts durch Bevollmächtigte ist zulässig (§ 134 Abs. 3 AktG). Rechtspolitisch problematisch ist die Bevollmächtigung von Kreditinstituten **(„Depotstimmrecht")**. Das Gesetz versucht, Machtmißbräuche zu verhindern: Ein Kreditinstitut darf das Stimmrecht für Inhaberaktien, die ihm nicht gehören, nur ausüben oder ausüben lassen, wenn es **schriftlich bevollmächtigt** ist. In der eigenen Hauptversammlung darf das bevollmächtigte Kreditinstitut das Stimmrecht aufgrund der Vollmacht nur ausüben, soweit der Aktionär eine **ausdrückliche Weisung** zu den einzelnen Gegenständen der Tagesordnung erteilt hat. Außerdem darf die Vollmacht nur einem bestimmten Kreditinstitut und nur für **längstens 15 Monate** erteilt werden. Sie ist jederzeit **widerruflich**. Vgl. im einzelnen die sehr detaillierte Regelung des § 135 AktG!

In bestimmten Fällen ist die Ausübung von (Minderheits-)Rechten bzw. die Wirksamkeit von Beschlüssen vom Erreichen einer im AktG festgelegten Stimmquote abhängig (vergleichen Sie dazu die Übersicht „Stimmquoten").

5. Nichtigkeit und Anfechtbarkeit von Hauptversammlungsbeschlüssen

Beschlüsse der Hauptversammlung können gegen Gesetz oder Satzung verstoßen und damit mangelhaft sein. Das Gesetz schränkt im Vergleich zum bürgerlichen Recht Nichtigkeits- und Anfechtungstatbestände ein. Wichtig ist, daß die Anfechtung durch **Klage beim zuständigen Landgericht** geltend gemacht werden muß (§§ 245, 246 AktG).

a) Nichtigkeitsgründe

Hauptversammlungsbeschlüsse sind nach § 241 AktG (lesen!) u. a. nichtig

- bei nicht ordnungsgemäß einberufenen Hauptversammlungen,
- bei Beurkundungsmängeln,

Übersicht: Stimmquoten

Quote am GK mindestens	Rechtsgrundlage	Rechtsmacht
5 %	§ 122 I	Einberufung einer Hauptversammlung
5 % oder 1 Mio.	§ 122 II	Bekanntgabe von Gegenständen zur Beschlußfassung
5 % oder 1 Mio.	§ 258 II, 3	Bestellung von Sonderprüfern
10 % oder 2 Mio.	§ 120 I, 2	Gesonderte Abstimmung über Entlastung von VSt.- bzw. AR-Mitgliedern
10 % oder 2 Mio.	§ 142 II	Sonderprüfung trotz ablehnendem Beschluß der Hauptversammlung
10 % oder 2 Mio.	§ 318 III HGB	Bestellung anderer Abschlußprüfer
mehr als 25 %	arg. § 179 II	Satzungsänderungen können blockiert werden – „Sperrminorität" –
50 %	§ 133 I	Mehrheit für nicht satzungsändernde Beschlüsse
75 %	§ 179 II	satzungsändernde Mehrheit
mehr als 90 %	§ 369 §§ 9 ff UmwG	Umwandlung in GmbH, oHG oder durch Übertragung auf einen Gesellschafter
95 %	§ 320	Eingliederung in eine AG

- wenn sie dem Wesen der Aktiengesellschaft widersprechen,
- gegen die guten Sitten verstoßen oder
- auf Anfechtungsklage durch Urteil rechtskräftig für nichtig erklärt worden sind.

b) Anfechtungsgründe

Ein Beschluß der Hauptversammlung kann nach § 243 AktG (lesen!) wegen Verletzung des Gesetzes oder der Satzung durch Klage angefochten werden. Dasselbe gilt, wenn ein Aktionär mit der Ausübung des Stimmrechts für sich oder einen Dritten Sondervorteile zum Schaden der Gesellschaft oder anderer Aktionäre zu erlangen sucht und der Beschluß geeignet ist, diesem Zweck zu dienen (Lernhinweis: Beachten Sie in diesem Zusammenhang auch die Schadensersatzpflicht nach § 117 AktG – lesen!).

Anfechtungsbefugt ist u. a.

- jeder in der Hauptversammlung erschienene Aktionär, wenn er gegen den Beschluß **Widerspruch zur Niederschrift** erklärt hat,
- jeder in der Hauptversammlung nicht erschienene Aktionär, wenn er zu der Hauptversammlung zu Unrecht nicht zugelassen worden ist oder die Versammlung nicht ordnungsgemäß einberufen oder der Gegenstand der Beschlußfassung nicht ordnungsgemäß bekanntgemacht worden ist.

Die Anfechtungsklage muß **innerhalb eines Monats** nach der Beschlußfassung erhoben und beim Landgericht am Sitz der Gesellschaft eingereicht werden. Zu Einzelheiten vgl. §§ 243 ff. AktG sowie unten die Übungsfälle „Die turbulente Hauptversammlung" und „Die fragwürdige Eingliederung".

X. Rechnungslegung und Gewinnverwendung

• **Lernhinweis:** Es kann nicht Aufgabe dieses Buches sein, dem Studenten der Wirtschaftswissenschaften sämtliche Einzelheiten des Jahresabschlusses beizubringen. Hierzu dienen die einschlägigen propädeutischen Veranstaltungen sowie die Vertiefungsvorlesungen des Rechnungswesens. Im nachfolgenden geht es nur um die Grundsätze. Deren Kenntnisse werden dann aber auch in den (mündlichen!) Prüfungen des Handels- und Gesellschaftsrechts vorausgesetzt.

Seit dem am 1.1.1986 in Kraft getretenen Bilanzrichtliniengesetz sind die Vorschriften über die Rechnungslegung der Aktiengesellschaft (zusammen mit denen anderer Kapitalgesellschaften) weitgehend aus dem Aktiengesetz herausgenommen und im 3. Buch des HGB geregelt. Systematisch ging das Gesetz so vor, daß zunächst in einem ersten Abschnitt die für alle Kaufleute geltenden Vorschriften (§§ 238–263 HGB) vorangestellt sind. Im zweiten Abschnitt werden diese um solche Normen ergänzt, die speziell für Kapitalgesellschaften

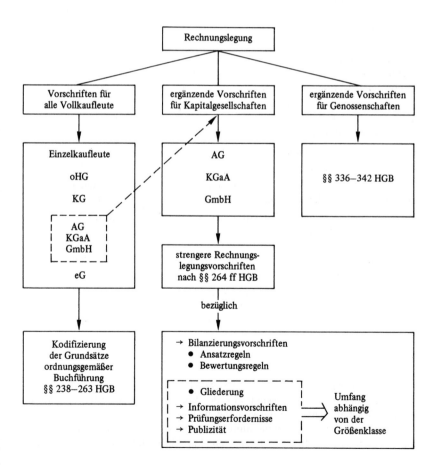

(AG, KGaA und GmbH) gelten (§§ 264 ff. HGB). Ergänzende Vorschriften für eingetragene Genossenschaften sind im dritten Abschnitt (§§ 336 ff. HGB) geregelt. **Wichtig:** Bei den Kapitalgesellschaften stellt das Gesetz verschiedene **Größenklassen** auf. § 267 HGB unterscheidet zwischen „kleinen", „mittelgroßen" und „großen" Kapitalgesellschaften. Die Unterscheidung ist bedeutsam

- für den **Detaillierungsgrad** von Bilanz, Gewinn- und Verlustrechnung sowie Anhang und
- für die Vorschriften über die **Prüfung** und **Veröffentlichung** des Jahresabschlusses.

Für mittlere und kleinere Kapitalgesellschaften sind weniger strenge Anforderungen vorgesehen. Vergegenwärtigen Sie sich die gesetzliche Systematik anhand der Übersicht „Rechnungslegung".

§ 267 HGB umschreibt die Größenklassen wie folgt:

Kleine Kapitalgesellschaften sind solche, die mindestens zwei der drei nachfolgenden Merkmale nicht überschreiten:

- 3,9 Mio. DM Bilanzsumme (nach Abzug eines auf der Aktivseite ausgewiesenen Fehlbetrags),
- 8 Mio. DM Umsatzerlöse (in den zwölf Monaten vor dem Abschlußstichtag),
- 50 Arbeitnehmer im Jahresdurchschnitt.

Mittelgroße Kapitalgesellschaften sind solche, die mindestens zwei der drei für kleine Kapitalgesellschalten geltenden Merkmale überschreiten und jeweils mindestens zwei der drei nachstehenden Merkmale nicht überschreiten:

- 15,5 Mio. DM Bilanzsumme,
- 32 Mio. DM Umsatzerlöse,
- 250 Arbeitnehmer im Jahresdurchschnitt.

Große Kapitalgesellschaften sind solche, die mindestens zwei der drei für mittlere Kapitalgesellschaften bezeichneten Merkmale überschreiten.

Die jeweils genannten Merkmale müssen an den Abschlußstichtagen von zwei aufeinanderfolgenden Geschäftsjahren über- oder unterschritten werden. Börsennotierte Kapitalgesellschaften gelten stets als große Kapitalgesellschaften (§ 267 Abs. 3 S. 2 HGB).

- **Lernhinweis:** Prägen Sie sich die Merkmale für die Größeneinteilung anhand der Übersicht „Größenklassen" ein.

Da die Aktiengesellschaft typische Unternehmensform für Großunternehmen ist und die börsennotierte AG stets als große Kapitalgesellschaft gilt, werden nachfolgend im wesentlichen die Vorschriften für die große AG dargestellt.

1. Jahresabschluß und Lagebericht

Nach §§ 264, 242 HGB haben die gesetzlichen Vertreter einer Kapitalgesellschaft, bei der Aktiengesellschaft also der Vorstand, in den ersten drei Monaten des Geschäftsjahres für das vergangene Geschäftsjahr die Jahresbilanz, die Gewinn- und Verlustrechnung und den Anhang sowie einen Lagebericht aufzustellen und nach § 320 HGB den Abschlußprüfern vorzulegen. Dabei

§ 8. Die Aktiengesellschaft 169

2 von 3 Merkmalen müssen vorliegen	Größenklassen bei Kapitalgesellschaften		
	Kleinformat	Mittelformat	Großformat
Bilanzsumme in Mio. DM	≤ 3,9	≤ 15,5	> 15,5
Umsatz in Mio. DM	≤ 8,0	≤ 32,0	> 32,0
Beschäftigte	≤ 50	≤ 250	> 250

gelten die Vorschriften des HGB über die Handelsbücher sowie einige aktienrechtliche Besonderheiten. Jahresbilanz, Gewinn- und Verlustrechnung und Anhang ergeben zusammen den Jahresabschluß. **Lernhinweis:** Vergleichen Sie die Übersicht: „Bestandteile der Rechnungslegung von Kapitalgesellschaften".

Bestandteile der Rechnungslegung von Kapitalgesellschaften

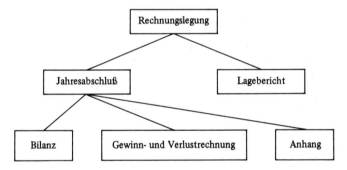

a) Bilanz

Nach § 242 HGB hat der Kaufmann zu Beginn seines Handelsgewerbes und für den Schluß eines jeden Geschäftsjahres „**einen das Verhältnis seines Vermögens und seiner Schulden darstellenden Abschluß**" aufzustellen (Legaldefinition! Lesen!).

aa) Gesetzliche Rücklage

Nach § 150 AktG (lesen!) ist in der Bilanz eine gesetzliche Rücklage zu bilden. In diese ist der **zwanzigste Teil** des um einen Verlustvortrag aus dem Vorjahr geminderten Jahresüberschusses einzustellen, bis die gesetzliche Rücklage und die Kapitalrücklagen nach § 272 Abs. 2 Nr. 1–3 HGB (z. B. der Betrag, der bei der Ausgabe von Aktien und Bezugsaktien über den Nennbetrag hinaus erzielt wird) zusammen den zehnten oder den in der Satzung bestimmten höheren Teil des Grundkapitals erreichen. Übersteigen die gesetzliche Rücklage und die Kapitalrücklagen nach § 272 Abs. 2 Nr. 1–3 HGB zusammen nicht den zehnten oder den in der Satzung bestimmten höheren Teil des Grundkapitals, so ist ihre

Verwendung nach § 150 Abs. 2 AktG eingeschränkt (lesen!). Übersteigen sie das vorbezeichnete Limit, darf der übersteigende Betrag zum Ausgleich eines Jahresfehlbetrages oder Verlustvortrages oder zur Kapitalerhöhung aus Gesellschaftsmitteln verwandt werden (§ 150 Abs. 4 AktG). Eine Verwendung ist jedoch in den ersten beiden Fällen unzulässig, wenn gleichzeitig Gewinnrücklagen zur Gewinnausschüttung aufgelöst werden.

bb) Gliederung der Jahresbilanz

§ 266 HGB schreibt vor, daß in der Jahresbilanz folgende Posten gesondert und in der vorgeschriebenen Reihenfolge auszuweisen sind:

Auf der Aktivseite
A. Anlagevermögen:
   I. Immaterielle Vermögensgegenstände:
      1. Konzessionen, gewerbliche Schutzrechte und ähnliche Rechte und Werte sowie Lizenzen an solchen Rechten und Werten;
      2. Geschäfts- oder Firmenwert;
      3. geleistete Anzahlungen;
   II. Sachanlagen:
      1. Grundstücke, grundstücksgleiche Rechte und Bauten einschließlich der Bauten auf fremden Grundstücken;
      2. technische Anlagen und Maschinen;
      3. andere Anlagen, Betriebs- und Geschäftsausstattung;
      4. geleistete Anzahlungen und Anlagen im Bau;
   III. Finanzanlagen:
      1. Anteile an verbundenen Unternehmen;
      2. Ausleihungen an verbundene Unternehmen;
      3. Beteiligungen;
      4. Ausleihungen an Unternehmen, mit denen ein Beteiligungsverhältnis besteht;
      5. Wertpapiere des Anlagevermögens;
      6. sonstige Ausleihungen.
B. Umlaufvermögen:
   I. Vorräte:
      1. Roh-, Hilfs- und Betriebsstoffe;
      2. unfertige Erzeugnisse, unfertige Leistungen;
      3. fertige Erzeugnisse und Waren;
      4. geleistete Anzahlungen;
   II. Forderungen und sonstige Vermögensgegenstände:
      1. Forderungen aus Lieferungen und Leistungen;
      2. Forderungen gegen verbundene Unternehmen;
      3. Forderungen gegen Unternehmen, mit denen ein Beteiligungsverhältnis besteht;
      4. sonstige Vermögensgegenstände;
   III. Wertpapiere:
      1. Anteile an verbundenen Unternehmen;
      2. eigene Anteile;
      3. sonstige Wertpapiere;
   IV. Schecks, Kassenbestand, Bundesbank- und Postgiroguthaben, Guthaben bei Kreditinstituten.
C. Rechnungsabgrenzungsposten.

Auf der Passivseite
A. Eigenkapital:
   I. Gezeichnetes Kapital;
   II. Kapitalrücklage;

III. Gewinnrücklagen:
  1. gesetzliche Rücklage;
  2. Rücklage für eigene Anteile;
  3. satzungsmäßige Rücklagen;
  4. andere Gewinnrücklagen;
IV. Gewinnvortrag/Verlustvortrag;
V. Jahresüberschuß/Jahresfehlbetrag.
B. Rückstellungen:
  1. Rückstellungen für Pensionen und ähnliche Verpflichtungen;
  2. Steuerrückstellungen;
  3. sonstige Rückstellungen.
C. Verbindlichkeiten:
  1. Anleihen, davon konvertibel;
  2. Verbindlichkeiten gegenüber Kreditinstituten;
  3. erhaltene Anzahlungen auf Bestellungen;
  4. Verbindlichkeiten aus Lieferungen und Leistungen;
  5. Verbindlichkeiten aus der Annahme gezogener Wechsel und der Ausstellung eigener Wechsel;
  6. Verbindlichkeiten gegenüber verbundenen Unternehmen;
  7. Verbindlichkeiten gegenüber Unternehmen, mit denen ein Beteiligungsverhältnis besteht;
  8. sonstige Verbindlichkeiten,
     davon aus Steuern,
     davon im Rahmen der sozialen Sicherheit.
D. Rechnungsabgrenzungsposten.

cc) Vorschriften zu einzelnen Posten der Jahresbilanz

Das HGB regelt in den §§ 268 ff. mit großer Akribie, wie die einzelnen Posten zu erfassen und zu bewerten sind. Im einzelnen wird dazu auf die Vorlesungen über das Rechnungswesen verwiesen. § 264 Abs. 2 HGB stellt den Grundsatz auf, daß der Jahresabschluß der Kapitalgesellschaft unter Beachtung der Grundsätze ordnungsgemäßer Buchführung „ein **den tatsächlichen Verhältnissen entsprechendes Bild** der Vermögens-, Finanz- und Ertragslage zu vermitteln hat". Ist dies aus besonderen Gründen nicht möglich, so müssen im Anhang entsprechende Angaben gemacht werden. Damit gilt der englische Grundsatz des **„true and fair view"**.

b) Gewinn- und Verlustrechnung

Die Pflicht zur Aufstellung einer Gewinn- und Verlustrechnung ergibt sich aus § 242 Abs. 2 HGB. Der Gesetzgeber definiert sie als eine **„Gegenüberstellung der Aufwendungen und Erträge des Geschäftsjahres"**. Auch für die Gewinn- und Verlustrechnung schreibt das HGB sowohl die Gliederung als auch die Kriterien für die einzelnen Posten vor (§§ 275 ff. HGB). Spezielle Vorschriften zur Gewinn- und Verlustrechnung der Aktiengesellschaft enthält § 158 AktG.

Die Gewinn- und Verlustrechnung ist nach § 275 HGB in Staffelform aufzustellen. Sie kann wahlweise nach dem Gesamtkosten- oder Umsatzkostenverfahren erstellt werden.

Bei Anwendung des **Gesamtkostenverfahrens** sind auszuweisen:
  1. Umsatzerlöse
  2. Erhöhung oder Verminderung des Bestands an fertigen und unfertigen Erzeugnissen
  3. andere aktivierte Eigenleistungen

4. sonstige betriebliche Erträge
5. Materialaufwand:
   a) Aufwendungen für Roh-, Hilfs- und Betriebsstoffe und für bezogene Waren
   b) Aufwendungen für bezogene Leistungen
6. Personalaufwand:
   a) Löhne und Gehälter
   b) soziale Abgaben und Aufwendungen für Altersversorgung und für Unterstützung,
   davon für Altersversorgung
7. Abschreibungen:
   a) auf immaterielle Vermögensgegenstände des Anlagevermögens und Sachanlagen sowie auf aktivierte Aufwendungen für die Ingangsetzung und Erweiterung des Geschäftsbetriebs
   b) auf Vermögensgegenstände des Umlaufvermögens, soweit diese die in der Kapitalgesellschaft üblichen Abschreibungen überschreiten
8. sonstige betriebliche Aufwendungen
9. Erträge aus Beteiligungen,
   davon aus verbundenen Unternehmen
10. Erträge aus anderen Wertpapieren und Ausleihungen des Finanzanlagevermögens,
    davon aus verbundenen Unternehmen
11. sonstige Zinsen und ähnliche Erträge,
    davon aus verbundenen Unternehmen
12. Abschreibungen auf Finanzanlagen und auf Wertpapiere des Umlaufvermögens
13. Zinsen und ähnliche Aufwendungen,
    davon an verbundene Unternehmen
14. Ergebnis der gewöhnlichen Geschäftstätigkeit
15. außerordentliche Erträge
16. außerordentliche Aufwendungen
17. außerordentliches Ergebnis
18. Steuern vom Einkommen und vom Ertrag
19. sonstige Steuern
20. Jahresüberschuß/Jahresfehlbetrag.

Bei Anwendung des **Umsatzkostenverfahrens** sind auszuweisen:

1. Umsatzerlöse
2. Herstellungskosten der zur Erzielung der Umsatzerlöse erbrachten Leistungen
3. Bruttoergebnis vom Umsatz
4. Vertriebskosten
5. allgemeine Verwaltungskosten
6. sonstige betriebliche Erträge
7. sonstige betriebliche Aufwendungen
8. Erträge aus Beteiligungen,
   davon aus verbundenen Unternehmen
9. Erträge aus anderen Wertpapieren und Ausleihungen des Finanzanlagevermögens,
   davon aus verbundenen Unternehmen
10. sonstige Zinsen und ähnliche Erträge,
    davon aus verbundenen Unternehmen
11. Abschreibungen auf Finanzlagen und auf Wertpapiere des Umlaufvermögens
12. Zinsen und ähnliche Aufwendungen,
    davon an verbundene Unternehmen
13. Ergebnis der gewöhnlichen Geschäftstätigkeit
14. außerordentliche Erträge
15. außerordentliche Aufwendungen
16. außerordentliches Ergebnis
17. Steuern vom Einkommen und vom Ertrag

18. sonstige Steuern
19. Jahresüberschuß/Jahresfehlbetrag.

c) Anhang

Aufgabe des Anhangs ist es, **Erläuterungen und Ergänzungen zur Bilanz und zur Gewinn- und Verlustrechnung** zu geben. Der Anhang ist Teil des Jahresabschlusses. Nach § 284 Abs. 1 HGB sind in den Anhang diejenigen Angaben aufzunehmen, die zu den einzelnen Posten der Bilanz oder der Gewinn- und Verlustrechnung vorgeschrieben oder die im Anhang zu machen sind, weil sie in Ausübung eines Wahlrechts nicht in die Bilanz oder in die Gewinn- und Verlustrechnung aufgenommen wurden. Welche Angaben in den Anhang aufgenommen werden müssen, ergibt sich vornehmlich aus den §§ 284ff. HGB. Speziell für die Aktiengesellschaft ist in § 160 AktG zusätzlich ein umfangreicher Katalog obligatorischer Angaben aufgeführt. Man erkennt auch hier das Bemühen des Gesetzgebers um Vermittlung eines „true and fair view".

d) Lagebericht

Im Lagebericht sind nach § 289 Abs. 1 HGB zumindest der **Geschäftsverlauf und die Lage der Kapitalgesellschaft** so darzustellen, daß ein den tatsächlichen Verhältnissen entsprechendes Bild vermittelt wird. Nach § 289 Abs. 2 HGB soll auch eingegangen werden auf:

- Vorgänge von besonderer Bedeutung, die nach dem Schlusse des Geschäftsjahres eingetreten sind;
- die voraussichtliche Entwicklung der Kapitalgesellschaft und
- den Bereich Forschung und Entwicklung.

Daraus wird ersichtlich, daß der Lagebericht „zukunftsorientiert" sein soll.

2. Prüfung des Jahresabschlusses und Lageberichts

a) Prüfung durch Abschlußprüfer

Der Jahresabschluß und der Lagebericht von Kapitalgesellschaften sind nach § 316 HGB durch „Abschlußprüfer" zu prüfen. **Hinweis:** Dies gilt **nicht für kleine Kapitalgesellschaften!**

Die Prüfer werden von der Hauptversammlung bestellt (§ 119 Abs. 1 Nr. 4 AktG). Sie verfassen einen schriftlichen Bericht nach Maßgabe des § 321 HGB. Sind nach dem abschließenden Ergebnis der Prüfung keine Einwendungen zu erheben, hat der Abschlußprüfer dies in folgendem Vermerk zum Jahresabschluß zu bestätigen: „Die Buchführung und der Jahresabschluß entsprechen nach meiner pflichtgemäßen Prüfung den gesetzlichen Vorschriften. Der Jahresabschluß vermittelt unter Beachtung der Grundsätze ordnungsgemäßer Buchführung ein den tatsächlichen Verhältnissen entsprechendes Bild der Vermögens-, Finanz- und Ertragslage der Kapitalgesellschaft. Der Lagebericht steht im Einklang mit dem Jahresabschluß" (uneingeschränkter Bestätigungsvermerk, „Testat"). Der Bestätigungsvermerk ist nach § 322 Abs. 2 HGB in geeigneter Weise zu ergänzen, wenn zusätzliche Bemerkungen erforderlich erscheinen, um einen falschen Eindruck über den Inhalt der Prüfung und die Tragweite des Bestätigungsvermerks zu vermeiden. Auch ist auf die Übereinstimmung mit dem Gesellschaftsvertrag und der Satzung hinzuweisen, wenn dieser in zulässiger Weise ergänzende Vorschriften über den Jahresabschluß enthält. Sind Einwendungen zu erheben, so hat der Abschlußprüfer den Bestätigungsvermerk einzuschränken oder zu versagen. Abschlußprüfer trifft eine persönliche Verantwortung nach § 323 HGB.

b) Prüfung durch den Aufsichtsrat

Der Jahresabschluß und Lagebericht sind vom Vorstand (mit dem Prüfungsbericht) dem Aufsichtsrat vorzulegen (§ 170 Abs. 1 S. 1 AktG). Nach § 171 AktG hat der Aufsichtsrat den Jahresabschluß und den Lagebericht zu prüfen, zusammen mit dem Vorschlag des Vorstands für die Verwendung des Bilanzgewinns.

3. Feststellung des Jahresabschlusses

Billigt der Aufsichtsrat den Jahresabschluß, so ist dieser nach § 172 AktG festgestellt. Es besteht allerdings auch die Möglichkeit, daß Vorstand und Aufsichtsrat die Feststellung des Jahresabschlusses der Hauptversammlung überlassen (dies ist aber selten).

4. Gewinnverwendung

Die Hauptversammlung beschließt über die Verwendung des Bilanzgewinns. Sie ist hierbei **an den festgestellten Jahresabschluß gebunden** (§ 174 Abs. 1 AktG – lesen!).

In dem Beschluß ist die Verwendung des Bilanzgewinns im einzelnen darzulegen, wobei namentlich anzugeben sind

- der Bilanzgewinn,
- der an die Aktionäre auszuschüttende Betrag,
- die in Gewinnrücklagen einzustellenden Beträge,
- ein Gewinnvortrag,
- der zusätzliche Aufwand aufgrund des Beschlusses.

5. Offenlegung

- **Lernhinweis:** Bei diesem Themenkomplex ist die Rechtslage stark von der Größe der Kapitalgesellschaft abhängig (vgl. §§ 325 ff. HGB). Für kleine und mittelgroße Kapitalgesellschaften sieht das Gesetz Erleichterungen vor (vgl. im einzelnen §§ 326, 327 HGB). Dem Grundsatz nach gilt: Der Jahresabschluß ist zum zuständigen Handelsregister einzureichen. Dasselbe gilt für Lagebericht, Bericht des Aufsichtsrats und gegebenenfalls Vorschlag und Beschluß über die Ergebnisverwendung. Die gesetzlichen Vertreter der Kapitalgesellschaft haben dann unverzüglich im Bundesanzeiger bekanntzumachen, bei welchem Handelsregister und unter welcher Nummer diese Unterlagen eingereicht worden sind.

Kleine Kapitalgesellschaften brauchen nach § 326 HGB nur die Bilanz und den Anhang spätestens vor Ablauf des 12. Monats des dem Bilanzstichtag nachfolgenden Geschäftsjahrs einzureichen.

§ 8. Die Aktiengesellschaft

Zusammenfassende Übersicht: Rechnungslegung und Gewinnverwendung bei der Aktiengesellschaft

Vorgang	zuständ. Organ	Inhalt und Einzelheiten
(1) Aufstellung des Jahresabschlusses (Jahresbilanz und Gewinn- und Verlustrechnung sowie Anhang)	Vorstand	Gliederung der Jahresbilanz nach § 266 HGB, Gliederung der G.- u. V.-Rechnung nach § 275 HGB in Staffelform. Zum Anhang vgl. §§ 284 ff. HGB, 160 AktG.
(2) Lagebericht	Vorstand	Bericht über den Geschäftsverlauf und die Lage der Gesellschaft, § 289 HGB
(3) Prüfung des Jahresabschlusses und des Lageberichts	Abschlußprüfer	Überprüfung, ob Buchführung, Jahresabschluß und Lagebericht (nach pflichtgemäßer Prüfung durch Wirtschaftsprüfer) Gesetz und Satzung entsprechen
	Aufsichtsrat	Prüfung von Jahresabschluß, Lagebericht und Vorschlag für die Verwendung des Bilanzgewinnes und schriftlicher Bericht an Hauptversammlung (§ 171 AktG).
(4) Feststellung des Jahresabschlusses	Aufsichtsrat (ausnahmsweise Hauptversammlung)	Billigung des Jahresabschlusses (§ 172 AktG).
(5) Gewinnverwendung	Hauptversammlung	Beschluß über die Verwendung des im festgelegten Jahresabschluß ausgewiesenen Bilanzgewinns (§ 174 AktG).
(6) Offenlegung des Jahresabschlusses	Vorstand	Große Gesellschaften: Im Bundesanzeiger sind bekanntzumachen: – Jahresabschluß mit Bestätigungsvermerk, – Lagebericht, – Bericht des Aufsichtsrates, – ggf. Vorschlag und Beschluß über die Verwendung des Ergebnisses. Danach sind diese Unterlagen mit der Bekanntmachung zum Handelsregister einzureichen. Kleine und mittelgroße Kapitalgesellschaften: Umgekehrte Reihenfolge und Erleichterungen nach §§ 325 I, 326, 327 HGB.

Für mittelgroße Kapitalgesellschaften gilt nach § 327 HGB die Erleichterung, daß sie die Bilanz nur in der für kleine Kapitalgesellschaften vorgeschriebenen Form und den Anhang unter Verzicht auf bestimmte Angaben einreichen müssen (vgl. im einzelnen § 327 HGB). Die große Kapitalgesellschaft muß die für die Handelsregistereinreichung erforderlichen Unterlagen zuerst im Bundesanzeiger bekanntmachen.

Da die Aktiengesellschaft typische Rechtsform für Großunternehmen ist und börsennotierte Aktiengesellschaften immer unter das Großformat fallen, geht die nachfolgende Darstellung von der großen Kapitalgesellschaft aus.

a) Bekanntmachung im Bundesanzeiger

Der Vorstand hat den Jahresabschluß mit dem Bestätigungsvermerk oder dem Vermerk über dessen Versagung zusammen mit dem Lagebericht, dem Bericht des Aufsichtsrats und ggf. dem Vorschlag und Beschluß über die Verwendung des Ergebnisses im Bundesanzeiger bekanntzumachen (vgl. § 325 Abs. 2 i. V. m. Abs. 1 HGB). Form und Inhalt der Unterlagen ergeben sich aus § 328 Abs. 1 HGB.

b) Einreichung zum Handelsregister

Nach der Bekannntmachung muß diese zusammen mit den bei a) angeführten Unterlagen zum Handelsregister angemeldet werden.

Rechnungslegungspflichten der Kapitalgesellschaften			
	Größenklassen:		
	klein	mittel	groß
BILANZ: Erstellung Veröffentlichung	ja HR	ja HR	ja BA
G+V–RECHNUNG: Erstellung Veröffentlichung	ja nein	ja HR	ja BA
ANHANG: Erstellung Veröffentlichung	ja HR	ja HR	ja BA
LAGEBERICHT: Erstellung Veröffentlichung	ja nein	ja HR	ja BA
Pflichtprüfung	nein	ja	ja
Aufstellungspflicht	6 Mon.	3 Mon.	3 Mon.
Veröffentlichungsfrist	12 Mon.	9 Mon.	9 Mon.

§ 8. Die Aktiengesellschaft

c) Freiwillige Bekanntmachung

• **Lernhinweis:** In der Praxis werden Jahresabschlüsse nicht nur in den durch Gesetz oder Satzung vorgeschriebenen Fällen veröffentlicht. Dabei wird meist eine abgekürzte Form gewählt. Solche Veröffentlichungen sind nur noch nach Maßgabe des § 328 Abs. 2 HGB zulässig (entspr. Hinweis, keine Beifügung des Bestätigungsvermerks).

d) Prüfung des Registergerichts

Nach § 329 Abs. 1 HGB hat das Registergericht zu prüfen, ob die zum Handelsregister einzureichenden Unterlagen vollzählig sind und, sofern vorgeschrieben, bekanntgemacht worden sind.

• **Lernhinweis:** Repetieren Sie nun noch einmal die Rechnungslegungspflichten der Kapitalgesellschaften im Hinblick auf die unterschiedlichen Größenklassen anhand der vergleichenden Übersicht „Rechnungslegungspflichten der Kapitalgesellschaften" (HR = Handelsregister; BA = Bundesanzeiger).

6. Exkurs: Rechnungslegung für Großunternehmen nach dem Publizitätsgesetz

Die strengen Vorschriften der §§ 264 ff. HGB sichern nicht nur die Interessen der Aktionäre und der Gläubiger, sie dienen auch gesamtwirtschaftlichen Belangen. Letzteres trifft ebenso für Großunternehmen zu, die nicht in der Rechtsform der Kapitalgesellschaft geführt werden. Dies ist der Grund, weshalb das „Gesetz über die Rechnungslegung von bestimmten Unternehmen und Konzernen" vom 15. 8. 1969 („Publizitätsgesetz") bestimmte Unternehmen den Grundsätzen der Rechnungslegung für Kapitalgesellschaften unterwirft.

a) Betroffene Unternehmen

Das Publizitätsgesetz findet nach dessen § 1 Anwendung auf Unternehmen, bei denen von nachfolgenden drei Merkmalen wenigstens zwei zutreffen:

• **Bilanzsumme** von **mehr als 125 Millionen DM,**
• **Jahresumsatz** von **mehr als 250 Millionen DM,**
• durchschnittliche **Arbeitnehmerzahl** von **mehr als 5000.**

Zwei der drei Merkmale müssen am Abschlußstichtag (Ablauf des Geschäftsjahres) und für die zwei darauf folgenden Abschlußstichtage zutreffen.

b) Vorausgesetzte Rechtsform

Das Publizitätsgesetz setzt eine bestimmte Rechtsform voraus:

• **Publizitätspflicht bejaht** für: oHG, KG, einzelkaufmännisches Unternehmen, bergrechtliche Gewerkschaft, wirtschaftlichen Verein, in Form einer rechtsfähigen Stiftung betriebenes Gewerbe, Körperschaft/Stiftung oder Anstalt des öffentlichen Rechts (sofern sie Kaufmann i. S. v. § 1 HGB sind oder in das Handelsregister eingetragen sind).
• **Publizitätspflicht verneint** für: Genossenschaften, Versicherungsvereine auf

Gegenseitigkeit, Unternehmen ohne eigene Rechtspersönlichkeit einer Gemeinde, eines Gemeindeverbandes oder eines Zweckverbandes, Verwertungsgesellschaften nach dem Gesetz über die Wahrnehmung von Urheberrechten und verwandten Schutzrechten, Versicherungsunternehmen, die keine privatrechtlichen Versicherungsverträge abschließen.

c) Rechnungslegung

Die gesetzlichen Vertreter des Unternehmens haben nach § 5 PublizitätsG den Jahresabschluß in den ersten drei Monaten des Geschäftsjahres für das vergangene Geschäftsjahr aufzustellen. Für den Inhalt des Jahresabschlusses, seine Gliederung und für die einzelnen Posten des Jahresabschlusses gelten §§ 265, 266, 268–275, 277, 278, 281, 282 HGB entsprechend.

Die gesetzlichen Vertreter eines Unternehmens, das nicht in der Rechtsform einer Personenhandelsgesellschaft oder des Einzelkaufmanns geführt wird, haben den Jahresabschluß um einen Anhang zu erweitern sowie einen Lagebericht aufzustellen. Für den Anhang und den Lagebericht gelten die Vorschriften des HGB entsprechend.

XI. Satzungsänderungen

• **Lernhinweis:** Auch für das Statut der Aktiengesellschaft kann sich, wie bei jedem Gesellschaftsvertrag, die Notwendigkeit einer Änderung ergeben. Wegen der grundlegenden Bedeutung verlangt das Gesetz qualifizierte Mehrheitsverhältnisse, nämlich ¾ Mehrheit des bei der Beschlußfassung vertretenen Grundkapitals (beachten Sie, daß die ¾ Mehrheit für sämtliche Kapitalgesellschaften gilt). Inhaltlich kann sich die Satzungsänderung auf jeden beliebigen Punkt beziehen; gesondert zu beachten und vom Gesetz auch speziell geregelt sind Satzungsänderungen zum Zweck der Kapitalerhöhung bzw. Kapitalherabsetzung.

Machen Sie sich deshalb zunächst mit nachfolgender Übersicht vertraut.

1. Allgemeine Satzungsänderungen

a) Beschluß der Hauptversammlung

Jede Satzungsänderung bedarf eines Beschlusses der Hauptversammlung. Soweit es um redaktionelle Fragen geht, kann die Änderungsbefugnis dem Aufsichtsrat übertragen werden (§ 179 Abs. 1 AktG). Der Beschluß der Hauptversammlung bedarf einer Mehrheit, die **mindestens** ¾ des bei Beschlußfassung vertretenen Grundkapitals umfaßt. Die Satzung kann weitere Erfordernisse aufstellen. Besonderes gilt, wenn das bisherige Verhältnis mehrerer Aktiengattungen zum Nachteil einer Gattung geändert werden soll. Hierzu ist nach § 179 Abs. 3 AktG auch die Zustimmung der benachteiligten Aktionäre erforderlich, die hierüber in einem gesonderten Beschluß befinden.

Wie sonst im Gesellschaftsrecht, bedarf auch bei der Aktiengesellschaft ein Beschluß, der den Aktionären Nebenverpflichtungen auferlegt, zu seiner

Wirksamkeit der Zustimmung aller betroffenen Aktionäre (§ 180 Abs. 1 AktG).

Übersicht: Satzungsänderungen bei der Aktiengesellschaft

```
                        Satzungsänderungen
                         /              \
                   allgemein           speziell
                     /                    \
            Kapitalerhöhung          Kapitalherabsetzung
             /         \                /          \
         nominell   effektiv        nominell    effektiv
         
= aus Gesellschafts-
  mitteln („Kapital-
  berichtigung")
                    
            Kapitalerhöhung   Bedingte Kapital-   Genehmigtes
            gegen Einlagen    erhöhung            Kapital
```

b) Handelsregistereintragung

Der Vorstand hat die Satzungsänderung zur Eintragung in das Handelsregister anzumelden (§ 181 Abs. 1 Satz 1 AktG). Erst mit Eintragung wird die Änderung wirksam.

2. Kapitalerhöhungen

Man unterscheidet die effektive und die nominelle Kapitalerhöhung.

a) Effektive Kapitalerhöhung

Kennzeichnend für die effektive Kapitalerhöhung ist, daß bei ihr der Aktiengesellschaft realiter zusätzliches Kapital von außen zugeführt wird. Dies kann geschehen durch

- **die ordentliche Kapitalerhöhung** (Kapitalerhöhung gegen Einlagen): Es werden neue Aktien gegen Zahlung der Einlage ausgegeben, wobei in der Regel den bisherigen Aktionären ein Bezugsrecht entsprechend ihrem bisherigen Aktiennennbetrag zusteht. Zu Einzelheiten vgl. §§ 182 bis 191 AktG;
- **die bedingte Kapitalerhöhung:** Hier beschließt die Hauptversammlung zwar eine Erhöhung des Grundkapitals, die jedoch nur insoweit durchgeführt

werden soll, wie von einem Umtausch- oder Bezugsrecht Gebrauch gemacht wird, das die Gesellschaft auf die neuen Aktien (Bezugsaktien) einräumt (§ 192 AktG – lesen!). Die bedingte Kapitalerhöhung soll nur zu bestimmten Zwecken beschlossen werden (Umwandlung von Wandelschuldverschreibungen in Aktien, Vorbereitung von Fusionen, Gewährung von Bezugsrechten an Arbeitnehmer der Gesellschaft). Zu Einzelheiten vgl. §§ 192 bis 201 AktG;

- **das genehmigte Kapital:** Hier wird der Vorstand ermächtigt, in den nächsten fünf Jahren mit Zustimmung des Aufsichtsrats das Grundkapital bis zu einem bestimmten Nennbetrag („genehmigtes Kapital") durch Ausgabe neuer Aktien gegen Einlagen zu erhöhen. Man will dadurch einen günstigen Zeitpunkt für die Kapitalerhöhung abwarten. Zu beachten ist, daß das genehmigte Kapital die Hälfte des zur Zeit der Ermächtigung vorhandenen Grundkapitals nicht übersteigen darf (§ 202 Abs. 3 Satz 1 AktG – lesen!).

b) Kapitalerhöhung aus Gesellschaftsmitteln

Hier handelt es sich um eine Kapitalberichtigung. In bestimmten Branchen hat die allgemeine Prosperität im Zuge des Wiederaufbaus und danach zur Bildung erheblicher Reserven geführt, so daß das tatsächliche Gesellschaftsvermögen weit über dem Grundkapital liegen kann. Durch das Gesetz über die Kapitalerhöhung aus Gesellschaftsmitteln (einschlägig für die GmbH), dessen Vorschriften das neue Aktiengesetz von 1965 übernommen hat, können Rücklagen in haftendes Kapital umgewandelt und den Aktionären neue Aktien im Verhältnis ihrer Anteile am bisherigen Grundkapital zugeteilt werden („Gratisaktien"). (**Lernhinweis:** Merken Sie sich die Definition des § 207 AktG: Die Kapitalerhöhung aus Gesellschaftsmitteln ist eine **Umwandlung von Kapitalrücklagen und Gewinnrücklagen in Grundkapital**). Zu den Einzelheiten vgl. §§ 207 bis 220 AktG.

3. Kapitalherabsetzungen (§§ 222f. AktG)

- **Lernhinweis:** Wirtschaftlich kann eine Herabsetzung des Kapitals aus zwei Gründen geboten sein:
- Rückzahlung überflüssiger Kapitalbeträge an die Aktionäre („effektive Kapitalherabsetzung") oder
- Notwendigkeit der Beseitigung einer Unterbilanz durch rechnungsmäßige Herabsetzung des Grundkapitals („nominelle Kapitalherabsetzung").

In beiden Fällen sind grundsätzlich zu den Vorschriften über die Satzungsänderung (insoweit im Unterschied zur Kapitalerhöhung!) auch die Interessen der Gläubiger zu berücksichtigen, deren potentieller Haftungsstock durch die Kapitalherabsetzung gemindert wird. (Hier greifen §§ 225, 233 AktG ein: Sicherheitsleistung und Sperrfristen!).

a) Effektive Kapitalherabsetzung

Wenn man sich klar macht, daß bei ihr ein Teil des Grundkapitals effektiv an die Aktionäre ausgezahlt wird, dann leuchtet ein, daß diese Fälle selten sind. Die gesellschaftsrechtliche Wirklichkeit sieht nicht so aus, daß Aktiengesellschaften über so hohe Kapitalüberschüsse verfügen, daß sie sich von einem Teil ihres Grundkapitals trennen können.

b) Nominelle Kapitalherabsetzung

Sie dienen dem Ausgleich von Unterbilanzen: Durch die Kapitalherabsetzung wird das Grundkapital als Passivposten in der Bilanz reduziert. Damit steigt auch bei größeren Verlusten die zukünftige Dividendenerwartung.

Zu Sanierungszwecken wird manchmal die nominelle Kapitalherabsetzung mit einer effektiven Kapitalerhöhung verbunden. Es tritt dann der durch die Zuführung von Einlagen erhoffte Gewinn rechnerisch in Erscheinung.

XII. Auflösung, Verschmelzung, Vermögensübertragung und Umwandlung

1. Auflösung

a) Auflösungsgründe

Die Aktiengesellschaft wird aufgelöst gem. § 262 AktG (lesen!):

- durch Ablauf der in der Satzung bestimmten Zeit;
- durch Beschluß der Hauptversammlung mit ¾ Mehrheit;
- durch die Eröffnung des Konkursverfahrens über das Vermögen der Gesellschaft;
- mit Rechtskraft des Beschlusses, durch den die Eröffnung des Konkursverfahrens mangels Masse abgelehnt wird;
- mit Rechtskraft einer registergerichtlichen Verfügung, durch welche ein Mangel der Satzung festgestellt worden ist.

Die Auflösung der Gesellschaft muß vom Vorstand zur Eintragung in das Handelsregister angemeldet werden (sofern die Eintragung nicht schon von Amts wegen erfolgt).

b) Liquidation

Nach Auflösung der Gesellschaft findet die Liquidation statt. Das Aktienrecht spricht von der **„Abwicklung"**.

aa) Person der Liquidatoren

Abwickler sind die **Vorstandsmitglieder.** Auf Antrag des Aufsichtsrats oder einer Aktionärsminderheit, deren Anteile zusammen den **20. Teil des Grundkapitals** oder den **Nennbetrag von 1 Million DM** erreichen, sind beim Vorliegen eines wichtigen Grundes (zusätzliche Voraussetzung!) die Abwickler durch das Gericht zu bestellen und abzuberufen.

Die Liquidatoren sind zur Eintragung in das Handelsregister anzumelden.

bb) Aufgaben der Liquidatoren

Abwickler haben die Pflicht,

- die laufenden Geschäfte zu beenden,
- die Forderungen einzuziehen,
- das übrige Vermögen in Geld umzusetzen,

- die Gläubiger zu befriedigen und
- das verbleibende Vermögen unter die Aktionäre zu verteilen.

Soweit es die Liquidation erfordert, dürfen sie neue Geschäfte eingehen (§ 268 Abs. 1 S. 2 AktG). Im übrigen haben Liquidatoren innerhalb ihres Geschäftskreises die Rechte und Pflichten des Vorstandes. Für Abwickler gilt (wie allgemein) im Prinzip Gesamtvertretungsbefugnis (§ 269 AktG).

Für den Beginn der Abwicklung sind eine Eröffnungsbilanz und ein sie erläuternder Bericht sowie für den Schluß jedes Jahres ein Jahresabschluß und ein Lagebericht aufzustellen (§ 270 AktG).

cc) Beschluß der Hauptversammlung

Die Hauptversammlung beschließt über die Feststellung der Eröffnungsbilanz und des Jahresabschlusses und über die Entlastung der Abwickler und der Mitglieder des Aufsichtsrats.

dd) Gläubigerschutz

Auch bei der Liquidation einer Aktiengesellschaft ist besonders auf die Interessen der Gläubiger zu achten.

Hierzu bestimmt § 267 AktG (lesen!), daß die Abwickler unter Hinweis auf die Auflösung der Gesellschaft die Gläubiger auffordern müssen, ihre Ansprüche anzumelden. Diese Aufforderung ist **dreimal** in den Gesellschaftsblättern **bekanntzumachen.**

Das nach Berichtigung der Verbindlichkeiten verbleibende Vermögen darf unter die Aktionäre erst verteilt werden, wenn eine **Sperrfrist von einem Jahr** seit dem Tag verstrichen ist, an dem der Aufruf der Gläubiger zum dritten Mal bekanntgemacht worden ist (§ 272 Abs. 1 AktG).

ee) Ende der Liquidation

Die Beendigung der Abwicklung ist zur Eintragung in das Handelsregister anzumelden. Die Gesellschaft wird gelöscht. Bücher und Schriften der Gesellschaft sind an einem vom Gericht bestimmten sicheren Ort zur Aufbewahrung auf 10 Jahre zu hinterlegen.

2. Verschmelzung (Fusion)

- **Lernhinweis:** Das Aktiengesetz bietet mit Verschmelzung, Vermögensübertragung und Umwandlung die Chance, Gesellschaften im Wege der **Gesamtrechtsnachfolge ohne Liquidation** zu vereinigen bzw. ihre Rechtsform zu verändern. Man muß sich dies ganz deutlich machen: Ohne diese Möglichkeiten müßte das Vermögen der Aktiengesellschaft liquidiert und im Wege der Einzelrechtsnachfolge (mit dem damit verbundenen Wertverlust) übertragen werden. Außerdem würden stille Reserven aufgedeckt, was steuerliche Nachteile zur Folge hätte.

a) Die Tatbestände der Verschmelzung

Das Aktiengesetz kennt zwei Möglichkeiten der Verschmelzung („Fusion"); vgl. § 339 Abs. 1 S. 2 AktG:

- **Die Verschmelzung durch Aufnahme:** Das Vermögen der „übertragenden

Gesellschaft" wird als Ganzes auf eine andere, die „übernehmende Gesellschaft", übertragen gegen Gewährung von Aktien dieser Gesellschaft.
- **Die Verschmelzung durch Neubildung:** Es wird eine neue Aktiengesellschaft gebildet, auf die das Vermögen jeder der sich vereinigenden Gesellschaften als Ganzes gegen Gewährung von Aktien der neuen Gesellschaft übergeht.

b) Aktienrechtliche Regelung der Verschmelzung (§§ 340–353 AktG)

Merken Sie sich nachfolgende Stadien:
- Abschluß des (not.) Verschmelzungsvertrages, Erstellung eines Verschmelzungsberichts sowie Durchführung der Verschmelzungsprüfung.
- Die **Hauptversammlung** jeder Gesellschaft muß mit **mindestens ¾ Mehrheit zustimmen.**
- Gegebenenfalls ist eine **Erhöhung des Grundkapitals** der übernehmenden Gesellschaft und die Eintragung der Erhöhung ins Handelsregister erforderlich (§ 343 AktG).
- Schließlich ist die Fusion zum **Handelsregister anzumelden** und die **Eintragung bekanntzumachen.**

Mit der Eintragung der Verschmelzung in das Handelsregister des Sitzes der übertragenden Gesellschaft geht das Vermögen dieser Gesellschaft einschließlich der Verbindlichkeiten auf die übernehmende Gesellschaft über (§ 346 Abs. 3 AktG). Dasselbe gilt bei der Verschmelzung durch Neubildung (§ 353 Abs. 5 Satz 2 AktG).

Schaubild: Verschmelzung

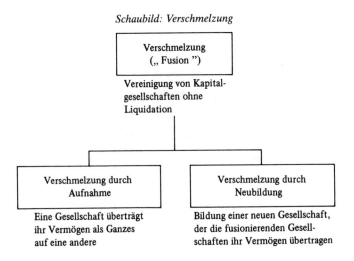

3. Vermögensübertragung

Das Aktiengesetz behandelt die Vermögensübertragung auf die öffentliche Hand bzw. einen Versicherungsverein auf Gegenseitigkeit in einem gesonderten Abschnitt (§§ 359–361 AktG). Auch hier handelt es sich um eine Vermögensübertragung als Ganzes ohne Liquidation.

4. Umwandlung

Das Aktienrecht regelt die Umwandlung in §§ 362–393 AktG. Hinzu kommen die Vorschriften des Umwandlungsgesetzes vom 6. 11. 1969. Bei der Umwandlung wird **die bestehende Rechtsform der Unternehmung geändert**. Die Gründe hierfür liegen vor allem in veränderten wirtschaftlichen oder gesetzlichen Gegebenheiten; insbesondere steuerliche Veränderungen können die Wahl einer anderen Rechtsform nahelegen. Der Gesetzgeber begünstigt manche Fälle der Umwandlung, indem er deren Folgen steuerlich „neutralisiert" (Verlagerung der stillen Reserven der schwindenden Kapitalgesellschaft auf den Übernehmer; tarifliche Begünstigung bzw. Befreiung des Übernahmegewinns).

a) Verschiedene Grundformen der Umwandlung

Es sind zwei Grundformen zu unterscheiden:

- **die formwechselnde Umwandlung:** Bei fortbestehender Identität ändert sich für die Gesellschaft lediglich ihre Rechtsform;
- **die übertragende Umwandlung:** Das Vermögen des übertragenden Unternehmens geht ohne Liquidation im Wege der Gesamtrechtsnachfolge auf die übernehmende Gesellschaft über. Je nachdem, ob die Gesellschaft, in die sich eine andere umwandelt, neu errichtet wird oder schon besteht, unterscheidet man die „errichtende Umwandlung" und die „verschmelzende Umwandlung".

Übersicht: Umwandlung

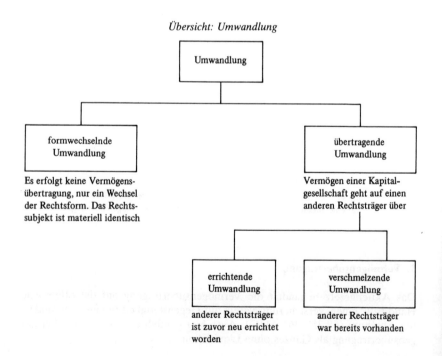

§ 8. Die Aktiengesellschaft

b) Verschiedene Umwandlungstatbestände

aa) Nach Aktienrecht

Das Aktiengesetz nennt als Möglichkeiten der formwechselnden Umwandlung:

- Aktiengesellschaft in Kommanditgesellschaft auf Aktien (§§ 362–365)
- Kommanditgesellschaft auf Aktien in Aktiengesellschaft (§§ 366–368)
- Aktiengesellschaft in Gesellschaft mit beschränkter Haftung (§§ 369–375)
- Gesellschaft mit beschränkter Haftung in Aktiengesellschaft (§§ 376–383)
- Kommanditgesellschaft auf Aktien in Gesellschaft mit beschränkter Haftung (§§ 386–388)
- Gesellschaft mit beschränkter Haftung in Kommanditgesellschaft auf Aktien (§§ 389–392)
- bergrechtliche Gewerkschaft in Aktiengesellschaft (§§ 384, 385)
- bergrechtliche Gewerkschaft in Kommanditgesellschaft auf Aktien (§ 393)
- Körperschaft oder Anstalt des öffentlichen Rechts in Aktiengesellschaft (§§ 385a–385c)
- Versicherungsverein auf Gegenseitigkeit in Aktiengesellschaft (§§ 385d–385l)
- eingetragene Genossenschaft in Aktiengesellschaft (§§ 385m–385q).

bb) Nach dem Umwandlungsgesetz

Das Umwandlungsgesetz nennt weitere Möglichkeiten:

- Umwandlung einer Kapitalgesellschaft (AG, KGaA, GmbH) oder bergrechtlichen Gewerkschaft in eine oHG, KG, BGB-Gesellschaft oder so, daß ihr Vermögen unter Ausschluß der Liquidation auf einen Aktionär (§ 1 UmwG) übergeht.
- Umwandlung einer oHG oder KG in eine Aktiengesellschaft oder KGaA (§ 40 UmwG)
- Umwandlung einer Personengesellschaft in eine Gesellschaft mit beschränkter Haftung (§ 46 UmwG)
- Umwandlung eines einzelkaufmännisch betriebenen Unternehmens in eine Aktiengesellschaft oder KGaA (§ 50 UmwG)
- Umwandlung anderer Unternehmen (insbesondere Gebietskörperschaften) in Aktiengesellschaften oder Gesellschaften mit beschränkter Haftung (§§ 57, 58 UmwG)
- Umwandlung von bergrechtlichen Gewerkschaften in Gesellschaften mit beschränkter Haftung (§ 63 UmwG)
- Umwandlung eines einzelkaufmännisch betriebenen Unternehmens in eine GmbH (§ 56d UmwG); als Konsequenz aus der Zulassung der „Einmanngründung"!

c) Umwandlungsverbote

aa) GmbH & Co. KG

Nach § 1 Abs. 2 UmwG ist die Umwandlung nicht zulässig, wenn an der Gesellschaft, in die die Kapitalgesellschaft (oder bergrechtliche Gewerkschaft) umgewandelt wird, eine Kapitalgesellschaft als Gesellschafter beteiligt ist. Konsequenzen: Die **Umwandlung** in eine **GmbH & Co. KG** ist **unzulässig**! Ratio legis: Keine Umwandlung in eine (nur formale) Personengesellschaft, die von einer Kapitalgesellschaft beherrscht wird.

bb) *Juristische Personen als Aktionäre*

Die Umwandlung auf einen Aktionär, der eine juristische Person ist, ist durch das Verschmelzungsrichtlinien-Gesetz v. 1982 stark eingeschränkt worden. Ratio legis: Statt Umwandlung soll die (sachverhaltsgemäße) Verschmelzung gewählt werden.

XIII. Steuerliche Behandlung der Aktiengesellschaft

1. Körperschaftsteuer

Die Aktiengesellschaft ist nach § 1 Abs. 1 Nr. 1 KStG als Kapitalgesellschaft körperschaftsteuerpflichtig. Die Steuer bemißt sich nach dem „zu versteuernden Einkommen". Was als „Einkommen" gilt und wie das Einkommen zu ermitteln ist, bestimmt sich nach den Vorschriften des Einkommensteuergesetzes unter Berücksichtigung der körperschaftsteuerrechtlichen Besonderheiten (§ 8 KStG). Daraus wird der Satz verständlich: „Die Körperschaftsteuer ist die Einkommensteuer der juristischen Person." Der Steuersatz beträgt nach § 23 KStG linear 56 Prozent. Bei beschränkter Steuerpflicht reduziert er sich auf 50 Prozent. Vor der Reform des Körperschaftsteuerrechts war der Aktienbesitz auf Grund eines „Doppelbelastungseffekts" benachteiligt: Die von der Aktiengesellschaft erwirtschafteten Gewinne waren der Körperschaftsteuer unterworfen und mußten nach Ausschüttung beim Aktionär noch einmal zur Einkommensteuer veranlagt werden. Das seit 1. 1. 1977 geltende „Anrechnungsverfahren" beseitigt diese Doppelbelastung. Bei den Gesellschaftern wird die auf den ausgeschütteten Gewinn entfallende Körperschaftsteuer angerechnet: Gewinnausschüttungen, die in das Anrechnungsverfahren einbezogen werden, sind grundsätzlich mit 36 Prozent (vom Ausschüttungsbetrag vor Abzug der Körperschaftsteuer) bzw. mit $36/64 = 9/16$ (vom Ausschüttungsbetrag) Körperschaftsteuer belastet (Ausschüttungsbelastung entsprechend § 27 Abs. 1 KStG). Die 36 Teile Körperschaftsteuer rechnet man nun dem Empfänger der 64 (nämlich 100–36) Teile Gewinnausschüttung zu, so daß die entsprechenden Einnahmen des Ausschüttungsempfängers insgesamt 100 Teile umfassen (nämlich 64 Anteile Ausschüttung + 36 Anteile Körperschaftsteuer). Sie erhöhen damit den ausgeschütteten Gewinn der Körperschaft. Näheres in den steuerrechtlichen Vorlesungen.

2. Kapitalertragsteuer

Nach § 43 Abs. 1 Nr. 1 EStG wird die Einkommensteuer auch von Kapitalerträgen im Sinne von § 20 Abs. 1 Nr. 1 EStG erhoben (also auch von Bezügen aus Aktien).

3. Gewerbesteuer

Die Tätigkeit der Aktiengesellschaft gilt nach § 2 Abs. 2 Nr. 2 GewStG stets und in vollem Umfang als Ausübung eines Gewerbebetriebes.

4. Vermögensteuer

Die Aktiengesellschaft ist nach § 1 Abs. 1 Nr. 2a VStG als Kapitalgesellschaft unbeschränkt vermögensteuerpflichtig. Der Steuersatz beträgt vom Veranlagungszeitraum 1984 an 0,6 Prozent. Bei der Vermögensteuer ist also der „Doppelbelastungseffekt" nach wie vor erhalten: Die juristische Person unterliegt der Vermögensteuer hinsichtlich des ihr gehörenden Vermögens, die Aktien werden bei den Anteilseignern noch einmal der Vermögensteuer unterworfen.

5. Umsatzsteuer

Umsatzsteuerpflichtig ist ein Unternehmer, der u. a. „eine gewerbliche Tätigkeit selbständig ausübt" (§ 2 Abs. 1 S. 1 UStG). Die Aktiengesellschaft erfüllt diesen Tatbestand und ist deshalb Umsatzsteuersubjekt.

§ 9. Die Kommanditgesellschaft auf Aktien

I. Wesensmerkmale

1. Begriff

Die Kommanditgesellschaft auf Aktien ist eine **Gesellschaft mit eigener Rechtspersönlichkeit, bei der mindestens ein Gesellschafter den Gesellschaftsgläubigern unbeschränkt haftet und die übrigen an dem in Aktien zerlegten Grundkapital beteiligt sind, ohne persönlich für die Verbindlichkeiten der Gesellschaft zu haften.**
Die KGaA hat also zwei Arten von Gesellschaftern:
- **die persönlich haftenden Gesellschafter** (auf sie findet im wesentlichen das Recht der Kommanditgesellschaft Anwendung) sowie
- **die „Kommanditaktionäre"** (sie sind mit Aktien am Grundkapital beteiligt und haften nicht persönlich).

Schaubild: Organisationsmodell der Kommanditgesellschaft auf Aktien

2. Rechtsnatur

Die KGaA ist eine **Mischform aus Kommanditgesellschaft und Aktiengesellschaft**. Sie ist aber nicht Personengesellschaft, sondern **juristische Person** (u. a. mit der Konsequenz, daß sie Inhaberin ihres Gesellschaftsvermögens ist). Während auf die Rechtsstellung des persönlich haftenden Gesellschafters das Recht über die Kommanditgesellschaft (§§ 161, 105 ff. HGB) Anwendung findet, greift für die KGaA selbst sowie für die Kommanditaktionäre das Aktiengesetz Platz (§ 278 Abs. 2 und 3 AktG – lesen!).
Die KGaA ist **Handelsgesellschaft** und als solche **Kaufmann** im Sinne des HGB.

3. Praktische Bedeutung

Im Vergleich zur Aktiengesellschaft spielt die KGaA eine untergeordnete Rolle. In der Bundesrepublik lassen sich nur wenige Unternehmen in dieser Rechtsform ausmachen.

Beispiele:

(die Zahlen in Klammern geben das Aktiennennkapital in DM an)
- Henkel KGaA, Düsseldorf (575 Mio.)
- KKB Kundenkreditbank – Deutsche Handelsbank KGaA, Düsseldorf (81 Mio.)
- Friedrich Flick Industrieverwaltung KGaA (700 Mio.)
- Steigenberger Hotelgesellschaft KGaA, Frankfurt/Main (6 Mio.)

II. Verfassung der Kommanditgesellschaft auf Aktien

Auch die KGaA kann als juristische Person nur über ihre Organe am Rechtsleben wirksam teilnehmen. Sie hat, wie die Aktiengesellschaft, einen Aufsichtsrat und eine Hauptversammlung, nicht dagegen einen Vorstand; dessen Funktion übernimmt der persönlich haftende Gesellschafter.

1. Persönlich haftender Gesellschafter

Seine Rechtsstellung entspricht der des Vorstandes der Aktiengesellschaft. Für ihn gelten deshalb sinngemäß die für den Vorstand einschlägigen Vorschriften (§ 283 AktG – lesen!). Dem persönlich haftenden Gesellschafter steht die Geschäftsführung und die Vertretung der Gesellschaft zu. Bei mehreren persönlich haftenden Gesellschaftern gilt das Prinzip der **Einzelgeschäftsführung** und der **Einzelvertretung** (als Konsequenz des aktienrechtlichen Verweises auf das Recht der KG bzw. oHG ergibt sich die Paragraphenkette: §§ 278 Abs. 2 AktG, 161 Abs. 2, 114, 125 Abs. 1 HGB – lesen!).

2. Aufsichtsrat

Er ist wie im Aktienrecht Überwachungsorgan, zugleich aber auch Vertretungsorgan der Kommanditaktionäre und führt die Beschlüsse der Hauptversammlung aus.

3. Hauptversammlung

In der Hauptversammlung der KGaA sind die Kommanditaktionäre vertreten. Die persönlich haftenden Gesellschafter haben nach § 285 AktG ein Stimmrecht nur für ihre Aktien und gelten zudem als befangen bei der Abstimmung über

- die Wahl und Abberufung des Aufsichtsrats,
- die Entlastung des persönlich haftenden Gesellschafters und der Mitglieder des Aufsichtsrats,
- die Bestellung von Sonderprüfern,
- die Geltendmachung von Ersatzansprüchen,
- den Verzicht auf Ersatzansprüche,
- die Wahl von Abschlußprüfern.

Wichtig ist: Die Beschlüsse der Hauptversammlung bedürfen der **Zustimmung der persönlich haftenden Gesellschafter,** soweit sie Angelegenheiten betreffen, für die bei einer Kommanditgesellschaft das Einverständnis der persönlich haftenden Gesellschafter und der Kommanditisten erforderlich ist. Dies gilt für sämtliche „Grundlagenänderungen", aber (nach § 286 Abs. 1 AktG – lesen!) auch für die der Hauptversammlung obliegende Feststellung des Jahresabschlusses (**Lernhinweis:** Geschäftsführung und Vertretung liegen ja ohnehin ausschließlich bei den persönlich haftenden Gesellschaftern).

§ 10. Verbundene Unternehmen

● **Lernhinweis:** Leitvorstellung des Gesellschaftsrechts ist die rechtlich und wirtschaftlich selbständige Gesellschaft als Unternehmensträger. Diesem Leitbild widerspricht jedoch die gesellschaftsrechtliche Wirklichkeit. Mehr als 70% aller Aktiengesellschaften sind konzernverbunden. Diese gegenseitige Verflechtung in der Wirtschaft hat verschiedene Ursachen: Rationalisierungsbestrebungen, Sicherung der Rohstofferschließung, Verbreiterung der Finanzierungsquellen, umfassende Auswertung der Technologie, absatzpolitische Maßnahmen und Auswirkungen der Steuergesetze. Wirtschaftspolitische Gefahren derartiger Verflechtungen muß das Kartellamt (GWB, Art. 85, 86 EWG-Vertrag) durch Mißbrauchsaufsicht und vorbeugende Fusionskontrolle abwehren.

Das Aktienrecht enthält seit 1965 eine umfassende Regelung der „verbundenen Unternehmen". Darunter fallen auch Unternehmen, die in anderer Rechtsform geführt werden, sofern (unabdingbare Voraussetzung!) an der Unternehmensverbindung eine Aktiengesellschaft oder Kommanditgesellschaft auf Aktien beteiligt ist. (Verständnistest: Warum ist die GmbH & Co. KG kein Fall eines verbundenen Unternehmens? Antwort: Weil keine Beteiligung einer AG oder KGaA vorliegt.)

I. Begriff der verbundenen Unternehmen

Das Aktiengesetz definiert verbundene Unternehmen in §§ 15ff. Wichtig ist die Feststellung, daß es sich bei ihnen um **rechtlich selbständige** Unternehmen handelt.

1. Verbundene Unternehmen nach §§ 16–19 AktG

Übersicht: Verbundene Unternehmen

Verbundene Unternehmen			
in Mehrheitsbesitz stehende Unternehmen	abhängige Unternehmen	Konzerne	wechselseitig beteiligte Unternehmen
mit Mehrheit beteiligte Unternehmen	herrschende Unternehmen	Konzern-Unternehmen	
§ 16 AktG	§ 17 AktG	§ 18 AktG	§ 19 AktG

a) Mehrheitsbeteiligungen (§ 16 AktG)

Gehört die **Mehrheit der Anteile** eines rechtlich selbständigen Unternehmens **einem anderen Unternehmen** oder steht einem anderen Unternehmen die Mehrheit der Stimmrechte zu („Mehrheitsbeteiligung"), so ist das Unternehmen ein „in Mehrheitsbesitz stehendes Unternehmen", das andere Unternehmen „ein an ihm mit Mehrheit beteiligtes Unternehmen" (§ 16 Abs. 1 AktG).

Schaubild: Mehrheitsbeteiligung

Zu beachten ist, daß nach § 17 Abs. 2 AktG von einem in Mehrheitsbesitz stehenden Unternehmen vermutet wird, daß es von dem an ihm mit Mehrheit beteiligten Unternehmen abhängig ist.

b) Abhängige und herrschende Unternehmen (§ 17 AktG)

Abhängige Unternehmen sind rechtlich selbständige Unternehmen, auf die ein anderes Unternehmen (herrschendes Unternehmen) **unmittelbar oder mittelbar einen beherrschenden Einfluß ausüben** kann. Bei Mehrheitsbeteiligungen wird dies vom Gesetz nach § 17 Abs. 2 AktG vermutet. Der Einfluß des herrschenden Unternehmens braucht nicht auf einer Mehrheitsbeteiligung zu beruhen, es genügt jeder Einfluß, der die Beherrschung ermöglicht.

Schaubild: Abhängige Unternehmen

Im Gesetz ist nichts darüber gesagt, wann ein „beherrschender Einfluß" vorliegt. Das Reichsgericht hat diesen Tatbestand dann bejaht, „wenn das herrschende Unternehmen über Mittel verfügt, die es ihm ermöglichen, das andere Unternehmen seinem Willen zu unterwerfen und diesen bei ihm durchzusetzen" (RGZ 167, 40, 49). Die Dogmatik verlangt, daß es sich um einen **unternehmensinternen** Einfluß von **organschaftlicher** Natur handelt, der eine **zukunftsbezogene Einflußmöglichkeit auf die Geschäftsführung** ermöglicht. Er muß **sofort** ausübbar sein (also nicht erst durch Optionsrechte) und im herrschenden Unternehmen **institutionalisiert** (also nicht von zufälligen Mehrheitsbildungen abhängig) sein.

Mittel der Beherrschung können Mehrheitsbeteiligungen, Beherrschungs- oder andere schuldrechtliche Verträge sein sowie Satzungsbestimmungen, die für das herrschende Unternehmen Einflußmöglichkeiten garantieren (Entsendungsrechte für den Aufsichtsrat). Inwieweit Ungleichheiten bei Geschäftsbeziehungen, Lieferverträgen und Nachfragemacht zur Abhängigkeit führen, ist im Einzelfall anhand der vorgenannten Kriterien zu überprüfen. Nach BGHZ 90, 381 (394ff.) muß ein beherrschender Einfluß i. S. v. § 17 AktG „gesellschaftsrechtlich bedingt oder zumindest vermittelt" sein. Rein wirtschaftliche Abhängigkeiten, wie z. B. ein Kreditvertrag, genügen nicht. Durch sie kann sich lediglich ein ohnehin schon bestehender gesellschaftsinterner Einfluß zu einem beherrschenden Einfluß verstärken.

c) *Konzerne (§ 18 AktG)*

Sind ein herrschendes und ein oder mehrere abhängige Unternehmen **unter einheitlicher Leitung des herrschenden Unternehmens zusammengefaßt,** so bilden sie nach § 18 AktG einen Konzern. Die einzelnen Unternehmen sind „Konzernunternehmen". Sind rechtlich selbständige Unternehmen, ohne daß das eine Unternehmen von dem anderen abhängig ist, unter einheitlicher Leitung zusammengefaßt, so bilden sie auch einen Konzern; die einzelnen Unternehmen sind ebenfalls Konzernunternehmen (§ 18 Abs. 2 AktG). Von abhängigen Unternehmen wird vermutet, daß sie mit herrschenden Unternehmen einen Konzern bilden (§ 18 Abs. 1 S. 3 AktG). Zu unterscheiden sind der „Unterordnungskonzern" und der „Gleichordnungskonzern", je nachdem, ob zusätzlich zur einheitlichen Leitung eine Abhängigkeit zwischen den beiden Unternehmen besteht.

Schaubild: Konzernunternehmen

a) **Unterordnungskonzern (§ 18 Abs. 1 AktG)**

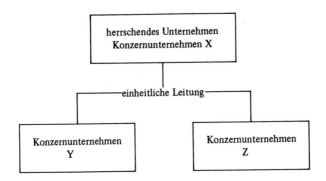

b) **Gleichordnungskonzern (§ 18 Abs. 2 AktG)**

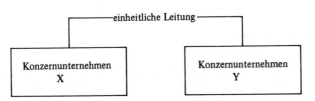

3. Kapitel. Recht der Körperschaften

d) Wechselseitige Beteiligungen (§ 19 AktG)

Als wechselseitig beteiligt bezeichnet das Aktiengesetz inländische Unternehmen in der Rechtsform einer Kapitalgesellschaft oder bergrechtlichen Gewerkschaft, die dadurch verbunden sind, daß **jedem Unternehmen mehr als 25 % der Anteile des anderen gehören:** Gehört einem wechselseitig beteiligten Unternehmen an dem anderen Unternehmen eine Mehrheitsbeteiligung oder kann das eine auf das andere Unternehmen unmittelbar oder mittelbar einen beherrschenden Einfluß ausüben, so ist nach § 19 Abs. 2 AktG das eine als herrschendes, das andere als abhängiges Unternehmen anzusehen. Treffen diese Kriterien auf jedes der beiden beteiligten Unternehmen zu, so gelten beide als herrschend und als abhängig (§ 19 Abs. 3 AktG).

Schaubild: Wechselseitige Beteiligungen

a) einfache wechselseitige Beteiligung

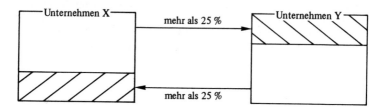

b) Beherrschungsverhältnis bei wechselseitiger Beteiligung

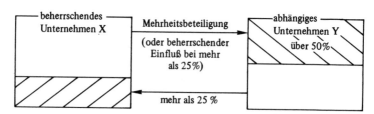

c) Beiderseits herrschend / abhängiges Unternehmen bei wechselseitiger Beteiligung

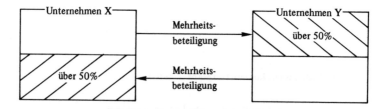

2. Unternehmensverträge

Verbundene Unternehmen nimmt das Gesetz auch an, wenn bestimmte Unternehmensverträge vorliegen (§§ 291, 292 AktG). Es handelt sich um folgende Tatbestände:

§ 10. Verbundene Unternehmen

Übersicht: Unternehmensverträge

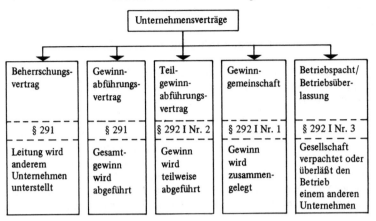

II. Sicherung der beteiligten Interessen

Wie oben dargestellt, enthält das Aktiengesetz zunächst eine formale Aufgliederung der einzelnen Tatbestände verbundener Unternehmen. Das 3. Buch (§§ 291–338 AktG) trifft materielle Bestimmungen zur Sicherung schutzwürdiger Interessen, die durch derartige Gebilde gefährdet sind.

1. Sicherung der Aktionäre

Diesem Interesse dienen nachfolgende Erfordernisse:

- Unternehmensverträge bedürfen der Zustimmung der Hauptversammlung mit ¾ Mehrheit, Aktionäre haben ein Auskunftsrecht nach § 293 Abs. 4 AktG,
- der Vertrag wird erst wirksam mit Eintragung in das Handelsregister,
- außenstehende Aktionäre haben einen Anspruch auf angemessenen Ausgleich bzw. angemessene Abfindung (§§ 304 ff. AktG).

2. Sicherung der Gläubiger

Zur Sicherung der Gläubiger sieht das Gesetz vor:

- in die gesetzliche Rücklage sind die in § 300 Nr. 1–3 AktG genannten Beträge einzustellen,
- für Gewinnabführungsverträge gilt der Höchstbetrag nach § 301 AktG,
- es bestehen Pflichten zur Verlustübernahme nach § 302 AktG,
- beim Ende von Beherrschungs- oder Gewinnabführungsverträgen muß Gläubigern Sicherheit geleistet werden (§ 303 AktG).

3. Sicherung der Transparenz

- Die Beteiligung von mehr als 25 % begründet spezielle Mitteilungspflichten gem. §§ 20, 21 AktG.

3. Kapitel. Recht der Körperschaften

- Konzernverhältnisse begründen eine besondere Rechnungslegung (§§ 290 ff. HGB).

4. Leitungsmacht und Verantwortlichkeit

Bei abhängigen Unternehmen muß das Gesetz die Leitungsmacht des herrschenden Unternehmens und seine Verantwortlichkeit klarstellen (vgl. dazu §§ 308 ff. AktG).

Beim Vorliegen eines Beherrschungsvertrages ist das herrschende Unternehmen berechtigt, dem Vorstand der Gesellschaft hinsichtlich der Leitung Weisungen zu erteilen. Besteht kein Beherrschungsvertrag, so darf das herrschende Unternehmen seinen Einfluß nicht dazu benutzen, die abhängige AG oder KGaA zu veranlassen, ein für sie nachteiliges Rechtsgeschäft vorzunehmen oder Maßnahmen zu ihrem Nachteil zu treffen oder zu unterlassen, sofern die Nachteile nicht ausgeglichen werden (§ 311 Abs. 1 AktG). Besondere

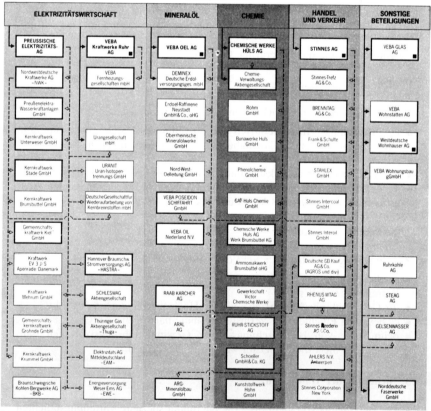

§ 10. Verbundene Unternehmen

Berichte, Abschlußprüfer, die Prüfung durch den Aufsichtsrat, die Möglichkeit von Sonderprüfungen und die Verantwortlichkeit des herrschenden Unternehmens und seiner gesetzlichen Vertreter sollen Mißbräuchen vorbeugen.

Wiederholungsfragen und Übungsfälle zu §§ 8–10

Wiederholungsfragen

Entspricht die im Aktiengesetz zum Ausdruck kommende isolierte Stellung einzelner Aktiengesellschaften der gesellschaftsrechtlichen Wirklichkeit? (Seite 191)
Welche Funktionen hat das Grundkapital? (Seite 144 f.)
Welche Formen der Gründung unterscheidet man bei der Aktiengesellschaft? (Seite 150)
Welche Rechte und Pflichten haben die Organe einer Aktiengesellschaft? (Seite 156)
Wer entscheidet über die Verwendung des Gewinns einer Aktiengesellschaft? (Seite 174)
Was versteht man bei der Aktiengesellschaft unter einer „Kapitalerhöhung aus Gesellschaftsmitteln", was unter dem „genehmigten Kapital"? (Seite 180)
Unter welchen Voraussetzungen kann es gegen eine Aktiengesellschaft zur Anfechtungsklage kommen? (Seite 165 f.)
Wie weit geht das Auskunftsrecht eines Aktionärs? (Seite 164)
Welche Grenzen gelten für das sog. „Depotstimmrecht"? (Seite 165)
Welchen Umfang hat die gesetzliche Rücklage bei der Aktiengesellschaft? (Seite 169)
Welche Punkte muß ein aktienrechtlicher Lagebericht enthalten? (Seite 173)
Welche Rechtsgrundlagen gelten für die Kommanditgesellschaft auf Aktien? (Seite 189)
Was versteht man unter einem „Beherrschungsvertrag", was unter einem „Gewinnabführungsvertrag"? (Seite 192, 195)
Welche anderen Formen von Unternehmensverträgen gibt es bei der Aktiengesellschaft? (Seite 195)
Welche Fälle der „Verschmelzung", „Vermögensübertragung" und „Umwandlung" kennen Sie im Aktienrecht? (Seite 182 ff.)

Übungsfälle

a) Die turbulente Hauptversammlung

In der Hauptversammlung der XY-Aktiengesellschaft kam es zu folgendem Vorfall: Aktionär Anton (A) hatte bei der Erörterung des Dividendenvorschlages das Wort ergriffen und folgende Fragen gestellt:

(1) Welche Beträge sind im einzelnen auf die von der Gesellschaft im Geschäftsjahr bezahlten Steuern entfallen und welche steuerlichen Wertansätze liegen hier zugrunde?

(2) Welcher Betrag an gewinnberechtigten Tantiemen und welcher Betrag an Ruhestands- bzw. Hinterbliebenenbezügen sind in den im Anhang genannten Vorstandsbezügen enthalten?

Der Vorstand der Gesellschaft, bestehend aus drei Mitgliedern, lehnte die Beantwortung dieser Fragen ab. Nach Annahme des Dividendenvorschlages erteilte die Hauptversammlung Vorstand und Aufsichtsrat Entlastung gegen die Stimmen von A, der gegen diesen Beschluß Widerspruch zu Protokoll erhob. Anschließend ergriff A noch einmal das Wort. Nachdem er etwa 25 bis 30 Minuten gesprochen und sich mehrfach wiederholt hatte, wies ihn der Versammlungsleiter darauf hin, daß seine Weitschweifigkeit den Anwesenden nicht mehr länger zugemutet werden könne. Auf Antrag des Aktionärs Kurz beschloß die Hauptversammlung, die restliche Redezeit von Anton auf 3 Minuten zu beschränken. Anton griff nunmehr den Vorstand heftig an und wurde gegen den Antragsteller Kurz und andere Aktionäre ausfällig. Er kritisierte die Geschäftspolitik im allgemeinen und den von der XY-AG mit einem ausländischen Konzern abgeschlossenen Lizenzvertrag im besonderen. U. a. verlangte er die wörtliche Verlesung dieses umfangreichen Vertrages. Der Vorstandsvorsitzende lehnte dies aus Zeitgründen ab. Schließlich beschloß die Versammlung auf Antrag des Versammlungsleiters, Anton aus der Versammlung auszuschließen. A wurde gegen seinen Protest mit sanfter Gewalt aus dem Versammlungslokal entfernt. Die Hauptversammlung erledigte daraufhin die weitere Tagesordnung. Insbesondere wurden einige Aufsichtsratsmitglieder wiedergewählt und der Abschlußprüfer für das folgende Geschäftsjahr bestimmt. Welche Rechte hat A?

b) Die fragwürdige Eingliederung

Vor einigen Jahren wurde im Wirtschaftsteil der Zeitungen von folgenden Vorgängen berichtet: Am 6. 11. 1968 hatten die Wintershall AG und die Badische Anilin- & Soda-Fabrik AG (BASF), ihre Mehrheitsaktionärin, einen Beherrschungsvertrag abgeschlossen, der unter anderem den außenstehenden Aktionären für jede Wintershall-Aktie als Gewinnanteil die Zahlung von jeweils ¹/₁₀ des Betrages garantierte, der für das gleiche Geschäftsjahr auf eine BASF-Aktie ausgeschüttet wurde. Ferner verpflichtete sich die BASF, auf Verlangen eines außenstehenden Aktionärs der Wintershall AG dessen Aktien im Verhältnis 10:9 gegen BASF-Aktien umzutauschen. Eine Anzahl von Aktionären machte von der Möglichkeit des Aktienumtauschs Gebrauch. Hierdurch und durch den Zukauf weiterer Aktien erhöhte sich die Beteiligung der BASF am Grundkapital der Wintershall AG auf über 95 %. Daraufhin beschloß die BASF, die Eingliederung der Wintershall AG zu betreiben. Am 7. 10. 1970 berief der Vorstand der Wintershall AG auf den 16. 11. 1970 die Hauptversammlung zur Beschlußfassung über die Eingliederung in die BASF ein. Die BASF machte ein mit der Tagesordnung bekanntgegebenes Abfindungsangebot. Darin verpflichtete sie sich, den auf Grund der Eingliederung ausscheidenden Aktionären „als Abfindung Aktien der BASF zu gewähren, und zwar dergestalt, daß auf 10 Aktien der Wintershall AG jeweils 9 Aktien der BASF in gleichem Nennwert zu gewähren sind". Zu Beginn der Hauptversammlung v. 16. 11. 1970 wurde den Aktionären mitgeteilt, daß die BASF mit Rücksicht auf eine Kapitalerhöhung, die in deren Hauptversammlung am folgenden Tag zur Beschlußfassung anstand, ihr Abfindungsangebot inzwischen freiwillig wie folgt ergänzt hatte: „Sie gewährt den durch die Eingliederung ausscheidenden Wintershall-Aktionären zusätzlich zu der Abfindung in Aktien eine Barabfindung, und zwar pro Stück Wintershall-Aktie ⁹/₁₀ des durchschnittlichen Wertes des sich auf Grund der Kapitalerhöhung der BASF ergebenden Bezugsrechts an den Handelstagen an der Frankfurter Wertpapierbörse. In den wenigen Fällen, in denen diese Barabfindungen in BASF-Aktien darstellbar ist, ist sie bereit, anstelle dieser Barabfindung BASF-Aktien zu gewähren; dabei wird der Umrechnung der durchschnittliche Kurs der BASF-Aktie an den Handelstagen der Frankfurter Wertpapierbörse zugrunde gelegt." Nach der Aussprache beschloß die Hauptversammlung mit 97,6 % des Grundkapitals gegen 0,095 % die Eingliederung.

Nehmen Sie an, Sie seien in der Hauptversammlung vom 16. 11. 1970 anwesend und mit den dort gefaßten Eingliederungsbeschlüssen nicht einverstanden gewesen. Was könnten Sie zusammen mit den 0,095 % des Grundkapitals unternehmen? Welche Formalitäten wären zu beachten und wie hoch müßten Sie nach Lektüre der §§ 319 ff. AktG ihre Erfolgsaussichten einschätzen?

c) Die ungewöhnliche Kapitalerhöhung

August ist Aktionär der S-Aktiengesellschaft, einer reinen Holding-Gesellschaft. Bei der letzten Hauptversammlung war mit mehr als ¾ des vertretenen Grundkapitals beschlossen worden, unter Ausschluß des Bezugsrechts der Aktionäre das Grundkapital der S-AG um 100 Mio. DM zu erhöhen. Der Vorstand wurde zu einer weiteren Erhöhung um noch einmal 15 Mio. DM ermächtigt.

Zur Übernahme der neuen Aktien wurden lediglich die X-AG und deren Tochtergesell-

§ 10. Verbundene Unternehmen

schaft, die Y-AG, zugelassen. Diese hatten als Sacheinlagen ihre insgesamt 50 %ige Beteiligung an der „Kali & Salz AG" einzubringen. Die anderen 50 % an der Kali & Salz AG hielt die S-AG. Die X-AG erhielt für die von ihr eingebrachten Kali & Salz-Alt-Aktien zum Nennbetrag von 80 Mio. DM neue Aktien der S-AG im Nennbetrag von 100 Mio. DM, also im Verhältnis 4:5. Im Anschluß an die entsprechenden Handelsregistereintragungen wurde das Vermögen der Kali & Salz AG nach § 15 Abs. 1 UmwG auf die S-AG übertragen. Die Y-AG schied als Aktionär der Kali & Salz AG mit einer Beteiligung von nominell 14 Mio. DM aus. Sie brachte ihre gesetzliche Abfindung als Sacheinlage in die S-AG ein und erhielt dafür aus dem genehmigten Kapital neue Aktien im Nennbetrag von 17 Mio. DM, also ebenfalls im Verhältnis 4:5.

August war mit diesen Transaktionen von vornherein nicht einverstanden und hatte bereits in der beschließenden Hauptversammlung Widerspruch zur Niederschrift erklärt. Die S-AG hatte zur Notwendigkeit der entsprechenden Beschlüsse vorgetragen, ihre Existenz, mindestens aber ihre Liquidität, sei ernstlich bedroht: Infolge von Abschreibungen und Rückstellungen hatte sich für das Jahr 1971 ein Fehlbetrag von rund 82 Mio. DM ergeben, der im Jahresabschluß zum 31. Dezember 1971 zu einem Verlustausweis von rund 46 Mio. DM führte. Im Hinblick auf die daraufhin geplante Sanierung in Gestalt einer Kapitalerhöhung gegen Sacheinlagen wurde im Einvernehmen mit der X-AG eine Bewertungskommission zur Ermittlung der Unternehmenswerte beider Gesellschaften eingesetzt. In ihrem Bericht vom Juni 1972 stellte diese Kommission den Unternehmenswert für die Kali & Salz AG mit 313 Mio. DM und für die S-AG mit 154 Mio. DM fest. Daraus errechnete sich, auf das Grundkapital der beiden Gesellschaften (200 und 125 Mio. DM) bezogen, ein Wertverhältnis von 7,89 Kali & Salz AG – Alt-Aktien zu 10 S-AG-Aktien. Daraus ergab sich das bei der Kapitalerhöhung zugrunde gelegte Umtauschverhältnis von 4:5. Wirtschaftsprüfungsgesellschaften der beiden Unternehmen bestätigten schriftlich, daß die von der Kommission angewandten Bewertungsgrundsätze betriebswirtschaftlich anerkannten Regeln entsprächen und eingehalten worden seien sowie die Angemessenheit der Wertrelation 7,89:10.

Außerdem legte die S-AG unbestritten dar, daß bei ihren ausländischen Beteiligungen schwere finanzielle Rückschläge eingetreten seien und für 1972 flüssige Mittel in Höhe von über 50 Mio. DM benötigt würden. Diese habe man kurzfristig nicht beschaffen können. Weder durch Beleihung oder Veräußerung von Beteiligungen noch durch Kreditaufnahme bei Beteiligungsgesellschaften, denen sie bereits 20 Mio. DM schulde, sei ein derart hoher Geldbedarf zu befriedigen gewesen. Bankkredite hätten ohnehin angesichts fehlender Sicherheiten nicht beschafft werden können. Auch wäre eine Kreditaufnahme mit dem Ziel, Verluste auszugleichen, ohne die Rentabilität des Eigenkapitals zu erhöhen, nicht sinnvoll gewesen und hätte für die Zukunft die ohnehin schlechte Ertrags- und Liquiditätslage noch mehr belastet.

August dagegen ist der Ansicht, durch die von ihm angefochtenen Beschlüsse habe sich die X-AG eine hohe Mehrheit und durch die seines Erachtens gezielte Unterbewertung der S-AG ungerechtfertigte Sondervorteile verschafft. Zudem bezweifelt er die Notwendigkeit des Bezugsrechtsausschlusses der Aktionäre.

Musterlösungen

Zu a) Wiederholen Sie zunächst Seite 164 f.

(aa) Formelle Seite
(1) Als Rechtsmittel gegen Beschlüsse von Hauptversammlungen gewährt das Aktiengesetz die Anfechtungsklage. Nach § 243 AktG kann mit ihr die Verletzung des Gesetzes oder der Satzung gerügt werden. Die Klage muß innerhalb eines Monats nach der Beschlußfassung gegen die Gesellschaft erhoben werden. Zuständig ist das Landgericht am Sitze der Gesellschaft (vgl. § 246 Abs. 3 AktG).

Anfechtungsbefugt ist jeder in der Hauptversammlung erschienene Aktionär, allerdings nur unter der Voraussetzung, daß er gegen den angefochtenen Hauptversammlungsbeschluß Widerspruch zu Protokoll erklärt hat (vgl. § 245 Nr. 1 AktG). Dies hat A zwar getan, als ihm die entsprechenden Auskünfte verweigert wurden. Bei den Beschlüssen nach der Saalverweisung fehlte es jedoch an diesem Formalerfordernis. Mit Recht gehen die Gerichte jedoch davon aus, daß in gewissen Fällen eine gegen Beschlüsse der Hauptversammlung gerichtete Anfechtungsklage nicht schon daran scheitert, daß der Kläger keinen Widerspruch zu Protokoll erklärt hat. Dann nämlich, wenn der Aktionär vor der Beschlußfassung zu Unrecht von der weiteren Teilnahme an der Hauptversammlung ausgeschlossen wurde. Bei dieser Konstellation konnte er mangels Anwesenheit gar keinen Widerspruch einlegen. Hier bietet sich die Analogie zu § 245 Nr. 2 AktG an: Jeder in der Hauptversammlung nicht erschienene Aktionär kann gegen Hauptversammlungsbeschlüsse Anfechtungsklage erheben, wenn er zur Hauptversammlung zu Unrecht nicht zugelassen wurde oder die Versammlung nicht ordnungsgemäß einberufen war oder der Gegenstand der Beschlußfassung nicht ordnungsgemäß bekanntgemacht worden ist. Entscheidend ist also, ob A zu Recht oder zu Unrecht aus dem Saal verwiesen wurde. Kommt man zu dem Ergebnis, daß seine Ausschließung rechtswidrig war (was anschließend zu prüfen ist), wäre die fehlende Protokollierung des Widerspruchs unschädlich.

(2) Gegen die Auskunftsverweigerung kann A auch nach § 132 AktG klagen. Ob der Vorstand eine Auskunft zu geben hat, entscheidet auf Antrag ausschließlich das Landgericht, in dessen Bezirk die Gesellschaft ihren Sitz hat. Antragsberechtigt ist jeder Aktionär, dem die verlangte Auskunft nicht gegeben worden ist. Wenn über den Gegenstand der Tagesordnung, auf den sich die Auskunft bezieht, Beschluß gefaßt worden ist, kann den Antrag auf Auskunftserteilung auch jeder in der Hauptversammlung erschienene Aktionär stellen, der in der Hauptversammlung Widerspruch zur Niederschrift erklärt hat. Gibt das Landgericht dem Antrag statt, so ist die Auskunft auch außerhalb der Hauptversammlung zu geben.

(bb) Materielle Prüfung

(1) Wertansätze und Höhe der einzelnen Steuern

Die Frage nach dem steuerlichen Wertansatz und der Höhe der einzelnen Steuerarten braucht der Vorstand nicht zu beantworten. Insofern gewährt § 131 Abs. 3 Nr. 2 AktG ein ausdrückliches Auskunftsverweigerungsrecht. Diese mit der Aktienrechtsreform von 1965 neu aufgenommene Vorschrift geht von der Befürchtung aus, daß Aktionäre durch derartige Mitteilungen ein falsches Bild gewinnen und geneigt sein könnten, den steuerlichen Gewinn dem nach betriebswirtschaftlichen Grundsätzen verteilungsfähigen Gewinn gleichzusetzen, was dem Interesse einer vernünftigen Reservenbildung zuwider liefe. Ob diese Begründung angemessen ist, erscheint zumindest zweifelhaft (vgl. Zöllner in Kölner Kommentar zum AktG § 131 Rn. 37).

(2) Vorstandsbezüge

Anders verhält es sich bei der Frage nach den Vorstandsbezügen. Hier könnte man zwar die Auffassung vertreten, das Auskunftsrecht des Aktionärs sei durch den Geschäftsbericht eingeengt. Nach §§ 285 Nr. 9 HGB enthält der Anhang unter anderem Angaben über die Gesamtbezüge des Vorstands, des Aufsichtsrats und eines etwaigen Beirats. Schon das Reichsgericht hat jedoch betont, daß Bilanzierungsregeln das Auskunftsrecht des Aktionärs nicht beschränken. Der Anhang dient lediglich dazu, der Hauptversammlung die Unterlagen für ihre Entschließungen, etwa über die Gewinnverteilung und die Entlastung der Verwaltungsträger, zu liefern. Auch der Persönlichkeitsschutz der Vorstandsmitglieder steht einer Aufgliederung ihrer Bezüge nicht entgegen, zumal das Verhältnis, in dem die Bezüge des Vorstandsvorsitzenden zu den Bezügen eines weiteren ordentlichen und eines stellvertretenden Vorstandsmitglieds stehen, in der Regel uneinheitlich ist.

(3) Lizenzvertrag

Was die Verlesung des Lizenzvertrages anlangt, so ist anerkannt, daß der Auskunftsanspruch des Aktionärs auch die Vorlegung und Verlesung von Urkunden umfassen kann. Hat die Hauptversammlung unmittelbar oder mittelbar Verträge zu beurteilen, die für die Entwicklung der Gesellschaft von größter Bedeutung sind, so kann nach Auffassung des Bundesgerichtshofes ein Verlesungsanspruch nur dann verneint werden, wenn sich die Verlesung wegen der Länge der dafür benötigten Zeit, wegen der vorgerückten Stunde oder anderer überragender Gründe der Verhandlungsführung nicht durchführen läßt (vgl. BGH BB 67, 602).

(4) Redezeitbeschränkung und Saalverweis

Der Leiter der Hauptversammlung hat die Rechte, die er braucht, um einen ordnungsgemäßen Ablauf der Versammlung zu gewährleisten. Dazu gehört die Beschränkung der Redezeit, zumal in Fällen, in denen der Aktionär zunächst Gelegenheit hatte, ohne Zeitlimit Ausführungen zu machen. Dazu gehört auch, einen Aktionär von der weiteren Hauptversammlung auszuschließen, wenn er deren reibungslosen Verlauf stört und diese Störung auf andere Weise nicht behoben werden kann. Daß im vorliegenden Fall der Vorsitzende zu diesen Maßnahmen (unnötigerweise) die Hauptversammlung beschließen ließ, kann die Anfechtungsklage nicht stützen; insofern handelte es sich dabei lediglich um eine unverbindliche Meinungsbefragung, denn letztlich entschied der Versammlungsleiter in eigener Verantwortung.

(5) Beschlüsse nach Saalverweisung

Entscheidend ist hierbei, ob die Saalverweisung zu Recht oder zu Unrecht erfolgte. Es ist in der Rechtsprechung anerkannt, daß Hauptversammlungen unberechtigte Störungen nicht hinzunehmen brauchen. Die Entfernung des A aus dem Versammlungslokal war in Anbetracht seiner persönlichen Beleidigungen und Ausfälle eine ermessensgemäße Entscheidung des Vorsitzenden.

Zu b) Wiederholen Sie zunächst Seite 165 f., 192

1. Formelle Seite

Hauptversammlungsbeschlüsse von Aktiengesellschaften können durch Klage angefochten werden, wenn sie gegen Gesetze oder die Satzung verstoßen (vgl. § 243 Abs. 1 AktG). Die gem. § 246 AktG innerhalb eines Monats beim Landgericht am Sitz der Gesellschaft einzureichende Klage ist gegen die Gesellschaft, vertreten durch Vorstand und Aufsichtsrat, zu richten. Wird der Klage stattgegeben, so ist der Beschluß nichtig (§ 241 Nr. 5 AktG). Klagebefugt ist jedoch nur, wer in der Hauptversammlung als Aktionär gegen den Beschluß Widerspruch zur Niederschrift erklärt hat (§ 245 Nr. 1 AktG). Formelle Voraussetzung für die gerichtliche Überprüfung des Eingliederungsbeschlusses ist also, daß von den in der Hauptversammlung mit 0,095 % des Grundkapitals vertretenen Aktionären der Wintershall AG Widerspruch zur Niederschrift erklärt wurde.

2. Materielle Seite

Es ist zu prüfen, ob der in gedrängter Form geschilderte Sachverhalt Gesetzesverstöße erkennen läßt. Folgende Fragen stellen sich: Lag eine fehlerhafte Bekanntmachung des Abfindungsangebotes vor (a)? Liegt ein Gesetzesverstoß darin, daß infolge der Eingliederung die Aktionäre ihre Rechte aus dem Beherrschungsvertrag vom 6. 11. 1968 verloren (b)? Hat die BASF als Großaktionärin bei der Entscheidung über die Eingliederung ihr Stimmrecht mißbraucht (c)?

a) Fehlerhafte Bekanntmachung des Abfindungsangebots?

Man könnte die Anfechtungsklage darauf stützen, daß das zusätzliche Abfindungsangebot der BASF für den Fall der beabsichtigten Kapitalerhöhung im Sinne von § 320 Abs. 2 Satz 1 Nr. 2 AktG schon mit der Tagesordnung hätte bekanntgemacht werden müssen. Diese Bedenken greifen jedoch im Ergebnis nicht durch, wie der BGH in seiner Entscheidung v. 27. 5. 1974 (= NJW 1974, 1557; Die Aktiengesellschaft 1974, 320 ff.) mit Recht feststellt: Das nach § 320 Abs. 2 Satz 1 Nr. 2 AktG bekanntzumachende Abfindungsangebot der künftigen Hauptgesellschaft ist nicht Gegenstand des Eingliederungsbeschlusses, sondern nur eine gesetzliche Voraussetzung dafür, deren Fehlen, Mangelhaftigkeit oder nicht ordnungsgemäße Bekanntgabe allenfalls die Anfechtbarkeit des Beschlusses selbst begründen kann (vgl. § 124 Abs. 4, § 243 Abs. 1, § 320 Abs. 6 Satz 3 AktG). Seine eigentliche Bedeutung liegt nicht darin, den Minderheitsaktionären eine Grundlage für die Entscheidung zu geben, ob sie für oder gegen die Eingliederung stimmen sollen. Da es nämlich für die Eingliederung notwendig, aber auch ausreichend ist, daß sich 95 % des Grundkapitals in der Hand der zukünftigen Hauptgesellschaft befinden (§ 320 Abs. 1 AktG), kommt es auf die Stimmen der Minderheit insoweit überhaupt nicht an. Die ordnungsgemäße Ankündigung des Abfindungsangebots soll vielmehr den ausscheidenden Aktionären möglichst frühzeitig eine Entscheidung darüber ermöglichen, ob sie gem. §§ 320 Abs. 6 Satz 2, 306 AktG die Angemessenheit der angebotenen Abfindung gerichtlich überprüfen lassen wollen. Dazu erhalten sie durch die Bekanntgabe schon mit der Tagesordnung Gelegenheit, Fragen vorzubereiten, die sie oder ihre Vertreter in der Hauptversammlung stellen können über alle im Zusammenhang mit der Eingliederung wesentlichen Angelegenheiten und damit vor allem über solche Tatsachen, die für die Beurteilung des Abfindungsangebots bedeutsam sind (§ 320 Abs. 3 AktG).

b) Rechtswidriger Verlust der Rechte aus dem Beherrschungsvertrag vom 6. 11. 1968?

Es läßt sich nicht bestreiten, daß infolge des Eingliederungsbeschlusses die Wintershall-Aktionäre ihre Rechte und Sicherheiten aus dem Beherrschungsvertrag vom 6. 11. 1968 verloren, ohne daß dieser Vertrag ausdrücklich aufgehoben wurde. Darin liegt jedoch kein Gesetzesverstoß, sondern eine bei Eingliederungsfällen vom Gesetz zwangsläufig in Kauf genommene Majorisierung von Minderheiten, wenn sich eine Mehrheit von 95 % des Grundkapitals in der Hand der zukünftigen Hauptgesellschaft befindet (vgl. § 320 Abs. 1 Satz 1 AktG).

aa) Nach § 295 Abs. 2, § 296 Abs. 2 und § 297 Abs. 2 AktG bedarf es zwar eines Sonderbeschlusses der außenstehenden Aktionäre, wenn ein Unternehmensvertrag, der diesen Aktionären einen Ausgleich gewährt, hinsichtlich dieser Ausgleichsbestimmungen geändert, insgesamt aufgehoben oder durch die beherrschende Gesellschaft ohne wichtigen Grund gekündigt werden soll. Dabei handelt es sich aber um vertragliche oder vertraglich vorgesehene Eingriffe in den laufenden Unternehmensvertrag und nicht, wie im Fall des § 320 AktG, um die Ausübung einer gesetzlichen Befugnis, die es dem Mehrheitsaktionär ermöglicht, das bisherige Abhängigkeitsverhältnis durch eine weitgehende Form der Integration des beherrschten in das herrschende Unternehmen abzulösen. An die Stelle eines Sonderbeschlusses der außenstehenden Aktionäre tritt hier zum Schutz der Minderheit kraft Gesetzes das erschwerte Mehrheitserfordernis nach § 320 Abs. 1 AktG.

bb) Der Beherrschungsvertrag sichert den außenstehenden Wintershall-Aktionären als unmittelbaren Anspruch gegen die BASF ⁹⁄₁₀ des jeweils auf die BASF-Aktie ausgeschütteten Gewinnanteils zu. Diese (variable) Dividendengarantie wird mit der Eingliederung in die BASF gegenstandslos, weil die ausscheidenden Aktionäre der Wintershall in demselben Verhältnis ohnehin einen unmittelbaren Gewinnanspruch als Aktionäre der BASF haben werden. Auch dies ist lediglich eine vom Willen des Gesetzgebers mit

§ 10. Verbundene Unternehmen

umfaßte, zwangsläufige Folge der Eingliederungsbestimmungen, die wirtschaftlich die ausscheidenden Aktionäre jedenfalls dann nicht schlechter als bisher stellt, wenn, wie hier, keine feste Dividendengarantie gem. § 304 Abs. 2 Satz 1 AktG gegeben wurde.

cc) Der Wegfall der Substanzgarantie, der bislang mit dem von der BASF gem. § 302 AktG versprochenen Verlustausgleich (§ 4 des Beherrschungsvertrags) verbunden war, wie auch der sonstigen Schutzvorschriften (z. B. § 300 Nr. 3, § 301 AktG; vgl. § 324 AktG) rechtfertigt sich, soweit diese Sicherungen mittelbar auch den Minderheitsaktionären zugute kommen, daraus, daß auf Grund der gesetzlichen Regelung nach der Eingliederung alle Aktien der Wintershall im Besitz der BASF sein werden und deshalb ein Schutz der Aktionäre nicht mehr erforderlich ist. Die ausscheidenden Aktionäre stehen damit nicht schlechter als etwa die Minderheitsaktionäre einer Gesellschaft, die ohne die Zwischenstufe eines Beherrschungsvertrags in eine andere eingegliedert oder mit dieser verschmolzen wird. Sie bleiben dafür andererseits als künftige Aktionäre der Hauptgesellschaft nicht nur mittelbar an der Vermögenssubstanz der Wintershall beteiligt, sondern werden auch Mitglieder der Hauptgesellschaft mit den dazu gehörigen Vermögens- und Herrschaftsrechten, womit unter Umständen – bei Unterstützung durch andere Aktionäre – ein Zuwachs an Einflußmöglichkeiten verbunden sein kann.

c) Mißbräuchliche Abstimmung des Mehrheitsaktionärs?

Eine Anfechtungsklage gegen Hauptversammlungsbeschlüsse kann nach § 243 Abs. 2 AktG auch darauf gestützt werden, daß ein Aktionär mit der Ausübung des Stimmrechts für sich oder einen Dritten Sondervorteile zum Schaden der Gesellschaft oder der anderen Aktionäre zu erlangen sucht und der Beschluß geeignet ist, diesem Zweck zu dienen. Es liegt nun nahe, daß die unterlegenen Minderheitsaktionäre der BASF als Hauptaktionärin vorwerfen, sie habe mit der Eingliederung ihr Stimmrecht mißbräuchlich ausgeübt. Hierbei wird jedoch übersehen, daß § 320 Abs. 6 Satz 1 AktG die Anfechtung des Eingliederungsbeschlusses aus diesem Grunde nicht zuläßt. Eine unzulässige Beschneidung des Rechtsweges liegt hierin nicht, wenn man folgendes bedenkt: Hält nämlich ein ausscheidender Aktionär das Abfindungsangebot für unangemessen, so steht ihm das gerichtliche Verfahren nach § 320 Abs. 6 Satz 2, § 306 AktG offen. Dieses Verfahren mag die Gerichte vor eine schwierige Aufgabe stellen, die aber lösbar ist. Eine Erörterung der Angemessenheit im Anfechtungsprozeß würde diese Schwierigkeiten lediglich auf diesen Prozeß verlagern, der den betroffenen Aktionären zudem nicht die gleichen Erleichterungen (Ermittlungen von Amts wegen, grundsätzliche Kostenfreiheit für die Aktionäre) gewährt wie das Verfahren nach § 306 AktG.

Wenn somit der Gesetzgeber die Stimmrechtsausübung zur Erlangung von Sondervorteilen bei angemessener Entschädigung der anderen Aktionäre nicht als Anfechtungsgrund betrachtet und außerdem die Prüfung der Angemessenheit im Fall der Eingliederung einem besonderen gerichtlichen Verfahren vorbehalten hat, so war es nur folgerichtig, eine auf § 243 Abs. 2 AktG gestützte Anfechtung bei der Eingliederung überhaupt auszuschließen. Da sich hier das Interesse der Mehrheitsaktionäre im wesentlichen im Vermögenswert ihrer Beteiligung erschöpft, ist diesem beachtlichen Interesse gegenüber einem Mehrheitsaktionär, der mit Hilfe seines Stimmrechts die Eingliederung der Gesellschaft betreibt, dadurch Genüge getan, daß der Gesetzgeber der Minderheit zur Sicherung einer angemessenen Abfindung mit dem Verfahren nach § 306 AktG einen ausreichenden Rechtsschutz bereitgestellt hat.

Zu c) Wiederholen Sie zunächst Seite 178 ff.

August kann die Hauptversammlungsbeschlüsse, gegen die er formgerecht Widerspruch zur Niederschrift erklärt hatte, nach § 243 AktG anfechten. § 255 AktG bestimmt ausdrücklich, daß auch gegen den Beschluß über eine Kapitalerhöhung gegen Einlagen in derselben Weise Anfechtungsklage erhoben werden kann.

Begründet ist seine Klage jedoch nur, wenn gesetzliche Vorschriften verletzt wurden.

Bedenklich könnte sein, daß bei der von August angefochtenen Kapitalerhöhung das Bezugsrecht der Aktionäre ausgeschlossen wurde. Nach § 186 Abs. 1 AktG hat bei einer Kapitalerhöhung gegen Einlagen jeder Aktionär grundsätzlich Anspruch darauf, einen seiner bisherigen Beteiligung entsprechenden Anteil an dem erhöhten Kapital zu denselben Bedingungen wie die anderen Aktionäre erwerben zu können. Dieses Recht kann jedoch von der Hauptversammlung nach § 186 Abs. 3 AktG im Kapitalerhöhungsbeschluß ganz oder teilweise ausgeschlossen werden. Damit allein läßt sich aber der Beschluß der S-AG noch nicht ohne weiteres rechtfertigen. Denn obwohl § 186 Abs. 3 AktG dem Wortlaut nach eine derartige Entscheidung nicht ausdrücklich an besondere materielle Voraussetzungen knüpft, sondern lediglich eine qualifizierte Mehrheit fordert, liegt ein Bezugsrechtsausschluß nicht im freien Ermessen der Aktionärsmehrheit. Da die Erhöhung des Grundkapitals von der Sache her notwendigerweise auf den Zweck der Gesellschaft und damit auf deren Interessen bezogen ist, muß nach der Rechtsprechung (vgl. BGHZ 71, 44) ein mit der Kapitalerhöhung verbundener Bezugsrechtsausschluß im Gesellschaftsinteresse seine Rechtfertigung finden. Hierbei ist besonders zu beachten, daß für einen Aktionär der Entzug des Vorrechts, Kapital in seinem Unternehmen investieren zu können, im allgemeinen einen schweren Eingriff in seine Mitgliedschaft bedeutet. Deshalb kann ein Bezugsrechtsausschluß nur dann gerechtfertigt werden, wenn das mit der Kapitalerhöhung verfolgte Ziel auf dem normalen gesetzlichen Weg, also mittels Bezugsrecht für alle Aktionäre, nicht erreichbar ist. Insofern sind die Bedenken von August voll zu verstehen, denn die Kapitalerhöhung ohne Bezugsrecht kann unter Umständen zum Verlust von Sperrminoritäten oder Minderheitsrechten (vgl. etwa §§ 93 Abs. 4 Satz 3, 142 Abs. 2, 147 Abs. 1, 309 Abs. 3 AktG) führen. Außerdem können bei Zuteilung neuer Aktien ausschließlich an einen Großaktionär Abhängigkeitsverhältnisse entstehen, was wiederum für nicht bezugsberechtigte Aktionäre einen Kursverlust zur Folge haben kann. Deshalb ist der von August angefochtene Beschluß nur rechtmäßig, wenn der Ausschluß des Bezugsrechts auch bei gebührender Berücksichtigung der Folgen für die ausgeschlossenen Aktionäre durch sachliche Gründe im Interesse der Gesellschaft gerechtfertigt ist. Im Sachverhalt wurde ausführlich dargelegt, warum die Kapitalerhöhung in der erwähnten Weise erfolgte. Wenn sich die S-AG, wie sie vorträgt, in der erwähnten kritischen finanziellen Lage befand, dann lag es im Gesellschaftsinteresse, die Liquiditätskrise durch die vorerwähnte Kapitalerhöhung unter Ausschluß des Bezugsrechts vorzunehmen. Auf die Darlegungen im Sachverhalt darf man hier verweisen. Sollten diese Angaben bestritten werden, so würde das Gericht ggf. durch Einholung von Sachverständigengutachten Beweis erheben. Man darf jedoch unterstellen, daß insbesondere im Hinblick auf die Beteiligung der Wirtschaftsprüfungsgesellschaften die Liquiditätslage der Gesellschaft objektiv wiedergegeben wurde. Die Anfechtungsklage von August hat daher wenig Aussicht auf Erfolg.

§ 11. Die Gesellschaft mit beschränkter Haftung

● **Lernhinweis:** Machen Sie sich zunächst noch einmal das Prinzip der juristischen Person klar. Diese ist selbständig Träger von Rechten und Pflichten: sie nimmt am Rechtsverkehr „gleichberechtigt" teil wie die natürliche Person. Daraus ergeben sich im Vergleich zu den Personengesellschaften wesentliche Unterschiede: Die juristische Person ist Inhaberin des Gesellschaftsvermögens und die Gesellschafter werden aus Rechtsgeschäften der Gesellschaft nicht unmittelbar verpflichtet. Freilich kann die juristische Person als „Kunstgeschöpf der Rechtsordnung" selbst nicht handeln, hierzu benötigt sie (als „Kopf und Hände") Organe. Schließlich muß bei juristischen Personen mangels unbeschränkter Haftung der Gesellschafter besondere Rücksicht auf den Gläubigerschutz genommen werden. Dies äußert sich an vielen Stellen des Gesetzes: bei der Gründung, bei der Liquidation und im Verbot aller Akte, die auf eine Rückzahlung des Gesellschaftskapitals an die Gesellschafter hinauslaufen.

I. Wesensmerkmale der GmbH

1. Begriff

Die GmbH ist eine Handelsgesellschaft mit eigener Rechtspersönlichkeit, die zu jedem gesetzlich zulässigen Zweck errichtet werden kann und für deren Verbindlichkeiten den Gläubigern nur das Gesellschaftsvermögen haftet.

2. Wesensmerkmale

a) Juristische Person

Nach § 13 Abs. 1 GmbHG hat die GmbH als solche selbständige Rechte und Pflichten: sie kann Eigentum und andere dingliche Rechte an Grundstücken erwerben, vor Gericht klagen und verklagt werden.

b) Zweckvielfalt

Gesellschaften mit beschränkter Haftung können zu jedem gesetzlich zulässigen Zweck errichtet werden (§ 1 GmbHG – lesen!). Obwohl dies in der Regel der Fall sein wird, braucht eine GmbH nicht auf den **Betrieb eines Handelsgewerbes** ausgerichtet zu sein. Unternehmensgegenstand können auch **karitative, wissenschaftliche, künstlerische, sportliche** und **kulturelle** Zwecke sein. Häufig wird gerade für gemeinnützige Zwecke die Rechtsform der GmbH gewählt, um eine kaufmännische Vermögensverwaltung bei körperschaftlich strukturierter Organisation der Beteiligung verschiedener Träger zu gewährleisten.

Beispiele:

- „beschützende Werkstätten GmbH"
- „städtische Theaterbetriebs-GmbH"
- „Berufsfortbildungswerk des DGB GmbH"
- „AKAD – Akademikergesellschaft mbH".

Nicht zulässig ist die Rechtsform der GmbH allerdings für bestimmte Wirtschaftbereiche: Hypothekenbanken, Versicherungsvereine und Versicherungsunternehmen in der Lebens-, Unfall-, Haftpflicht-, Feuer- und Hagelversicherung. Bei freien Berufen kann die Rechtsform der GmbH dem Standesrecht widersprechen (so bei Rechtsanwälten; anders dagegen bei Wirtschaftsprüfern und Steuerberatern, vgl. §§ 27 Abs. 1 WPO, 49 Abs. 1 StBerG).

c) Handelsgesellschaft

Die GmbH gilt als Handelsgesellschaft im Sinne des Handelsgesetzbuches (§ 13 Abs. 3 GmbHG – lesen!). Sie ist gem. § 6 HGB **Kaufmann im Rechtssinne.** Das heißt: Auch wenn die GmbH keinen wirtschaftlichen Geschäftsbetrieb unterhält, ist sie als Formkaufmann gleichwohl den handelsrechtlichen Vorschriften unterworfen.

3. Vergleich zur Aktiengesellschaft

a) Parallelen

Die GmbH weist als Kapitalgesellschaft eine gewisse Ähnlichkeit zur Aktiengesellschaft auf.

- **Lernhinweis:** Vergleichen Sie die parallelen Wesensmerkmale: juristische Person, Kapitalgesellschaft, Handelsgesellschaft, Formkaufmann, keine persönliche Haftung der Mitglieder. Man hat die GmbH deshalb auch als **„kleine Aktiengesellschaft"** bezeichnet („die GmbH ist die kleinere Schwester der AG").

Die GmbH ist jedoch im Unterschied zur Aktiengesellschaft **stärker personalistisch strukturiert.** Das GmbH-Gesetz ist weniger zwingend als das Aktienrecht. Der Gesellschaftsvertrag ermöglicht eine Orientierung stärker zur Personengesellschaft hin. Man sagt: „Die GmbH ist **nach außen hin Aktiengesellschaft, nach innen oHG!"**

b) Unterschiede

Merken Sie sich folgende Unterschiede zwischen GmbH und Aktiengesellschaft:

- die **Gründung** der GmbH ist **einfacher** und weniger kostenintensiv;
- **Gesellschafterbeschlüsse** setzen bei der GmbH (von Satzungsänderungen abgesehen) keine notarielle Beurkundung voraus;
- für die GmbH ist ein **Aufsichtsrat** erst bei mehr als 500 Arbeitnehmern zwingend vorgeschrieben;
- bei der GmbH kann eine **Nachschußpflicht** für die Gesellschafter vereinbart werden;

§ 11. Die Gesellschaft mit beschränkter Haftung 207

- die **Übertragung** der GmbH-Anteile ist wegen der notariellen Beurkundung gegenüber der Aktie erschwert.

Hinweis: Das Bilanzrichtliniengesetz v. 1985 hat hinsichtlich der Rechnungslegung, Pflichtprüfung und Publizität mit §§ 264 ff. HGB Regelungen eingeführt, die sowohl für die Aktiengesellschaft als auch für die GmbH gelten. Da diese Bestimmungen jedoch „größenabhängig" sind und die GmbH typischerweise unter das „Kleinformat", die Aktiengesellschaft dagegen unter das „Großformat" fällt, findet auf die Mehrheit der GmbH in der Praxis regelmäßig das weniger strenge Recht Anwendung.

4. Die GmbH-Reform

a) Die GmbH-Novelle von 1980

Am 11. 7. 1980 wurde im Bundesgesetzblatt (BGBl. 1980 I S. 836) das „Gesetz zur Änderung des Gesetzes betreffend die Gesellschaften mit beschränkter Haftung und anderer handelsrechtlicher Vorschriften" verkündet. Die neue gesetzliche Regelung gilt **seit 1. Januar 1981**.

- **Lernhinweis:** Namentlich bei mündlichen Prüfungen ist es beliebt, Gesetzesänderungen aufzugreifen. Dies gilt um so mehr für die Novellierung eines so „ehrwürdigen" Gesetzes, wie es das GmbH-Gesetz ist. Sie sollten daher in der Lage sein, die wichtigsten Punkte der GmbH-Novelle von 1980 darzulegen.

Die Neuregelung betraf im wesentlichen folgende Punkte:

(1) Heraufsetzung des Mindeststammkapitals

Das Stammkapital der GmbH muß **mindestens 50 000 DM** betragen. Für „Altgesellschaften" mit geringerem Stammkapital brachte die Novelle Übergangsfristen bis zum 31. Dezember 1985 mit dem Zwang, entweder das Stammkapital zu erhöhen oder die GmbH in eine andere Rechtsform umzuwandeln. Sonst gilt die Gesellschaft als aufgelöst.

(2) Mindesteinlagen

Bei Geldeinlagen muß auf jede Stammeinlage **ein Viertel** eingezahlt werden (wie nach früherem Recht), insgesamt aber auf das Stammkapital **mindestens** soviel, daß alle Geldeinlagen unter Einbeziehung des Gesamtbetrages der Stammeinlagen, für die Sacheinlagen zu leisten sind, **DM 25 000** erreichen (§ 7 Abs. 2 S. 2 GmbHG). **Verständnisfrage:** Was gilt für Sacheinlagen? **Antwort:** Sacheinlagen sind vor der Anmeldung der Gesellschaft zur Eintragung in das Handelsregister, wie nach früherem Recht, in vollem Umfang an die Gesellschaft zur freien Verfügung der Geschäftsführer zu leisten (§ 7 Abs. 3 GmbHG).

(3) Zulässigkeit der Einmann-Gründung

Nach früherem Recht konnte eine Einmann-GmbH nur durch nachträgliche Vereinigung aller Geschäftsanteile, namentlich durch Rückübertragung des Geschäftsanteils eines von vornherein dazu entschlossenen Mitgesellschafters („Strohmanngründung") entstehen. Seit der GmbH-Novelle von 1980 ist die

Gründung einer GmbH durch nur eine (natürliche oder juristische) **Person** ausdrücklich gesetzlich **zugelassen** (§ 1 GmbHG). Für die Gründung der Einmann-GmbH gelten zunächst die gleichen Vorschriften wie bei der Gründung durch mehrere Gesellschafter, zusätzlich sind jedoch aus dem Gesichtspunkt des Gläubigerschutzes Sonderregelungen zu beachten; insbesondere muß der Gesellschafter für den Teil der Geldeinlagen, den er vor der Anmeldung der GmbH zur Eintragung in das Handelsregister noch nicht zu leisten hat, eine „Sicherung" bestellen.

(4) Selbstkontrahieren bei der Einmann-GmbH

Entgegen der früheren Rechtsprechung bestimmt § 35 Abs. 4 GmbHG, daß auf Rechtsgeschäfte des Einmann-Gesellschafter-Geschäftsführers mit der Gesellschaft das Selbstkontrahierungsverbot des **§ 181 BGB Anwendung** findet. In-Sich-Geschäfte sind danach nur wirksam, wenn sie dem Einmann-Gesellschafter-Geschäftsführer durch den Gesellschaftsvertrag (notfalls im Wege der Satzungsänderung) ausdrücklich gestattet sind.

(5) Sachgründungen

Das neue GmbH-Recht spricht **nur noch** von **„Sacheinlagen"**, und nicht mehr von „Sachübernahmen". Beide Fälle werden im neuen Gesetzestext als identisch angesehen.

Für Sachgründungen wird ein „Sachgründungsbericht" verlangt, der mit beigefügten Bewertungsunterlagen zum Handelsregister einzureichen ist und der Prüfung durch das Registergericht unterliegt. Das Gesetz stellt außerdem klar, daß bei Überbewertungen von Sacheinlagen der Gesellschafter in Höhe des Fehlbetrags Einlagen in Geld zu leisten hat.

(6) Persönliche Anforderungen an den Geschäftsführer

Personen, die **wegen Konkursdelikten** verurteilt sind, können nach § 6 Abs. 2 S. 2 GmbHG auf die Dauer von **5 Jahren nicht Geschäftsführer** einer GmbH sein.

(7) Kredite an Geschäftsführer

Im Interesse des Gläubigerschutzes **verbietet** das Gesetz, **an Geschäftsführer** (sowie an andere gesetzliche Vertreter, Prokuristen oder zum gesamten Geschäftsbetrieb ermächtigte Handlungsbevollmächtigte) **Kredit** aus dem zur Erhaltung des Stammkapitals erforderlichen Vermögen der Gesellschaft zu gewähren (§ 43a GmbHG).

(8) Eigenkapitalersetzende Gesellschafterdarlehen

§§ 32a, 32b GmbHG verbessern den Gläubigerschutz dadurch, daß **eigenkapitalersetzende Gesellschafterdarlehen im Konkurs wie haftendes Eigenkapital** behandelt werden.

(9) Erwerb eigener Geschäftsanteile

Das Gesetz hat die **Zulässigkeit des Erwerbs eigener Geschäftsanteile weiter eingeschränkt.** Nach § 33 Abs. 1 GmbHG darf die Gesellschaft eigene Anteile,

§ 11. Die Gesellschaft mit beschränkter Haftung 209

auf welche die Einlagen noch nicht vollständig geleistet sind, nicht erwerben oder als Pfand nehmen. Eigene Anteile, auf welche die Einlagen vollständig geleistet sind, darf sie nur unter den in § 33 Abs. 2 GmbHG genannten Voraussetzungen erwerben.

(10) Informationsrechte der Gesellschafter

Das Gesetz regelt nunmehr in §§ 51a und 51b GmbHG die (früher schon von der Rechtsprechung anerkannten) Ansprüche der Gesellschafter auf Information.

(11) Fusion

Nach bisherigem Fusionsrecht konnte die GmbH nur durch Aufnahme in die AG oder KGaA mit solchen Gesellschaften verschmolzen werden. Durch erweiterte Verschmelzungsvorschriften ist neben der Verschmelzung durch Aufnahme nunmehr **auch die Verschmelzung durch Neubildung** (§ 19 KapErhG) möglich, letztere allerdings nur für den Fall, daß Gesellschaften mit beschränkter Haftung miteinander fusionieren (§ 32 KapErhG).

(12) Steuerliche Unbedenklichkeitsbescheinigung

Für die GmbH entfällt nunmehr die Beibringung der Unbedenklichkeitsbescheinigung, die bisher vor Eintragung einer GmbH in das Handelsregister erforderlich war. Der **Nachweis über die Zahlung der Kapitalverkehrsteuer** ist also **nicht mehr Eintragungsvoraussetzung.**

(13) Vorschriften für die kapitalistische Personengesellschaft

Die GmbH-Novelle brachte darüber hinaus verschiedene Ergänzungen für solche offene Handelsgesellschaften und Kommanditgesellschaften, bei denen als persönlich haftender Gesellschafter keine natürliche Person vorhanden ist. Dies gilt namentlich für die GmbH & Co. KG (vgl. §§ 19 Abs. 5, 125a, 177a S. 2, 129a, 172a, 172 Abs. 6 HGB).

b) Novellierung durch EG-Recht

Die GmbH-Novelle von 1980 hatte die Problemkreise „Rechnungslegung und Publizität der GmbH" ausgespart. Diese Materie wurde durch das Bilanzrichtlinengesetz v. 19. 12. 1985 eingehend geregelt (vgl. §§ 264ff. HGB). Danach bestehen jetzt auch für die GmbH in erheblich erweitertem Umfang zwingende Rechnungslegungs- und Publizitätspflichten.

II. Wirtschaftliche Bedeutung und Erscheinungsformen

Die wirtschaftliche Bedeutung der GmbH hat in den letzten Jahrzehnten ständig zugenommen. In der Bundesrepublik gab es am 31. 12. 1985 ca. 340000 Gesellschaften mit beschränkter Haftung, deren Stammkapital zusammengerechnet über 137 Milliarden DM ausmacht (vgl. Stat. Jahrbuch 1986, S. 116). Die Einführung des Anrechnungsverfahrens im Körperschaftsteuerrecht und die damit entfallende Doppelbelastung ausgeschütteter GmbH-Gewinne mit

Körperschaftsteuer bei der Gesellschaft und Einkommensteuer beim Gesellschafter hat zu einer weiteren Zunahme dieser Rechtsform geführt.

Beispiele aus der Praxis:

(nach Durchsicht des Wirtschafts- und Anzeigenteils der Wochenendausgaben einiger überregionaler Tageszeitungen)

Allgemeine Deutsche Philips GmbH, Hamburg; Babcock-Bau GmbH, Essen; Bauknecht GmbH, Stuttgart; Bausparkasse Gemeinschaft der Freunde Wüstenrot, Gemeinnützige GmbH, Ludwigsburg; Beamtenheimstättenwerk, Gemeinnützige Bausparkasse für den öffentlichen Dienst GmbH, Hameln; Black & Decker GmbH, Idstein/Taunus; Blaupunkt-Werke GmbH, Hildesheim; Robert Bosch GmbH, Stuttgart; Burda Druck und Verlag GmbH, Offenburg; Deutsche Industrieanlagen Gesellschaft mbH, Berlin; Deutsche Nestlé GmbH, Lindau; Deutsche Unilever GmbH, Hamburg; Du Pont de Nemours (Deutschland) GmbH, Düsseldorf- Nord; Foto-Quelle GmbH, München; Gesellschaft für Kernforschung mbH, Karlsruhe; Hanomag-Henschel Fahrzeugbau GmbH, Hannover; Henkel & Cie. GmbH, Düsseldorf; Hewlett-Packard GmbH, Böblingen; Honeywell GmbH Automation, Frankfurt/M.; IBM Deutschland GmbH, Stuttgart; inter-Rent Autovermietung GmbH, Hamburg; Karl Kässbohrer Fahrzeugwerke GmbH, Ulm; Kaufhalle GmbH, Köln; Klöckner Industrie-Anlagen GmbH, Duisburg; Körting Radio Werke GmbH, Grassau; Fried. Krupp GmbH, Essen; Linde Hausgeräte GmbH, Wiesbaden; Maggi GmbH, Singen; Messerschmitt-Bölkow-Blohm GmbH, München; Neue Heimat gemeinnützige GmbH, Hamburg; Olivetti NG-Systeme GmbH, Ditzenbach; Philips GmbH; Polydor international GmbH, Hamburg; Procter & Gamble GmbH, Schwalbach; Rank Xerox GmbH, Düsseldorf; Sarotti GmbH, Frankfurt/M.; Stadtwerke Köln GmbH, Köln; Stuttgarter Versorgungs- und Verkehrsgesellschaft mbH, Stuttgart; TEKADE Felten + Guilleaume Fernmeldeanlagen GmbH, Nürnberg; Texas Instruments Deutschland GmbH, Freising; Dr. Karl Thomae GmbH, Biberach/Riß; Ti Raleigh Fahrräder GmbH, Bitburg; Verlag Franz Vahlen GmbH, München; Wienerwald GmbH, München.

1. Klein- und Mittelbetriebe

Die GmbH ist als „kleine Schwester der Aktiengesellschaft" die geeignete Rechtsform für kleine und mittlere Unternehmen, die sich für die Rechtsform der Kapitalgesellschaft entschieden haben. Der geringe Kapitalbedarf bei Gründung und die flexible Rechtslage im Innenverhältnis sind geradezu auf kleinere Betriebe zugeschnitten, denen sich dadurch die Möglichkeit bietet, ohne unbeschränktes Risiko mit verhältnismäßig geringer Kapitalbeteiligung am Rechts- und Geschäftsverkehr teilzunehmen.

2. Großunternehmen

Der vorstehenden Aufzählung ist zu entnehmen, in welchem Ausmaß sich auch Großunternehmen der GmbH als Organisationsform bedienen.

3. Familienunternehmen

Wegen des geringen Kapitalbedarfs und der Möglichkeit, ohne persönliches Risiko Gesellschafter zu werden, ist die GmbH schließlich vorzüglich für

§ 11. Die Gesellschaft mit beschränkter Haftung

Familiengesellschaften geeignet. Hinzu kommt, daß wegen der bei der GmbH zulässigen Drittorganschaft die Gesellschafter nicht die Geschäftsführung übernehmen müssen, diese vielmehr sachkundigen „Managern" überlassen können.

4. Einmann-GmbH

Nach dem seit 1.1.1981 geltenden GmbH-Recht ist die Gründung einer Einmann-GmbH ausdrücklich zugelassen (vgl. § 1 GmbHG – lesen!). Zulässig ist es auch, nach der Gründung Geschäftsanteile auf einen verbleibenden Gesellschafter zu übertragen, so daß sich dadurch sämtliche GmbH-Anteile in einer Hand vereinen. Derartige „Einmann-GmbHs" sind nicht selten. Sie laufen im wirtschaftlichen Endergebnis auf eine **„Einzelfirma mit beschränkter Haftung"** hinaus. Ob bei ihnen die formale Trennung in juristische Person einerseits und Gesellschafter andererseits stets aufrechterhalten werden kann, ist vor allem bei Mißbrauchsfällen im Rahmen der Haftung zweifelhaft. Die Rechtsprechung läßt in äußersten Ausnahmefällen über den sog. **„Durchgriff"** die formale Rechtspersönlichkeit der GmbH außer acht und begründet damit eine persönliche Haftung des dahinter stehenden Einmanngesellschafters. Dies gilt unter dem Gesichtspunkt von Treu und Glauben, vor allem bei der Vermischung des Gesellschaftsvermögens mit dem Privatvermögen des Gesellschafters. Früher wurden in diesem Zusammenhang namentlich die zur Einmann-GmbH führenden Tatbestände der „Strohmanngründung" (die Rückübertragung des Geschäftsanteils vom „Strohmann" auf den späteren Alleingesellschafter war von Anfang an beabsichtigt) als weiteres „Schulbeispiel" der Durchgriffshaftung angesehen. Nachdem jedoch das GmbH-Gesetz die Einmann-Gründung ausdrücklich zuläßt, dürfte dies, sofern nicht besondere Umstände hinzutreten, für den Normalfall nicht mehr aufrecht zu erhalten sein.

5. GmbH & Co. KG

Viele Gesellschaften mit beschränkter Haftung übernehmen die Komplementärfunktion für später gegründete Kommanditgesellschaften. Weil nach dem früheren Körperschaftsteuerrecht die GmbH steuerlich gegenüber der Personengesellschaft benachteiligt war, versuchte man die Haftungsbeschränkung durch Gründung einer GmbH mit der steuerlichen Begünstigung der Personengesellschaft durch anschließende Gründung einer Kommanditgesellschaft zu kombinieren (vgl. dazu unten bei der GmbH & Co. KG).

6. Unternehmen der öffentlichen Hand

Weil die GmbH zu jedem gesetzlich zulässigen Zweck gegründet werden kann, findet sie sich auch als Rechtsform von Unternehmen der öffentlichen Hand, vor allem auf kommunaler Ebene. Hoheitsträger sind bei der Verselbständigung sachlicher und personeller Mittel nicht auf die Organisationsform des öffentlich-rechtlichen Anstalts-, Körperschafts- und Stiftungsrechts beschränkt. Sie können beim Vorliegen entsprechender Kompetenzen auch auf

Rechtsformen des Privatrechts ausweichen. Vor allem dann, wenn die gesellschaftsrechtliche Organisation größere Effektivität verspricht (oder anderen Zwecken, wie der unkomplizierten Beteiligung in Form von Geschäftsanteilen, entgegenkommt).

Beispiele:

Auf dem kulturellen Sektor: „städtische Bühnen-GmbH"; im karitativen Bereich: „gemeinnützige Werkstätten GmbH", um Arbeitsplätze für Behinderte bereitzustellen; im Versorgungssektor: „Stadtwerke Bielefeld GmbH".

7. Holdings

Die GmbH läßt sich schließlich auch als Konstruktionselement für Dach-, Verwaltungs- oder Organgesellschaften im Konzern (Holdings) verwenden. Wegen des nach Geschäftsanteilen bemessenen Stimmgewichts genügt der **Dachgesellschaft** jeweils ein Kapitalbesitz von mehr als 50 %, um die alleinige Herrschaftsmacht auszuüben.

Schaubild: GmbH als Dachgesellschaft

```
        51 % ┌──── GmbH ────┐ 51 %
             ▼              ▼
      X-Gesellschaft   Y-Gesellschaft
```

III. Gesellschaftsvermögen

1. Stammkapital

Als Kapitalgesellschaft verfügt die GmbH über ein Mindeststammkapital.

• **Lernhinweis:** Es mag überflüssig sein, darauf hinzuweisen, daß die GmbH über ein „Stammkapital", die Aktiengesellschaft dagegen über ein „Grundkapital" verfügt. Wer aber diese Begriffe in Prüfungen durcheinanderwirft, wird schwerlich das Ziel erreichen!

Das Stammkapital der GmbH muß **mindestens 50000 DM** betragen. Dieser ziffernmäßig im Gesellschaftsvertrag festgehaltene Betrag ist nicht identisch mit dem Gesellschaftsvermögen. Letzteres kann ein Vielfaches des Stammkapitals ausmachen. Die GmbH soll aber den Gläubigern für den Eventualfall die Garantie bieten, daß wenigstens eine bestimmte Mindesthaftsumme zur Verfügung steht. Hieraus erklärt sich auch das Bemühen des Gesetzgebers, das Stammkapital gegenüber zweckwidrigen Verfügungen zu schützen.

Das Stammkapital ist die **Summe aller Stammeinlagen.**

2. Stammeinlagen

Die Stammeinlage jedes Gesellschafters

- muß **mindestens 500 DM** betragen,
- kann für die einzelnen Gesellschafter **verschieden hoch** sein,
- muß in Deutscher Mark **durch 100 teilbar** sein,
- muß auf einen **bestimmten Geldbetrag** lauten, auch wenn sie nicht in Geld zu leisten ist.

Kein Gesellschafter kann bei Errichtung der Gesellschaft mehrere Stammeinlagen übernehmen; spätere Übertragungen sind zulässig.

3. Geschäftsanteil

Die Höhe der Stammeinlage bestimmt nach § 14 GmbHG (lesen!) den Geschäftsanteil des Gesellschafters. Dieser wiederum ist (dispositiv) maßgebend für das Stimmrecht (vgl. § 47 Abs. 2 GmbHG), die Gewinnverteilung (vgl. § 29 Abs. 3 Satz 1 GmbHG) und einen etwaigen Liquidationserlös (§ 72 GmbHG).

4. Garantie des Stammkapitals

Wie bei der Aktiengesellschaft, so muß auch bei der GmbH das Kapital als Garantiestock für die Gläubiger geschützt werden. Der Erhaltung des Stammkapitals dienen namentlich nachfolgende Vorschriften:

- **Passivierungspflicht des Stammkapitals:** Nach § 42 Abs. 1 GmbHG ist entsprechend den für den Jahresabschluß von Kapitalgesellschaften geltenden §§ 242, 264 HGB in der Bilanz das Stammkapital als gezeichnetes Kapital auf der Passivseite auszuweisen.
- **Ausfallhaftung der Mitgesellschafter** nach § 24 GmbHG (lesen!): Soweit eine Stammeinlage weder von den Zahlungspflichtigen eingezogen, noch durch Verkauf des Geschäftsanteils gedeckt werden kann, haben die übrigen Gesellschafter den Fehlbetrag nach dem Verhältnis ihrer Geschäftsanteile aufzubringen. Beiträge, die von einzelnen Gesellschaftern nicht zu erlangen sind, werden anteilmäßig auf die übrigen verteilt.
- **Verbot der Einlagenrückgewähr:** Das zur Erhaltung des Stammkapitals erforderliche Vermögen der Gesellschaft darf an die Gesellschafter nicht ausgezahlt werden. Verbotswidrige Zahlungen sind der Gesellschaft zu erstatten (lesen Sie hierzu §§ 30 ff. GmbHG).
- **Eingeschränkter Erwerb eigener Geschäftsanteile:**

a) Einlagen sind noch nicht vollständig geleistet

Die GmbH kann eigene Geschäftsanteile, auf welche die Einlagen noch nicht vollständig geleistet sind, nach § 33 Abs. 1 GmbHG nicht erwerben oder als Pfand nehmen. Ein Verstoß gegen dieses Verbot führt zur **Nichtigkeit** sowohl des **schuldrechtlichen** wie auch des **dinglichen** Erwerbsgeschäfts. Diese Vorschrift will im Interesse der Garantie des Stammkapitals verhindern, daß die Gesellschaft durch den Erwerb der eigenen Geschäftsanteile (auf welche die

Einlagen noch nicht vollständig geleistet sind) die Einlagenforderungen verliert. Da die Inpfandnahme eigener Geschäftsanteile ähnliche Gefahren mit sich bringt, wird dieser Tatbestand dem Einlagenerwerb gleichgestellt und eine Umgehung des Verbots ausgeschlossen.

b) Einlagen sind geleistet

Eine andere Regelung sieht das Gesetz für den Erwerb eigener Geschäftsanteile vor, auf welche die Einlagen vollständig geleistet sind. Deren Erwerb ist nach § 33 Abs. 2 GmbHG eingeschränkt: Die GmbH darf sie nur erwerben, sofern der Erwerb aus dem über den Betrag des Stammkapitals hinaus vorhandenen Vermögen geschehen kann und die Gesellschaft die nach § 272 Abs. 4 HGB vorgeschriebene Rücklage für eigene Anteile bilden kann, ohne das Stammkapital oder eine nach dem Gesellschaftsvertrag zu bildende Rücklage zu mindern, die nicht zu Zahlungen an die Gesellschafter verwandt werden darf (das letzte Erfordernis ist erst durch das Bilanzrichtliniengesetz eingefügt worden). Der Erwerb führt auch hier zu einer Rückgewähr von Einlagen an den Gesellschafter, der den Geschäftsanteil an die Gesellschaft veräußert. Aus diesem Grund will der Grundtatbestand des § 33 Abs. 2 den Erwerb nur zulassen, wenn die Gesellschaft die Gegenleistung aufbringen kann, ohne daß sie das zur Deckung des Stammkapitals erforderliche Vermögen angreifen muß. Auch diese Vorschrift wäre leicht zu umgehen, wenn nicht zugleich die Zulässigkeit der Inpfandnahme solcher Geschäftsanteile beschränkt wäre. Deshalb dürfen nach § 33 Abs. 2 S. 2 GmbHG im Interesse der Gesellschaft und ihrer Gläubiger Geschäftsanteile als Pfand nur genommen werden, wenn die gesicherte Forderung in voller Höhe oder ggf. in Höhe des Teilbetrags, der durch den niedrigeren Wert des Geschäftsanteils gesichert ist, zur Deckung des Stammkapitals nicht benötigt wird.

• **Lernhinweis:** Beachten Sie die unterschiedlichen Folgen bei einem Verstoß gegen § 33 Abs. 1 einerseits und Abs. 2 andererseits: Anders als im ersten Fall ist bei einem Verstoß im zweiten Fall nur das schuldrechtliche, nicht aber auch das dingliche Geschäft über den Erwerb oder die Inpfandnahme nichtig. Begründung: Wirtschaftlich wirkt sich dieser Unterschied für die Gesellschaft und ihre Gläubiger nicht sehr stark aus, weil bei einem Verstoß gegen Abs. 2 S. 1 oder 2 die Ausgangslage, wie sie vor dem verbotwidrigen Geschäft bestand, zwar nicht wie bei einem Verstoß gegen Abs. 1 erhalten bleibt, aber schuldrechtliche Ansprüche entstehen, die auf eine Wiederherstellung des früheren Zustands abzielen. Demgegenüber droht bei einem Verstoß gegen § 33 Abs. 1 der Verlust von Einlageforderungen. Außerdem besteht eine unterschiedliche Interessenlage beim Veräußerer und einem Dritten, der später den verbotswidrig erworbenen Geschäftsanteil von der Gesellschaft erwirbt. Ein Gesellschafter, der an die Gesellschaft seinen nicht voll eingezahlten Geschäftsanteil veräußert oder ihn ihr als Pfand gibt, verdient keinen Schutz. Auch einem Dritten, der einen eigenen Geschäftsanteil der Gesellschaft von dieser erwirbt, kann wegen der Ungewöhnlichkeit des Geschäfts die Prüfung zugemutet werden, ob der Geschäftsanteil von der Gesellschaft zu einem Zeitpunkt erworben wurde, als noch nicht alle Einlagen geleistet waren. Dagegen kann im allgemeinen in den Fällen des § 33 Abs. 2 schon der veräußernde Gesellschafter oder gar ein Dritter, der später von der Gesellschaft den Geschäftsanteil erwirbt, nicht übersehen, ob der Erwerb bzw. Vorerwerb gegen die Verbote des § 33 Abs. 2 verstößt oder verstoßen hat. Deshalb erfordert die Rechtssicherheit, daß in diesen Fällen wenigstens das dingliche Geschäft wirksam ist.

5. Eigenkapitalersetzende Gesellschafterdarlehen

Nach normalen Finanzierungsgesichtspunkten ist es bei Kapitalgesellschaften im Falle eines nicht nur vorübergehenden Kapitalbedarfs üblich, das Kapital gegen Einlagen zu erhöhen. Natürlich kann eine Gesellschaft ihren Kapitalbedarf auch durch Aufnahme von Fremdkapital befriedigen, wobei auch einzelne Gesellschafter als Darlehensgeber auftreten können. Sobald jedoch Gesellschafterdarlehen den Zweck haben, eine „zu schwache Kapitaldecke" aufzufüllen, sind sie ihrer wirtschaftlichen Natur nach Einlagen an die Gesellschaft. Konkursrechtlich besteht jedoch ein wesentlicher Unterschied: Während die Gesellschafter ihre Darlehensforderungen als Konkursgläubiger gegen die Gesellschaft geltend machen könnten, ist dies bei Einlagen nicht der Fall. In der Vergangenheit hat sich gezeigt, daß für manchen Gesellschafter die Versuchung naheliegt, einer **unterkapitalisierten GmbH** die von ihr benötigten finanziellen Mittel nicht in Form von Einlagen, sondern lediglich als Darlehen zur Verfügung zu stellen, um im Konkurs als Fremdkapitalgeber auftreten zu können. Schon früher hatte die Rechtsprechung **„kapitalersetzende Darlehen"** wie haftendes Eigenkapital behandelt, wenn der Gesellschafter das Darlehen gewährt hatte,

- um den Konkurs der Gesellschaft abzuwenden oder
- die Gesellschaft im Zeitpunkt der Darlehensgewährung von Dritten keinen Kredit zu marktüblichen Bedingungen hätte erhalten können und deshalb ohne das Darlehen hätte liquidiert werden müssen (zuletzt BGH WM 1980, 589 m. w. N.).

Begründet wurde diese Ansicht mit einem Rückgriff auf §§ 30, 31 GmbHG. Das seit 1981 geltende GmbH-Recht hat diese Fragen ausführlich geregelt. Dabei sind nach § 32a GmbHG **zwei Grundtatbestände** zu beachten, die durch eine **Generalklausel für verwandte Tatbestände** ergänzt werden. Im einzelnen geht es um folgende Fälle:

a) Gesellschafterdarlehen

§ 32a Abs. 1 GmbHG (lesen!) betrifft den Fall, daß ein Gesellschafter seiner Gesellschaft in einem Zeitpunkt, zu dem ihr die Gesellschafter „als ordentliche Kaufleute Eigenkapital zugeführt hätten", statt dessen ein Darlehen gewährt hat. Trifft dies zu, kann er den Anspruch auf Darlehensrückzahlung bei Insolvenz der Gesellschaft nicht geltend machen.

b) Darlehen durch Dritte

§ 32a Abs. 2 GmbHG (lesen!) betrifft den Fall, daß ein Dritter der Gesellschaft im gleichen „kritischen Zeitpunkt" ein Darlehen gewährt hat und ihm ein Gesellschafter für die Rückgewähr des Darlehens eine Sicherung bestellt oder sich verbürgt hat. Trifft dies zu, kann der Dritte bei Insolvenz der Gesellschaft nur für den Betrag verhältnismäßige Befriedigung verlangen, mit dem er bei der Inanspruchnahme der Sicherung oder des Bürgen, also des Gesellschafters, ausgefallen ist.

c) Verwandte Tatbestände

Nach § 32a Abs. 3 GmbHG gelten diese Vorschriften sinngemäß für andere Rechtshandlungen eines Gesellschafters oder Dritten, die der Darlehensgewährung unter den vorbezeichneten Umständen wirtschaftlich entsprechen. Gemeint sind hier folgende Tatbestände:

- **Stundung von Forderungen,** die einem Gesellschafter gegen die Gesellschaft zustehen;
- **Erwerb gestundeter Forderungen** eines Dritten gegen die Gesellschaft durch einen Gesellschafter;
- Forderungen, Sicherungen oder Bürgschaften eines mit einem Gesellschafter oder mit der Gesellschaft **verbundenen Unternehmens** stehen eigene Forderungen, Sicherungen oder Bürgschaften eines Gesellschafters gleich;
- dasselbe gilt für Forderungen oder Sicherungen des **Ehegatten oder der Kinder** eines Gesellschafters, es sei denn, daß sie nicht aus Mitteln des Gesellschafters erworben oder bestellt worden sind;
- die Beteiligung eines Gesellschafters an der Gesellschaft als **stiller Gesellschafter.**

d) Rückerstattung erfolgter Darlehensrückzahlungen

Es kann sein, daß eigenkapitalersetzende Darlehen schon vor Konkurseröffnung zurückbezahlt wurden. In diesem Fall begründet § 32b GmbHG eine Rückerstattungspflicht (Lernhinweis: Bei der stillen Gesellschaft hatten wir das Problem schon kennengelernt. Dort ist es allerdings gem. § 237 HGB so gelöst, daß der Konkursverwalter die Darlehensrückgewähr nach den Vorschriften über die Konkursordnung „anfechten" kann).

IV. Gründung der GmbH

- **Lernhinweis:** Arbeiten Sie den nachfolgenden Abschnitt so durch, daß Sie nachher die Gründungsvorgänge im Querschnitt bei den einzelnen Gesellschaften darstellen können. Beachten Sie dabei besonders die aus dem Gesichtspunkt des Gläubigerschutzes erforderlichen strengeren Vorschriften für Kapitalgesellschaften. Sie sollten namentlich in der mündlichen Prüfung die Unterschiede zwischen Kapitalgesellschaft und Personengesellschaft einerseits, aber auch die Unterschiede zwischen der Aktiengesellschaft und der GmbH andererseits darstellen können.

1. Gesellschafter

a) Mindestzahl

Eine Gesellschaft mit beschränkter Haftung kann durch **einen** oder **mehrere** Gesellschafter gegründet werden. Das Gesetz gestattet also (seit der GmbH-Reform von 1980) auch die „Einmann-Gründung".

§ 11. Die Gesellschaft mit beschränkter Haftung

b) Juristische und natürliche Personen

Gesellschafter der GmbH kann jede natürliche, aber auch jede juristische Person sein. Bei Minderjährigen und Ehegatten sind wie im Personengesellschaftsrecht die §§ 1365, 1643 Abs. 1, 1822 Nr. 3 3. Alt. BGB zu beachten (Zustimmung zur Veräußerung des Vermögens im Ganzen bzw. Zustimmung des Vormundschaftsgerichts bei Gründung von Erwerbsgesellschaften).

c) Personengesellschaften

Gründungsgesellschafter können auch Personengesellschaften sein. Wenn es sich um solche handelt, die unter ihrer Firma Rechte erwerben und Pflichten eingehen können (wie die oHG und die KG gem. §§ 124 Abs. 1, 161 Abs. 2 HGB) ist dies unbestritten. Bei anderen Zusammenschlüssen mag dies im Hinblick auf die fehlende Rechtsfähigkeit und die mangelnde Handelsregisterpublizität problematisch erscheinen. Der Bundesgerichtshof (vgl. BGHZ 78, 311) hat jedoch entschieden, daß Gesellschafter einer BGB-Gesellschaft bei der Errichtung einer GmbH gemeinsam eine Stammeinlage mit der Folge übernehmen können, daß der so erworbene Geschäftsanteil Gesamthandsvermögen wird. Der Entscheidung lag der Fall zugrunde, daß drei Arbeitsgemeinschaften im Baugewerbe eine GmbH gründeten und diese zur Eintragung in das Handelsregister anmeldeten. (Repetition: Die Arbeitsgemeinschaft im Baugewerbe ist eine der Erscheinungsformen der BGB-Gesellschaft).

d) „Strohmann-Gründer"

Ein Gesellschafter kann bei der Gründung für Rechnung eines anderen handeln. Dadurch besteht für einen „Treuhänder" oder „Strohmann" die Möglichkeit, sich an der Gesellschaft für einen anderen zu beteiligen. Im einzelnen ist die „Strohmann-Gründung" begrifflich nicht endgültig abgeklärt. Nach herrschender Meinung ist der **Strohmann als Treuhänder** anzusehen (vgl. BGHZ 31, 264). Allerdings unterscheidet sich diese Art der Treuhand von anderen Erscheinungsformen dadurch, daß die Gesellschafterstellung ausschließlich im Interesse des Hintermannes bei weitgehender Abhängigkeit von dessen Willen ausgeübt wird. Im Schrifttum werden teilweise zusätzliche Kriterien angeführt: Verdeckte Beteiligung, vorübergehendes Mittel zu einem durch Treuhandschaft verdeckten Zweck oder gar die Verwendung derartiger Rechtsformen zur Erreichung mißbilligter Zwecke. Festzuhalten ist jedenfalls, daß die Beteiligung für fremde Rechnung nur im Einzelfall und wegen besonderer Umstände unwirksam ist. Ein Scheingeschäft i. S. von § 117 Abs. 1 BGB liegt jedenfalls nicht schon deshalb vor, weil der Treuhänder bereits im Zeitpunkt des Vertragsabschlusses sich verpflichtet hatte, an den Treugeber den künftigen Geschäftsanteil zu übertragen (vgl. BGHZ 21, 382). Nachdem das Gesetz die Einmann-Gründung ausdrücklich erlaubt, hat die Bedeutung der Strohmanngründung, wenigstens insoweit als sie zum Zwecke der späteren Anteilsvereinigung benutzt wurde, abgenommen.

2. Gesellschaftsvertrag

Für den Vertrag zur Gründung einer GmbH (man bezeichnet ihn auch als „Statut" oder „Satzung") schreibt das Gesetz eine bestimmte Form und einen bestimmten Mindestinhalt vor. Ansonsten herrscht auch hier Vertragsfreiheit.

a) Form

Der Gesellschaftsvertrag bedarf des Abschlusses in **notarieller Form** (§ 2 GmbHG). Er ist von sämtlichen Gesellschaftern zu unterzeichnen. Dabei können auch Vertreter auftreten, diese müssen allerdings eine notariell errichtete oder beglaubigte Vollmacht vorweisen.

- **Lernhinweis:** Vom BGB her kennen Sie die Aussage, daß die Vollmachtserklärung in der Regel nicht der Form bedarf, die für das Rechtsgeschäft bestimmt ist, auf das sich die Vollmacht bezieht (§ 167 Abs. 2 BGB – lesen!). § 2 Abs. 2 GmbHG ist eine Ausnahme hiervon.

b) Inhalt des Gesellschaftsvertrages

- **Lernhinweis:** Bei der GmbH ist der obligatorische Mindestinhalt und der fakultative Vertragsinhalt zu unterscheiden. Daneben enthalten Gesellschaftsverträge häufig sog. „**unechte Satzungsbestandteile**". Hierunter versteht man Regelungen, die lediglich tatsächlich, nicht aber rechtlich Bestandteil des Gesellschaftsvertrages sind. Dies gilt in erster Linie für innergesellschaftliche Regelungen, die auch in Form einfacher Gesellschafterbeschlüsse getroffen werden können (§ 47 GmbHG: Die von den Gesellschaftern in den Angelegenheiten der Gesellschaft zu treffenden Bestimmungen erfolgen durch Beschlußfassung; es wäre unsinnig, hierzu jedesmal den notariellen Gesellschaftsvertrag zu ergänzen!). Denkbar sind daneben **gesonderte Verträge** über nicht-gesellschaftliche, also rein persönliche Beziehungen zwischen der Gesellschaft und ihren Gesellschaftern sowie den Gesellschaftern untereinander (**Beispiele:** Übernahme- oder Ankaufsrechte des Geschäftsanteils, BGHZ 38, 159; Pflichten zur Ausübung des Stimmrechts, RGZ 158, 252; Wettbewerbsverbote, RG JW 1930, 2675; Verpflichtungen zu Zuschüssen oder Darlehen an die GmbH, auch wenn sie durch das Stehenlassen von Gewinnen erbracht werden sollen, RGZ 83, 219; vom Gesellschaftsvertrag abweichende Gewinnverteilungen mit schuldrechtlicher Wirkung unter den Beteiligten).

aa) Obligatorischer Mindestinhalt

Der Gesellschaftsvertrag muß gem. § 3 Abs. 1 GmbHG (lesen!) mindestens regeln:

- die **Firma** und den **Sitz** der Gesellschaft,
- den **Gegenstand des Unternehmens,**
- den Betrag des **Stammkapitals,**
- den Betrag der von jedem Gesellschafter auf das Stammkapital zu leistenden **Stammeinlagen.**

bb) Stichworte zum Mindestinhalt

- Die **Firma** der Gesellschaft muß entweder von dem Gegenstand des Unternehmens entlehnt sein (Sachfirma) oder die Namen der Gesellschafter oder den Namen wenigstens eines derselben (Personenfirma) mit einem das Vorhandensein eines Gesellschaftsverhältnisses andeutenden Zusatz enthalten. Die Namen anderer Personen als der Gesellschafter dürfen in die Firma nicht aufgenommen werden. In allen Fällen muß die Firma die zusätzliche

§ 11. Die Gesellschaft mit beschränkter Haftung

Bezeichnung „mit beschränkter Haftung" enthalten (vgl. § 4 GmbHG und „Grundzüge des Handelsrechts" § 11).

- Als **Sitz** der Gesellschaft kann jede Gemeinde bestimmt werden: In der Regel wird dies der Ort sein, an dem die Zentralverwaltung geführt oder eine Betriebsstätte unterhalten wird. Die GmbH kann nur einen Hauptsitz, jedoch beliebig viele Zweigniederlassungen unterhalten. Der Sitz ist zwingender Anknüpfungspunkt für die Zuständigkeit des Registergerichts sowie den Gerichtsstand.
- Der **Gegenstand des Unternehmens** ist nicht notwendigerweise deckungsgleich mit dem „Gesellschaftszweck".
- Zum Betrag des **Stammkapitals** und der von jedem Gesellschafter auf das Stammkapital zu leistenden Einlagen vgl. § 5 GmbHG sowie oben III.

cc) Fakultativer Vertragsinhalt

Der vorerwähnte Mindestinhalt eines GmbH-Statuts kann die Gründungsfragen selten erschöpfend lösen. Die Gesellschafter treffen deshalb meist weitere Abreden. Diese sind dann (die unechten Satzungsbestimmungen und Nebenabreden einmal außer acht gelassen) ebenso beurkundungspflichtig. Dies gilt vor allen Dingen für die Angaben über die zeitliche Limitierung des Unternehmens bzw. die Übernahme zusätzlicher Gesellschafterpflichten nach § 3 Abs. 2 GmbHG. Ansonsten herrscht auch hier Vertragsfreiheit.

3. Übernahme der Stammeinlagen

- **Lernhinweis:** Repetieren Sie noch einmal die Begriffe „Stammkapital" und „Stammeinlage" (vgl. oben III.).

a) Mindesteinzahlungen

Vor Anmeldung der Gesellschaft zur Eintragung in das Handelsregister müssen bestimmte Mindesteinlagen erbracht werden, ohne die eine Eintragung der Gesellschaft in das Handelsregister nicht erfolgen kann. Dabei ist zwischen Geldeinlagen und Sacheinlagen zu unterscheiden:

- **Sacheinlagen** müssen vor der Handelsregisteranmeldung **voll** erbracht werden. § 7 Abs. 3 GmbHG verlangt, daß sie „so an die Gesellschaft zu bewirken (sind), daß sie endgültig zur freien Verfügung der Geschäftsführer stehen".
- **Geldeinlagen** müssen **nicht voll** erbracht werden. Bei ihnen genügt es, daß auf jede Stammeinlage **ein Viertel** eingezahlt worden ist (§ 7 Abs. 2 GmbHG – lesen!). Das seit 1981 geltende GmbH-Recht verlangt darüber hinaus folgendes: Auf das Stammkapital muß **mindestens** soviel eingezahlt sein, daß der Gesamtbetrag der eingezahlten Geldeinlagen zuzüglich des gesamten Betrags der Stammeinlagen, für die Sacheinlagen zu leisten sind, **25000 DM** erreicht. Das führt zu folgender **Faustregel:** Bei Gesellschaften mit einem Stammkapital von weniger als 100000 DM müssen bei Gründung jeweils mehr als ein Viertel des Stammkapitals aufgebracht werden: bei Gesellschaften, die lediglich das gesetzlich vorgeschriebene Mindeststammkapital von 50000 DM haben, ist die Hälfte aufzubringen; lediglich bei Gesellschaften mit einem Stammkapital von 100000 DM und mehr genügt ein Viertel

(weil nur dann zugleich die gesetzlich vorgeschriebene Mindesthöhe von 25 000 DM erreicht bzw. überschritten wird).

b) Sachgründungen

Ein Gesellschafter braucht die Stammeinlage nicht in Geld zu leisten; zulässig sind auch Sacheinlagen.

• **Lernhinweis:** Das frühere GmbH-Recht machte noch einen begrifflichen Unterschied zwischen „Sacheinlagen" und „Sachübernahmen". Sacheinlagen lagen vor, wenn der Gesellschafter Sachwerte einbrachte. Sachübernahmen dagegen, wenn der Gesellschafter die Forderung auf Einbringung von Stammeinlagen mit der Vergütung für die Überlassung von Sachwerten für die Gesellschaft getilgt hatte. Der seit 1981 geltende Gesetzestext bezeichnet beide Fälle gemeinsam als „Sacheinlagen", da es sich auch bei Sachübernahmen wirtschaftlich um Einlagen handelt, die nicht in Geld zu leisten sind. **Bei Sachgründungen** sind einige **Besonderheiten** zu beachten, die sich aus dem Gesichtspunkt des Gläubigerschutzes erklären.

aa) Sachgründungsbericht

Bei Sacheinlagen haben die Gesellschafter nach § 5 Abs. 4 S. 2 GmbHG (lesen!) einen sog. „Sachgründungsbericht" zu erstellen. In diesem sind die für die Angemessenheit der Leistungen für Sacheinlagen wesentlichen Umstände darzulegen und beim Übergang eines Unternehmens auf die Gesellschaft die Jahresergebnisse der beiden letzten Geschäftsjahre anzugeben.

bb) Bewertungsunterlagen

Bei allen Sachgründungen ist mit Unterlagen zu belegen, daß der Wert der Sacheinlagen den Betrag der dafür übernommenen Stammeinlagen erreicht, die Vermögensgegenstände also nicht überbewertet werden. Als derartige Unterlagen kommen in Betracht: Preislisten, Tarife, Kursnotierungen, Sachverständigengutachten. Diese Bewertungsunterlagen sind der Handelsregisteranmeldung beizufügen, § 8 Abs. 1 Nr. 5 GmbHG.

cc) Überprüfung des Registergerichts

Bei Sacheinlagen überprüft das Registergericht die Angemessenheit ihrer Bewertung (Argument aus § 9c S. 2 GmbHG).

dd) Haftung bei Überbewertungen

Ist eine Sacheinlage überbewertet worden, hat der Gesellschafter nach § 9 Abs. 1 GmbHG (lesen!) in Höhe des Fehlbetrags eine Geldeinlage zu leisten.

4. Anmeldung zum Handelsregister

a) Anmeldungspflicht

Die Gesellschaft ist bei dem Gericht, in dessen Bezirk sie ihren Sitz hat, zur Eintragung in das Handelsregister anzumelden (§ 7 Abs. 1 GmbHG). Die Anmeldung erfolgt persönlich durch die Geschäftsführer in öffentlich beglaubigter Form (vgl. § 78 GmbHG, § 12 HGB, §§ 129, 126 BGB).

b) Inhalt

Der Anmeldung sind eine Reihe von Unterlagen beizufügen (§ 8 GmbHG):

aa) Der **Gesellschaftsvertrag**. Dabei handelt es sich nicht um die bei den Notariatsakten verbleibende Gründungs-Urschrift, sondern um eine entsprechende Ausfertigung. Soweit die Unterzeichnung des Gesellschaftsvertrags nach § 2 Abs. 2 GmbHG durch Bevollmächtigte erfolgte, müssen auch die betreffenden Vollmachtsurkunden bzw. beglaubigten Abschriften hiervon vorgelegt werden.

bb) Die **Legitimation der Geschäftsführer**. Diese kann sich aus dem Gesellschaftsvertrag selbst ergeben, in aller Regel werden die Geschäftsführer jedoch durch gesonderte Akte bestellt.

cc) Die **Gesellschafterliste**. Sie muß von den Anmeldenden unterschrieben sein und Namen, Vornamen, Stand und Wohnort der Gesellschafter sowie den Betrag der von jedem übernommenen Stammeinlage enthalten.

dd) Der **Sachgründungsbericht**. Bei Sacheinlagen müssen der Sachgründungsbericht sowie die den Sacheinlagenverpflichtungen zugrundeliegenden Verträge beigefügt werden.

ee) **Bewertungsunterlagen**. Außerdem müssen bei Sachgründungen die Unterlagen eingereicht werden, aus denen hervorgeht, daß der Wert der Sacheinlagen den Betrag der dafür übernommenen Stammeinlagen erreicht.

ff) Die **Genehmigungsurkunden**. Trotz Gewerbefreiheit bestehen Genehmigungspflichten für die Aufnahme bestimmter Tätigkeiten (Makler, Baubetreuungsunternehmen, Personenbeförderungen, Bankgeschäfte usw.). In diesen Fällen muß der Anmeldung die Genehmigungsurkunde beigelegt werden.

gg) **Sicherung der Mindesteinzahlung**. Bei Anmeldung ist die Versicherung abzugeben, daß die vom Gesetz geforderten (Mindest-)Leistungen auf die Stammeinlagen bewirkt worden sind und daß der Gegenstand der Leistungen sich endgültig in der freien Verfügung der Geschäftsführer befindet.

hh) **Vertretungsbefugnis der Geschäftsführer**. Die Anmeldung muß Angaben über die Vertretungsbefugnis der Geschäftsführung enthalten. Es muß also gesagt sein, ob Einzel- oder Gesamtvertretungsbefugnis besteht.

ii) Schließlich haben die **Geschäftsführer** ihre **Unterschrift** zur Aufbewahrung beim Registergericht zu zeichnen.

jj) **Erklärungen der Geschäftsführer**. In der Anmeldung haben die Geschäftsführer bestimmte Versicherungen abzugeben, u. a. daß ihnen nicht nach § 6 Abs. 2 S. 2 und 3 die Ausübung einer Geschäftsführertätigkeit untersagt ist.

kk) Nach der Änderung der KVStDV ist die Vorlage der steuerlichen **Unbedenklichkeitsbescheinigung nicht mehr** Gründungsvoraussetzung, obwohl der Ersterwerb des Geschäftsanteils an einer inländischen GmbH weiterhin der Kapitalverkehrsteuer (Gesellschaftsteuer) unterliegt.

ll) Wird die Gesellschaft nur durch eine Person errichtet und die Geldeinlage nicht voll eingezahlt, so ist nach § 8 Abs. 2 S. 2 GmbHG auch zu versichern, daß die bei der **Einmann-Gründung** gesetzlich vorgeschriebenen Sicherungen bestellt sind.

c) Haftung der Gesellschafter und Geschäftsführer

Zum Schutze der Gläubiger bestimmt § 9a GmbHG (lesen!) u. a., daß die Gesellschafter und Geschäftsführer als Gesamtschuldner haften, wenn zum Zweck der Errichtung der GmbH falsche Angaben gemacht werden. Dasselbe gilt, wenn die Gesellschaft durch Einlagen oder Gründungsaufwand vorsätzlich oder grob fahrlässig geschädigt wird. Es ist denkbar, daß die GmbH (durch entsprechenden Gesellschafterbeschluß) im späteren Verlauf auf die Geltendmachung derartiger Ansprüche verzichtet oder darüber Vergleiche abschließt. § 9b GmbHG bestimmt deshalb ausdrücklich, daß solche Rechtsgeschäfte unwirksam sind, soweit der Ersatz zur Befriedigung der Gesellschaftsgläubiger erforderlich ist. Derartige Ansprüche verjähren in 5 Jahren (§ 9b Abs. 2 GmbHG).

5. Prüfung der Anmeldung

Vor Eintragung der Gesellschaft überprüft das Registergericht den Gründungsvorgang.

a) Formelles Prüfungsrecht

Der Registerrichter muß den Gründungsvorgang auf seine formale Ordnungsmäßigkeit überprüfen. Es wird also insbesondere geprüft, ob die Anmeldung beim zuständigen Amtsgericht erfolgte, der Gesellschaftsvertrag den notwendigen zulässigen Inhalt hat und ordnungsgemäß beurkundet ist, die Gründervollmachten vorliegen und der Registeranmeldung die erforderlichen Anlagen beigefügt sind (vgl. oben 4.).

b) Materielles Prüfungsrecht

Umstritten war früher, ob über die formelle Seite hinaus dem Registerrichter auch ein materielles Prüfungsrecht zusteht. Sicher ist, daß dem Amtsgericht **keine Prüfungskompetenz über die wirtschaftlichen** und finanziellen **Grundlagen** des von der GmbH betriebenen Unternehmens zusteht. Es kann also die Eintragung nicht mit der Begründung abgelehnt werden, das von der GmbH bezweckte Vorhaben sei betriebswirtschaftlich nicht rentabel. Wohl jedoch erstreckt sich das **Prüfungsrecht auf** die zwingenden **gesetzlichen Gründungsvoraussetzungen,** insbesondere darauf, ob die Stammeinlagen ordnungsgemäß übernommen und die gesetzlichen Mindestleistungen erbracht sind. Nur dann ist die Gesellschaft i. S. von § 9c GmbHG „ordnungsgemäß errichtet und angemeldet".

Das Prüfungsrecht des Registerrichters umfaßt auch die Frage, ob der festgesetzte Einlage- oder Anrechnungswert dem wirklichen Wert des Gegenstandes entspricht. Die Eintragung der GmbH ist abzulehnen, wenn das Gericht zu dem Ergebnis kommt, daß **Sacheinlagen überbewertet** wurden (vgl. § 9c S. 2 GmbHG).

Gegen die Ablehnung der Eintragung besteht das Rechtsmittel der Beschwerde. Das Registergericht kann aber auch eine Zwischenverfügung erlassen und die Beteiligten zur Beseitigung behebbarer Mängel auffordern.

6. Eintragung in das Handelsregister

Ergeben sich bei der Überprüfung keine Beanstandungen, ist die GmbH in **Abteilung B** des Handelsregisters einzutragen.

a) Eintragung

Die Eintragung umfaßt die Firma und den Sitz der Gesellschaft, den Gegenstand des Unternehmens, die Höhe des Stammkapitals, das Datum des Gesellschaftsvertrages sowie die Geschäftsführer und deren Vertretungsbefugnis. Ist die Laufzeit der Gesellschaft limitiert, so ist auch dies einzutragen.

b) Veröffentlichung

Eintragungen in das Handelsregister sind bekanntzumachen (vgl. dazu §§ 8 ff. HGB sowie „Grundzüge des Handelsrechts" § 13). § 10 Abs. 3 GmbHG schreibt vor, daß in die Veröffentlichung der Eintragung außer dem vorbezeichneten Eintragungsinhalt auch Angaben nach § 5 Abs. 4 GmbHG aufzunehmen sind: Leistung von Sacheinlagen bzw. Übernahme von Vermögensgegenständen gegen Vergütung. Enthält der Gesellschaftsvertrag darüber hinaus besondere Bestimmungen über die Form der öffentlichen Bekanntmachung, so ist auch dies mit aufzunehmen.

7. Entstehung der GmbH

a) Konstitutive Eintragung

Mit der Eintragung in das Handelsregister wird die GmbH als juristische Person existent. Vor der Eintragung besteht die Gesellschaft als solche nicht (§ 11 Abs. 1 GmbHG – lesen!). Die **Eintragung** ist also wie bei anderen juristischen Personen **rechtsbegründend** („konstitutiv").

b) Handelndenhaftung vor Eintragung

Ist vor Eintragung im Namen der GmbH gehandelt worden, so haften „**die Handelnden**" **persönlich und gesamtschuldnerisch** (§ 11 Abs. 2 GmbHG – lesen!). Das Gesetz trifft also eine klare Feststellung: Wer für die GmbH im Gründungsstadium Verpflichtungen eingeht, haftet persönlich. Erst nach Eintragung erlangt die GmbH Rechtsfähigkeit und kann deshalb auch erst von diesem Zeitpunkt an selbst verpflichtet werden. § 11 Abs. 2 ist eine Bestimmung zum Schutze der Gläubiger. Das Gesetz will für den Fall, daß die GmbH nicht entsteht, dem Geschäftspartner auf jeden Fall einen Schuldner verschaffen (vgl. dazu die Übungsaufgabe „Die folgenschwere Auftragsvergabe").

c) Das Vorgründungsstadium

Wie bei der Aktiengesellschaft, so erfolgt auch die Gründung der GmbH in mehreren Schritten. Welche Rechtsnatur die Vorstadien der Gesellschaft während des Gründungsvorgangs haben, ist teilweise umstritten. Man findet dieses Problem unter den Stichworten „Vorgesellschaft" bzw. „Vorgründungsgesellschaft" erörtert.

- **Lernhinweis:** Wer eine Diplomarbeit im Wahlpflichtfach anzufertigen beabsichtigt, findet hier ein fruchtbares Betätigungsfeld (verschaffen Sie sich als ersten Einstieg einen Überblick bei Baumbach-Hueck, GmbH-Gesetz, § 11 Rnr. 6ff., 32ff., sowie anhand der Leitentscheidung BGHZ 80, 129 m. w. N.). Man muß zwei Dinge unterscheiden:

- Die **Vorgesellschaft:** Sie ist eine Personenvereinigung eigener Art, die bis auf die noch ausstehende Rechtsfähigkeit bereits der späteren GmbH als deren Vorstufe entspricht. Auf die Vorgesellschaft ist neben dem Gesellschaftsvertrag bereits das Recht der eingetragenen GmbH entsprechend anzuwenden, soweit dieses nicht die Eintragung voraussetzt (BGHZ 21, 242; 45, 338; st. Rspr.).

- Die **Vorgründungsgesellschaft:** Sie ist ein vorbereitender Zusammenschluß der Gründer durch einen Vorvertrag mit dem Ziel der gemeinsamen Gründung. Die Vorgründungsgesellschaft ist deshalb in der Regel BGB-Gesellschaft i. S. von §§ 705ff. BGB. Sie endet durch Zweckerreichung mit dem Abschluß des GmbH-Vertrags.

Verdeutlichen Sie sich das Gründungsstadium der GmbH anhand des Schaubildes „Entstehung der GmbH" (das Gesagte gilt entsprechend auch für die Aktiengesellschaft).

d) Schuldübergang auf die entstandene GmbH

Zur Gründung einer GmbH ist die Vornahme von Rechtsgeschäften erforderlich, die im Namen der Gesellschaft erfolgen. Wirtschaftlich gesehen handelt es sich um Verpflichtungen der Gesellschaft. Deshalb stellt sich die Frage, inwieweit und durch welche Rechtsakte die vor Eintragung der Gesellschaft abgeschlossenen Rechtsgeschäfte die erst mit der Eintragung entstehende GmbH verpflichten.

Bis zur Leitentscheidung BGHZ 80, 129ff. war diese Frage sehr umstritten. Z. T. wurde unterschieden zwischen „notwendigen Geschäften" (deren Verbindlichkeiten stets auf die GmbH übergingen) und den „nicht notwendigen Geschäften", die eine entsprechende Schuldübernahme voraussetzten. Dabei galt ein sog. „Vorbelastungsverbot" (weil es dem Zweck der Kapitalaufbringungsvorschriften widerspricht, das garantierte Anfangsvermögen der GmbH vorweg durch eine Belastung mit Verbindlichkeiten auszuhöhlen, die sich weder aus dem Gesetz noch aus der Satzung unmittelbar oder mittelbar ergibt, BGHZ 65, 378, 383).

Nunmehr gilt nach der Rechtsprechung folgende Linie (vgl. BGHZ 80, 129ff.):

- Die Rechte und Pflichten aus Geschäften, die im Stadium der Vorgesellschaft durch Geschäftsführer mit Ermächtigung aller Gesellschafter im Namen der Gesellschaft abgeschlossen werden, gehen mit der Eintragung der GmbH voll auf diese über (kein sog. Vorbelastungsverbot).
- Für die Differenz, die sich durch solche Vorbelastungen zwischen dem Stammkapital und dem Wert des Gesellschaftsvermögens im Zeitpunkt der Eintragung ergibt, haften die Gesellschafter anteilig („Differenzhaftung").
- Die Haftung der Gründer aus Verbindlichkeiten der Vorgesellschaft erlischt mit der Eintragung der GmbH.

§ 11. Die Gesellschaft mit beschränkter Haftung

Übersicht: Entstehung der GmbH

	Vorgründungsgesellschaft	Vorgesellschaft	jur. Person (GmbH)
Wesen	Zusammenschluß vor Abschluß des not. Gesellschaftsvertrags (Beteiligte verpflichten sich, das Entstehen einer GmbH zu bewirken)	Rechtsgebilde zwischen not. Beurkundung (Errichtung) und Eintragung	Rechtsgebilde nach der Handelsregistereintragung, § 11 Abs. 1 GmbHG (Entstehung)
Rechtsnatur	BGB-Gesellschaft (vgl. BGHZ 91, 148, 151)	sui generis	jurist. Person (§ 13 GmbHG)
anzuwendende Vorschriften	§§ 705 ff. BGB	GmbH-Recht mit Ausnahme der Vorschriften, die Rechtsfähigkeit voraussetzen	GmbH-Recht
Haftung der Gründer	Keine Haftung nach § 11 Abs. 2 GmbHG. Alle Beteiligten haften persönlich, soweit der Handelnde Vertretungsmacht hatte, sonst haftet dieser nach § 179 BGB als Vertreter ohne Vertretungsmacht (BGHZ 91, 148, 51).	Haftung nach § 11 Abs. 2 GmbHG	Haftung nach § 11 Abs. 2 GmbHG erlischt mit Eintragung, wenn im Rahmen der Vertretungsmacht gehandelt wurde (BGHZ 80, 182, 183).

	Vorgründungsgesellschaft	Vorgesellschaft	jur. Person (GmbH)
Haftung der Gesellschafter	ggf. allgemeine Nachschuß- und Verlustausgleichspflicht	• in Höhe ihrer Einlage nur für Geschäfte, die sich im Rahmen der Vertretungsmacht der Gründer halten, diese ist in der Regel begrenzt – auf das Gesellschaftsvermögen, – durch den Zweck, die Entstehung der juristischen Person zu fördern (BGHZ 80, 129, 139). • Haftung unbegrenzt, soweit Geschäftsbetrieb fortgeführt wird, ohne die Eintragung weiter zu betreiben und zwar neben der Handelndenhaftung nach § 11 Abs. 2 GmbHG. (BGHZ 80, 129, 142)	• Haftung mit der Einlage und • Differenzhaftung für Verbindlichkeiten aus den Rechtsgeschäften der Vor-GmbH (BGHZ 80, 129, 140).
Haftung der Gesellschaft	nein, da keine jur. Person	für Verbindlichkeiten der Vorgründungsgesellschaft nur nach rechtsgeschäftlicher Übertragung (da keine Kontinuität zwischen Vorgründungsgesellschaft und Vorgesellschaft).	ja (BGHZ 80, 129, 140). Alle Verbindlichkeiten der Vorgesellschaft gehen ohne vorige Schuldübernahme automatisch auf GmbH über (Kontinuität zwischen Vorgesellschaft u. GmbH).

8. Besonderheiten bei der Einmann-GmbH

a) Zulässigkeit der Einmann-Gründung

Nach früherem Recht war die unmittelbare Errichtung einer GmbH durch nur eine Person nicht möglich. Eine Einmann-Gesellschaft konnte jedoch durch nachträgliche Vereinigung aller Geschäftsanteile in der Hand eines Gesellschafters entstehen. Die schon immer gehandhabte und durch die Rechtsprechung anerkannte Praxis, wonach sich Gründer einer zweiten Person bedienen konnten, die nur für den Augenblick der Gründung einen Geschäftsanteil übernahmen und ihn unmittelbar danach oder bereits im voraus an den Gründer abtraten, kam jedoch der Einmann-Gründung sehr nahe. Der Gesetzgeber hat aus dieser Entwicklung Konsequenzen gezogen und mit der GmbH-Novelle von 1980 seit 1.1.1981 die Gründung einer Einmann-GmbH ausdrücklich gesetzlich zugelassen (vgl. den erweiterten Wortlaut in § 1 GmbHG).

• **Lernhinweis:** Die Einmann-Gründung ist ein gesellschaftsrechtliches Unikum. Dies wird schon deutlich, wenn man den Begriff der Gesellschaft herkömmlicherweise definiert als „Zusammenschluß mehrerer zur Verfolgung eines gemeinsamen Zwecks". Der Gesetzgeber stand vor der Alternative, für die unternehmerische Betätigung einer Einzelperson unter Beschränkung ihrer Haftung auf einen Teil ihres Vermögens eine besondere Rechtsform zu schaffen oder die bisher von der Praxis beschrittene (allerdings umständliche) Strohmanngründung zu legalisieren und abzusichern. Er hat sich für den zweiten Weg entschieden. **Frage:** Wie sind die beiden Lösungen aus der Sicht des Gläubigers zu bewerten? **Antwort:** Die Strohmanngründung ist gegenüber der Einmann-Gründung für den Gläubiger insofern vorteilhafter, als bei ihr auch auf den Strohmann die Gründer- und Gesellschafterhaftung, insbesondere aus § 24 GmbHG, Anwendung findet. Bei der Einmann-Gründung behilft sich das Gesetz durch **verstärkte Sicherungen für die Aufbringung des Stammkapitals;** außerdem zwingt es zur klaren Abgrenzung der Geschäfte der Gesellschaft von denen des Gesellschafters (lesen Sie hierzu die einschlägigen Bestimmungen des GmbH-Rechts: §§ 7 Abs. 2 Satz 3, 8 Abs. 2 Satz 2, 19 Abs. 4, 35 Abs. 4, 48 Abs. 3, 56a, 57 Abs. 2, 60 Abs. 1 Nr. 5, 65 Abs. 1 Satz 2 GmbHG!).

aa) Anwendung der allgemeinen Gründungsregeln

Auch auf die Gründung einer Einmann-GmbH finden grundsätzlich die gleichen Vorschriften Anwendung, die für die GmbH-Gründung durch mehrere Personen gelten. Anmerkung: Obwohl ein Gesellschafter allein naturgemäß keinen „Vertrag" abschließen kann, verwendet das Gesetz in § 2 auch weiterhin nur den Begriff „Gesellschaftsvertrag". Richtiger wäre, bei der Einmann-Gründung von der „Erklärung über die Errichtung der Gesellschaft" zu sprechen.

bb) Sonderregelungen

Der Gläubigerschutz verlangt bei der Einmann-Gründung, die **Aufbringung des Stammkapitals** durch eine Reihe von Sonderregelungen zu **sichern.** Das geschieht in folgender Weise:

• Der Einmann-Gründer muß für den Teil der Geldeinlagen, den er vor der Anmeldung der Gesellschaft zur Eintragung in das Handelsregister nach § 7

Abs. 2 Satz 1 und 2 GmbHG noch nicht zu leisten braucht (Repetieren Sie: vor Anmeldung muß ¼ der Stammeinlagen, mindestens jedoch 25000 DM aufgebracht werden), nach § 7 Abs. 2 Satz 3 GmbHG (im Normalfall also für die restlichen ¾ der Stammeinlage) eine **„Sicherung" bestellen**. Dies kann durch die in § 232 BGB genannten Formen der „Sicherheitsleistung" geschehen; die Formulierung „Sicherung" sollte jedoch klarstellen, daß auch andere, im BGB nicht ausdrücklich genannte Sicherheitsleistungen zulässig sind, wenn sie wirtschaftlich gleichwertige Garantien enthalten.

- Die **Geschäftsführer müssen** bei der Handelsregisteranmeldung **versichern**, daß die geforderten Sicherungen bestellt sind (§ 8 Abs. 2 Satz 2 GmbHG). Sie **haften** nach § 9a GmbHG **für die Richtigkeit** dieser Angaben und machen sich nach § 82 Abs. 1 Nr. 1 GmbHG bei falschen Angaben strafbar. Außerdem sind die Angaben der Geschäftsführer über die Bestellung der Sicherung **vom Registergericht** nach § 9c GmbHG **zu überprüfen.**

b) Anteilsvereinigung

Die Einmann-GmbH kann nach wie vor auch durch die spätere Anteilsvereinigung entstehen. Für diesen Fall hat die GmbH-Novelle seit 1.1. 1981 die **Kapitalaufbringung** nach § 19 Abs. 4 (lesen!) **besonders gesichert:** Vereinigen sich innerhalb von **3 Jahren** nach der Eintragung einer (von mehreren Personen gegründeten) Gesellschaft in das Handelsregister alle Geschäftsanteile in der Hand eines Gesellschafters, muß der Gesellschafter entweder

- innerhalb von 3 Monaten seit der Anteilsvereinigung alle **Geldeinlagen voll einzahlen** oder

- der Gesellschaft für die Zahlung der noch ausstehenden Beträge eine **Sicherheit bestellen** oder

- einen Teil der **Geschäftsanteile** an einen **Dritten übertragen**.

Außerdem müssen die Geschäftsführer die Vereinigung der Geschäftsanteile **unverzüglich** zum Handelsregister **anzeigen**. Frage: Was ist, wenn diese Verpflichtungen nicht erfüllt werden? **Antwort:** Nach dem vergeblichen Ablauf einer zunächst gesetzten Nachfrist stellt das Gericht die Nichteinhaltung der genannten Verpflichtungen fest. Diese Entscheidung führt nach § 60 Abs. 1 Nr. 5 GmbHG zur **Auflösung der Gesellschaft,** die von Amts wegen in das Handelsregister eingetragen wird (§ 65 Abs. 1 Satz 3 GmbHG).

c) Umwandlung einer Einzelfirma in eine GmbH

Das frühere Umwandlungsrecht kannte lediglich die Umwandlung einer Einzelfirma durch Übertragung auf eine Aktiengesellschaft oder KGaA, nicht dagegen auf eine GmbH. Seit 1.1. 1981 ist auch die Umwandlung eines einzelkaufmännischen Unternehmens in eine GmbH möglich (§§ 56a bis f UmwG).

Verständnisfrage: Besteht für solche Umwandlungen nach der Zulassung der Einmann-Gründung überhaupt noch ein praktisches Bedürfnis? **Antwort:** Ja, die **Unternehmenseinbringung** im Fall der normalen Sachgründung **erfordert** die **Einzelübertragung** aller zum Anlage- und Umlaufvermögen gehörender Gegenstände: bei der Umwandlung dagegen genügt eine Übersicht der Vermögensgegenstände und Verbindlichkeiten (§§ 52 Abs. 4, 56c Abs. 3 UmwG n. F.), die

§ 11. Die Gesellschaft mit beschränkter Haftung

durch die **Umwandlung** im Wege der **Universalsukzession** auf die GmbH übergehen (§ 56f Abs. 1 Satz 2 UmwG).

Übersicht: Gründungsstadien bei der GmbH

Stadium	Vorgang	Bemerkungen
Abschluß des Gesellschaftsvertrags	Form: a) notarielle Beurkundung (§ 2) b) Mindestinhalt (§ 3) — Sitz der Firma — Gegenstand — Stammkapital — Höhe der Stammeinlagen u.U.: — zeitliche Limitierung — zusätzliche Gesellschafterpflichten	Sach- oder Personenfirma (§ 4) jeder gesetzlich zulässige Zweck mindestens 50.000,- (§ 5) durch 100 teilbar, mindestens 500 — bei Nichtleistung oder verzögerter Einzahlung: Kaduzierung nach § 21 GmbHG — bei späteren Rückzahlungen: §§ 30 ff. GmbHG
Anmeldung der Gesellschaft zum Handelsregister	Inhalt: u. a. — Gesellschaftsvertrag — Legitimation der Geschäftsführer — Liste der Gesellschafter — u.U. staatliche Konzession — Versicherung, daß Stammeinlagen bewirkt sind	— gesamtschuldnerische Haftung von Gesellschaftern und Geschäftsführern nach § 9a GmbHG — Strafsanktion gem. § 82 GmbHG — Gesellschafterliste ist jährlich neu einzureichen (§ 40 GmbHG)
Prüfungsrecht des Registergerichts	formell: uneingeschränkt materiell: eingeschränkt	Ablehnung der Eintragung, wenn GmbH nicht ordnungsgem. errichtet u. angemeldet und bei Überbewertung von Sacheinlagen
Eintragung	GmbH entsteht, zuvor: „Vorgesellschaft"	bis zur Eintragung: persönliche, solidarische Haftung der im Namen der GmbH Handelnden

V. Mantelgründung und Mantelkauf

● **Lernhinweis:** Namentlich in mündlichen Prüfungen sind Fragen nach dem „Mantelkauf" bei der GmbH beliebt. Sie geben Gelegenheit, rechtliche, betriebswirtschaftliche und steuerliche Gesichtspunkte zusammen zu erörtern.

1. Mantelgründung

Bei der Mantelgründung handelt es sich um eine **„Gründung auf Vorrat"**. Es wird eine GmbH errichtet ohne die Absicht, den satzungsmäßigen Unternehmensgegenstand in absehbarer Zeit wirklich zu betreiben. Derartige Gründungen werden von der herrschenden Meinung als unwirksam angesehen (vgl. KG JFG 3, 193; Hachenburg-Ulmer, GmbHG-Komm., § 3 RdNr. 24 ff. m. w. N.). Dies ist insofern bedenklich, als das GmbH-Gesetz eine Betriebspflicht nicht vorschreibt.

2. Mantelkauf

a) Begriff

Hierunter versteht man den **Erwerb aller Geschäftsanteile an einer GmbH, die nicht mehr werbend tätig ist,** also nur noch einen „leeren Gesellschaftsmantel" aufweist. Das Kammergericht hat den GmbH-Mantel so definiert: „Die durch die Geschäftsanteile oder Aktien verkörperte äußere Rechtsform einer als juristische Person bestehenden Kapitalgesellschaft, die in Ermangelung eines von ihr noch betriebenen Unternehmens und in Ermangelung eines zur Wiederaufnahme dieses oder eines anderen Betriebes ausreichenden Vermögens keine wirtschaftliche Bedeutung mehr hat."

b) Motive des Mantelkaufs

An sich könnten dieselben Ziele durch Neugründung einer GmbH erreicht werden. Der Kauf eines GmbH-Mantels (praktisch eine verdeckte Neugründung) ist namentlich durch nachfolgende Gründe motiviert:

- **Einsparung** von **Gründungskosten** und **Gründungssteuern;**
- **Erlangung einer** für die „Mantel-GmbH" erteilten (z. B. gewerberechtlichen) **Konzession;**
- Übernahme eines **Verlustvortrags** gem. § 10d EStG.

Was betriebswirtschaftlich gesehen vorteilhafter ist, entscheidet sich demnach durch einen Vergleich der ersparten Kosten bzw. erlangten Steuervorteile auf der einen Seite mit dem beim Mantelkauf vereinbarten Preis.

c) Rechtliche Problematik

Die frühere Rechtsprechung sah im Mantelkauf eine Gesetzesumgehung, weil in Wirklichkeit eine Neugründung erfolge, ohne Einhaltung der zwingenden Vorschriften über die Kapitalaufbringung. Die herrschende Meinung hält den Mantelkauf allein deshalb noch nicht für gesetz- oder sittenwidrig. Dies gilt namentlich dann, wenn der Erwerber den Betrieb tatsächlich fortführt. Steuerrechtlich stellt sich die Frage, ob der Mantelkauf zum Zwecke des Verlustvortrages nicht mißbräuchlich im Sinne von § 42 AO ist. Sprechen zusätzlich verständliche und berechtigte Erwägungen für den Kauf eines GmbH-Mantels, so ist in diesem Fall ein Verlustabzug anzuerkennen (BFH BStBl. III 1958, 97; 1966, 289).

VI. Die Organe der GmbH (Überblick)

- **Lernhinweis:** Wie jede juristische Person, so braucht auch die GmbH „Kopf, Arme und Beine". Sie handelt durch ihre Organe. Diese sind: der oder die Geschäftsführer, die Gesellschafterversammlung sowie in bestimmten Fällen der Aufsichtsrat. Das GmbH-Statut kann darüber hinaus die Bildung anderer Gremien vorsehen (z. B. einen „Beirat", dessen Kompetenzen die Satzung regelt).

VII. Die Geschäftsführer

● **Lernhinweis:** Die Geschäftsführer sind die gesetzlichen Vertreter der GmbH. Die Verwendung des Begriffes „Geschäftsführer" wird lediglich den Anfänger verwirren: Sie erinnern sich, daß wir die Angelegenheiten der Gesellschafter untereinander mit „Geschäftsführung", die der Gesellschaft zu Dritten dagegen mit „Vertretung" umschrieben hatten. Die GmbH-Geschäftsführer sind dagegen sowohl für die (interne) Geschäftsführung als auch für die (externe) Vertretung zuständig. Ihre Rechtsstellung entspricht der des Vorstands bei der Aktiengesellschaft.

1. Die Person der Geschäftsführer

a) Selbst- und Fremdorganschaft

Die GmbH muß einen oder mehrere Geschäftsführer haben (§ 6 Abs. 1 GmbHG). Diese brauchen **nicht mit den Gesellschaftern identisch** zu sein. Daraus ergibt sich im Gegensatz zur Personalgesellschaft die **Möglichkeit der Fremdorganschaft** (§ 6 Abs. 3 Satz 1 GmbHG – lesen!).

Schaubild: Organisationsmodell der GmbH

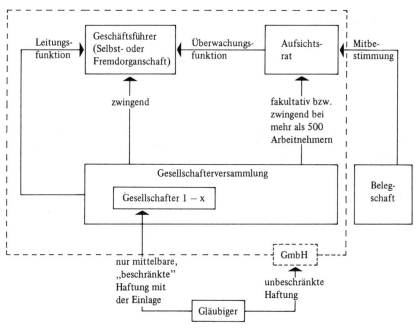

b) Persönliche Voraussetzungen

Das seit 1981 geltende GmbH-Recht stellt an die Geschäftsführer bestimmte persönliche Voraussetzungen. Nach § 6 Abs. 2 S. 2 und 3 kann **auf die Dauer** von 5 Jahren nicht **Geschäftsführer** sein, wer wegen bestimmter **Konkursdelikte bestraft** worden ist oder wem die **Berufsausübung** gerichtlich **untersagt** wurde. Diese Regelung geht auf eine Empfehlung der Kommission zur Bekämpfung der Wirtschaftskriminalität zurück und soll verhindern, daß derartige Personen alsbald ihre Geschäfte unter dem Deckmantel einer anonymen Kapitalgesellschaft wieder aufnehmen und hierdurch Dritte gefährden.

2. Bestellung der Geschäftsführer

Die Bestellung der Geschäftsführer kann erfolgen

- im Gesellschaftsvertrag,
- durch Beschluß der Gesellschafterversammlung (§ 46 Nr. 5 GmbHG) oder
- durch eine im Gesellschaftsvertrag bestimmte andere Institution, etwa den Aufsichtsrat (abzuleiten aus § 45 GmbHG – lesen!).

Beachten Sie: Von der Bestellung als Organ ist der mit dem Geschäftsführer abzuschließende Anstellungsvertrag scharf zu unterscheiden. Letzterer bestimmt sich nach den Vorschriften des Arbeitsrechts. (Beachten Sie, daß wegen der besonderen Funktion des Geschäftsführers verschiedene Vorschriften des Arbeitsrechts keine Anwendung finden; vgl. etwa § 14 KSchG.)

3. Rechtsstellung des Geschäftsführers

Die Geschäftsführer führen die Geschäfte der Gesellschaft und vertreten sie gerichtlich und außergerichtlich.

a) Geschäftsführung

aa) Persönlicher Umfang der Geschäftsführung

Wenn im Gesellschaftsvertrag nichts anderes bestimmt ist, gilt **Gesamtgeschäftsführung.** Das Gesellschafts-Statut kann aber auch den Geschäftsbereich auf mehrere Geschäftsführer verteilen und Einzelgeschäftsführungsbefugnis anordnen.

bb) Sachlicher Umfang der Geschäftsführung

Die Geschäftsführung umfaßt alle Angelegenheiten der Gesellschaft. Hier kann auf all das verwiesen werden, was schon bei den Personengesellschaften gesagt wurde. Darüber hinaus sind die Geschäftsführer zur ordnungsgemäßen Erstellung des (erweiterten) Jahresabschlusses und des Lageberichts verpflichtet (vgl. §§ 264ff. HGB, 42f. GmbHG).

b) Vertretung

Die Gesellschaft wird gem. § 36 GmbHG (lesen!) durch die in ihrem Namen von den Geschäftsführern vorgenommenen Rechtsgeschäfte berechtigt und verpflichtet. Dabei ist es gleichgültig, ob das Geschäft ausdrücklich im Namen der Gesellschaft vorgenommen worden ist oder ob die Umstände ergeben, daß es nach dem Willen der Beteiligten für die Gesellschaft vorgenommen werden sollte.

aa) Persönlicher Umfang

Die dispositive Regelung des Gesetzes sieht bei mehreren Geschäftsführern **Gesamtvertretungsbefugnis** vor (vgl. § 35 Abs. 2 Satz 2 GmbHG). Ist jedoch der Gesellschaft gegenüber eine Willenserklärung abzugeben, so genügt es, wenn dies einem der Geschäftsführer gegenüber erfolgt.
Der Gesellschaftsvertrag kann **Einzelvertretungsbefugnis** vorsehen.

bb) Sachlicher Umfang

Die Vertretungsmacht umfaßt sämtliche gerichtlichen und außergerichtlichen Handlungen für und gegen die Gesellschaft. Bei der Frage, ob die Vertretungsbefugnis (wie die Geschäftsführung) beschränkt werden kann, ist zu unterscheiden (vgl. 37 GmbHG – lesen!):

- Im **Innenverhältnis** sind die Geschäftsführer der Gesellschaft gegenüber verpflichtet, die Beschränkungen einzuhalten, welche durch Gesellschaftsvertrag oder Gesellschafterbeschlüsse für den Umfang ihrer Vertretungsbefugnis angeordnet wurden.
- Im **Außenverhältnis** ist eine derartige Beschränkung unwirksam. Dies gilt insbesondere für den Fall, daß die Vertretung sich nur auf gewisse Geschäfte oder Arten von Geschäften erstrecken oder nur unter gewissen Umständen oder für eine gewisse Zeit oder an einzelnen Orten stattfinden soll oder daß die Zustimmung der Gesellschafter oder eines Organs der Gesellschaft für einzelne Geschäfte erforderlich ist.

- **Lernhinweis:** Sie sehen die fast wörtliche **Parallele zur Prokura** sowie zu Organen anderer juristischer Personen. Es gilt auch hier die Kurzformel: Die Rechtsstellung des Geschäftsführers ist im Innenverhältnis beschränkbar, im Außenverhältnis unbeschränkbar. Die Nichteinhaltung interner Beschränkungen begründet Schadensersatzpflichten und kann den (ohnehin jederzeit möglichen) Widerruf der Geschäftsführerbestellung zur Folge haben.

Schaubild: Vertretung der GmbH

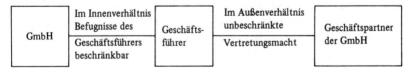

cc) Selbstkontrahieren bei der Einmann-GmbH

Ist bei einer Einmann-GmbH (unabhängig davon, ob sie als solche gegründet oder erst später durch Anteilsvereinigung oder Umwandlung entstanden ist) der Einmann-Gesellschafter zugleich alleiniger Geschäftsführer, so ist nach § 35 Abs. 4 GmbHG auf seine Rechtsgeschäfte mit der Gesellschaft § 181 BGB anzuwenden. Diese Frage war vor der GmbH-Reform außerordentlich umstritten. Der Bundesgerichtshof war zunächst für die Anwendung von § 181 (BGHZ 33, 189), hatte diese Rechtsprechung später (BGHZ 56, 97, zuletzt bestätigt in BGH NJW 1980, 932) wieder aufgegeben. Nach der nunmehr geltenden gesetzlichen Regelung sind In-sich-Geschäfte des Einmann-Gesellschaftergeschäftsführers nur noch wirksam, wenn sie ihm durch den Gesellschaftsvertrag ausdrücklich gestattet sind. **Praktische Konsequenz:** Fehlt eine vom Verbot des § 181 BGB befreiende Satzungsbestimmung, kann sich der Alleingesellschafter das Selbstkontrahieren nur durch Satzungsänderung und nicht schon durch einfachen Gesellschafterbeschluß gestatten.

Schaubild: Selbstkontrahierungsverbot bei der Einmann-GmbH

c) *Widerruf der Geschäftsführer-Bestellung*

Die Bestellung der Geschäftsführer ist **jederzeit widerruflich** (§ 38 Abs. 1 GmbHG). Gab der Geschäftsführer hierzu keine Veranlassung, kann er möglicherweise aus dem bestehenden Anstellungsvertrag Entschädigungsansprüche geltend machen (Lernhinweis: Vergleichen Sie die Parallele zur Prokura!).

Die Widerruflichkeit ist durch Gesellschaftsvertrag beschränkbar. Es kann vereinbart werden, daß der Widerruf nur beim Vorliegen wichtiger Gründe erfolgen darf. Als solche gelten insbesondere

- grobe Pflichtverletzung oder
- Unfähigkeit zur ordnungsgemäßen Geschäftsführung.

d) *Haftung der Geschäftsführer*

Die Geschäftsführer müssen die „Sorgfalt eines ordentlichen Geschäftsmannes" anwenden. Bei Pflichtverletzungen machen sie sich der Gesellschaft gegenüber nach § 43 Abs. 2 GmbHG (Anspruchsgrundlage!) schadensersatzpflichtig. Dies gilt insbesondere,

- wenn verbotswidrig Zahlungen aus dem zur Erhaltung des Stammkapitals erforderlichen Gesellschaftsvermögen gemacht wurden oder
- den Bestimmungen des § 33 GmbHG zuwider eigene Geschäftsanteile der Gesellschaft erworben werden.

Die Ansprüche verjähren in 5 Jahren.

e) *Kreditgewährung an Geschäftsführer*

Zur Bekämpfung der Wirtschaftskriminalität und zur Verbesserung des Gläubigerschutzes verbietet § 43a GmbHG die Kreditgewährung aus dem zur Erhaltung des Stammkapitals erforderlichen Gesellschaftsvermögen an Geschäftsführer, andere gesetzliche Vertreter, Prokuristen oder zum gesamten Geschäftsbetrieb berechtigte Handlungsbevollmächtigte. Bei einem Verstoß gegen diese zwingende Regelung ist nach § 43a Satz 2 der gewährte Kredit ohne Rücksicht auf entgegenstehende Vereinbarungen sofort zurückzugewähren.

f) Angaben auf Geschäftsbriefen

Auf allen Geschäftsbriefen, die von der GmbH an einen bestimmten Empfänger gerichtet sind, müssen gem. § 35a **Mindestangaben** enthalten sein. Es sind dies:

- **Rechtsform** der Gesellschaft;
- **Sitz** der Gesellschaft;
- zuständiges **Registergericht** am Sitz der Gesellschaft;
- **Handelsregister-Nummer**, unter der die Gesellschaft eingetragen ist;
- alle **Geschäftsführer**;
- sofern die Gesellschaft einen Aufsichtsrat gebildet und dieser einen Vorsitzenden hat, der **Vorsitzende des Aufsichtsrats** mit Familiennamen und mindestens einem ausgeschriebenen Vornamen;
- bei Angaben über das Kapital der Gesellschaft muß in jedem Fall das **Stammkapital** und, für den Fall, daß nicht alle in Geld zu leistenden Einlagen erbracht sind, der **Gesamtbetrag der ausstehenden Einlagen** angegeben werden.

Diese Angaben sind entbehrlich bei Mitteilungen oder Berichten im Rahmen einer bestehenden Geschäftsverbindung und bei Verwendung üblicher Vordrucke. Bestellscheine gelten nach § 35a Abs. 3 GmbHG als Geschäftsbriefe.

VIII. Gesellschafterversammlung

Oberstes Willensorgan der GmbH ist die Gesamtheit der Gesellschafter. Sie faßt ihre Beschlüsse in der Regel in Versammlungen. Von Satzungsänderungen abgesehen kann die Willensbildung aber auch schriftlich im Umlaufverfahren erfolgen.

Im Vergleich mit der Aktiengesellschaft gehen die Rechte der Gesellschafterversammlung bei der GmbH weiter (vgl. § 46 GmbHG einerseits und §§ 118ff. AktG andererseits). Außerdem haben es die Gesellschafter nach § 45 GmbHG in der Hand, den Geschäftsbereich der Geschäftsführer festzulegen!

1. Kompetenzen

Die Kompetenzen der Gesellschafter-Gesamtheit ergeben sich vornehmlich aus dem Gesellschaftsvertrag. Trifft dieser keine Bestimmung, so entscheiden die Gesellschafter gem. § 46 GmbHG (lesen!) über:

- die **Feststellung des Jahresabschlusses** und die **Verwendung des Ergebnisses**;
- die **Einforderung von Einzahlungen** auf die Stammeinlagen;
- die Rückzahlung von **Nachschüssen**;
- die **Teilung** sowie die **Einziehung von Geschäftsanteilen**;
- **Bestellung, Abberufung** und **Entlastung von Geschäftsführern**;
- Maßnahmen zur **Prüfung und Überwachung der Geschäftsführung**;
- Bestellung von **Prokuristen** und **Handlungsbevollmächtigten**;
- Geltendmachung von **Ersatzansprüchen** der Gesellschaft gegen Geschäftsführer oder Gesellschafter;
- die **Vertretung der Gesellschaft** in Prozessen **gegen die Geschäftsführer**.

2. Beschlußfassung

a) Einberufung der Versammlung

Die Gesellschafter beschließen entweder in Versammlungen oder schriftlich. Für die Einmann-GmbH verlangt § 48 Abs. 3 GmbHG im Interesse der Rechtssicherheit **bei Beschlüssen des Einmann-Gesellschafters,** unabhängig davon ob sie in oder außerhalb einer formellen Gesellschafterversammlung gefaßt werden, die **Schriftform.** Um nachträgliche Fälschungen auszuschließen, muß die Niederschrift unverzüglich nach der Beschlußfassung aufgenommen und dabei von dem Gesellschafter unterschrieben werden. Der Abhaltung einer Versammlung bedarf es nicht, wenn sämtliche Gesellschafter schriftlich mit der zu treffenden Bestimmung oder mit der schriftlichen Abgabe der Stimmen einverstanden sind (§ 48 Abs. 2 GmbHG). Die Einberufung der Versammlung erfolgt durch die Geschäftsführer. Sie muß durch **Einschreiben** mit einer **Ladungsfrist von einer Woche** ergehen.

Ein Recht auf Einberufung einer außerordentlichen Gesellschafterversammlung haben Gesellschafter, wenn ihre Geschäftsanteile zusammen **mindestens ¹⁄₁₀ des Stammkapitals** betragen (§ 50 Abs. 1 GmbHG). Außerdem sind Geschäftsführer zur unverzüglichen Einberufung einer Gesellschafterversammlung verpflichtet, wenn sich aus der Bilanz ergibt, daß **die Hälfte des Stammkapitals verloren** ist. (Vgl. zu dem Gesagten §§ 48 ff. GmbHG).

b) Abstimmung

Die Abstimmung in Gesellschaftsangelegenheiten erfolgt durch Beschlußfassung **nach Mehrheit der abgegebenen Stimmen.** Jede 100 DM eines Geschäftsanteils gewähren eine Stimme. Die Abstimmung kann durch Vertreter erfolgen. Vollmachten müssen jedoch schriftlich erteilt sein. Ein Gesellschafter, der durch die Beschlußfassung entlastet oder von einer Verbindlichkeit befreit werden soll, hat hierbei kein Stimmrecht und darf ein solches auch nicht für andere ausüben. Dasselbe gilt von einer Beschlußfassung, welche die Vornahme eines Rechtsgeschäfts oder die Einleitung oder Erledigung eines Rechtsstreits gegenüber einem Gesellschafter betrifft (§ 47 Abs. 4 GmbHG).

Bei **Satzungsänderungen** ist die durchweg bei Kapitalgesellschaften erforderliche **qualifizierte Mehrheit** zu beachten. Sie beträgt gem. § 53 Abs. 2 Satz 1 GmbHG drei Viertel der abgegebenen Stimmen. Eine „Vermehrung der den Gesellschaftern nach dem Gesellschaftsvertrag obliegenden Leistungen" kann nur mit Zustimmung sämtlicher beteiligter Gesellschafter beschlossen werden (§ 53 Abs. 3 GmbHG).

c) Rechtsmittel gegen Gesellschafterbeschlüsse

Das GmbH-Gesetz enthält keine Vorschriften über die Nichtigkeit oder Anfechtbarkeit von Gesellschafterbeschlüssen. Es besteht jedoch Einigkeit darüber, daß die **aktienrechtlichen Bestimmungen** über die Nichtigkeit und Anfechtbarkeit von Hauptversammlungsbeschlüssen **entsprechend anzuwenden** sind. Repetieren Sie deshalb §§ 241 ff. AktG! Vergleichen Sie dazu auch unten den Übungsfall „Die dubiose Abstimmung".

IX. Aufsichtsrat

Der Aufsichtsrat ist als notwendiges Organ zwingend vorgeschrieben im Rahmen des Mitbestimmungs- und Betriebsverfassungsrechts. Ungeachtet dessen kann bei jeder GmbH fakultativ ein Aufsichtsrat gebildet werden.

1. Zwingendes Organ

Die GmbH muß nach den Grundsätzen des Betriebsverfassungsgesetzes bei **mehr als 500 Arbeitnehmern** einen Aufsichtsrat bilden (§ 77 BetrVG 1952). Die Rechte und Pflichten des Aufsichtsrats bestimmen sich nach dem Aktienrecht in Verbindung mit § 76 BetrVG. Arbeitnehmer stellen **ein Drittel** der Mitglieder.

Für Großbetriebe (ab 2000 Arbeitnehmer), bei denen die Mitbestimmungsgesetze gelten, erfolgt die Zusammensetzung „paritätisch" (vgl. Sie zu dieser

Übersicht: Rechte und Pflichten der Organe einer GmbH

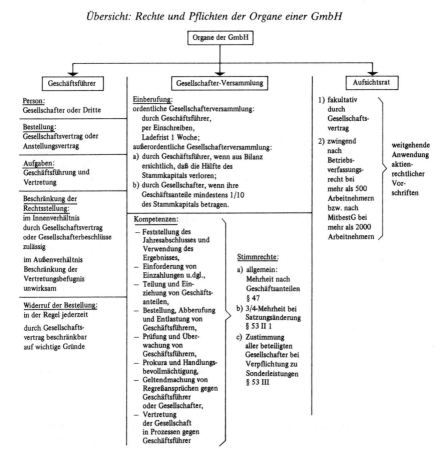

Thematik auch die oben § 8 VIII bei der Aktiengesellschaft gemachten Ausführungen).

2. Fakultatives Organ

Bei Gesellschaften, die nicht unter das Betriebsverfassungs- oder Mitbestimmungsrecht fallen, kann die Ausgestaltung eines fakultativ gebildeten Aufsichtsrates im Gesellschaftsvertrag abweichend geregelt werden. Soweit dies nicht der Fall ist, greifen nach § 52 GmbHG (lesen!) im wesentlichen die Vorschriften des Aktienrechts ein.

X. Rechte und Pflichten der Gesellschafter

• **Lernhinweis:** Bei den Rechten und Pflichten der GmbH-Gesellschafter ergeben sich Parallelen zur Aktiengesellschaft. Beachten Sie: Die Rechte der Gesellschafter entsprechen im wesentlichen den Rechten der Aktionäre; bei den Pflichten der Gesellschafter weicht das GmbH-Recht dagegen erheblich vom Aktienrecht ab. Zu beachten ist auch, daß der Gesellschaftsvertrag im Vergleich zur Aktiengesellschaft die Rechte und Pflichten der GmbH-Gesellschafter weit stärker vom Gesetz abweichend regeln kann.

1. Rechte der Gesellschafter

a) Mitverwaltungsrechte

aa) Allgemein

Die Gesellschafter wirken in den Angelegenheiten der Gesellschaft nach Maßgabe des Gesellschaftsvertrages mit (§ 45 GmbHG – lesen!). Der Umfang dieser Rechte bestimmt sich nach dem Gesellschaftsvertrag, ansonsten nach den gesetzlichen Vorschriften (§§ 46 bis 51 GmbHG).

bb) Stimmrecht

Zu den Verwaltungsrechten der GmbH-Gesellschafter gehören namentlich das Stimmrecht und das Recht der Teilnahme an den Gesellschafterversammlungen. Wenn im Gesellschaftsvertrag nichts anderes vorgesehen ist, erfolgt die Abstimmung nach Mehrheit der abgegebenen Stimmen, wobei jede 100 DM eines Geschäftsanteils eine Stimme gewähren (§ 47 Abs. 1 und 2 GmbHG). Beachten Sie vor allem die Befangenheitsvorschrift des § 47 Abs. 4 GmbHG sowie die Übungsaufgabe unten („Die dubiose Abstimmung").

b) Vermögensrechte

aa) Allgemeine

Hierunter fallen: der Anspruch auf den Jahresüberschuß und der Anspruch auf Auszahlung des Liquidationserlöses.

bb) Dividendenanspruch

Die Gesellschafter haben gem. § 29 Abs. 1 GmbHG Anspruch auf den Jahresüberschuß zuzüglich eines Gewinnvortrags und abzüglich eines Verlustvor-

§ 11. Die Gesellschaft mit beschränkter Haftung

trags, soweit der sich ergebende Betrag nicht von der Verteilung unter die Gesellschafter ausgeschlossen ist (zu näheren Einzelheiten vgl. § 29 Abs. 1 GmbHG). Die **Verteilung erfolgt nach dem Verhältnis der Geschäftsanteile.** Der Gesellschaftsvertrag kann aber einen anderen Maßstab festsetzen (vgl. § 29 Abs. 3 GmbHG). Die Feststellung des Jahresabschlusses und die Verwendung des Ergebnisses unterliegen der Beschlußfassung durch die Gesellschafter (§ 46 Nr. 1 GmbHG).

• **Lernhinweis:** Beachten Sie, daß die GmbH bezüglich Rechnungslegung und Bilanzerstellung denselben Vorschriften unterliegt wie die Aktiengesellschaft, da diese Materie seit dem Bilanzrichtliniengesetz von 1985 nur noch größen-, aber nicht mehr rechtsformabhängig geregelt ist (§§ 242 ff., 264 ff., 325 ff. HGB). § 42 GmbHG enthält nur noch einige spezielle Ergänzungen. Auch die Regelung über die Gewinnverwendung ist in § 29 GmbHG weitgehend der des Aktienrechts (vgl. § 58 Abs. 4 AktG) angeglichen worden.

c) Informationsrechte

Seit der GmbH-Novelle von 1980 sind die früher bereits rechtsanalog aus dem Recht der übrigen Gesellschaften abgeleiteten Informationsrechte ausdrücklich geregelt.

aa) Inhalt des Informationsanspruchs

Nach § 51a Abs. 1 GmbHG haben die Geschäftsführer jedem Gesellschafter auf Verlangen unverzüglich „Auskunft über die Angelegenheiten der Gesellschaft zu geben" und die „Einsicht der Bücher und Schriften zu gestatten".

bb) Grenzen des Informationsanspruchs

Auskunft und Einsicht dürfen auf Grund eines Gesellschafterbeschlusses verweigert werden, wenn die Befürchtung besteht, daß der Gesellschafter sie zu „gesellschaftsfremden Zwecken verwenden und dadurch der Gesellschaft oder einem verbundenen Unternehmen einen nicht unerheblichen Nachteil zufügen wird" (§ 51a Abs. 2 GmbHG).

cc) Gerichtliche Durchsetzung des Informationsanspruchs

Die Informationsrechte des GmbH-Gesellschafters können durch den Gesellschaftsvertrag nicht beschränkt werden; § 51a GmbHG ist zwingendes Recht! Die Durchsetzung des Anspruchs erfolgt analog zum Aktienrecht. § 51b GmbHG verweist insoweit auf § 132 AktG (Repetieren Sie dazu oben § 8 IX 3). Antragsberechtigt ist jeder Gesellschafter, dem die verlangte Auskunft nicht gegeben oder die verlangte Einsicht nicht gestattet worden ist.

2. Pflichten der Gesellschafter

Hier weicht das GmbH-Recht wesentlich vom Aktienrecht ab.

a) Einlagepflicht

aa) Einzahlung

Aus dem Gesichtspunkt des Gläubigerschutzes gelten für die Einzahlungen auf die Stammeinlagen strenge Vorschriften. Da das Stammkapital identisch mit der Summe der Stammeinlagen ist, können die Gesellschafter – von der Kapitalherabsetzung abgesehen – nach § 19 GmbHG (lesen!) von der Verpflichtung zur Leistung der Stammeinlage nicht befreit werden (d. h.: Erlaß und Stundung sind nicht möglich). Ebensowenig können die Gesellschafter aufrechnen oder Zurückbehaltungsrechte hinsichtlich solcher Forderungen geltend machen, die sich nicht auf den Gegenstand der Stammeinlage beziehen. Eine Leistung auf die Stammeinlage, die nicht in Geld besteht oder die durch Aufrechnung einer für die Überlassung von Vermögensgegenständen zu gewährenden Vergütung bewirkt wird, befreit den Gesellschafter von seiner Einlagepflicht nur, soweit § 5 Abs. 4 GmbHG (vgl. oben) beachtet wurde. Das Gesetz will auf jeden Fall sicherstellen, daß den Gläubigern das Stammkapital auch tatsächlich zur Verfügung steht.

bb) Verzinsung

Kommt ein Gesellschafter mit einer Einzahlung der auf die Stammeinlage eingeforderten Beträge in Verzug, so ist er zur Zahlung von Verzugszinsen verpflichtet (§ 20 GmbHG).

cc) Kaduzierungsverfahren

Im Falle verzögerter Einzahlung ist vom Gesetz das Kaduzierungsverfahren vorgesehen (§ 21 GmbHG – lesen!); danach kann an den säumigen Gesellschafter eine erneute Aufforderung zur Zahlung binnen einer zu bestimmenden Nachfrist unter Androhung seines Ausschlusses mit dem Geschäftsanteil, auf welchen die Zahlung zu erfolgen hat, erlassen werden. Diese Aufforderung muß mit eingeschriebenem Brief erfolgen, die Nachfrist muß mindestens einen Monat betragen. Nach fruchtlosem Fristablauf wird der Geschäftsanteil eingezogen (das Gesetz formuliert: „... ist der säumige Gesellschafter seines Gesellschaftsanteils und der geleisteten Teilzahlungen zugunsten der Gesellschaft verlustig zu erklären"). Der ausgeschlossene Gesellschafter haftet hinsichtlich des nicht eingezahlten Teiles der Stammeinlage weiter.

dd) Ausfallhaftung

Wegen der von dem ausgeschlossenen Gesellschafter nicht bezahlten Beträge der Stammeinlage haftet jeder Rechtsvorgänger des Ausgeschlossenen (§ 22 GmbHG). Ist die Zahlung des rückständigen Betrages von Rechtsvorgängern nicht zu erlangen, so kann die Gesellschaft den Geschäftsanteil durch öffentliche Versteigerung verwerten (§ 23 GmbHG).

ee) Kollektive Deckungspflicht

Wie ernst es das Gesetz mit der Garantie des Stammkapitals meint, zeigt § 24 GmbHG: Soweit eine Stammeinlage weder von den Zahlungspflichtigen eingezogen noch durch Verkauf des Geschäftsanteils gedeckt werden kann, haben

§ 11. Die Gesellschaft mit beschränkter Haftung

die übrigen Gesellschafter den Fehlbetrag nach dem Verhältnis ihrer Geschäftsanteile aufzubringen.

ff) Zwingender Charakter

Zur Sicherung des Stammkapitals bestimmt § 25 GmbHG, daß die vorbezeichneten §§ 21 bis 24 GmbHG zugunsten der Gesellschafter nicht durch Vertrag aufgehoben werden können.

b) Nachschußpflichten

Bei der Aktiengesellschaft sind Nachschußpflichten ausgeschlossen. Bei der GmbH können solche durch Satzung (§ 26 GmbHG) vorgesehen werden. Bei nachträglichen Vereinbarungen ist zu beachten, daß die Einführung von Nachschußpflichten nur mit Zustimmung der betroffenen Gesellschafter möglich ist (§ 53 Abs. 3 GmbHG – lesen!). Man unterscheidet die unbegrenzte und die begrenzte Nachschußpflicht, je nachdem ob für die Nachschüsse ein Höchstbetrag festgesetzt ist oder nicht.

aa) Beschränkte Nachschußpflichten

Ist die Nachschußpflicht auf einen bestimmten Betrag beschränkt, dann haften die Gesellschafter für die fälligen Nachschüsse wie für rückständige Einlagen. §§ 21 bis 23 GmbHG finden entsprechende Anwendung (§ 28 GmbHG). Das bedeutet:

- bei verzögerter Nachschußzahlung greift das Kaduzierungsverfahren ein;
- jeder Rechtsvorgänger des Nachschußpflichtigen unterliegt der Ausfallhaftung.

Eine kollektive Deckungspflicht besteht für die übrigen Gesellschafter dagegen nicht. Soweit also von einem Gesellschafter Nachschüsse nicht zu erlangen sind, brauchen die anderen Gesellschafter nicht zu befürchten, diese Fehlbeträge selbst aufbringen zu müssen.

bb) Unbeschränkte Nachschußpflichten

Unbeschränkte Nachschußpflichten sind unkalkulierbar: Der Gesellschafter kann nicht von vornherein mit einem bestimmten Betrag rechnen. Unvorhergesehene Umstände können seine Befürchtungen weit übersteigen. Dies ist der Grund, weshalb der Gesetzgeber die Haftung im Falle der unbeschränkten Nachschußpflicht abschwächt (vgl. § 27 GmbHG). In diesem Fall gibt es

- kein Kaduzierungsverfahren;
- keine kollektive Deckungspflicht.

Außerdem hat der Gesellschafter das sog. **"Abandon-Recht"** (Preisgaberecht): Er kann sich von der Zahlung des auf den Geschäftsanteil eingeforderten Nachschusses dadurch befreien, daß er innerhalb eines Monats nach der Aufforderung zur Einzahlung „den Geschäftsanteil der Gesellschaft zur Befriedigung aus demselben zur Verfügung stellt". Dazu muß er der GmbH gegenüber innerhalb eines Monats eine entsprechende Erklärung mit eingeschriebenem Brief abgeben. Gibt er diese Erklärung nicht ab, zahlt er aber auch nicht, so kann die Gesellschaft ihrerseits erklären, daß sie den Geschäftsanteil als zur Verfügung gestellt betrachtet. In beiden Fällen muß die Gesellschaft den Geschäftsanteil innerhalb eines Monats im Wege der öffentlichen Versteigerung verkaufen. Der Erlös gebührt in Höhe des rückständigen Nachschusses der Gesellschaft, ein verbleibender Überschuß geht an den Gesellschafter.

● **Lernhinweis:** Vergleichen Sie das Abandon-Recht mit dem Kaduzierungsverfahren. Sie sehen, daß das Abandon-Recht für den Gesellschafter günstiger ist. Bei unvorteilhaftem Verkauf entfällt die Ausfallhaftung; bei günstigem Verkauf hat er den Anspruch auf den Überschuß.

Übersicht: Gesellschaftsvertragliche Nachschußpflichten bei der GmbH

beschränkt § 28 GmbHG	unbeschränkt § 27 GmbHG
Kaduzierung	keine Kaduzierung
kein Abandonrecht	Abandonrecht
Haftung der Rechtsvorgänger	keine Haftung der Rechtsvorgänger
keine kollektive Deckungspflicht	keine kollektive Deckungspflicht

c) Sonstige Pflichten

Auch bei der GmbH können die Gesellschafter außer der Leistung von Kapitaleinlagen **noch andere Verpflichtungen** übernehmen (repetieren Sie § 3 Abs. 2 GmbHG). Später können diese Pflichten jedoch nur noch mit Zustimmung der Betroffenen, also nicht mehr mit Mehrheitsbeschluß, vereinbart werden (§ 53 Abs. 3 GmbHG). Auch hierin besteht ein Unterschied zur Aktiengesellschaft, bei der, von der Nebenleistungs-AG abgesehen, der Aktionär lediglich die Pflicht zur Zahlung der Einlage hat. Bei der GmbH sind wegen der meist geringen Gesellschafterzahl und der stärkeren Personenbezogenheit zusätzliche Gesellschafterpflichten relativ häufig. In Betracht kommen: Geschäftsführertätigkeit, Treupflichten, Konkurrenzverbote. Gesellschaftsrechtlich nicht zu beanstanden sind Erscheinungsformen, bei denen die Pflicht zur Stammeinlage gegenüber sonstigen Pflichten zurücktritt. Es kann sein, daß die Zahlung auf die Stammeinlage lediglich eine Art „Eintrittsgeld", also das notwendige Mittel zur Erlangung der Gesellschafterstellung ist, um die eigentlichen Rechte und Pflichten überhaupt ausüben zu können. Dann liegt trotz juristischer Selbständigkeit wirtschaftlich gesehen ein Personenverband vor mit loser formaler Beziehung zur Kapitalgesellschaft. Hier zeigt sich die eingangs erwähnte Flexibilität des GmbH-Rechts besonders deutlich („nach außen Aktiengesellschaft, nach innen oHG").

§ 11. Die Gesellschaft mit beschränkter Haftung

Übersicht: Kapitalerhöhung bei AG und GmbH

Art	Rechtsgrundlage	Tatbestand Motiv	Voraussetzungen	Bemerkungen
effektive Kapitalerhöhung	§ 55 GmbHG § 182 AktG	Übernahme weiterer Stammeinlagen durch bisherige Gesellschafter oder Beitritt neuer Gesellschafter. Bei Aktiengesellschaften zusätzlich • bedingte Kapitalerhöhung (§ 192 AktG) • genehmigtes Kapital (§ 202 AktG)	• Satzungsänderung • notariell aufgenommene oder beglaubigte Erklärung des Übernehmers • Eintragung in das Handelsregister	Besondere Sicherungen bei Sacheinlagen nach §§ 56 ff. GmbHG bzw. § 183 AktG
nominelle Kapitalerhöhung = Erhöhung aus Gesellschaftsmitteln	Gesetz über die Kapitalerhöhung aus Gesellschaftsmitteln und über die Verschmelzung von Gesellschaften mit beschränkter Haftung v. 23. 12. 1959 (KapErhG) für Aktiengesellschaften: §§ 207 ff. AktG	Umwandlung von Rücklagen in Stammkapital	• umwandlungsfähige Rücklage, § 2 KapErhG • geprüfte Jahresbilanz, § 3 KapErhG –oder– geprüfte Zwischenbilanz mit Stichtag höchstens 7 Monate (bei der AG 8 Monate) vor Anmeldung des Umwandlungsbeschlusses in das Handelsregister • Eintragung in das Handelsregister	Keine Steuern vom Einkommen und Ertrag, wenn die handelsrechtlichen Voraussetzungen erfüllt sind. Gesetz über steuerrechtliche Maßnahmen bei Erhöhung des Nennkapitals aus Gesellschaftsmitteln und bei Überlassung eigener Aktien an Arbeitnehmer (§ 1 StKapErhG)

Übersicht: Kapitalherabsetzung bei AG und GmbH

Art	Rechtsgrundlage	Tatbestand Motiv	Voraussetzungen	Bemerkungen
ordentliche Kapitalherabsetzung	§ 58 GmbHG für Aktiengesellschaften: §§ 222 ff. AktG entweder: • Herabsetzung des Aktiennennbetrags oder • Zusammenlegung von Aktien.	Ausgleich von Unterbilanzen, Verfügung über überschüssiges Betriebskapital	• dreimalige Bekanntmachung des Herabsetzungsbeschlusses. • Befriedigung nicht zustimmender Gläubiger, • Sperrjahr zwischen Handelsregisteranmeldung und dritter Veröffentlichung des Herabsetzungsbeschlusses. • Eintragungen in das Handelsregister.	zu den Besonderheiten bei der AG vgl. §§ 222 ff. AktG
vereinfachte Kapitalherabsetzung	§§ 229 ff. AktG	Ausgleich von Wertminderungen. Deckung sonstiger Verluste oder Einstellung von Beiträgen in die gesetzliche Rücklage	vgl. §§ 229 ff. AktG	Gläubigerschutz vordringlich, vgl. § 58 GmbHG §§ 225, 230, 233 AktG
Kapitalherabsetzung durch Einziehung von Aktien	§§ 237 ff. AktG		zwangsweise Einziehung nur zulässig, wenn sie in der ursprünglichen Satzung oder durch Satzungsänderung vor Übernahme oder Zeichnung der Aktien angeordnet oder gestattet war.	

§ 11. Die Gesellschaft mit beschränkter Haftung

XI. Satzungsänderungen

1. Allgemeine Regeln

Die Vorschriften über die Satzungsänderung bei der GmbH ähneln dem Aktienrecht. Erforderlich ist ein **notariell** beurkundeter Beschluß mit ¾ **Mehrheit** der abgegebenen Stimmen. Wirksamkeit erlangen Satzungsänderungen erst mit der vorgeschriebenen **Eintragung im Handelsregister** (zu den Einzelheiten vgl. §§ 53, 54 GmbHG – lesen!).

Als **wichtige Fälle von Satzungsänderungen** sind zu nennen:
- Änderung der Firma bzw. des Sitzes der Gesellschaft;
- Änderung des Unternehmensgegenstandes bzw. Zwecks der Gesellschaft;
- Änderungen des Stammkapitals bzw. der Stammeinlagen;
- Einführung neuer Gesellschaftsorgane bzw. Veränderung in der Zusammensetzung bisheriger Gesellschaftsorgane.

Hinweis: Beachten Sie, daß in bestimmten Fällen satzungsändernde Maßnahmen zusätzliche Voraussetzungen erfüllen müssen. Dies gilt z. B. für:
- die Änderung des Stammkapitals (hier greifen die zusätzlichen Voraussetzungen der §§ 55–58 GmbHG sowie das KapErhG ein);
- die Vermehrung von Leistungspflichten (nach § 53 Abs. 3 kann eine Vermehrung der den Gesellschaftern nach dem Gesellschaftsvertrag obliegenden Leistungen nur mit Zustimmung sämtlicher beteiligter Gesellschafter beschlossen werden. So setzt z. B. die Einführung, Erhöhung oder Verlängerung von Nachschußpflichten, Nebenleistungspflichten, Mitarbeitspflichten oder zusätzlicher Wettbewerbsverbote die Zustimmung der hiervon betroffenen Gesellschafter voraus).

Die **Beschlußfassung über die Satzungsänderung** erfolgt regelmäßig in einer Gesellschafterversammlung. Strittig ist, ob eine Satzungsänderung auch in einem schriftlichen Verfahren möglich ist (verneinend: BGHZ 15, 328; überwiegend bejahend das Schrifttum, vgl. Baumbach/Hueck-Zöllner, GmbHG, 14. Auflage, § 53 Rn. 26).
Die vom Gesetz für die Satzungsänderung vorgeschriebene 3/4-Mehrheit ist ein Mindesterfordernis. Die Herabsetzung im Gesellschaftsvertrag ist unzulässig; eine Erhöhung der erforderlichen Mehrheit dagegen zulässig (ein GmbH-Vertrag kann beispielsweise Einstimmigkeit aller abstimmenden oder erschienenen Gesellschafter vorsehen).

2. Kapitalerhöhung und Kapitalherabsetzung

Auch hier entsprechen die Vorschriften des GmbH-Rechts denen des Aktienrechts (vgl. im einzelnen §§ 55 bis 59 GmbHG). Auch bei der GmbH gibt es sowohl die **effektive** als auch die **nominelle Kapitalerhöhung** (diese ist nicht im GmbHG, sondern im „Gesetz über die Kapitalerhöhung aus Gesellschaftsmitteln und über die Gewinn- und Verlustrechnung" – KapErhG – geregelt). Die bedingte Kapitalerhöhung und das genehmigte Kapital ist dem GmbH-Recht dagegen fremd. Zu den Voraussetzungen vergleichen Sie im einzelnen die vorstehende zusammenfassende Übersicht über die Kapitalerhöhung und Kapitalherabsetzung (beachten Sie vor allem die vom Gesetzgeber aus dem Gesichtspunkt des Gläubigerschutzes getroffene Vorsorge).

XII. Gesellschafterwechsel

• **Lernhinweis:** Die Mitgliedschaft in der GmbH wird erworben entweder originär durch Übernahme der Stammeinlage oder derivativ durch Erwerb infolge eines Veräußerungsvorganges. Sie geht verloren durch Veräußerung des Geschäftsanteils, im Verlaufe des Kaduzierungsverfahrens, durch Ausübung des Abandonrechts, durch Kündigung, Einziehung des Geschäftsanteils sowie Ausschluß eines Gesellschafters.

1. Freiwilliger Gesellschafterwechsel

a) Veräußerung

Geschäftsanteile an einer GmbH sind nach § 15 Abs. 1 GmbHG **veräußerlich** und **vererblich**. Zur Abtretung und zu der vorausgehenden Verpflichtung hierzu bedarf es der **notariellen Beurkundung**. Das GmbH-Statut kann weitere Voraussetzungen aufstellen, häufig sind in der Praxis Genehmigungsvorbehalte der übrigen Gesellschafter, namentlich bei Veräußerung außerhalb eines vorbestimmten Personenkreises (Familienangehörige). Vergleichen Sie im einzelnen §§ 15, 16 GmbHG.

b) Teilung

Die Veräußerung von Teilen eines Geschäftsanteils dagegen bedarf der **Genehmigung der Gesellschaft** (§ 17 Abs. 1 GmbHG – lesen!). Auch hier kann der Gesellschaftsvertrag Erleichterungen oder Erschwernisse festlegen. Steht ein Geschäftsanteil mehreren Mitberechtigten ungeteilt zu, so können diese die Rechte nur gemeinschaftlich ausüben.

c) Kündigung

Eine Kündigung der Mitgliedschaft durch den Gesellschafter sieht das GmbH-Gesetz nicht vor. Dies ist wegen der freien Veräußerlichkeit des Geschäftsanteils an sich auch nicht erforderlich. Macht jedoch das GmbH-Statut die Veräußerung genehmigungspflichtig und verweigert die Gesellschaft die Genehmigung, so wäre dies möglicherweise für den Gesellschafter unzumutbar. Aus diesem Grunde gewährt die Rechtsprechung einem GmbH-Gesellschafter das Kündigungsrecht aus wichtigem Grund, wenn ihm die Fortsetzung des Gesellschaftsverhältnisses nicht zuzumuten ist (Begründung: Bei allen Dauerschuldverhältnissen muß es im Falle der Unzumutbarkeit eine Möglichkeit der Auflösung geben!).

2. Unfreiwilliger Gesellschafterwechsel

Hier ist vor allen Dingen die Einziehung des Geschäftsanteils bzw. der Ausschluß eines Gesellschafters zu nennen. § 34 GmbHG (lesen!) läßt die Einziehung (**Amortisation**) von Geschäftsanteilen nur im Rahmen des GmbH-Statuts

§ 11. Die Gesellschaft mit beschränkter Haftung 247

zu. Der Gesellschaftsvertrag muß also die näheren Einzelheiten enthalten (vgl. dazu auch den Übungsfall „Der geprellte Gläubiger").

Darüber hinaus läßt die Rechtsprechung den Ausschluß eines Gesellschafters zu, wenn ein **wichtiger Grund** vorliegt. In Ermangelung einer ausdrücklichen Regelung im GmbHG sind §§ 737 BGB, 140 HGB entsprechend anzuwenden. Ein Gesellschafter kann somit ausgeschlossen werden, wenn der Gesellschaft die Fortsetzung des Gesellschaftsverhältnisses mit ihm nicht zuzumuten ist. Ist nach dem Statut ein Gesellschafterbeschluß allein nicht ausreichend, so muß die Ausschließung durch gerichtliche Entscheidung entsprechend §§ 140, 133 HGB erfolgen.

XIII. Auflösung und Liquidation der GmbH

1. Auflösungsgründe

Die Gesellschaft mit beschränkter Haftung wird aufgelöst in den nachfolgenden fünf Fällen (vgl. § 60 GmbHG – lesen!):

- Zeitablauf;
- Gesellschafterbeschluß mit ¾ Mehrheit;
- gerichtliches Urteil bzw. Entscheidung der Verwaltungsbehörde;
- Eröffnung des Konkursverfahrens;
- rechtskräftige Verfügung des Registergerichts, wenn ein zur Nichtigkeit führender Satzungsmangel oder die Nichteinhaltung der Verpflichtungen nach § 19 Abs. 4 Satz 1 GmbHG festgestellt worden ist. Hinzu kommt die Löschung im Handelsregister wegen Vermögenslosigkeit oder ein sonstiger Grund, der nach dem GmbH-Statut zur Auflösung der Gesellschaft führen soll.

2. Liquidation

Nachdem die Auflösung der Gesellschaft zur Eintragung in das **Handelsregister angemeldet** wurde (vgl. § 65 GmbHG) und sie von den Liquidatoren zu drei verschiedenen Malen in den Gesellschaftsblättern **bekannt gemacht** wurde (Gläubigerschutz!), findet die Liquidation statt.

Liquidatoren sind die **Geschäftsführer,** sofern nicht durch Gesellschaftsvertrag oder Beschluß der Gesellschafter andere Personen berufen sind. Nach § 66 Abs. 2 und 3 GmbHG besteht ein **Minderheitenschutz:** Auf Antrag von Gesellschaftern, deren Geschäftsanteile zusammen mindestens $\frac{1}{10}$ **des Stammkapitals** ausmachen, kann aus wichtigem Grund die Bestellung von Liquidatoren durch das zuständige Gericht erfolgen. Dasselbe gilt für die Abberufung von Liquidatoren. Im übrigen bestimmt sich die Liquidation nach den allgemeinen Vorschriften. Liquidatoren haben also

- die laufenden Geschäfte zu beendigen,
- die Verpflichtungen der aufgelösten Gesellschaft zu erfüllen,
- ihre Forderungen einzuziehen und
- das Vermögen der Gesellschaft in Geld umzusetzen.

Sie erstellen bei Beginn der Liquidation eine Eröffnungsbilanz und einen diese erläuternden Bericht sowie für den Schluß eines jeden Jahres einen Jahresabschluß und einen Lagebericht. Bei der Zeichnung für die Gesellschaft ist auf die Liquidation hinzuweisen, ebenso auf allen Geschäftsbriefen. Die Verteilung eines etwaigen Liquidationserlöses erfolgt nach dem Verhältnis der Geschäftsanteile. Sie darf jedoch nicht vor Tilgung oder Sicherstellung der Gesellschaftsschulden und nicht vor Ablauf eines **Sperrjahres** seit dem Tage vorgenommen werden, an welchem die Aufforderung an die Gläubiger (gem. § 65 Abs. 2 GmbHG) in den öffentlichen Blättern zum dritten Male erfolgt ist (Gläubigerschutz!). Vergleichen Sie zu der dem Aktienrecht ähnlichen Rechtslage im einzelnen die §§ 66 ff. GmbHG.

• **Lernhinweis:** Auch bei der GmbH besteht, wie bei der Aktiengesellschaft, die Möglichkeit der Verschmelzung. Repetieren Sie dazu die Ausführungen bei der Aktiengesellschaft oben § 8 XII. Die gesetzlichen Grundlagen für die GmbH sind in §§ 19 ff. KapErhG geregelt.

XIV. Steuerliche Behandlung der GmbH

Die steuerliche Behandlung der GmbH entspricht weitgehend der der Aktiengesellschaft. Die GmbH ist als juristische Person selbständiges Steuersubjekt.

1. Körperschaftsteuer: Die GmbH ist nach § 1 KStG körperschaftsteuerpflichtig. Der Steuersatz richtet sich nach § 23 KStG (Normalsteuersatz 56%, ermäßigter Steuersatz bei beschränkter Steuerpflicht 50%). Namentlich für die GmbH wird der Freibetrag für kleinere Körperschaften nach § 24 KStG in Betracht kommen. Wegen der juristischen Selbständigkeit der GmbH wird vor allem bei ihr die Abzugsfähigkeit der Gesellschaftergeschäftsführergehälter als Betriebsausgaben relevant (sofern nicht verdeckte Gewinnausschüttungen anzunehmen sind).

2. Kapitalertragsteuer: Die von der GmbH einbehaltene Kapitalertragsteuer gilt als Vorauszahlung auf die Einkommen- oder Körperschaftsteuer der Gesellschafter.

3. Gewerbesteuer: Nach § 2 Abs. 2 Ziff. 2 GewStG ist die GmbH gewerbesteuerpflichtig. Sie gilt als Gewerbebetrieb kraft Rechtsform.

4. Vermögensteuer: Nach § 1 Abs. 1 Ziff. 2a VStG ist die GmbH selbständiges Vermögensteuersubjekt. Die Anteile an der Gesellschaft wiederum unterliegen bei den einzelnen Gesellschaftern ebenfalls der Vermögensteuer (Doppelbelastung).

5. Umsatzsteuer: Die GmbH ist Unternehmer i. S. des Umsatzsteuerrechts. Die Umsatzsteuerpflicht entfällt jedoch bei Umsätzen mit Organgesellschaften gem. § 2 Abs. 2 Ziff. 2 UStG.

§ 11. Die Gesellschaft mit beschränkter Haftung

Wiederholungsfragen und Übungsfälle zu § 11

Wiederholungsfragen

Ist es denkbar, ein städtisches Theater in der Rechtsform einer GmbH zu führen? (Seite 205f.)
Welche Formalien sind bei der Gründung einer Gesellschaft mit beschränkter Haftung zu beachten? (Seite 218)
Muß der Geschäftsführer einer GmbH zugleich Gesellschafter sein? (Seite 231)
Wie versucht das Gesellschaftsrecht die Gläubiger einer GmbH zu schützen? (Seite 212f.)
In welchem Zeitpunkt des Gründungsstadiums entsteht die GmbH, welche Rechtsqualität hat sie davor und welche Konsequenzen für die Haftung ergeben sich aus Geschäften im Gründungsstadium? (Seite 223f.)
Ist der Anteil an einer GmbH frei vererblich, frei übertragbar, frei teilbar? (Seite 246)
Was versteht man unter dem „Kaduzierungsverfahren"? (Seite 240)
Gibt es auch bei der GmbH einen Fall des „Abandon-Rechts"? (Seite 241)
Welche Organe hat eine GmbH? (Seite 230ff.)
Welches sind die Aufgaben des Geschäftsführers? (Seite 231)
Ist es möglich, einen Geschäftsführer ohne Angabe von Gründen „abzuberufen"? (Seite 234)
Wann und wie ist bei der GmbH eine Gesellschafterversammlung einzuberufen, welche Kompetenzen hat sie? (Seite 235f.)
Welche Regeln über Abstimmung und Gewinnverteilung gelten bei der GmbH? (Seite 236, 238f.)
Muß bei der GmbH ein Aufsichtsrat bestellt werden? (Seite 237)
Welche Mehrheitsverhältnisse sind für Satzungsänderungen erforderlich? (Seite 236)
Welche Erfordernisse verlangt das Gesetz für die Herabsetzung des Stammkapitals? (Seite 244)
Wann wird eine Gesellschaft mit beschränkter Haftung aufgelöst; wie erfolgt die Liquidation? (Seite 247)

Übungsfälle

a) Der versuchte Durchgriff

Tipp und Topp hatten vor geraumer Zeit die „Tipp-Bau-GmbH" gegründet, welche als Generalunternehmer Typenhäuser erstellte. Im Hinblick auf die sich abzeichnende Baukrise gründeten sie anschließend mit einem Stammkapital von 50000,- DM die Firma „Wunderland-Bau-GmbH", deren Alleingesellschafterin schließlich die „Tipp-Bau" wurde. Nunmehr übernahm die „Wunderland" den Bau der Typenhäuser, wohingegen die „Tipp-Bau" ihre eigene Tätigkeit auf den Vertrieb der Häuser zu einem von ihr festgesetzten Listenpreis beschränkte. Die Kaufpreise wurden von ihr jeweils nach Eingang – unter Einbehalt einer Provision von 10 % – an die „Wunderland" weitergeleitet. Die „Wunderland" erhielt von der „Tipp-Bau" unter Eigentumsvorbehalt auch das benötigte Anlagevermögen, die Baugeräte, Fahrzeuge, Büroausstattung und Baumaterialien bei Kreditierung des Kaufpreises in Form einer Darlehensgewährung bis zu 80000,- DM zur Verfügung gestellt. Büroräume und Bauhof der „Wunderland" befanden sich auf Grundstücken der finanziell glänzend dastehenden „Tipp-Bau", die auch die Buchführung der „Wunderland" übernahm. Bald darauf geriet die „Wunderland" in finanzielle Schwierigkeiten. Als Sanierungsversuche scheiterten, verlangte und erhielt die „Tipp-Bau" unter entsprechender Gutschrift die der „Wunderland" verkauften Gegenstände im Hinblick auf den Eigentumsvorbehalt zurück. Auf Antrag von Gläubigern wird schließlich das Konkursverfahren über das Vermögen der „Wunderland-GmbH" eröffnet.

Handwerksmeister H hatte der „Wunderland" Glas zum Preise von 90000,- DM geliefert. Er ist empört, daß er nach Lage der Dinge seinen Kaufpreis „abschreiben" kann. Er sieht in den ganzen Vorgängen eine Manipulation zum Nachteil der Gläubiger. Was wird ein von ihm konsultierter Rechtsanwalt sagen?

b) Die geänderte Kontenführung

Gustav war zusammen mit seinem Bruder Bruno Gesellschafter der Gustav & Bruno oHG. Zum Gesellschaftsvermögen der oHG gehörten unter anderem sämtliche Geschäftsanteile der Beta GmbH. Nach dem Tode von Bruno führte Gustav die oHG zunächst mit seiner Ehefrau als Kommanditgesellschaft fort und war auch zugleich Alleingeschäftsführer der Beta GmbH. Im Jahre 1964 erwarb er den Kommanditanteil seiner Frau und betrieb die Kommanditgesellschaft anschließend als Einzelfirma weiter. Mit notariellem Vertrag vom 30. Juni 1966 veräußerte Gustav sämtliche GmbH-Anteile an den Kaufmann Neu. Gustav starb im Jahre 1967 und wurde von seinem Sohn Siegfried beerbt. Als dieser sich um die Vermögensangelegenheiten kümmert, stößt er auf folgenden Tatbestand:
Im Oktober 1955 hatte die Beta GmbH einen „Gewinnabführungsvertrag" geschlossen, wonach sie ihren jährlichen Reingewinn an die Gustav & Bruno oHG abzuführen hatte, die andererseits auch deren Verluste übernahm. Am 28. Juni 1963 kündigte Gustav im Namen der oHG den Gewinnabführungsvertrag auf 31. Dezember 1963. Zu diesem Zeitpunkt hatte sich für die oHG aus dem Vertrag ein Guthaben angesammelt, das auf einer bei der GmbH geführten Kontokarte „Gustav & Bruno Verrechnungskonto" verbucht war. Für die Folgezeit wurde das Konto unter der Bezeichnung „Gustav Konto II" weitergeführt. Wie schon in den Vorjahren wurden dem jeweils darauf vermerkten Guthaben Zinsen in Höhe von jährlich 7½ % zugeschlagen; es verminderte sich andererseits vor allem durch Entnahmen Gustavs. In den Erläuterungen zum Jahresabschluß 1965 ließ Gustav vermerken: „Das Verrechnungskonto Gustav und Bruno wurde im Berichtsjahr aufgelöst. Der Vortrag wurde auf das ‚Gustav Konto II' übertragen. Der Ausweis des Kontos erfolgt unter Position sonstige kurzfristige Verbindlichkeiten". Zum 30. Juni 1966 war ein Guthabenstand von annähernd 36000 DM ausgewiesen. Siegfried verlangt diesen Betrag von der Beta GmbH, vertreten durch ihren Alleingesellschafter Neu als Geschäftsführer.

c) Die folgenschwere Auftragsvergabe

(1) A und B schließen einen Gesellschaftsvertrag über die Gründung der „Plastica-Fabrikationsbetrieb zur Fertigung von Kunststofferzeugnissen Gesellschaft mit beschränkter Haftung". Der Gesellschaftsvertrag wurde am 26. Mai 1982 abgeschlossen. Am 6. Juni 1983 bestellte A als alleinvertretungsberechtigter Geschäftsführer der GmbH beim Lieferanten L Rohmaterialien zu einem Gesamtbetrag von 100000 DM. Wenig später wurde das Unternehmen zahlungsunfähig; zur Eintragung in das Handelsregister kam es infolgedessen nicht mehr. Die Begleichung der Rechnung steht bis heute aus. L fragt an, ob er sich nun an A halten könne, nachdem von der GmbH offensichtlich nichts mehr zu holen ist.

(2) Nehmen Sie an, der Gesellschafter B habe den von A erteilten Lieferungsauftrag genehmigt bzw. ihm von vornherein zugestimmt. Würde dies seine Haftung begründen?

(3) Nehmen Sie an, bei der oben gegründeten GmbH sei wiederum A zum Alleingeschäftsführer bestellt, B habe jedoch als Gesellschafter die für die Betriebsführung erforderlichen Kredite beschafft, wobei ihm persönliche Verbindungen zu der Sparkasse S zustatten kamen. Angenommen, A sei vermögenslos, könnte L wegen seiner Forderung auch B in Anspruch nehmen?

(4) Nehmen Sie an, A und B seien als Gesellschafter zu gesamtvertretungsberechtigten Geschäftsführern bestellt gewesen. Der Kaufvertrag mit L sei jedoch durch den von A und B gemeinschaftlich bevollmächtigten K abgeschlossen worden. Später stellt sich heraus, daß B bei der Bevollmächtigung geschäftsunfähig war. Hat dies Konsequenzen?

§ 11. Die Gesellschaft mit beschränkter Haftung

d) Die dubiose Abstimmung

Anfang der 50er Jahre hatten Anton (A) und Bertram (B) zusammen mit anderen Gesellschaftern die XY-Siedlungs-GmbH gegründet. A und B waren mehr als 15 Jahre Geschäftsführer der Gesellschaft gewesen. Anfang der 70er Jahre erlitt die Gesellschaft große Verluste. Zwischen A und B kam es hierüber zu erheblichen Auseinandersetzungen, die in den gegenseitigen Vorwurf mündeten, für die entstandenen Verluste der Gesellschaft verantwortlich zu sein. Im August 1982 beschloß eine ordnungsgemäß einberufene Gesellschafterversammlung, A wegen dieser Verluste gerichtlich in Anspruch zu nehmen. In einer weiteren Gesellschafterversammlung vom 15.9.1982 wurde auf Antrag von A mit 700 gegen 500 Stimmen bei 100 Enthaltungen beschlossen, auch B für den Schaden der Gesellschaft haftbar zu machen. Bei diesem Beschluß hatte B nicht mitgewirkt. Zum Zeitpunkt der Beschlußfassung betrug das Stammkapital der GmbH 400000 DM. Daran waren beteiligt: A mit 40000 DM, B mit 160000 DM, der Gesellschafter Cäsar (C) mit 10000 DM und weitere Gesellschafter mit insgesamt 80000 DM; 110000 DM hielt die Gesellschaft selbst. Am 1. Oktober 1982 trat B Geschäftsanteile in Höhe von 60000 DM an den Gesellschafter C ab. Der Kaufpreis für die Abtretung der Geschäftsanteile wurde von B auf 30000 DM festgelegt, die Zahlung dem C auf unbestimmte Zeit gestundet. In einer sodann auf den 4.11.1982 einberufenen Gesellschafterversammlung wurde der Antrag gestellt, den Beschluß vom 15.9.1982 aufzuheben, also nicht auch den B für den entstandenen Schaden der Gesellschaft in Anspruch zu nehmen. Für diesen Antrag stimmten außer dem Antragsteller mit 200 Stimmen auch der Gesellschafter C mit nunmehr 700 Stimmen, dagegen stimmten A und zwei andere Gesellschafter mit insgesamt 700 Stimmen.

A fragt, ob es bei dieser Abstimmung mit rechten Dingen zugegangen sei und wie er sich gegebenenfalls wehren könne.

e) Der geprellte Gläubiger

Gustav Groß (G) ist als Gesellschafter an der X-GmbH beteiligt mit einem Geschäftsanteil in Höhe von 100000 DM, der einen großen Teil seines Vermögens darstellt. Daneben betreibt er noch andere, außerhalb des Gesellschaftszweckes liegende Geschäfte, bei denen er in letzter Zeit eine unglückliche Hand hatte. Als er schließlich mit 200000 DM bei seinem Gläubiger P verschuldet ist, versucht dieser, zu seinem Geld zu kommen. Da das Privatvermögen von G zur Begleichung der Verbindlichkeiten nicht ausreichte, ließ P den Geschäftsanteil des G an der X-GmbH pfänden. Nachdem dieser Vorgang den Mehrheitsgesellschaftern an der X-GmbH, M_1 und M_2, bekannt wurde, beschloß die X-GmbH in einer ordentlich einberufenen Gesellschafterversammlung mit den Mehrheitsstimmen von M_1 und M_2, „den Geschäftsanteil des G einzuziehen". Als Abfindung wurde ein Wert ermittelt, der einen beim GmbH-Vermögen zweifelsohne zutreffenden Firmenwert außer Ansatz ließ. Dies hatte zur Folge, daß P lediglich 150000 DM seiner Forderungen gegen G befriedigen konnte.

Nehmen Sie an, Sie seien der Privatgläubiger P. Was würden Sie zu einem derartigen Ergebnis sagen? Welcher allgemeine Ansatz wäre naheliegend, und wie könnte man dies juristisch begründen? Gehen Sie davon aus, daß der Gesellschaftsvertrag in seinem einschlägigen Teil folgende Bestimmungen enthält:

(1) Geschäftsanteile können von der Gesellschaft mit Zustimmung des betroffenen Gesellschafters jederzeit und ohne Zustimmung dann eingezogen werden, wenn ein Gesellschafter aus wichtigem Grund aus der Gesellschaft ausgeschlossen wird, wenn die Zwangsvollstreckung in einen Geschäftsanteil eines Gesellschafters betrieben oder über das Vermögen eines Gesellschafters ein Konkurs- oder gerichtliches Vergleichsverfahren eröffnet wird. Die Einziehung eigener Geschäftsanteile ist unbeschränkt zulässig.

(2) Über die Einziehung von Geschäftsanteilen beschließt die Gesellschafterversammlung. Die betroffenen Gesellschafter oder ihre Vertreter sind nicht stimmberechtigt. Die Ausführung der Entscheidung ist Pflicht der Verwaltung.

(3) In den Fällen der Absätze (1) und (2) hat der betroffene Gesellschafter Anspruch auf ein dem Wert seines Anteils entsprechendes Entgelt. Der Wert des Anteils wird ermittelt aufgrund einer zum Zeitpunkt der Einziehung aufzustellenden Bilanz, in die die Vermögenswerte der Gesellschaft mit ihren wahren Werten einzusetzen sind. Eine Bewertung des Firmenwertes erfolgt nicht. An schwebenden Geschäften ist der ausscheidende Gesellschafter nicht beteiligt. Bei der Erstellung der Bilanz ist auf Verlangen eines Gesellschafters ein Sachverständiger hinzuzuziehen. Die sich daraus ergebenden Kosten trägt der Gesellschafter, der die Zuziehung des Sachverständigen verlangt hat.

(4) Das Entgelt wird mit Ablauf eines Jahres, vom Tage des Ausscheidens an gerechnet, fällig.

Musterlösungen

Zu a) Wiederholen Sie zunächst Seite 205, 211

Dieser Sachverhalt verdeutlicht einen Ernstfall in der Praxis: Die Haftungsbeschränkung als Gründungsmotiv der GmbH bedeutet eben, daß Gläubiger mangels Realisierbarkeit ihres Anspruches gegenüber der GmbH ausfallen können. Es ist dann auch nicht angängig, in der bloßen Wahl dieser Rechtsform bereits eine Manipulation zu sehen. Dies gilt nach anerkannter Rechtsprechung selbst für die Gläubiger einer Einmann-GmbH. Nach § 13 Abs. 2 GmbHG haftet eben für die Verbindlichkeiten der GmbH den Gläubigern gegenüber nur das Gesellschaftsvermögen; an die Gesellschafter können sich die Gläubiger selbst dann nicht halten, wenn sich alle Geschäftsanteile etwa durch Abtretung in einer Hand vereinen; denn insofern bleibt die GmbH juristische Person und ist nicht mit ihrem alleinigen Gesellschafter identisch. Die Tatsache also, daß die „Tipp-Bau" Alleingesellschafterin der „Wunderland" war, berechtigt H noch nicht, den Kaufpreis nicht vom Vertragspartner, sondern von der GmbH-Gesellschafterin zu verlangen.

Von diesem Grundsatz gibt es Ausnahmen, die man unter dem Stichwort „Durchgriffshaftung" zusammenfaßt. Ein unmittelbarer Durchgriff auf die hinter der juristischen Person stehenden Kräfte ist dann ausnahmsweise zulässig, wenn „schwerwiegende Gesichtspunkte aus Treu und Glauben das erfordern" (vgl. BGHZ 22, 226), denn die Rechtsfigur der juristischen Person kann nur in dem Umfang Beachtung finden, in dem ihre Verwendung der Rechtsordnung entspricht. Die Durchgriffshaftung greift jedoch nur in ganz wenigen, extremen Ausnahmefällen Platz. Wer die Rechtsprechung aufmerksam verfolgt, kann zu diesem Thema meist nur Entscheidungen finden, bei denen eine Durchgriffshaftung trotz außergewöhnlicher Sachverhaltskonstellationen abgelehnt wurde. Die Durchgriffshaftung kann bei Kapitalgesellschaften Platz greifen, bei denen (1) die dahinterstehenden Gesellschafter den Eindruck persönlicher Haftung hervorrufen, (2) Alleingesellschafter ihr Privatvermögen mit dem Gesellschaftsvermögen vermischen oder (3) die juristische Person nur vorgeschoben wird, um Vorteile empfangen oder behalten zu können, die ein Gesellschafter, wenn er sie unmittelbar erlangen würde, seinem Auftraggeber abzuführen hätte. Diese Fälle liegen bei unserem Sachverhalt nicht vor. Dieser ist aber durch ein spezifisches Merkmal gekennzeichnet: Die Kapitalausstattung der „Wunderland" war unverhältnismäßig gering im Vergleich zu ihrem Ausgabenbereich und der Darlehensgewährung seitens der „Tipp-Bau". Außerdem war die „Wunderland" aus aktienrechtlicher Sicht geradezu „konzernmäßig" bzw. „organschaftlich" in die „Tipp-Bau" als „Muttergesellschaft" eingegliedert. Es liegt nun nahe, an die Durchgriffshaftung zu denken, wenn eine GmbH mit einem Stammkapital ausgestattet ist, das außer Verhältnis zu ihrem satzungsmäßigen Zweck steht. Man spricht insofern von der „Unterkapitalisierung". Da jedoch für die GmbH von Gesetzes wegen lediglich ein Mindeststammkapital vorgeschrieben ist, rechtfertigt nach der Rechtsprechung die Unterkapitalisierung weder für sich allein noch dann ohne weiteres einen Haftungsdurchgriff ihrer Gläubiger gegen die Gesellschafter, wenn die GmbH finanziell,

§ 11. Die Gesellschaft mit beschränkter Haftung

wirtschaftlich und organisatorisch in ihre Alleingesellschafterin, die ebenfalls eine juristische Person ist, eingegliedert wurde. Dieser Ansatzpunkt wäre im vorliegenden Sachverhalt gegeben. Man könnte wirtschaftlich gesehen auf die vermögensmäßige, personelle und funktionelle Verklammerung der „Tipp-Bau" mit der „Wunderland-GmbH" abstellen und sie wegen ihrer wirtschaftlichen Unselbständigkeit als reine Betriebsabteilung der „Tipp-Bau" ansehen. Dennoch zeigt es sich, daß die Rechtsprechung (vgl. BGHZ 68, 312) sehr streng ist. Sie hat in dem vorerwähnten Sachverhalt die Haftungsbeschränkung nach § 13 Abs. 2 GmbHG nicht außer Kraft gesetzt. Allein deshalb, weil jemand eine juristische Person beherrscht, kann, wie auch der Vergleich mit dem Aktienrecht (§§ 15ff., 302ff., 311ff. AktG) zeigt, noch nicht auf seine Haftung durchgegriffen werden, denn die Beherrschung an sich gefährdet noch nicht die Interessen der Gläubiger. Auch läßt sich formalrechtlich die wirtschaftlich denkbare These nicht halten, bei Gründung der „Wunderland" sei ein eigenständiges Wirtschaftssubjekt mit eigenem Haftungsvermögen gar nicht entstanden. H kann deshalb nicht auf die „Tipp-Bau" als Alleingesellschafterin „durchgreifen". Es bleibt ihm nichts anderes übrig, als seine Forderung im Konkurs der „Wunderland" anzumelden.

Weiterführender Hinweis: Im vorliegenden Fall ist das wichtige Problem der „unterkapitalisierten GmbH" angesprochen. Eine solche liegt vor, wenn das Stammkapital nicht in angemessenem Verhältnis zum Geschäftsumfang der GmbH steht. Ein zunehmender Teil der Literatur bejaht in diesem Fall die Durchgriffshaftung (vgl. Nachweise bei Baumbach/Hueck GmbH-Gesetz, 14. Aufl. 1985), zumindest in schwerwiegenden Fällen, insbesondere wenn die Unterkapitalisierung eindeutig und klar erkennbar ist.

Zu b) Wiederholen Sie zunächst Seite 233f.

1) Der vorliegende Sachverhalt (vgl. BGHZ 56, 97) ist relativ kompliziert. Es empfiehlt sich in diesen Fällen, auf jeden Fall eine Skizze zu machen und dabei die einzelnen rechtlichen Schritte nachzuzeichnen: Gustav und Bruno waren zunächst Gesellschafter einer oHG. In deren Geschäftsvermögen befanden sich sämtliche Geschäftsanteile einer GmbH. Nach dem Tode von Bruno war nur noch ein persönlich haftender Gesellschafter vorhanden, so daß mit der Aufnahme der Ehefrau als Kommanditistin eine KG entstand. Mit dem Rückerwerb des Kommanditanteils wurde das Handelsgeschäft als Einzelfirma weitergeführt. Als Rechtsnachfolger der Kommanditgesellschaft wurde Gustav damit auch zugleich einziger Gesellschafter der Beta GmbH, deren Alleingeschäftsführung er übernommen hatte. Unklar könnte sein, welche Bewandtnis es mit dem „Gewinnabführungsvertrag" und dessen Kündigung zum 28. Juni 1963 auf sich hatte. Nach der Sachverhaltsschilderung wurde das betreffende Guthaben auf einer bei der GmbH geführten Kontokarte als Verrechnungskonto verbucht und später mit der Bezeichnung „Gustav Konto II" weitergeführt und die vermerkten Guthaben und Zinsen jährlich diesem Konto zugeschlagen. Offensichtlich wurde also das Guthaben aus dem gekündigten Gewinnabführungsvertrag in eine Gustav persönlich zustehende Darlehensforderung umgewandelt. Das ergibt sich nach außen hin deutlich auch daraus, daß Gustav nach dem 31. Dezember 1963 das bis dahin mit „Gustav und Bruno Verrechnungskonto" bezeichnete Gewinnabführungskonto auf „Gustav Konto II" ändern, das zugunsten von Gustav und Bruno ausgewiesene Guthaben mit einer Verzinsung von 7 ½ % für sich als Gläubiger weiterführen und er in den Erläuterungen zum Jahresabschluß 1965 einen entsprechenden Vermerk anbringen ließ. Nach dem Tode von Gustav tritt nach § 1922 BGB an seine Stelle sein Alleinerbe Siegfried.

2) Damit ist klar, daß Siegfried von der GmbH die 36000 DM verlangen kann, wenn die Umwandlung des Guthabens in eine Gustav persönlich zustehende Darlehensforderung rechtlich einwandfrei erfolgt ist. Dies könnte aus folgendem Grunde fraglich sein: Nachdem Gustav 1964 alleiniger Inhaber des zunächst als oHG und dann als KG betriebenen Handelsgeschäfts und damit auch einziger Gesellschafter der GmbH geworden war, hatte er als deren Geschäftsführer durch Vertrag mit sich selbst das Guthaben aus dem gekündigten Gewinnabführungsvertrag in eine ihm persönlich zustehende

Darlehensforderung umgewandelt. Dazu taucht aber sofort die Frage auf, ob Gustav als geschäftsführender Alleingesellschafter der GmbH bei dem mit sich selbst als Rechtsnachfolger der KG abgeschlossenen Geschäft nicht den Beschränkungen des § 181 BGB unterlag. Hiernach kann ein Vertreter, soweit nicht ein anderes ihm gestattet ist, im Namen des Vertretenen mit sich im eigenen Namen ein Rechtsgeschäft nicht vornehmen. Die Frage ist aber, ob der Einmanngesellschafter einer GmbH ebenfalls durch § 181 gehindert ist, namens der GmbH mit sich selbst zu kontrahieren oder sich das Selbstkontrahieren zu gestatten. Nachdem die Rechtsprechung (vgl. BGHZ 33, 189) zunächst die Auffassung vertreten hatte, § 181 BGB gelte auch für den Einmanngesellschafter einer GmbH, wurde diese Rechtsprechung später aufgegeben (vgl. BGHZ 56, 97, 100ff.). Danach konnte der Einmanngesellschafter einer GmbH, der zugleich deren Geschäftsführer ist, ohne Behinderung durch § 181 BGB auch Vermögenstransaktionen zwischen seinem Privatvermögen und dem GmbH-Vermögen vornehmen. Vorausgesetzt war allerdings, daß strenge Anforderungen an die Erkennbarkeit und den Nachweis eines Insichgeschäfts gestellt werden. Diese noch in BGH NJW 1980, 932 bestätigte Auffassung ist jedoch mit der Änderung des GmbH-Rechts durch die GmbH-Novelle von 1980 hinfällig geworden. Der in das GmbH-Gesetz eingefügte § 35 Abs. 4 bestimmt ausdrücklich, daß auf Rechtsgeschäfte des Einmann-Gesellschafter-Geschäftsführers mit der Gesellschaft § 181 BGB anzuwenden ist: In-Sich-Geschäfte sind dem Einmann-Gesellschafter-Geschäftsführer nur noch bei satzungsgemäßer Gestattung möglich. Fehlt eine entsprechende Satzungsklausel, müßte für den Ausschluß des § 181 BGB die Satzung geändert werden. Diesem Erfordernis genügt die im Sachverhalt erwähnte „Erläuterung zum Jahresabschluß", daß „das Verrechnungskonto Gustav und Bruno zum Berichtsjahr aufgelöst und der Vortrag auf das Konto II Gustav übertragen wurde", nicht bzw. nur dann, wenn die Satzung eine Befreiung von § 181 vorgesehen hätte. Die Satzungsänderung hätte der notariellen Form und der Eintragung in das Handelsregister bedurft (vgl. §§ 53, 54 GmbHG – Gläubigerschutz!). Da dies nicht der Fall war, wurde die fragliche Forderung nicht wirksam „umgewandelt", so daß der Anspruch von Siegfried gegen die GmbH auf Auszahlung des Darlehnsguthabens bei Anwendung des geltenden GmbH-Rechts unbegründet ist.

Zu c) Wiederholen Sie zunächst Seite 223

(1) Anspruchsgrundlage für die Kaufpreisforderung ist § 433 Abs. 2 BGB. Zwischen L und der GmbH, diese vertreten durch ihren Geschäftsführer A, wurde ein Kaufvertrag über die Lieferung von Rohmaterialien in Höhe von 100 000 DM abgeschlossen. Die Realisierung dieser Anspruchsgrundlage entfällt jedoch auf Grund der Zahlungsunfähigkeit des Unternehmens. In diesen Fällen gewinnt § 11 Abs. 2 GmbHG Bedeutung. Danach haften „die Handelnden persönlich und solidarisch", wenn vor der Eintragung im Namen der Gesellschaft „gehandelt" worden ist. A hatte den Kaufvertrag für die Gesellschaft vor deren Eintragung abgeschlossen. Er hat für die GmbH gehandelt und haftet deshalb gem. § 11 Abs. 2 GmbHG dem Gläubiger persönlich.

(2) Eine Haftung aus § 11 Abs. 2 GmbHG scheidet aus, weil die bloße (nachträgliche) Genehmigung eines Geschäfts ebensowenig zur Haftung nach § 11 Abs. 2 GmbHG führt wie das sonstige Einverständnis. Beide Akte sind schon nach sprachlicher Anschauung nicht als ein „Handeln im Namen der Gesellschaft" anzusehen. Zwar erfordert § 11 Abs. 2 GmbHG kein unmittelbares Handeln in eigener Person. Jedoch kann ohne Verursachung des von einem anderen abgeschlossenen Geschäfts niemand als Handelnder im Sinne dieser Bestimmung angesehen werden (vgl. BGHZ 47, 26).

(3) Man könnte auch hier an § 11 Abs. 2 GmbHG denken. Nun ist jedoch zu berücksichtigen, daß B nicht für die GmbH „gehandelt" hat. Die eigentliche „Handlung" war ja die Auftragsvergabe an L durch Geschäftsführer A, bei der B nicht ausdrücklich mitgewirkt hat. Seine Tätigkeit hinsichtlich der Geschäftsaufnahme für die GmbH vor der Handelsregistereintragung beschränkte sich auf die Kreditbeschaffung. Man könnte allenfalls anführen, B habe, ohne zum Geschäftsführer bestellt zu sein, die vorzeitige Geschäfts-

aufnahme veranlaßt, gefördert oder doch ermöglicht. Diese Tatbestände reichen aber für § 11 Abs. 2 GmbHG nicht aus. Wie der Bundesgerichtshof in BGHZ 65, 378 mit Recht ausführt, ist der Begriff des „Handelnden" eng zu fassen. Die Handlungshaftung ist keine bloße Veranlassungshaftung, sondern Haftung aus rechtsgeschäftlichem Handeln. Der Grund liegt darin, daß die GmbH, in deren Namen gehandelt wird, vor der Eintragung noch nicht existiert und deshalb für den Fall, daß sie nicht entsteht oder nicht in das Geschäft eintritt, dem Geschäftsgegner ein Schuldner gegeben werden muß. Dieser Zweck ist nur erfüllt, wenn dem Gläubiger alle diejenigen haften, die bei der Führung der Geschäfte für die künftige GmbH persönlich oder durch andere verantwortlich mitgewirkt und in diesem Rahmen auch die konkrete Geschäftstätigkeit, aus der die Verbindlichkeit herrührt, mitgetragen haben. Auf einen Gesellschafter wie B, der sich lediglich mit der Eröffnung oder Fortführung des Geschäftsbetriebs vor der Eintragung allgemein einverstanden erklärt hat, trifft dies nicht zu. Ebensowenig auf Gründer, die, sei es auch in maßgeblicher Weise, die vorzeitige Geschäftsaufnahme – wie etwa hier durch die Kreditbeschaffung – veranlaßt, gefördert oder erst ermöglicht, sich aber nicht selber geschäftsführend betätigt haben.

(4) Ob hier § 11 Abs. 2 GmbHG Anwendung findet, erscheint zweifelhaft. In der jetzigen Sachverhaltsalternative wurde der Kaufvertrag durch Einschaltung eines Bevollmächtigten abgeschlossen. Die Wirksamkeit des Kaufvertrages hängt somit von der Wirksamkeit der Vollmachtserteilung ab. War B bei Vollmachtserteilung geisteskrank, ist dieser Akt nichtig und das Erfordernis der Gesamtvertretung damit nicht eingehalten. Eine wirksame Verpflichtung der GmbH entfällt. Zu diesem Ergebnis kommt man, weil die Haftung des Handelnden nach § 11 Abs. 2 GmbHG nicht weiter gehen kann, als die Haftung der GmbH ginge, wenn sie bei Vertragsabschluß bereits eingetragen wäre (vgl. BGHZ 53, 210).

- **Lernhinweis:** Es ist heute in Rechtsprechung und Literatur anerkannt, daß die Handelndenhaftung mit der Eintragung der Gesellschaft erlischt (vgl. BGHZ 80, 182). Begründung: Wenn die vom Handelnden begründete Verbindlichkeit bei Entstehung der GmbH durch die Handelsregistereintragung auf diese übergeht, ist ihr Zweck erfüllt: Dem Gläubiger haftet nunmehr die Gesellschaft, so wie dies ja auch beim Abschluß für die künftige GmbH bezweckt war. Wäre es zur Eintragung der GmbH (und damit zu ihrer Entstehung) gekommen, könnte L lediglich Ansprüche gegen die GmbH, nicht dagegen unter Bezug auf § 11 Abs. 2 GmbHG auch gegen A geltend machen. Weiterführender Hinweis: Die Handlungshaftung gegen den im Gründungsstadium tätig werdenden Gesellschafter bleibt bestehen, wenn es nicht zur Handelsregistereintragung (und damit zum Entstehen) der GmbH kommt. Die Handlungshaftung erlischt auch dann nicht, wenn Geschäftsführer im Gründungsstadium ihre Vertretungsmacht überschreiten oder andere Personen ohne Vertretungsmacht wie Geschäftsführer gehandelt haben (BGHZ 80, 182).

~~Zu d)~~ Wiederholen Sie zunächst Seite 236

Vorbemerkung: Der Sachverhalt lehnt sich an ein Urteil des Bundesgerichtshofes vom 29. 1. 1976 (BB 1976, 286) an. Er ist relativ kompliziert und läßt sich in mehrere Stufen gliedern. Es empfiehlt sich, bei derartigen Sachverhalten eine Skizze zu machen, wobei insbesondere die einzelnen Beteiligungsverhältnisse und die Organisationsstruktur der erwähnten Gesellschaft verdeutlicht werden sollten. Außerdem ist es bei Sachverhalten mit verschiedenen Daten gut, eine Aufstellung der einzelnen Vorgänge zu den jeweiligen Zeitpunkten vorzunehmen: Sie erkennen daraus, daß im vorliegenden Fall die frühere Beschlußlage aufgehoben wurde, wobei sich durch eine zwischenzeitlich vorgenommene Abtretung von Geschäftsanteilen die abstimmungsfähigen Mehrheitsanteile geändert hatten.

(1) **Materiell-rechtliche Seite:** Entscheidende Frage ist, ob der Beschluß vom 4. 11. 1982 (mit dem die Inanspruchnahme des B aufgehoben wurde) mehrheitlich korrekt zustande kam. Nach § 47 GmbHG erfolgen die von den Gesellschaftern in den Angelegenheiten der Gesellschaft zu treffenden Bestimmungen durch Beschlußfassung nach der Mehrheit der abgegebenen Stimmen, wobei jede 100 DM eines Geschäftsanteils eine Stimme gewähren. Der Gesellschafter C hatte zunächst Geschäftsanteile in Höhe von 10 000 DM, was einer Stimmenzahl von 100 entsprach. Durch die erfolgte Abtretung weiterer Geschäftsanteile in Höhe von 60 000 DM konnte er seine Stimmenzahl auf 700 insgesamt erhöhen. Die Frage ist jedoch, ob C auch bezüglich der abgetretenen Geschäftsanteile stimmberechtigt war. Bedenken könnten sich aus § 47 Abs. 4 S. 1 GmbHG ergeben. Danach ist ein Gesellschafter, welcher durch die Beschlußfassung entlastet oder von einer Verbindlichkeit befreit werden soll, nicht stimmberechtigt und darf ein Stimmrecht auch nicht für andere ausüben. Dasselbe gilt nach § 47 Abs. 4 S. 2 von einer Beschlußfassung, welche die Vornahme eines Rechtsgeschäfts oder die Einleitung oder Erledigung eines Rechtsstreits gegenüber einem Gesellschafter betrifft. Um letzteres ging es im vorerwähnten Fall. Der Beschluß beinhaltet nämlich den Verzicht auf Geltendmachung von Ansprüchen der Gesellschaft gegenüber dem geschäftsführenden Gesellschafter B. Dieser war nicht abstimmungsberechtigt, eine gleichwohl mit seiner Beteiligung getroffene Beschlußfassung hätte den Beschluß rechtswidrig gemacht.

Nun hat aber nicht B selbst abgestimmt, sondern nach Abtretung der Geschäftsanteile von B auf C deren jetziger Inhaber. Hier ist es auch für den unbefangenen Beobachter einleuchtend, daß durch derartige Vorgänge leicht das Abstimmungsverbot umgangen werden kann. Unterstellen wir, B habe die Anteile nicht voll, sondern lediglich treuhänderisch auf C übertragen, um die damit verbundenen Stimmen in seinem Interesse zu nutzen und so den Beschluß vom 15. 9. 1982 zu Fall zu bringen, dann liegt ein Mißbrauch klar auf der Hand.

Offensichtlich hat C die von B vorgeschlagene Anteilsübertragung weder erwartet noch gewünscht: Auch die auf unbestimmte Zeit erfolgte Stundung des Kaufpreises spricht dafür, daß mindestens solange, wie die Bezahlung offen geblieben ist, C nur nach ausdrücklicher oder stillschweigender Abrede die Anteile verwalten, der Wille des Veräußerers aber weiterhin bestimmend sein sollte. Hier greift der in § 47 Abs. 4 S. 2 GmbHG zum Ausdruck gekommene allgemeine Grundsatz Platz, daß ein Gesellschafter regelmäßig von der Abstimmung über Maßnahmen ausgeschlossen ist, die gegen ihn ergriffen werden, weil kein Gesellschafter Richter in eigener Sache sein darf. Dieser Rechtsgedanke trifft nach der Rechtsprechung auch dann zu, wenn ein Gesellschafter seine Geschäftsanteile nur pro forma mit dem Ziel auf einen Mitgesellschafter überträgt, bei der Entscheidung, ob die Gesellschaft rechtlich gegen ihn vorgehen soll, seine sonst nicht zugelassene Stimme doch noch zur Geltung zu bringen. In einem solchen Fall ist die Stimmabgabe durch den Abtretungsempfänger einer Stimmabgabe durch den vom Stimmrecht ausgeschlossenen Gesellschafter selbst gleichzusetzen. Das bedeutet, daß 600 der von C abgegebenen Stimmen nach § 47 Abs. 4 S. 2 GmbHG ungültig waren und somit ein wirksamer Mehrheitsbeschluß wegen der 700 Gegenstimmen nicht zustande kam.

(2) **Prozessuale Seite:** In formeller Hinsicht müßte A Feststellungsklage erheben mit dem Ziel, die angegriffenen Beschlüsse für nichtig zu erklären. Das GmbHG selbst enthält (im Gegensatz zu Referentenentwürfen anläßlich der GmbH-Reform) hierüber keine Vorschriften. Es besteht jedoch Einigkeit darüber, daß für das GmbH-Recht die Vorschriften der §§ 243 ff. AktG entsprechend anzuwenden sind. Siehe dazu oben.

Zu e) Wiederholen Sie zunächst Seite 246 f.

aa) Der für Rechts- und Wirtschaftswissenschaftler naheliegende Ansatz ist die einfache Überlegung, daß durch derartige Satzungsklauseln – ihre Rechtswirksamkeit unterstellt – Privatgläubigern von Gesellschaftern das „Gläubigerpotential" entzogen wird. Man muß

§ 11. Die Gesellschaft mit beschränkter Haftung

sich klar machen, daß es sich hier nicht um Gesellschaftsgläubiger handelt, da die entsprechenden Schuldverhältnisse nicht für die Gesellschaft, sondern von Gesellschaftern für außerhalb des Gesellschaftszwecks liegende Bereiche begründet wurden. Der Privatgläubiger kann sich an das Privatvermögen eines Gesellschafters halten. Dabei ist der GmbH-Anteil gleichfalls Privatvermögen des Gesellschafters. Die Kollision zwischen der rechtlichen Verfestigung des Gesellschaftsvermögens und den Vollstreckungsinteressen des Privatgläubigers wird vom Gesetz im Personengesellschaftsrecht durch ein kompliziertes, aber praktikables Verfahren gelöst (vgl. etwa die Kündigung der Gesellschaft durch den Privatgläubiger bei der oHG, KG und GbR). Im Recht der GmbH ist dieses Problem weniger gravierend, da ja dem Grundsatz nach der GmbH-Anteil frei übertragbar ist.

Wenn aber durch Satzungsbestimmungen wie im Ausgangssachverhalt Gesellschafter vorweg über Geschäftsanteile zu Lasten von Pfändungsgläubigern verfügen können, wird das gesetzliche Beeinträchtigungsverbot der §§ 135, 136, 1276 BGB umgangen; man könnte deshalb argumentieren, derartige Einziehungsabreden seien nur wirksam, wenn die Interessen des Gläubigers gewahrt bleiben, also das Einziehungsentgelt zur Befriedigung des Gläubigers ausreicht oder dem Verkehrswert des Geschäftsanteils entspricht. Da jedoch im vorliegenden Fall ein Firmenwert bei der Anteilsbewertung ausdrücklich nicht angesetzt wurde, könnte man hierin eine Verletzung der Gläubigerinteressen sehen.

bb) Der Bundesgerichtshof hat sich schon mehrfach mit derartigen Satzungsbestimmungen beschäftigt. In seiner Entscheidung vom 7. 4. 1960 (BGHZ 32, 152) hat er Klauseln grundsätzlich für nichtig erklärt, welche die Einziehung eines Geschäftsanteils für den Fall seiner Pfändung oder des Konkurses seines Inhabers gegen nicht vollwertiges Entgelt zulassen. Er hat zwar anerkannt, daß die Gesellschafter einer GmbH ein schutzwürdiges Interesse daran haben können, das Eindringen eines Dritten in die Gesellschaft zu verhindern und durch Bestimmungen im Gesellschaftsvertrag sicherzustellen, daß insbesondere die Gläubiger eines Gesellschafters nicht Gesellschafter werden, sondern bloß auf den Wert des Geschäftsanteils des Schuldner-Gesellschafters zugreifen können. Dabei müssen sie nach Ansicht des Bundesgerichtshofes entsprechend der Vertragsfreiheit auch das Entgelt für einen einzuziehenden Geschäftsanteil festlegen können. Hierbei dürfen die Gesellschafter jedoch nicht „die durch Gesetz und gute Sitte gezogenen Schranke überspringen". Eine Satzungsbestimmung, die wie die vorliegende, die Einziehung eines Geschäftsanteils eigens für den Fall seiner Pfändung oder des Konkurses seines Inhabers gegen nicht vollwertiges Entgelt vorsieht, ist von der Ermächtigung des § 15 Abs. 5 GmbHG nicht gedeckt, denn sie erschwert die Übertragbarkeit des Geschäftsanteils für die Fälle unfreiwilliger Veräußerung, für die das Gesetz den Gesellschaftern die Erschwerung der Übertragbarkeit gerade nicht freigibt.

● **Lernhinweis:** Diese Entscheidung ist viel diskutiert worden. Bei ihr ist namentlich zu beachten, daß der Bundesgerichtshof eine entscheidende Differenzierung vorgenommen hat:

Eine Satzungsbestimmung, die für den Fall einer groben Pflichtwidrigkeit, gesellschaftsschädlichen Verhaltens oder eines unverschuldeten Ausschließungsgrundes (Krankheit, Entmündigung) die Einziehung des Geschäftsanteils gegen nicht vollwertiges Entgelt vorsieht, hält sich im Rahmen der Ermächtigung des § 15 Abs. 5 GmbHG. Die in einer solchen Satzungsbestimmung enthaltene Wertminderung des Geschäftsanteils trifft den pfändenden Gläubiger nicht als Folge der Zwangsvollstreckung, sondern nur dann, wenn vor der Pfändung derjenige Tatbestand verwirklicht ist, an dessen Erfüllung die Satzung das Einziehungsrecht knüpft. Hier kann die Pfändung oder der Konkursbeschlag nur den Wert erfassen, den der Geschäftsanteil vor der Pfändung oder der Eröffnung des Konkurses infolge der Verwirklichung des anderweitigen Einziehungstatbestandes hat.

Anders liegt es, wenn es zur Pfändung eines Geschäftsanteils oder zum Konkurs eines Gesellschafters kommt, ohne daß bereits ein anderer im Gesellschaftsvertrag vorgesehener Einziehungstatbestand verwirklicht ist. Dann tritt die Wertminderung des Geschäftsanteils erst und gerade durch die Pfändung oder die Konkurseröffnung ein. Das ist auch dann nicht anders, wenn der Gesellschaftsvertrag für alle vorgesehenen Einziehungstatbestände den gleichen Abfindungsmaßstab oder für einzelne Einziehungstatbestände die gleiche Abfindung wie für den Pfändungs- und den Konkursfall vorsieht. Diese Überlegung zeigt, daß es nicht darauf ankommt, ob der Gesellschaftsvertrag außer dem Pfändungs- und dem Konkursfall noch weitere Tatbestände für die Einziehung eines Geschäftsanteils gegen nicht vollwertiges Entgelt kennt, sondern darauf, ob sich die getroffene Regelung für die einzelnen Einziehungsgründe im Rahmen der Ermächtigung des § 15 Abs. 5 GmbHG hält oder gegen das in § 15 GmbHG enthaltene Verbot verstößt, daß die Übertragbarkeit eines GmbH-Geschäftsanteils außer für den Fall freiwilliger Veräußerung nicht erschwert werden darf.

Mit der Entscheidung vom 12. 6. 1975 (BGHZ 65, 22) ist die Rechtsprechung weitergeführt worden: Eine Satzungsbestimmung, die bei Pfändung eines Geschäftsanteils dessen Einziehung gegen ein Entgelt zuläßt, das nach wahren Vermögenswerten der Gesellschaft, aber ohne Ansatz eines Firmenwertes, berechnet werden soll, ist wirksam, wenn dieselbe Entschädigungsregelung auch für den vergleichbaren Fall der Ausschließung eines Gesellschafters aus wichtigem Grund gilt. Die neue Rechtslage ist also folgende: Es bleibt dabei, daß eine Satzungsbestimmung nicht darauf angelegt sein darf, das Pfändungspfandrecht eines Vollstreckungsgläubigers zu vereiteln. Im vorgelegten Sachverhalt sah jedoch der im Wortlaut abgedruckte Gesellschaftsvertrag die Einziehung gegen Entgelt vor, bei dem lediglich der Firmenwert unberücksichtigt blieb. Das Entscheidende der Vertragsbestimmung liegt jedoch darin, daß diese Minderbewertung des Gesellschaftsanteils nicht allein für die Fälle der Zwangsvollstreckung, des Konkurs- und des Vergleichsverfahrens zu gelten hatte, sondern auch bei Ausschließung eines Gesellschafters aus wichtigem Grund (siehe oben). Hier liegt eine Manipulation zu Lasten des Gläubigers nicht nahe. Denn eine solche Regelung muß der Gläubiger ebenso wie sein Schuldner hinnehmen, auch soweit das ihm zufließende Einziehungsentgelt unter dem bei freier Veräußerung möglicherweise erzielbaren Erlös liegt. So ist für das Recht der Personengesellschaft anerkannt, daß Vertragsklauseln über die Berechnung und Auszahlung eines Abfindungsguthabens bei Ausscheiden eines Gesellschafters auch für einen Gläubiger maßgebend sind, der aus dem gepfändeten und ihm zur Einziehung überwiesenen Abfindungsanspruch seines Schuldners Befriedigung sucht, sofern sie nicht gerade nur für diesen Fall eine volle Abfindung ausschließen. Für die GmbH kann trotz unverkennbarer Unterschiede in der Rechtslage (vgl. einerseits §§ 717, 719, 725 BGB, andererseits § 15 Abs. 1 GmbHG) nichts grundsätzlich anderes gelten. Mag der gesetzliche Weg ein anderer sein – hier Veräußerung des Anteils, dort Kündigung der Gesellschaft –, das Ziel ist ebenso wie bei der Personengesellschaft die wirtschaftliche Verwertung der gepfändeten Beteiligung, wobei jedoch gesellschaftsvertragliche Regelungen zu Lasten der Gesellschafter im Verhältnis zum Gläubiger nicht außer Betracht bleiben können, soweit das Gesetz nicht (wie in den §§ 851, 857 ZPO) etwas anderes bestimmt. Auch bei der GmbH sind Klauseln im Gesellschaftsvertrag, die – wie es bei den Personengesellschaften geradezu die Regel ist – das Recht eines ausscheidenden Gesellschafters auf Auszahlung des Wertes seiner Beteiligung mindestens dahin begrenzen, daß der Geschäftswert außer Ansatz bleibt, keine Seltenheit. Sie dienen vor allem der Erhaltung des Gesellschaftsunternehmens, dessen Bestand durch den Zwang zu einer nicht langfristig vorausgeplanten Ausschüttung des vollen Beteiligungswertes – unter Einschluß des good will – gefährdet werden könnte. Daneben haben sie den ebenfalls vernünftigen Sinn, die Berechnung des Abfindungsguthabens zu vereinfachen, so daß schwierige und zeitraubende Auseinandersetzungen, z. B. über Vorhandensein und Höhe eines Geschäftswertes, und unter Umständen auch das hierzu nötige Ausbreiten von Geschäftsgeheimnissen, vermieden werden. Von einer mit dem Gesetz oder den guten Sitten unvereinbaren Beeinträchtigung der Gläubigerrechte kann bei solchen Regelungen – immer unter der Voraussetzung, daß sie nicht allein auf die Tatbestände der Einzel- oder Gesamtvollstreckung beschränkt sind – keine Rede sein, wobei hier

§ 11. Die Gesellschaft mit beschränkter Haftung

nicht der Fall zu beurteilen ist, daß die Gegenleistung über den Ausschluß einer Vergütung für den Firmenwert hinaus noch weitergehenden wesentlichen Einschränkungen unterworfen oder gänzlich ausgeschlossen sein soll.

In unserem Ausgangsfall konnte sich der Privatgläubiger P deshalb nicht voll aus dem Vermögen des G befriedigen, weil bei der Bewertung seines Gesellschaftsanteils der Firmenwert nicht erhöhend berücksichtigt wurde. In vielen Gesellschaftsverträgen wird jedoch die Abfindungsregelung entweder generell oder bei bestimmten Fällen des Ausscheidens nachteiliger geregelt. So ist es denkbar, daß ein auszuschließender Gesellschafter lediglich den „Buchwert" erhält oder der Geschäftsanteil sogar unentgeltlich eingezogen wird. Hier ist die Frage, ob ein Gläubiger sich derartige Satzungsbestimmungen auch entgegenhalten lassen muß. Das bloße Vergleichsargument, der Privatgläubiger müsse sich im Falle seines Ausscheidens ebenso behandeln lassen, wie es im Falle der Pfändung bzw. des Konkurses dem Gesellschafter selbst zugemutet werde, vermag nicht voll zu befriedigen. Entscheidungen der Rechtsprechung hierzu stehen jedoch noch aus. Derartige Sachverhalte sind anschauliche Beispiele für die Verquickung von juristischen, insbesondere vertragsgestalterischen Gesichtspunkten mit betriebswirtschaftlichen, insbesondere bewertungsrechtlichen Aspekten.

§ 12. Die eingetragene Genossenschaft

• **Lernhinweis:** Die Genossenschaft führt in den gesellschaftsrechtlichen Vorlesungen erfahrungsgemäß nur ein stiefmütterliches Dasein. Zu Unrecht, wenn man ihre wirtschaftliche Bedeutung betrachtet: Die Zahl der Genossenschaften in Deutschland beläuft sich auf über 12000 mit zusammen mehr als 10 Millionen Mitgliedern. Bei einer Gesamtbilanzsumme der Genossenschaftsbanken von über 300 Mrd. DM und einem Jahresumsatz der Warengenossenschaften von rund 65 Mrd. DM läßt sich die wirtschaftspolitische Bedeutung der Genossenschaftsidee ablesen; man kann sagen, daß der wohl überwiegende Teil des wirtschaftlichen Mittelstandes dem Genossenschaftssystem angeschlossen ist. Die Bedeutung der Genossenschaften im Wirtschaftsleben hat nicht zuletzt dadurch zugenommen, daß der Gesetzgeber seit geraumer Zeit Satzungsbestimmungen zuläßt, wonach auch Nichtmitglieder am Geschäftsbetrieb teilhaben können. Es ist deshalb vom Studenten, namentlich der Wirtschaftswissenschaften, zu erwarten, daß er auch grundsätzliche Dinge des Genossenschaftsrechts kennt, wie Wesensmerkmale, Grundzüge der Vermögensordnung, Rechtsstellung der Mitglieder, Organisationsstruktur, genossenschaftliche Pflichtprüfung sowie die Besonderheiten bei der Auflösung. Verlangt wird gemeinhin auch ein Abriß der geschichtlichen Entwicklung („Genossenschaften sind Kinder der Not"). Die Namen „Raiffeisen" und „Schulze-Delitzsch" sollte man schon aus Gründen der Allgemeinbildung kennen!

I. Wesensmerkmale der Genossenschaft

1. Begriff

§ 1 Abs. 1 GenG (lesen!) definiert die Genossenschaft als **„Gesellschaft von nicht geschlossener Mitgliederzahl, welche die Förderung des Erwerbes oder der Wirtschaft ihrer Mitglieder mittels gemeinschaftlichen Geschäftsbetriebes bezweckt".**

Nach der Reform des Genossenschaftsrechts v. 1973 gibt es nur noch die „eingetragene Genossenschaft (e. G.)". Davor hatte der Gesetzgeber nach der Art der Haftung Genossenschaften eingeteilt in solche mit beschränkter und unbeschränkter Haftpflicht bzw. Nachschußpflicht. Als mit der Genossenschaftsnovelle v. 1933 die unmittelbare Inanspruchnahme der Genossen entfiel, blieben bis 1973 die beiden Grundtypen „eGmbH" und „eGmuH" übrig. Heute ist als Firmenzusatz nur noch „eG" zulässig, obwohl nach wie vor durch Satzung Nachschußpflichten vereinbart werden können.

2. Wesensmerkmale

a) Offene Mitgliederzahl

§ 1 Abs. 1 GenG verlangt die Zulässigkeit des freien Wechsels im Mitgliederbestand („Gesellschaften von nicht geschlossener Mitgliederzahl"). Dies unterscheidet die Genossenschaft einerseits von den Personengesellschaften, bei denen dem gesetzlichen Grundmodell entsprechend die Neuaufnahme von Mitgliedern von der Zustimmung der Mitgesellschafter abhängt, andererseits aber auch von den Kapitalgesellschaften, bei denen durch die Zahl der Geschäftsanteile bzw. Aktien der Mitgliederstand fixiert ist.

b) Gemeinschaftlicher Geschäftsbetrieb

Die Genossenschaft bezweckt die Förderung des Erwerbs oder der Wirtschaft ihrer Mitglieder durch einen gemeinschaftlichen Geschäftsbetrieb. Man unterscheidet:

- **Aktivgeschäfte,** also solche, die auf die Förderung der Mitglieder abzielen (z. B. Darlehensgewährung an die Genossen oder Abnahme der von den Mitgliedern angebotenen Erzeugnisse). Man bezeichnet das Aktivgeschäft auch als „Förderungsgeschäft".
- **Passivgeschäfte,** also solche, mit denen sich die Genossenschaft die Mittel zur Erreichung des Gesellschaftszwecks verschafft. Man bezeichnet sie auch als „Hilfsgeschäfte" (Beispiel: Eine Genossenschaft erwirbt Saatgut, um den Mitgliedern zu günstigen Konditionen Angebote machen zu können).

3. Rechtsnatur

a) Rechtsfähigkeit

Die Genossenschaft ist **juristische Person** (§ 17 Abs. 1 GenG – lesen!). Sie hat als solche selbständig Rechte und Pflichten und kann Eigentum und andere dingliche Rechte an Grundstücken erwerben sowie vor Gericht klagen und verklagt werden.

b) Formkaufmann

Die Genossenschaft ist Kaufmann kraft Rechtsform: Nach § 17 Abs. 2 GenG gelten Genossenschaften als Kaufleute im Sinne des Handelsgesetzbuches, vorbehaltlich der durch das Genossenschaftsrecht angeordneten Besonderheiten. Die Genossenschaft ist aber **keine Handelsgesellschaft,** weil ihr Geschäftsbetrieb nicht auf den Erwerb, sondern nur auf die Förderung ausgerichtet ist.

II. Arten

Die Genossenschaften lassen sich nach der Art ihrer Tätigkeit und nach der Art der Nachschußpflicht einteilen:

1. Einteilung nach der wirtschaftlichen Zweckbestimmung

Genossenschaften werden ihren wirtschaftlichen Zweckbestimmungen entsprechend gemeinhin in **Produktiv-** und **Distributivgenossenschaften** eingeteilt, je nachdem, ob sie Produktion und Absatz der Mitgliedererzeugnisse fördern (z. B. Maschinengemeinschaften, Molkereiverwertung) oder den Verbrauchsaufwand und die sonstige Bedarfsdeckung der Genossen günstig gestalten sollen (z. B. Einkaufsgenossenschaften, Vorzugskassen).

Das Genossenschaftsgesetz nennt die wichtigsten Genossenschaftstypen:

a) Vorschuß- und Kreditvereine

Hier sind die Kreditgenossenschaften, vor allem die „Volks- und Raiffeisenbanken" zu nennen. Im Vordergrund steht das Darlehensgeschäft.

b) Rohstoffvereine

Bei derartigen „Einkaufsgenossenschaften" schließen sich die Mitglieder zum Zwecke des günstigen Einkaufs zusammen. In erster Linie findet man solche Zusammenschlüsse bei Handwerkern, Landwirten und kleineren Einzelhandelsgeschäften („Bäcker-Einkauf", „Metzger-Einkauf").

c) Absatzgenossenschaften und Magazinvereine

Hier handelt es sich um Genossenschaften zum gemeinschaftlichen Verkauf landwirtschaftlicher oder gewerblicher Erzeugnisse (Molkereigenossenschaften, Obstverwertungsgenossenschaften).

d) Produktivgenossenschaften

Sie sind Vereine zur Herstellung von Gegenständen und zum Verkauf derselben auf gemeinschaftliche Rechnung. Sie unterscheiden sich also von den Absatzgenossenschaften dadurch, daß sie zusätzlich zum Verkauf auch die Herstellung der Produkte auf gemeinsame Rechnung in den Gesellschaftszweck einbeziehen. Vor allem sind hier die Winzergenossenschaften zu nennen.

e) Konsumvereine

Das Gesetz definiert sie als „Verein zum gemeinschaftlichen Einkauf von Lebens- oder Wirtschaftsbedürfnissen im großen und Ablaß im kleinen". Derartige Verbrauchergenossenschaften wollen durch Großeinkauf Gegenstände des hauswirtschaftlichen Bedarfs preisgünstig an Mitglieder abgeben („Konsum-Läden").

f) Werkgenossenschaften

Diese sind „Vereine zur Beschaffung von Gegenständen des landwirtschaftlichen oder gewerblichen Betriebes und zu ihrer Benutzung auf gemeinschaftliche Rechnung". Ihre Bedeutung liegt vor allem im landwirtschaftlichen Bereich (Maschinengemeinschaften, gemeinsame Haltung von Zuchttieren). Man findet sie aber auch unerwartet (Beispiel: Wirtschaftsgenossenschaft Berliner Taxifahrer e. G. – gemeinsame Funkzentrale).

g) Baugenossenschaften

Hier handelt es sich um „Vereine zur Herstellung von Wohnungen". Ihr Zweck ist meist ein sozialpolitischer: Einkommensschwachen Bevölkerungsteilen soll der Erwerb von Eigenheimen bzw. Eigentumswohnungen ermöglicht oder über die Herstellung von Mietwohnungen preiswerter Wohnraum zur Verfügung gestellt werden.

Praktischer Hinweis: Nach § 8 Abs. 1 Nr. 5 GenG kann das Statut die Ausdehnung des Geschäftsbetriebs auch auf Nichtmitglieder vorsehen. Am augenfälligsten tritt dies in Erscheinung bei den oben genannten Konsumvereinen („Konsum", „Coop") sowie den Kreditgenossenschaften (Raiffeisen- und Volksbanken). Seit der Genossenschaftsnovelle von 1973 sind auch Kreditgeschäfte mit Nichtmitgliedern zulässig (der entgegenstehende § 8 Abs. 2 GenG a. F. ist aufgehoben).

2. Einteilung nach der Nachschußpflicht

Seit der Genossenschaftsnovelle vom 20. 12. 1933 besteht **keine unmittelbare Haftung der Mitglieder** den Gläubigern gegenüber. Zulässig ist aber die Vereinbarung von Nachschußpflichten. Nach § 6 Nr. 3 GenG sind drei Arten zu unterscheiden:

a) Genossenschaften ohne Nachschußpflicht

Diese sind erst seit 1. 1. 1974 zugelassen. Der Gesetzgeber wollte die Attraktivität der Genossenschaftsidee dadurch erhöhen, daß durch das Statut von der Nachschußpflicht befreit werden und das damit verbundene Risiko entfallen kann.

b) Genossenschaften mit unbeschränkter Nachschußpflicht

In diesen Fällen muß jedes Mitglied im Konkurs der Genossenschaft unbeschränkt aus dem Privatvermögen Nachschüsse leisten. Es versteht sich, daß diese Art der Genossenschaft für die Gläubiger die optimale Kreditsicherheit, für die Genossen das höchste Risiko beinhaltet.

c) Genossenschaften mit beschränkter Nachschußpflicht

Entscheidend ist bei ihnen, daß die Nachschußpflicht gegenüber der Genossenschaft für jeden Genossen auf eine im voraus bestimmte Summe (das Gesetz nennt sie die **„Haftsumme"**) beschränkt ist. Das Risiko des Genossenschaftsmitglieds wird dadurch kalkulierbar.

III. Vermögensordnung der Genossenschaft

1. Genossenschaftsvermögen

Die Genossenschaft ist als juristische Person Inhaberin ihres eigenen Vermögens. Im Gegensatz zur Aktiengesellschaft und GmbH ist jedoch **kein bestimmtes Grund- bzw. Stammkapital** vorgeschrieben. Wegen der offenen Mitgliederzahl schwankt bei etwaigem Gesellschafterwechsel und den damit verbundenen Änderungen der Einlagen die Höhe des Genossenschaftsvermögens.

2. Geschäftsanteil

Die Beitrittserklärung eines Genossen enthält eine ausdrückliche Verpflichtung, die durch Gesetz oder Statut vorgeschriebene Einzahlung auf den Geschäftsanteil zu leisten. Der Geschäftsanteil beziffert also den Betrag, bis zu welchem sich die Mitglieder maximal beteiligen können. Er repräsentiert damit den **Höchstbetrag der möglichen Kapitalbeteiligung**.

Seit der Genossenschaftsnovelle von 1973 können sich Mitglieder mit mehr als einem Geschäftsanteil beteiligen (vgl. § 7a GenG).

3. Mindesteinlage

Während der Geschäftsanteil die maximale Beteiligungsmöglichkeit ausdrückt, beziffert die Mindesteinlage den Betrag der Einzahlung auf den Geschäftsanteil, zu welchem jeder Genosse verpflichtet ist (§ 7 Nr. 1 GenG). Das Genossenschaftsgesetz schreibt hier wiederum eine Untergrenze vor: Jeder Genosse muß sich mindestens zur Einzahlung von $^1\!/_{10}$ des Geschäftsanteils verpflichten.

4. Geschäftsguthaben

Dieses beziffert das **tatsächliche Guthaben** des einzelnen Mitglieds. Es ist nicht nur eine Rechnungsgröße wie der Geschäftsanteil, sondern die durch Gewinn und Verlust veränderte Einlage (vgl. § 19 Abs. 1 S. 2 GenG). Zu beachten ist, daß die Zuschreibung von Gewinnen nur solange erfolgt, als nicht der Geschäftsanteil erreicht ist.

Da die Summe der einzelnen Geschäftsguthaben zugleich das wirkliche Vermögen der Genossenschaft repräsentiert, verbietet § 22 Abs. 4 GenG aus dem Gesichtspunkte des Gläubigerschutzes die Auszahlung von Geschäftsguthaben an den Genossen vor seinem Ausscheiden.

5. Gesetzliche Rücklage

§ 7 Nr. 2 GenG verlangt die Bildung einer gesetzlichen Rücklage zur Deckung finanzieller Verluste (Lernhinweis: Das frühere Genossenschaftsrecht sprach vom „Reservefonds". Seit dem Bilanzrichtliniengesetz von 1985 verwendet der Gesetzgeber nunmehr auch für die Genossenschaft die bei den Kapitalgesellschaften übliche Terminologie). Das Genossenschaftsstatut muß angeben, wie diese Rücklage gebildet wird, insbesondere welcher Teil des Jahresüberschusses in die Rücklage einzustellen ist.

6. Haftung für Gesellschaftsverbindlichkeiten

Wie bei den Kapitalgesellschaften haftet den Gläubigern nur das Vermögen der Genossenschaft (§ 2 GenG – lesen!). Die Genossen selbst haften nicht. Eine mittelbare Inanspruchnahme kann im Konkurs der Gesellschaft eintreten, wenn die Genossen nach dem Statut eine Nachschußpflicht trifft.

IV. Gründung der Genossenschaft

Die Gründung der Genossenschaft verläuft ähnlich wie die des eingetragenen Vereins. Drei Stufen sind zu unterscheiden: die Feststellung des Genossenschaftsstatuts durch eine Mindestzahl von Gründern, die Bestellung der Organe und die Eintragung in das Genossenschaftsregister.

1. Feststellung des Statuts

Im Genossenschaftsrecht spricht man weniger vom Gesellschaftsvertrag, als vom „Statut" oder der „Satzung". Eine Mindestzahl von **sieben Personen** muß das Genossenschaftsstatut in **schriftlicher Form** festlegen.

a) Mindestinhalt

Das Statut hat nach §§ 6 und 7 GenG (lesen!) folgenden Mindestinhalt:

- **Firma** und **Sitz der Genossenschaft**;
- **Gegenstand** des Unternehmens;
- Bestimmungen darüber, ob **Nachschüsse** zur Konkursmasse unbeschränkt, beschränkt auf eine bestimmte Haftsumme oder überhaupt nicht zu leisten sind;
- Bestimmungen über die Form für die Berufung der **Generalversammlung** sowie die Beurkundung ihrer Beschlüsse und über den Vorsitz in der Versammlung;
- Bestimmungen über Form und Art der genossenschaftlichen **Bekanntmachungen**;
- den **Betrag des Geschäftsanteils**;
- die **Höhe der Mindesteinlagen**;
- die Bildung einer **gesetzlichen Rücklage**.

b) Fakultativer Inhalt

Daneben kann die genossenschaftliche Satzung nach §§ 7a, 8 GenG weitere Punkte aufnehmen:

- Das **Recht**, sich mit **mehreren Geschäftsanteilen** zu beteiligen (mit Angabe etwaiger Höchstzahlen);
- die **Pflicht**, sich mit **mehreren Geschäftsanteilen** zu beteiligen;
- die **zeitliche Beschränkung** der Genossenschaft;
- **Koppelung der Mitgliedschaft an den Wohnsitz** innerhalb eines bestimmten Bezirks;
- vom Kalenderjahr abweichende **Laufzeiten für das Geschäftsjahr**;
- vom Prinzip der Stimmenmehrheit abweichende **Beschlußerfordernisse** für die Generalversammlung;
- **Ausdehnung des Geschäftsbetriebs auf** Personen, die **nicht Mitglieder** der Genossenschaft sind.

c) Firma der Genossenschaft

Die Firma der Genossenschaft ist stets dem Gegenstand des Unternehmens zu entnehmen (Sachfirma). Sie muß außerdem den Zusatz „eG" tragen. Zusätze, welche auf Haftung oder Nachschußpflichten der Mitglieder verweisen, waren nach früherem Recht vorgeschrieben („eGmbH" bzw. „eGmuH"), sie sind nach § 3 Abs. 3 GenG nunmehr ausdrücklich untersagt.

2. Bestellung der Organe

Mit der Feststellung des Statuts durch die Gründungsgenossen ist die Genossenschaft errichtet, aber noch nicht existent. Sie muß zur Eintragung in das Genossenschaftsregister angemeldet werden. Die Anmeldung erfolgt durch den Vorstand. Dieser wird ebenso wie der Aufsichtsrat zuvor gewählt. Die Mitglieder beider Gremien müssen Genossen sein.

3. Anmeldung und Eintragung

Die Anmeldung zum Genossenschaftsregister muß folgende Anlagen enthalten (§ 11 GenG):

- Das von den Genossen unterzeichnete **Statut** und eine Abschrift davon;
- die **Liste der Genossen;**
- eine Abschrift der **Urkunden über die Bestellung von Vorstand** und **Aufsichtsrat;**
- die **Bestätigung eines genossenschaftlichen Prüfungsverbandes,** daß die gegründete Genossenschaft zum Beitritt des Prüfungsverbandes zugelassen ist;
- eine **gutachtliche Äußerung des Prüfungsverbandes** über die persönlichen und wirtschaftlichen Verhältnisse.

Das Genossenschaftsregister wird bei dem zur Führung des Handelsregisters zuständigen Gericht, also beim **Amtsgericht** geführt (§ 10 Abs. 2 GenG). Dieses überprüft Gründung und Anmeldung auf ihre Ordnungsmäßigkeit. Bei Mängeln ist die Eintragung abzulehnen. Dasselbe gilt, wenn nach den persönlichen oder wirtschaftlichen Verhältnissen, insbesondere der Vermögenslage der Genossenschaft, eine Gefährdung der Belange der Genossen oder der Genossenschaftsgläubiger zu besorgen ist (§ 11a GenG – lesen!). Vor Eintragung in das Genossenschaftsregister existiert die Genossenschaft als solche nicht (vgl. § 13 GenG). Wie bei der GmbH, so wird auch bei der Genossenschaft die „Vorgesellschaft" nicht nach §§ 705ff. BGB beurteilt, vielmehr finden die Vorschriften des Genossenschaftsgesetzes Anwendung, soweit sie die Rechtsfähigkeit nicht voraussetzen. Bezüglich der dabei auftauchenden Probleme sei auf die obigen Ausführungen bei der GmbH verwiesen.

V. Die Organe der Genossenschaft

- **Lernhinweis:** Die Genossenschaft kennt als notwendige Organe den Vorstand, den Aufsichtsrat und die Generalversammlung (bei großen Genossenschaften als Delegationsgremium auch die Vertreterversammlung). Besonders zu beachten ist, daß Mitglieder der **Organe** zugleich **Mitglieder der Genossenschaft** sein müssen.

1. Vorstand

Die Genossenschaft wird durch den Vorstand gerichtlich und außergerichtlich vertreten (§ 24 Abs. 1 GenG – lesen!). Er ist der **gesetzliche Vertreter** der Genossenschaft. Zugleich obliegt ihm die **Geschäftsführung**. Gewählt wird der Vorstand (anders als bei der AG!) **von der Generalversammlung**. Er besteht aus **zwei Mitgliedern,** die Satzung kann aber eine höhere Mitgliederzahl sowie eine andere Art der Bestellung bestimmen (§ 24 Abs. 2 GenG). Die Beachtung des Kreditwesengesetzes verlangt bei Genossenschaftskassen mindestens 2 nicht nur ehrenamtliche Geschäftsleiter („Vieraugenprinzip"). Wie bei Geschäftsführern einer GmbH, so kann auch bei den Vorstandsmitgliedern die Bestellung jederzeit widerrufen werden.

Für die Vertretung durch den Vorstand gilt das **Prinzip der Gesamtvertretung;** die Satzung kann Abweichendes bestimmen. Denkbar ist auch, unechte Gesamtvertretung einzuführen (§ 25 Abs. 2 GenG, vgl. dazu die Ausführungen bei den anderen Gesellschaften). Für die Geschäftsführung haften die Vorstandsmitglieder mit der Sorgfalt eines ordentlichen und gewissenhaften Geschäftsleiters einer Genossenschaft (vgl. im einzelnen § 34 GenG).

2. Aufsichtsrat

Der Aufsichtsrat einer Genossenschaft besteht in der Regel aus **drei Mitgliedern** (das Statut kann eine höhere Zahl festsetzen). Er wird ebenfalls von der Generalversammlung gewählt (§ 36 GenG – lesen!). Bei mitbestimmungspflichtigen Betrieben richtet sich die Zusammensetzung nach dem Betriebsverfassungsgesetz bzw. nach den Mitbestimmungsgesetzen.

Im übrigen hat der Aufsichtsrat eine ähnliche Stellung wie bei der Aktiengesellschaft. Es besteht ein **„Tantieme-Verbot",** um zu verhindern, daß Aufsichtsratsmitglieder eine Geschäftspolitik begünstigen, die besonders gewinnorientiert und deshalb möglicherweise risikohaft ist. Zwischen der Mitgliedschaft im Aufsichtsrat und im Vorstand besteht Inkompatibilität (§ 37 GenG). Der Aufsichtsrat hat den **Vorstand** bei seiner Geschäftsführung in allen Zweigen der Verwaltung **zu überwachen** und sich von dem Gange der Angelegenheiten zu unterrichten (§ 38 GenG). Dazu kann er jederzeit vom Vorstand Berichterstattung verlangen und selbst oder durch einzelne von ihm zu bestimmende Mitglieder Bücher und Schriften der Genossenschaften einsehen sowie den Bestand der Genossenschaftskasse und die Bestände an Effekten, Handelspapieren und Waren untersuchen. Den Jahresabschluß, den Lagebericht und den Vorschlag für die Verwendung des Jahresüberschusses oder die Deckung des Jahresfehlbetrages hat er nach § 38 Abs. 1 Satz 3 GenG zu prüfen und der Generalversammlung über das Ergebnis der Prüfung vor Feststellung des Jahresabschlusses zu berichten.

Der Aufsichtsrat hat eine Generalversammlung einzuberufen, wenn dies im Interesse der Genossenschaft erforderlich ist (§ 38 Abs. 2 GenG). Weitere

Aufgaben können dem Aufsichtsrat durch Statut übertragen werden; eine Stellvertretung für die Ausübung des Mandats ist nicht zulässig.

Darüber hinaus steht dem Aufsichtsrat wie bei der Aktiengesellschaft die **Vertretung bei Auseinandersetzungen mit dem Vorstand** zu (§ 39 GenG). Nach § 40 GenG ist er schließlich befugt, nach seinem Ermessen Vorstandsmitglieder vorläufig, bis zur Entscheidung einer einzuberufenden Generalversammlung, von ihren Geschäften zu entheben und diese an deren Stelle einstweilig fortzuführen. Aufsichtsratsmitglieder unterliegen der gleichen Sorgfaltspflicht wie Vorstandsmitglieder.

3. Generalversammlung

a) Generalversammlung

Die Generalversammlung ist das oberste Willensorgan der Genossenschaft. Die Rechte der Genossen werden in der Generalversammlung ausgeübt (§ 43 GenG). Die Beschlußfassung erfolgt mit **einfacher Stimmenmehrheit** der abgegebenen Stimmen. Jeder Genosse hat eine Stimme, das Statut kann aber ein **Mehrstimmrecht** vorsehen. Einzelnen Genossen können aber **nicht mehr als drei Stimmen** eingeräumt werden. Für Beschlüsse, die nach dem Gesetz eine ¾-Mehrheit erfordern (insbesondere Satzungsänderungen) hat jeder Genosse nur eine Stimme, auch wenn ihm ein Mehrstimmrecht zusteht.

b) Vertreterversammlung

Aus Zweckmäßigkeitsgründen ist bei großen Genossenschaften die Vertreterversammlung vorgesehen. Das Nähere regelt § 43 a GenG: Sie ist von Gesetzes wegen vorgesehen bei **Genossenschaften mit mehr als 3000 Mitgliedern;** bei solchen mit mehr als 1500 Mitgliedern kann das Statut anstelle der Generalversammlung die Vertreterversammlung einführen.

Die Vertreterversammmlung besteht aus **mindestens 50 Vertretern,** die von den Genossen in allgemeiner, unmittelbarer, gleicher und geheimer Wahl bestimmt werden. Mehrstimmrechte in der Vertreterversammlung sind ausgeschlossen.

c) Einberufung und Durchführung

Die Generalversammlung (bzw. Vertreterversammlung) wird in der Regel durch den Vorstand einberufen (§ 44 GenG). Sie **stellt den Jahresabschluß fest** und **beschließt über** die **Verwendung des Jahresüberschusses** oder die Deckung des Jahresfehlbetrags. Außerdem obliegt ihr die **Entlastung des Vorstands und des Aufsichtsrats.** Zur Vorinformation sollen der Jahresabschluß, der Lagebericht sowie der Bericht des Aufsichtsrats mindestens eine Woche zuvor zur Einsichtnahme ausgelegt bzw. sonst zur Kenntnis der Genossen gebracht werden (im einzelnen vgl. § 48 GenG).

Generalversammlungsbeschlüsse müssen **nicht** wie bei der Aktiengesellschaft **notariell beurkundet** werden. § 47 GenG sieht aber die Anfertigung eines vom Vorsitzenden und den anwesenden Mitgliedern des Vorstands zu unterschreibenden Protokolls vor.

Beschlüsse der Generalversammlung können wegen der Verletzung des Gesetzes oder des Statuts **durch Klage angefochten werden.** Die Formalitäten verlaufen weitgehend parallel zum Recht der Aktiengesellschaft (vgl. im einzelnen § 51 GenG).

Schaubild: Modell der eingetragenen Genossenschaft

```
┌─────────────────────────────────┐
│          Vorstand               │
│   Leitungsorgan                 │
│   (haupt- und nebenamtlich)     │
└─────────────────────────────────┘

┌──────────────────┐  Mitbestimmung    ┌────────────┐
│   Aufsichtsrat   │← wenn mehr als    │ Belegschaft│
│  Überwachungsorgan│  500 bzw. 2000    └────────────┘
│  (i.d.R. nebenamtlich)│ Arbeitnehmer
└──────────────────┘

┌─ ─ ─ ─ ─ ─ ─ ─ ─ ─ ─ ─ ─ ─ ─ ─ ─┐
│  ┌───────────────────────────┐   │
│  │   Vertreterversammlung    │   │
│  │ (statt Generalversammlung bei │
│  │ Genossenschaften mit mehr als │
│  │ 3000 bzw. 1500 Mitgliedern)│  │
│  └───────────────────────────┘   │
│              ↑                   │
│  ┌───────────────────────────┐   │
│  │   Generalversammlung      │   │
│  │   oberstes Organ          │   │
│  │   (Mitgliederversammlung) │   │
│  └───────────────────────────┘   │
│   i.d.R. nur Einzelstimmrecht    │
│   Mehrstimmrecht möglich         │
└─ ─ ─ ─ ─ ─ ─ ─ ─ ─ ─ ─ ─ ─ ─ ─ ─┘
```

VI. Genossenschaftliche Pflichtprüfung

• **Lernhinweis:** Genossenschaften sind von der geschichtlichen Entwicklung und der genossenschaftlichen Idee her vor allem Zusammenschlüsse von Bevölkerungsgruppen (Bauern, Handwerker, minderbemittelte Volkskreise), die nicht unbedingt über größere kaufmännische Erfahrungen verfügen. Aus diesem Grund schreibt das Genossenschaftsgesetz periodisch wiederkehrende Überprüfungen der gesamten genossenschaftlichen Geschäftsverhältnisse vor.

1. Regelmäßige Pflichtprüfung

Die Pflichtprüfung der Genossenschaften ist in §§ 53ff. GenG (lesen!) geregelt. Zur Feststellung der wirtschaftlichen Verhältnisse und der Ordnungsmäßigkeit der Geschäftsführung sind gem. § 53 Abs. 1 GenG (lesen!) Einrichtungen, Vermögenslage sowie Geschäftsführung der Genossenschaft **mindestens in jedem zweiten Geschäftsjahr** zu prüfen. Bei Genossenschaften, deren

Bilanzsumme zwei Mio. Deutsche Mark erreicht oder übersteigt, muß die Prüfung **in jedem Geschäftsjahr** stattfinden.

2. Prüfverband

Die genossenschaftliche Pflichtprüfung muß durch einen Prüfungsverband erfolgen. Dazu muß jede Genossenschaft gem. § 54 GenG einem Verband angehören, dem das Prüfungsrecht verliehen ist.

Im Falle des Ausscheidens aus dem Verband muß eine Genossenschaft eine erneute Verbandszugehörigkeit erwerben. Andernfalls droht ihr die gerichtliche Auflösung (vgl. im einzelnen § 54a GenG).

Der Prüfungsverband soll die **Rechtsform des eingetragenen Vereins** haben. Mitglieder können nur eingetragene Genossenschaften und ohne Rücksicht auf ihre Rechtsform solche Unternehmungen sein, die sich ganz oder überwiegend in der Hand eingetragener Genossenschaften befinden oder dem Genossenschaftswesen dienen. Verbände, Prüfer und Prüfungsgesellschaften sind zur gewissenhaften und unparteiischen Prüfung und zur Verschwiegenheit verpflichtet. Sie dürfen Geschäfts- und Betriebsgeheimnisse, die sie bei der Wahrnehmung ihrer Obliegenheiten erfahren haben, nicht unbefugt verwerten. Wer seine Obliegenheiten vorsätzlich oder fahrlässig verletzt, haftet der Genossenschaft für den daraus entstandenen Schaden.

3. Prüfungsverfahren

Zur Prüfung der Genossenschaft bedient sich der Prüfungsverband der von ihm angestellten Prüfer (§ 55 GenG). Mitglieder und Angestellte der zu prüfenden Genossenschaft dürfen die Prüfung nicht vornehmen. Die Prüfer haben gem. § 57 Abs. 1 GenG das **Recht auf Einsicht in die Bücher** und Schriften der Genossenschaft; sie können den **Kassenbestand** und den Bestand an Wertpapieren und Waren **untersuchen** und sämtliche **Aufklärungen** und Nachweise **verlangen,** die sie für eine sorgfältige Prüfung benötigen. Der Aufsichtsratsvorsitzende ist vom Beginn der Prüfung rechtzeitig zu verständigen; über wichtige Feststellungen, nach denen dem Prüfer sofortige Maßnahmen des Aufsichtsrats erforderlich erscheinen, soll der Prüfer unverzüglich den Aufsichtsratsvorsitzenden informieren. In einer gemeinsamen Sitzung von Vorstand und Aufsichtsrat soll über das voraussichtliche Ergebnis mündlich berichtet werden.

4. Prüfungsbericht

Über das Ergebnis der Prüfung erstattet der Prüfungsverband einen schriftlichen Bericht. Dieser muß dem Vorstand der Genossenschaft unter gleichzeitiger Benachrichtigung des Aufsichtsratsvorsitzenden vorgelegt werden. Jedes Aufsichtsratsmitglied hat ein Einsichtsrecht. Über das Ergebnis der Prüfung haben dann Vorstand und Aufsichtsrat in gemeinsamer Sitzung unverzüglich zu beraten.

Der Prüfungsverband stellt über die stattgefundene Prüfung eine **Bescheinigung** aus, die gem. § 59 GenG vom Vorstand zum **Genossenschaftsregister** einzureichen ist. Der Prüfungsbericht ist Gegenstand der **Beschlußfassung** der nächsten **Generalversammlung**. In dieser hat sich der Aufsichtsrat über die wesentlichen Feststellungen oder Beanstandungen der Prüfung zu erklären. Auf Antrag des Prüfungsverbandes oder auf Beschluß der Generalversammlung ist der Bericht ganz oder in bestimmten Teilen zu verlesen. In Ausnahmefällen kann der Prüfungsverband sogar eine außerordentliche Generalversammlung einberufen und bestimmen, über welche Gegenstände zur Beseitigung festgestellter Mängel verhandelt und beschlossen werden soll.

VII. Rechtsstellung der Mitglieder

• **Lernhinweis:** Wiederholen Sie zunächst, was oben zur Vermögensordnung der Genossenschaft gesagt wurde. Die vermögensrechtliche Rechtsstellung der Genossen wird bestimmt durch den Geschäftsanteil, das Geschäftsguthaben sowie eine etwaige (unbeschränkte oder in Höhe der Haftsumme begrenzte) Nachschußpflicht.

1. Rechte der Mitglieder

a) Genossenschaftliche Teilnahme

Der genossenschaftlichen Idee entsprechend steht bei den Mitgliedern primär die Teilnahme an den durch gemeinschaftlichen Geschäftsbetrieb geschaffenen genossenschaftlichen Einrichtungen im Vordergrund.
Beispiele: Konsumgenossenschaften bieten ihren Mitgliedern preisgünstigen Einkauf von Wirtschaftsgütern des täglichen Bedarfs; Maschinengenossenschaften stellen Mitgliedern Mähdrescher zur Verfügung, um die Ernte einzubringen; Baugenossenschaften bieten ihren Mitgliedern den Erwerb von Eigenheimen oder Wohnungseigentum zu Vorzugskonditionen an.

b) Mitverwaltungsrechte

Wie bei allen juristischen Personen üben auch bei der Genossenschaft die Mitglieder ihre Rechte in Form der Abstimmung in der Generalversammlung aus. Hierbei ist zu beachten, daß in der Regel jeder Genosse nur eine Stimme hat. Das Statut kann jedoch „verdienten" Genossen ein Mehrstimmrecht einräumen. Bei Beschlüssen, die nach den gesetzlichen Bestimmungen ¼ der abgegebenen Stimmen oder eine größere Mehrheit voraussetzen, gewähren auch Mehrstimmrechte nur eine Stimme. Zur Ausübung des Stimmrechts vgl. § 43 GenG und oben V. 3.

c) Anspruch auf Gewinn

Der bei Feststellung des Jahresabschlusses für die Genossen sich ergebende Gewinn oder Verlust des Geschäftsjahres ist nach § 19 Abs. 1 S. 1 GenG auf die Mitglieder zu verteilen.

aa) Maßstab der Gewinnverteilung

Hier ist zwischen der gesetzlichen und einer möglicherweise im Statut abweichend geregelten Gewinnverteilung zu unterscheiden. § 19 Abs. 1 S. 2 GenG sieht für die gesetzliche Gewinnverteilung vor, daß **für das erste Geschäftsjahr** der Gewinn **nach dem Verhältnis** der von den Genossen auf den Geschäftsanteil geleisteten **Einzahlungen** verteilt wird. Für jedes **folgende Geschäftsjahr** sieht es eine Verteilung **nach dem Verhältnis** ihres durch die Zuschreibung von Gewinn oder die Abschreibung von Verlust zum Schluß **des** vorausgegangenen Geschäftsjahres ermittelten **Geschäftsguthaben** vor. Eine Zuschreibung des Gewinns erfolgt bis zum Erreichen des Geschäftsanteils (siehe oben).

Das Genossenschaftsstatut kann andere Maßstäbe für die Verteilung von Gewinn oder Verlust aufstellen. Es kann auch Bestimmungen darüber treffen, inwieweit der Gewinn vor Erreichung des Geschäftsanteils an die Genossen auszuzahlen ist. Bis zur Wiederergänzung eines durch Verlust verminderten Guthabens erfolgt jedoch keine Gewinnauszahlung (§ 19 Abs. 2 GenG – lesen!). Das Genossenschaftsstatut kann auch festlegen, daß der Gewinn nicht verteilt, sondern der gesetzlichen Rücklage und anderen Ergebnisrücklagen zugeschrieben wird (§ 20 GenG – lesen!).

bb) Aufstellung von Jahresabschluß und Lagebericht

Auch für die Genossenschaft finden sich die Vorschriften über die Aufstellung des Jahresabschlusses seit dem Bilanzrichtliniengesetz von 1985 detailliert im 3. Buch des HGB. Somit gelten für die Rechnungslegung der Genossenschaft die folgenden Regeln:

- Die allgemeinen Vorschriften für alle Kaufleute (§§ 238–263 HGB);
- die Vorschriften über Kapitalgesellschaften (§§ 264ff. HGB); aber nur soweit § 336 Abs. 2 HGB auf sie verweist, und
- die speziellen Vorschriften für die Genossenschaft in §§ 336ff. HGB.

Danach hat der Vorstand einer Genossenschaft gem. § 336 Abs. 1 HGB einen um einen Anhang erweiterten Jahresabschluß (Bilanz, Gewinn- und Verlustrechnung) sowie einen Lagebericht aufzustellen. Das Genossenschaftsgesetz verpflichtet nach § 33 Abs. 1 den Vorstand, die erforderlichen Bücher der Genossenschaft ordnungsgemäß zu führen und den Jahresabschluß samt Lagebericht unverzüglich nach ihrer Aufstellung dem Aufsichtsrat und mit dessen Bemerkungen der Generalversammlung vorzulegen.

cc) Gewinnverteilung

Über die Verteilung von Gewinn und Verlust beschließt nach § 43 GenG die Generalversammlung mit einfacher Mehrheit (wobei jeder Genosse eine Stimme hat, mehrstimmberechtigte Genossen maximal drei Stimmen).

2. Pflichten der Mitglieder

a) Hauptpflichten

Das Gesetz begründet für Mitglieder von Genossenschaften vor allem nachfolgende Pflichten:

- Pflicht zur Zahlung der Mindesteinlage **(Beitragspflicht),**
- gegebenenfalls die Pflicht zur Leistung von Nachschüssen **(Nachschußpflicht),**
- schließlich die Pflicht zur Deckung eines etwaigen Fehlbetrags beim Ausscheiden des Genossen **(Deckungspflicht).**

b) Zusätzliche Pflichten

Das Statut kann den Mitgliedern weitere Pflichten auferlegen. Beispiel: Abnahme genossenschaftlicher Erzeugnisse; Ablieferung von Eigenprodukten an die Genossenschaft; weitere Mitwirkungs- oder Förderungspflichten. Im Gegensatz zur Aktiengesellschaft können **Pflichten beliebigen Inhalts** begründet werden. Zu beachten ist jedoch, daß bei späteren Änderungen des Statuts, durch die eine Verpflichtung der Genossen zur Inanspruchnahme von Einrichtungen oder anderen Leistungen der Genossenschaft oder zur Leistung von Sachen oder Diensten eingeführt oder erweitert wird, nicht nur die auch im Genossenschaftsrecht für die normale Satzungsänderung übliche ¾-Mehrheit, sondern eine ⁹⁄₁₀-Mehrheit erforderlich ist (§ 16 Abs. 3 S. 1 GenG).

3. Erwerb und Verlust der Mitgliedschaft

a) Erwerb

Die Mitgliedschaft in der Genossenschaft wird erworben

- **bei Gründung** durch Mitunterzeichnung des Statuts oder
- **durch späteren Eintritt** in Form der **schriftlichen Beitrittserklärung** (wobei das Genossenschaftsstatut für die Aufnahme besondere Voraussetzungen aufstellen kann). Weiter ist erforderlich die Eintragung in die beim Gericht des Genossenschaftsregisters geführte **Genossenliste**. Erst dadurch wird gem. § 15 Abs. 3 GenG (lesen!) das Mitgliedschaftsrecht des Beitretenden erworben; die Eintragung in die Genossenliste wirkt somit konstitutiv.
- Die Mitgliedschaft kann darüber hinaus erworben werden durch **Erbfall** (§ 77 GenG) oder im Fall der **Verschmelzung** (vgl. § 93h GenG: Die Genossen der übertragenden Genossenschaft werden mit allen Rechten und Pflichten Mitglieder der übernehmenden Genossenschaft).

b) Unübertragbarkeit der Mitgliedschaft

Die Mitgliedschaft in einer Genossenschaft ist nicht übertragbar. Sie ist auch nur beschränkt vererblich: Nach § 77 GenG geht die Mitgliedschaft mit dem Tode des Genossen zwar auf den Erben über, sie endet aber mit dem Schluß des Geschäftsjahres, in dem der Erbfall eingetreten ist. Das Statut kann jedoch bestimmen, daß beim Tode eines Genossen dessen Mitgliedschaft durch die Erben fortgesetzt wird.

Von der Übertragung der Mitgliedschaft ist die **Übertragung des Geschäftsguthabens** streng zu trennen. § 76 GenG läßt die jederzeitige Übertragung des **Geschäftsguthabens** (schriftlich) zu, allerdings mit Einschränkungen: Der Erwerber muß an Stelle des Veräußerers Mitglied werden; wird das Guthaben auf einen Erwerber übertragen, der bereits Mitglied ist, darf dessen bisheriges Guthaben mit dem ihm zuzuschreibenden Betrag den Geschäftsanteil nicht übersteigen. Auch hier kann das Genossenschaftsstatut an die Übertragung weitere Bedingungen knüpfen oder sie gänzlich ausschließen.

c) Verlust

Die Mitgliedschaft wird verloren durch

- **Tod** des Genossen,
- **freiwilliges Ausscheiden** in Form der **Kündigung** sowie der zulässigen **Abtretung des Geschäftsguthabens** (siehe oben),
- die **Ausschließung** eines Genossen gem. § 68 GenG (lesen!).

Beispielhaft nennt das Gesetz als Ausschließungsgrund die Mitgliedschaft in einer anderen Genossenschaft, welche an demselben Ort ein gleichartiges Geschäft betreibt; das Statut kann darüberhinaus weitere Gründe einführen.

VIII. Auflösung, Verschmelzung und Konkurs der Genossenschaft

1. Auflösung

Das Gesetz sieht die Auflösung von Genossenschaften in nachfolgenden Fällen vor (vgl. §§ 78 ff. GenG):

- durch **jederzeit möglichen Beschluß** der Generalversammlung mit ¾ Mehrheit,
- durch einen im Statut festgelegten **Zeitablauf,**
- durch **Beschluß des Registergerichts** (wenn die Zahl der Genossen unter die Mindestzahl der Gründer sinkt),
- beim **Nichtanschluß** an einen **Prüfungsverband** (ebenfalls durch Gericht),
- wegen gesetzwidriger Handlungen durch behördliche Entscheidung,
- durch Löschung im Genossenschaftsregister wegen **Vermögenslosigkeit** auf Antrag des Prüfungsverbandes,
- durch **Verschmelzung** und **Konkurs** (siehe unten).

Im Falle der Auflösung erfolgt die Liquidation nach Maßgabe der §§ 83 ff. GenG.

2. Verschmelzung

Das Gesetz kennt auch bei der Genossenschaft **zwei Formen** der Verschmelzung (Fusion).

- Die Fusion **durch Übertragung des Vermögens** einer Genossenschaft als **Ganzes auf eine andere** Genossenschaft und
- Fusion **durch Neubildung.**

Im ersten Fall bleibt von zwei Genossenschaften eine als übernehmende Genossenschaft bestehen, im zweiten Fall wird durch zwei sich vereinigende Genossenschaften eine neue Genossenschaft errichtet.

a) Verschmelzung nach § 93a GenG

Genossenschaften gleicher Haftart können gem. §§ 93a ff. GenG unter Ausschluß der Liquidation in der Weise vereinigt (verschmolzen) werden, daß das Vermögen der einen Genossenschaft (**übertragende Genossenschaft**) als Ganzes auf eine andere Genossenschaft (**übernehmende Genossenschaft**) übertragen

§ 12. Die eingetragene Genossenschaft

wird. Die Verschmelzung ist auch zulässig, wenn die übertragende Genossenschaft aufgelöst ist, die Verteilung des Vermögens unter die Genossen aber noch nicht begonnen hat. Der Verschmelzungsvertrag bedarf der Schriftform. Für die Verschmelzung ist ein mit mindestens ¾ **der abgegebenen Stimmen** gefaßter Beschluß jeder Genossenschaft erforderlich. Zuvor ist der Prüfungsverband darüber zu hören, ob die Verschmelzung mit den Belangen der Genossen und der Genossenschaftsgläubiger zu vereinbaren ist. Danach ist die Verschmelzung vom Vorstand jeder Genossenschaft zur Eintragung in das Genossenschaftsregister anzumelden.

Mit der Eintragung in das Genossenschaftsregister des Sitzes der übertragenden Genossenschaft geht deren Vermögen einschließlich der Schulden auf die übernehmende Genossenschaft im Wege der **Universalsukzession** über (es bedarf also keiner einzelnen Übertragungsakte: Grundbücher und andere Register werden unrichtig, sie sind zu berichtigen!).

Mit der Eintragung der Verschmelzung erlischt die übertragende Genossenschaft. Einer besonderen Löschung bedarf es nicht.

b) Verschmelzung durch Neubildung

Genossenschaften gleicher Haftart können nach § 93s GenG unter Ausschluß der Liquidation auch durch Bildung einer neuen Genossenschaft in der Weise verschmolzen werden, daß das Vermögen der Genossenschaften (übertragende Genossensch**aften**) als Ganzes **auf eine neue Genossenschaft** (übernehmende Genossenschaft) übergeht. Für die Errichtung der neuen Genossenschaft durch die sich vereinigenden Genossenschaften gelten zunächst die allgemeinen Gründungsvorschriften nach näherer Maßgabe des § 93s GenG (vgl. im einzelnen dort).

3. Konkurs

Für den Konkurs einer Genossenschaft gelten die Vorschriften der Konkursordnung, allerdings mit folgenden Besonderheiten:

a) Konkursgrund

Bei Genossenschaften mit Nachschußpflicht ist **Zahlungsunfähigkeit** Konkursgrund, nicht dagegen bloße Überschuldung. Der Grund dafür liegt darin, daß durch die Nachschußpflicht der Genossen den Gläubigern ein ausreichender Haftungsstock gewährleistet wird. Dieser Gedanke kann aber nur **bei** Genossenschaften mit **unbeschränkter Nachschußpflicht** gelten. Konsequenterweise erweitert das Gesetz den Konkursgrund demzufolge

- **bei Genossenschaften ohne Nachschußpflicht** (hier ist bereits die **Überschuldung** Konkursgrund) sowie
- **bei Genossenschaften mit beschränkter Nachschußpflicht** (hier ist ausreichend, **wenn die Überschuldung ¼ des Betrages aller Haftsummen übersteigt**).

Im einzelnen vgl. § 98 GenG.

b) Realisierung der Nachschußpflicht

Nach § 105 Abs. 1 GenG sind die Mitglieder einer Genossenschaft verpflichtet, die im Statut festgesetzten Nachschüsse zur Konkursmasse zu leisten, soweit die Konkursgläubiger nicht befriedigt werden. Die Nachschüsse sind im Zweifel nach Köpfen zu leisten. Außerdem kennt das Genossenschaftsgesetz eine **Ausfallhaftung** (ähnlich der Nachschußpflicht bei der GmbH, siehe oben): Nachschüsse, die von einzelnen Genossen nicht eingezogen werden können, werden auf die übrigen Genossen verteilt (§ 105 Abs. 3 GenG – lesen!).

Im übrigen werden die Nachschüsse vom Konkursverwalter in einem speziellen Umlageverfahren nach §§ 106ff. GenG eingezogen.

• **Lernhinweis:** Noch einmal sei betont: Die Pflicht zur Leistung von Nachschüssen besteht gegenüber der Gesellschaft, nicht gegenüber dem Gläubiger unmittelbar. Eine direkte Haftung der Genossen den Gläubigern gegenüber gibt es nicht mehr. Beachten Sie den Unterschied zur Kommanditgesellschaft: Kommanditisten können unmittelbar (bis zur Höhe ihrer Einlage) in Anspruch genommen werden, soweit sie ihre Einlage nicht geleistet haben!

IX. Steuerliche Behandlung der Genossenschaft

Die Genossenschaft ist als juristische Person selbständiges Steuersubjekt.

1. Körperschaftsteuer

Es gelten im wesentlichen dieselben Vorschriften wie bei den Kapitalgesellschaften. Der allgemeine Steuersatz für die Gewinne der Genossenschaft beträgt 56 Prozent. Besonderheiten gelten bei den sog. Warenrückvergütungen. Diese können bei der Gewinnermittlung als Betriebsausgaben abgesetzt werden (§ 22 KStG), wenn die dafür verwendeten Beträge im Mitgliedergeschäft erwirtschaftet wurden. Für landwirtschaftliche Nutzungs- und Verwertungsgenossenschaften gilt nach § 25 KStG der besondere Freibetrag von 30000 DM.

Die Dividenden der einzelnen Genossen sind bei diesen Einkünfte aus Kapitalvermögen gem. § 20 Abs. 1 Ziff. 1 EStG. Soweit es sich um Geschäftsanteile im Betriebsvermögen handelt, sind es Einkünfte aus Gewerbebetrieb bzw. aus Land- und Forstwirtschaft. Im übrigen gilt bei der Einkommensteuerpflicht der Genossen wie in den übrigen Fällen das Anrechnungsverfahren.

2. Gewerbesteuer

Die Genossenschaft gilt als Gewerbebetrieb kraft Rechtsform. Erwerbs- und Wirtschaftsgenossenschaften sind unter bestimmten Voraussetzungen von der Gewerbesteuer gem. § 3 Ziff. 8 GewStG befreit.

3. Vermögensteuer

Auch die Genossenschaft ist selbständiges Vermögensteuersubjekt. Bestimmte Genossenschaften sind begünstigt.

4. Kapitalverkehrsteuer

Die eingetragene Genossenschaft ist nicht im Katalog der gesellschaftsteuerlichen Kapitalgesellschaften i. S. von § 5 KVStG aufgenommen.

5. Umsatzsteuer

Auch die Genossenschaft gilt als Unternehmer i. S. des UStG.

Wiederholungsfragen und Übungsfälle zu § 12

Wiederholungsfragen

Welche Muß-Vorschriften und welche Kann-Vorschriften gelten für das Statut der Genossenschaft? (Seite 265)
Ist der Aufsichtsrat bei einer Genossenschaft zwingend oder fakultativ vorgeschrieben? (Seite 266)
Wo wird das Genossenschaftsregister geführt? (Seite 266)
Wie erfolgt die Aufnahme in die Genossenschaft? (Seite 273)
Welche Mehrheitsverhältnisse sind bei der Änderung des Statuts einer Genossenschaft erforderlich? (Seite 268)
Wie ist die Gewinn- und Verlustverteilung bei der Genossenschaft geregelt? (Seite 271 f.)
Welche Personenzahl kennt das Genossenschaftsgesetz für den Vorstand? (Seite 267)
Gilt für die Vertretung der Genossenschaft Gesamtvertretung oder Einzelvertretung? (Seite 267)
Ist es möglich, die Vergütung der Aufsichtsratsmitglieder einer Genossenschaft vom Geschäftsergebnis abhängig zu machen? (Seite 267)
Welches Stimmrecht gilt bei der genossenschaftlichen Generalversammlung? (Seite 268)
Was versteht man unter der „Vertreterversammlung" bei Genossenschaften; wann ist sie zu bilden? (Seite 268)
Welche Formalien gelten hinsichtlich der Einberufung einer genossenschaftlichen Generalversammlung? (Seite 268)
Welche Aufgaben hat die Generalversammlung? (Seite 268)
Welche Rechtsmittel hat ein Genosse, der gegen einen seiner Ansicht nach gesetzwidrigen Beschluß einer Generalversammlung vorgehen will? (Seite 268 f.)
Was versteht man unter der genossenschaftlichen Pflichtprüfung, was unter einem Prüfungsverband? (Seite 269 f.)
Welche Rechte haben genossenschaftliche Prüfungsorgane? (Seite 270)

Übungsfälle

a) Der gefeuerte Geschäftsführer

Gustav war Geschäftsführer der XY-Raiffeisen-Genossenschaft. In seinem Anstellungsvertrag war unter anderem folgender Passus enthalten: „Der Vertrag kann nur aus

278   3. Kapitel. Recht der Körperschaften

Gründen, die eine fristlose Kündigung zulassen, gelöst werden. Außerdem ist vorher die Zustimmung des zuständigen Genossenschaftsverbandes herbeizuführen."

Nach einiger Zeit kommt es zu Differenzen zwischen Gustav und dem Aufsichtsrat, als sich herausstellt, daß Gustav erhebliche Pflichtwidrigkeiten begangen hat. Daraufhin beschloß der Aufsichtsrat, Gustav mit sofortiger Wirkung als geschäftsführendes Vorstandsmitglied abzuberufen. Eine kurz darauf stattfindende Generalversammlung bestätigte diesen Beschluß.

Gustav klagt nun gegen die Genossenschaft auf Fortzahlung seines Gehalts mit der Begründung, die Kündigung sei gar nicht wirksam, weil man die Zustimmung des zuständigen Genossenschaftsverbandes nicht eingeholt habe. Was sagen Sie dazu?

b) Der getäuschte Genosse

Gustav Gütlich trat durch schriftliche Erklärung vom 1.4. 1983 der Winzergenossenschaft XY bei. Dabei verpflichtete er sich, auf den Geschäftsanteil einen Barbetrag von 25 000 DM sofort nach Aufnahme zu zahlen und die zur Befriedigung der Gläubiger erforderlichen Nachschüsse bis zu einer im Statut festgelegten Haftsumme zu leisten. Zuvor war durch besonderen Vertrag bestimmt worden, daß Gustav entgeltlich als Repräsentant der Genossenschaft tätig sein sollte. In diesem Vertrag verpflichtete sich Gustav ebenfalls zur Zahlung der 25 000 DM sofort nach Eintritt in die Genossenschaft. Das Genossenschaftsstatut in der beim Eintritt von Gustav geltenden Fassung bestimmte unter anderem, daß die Genossen der beschränkten Haftpflicht unterliegen sollen und zwar bis zur Höhe des Geschäftsanteils. In der Folgezeit wurde Gustav in die Liste der Genossen beim Registergericht eingetragen. Seiner Zahlungspflicht kam er jedoch nicht nach. Als die Genossenschaft schließlich in wirtschaftliche Schwierigkeiten gerät und das Konkursverfahren beantragen muß, verlangt der eingesetzte Konkursverwalter von Gustav die Zahlung der noch ausstehenden Einlage. Dieser verneint eine rechtswirksame Verpflichtung, weil er beim Eintritt in die Genossenschaft arglistig getäuscht worden sei. Der damalige Geschäftsführer habe ihm nämlich eine niedrigere Zahlungsverpflichtung vorgespiegelt, als sie nach den vertraglichen und statutarischen Gegebenheiten bestünde.

Wird Gustav mit diesem Vorbringen Gehör finden?

Musterlösungen

Zu a) Wiederholen Sie zunächst Seite 267f.

Anspruchsgrundlage für die Gehaltsfortzahlung ist § 611 BGB. Es müßte jedoch für die betreffende Zeit ein wirksamer Anstellungsvertrag bestanden haben. Durch die fristlose Kündigung könnte der Vertrag beendet worden sein. Die sachlichen Voraussetzungen der fristlosen Kündigung werden offensichtlich von Gustav nicht bestritten, da er sich erheblicher Pflichtverletzungen schuldig gemacht hat. Er beruft sich jedoch auf die fehlende Zustimmung des Genossenschaftsverbandes. Der einschlägige Passus seines Anstellungsvertrages sah zur Wirksamkeit der Kündigung die Zustimmung dieses Verbandes vor. Dies hat aber nur dann Einfluß, wenn diese Klausel überhaupt zulässig ist. Nach § 40 GenG steht die Entscheidung über die fristlose Kündigung des Dienstverhältnisses eines Vorstandsmitglieds ausschließlich der Generalversammlung zu. Bis zu deren Entscheidung steht diese Befugnis dem Aufsichtsrat zu. Gegen diese zwingende Regelung verstößt eine Vertragsklausel, nach der das Dienstverhältnis nur mit Zustimmung des Genossenschaftsverbandes fristlos gekündigt werden kann. Eine derartige Einschränkung der ausschließlichen Zuständigkeit der Generalversammlung ist unzulässig und damit nichtig. Das bedeutet für unseren Fall, daß die vom Aufsichtsrat und der Generalversammlung ausgesprochene Kündigung auch ohne Zustimmung des Genossenschaftsverbandes wirksam war. Die Klage Gustavs auf Gehaltsfortzahlung ist unbegründet.

Zu b) Wiederholen Sie zunächst Seite 273

Es geht um die Frage, ob Gustav seinen Beitritt anfechten kann. Rechtsgrundlage für die Anfechtung wäre § 123 Abs. 1 BGB, sofern man die tatbestandlichen Voraussetzuungen einer arglistigen Täuschung bejahen kann. Die Konsequenz nach allgemeinem bürgerlichen Recht wäre, daß die angefochtete Erklärung mit rückwirkender Kraft nichtig ist (§ 142 Abs. 1 BGB). Es ist jedoch fraglich, ob die Anfechtung mit rückwirkender Kraft im Gesellschaftsrecht, und hier wiederum im Genossenschaftsrecht, zulässig ist. Die ständige Rechtsprechung (vgl. BGH MDR 1976, 737) verneint dies. Wenn ein Genosse der Genossenschaft beitreten wollte und dies in der gesetzlich vorgeschriebenen Weise nach §§ 15, 15a GenG erklärt hat, kann er sich den damit verbundenen Rechtsfolgen, namentlich der Beitragspflicht, nicht dadurch rückwirkend entziehen, daß er seine Beitrittserklärung wegen Willensmängeln anficht. Gustav hatte seinen Betritt erklärt und war daraufhin auch in die Liste der Genossen eingetragen worden. Bloße Willensmängel berechtigen ihn nicht zur Anfechtung mit rückwirkender Kraft. Diese Einschränkung beruht auf der Erwägung, daß den Belangen des Rechtsverkehrs, vor allem dem Interesse der Gläubiger an der Einhaltung des im Beitritt liegenden Haftungsversprechens Vorrang vor dem Interesse des einzelnen Genossen zukommt, sich von einer arglistig veranlaßten Beitrittserklärung loszusagen. Kapitalkraft und Kreditwürdigkeit eines Verbandes hängen entscheidend von der Rechtsbeständigkeit der Beitrittserklärungen seiner Mitglieder ab. Bei der Genossenschaft fehlt es zwar im Unterschied zu den Kapitalgesellschaften an einem festen Garantiekapital, jedoch bilden auch hier Einzahlungen der Mitglieder auf den Geschäftsanteil eine Kapitalgrundlage, die das Gesetz durch zwingende Vorschriften, wie etwa § 22 GenG zu sichern sucht. Die rückwirkende Vernichtung der Mitgliedschaft würde das im Interesse des Rechtsverkehrs notwendige Vertrauen zerstören. Es kann deshalb dahin stehen, ob im vorliegenden Fall der Tatbestand einer arglistigen Täuschung letztendlich zu bejahen ist. Gustav kann sich mit seinem Vorbringen nicht seiner Zahlungsverpflichtung entziehen.

4. Kapitel
Besondere Unternehmensformen

§ 13. Die GmbH & Co. KG

• **Lernhinweis:** Bei der GmbH & Co. KG handelt es sich um einen Fall der „Grundtypenvermischung": Es werden Elemente der GmbH und solche der Kommanditgesellschaft kombiniert. Dafür gibt es im wesentlichen zwei Motive: die Haftungsbeschränkung und die Steuerentlastung. Die GmbH & Co. KG hat auch nach der Reform des Körperschaftsteuerrechts im Wirtschaftsleben eine große Bedeutung. Schon hieraus ergibt sich die Berechtigung, dieser Gesellschaftsform auch in Studium und Prüfung einen angemessenen Platz zuzuweisen. Es ist deshalb mehr als ein wohlgemeinter Ratschlag, sich die GmbH & Co. KG und die bei ihr auftretenden Probleme genauestens anzusehen. Zweckmäßigerweise wird dies zuerst in Form der Repetition des Rechts der GmbH und der KG geschehen. Im nachfolgenden Abschnitt werden lediglich die Besonderheiten herausgestellt.

I. Wesensmerkmale der GmbH & Co. KG

1. Begriff

Die GmbH & Co. KG ist eine **Personengesellschaft des Handelsrechts** (nämlich eine Kommanditgesellschaft), **deren** (in der Praxis meist einziger) **Komplementär eine Gesellschaft mit beschränkter Haftung ist.**

Schaubild: Modell der „klassischen" GmbH & Co. KG

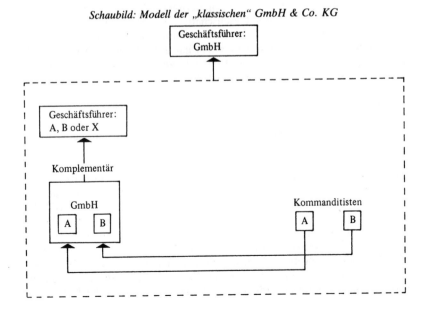

Begrifflich ist denkbar, daß sich neben der Komplementär-GmbH noch weitere Personen (juristische oder natürliche) an der Kommanditgesellschaft als persönlich haftende Gesellschafter beteiligen. Da jedoch in diesen Fällen die mit Gründung der GmbH & Co. KG bezweckte Haftungsbeschränkung wieder entfiele, sind solche Konstruktionen selten. In aller Regel sind die Gesellschafter der GmbH identisch mit den Kommanditisten der GmbH & Co. KG. Als Geschäftsführer der GmbH können sowohl die GmbH-Gesellschafter als auch dritte Personen auftreten.

2. Rechtliche Anerkennung

Bei der GmbH & Co. KG liegt eine „**Grundtypenvermischung**" vor. Heute ist die rechtliche Zulässigkeit dieser Konstruktion nicht mehr bestritten. Dies gilt sowohl für das Gesellschaftsrecht als auch für das Steuerrecht. In steuerrechtlicher Hinsicht hat sich die Problematik auf Detailbereiche verlagert, etwa in welchem Umfang Gewinnverteilungsabreden im Rahmen der GmbH & Co. KG zulässig sind.

a) Handelsrechtliche Entwicklung

Der geschichtliche Rückblick zeigt, daß die **Beliebtheit** dieser Gesellschaftsform **eng mit der Entwicklung des Steuerrechts zusammenhängt:** Die GmbH & Co. KG wurde entdeckt nach Aufkommen der Körperschaftsteuergesetze (erstmals durch die Einführung der steuerlichen Doppelbelastung für die GmbH und ihre Gesellschafter in Bayern mit Gesetz vom 14. 8. 1910, in Kraft getreten 1912). Nachdem die Eintragung dieser nach damaliger Ansicht „ungewöhnlichen" Gesellschaftsform von den Registergerichten zunächst abgelehnt wurde, bejahte das Bayerische Oberste Landesgericht mit Beschluß vom 16. 2. 1912 die grundsätzliche Zulässigkeit der GmbH & Co. KG („Die Absicht, eine Kommanditgesellschaft in steuervermindernder Absicht zu gründen, kann nicht die Unwirksamkeit des Gesellschaftsvertrages zur Folge haben. Die Gesellschafter haben lediglich den zur Erreichung ihrer Ziele gesetzlich zulässigen Weg beschritten"). Das Reichsgericht hat dann in seinem grundlegenden Beschluß vom 4. 7. 1922 (RGZ 105, 101 ff.) die gesellschaftsrechtliche Zulässigkeit der GmbH & Co. KG letztinstanzlich bejaht.

• **Lernhinweis:** Die Lektüre dieser Grundsatzentscheidung sei empfohlen! Dort heißt es: „Daß der Gesetzgeber bei Regelung der Rechtsverhältnisse der offenen Handelsgesellschaft und der Kommanditgesellschaft zunächst nur natürliche Personen als persönlich haftende Gesellschafter im Auge gehabt hat, wird nicht geleugnet werden können. Es handelt sich in beiden Fällen um Personal- und Arbeitsgemeinschaften mit stark persönlichem Einschlage im Gegensatze zu den Kapitalgesellschaften. Darauf weisen insbesondere auch die Vorschriften der §§ 106 Nr. 1, 108, 118, 131 Nr. 4, 139, 161 Abs. 2 HGB hin. Aber diese Vorschriften betreffen nur den Regelfall, und es besteht kein rechtliches Hindernis, sie entsprechend auf solche Gesellschaften anzuwenden, welche, wie die GmbH, juristische Personen sind... Daß tatsächlich juristische Personen gleich den natürlichen Gesellschaftsverträge abschließen können, ist längst anerkannt und unstreitig. Es kann aber auch nicht zugegeben werden, daß die Natur der offenen Handelsgesellschaft oder der Kommanditgesellschaft mit der Zulassung einer GmbH als eines persönlich haftenden Gesellschafters unvereinbar ist. Zwar trifft es zu, daß bei einer GmbH die Haftung der Gesellschafter an sich eine beschränkte ist, während gerade die unbeschränkte Haftung des persönlich haftenden Gesellschafters das Kennzeichen der offenen Handels- und der Kommanditgesellschaft sein soll. Allein damit ist nicht gesagt, daß ohne weiteres der natürliche persönlich haftende Gesellschafter größeren Kredit genießen oder den Gläubigern größere Sicherheit gewähren müßte als die GmbH. In Wirklichkeit wird sehr häufig das Gegenteil der Fall sein und eine zahlungsfähige GmbH dem einzelnen Kaufmann mit geringen oder gefährdeten Mitteln vorgezogen werden. Ebensowenig darf gesagt werden, daß die GmbH nicht geeignet sei, sich mit solcher Hingebung, Stetigkeit und Wirksamkeit dem Geschäftsunternehmen zu widmen, wie dazu die natürliche Person imstande sei. Die GmbH wird erfahrungsgemäß nicht selten durch Geschäftsführer vertreten, welche das Unternehmen ihrer Gesellschaft geschaffen haben und dauernd leiten, welche infolge ihrer Beziehungen zur Gesellschaft (eigene Beteiligung, Gehalt, Tantieme) einen besonderen Anreiz zu tüchtiger und erfolgreicher Arbeit besitzen und daher im wesentlichen mit dem Geschäfte ebenso verwachsen sind, wie der natürliche Gesellschafter. Schließlich kann es auch keine Rolle spielen, daß die GmbH in der Lage ist, unabhängig vom Willen der übrigen Gesellschafter eingreifende Änderungen in ihrem Kapitalbestande (Kapitalherabsetzung) vorzunehmen oder gar ihre Auflösung zu beschließen. Derartige Wechselfälle sind ebensogut auch beim natürlichen Gesellschafter denkbar. Er kann in Vermögensverfall geraten oder sterben...

Das Hauptbedenken, welches gegen die Beteiligung einer GmbH als persönlich haftender Gesellschafterin einer Kommanditgesellschaft erhoben wird, besteht in der Möglichkeit, daß die GmbH von dritten Vertretern der Kommanditgesellschaft, also von geschäftsführenden Gesellschaftern, welche mit ihren Geschäftsführern nicht identisch sind, verpflichtet wird, ohne daß sie imstande ist, ihren abweichenden eigenen Willen geltend zu machen. Während nach dem Gesetze betr. die GmbH die Geschäftsführer jederzeit absetzbar sind und danach die Gesellschaft maßgebenden Einfluß in ihren Angelegenheiten behalten soll, kann dieser gesetzliche Zustand durch die Beteiligung an einer offenen Handelsgesellschaft oder Kommanditgesellschaft tatsächlich beseitigt werden. Allein, derartige Möglichkeiten bestehen auch ohne Beteiligung der GmbH als persönlich haftender Gesellschafterin einer Kommanditgesellschaft. Die GmbH kann durch Eingehung auch anders gearteter Gesellschaftsverhältnisse oder Teilnahme an Interessengemeinschaften das größte wirtschaftliche Risiko eingehen. Sie kann durch ihre Geschäftsführer mit bindender Wirkung gegenüber Dritten in Höhe ihres ganzen Vermögens verpflichtet werden. Die bloße Möglichkeit, einer solchen nicht gewollten Gefahr ausgesetzt zu sein, darf kein rechtliches Hindernis für die Beteiligung in der hier besprochenen Art bilden. Dies um so weniger, als es durchaus möglich ist, im Gesellschaftsvertrage durch verständige Organisation für Ausschaltung der Gefahr Sorge zu tragen. Die Leitung der umschließenden Gesellschaft kann durch den Gesellschaftsvertrag ausschließlich in die Hände der GmbH gelegt, oder es kann in der Organisation eine Regelung vorgesehen sein, welche die Mitwirkung der GmbH bei allen wesentlichen Rechtshandlungen notwendig macht.

Ergeben sich sonach aus der Natur weder der Kommanditgesellschaft noch der GmbH rechtliche Hindernisse für die Zulassung einer GmbH als persönlich haftender Gesellschafterin einer Kommanditgesellschaft, so kann auch nicht etwa die Rede davon sein, daß die zur Anmeldung gebrachte Gründung gegen die guten Sitten verstößt. An eine solche Würdigung könnte nur dann gedacht werden, wenn der einzige Zweck der Gründung die Umgehung des Steuergesetzes wäre. Allein, es besteht nach dem vorliegenden Material kein Anlaß zu einer dahingehenden Annahme. Hiervon abgesehen kann es aber auch dem Handelsverkehr nicht verwehrt werden, sich zwecks Erreichung seiner geschäftlichen Ziele solcher Formen und Organisationen zu bedienen, welche ihm die geringstmöglichen Unkosten verursachen."

b) Steuerrechtliche Entwicklung

Steuerrechtlich verläuft die Entwicklung der GmbH & Co. KG phasenverschoben parallel: Nach Anerkennung der GmbH & Co. KG durch das Bayerische Oberste Landesgericht nahmen die bayerischen Finanzbehörden eine restriktive Haltung ein. Sie verneinten die Zulässigkeit von Gewinnverteilungsabreden, wonach innerhalb der GmbH & Co. KG der überwiegende Gewinn den Gesellschaftern über die Kommanditbeteiligungen zufließen sollte, betrachteten vielmehr die GmbH weiterhin als die ausschließlich gewinnerzielende Gesellschaft, die den Gesamtgewinn der GmbH & Co. KG zu versteuern habe. Auf diese Weise unterlag der Gesamtgewinn der Besteuerung bei der GmbH und der Gewinnanteil des einzelnen Gesellschafters noch einmal der Einkommensteuer (Zitat der bayerischen Oberberufungskommission vom 18. 12. 1914: „Soweit die Bestimmungen des Gesellschaftsvertrages die Gewinnberechtigung ausschließlich den Kommanditisten einräumen, sind sie mit vollem Recht als nicht ernstlich gewollt von der Vorinstanz außer Betracht gelassen worden"). Die im Jahre 1919 in Kraft getretene Reichsabgabenordnung gab in § 5 AO (später § 6 StAnpG v. 1934, jetzt § 42 AO 1977) die Möglichkeit, Verträgen die Anerkennung zu versagen beim **„Mißbrauch von Formen- und Gestaltungsmöglichkeiten** des bürgerlichen Rechts zur Umgehung oder Minderung der Steuerpflicht". Noch in der Entscheidung vom 30. 6. 1922 bejahte der Reichsfinanzhof bei Gründung einer GmbH & Co. KG das Vorliegen einer **„ungewöhnlichen Rechtsform"** und damit einer Steuerumgehung (wobei in diesem Sonderfall sowohl GmbH als auch Kommanditgesellschaft am gleichen Tage gegründet worden waren). Auch in späteren Urteilen setzte sich die Finanzrechtsprechung über die gesellschaftsrechtlichen Formaltatbestände hinweg, weil **„wirtschaftliche Gründe für derartige Sachgestaltungen** nicht erkennbar seien". Erst allmählich bahnte sich ein Wandel der Auffassung in der Rechtsprechung an: „Es muß grundsätzlich dem Steuerpflichtigen überlassen bleiben, die Rechtsform, in der er sein Unternehmen betreiben will, selbst zu bestimmen. Ist die gewählte Rechtsform nicht ungewöhnlich, dann kann ihr die Steuerbehörde grundsätzlich nicht die steuerliche Anerkennung versagen mit der Begründung, eine andere – etwa steuerlich für den Fiskus günstigere – Form sei für die von den Beteiligten erstrebten Zwecke die natürliche gewesen. (Die Abgabenordnung) will (der) Steuerbehörde nicht das Recht geben, die Beteiligten zu nötigen, die Rechtsform zu wählen, bei der sie die meisten Steuern zu zahlen haben."

§ *13. Die GmbH & Co. KG* 285

Heute ist die Anerkennung der GmbH & Co. KG auch steuerrechtlich unbestritten: „**Es kann nicht als ein Mißbrauch von Gestaltungsmöglichkeiten des bürgerlichen Rechts angesehen werden, wenn ein Steuerpflichtiger zur Ersparung von Steuern die für ihn günstigste Rechtsform wählt.** Bei der einschneidenden Natur der Steuertarife kann es dem Steuerpflichtigen nicht verwehrt werden, die für ihn günstigste rechtliche Form zu wählen" (BFH BStBl. III 1951, 181). Spätere Urteile des Bundesfinanzhofes betreffen Teilprobleme und setzen damit die steuerliche Anerkennung der GmbH & Co. KG als selbstverständlich voraus.

3. Rechtsgrundlagen

Die GmbH & Co. KG ist eine Kommanditgesellschaft, es findet demzufolge das KG-Recht Anwendung. Heranzuziehen sind also die §§ 161 ff. HGB, ergänzend dazu die Vorschriften über die oHG und die BGB-Gesellschaft. Für die Komplementär-GmbH gilt das GmbH-Gesetz. Eine umfassende Regelung der GmbH & Co. KG als solcher kennt der Gesetzgeber nicht. Gleichwohl hat sie längst als Institution auch in die Gesetzgebung Eingang gefunden (vgl. etwa § 10 1. DVO zum Umwandlungsgesetz 1934 und § 5 Abs. 2 Ziff. 3 KVStG sowie §§ 19 Abs. 5, 125a, 130a, 172 Abs. 6, 172a, 177a HGB).

● **Lernhinweis:** Beachten Sie, daß der Gesetzgeber nunmehr verschiedene Sonderregelungen für die kapitalistische Personengesellschaft aufgestellt hat. Sie greifen ein bei der Firmierung (§ 19 Abs. 5 Satz 2 HGB), bei der Gestaltung von Geschäftsbriefen (§§ 125a, 177a HGB), bei kapitalersetzenden Gesellschafterdarlehen (§ 129a HGB bezüglich der oHG und § 172a HGB bezüglich der KG), im Konkursrecht (§§ 130a f., 177a HGB), bei der Leistung von Kommanditeinlagen in Form von Anteilen an den persönlich haftenden Gesellschaftern einer Kommanditgesellschaft (§ 172 Abs. 6 HGB). Beachten Sie jedoch weiterhin, daß diese Vorschriften nur eingreifen, wenn es sich um eine „ausschließlich kapitalistische" oHG bzw. KG handelt, also kein persönlich haftender Gesellschafter eine natürliche Person ist. Gehört zu den persönlich haftenden Gesellschaftern eine oHG oder KG, bei der ein persönlich haftender Gesellschafter eine natürliche Person ist, so finden die vorerwähnten Bestimmungen keine Anwendung (diese Einschränkungen finden sich in den genannten Paragraphen, vgl. auch die Schaubilder oben § 5, III, 1).

II. Gründungsmotive

● **Lernhinweis:** Bei der GmbH & Co. KG lassen sich die Bestimmungsfaktoren bei der Wahl der betrieblichen Rechtsform besonders deutlich analysieren. Repetieren Sie hierzu zunächst das über diese allgemeine Problematik im Gesellschaftsrecht Gesagte (vgl. oben § 2). Hier sollten Sie auch in der schriftlichen und mündlichen Prüfung Ihr betriebswirtschaftliches „Basiswissen" einbringen können. Prüfungsgespräche, die sich mit diesem Thema beschäftigen, knüpfen gerne an die GmbH & Co. KG an.

Mit der GmbH & Co. KG wird durch eine Grundtypenvermischung bezweckt, die Vorteile der GmbH mit denen der KG zu kombinieren.

1. Haftungsbeschränkung

Bei der klassischen GmbH & Co. KG wird eine umfassende Abschwächung des Haftungsrisikos dadurch erreicht, daß sich die **GmbH als einzige** Komplementärin an der KG beteiligt. Die natürlichen Personen haften als Kommanditisten nach §§ 171 ff. HGB beschränkt (vgl. oben). Die Komplementär-GmbH haftet **formell** zwar **unbeschränkt**, die **Realisierung** des Gläubigerzugriffs ist jedoch **faktisch beschränkt:** Die GmbH haftet nur mit ihrem Gesellschaftsvermögen (§ 13 Abs. 2 GmbHG). Die GmbH-Gesellschafter selbst haften nicht bzw. nur mittelbar mit ihrer in das GmbH-Vermögen geleisteten Einlage.

- **Lernhinweis:** Im täglichen Sprachgebrauch wird häufig gesagt, bei der GmbH & Co. KG entfalle die unbeschränkte persönliche Haftung der Gesellschafter. Das ist insofern unrichtig, als auch bei der GmbH & Co. KG die GmbH als Komplementärin dem Modell der Kommanditgesellschaft entsprechend das volle Haftungsrisiko trägt. Richtiger wäre dagegen zu sagen, daß die Realisierung der Haftung gegenüber der Komplementärin wegen der Beschränkung des Gläubigerzugriffs auf das GmbH-Vermögen reduziert ist. Man sagt zwar, dies sei auch bei natürlichen Personen gelegentlich so („wo nichts zu holen ist, hat der Kaiser das Recht verloren"); dabei ist jedoch ein entscheidender Unterschied zu beachten: Wenn die GmbH überschuldet ist, wird sie liquidiert (dann „stirbt" sie in der Tat). Wenn eine natürliche Person nicht in der Lage ist, ihre Gläubiger zu befriedigen, wird über ihr Vermögen das Konkursverfahren eröffnet, die Gläubiger fallen also ebenfalls aus; sie können jedoch mit dem Auszug aus der Konkurstabelle als Vollstreckungstitel jederzeit auf das Vermögen ihres Schuldners erneut zugreifen, sollte dieser wieder pfändbare Gegenstände erwerben.

Aus haftungsrechtlichen Gesichtspunkten gesehen wäre es viel einfacher, es bei der Gründung einer GmbH zu belassen. Derartige Haftungsbeschränkungen sind bei den Kapitalgesellschaften nicht ungewöhnlich, sondern gewollt. Die haftungsrechtliche Besonderheit der GmbH & Co. KG liegt also darin, daß sie eine **Rechtsform der Personenhandelsgesellschaft ist, bei der juristische Personen die unbeschränkte persönliche Haftung übernehmen.** Die Attraktivität der GmbH & Co. KG liegt darin, daß sich bei ihr die Vorzüge der Kommanditgesellschaft mit solchen der GmbH kombinieren lassen:

- das „Gesellschafts-Management" in der Kommanditgesellschaft ist dem GmbH-Geschäftsführer übertragen (damit kann trotz des bei der Kommanditgesellschaft geltenden Grundsatzes der Selbstorganschaft ein Dritter oder ein Kommanditist die Leitung übernehmen);
- die Rechtsform der Kommanditgesellschaft ermöglicht die einfache Kapitalbeschaffung durch Eintritt und Austritt von Gesellschaftern;
- die GmbH als juristische Person garantiert die Unternehmensperpetuierung („die GmbH stirbt nicht");
- keine natürliche Person übernimmt das unbeschränkte Haftungsrisiko.

2. Steuerliche Motive

Wie erwähnt, könnte man es aus dem Gesichtspunkt der Haftungsbeschränkung bei der Errichtung einer GmbH belassen. Die zweite Stufe, nämlich die

§ 13. Die GmbH & Co. KG

Gründung einer GmbH & Co. KG, ist steuerlich motiviert. Namentlich unter Geltung des vor Einführung des sog. „Anrechnungsverfahrens" bestehenden Körperschaftsteuerrechts war die Haftungsbeschränkung für die Gesellschaftsgründer mit der steuerlichen Doppelbelastung verbunden: Der Gewinn der GmbH unterlag der Körperschaftsteuer, ausgeschüttete Gewinne wurden als Einkünfte bei den Gesellschaftern der Einkommensteuer unterworfen. Durch die mit der GmbH & Co. KG erzielte Konstruktion der gesellschaftlichen Beteiligung sollte den Kommanditisten der Betriebsgewinn unmittelbar zukommen. Die Personengesellschaft (war und) ist als solche nicht einkommensteuerpflichtig, ihre Gewinne sind den einzelnen Gesellschaftern als Mitunternehmern zuzurechnen. Eine besonders günstige Steuerbelastung wäre dann zu erzielen, wenn die im allgemeinen mit dem gesetzlichen Mindestkapital ausgestattete Komplementär-GmbH am Gewinn der Kommanditgesellschaft möglichst gering, die Kommanditisten dagegen möglichst stark beteiligt sind.

Dem hat der Bundesfinanzhof jedoch Grenzen gesetzt (BFH BStBl. 1968 II S. 152ff.). **Gewinnverteilungsabreden** innerhalb der GmbH & Co. KG **werden nicht anerkannt, wenn sie den Gewinnanteil der GmbH unangemessen niedrig ansetzen.**

Die Komplementär-GmbH muß für

- das übernommene **Haftungsrisiko,**
- den in der Geschäftsführung liegenden **Arbeitseinsatz** und
- den geleisteten **Kapitaleinsatz**

eine angemessene Beteiligung am Gewinn erhalten. Trifft dies nicht zu, dann liegt in Höhe der Differenz zwischen dem fiktiven angemessenen und dem tatsächlich vereinbarten Gewinnanteil eine **verdeckte Gewinnausschüttung** an die Gesellschafter der GmbH. Eine entsprechende steuerliche Korrektur der gesellschaftsrechtlichen Gewinnverteilung ist die Konsequenz.

Mit der Einführung des **„Anrechnungsverfahrens"** im Körperschaftsteuerrecht entfällt seit 1.1. 1977 dieses Gründungsmotiv. Die gesellschaftsrechtliche Praxis hat jedoch gezeigt, daß damit die GmbH & Co. KG nicht entscheidend an Attraktivität eingebüßt hat. Zu beachten ist:

- Die **Doppelbelastung** von Kapitalgesellschaften **bei der Vermögensteuer** (die Kapitalgesellschaft wird zur Vermögensteuer veranlagt, der einzelne Gesellschafter mit seinem Gesellschaftsanteil noch einmal) ist nach wie vor vorhanden: weitere steuerliche Vor- und Nachteile im Vergleich von GmbH und GmbH & Co. KG bleiben.
- Auch hat sich an den sonstigen gesellschaftsrechtlichen Motiven zur Gründung der GmbH & Co. KG nichts geändert.
- Im Zusammenhang mit der durch das Bilanzrichtliniengesetz von 1985 erweiterten Publizitätspflicht für Kapitalgesellschaften wird in der Praxis gelegentlich auf die Möglichkeit hingewiesen, ein Unternehmen nicht in der Rechtsform der GmbH sondern als GmbH & Co. KG zu führen. Dabei soll die GmbH „als kleinformatig" i. S. von § 267 Abs. 1 HGB ausgestattet werden (Repetition: Zwei der drei nachstehenden Merkmale werden nicht überschritten: 3,9 Mio. Bilanzsumme, 8 Mio. Umsatz, 50 Arbeitnehmer). Für derartige kleine Kapitalgesellschaften greifen Erleichterungen bei der Offenlegung ihres Jahresabschlusses ein (vgl. § 326 HGB).

3. Möglichkeit der Drittorganschaft

Im Gegensatz zu den Personengesellschaften, bei denen das Prinzip der Selbstorganschaft gilt, ist es bei der GmbH als Kapitalgesellschaft möglich, die **Geschäftsführung** auch auf Nichtgesellschafter zu übertragen. Durch die Beteiligung einer GmbH als Komplementärin an einer Kommanditgesellschaft können Geschäftsführungs- und Vertretungsbefugnisse ohne Übernahme der unbeschränkten Haftung ausgeübt werden („Herrschaft ohne Haftung").

4. Unternehmensperpetuierung

Stirbt ein Gesellschafter, so wird eine Personengesellschaft nach dispositivem Recht aufgelöst. Durch entsprechende gesellschaftsvertragliche Klauseln läßt sich dies zwar vermeiden, gleichwohl kommt es im Unternehmensrecht beim Tod des Inhabers zu erheblichen Krisensituationen. Durch die Gründung einer GmbH kann dies vermieden werden. Die Existenz der GmbH als Kapitalgesellschaft ist vom Tod ihrer Gesellschafter unabhängig. Man sagt, **„die GmbH stirbt nicht"**. Dies ist einer der Ansatzpunkte für die Wahl der GmbH & Co. KG als Unternehmensform: Die Geschäftsinhaber gründen eine GmbH und werden Kommanditisten einer anschließend zu gründenden GmbH & Co. KG. Geschäftsführung und Vertretung der KG liegen entweder bei den Gesellschaftern oder, sollten sich diese bereits auf das Altenteil zurückziehen wollen, bei Dritten. Denkbar ist es auch, die GmbH „in Reservestellung" erst dann mit der Geschäftsführung zu beauftragen, wenn der geraume Zeit noch als Komplementär fungierende Senior stirbt.

5. Firmenrechtliche Motive

In der Vergangenheit spielten auch firmenrechtliche Überlegungen bei der Gründung einer GmbH & Co. KG eine gewisse Rolle. Die GmbH & Co. KG führt als Kommanditgesellschaft den Namen ihrer Komplementärin. Hierbei besteht die Möglichkeit der Sachfirma (vgl. dazu „Grundzüge des Handelsrechts" § 11 II 8). Bei Neugründung muß wegen § 4 GmbHG auf jeden Fall auch der Zusatz „Gesellschaft mit beschränkter Haftung" in der Firma der Kommanditgesellschaft erscheinen. Diesen manchmal als bonitätsmindernd angesehenen Zusatz versuchte die Praxis mit Hilfe der zulässigen Firmenfortführung nach §§ 22ff. HGB zu vermeiden. Nachdem schon die Rechtsprechung (vgl. BGHZ 62, 216) auch bei abgeleiteten Firmen den Zusatz „GmbH & Co. KG" o. dgl. verlangt hatte, ist dies seit der GmbH-Novelle von 1980 in § 19 Abs. 5 HGB ausdrücklich festgehalten.

6. Kapitalbeschaffung

Wenn Kapitalgesellschaften neues Kapital zugeführt werden soll, so ist die Kapitalerhöhung der hierfür richtige Weg. Überlegungen in der Praxis gingen dahin, die Kapitalzuführung in Form neuer Stammeinlagen durch anderweitige Beteiligungen zu ersetzen. Neben der Gewährung von Gesellschafterdarlehen wurde auch der Weg beschritten, dem Unternehmen über die Gründung einer

GmbH & Co. KG und den damit erfolgenden Kommanditeinlagen neues Kapital zuzuführen.

Überlegungen der Kapitalbeschaffung haben auch in anderen Fällen zur Wahl einer GmbH & Co. KG geführt. Dies gilt vor allem für die Publikumsgesellschaft, bei der von vornherein ein Übergewicht der Kommanditbeteiligung bezweckt ist. Durch die Reservierung der Geschäftsführung für eine von den „eigentlichen Managern" betriebene GmbH wird die Herrschaftsgewalt trotz kapitalmäßiger Unterlegenheit den Initiatoren der Unternehmensgründung vorbehalten (so vor allem in der „Abschreibungsbranche").

III. Erscheinungsformen der GmbH & Co. KG

1. Personengleiche und personenverschiedene GmbH & Co. KG

a) Personengleiche GmbH & Co. KG

Bei der typischen GmbH & Co. KG sind die Gesellschafter der GmbH mit den Kommanditisten der KG identisch, meist erfolgt sogar die Beteiligung an der GmbH und die an der Kommanditgesellschaft im gleichen Verhältnis. Bei derartigen Beteiligungsidentitäten spricht man von der „personengleichen" oder auch von der „echten" GmbH & Co. KG (vgl. dazu das Schaubild S. 281).

b) Nicht personengleiche GmbH & Co. KG

Die Gesellschafter der GmbH müssen nicht mit denen der KG identisch sein. In manchen Fällen erfolgt die Gesellschaftsgründung im Gegenteil von vornherein in der Absicht, auch nicht an der GmbH beteiligten Personen die Kommanditistenstellung einzuräumen. Von der Gesellschafteridentität abweichende Beteiligungsverhältnisse ergeben sich des weiteren bei Gründung einer GmbH aus dem Gesichtspunkt der Unternehmensperpetuierung. Bei diesen Beteiligungsverhältnissen spricht man von der „nicht personengleichen" oder auch „unechten" GmbH & Co. KG.

2. Publikumsgesellschaften

Die GmbH & Co. KG als Publikumsgesellschaft ist dadurch gekennzeichnet, daß sich eine **Vielzahl von Kommanditisten** durch Einlagen an der Gesellschaft beteiligt. Namentlich im Subventionsbereich haben derartige Gesellschaften große Bedeutung erlangt. Derartigen **„Abschreibungsgesellschaften"** liegt in der Regel folgendes Modell zugrunde: Die GmbH & Co. KG übernimmt Kapitalansammlungsfunktionen zur Finanzierung von Großobjekten (steuerbegünstigten Baumaßnahmen usw.). Dazu wird von den Initiatoren eine GmbH mit dem gesetzlichen Mindestkapital gegründet. Die Geschäftsführung übernehmen entweder die GmbH-Gesellschafter oder branchenkundige Personen im Auftrag der GmbH. Das zur Finanzierung der Großobjekte erforderliche Kapital wird durch eine Vielzahl von Kommanditisten aufgebracht. Die Kommanditbeteiligung ermöglicht den Kommanditisten die Inanspruchnahme steuerlicher Vergünstigungen, die ihrerseits wiederum Motiv für deren Kapitalanlage sind.

4. Kapitel. Besondere Unternehmensformen

Beispiel:

Das wohl bekannteste Beispiel einer Publikums-GmbH & Co. KG ist im Rahmen der Berlin-Abschreibungsbranche zu nennen: Zur Erstellung des sog. „**Steglitzer Kreisels**" wurde die „Avalon-Bau-GmbH & Co. KG Berlin" gegründet. Etwa 900 Kommanditisten hatten zusammen ca. 80 Millionen DM Kommanditkapital gezeichnet. Bekanntlich wurde das 1969 begonnene 330-Millionen-DM-Projekt im Jahre 1974 eingestellt und anschließend das Konkursverfahren über das Vermögen der GmbH & Co. KG eröffnet.

Die Kommanditisten verlieren bei derartigen Entwicklungen nicht nur ihre Einlage, sie laufen auch Gefahr, daß es bei ihnen persönlich zu einer Nachversteuerung wegen Nichterreichens des steuerbegünstigten Zweckes kommt. Bei Liquidationen innerhalb der steuerlichen Sperrfrist gilt dasselbe. Die Gründe für das Scheitern mancher Abschreibungsgesellschaften waren: das von Anfang an gestörte Verhältnis zwischen Eigen- und Fremdkapital, falsche Standortwahl, fehlerhafte Finanzierung, Konkurrenzdruck, Mängel im „Management" sowie überhöhte Kosten.

Derartige GmbH & Co. KGs ähneln in ihrer Funktion der Aktiengesellschaft. Bei ihnen ergeben sich daher ebenfalls Probleme des Anlegerschutzes: Wie können die Rechte der Kommanditisten gewahrt werden? Wie kann die Kommanditistenvielzahl konzentriert werden?

Zur Lösung der bei der Publikums-GmbH & Co. KG auftretenden Fragen haben sich verschiedene Modelle herausgebildet:

a) Aufsichtsgremien

Denkbar ist, die Rechte der Kommanditisten (vor allem Kontrollrechte) durch die Bildung eines „Beirats" oder „Aufsichtsrats" zusammenzufassen und damit gegenüber der geschäftsführungsbefugten Komplementär-GmbH zu intensivieren.

Schaubild: Kapitalistische Kommanditgesellschaft

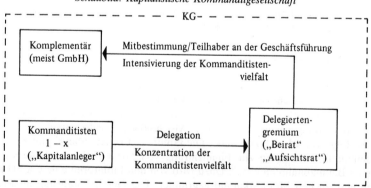

b) Treuhand

Denkbar ist auch das Treuhandmodell: Für die Kommanditisten wird ein Treuhänder, etwa eine Bank, bestellt, der Beiträge der Kommanditisten sammelt und im eigenen Namen als Kommanditeinlage weitergibt. Der Treuhänder stellt Urkunden aus und verleiht den hierin verbrieften Forderungen durch ihre grundsätzliche Abtretbarkeit Flexibilität. Hier wird die Parallelität zur Aktiengesellschaft deutlich.

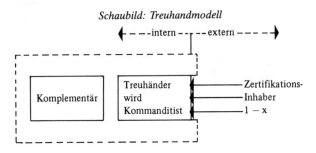

Schaubild: Treuhandmodell

3. Einmann-GmbH & Co. KG

Die Einmann-GmbH & Co. KG entsteht nach zwei Gründungsstufen: Zunächst wird eine Einmann-GmbH errichtet. Dies kann in Form der unmittelbaren Einmann-Gründung geschehen oder in der Form, daß es nach Gründung einer GmbH durch zwei Personen durch Rückübertragung von Geschäftsanteilen zur Anteilsvereinigung kommt. Die so entstandene Einmann-GmbH kann als juristische Person zusammen mit jedem Kommanditisten (auch dem Einmann-GmbH-Gesellschafter) anschließend eine GmbH & Co. KG gründen. Die Geschäftsführung kann dann wiederum der Einmanngesellschafter der GmbH übernehmen oder durch Dritte ausüben lassen.

Wirtschaftlich gesehen läuft diese Konstruktion auf die Zulässigkeit einer **„Einzelfirma mit beschränkter Haftung"** hinaus. Bei dieser Betrachtung wird freilich verkannt, daß auch bei der Einmann-GmbH & Co. KG die Komplementär-GmbH formell unbeschränkt, allerdings wirtschaftlich reduziert auf das Gesellschaftsvermögen, haftet. Steuerrechtlich findet diese Konstruktion ihre Grenzen im Rahmen der „wirtschaftlichen Betrachtungsweise". Es kann namentlich beim Ansatz von Geschäftsführergehältern nicht außer Betracht bleiben, daß der als Geschäftsführer auftretende Gesellschafter zugleich der einzige Inhaber sämtlicher GmbH- und Kommanditanteile ist.

Schaubild: Einmann-GmbH & Co. KG

4. Die „Einheitsgesellschaft"

In der gesellschaftsvertraglichen Praxis wird folgendes erwogen: Im Anschluß an die Gründung der GmbH schließt sich die Gründung der KG an. Dabei sollen die Gesellschafter nicht erneut Kapital einzahlen, sondern die Kommanditeinlage soll durch Abtretung der GmbH-Anteile erfolgen. Die KG wird dann Alleingesellschafterin der GmbH. Diese Form der „wechselseitigen Beteiligung" bezeichnet man auch als „Einheitsgesellschaft" („Die GmbH & Co. KG frißt ihre Komplementärin").

Schaubild: GmbH & Co. KG als Inhaberin der Geschäftsanteile ihrer Komplementär-GmbH

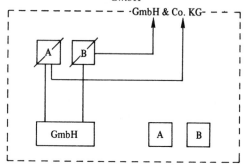

Durch diese Konstruktion würde bei einer personengleichen GmbH & Co. KG ein erwünschter Koppelungseffekt zwischen den beiden Gesellschaften, der GmbH einerseits und der GmbH & Co. KG andererseits, automatisch eintreten. Es ist jedoch bestritten, ob eine Kommanditgesellschaft alle Anteile ihrer Komplementär-GmbH erwerben darf. Zum Teil wird hierin ein Verstoß gegen das Prinzip der Erhaltung des Stammkapitals (vgl. §§ 30ff. GmbHG!) gesehen: Mit dem Erwerb der GmbH-Anteile durch die KG **erhalten die GmbH-Gesellschafter ihr Stammkapital zurück.** Formal gesehen erfolgt die Rückzahlung zwar nicht durch die GmbH, sondern durch die Kommanditgesellschaft, was jedoch im wirtschaftlichen Ergebnis auf dasselbe hinausläuft. Es entsteht also eine „**Keinmann-GmbH**". Das seit 1980 geltende GmbH-Recht hat dieses Problem in § 172 HGB geregelt. Zum Schutz der Gesellschaftsgläubiger einer Kommanditgesellschaft, bei der (wie bei der „klassischen" GmbH & Co. KG) den Gläubigern letztlich nur eine begrenzte Vermögensmasse haftet, **gilt** nach § 172 Abs. 6 HGB **die Einlage** eines Kommanditisten **als nicht geleistet,** soweit sie **in Anteilen an den persönlich haftenden Gesellschaftern** bewirkt ist. Dazu muß man folgendes berücksichtigen: Das Haftungspotential einer GmbH & Co. KG setzt sich aus der Haftung einer Komplementär-GmbH und der auf die Hafteinlage beschränkten Haftung der Kommanditisten zusammen. Der Vermögenswert der GmbH-Geschäftsanteile findet seine Deckung lediglich im Vermögen der GmbH. Wird ihr Vermögen als das einer Komplementärin der Kommanditgesellschaft in Anspruch genommen und „aufgezehrt", sind auch die Geschäftsanteile wertlos. Würden daher die Geschäftsanteile an der GmbH als Kommanditeinlagen geleistet werden können, so würde das Vermögen der GmbH gleichzeitig als Haftungspotential der Komplementärin und als Haf-

§ 13. Die GmbH & Co. KG 293

tungspotential der Kommanditisten dienen. Den Gläubigern würde also in Wirklichkeit lediglich ein Haftungspotential zur Verfügung stehen. § 172 Abs. 6 HGB will dies dadurch verhindern, daß den Gläubigern gegenüber die Einlage eines Kommanditisten als nicht geleistet gilt, soweit sie in Anteilen an der GmbH bzw. den anderen erfaßten Komplementär-Gesellschaften bewirkt ist. Dies muß bei der Gründung einer „Einheitsgesellschaft" mit bedacht werden.

Wegen dieser Bedenken versucht die gesellschaftsvertragliche Praxis die Koppelung der GmbH mit der GmbH & Co. KG auf andere Weise zu erzielen (vgl. unten).

5. Die mehrstufige GmbH & Co. KG

a) Begriff

Unter einer „mehrstufigen GmbH & Co. KG" (auch „**doppelstöckige** GmbH & Co. KG" genannt) versteht man eine **KG, bei der als Komplementärin wieder eine GmbH & Co. KG auftritt** – man nennt letztere auch die „kleine GmbH & Co. KG".

b) Erste Gründungsstufe

Es ist nicht bestritten, daß eine Kommanditgesellschaft persönlich haftende Gesellschafterin einer anderen Kommanditgesellschaft sein kann. Unbestritten ist auch, daß bei einer Kommanditgesellschaft eine GmbH die Komplementärfunktion übernehmen darf. Die als persönlich haftende Gesellschafterin auftretende GmbH & Co. KG übernimmt die Geschäftsführung für die mehrstufige KG („große GmbH & Co. KG"). In aller Regel sind die hinter der mehrstufigen GmbH & Co. KG stehenden natürlichen Personen zunächst Gesellschafter der GmbH. Diese ist Komplementärin der „kleinen GmbH & Co. KG", gegründet durch die GmbH einerseits und die GmbH-Gesellschafter als Kommanditisten andererseits. Die Geschäftsführung für die GmbH übernehmen ihre Gesellschafter als Geschäftsführer, die Geschäftsführung für die kleine GmbH & Co. KG liegt bei der GmbH (und damit wiederum bei ihren Gesellschafter-Geschäftsführern). Damit ist die erste Gründungsstufe abgeschlossen.

c) Zweite Gründungsstufe

In der zweiten Stufe gründet die kleine GmbH & Co. KG (vertreten durch die Geschäftsführer ihrer Komplementärin) zusammen mit den GmbH-Gesellschaftern eine weitere GmbH & Co. KG. Bei klassischen Tatbeständen mehrstufiger GmbH & Co. KGs sind also die natürlichen Personen Gesellschafter der GmbH und Kommanditisten sowohl der kleinen GmbH & Co. KG als auch der großen GmbH & Co. KG.

d) Gründungsmotiv

Schon aus dem Gründungsvorgang ergibt sich die Kompliziertheit dieses Gebildes. Eine entsprechende Schwerfälligkeit in der praktischen Handhabung ist unausweichlich. Es fragt sich deshalb, weshalb die gesellschaftsrechtliche

4. Kapitel. Besondere Unternehmensformen

Schaubild: Mehrstufige GmbH & Co. KG

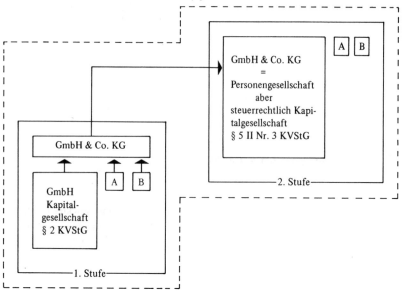

Praxis derart komplizierte Formen entwickelt hat. Die Antwort ergibt sich aus dem Steuerrecht: Nach §§ 2 Abs. 1 Nr. 2, 5 Abs. 2 KVStG wird die Kapitalverkehrsteuer (in Form der sog. „Gesellschaftsteuer") unter anderem erhoben, wenn sich ein Kommanditist an einer Kommanditgesellschaft beteiligt, zu deren persönlich haftenden Gesellschaftern eine Kapitalgesellschaft gehört. Im Klartext: Bei der „normalen" Gründung einer GmbH & Co. KG fallen in Form der Gesellschaftsteuer weitere Gründungskosten an. Nach dem früheren Wortlaut des KVStG war lediglich die Beteiligung im Rahmen der klassischen GmbH & Co. KG steuerpflichtig. Wurde dagegen die Stellung der Komplementärin innerhalb der GmbH & Co. KG nicht einer GmbH, sondern einer GmbH & Co. KG eingeräumt, dann war die persönlich haftende Gesellschafterin ja keine Kapitalgesellschaft; Kapitalverkehrsteuer fiel deshalb in der zweiten Stufe nicht mehr, in der ersten Stufe bei entsprechenden Beteiligungsverhältnissen nur in geringem Umfange an. Nachdem in der gesellschaftsrechtlichen Praxis diese Form der „steuervermeidenden" Gesellschaftsgründung zunahm, war strittig geworden, ob die steuerliche Beurteilung dieser Erscheinungsform dem Charakter der Kapitalverkehrsteuer als einer Rechtsverkehrsteuer entsprechend streng an den formalistischen Gegebenheiten auszurichten war oder ob auch hier eine wirtschaftliche Betrachtung Platz greifen dürfte, die letztlich die GmbH & Co. KG wegen ihrer Komplementärfunktion im Rahmen der zweiten Gründungsstufe einer Kapitalgesellschaft gleichgestellt hätte. Schließlich hat der Gesetzgeber durch eine Neuformulierung des KapitalverkehrsteuerG eingegriffen. § 5 Abs. 2 KVStG bestimmt nunmehr: „Als Kapitalgesellschaften im Sinne dieses Gesetzes gelten auch ... 3.) Kommanditgesellschaften, zu deren persönlich haftenden Gesellschaftern eine der in Absatz 1 bezeichneten Gesellschaften (u. a. ist dort die GmbH erwähnt) gehört. Dies gilt entsprechend für Kommanditgesellschaften, zu deren persönlich haftenden

Gesellschaftern eine als Kapitalgesellschaft geltende Kommanditgesellschaft gehört." Im Kapitalverkehrsteuerrecht gilt die GmbH & Co. KG somit als Kapitalgesellschaft.

Damit ist weiter klargestellt, daß durch derartige Konstruktionen Gründungskosten nicht eingespart werden können. Nachdem durch die Neufassung des KVStG seit 1.1.1972 auch Kommanditeinlagen in der großen GmbH & Co. KG unter die Gesellschaftsteuerpflicht fallen, spielt die doppelstöckige GmbH & Co. KG kaum mehr eine Rolle. Man kann (und wird aus Gründen der praktischen Handhabung) es bei der ersten Gründungsstufe belassen.

6. Verwandte Erscheinungen

a) Die „GmbH & Stille"

Es ist selbstverständlich, daß man sich auch an einer GmbH als stiller Gesellschafter beteiligen kann. Demzufolge können sich die Gesellschafter einer GmbH am Unternehmen ihrer GmbH wiederum als stille Gesellschafter beteiligen. Man spricht insoweit von der „GmbH & Stillen".

Schaubild: Grundmodell der "GmbH & Stillen"

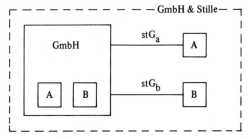

Für die gesellschaftsrechtliche Beurteilung dieser Rechtsform kann auf das bei der stillen Gesellschaft Gesagte verwiesen werden. Auch hier treten die stillen Gesellschafter nach außen hin nicht in Erscheinung. Geschäftsinhaber im Sinne des § 230 HGB ist ausschließlich die GmbH. Der Unterschied zur Kommanditgesellschaft liegt im Außenverhältnis. Haftungsrechtlich steht der stille Gesellschafter besser, da er seinen Anspruch auf Einlagenrückgewähr als Forderung geltend machen kann, wohingegen der Kommanditist nach Maßgabe der §§ 171 ff. HGB mit seiner Einlage haftet.

In steuerlicher Hinsicht wird (wie bei der GmbH & Co. KG) auch durch die stille Gesellschaft erreicht, daß die auf die stillen Gesellschafter entfallenden Gewinnanteile nicht in die Gewinnbesteuerung bei der GmbH einbezogen werden. Im Falle einer typischen stillen Beteiligung kann die GmbH die dem stillen Gesellschafter auszuzahlenden Gewinne als Betriebsausgaben absetzen; bei atypischen stillen Beteiligungen wird bei der einheitlichen Gewinnfeststellung dem atypischen stillen Gesellschafter der auf ihn entfallende Gewinnanteil von vornherein zugerechnet, so daß auch hier der auf die GmbH entfallende Gewinn um diesen Anteil reduziert ist (so die ständige Rechtsprechung des Bundesfinanzhofes).

Im Vergleich zur GmbH & Co. KG ergeben sich folgende Unterschiede:

Übersicht: Vergleich zwischen GmbH & Co. KG und GmbH & Stille

GmbH & Co.KG	GmbH & Stille
Kommanditisten sind Mitinhaber des Gesellschaftsvermögens	Die stillen Gesellschafter sind nicht Mitinhaber des Gesellschaftsvermögens
Kommanditisten treten nach außen hin in Erscheinung	Stille Gesellschafter bleiben unerkannt
Kommanditisten haften im Rahmen der §§ 171 ff. HGB	Stille Gesellschafter haften überhaupt nicht; aus Rechtsgeschäften wird ausschließlich der Geschäftsinhaber verpflichtet
Kommanditisten verlieren im Konkurs ihre Einlage	Stille Gesellschafter können Ansprüche nach § 236 HGB erheben
Gesellschaftsgläubiger können sich bei noch nicht einbezahlter Einlage direkt an das Privatvermögen des Kommanditisten halten	Gegen säumige stille Gesellschafter besteht kein Anspruch; es kann lediglich vom Konkursverwalter der GmbH die Einlagenforderung gegenüber dem Stillen geltend gemacht werden
Verzinsung der Komplementäreinlage muß Haftungsrisiko, Arbeitseinsatz und Kapitaleinsatz entsprechen	Dasselbe gilt im Verhältnis der GmbH im Rahmen der stillen Gesellschaft; da jedoch nach außen hin das Kapital nur durch die GmbH repräsentiert wird, muß der angemessene Gewinn der GmbH hier über dem bei der GmbH & Co.KG liegen
Abzugsfähigkeit der Geschäftsführergehälter bei der personengleichen GmbH & Co.KG beschränkt	Beteiligen sich GmbH-Gesellschafter gleichzeitig als Geschäftsführer und als typische stille Gesellschafter, nicht jedoch als Kommanditisten, so mindern die Geschäftsführergehälter als Betriebsausgabe das Einkommen und auch den Gewerbeertrag der GmbH

b) Doppelgesellschaft

Die GmbH & Co. KG betreibt definitionsgemäß als Handelsgesellschaft nach § 161 Abs. 1 HGB ein Handelsgewerbe. Bei ihr bleibt also die einheitliche Funktion des Betriebes erhalten. Demgegenüber wird bei der Doppelgesellschaft durch Betriebsaufspaltung der Betrieb auch rechtlich in eine Besitzpersonen- und Betriebskapitalgesellschaft (bzw. in eine Betriebspersonen- und Vertriebskapitalgesellschaft) getrennt. Verschiedene juristisch selbständige Träger übernehmen gesondert betriebliche Aufgaben (zu näheren Einzelheiten vergleiche unten § 14).

IV. Gründung der GmbH & Co. KG

1. Vertragspartner

Die GmbH & Co. KG ist Kommanditgesellschaft. Vertragspartner sind die GmbH als Komplementärin auf der einen Seite und die Kommanditisten (meist identisch mit den GmbH-Gesellschaftern) auf der anderen Seite. In den meisten Fällen handelt es sich um „personengleiche GmbH & Co. KGs" (siehe oben). Gesellschafter der Kommanditgesellschaft können jedoch auch andere Personengesellschaften oder Kapitalgesellschaften sein, sowohl auf der Komplementär- als auch auf der Kommanditistenseite. Derart atypische Sachgestaltungen sind jedoch selten.

2. Gesellschaftsvertrag

a) Stufengründung

Die Gründung der GmbH & Co. KG verläuft naturgemäß in **zwei Stufen**. Die GmbH und die Kommanditgesellschaft sind selbständige Gesellschaften. Deshalb wird die Kommanditgesellschaft regelmäßig erst nach vorausgegangener Errichtung der GmbH gegründet. Entscheidend hierfür ist deren Eintragung in das Handelsregister. Von diesem Zeitpunkt an kann die GmbH Komplementärin der zu errichtenden Kommanditgesellschaft werden.

b) Verschiedene Modalitäten

In der Praxis sind **zwei Gründungsmodalitäten** möglich:

- **Vollständige Neugründung:** Es wird eine GmbH errichtet, die nach ihrem Entstehen mit anderen Personen als Kommanditisten den Vertrag zur Gründung einer Kommanditgesellschaft abschließt.
- **Eintritt einer Komplementär-GmbH:** Denkbar ist auch, daß eine bestehende oder noch zu gründende GmbH als Komplementärin in eine bereits bestehende Kommanditgesellschaft aufgenommen wird (meist unter gleichzeitigem Ausscheiden der zuvor als Komplementärin fungierenden natürlichen Person).

c) Anwendbares Recht

Für die Gründung der GmbH gelten die Vorschriften des GmbH-Gesetzes (vgl. dazu oben § 11 IV). Für die anschließende Gründung der KG durch die errichtete GmbH und andere Personen gelten die Vorschriften über die Kommanditgesellschaft.

d) Problem des § 181 BGB

Bei der personengleichen GmbH & Co. KG sind die Gesellschafter der GmbH identisch mit den Kommanditisten und zumeist auch Geschäftsführer der GmbH. Hier kann es im Rahmen der Vertretung zu Konflikten wegen des Selbstkontrahierungsverbots nach § 181 BGB kommen. Danach kann ein Vertreter ohne ausdrückliche Gestattung nicht im Namen des Vertretenen mit sich im eigenen Namen oder als Vertreter eines Dritten ein Rechtsgeschäft abschließen. Diese Bestimmung greift bereits bei Gründung der GmbH & Co. KG, nämlich beim Abschluß des Gesellschaftsvertrages, ein: Dieser erfolgt zwischen der GmbH, vertreten durch ihre Geschäftsführer, und den mit ihnen identischen Kommanditisten.

Schaubild: Gründung der GmbH & Co. KG und § 181 BGB

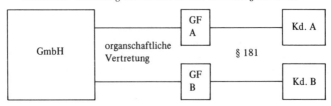

- **Lernhinweis:** Der § 181 BGB spielt im Gesellschaftsrecht eine wichtige Rolle. Beachten Sie hierzu auch die verschiedenen Übungsfälle am Ende der jeweiligen Kapitel.

Sind die GmbH-Geschäftsführer zugleich Kommanditisten der GmbH & Co. KG und sowohl bei der GmbH-Satzung als auch beim Abschluß des Gesellschaftsvertrags der KG beteiligt, so ist nach der Rechtsprechung im allgemeinen davon auszugehen, daß die GmbH-Geschäftsführer den Beitritt der GmbH zur Kommanditgesellschaft durch schlüssiges Verhalten hinreichend zum Ausdruck gebracht haben und sich die Kommanditisten in gleicher Weise damit einverstanden erklären.

Das gleiche Problem wiederholt sich auch nach Abschluß des Gesellschaftsvertrages für den späteren Geschäftsverlauf der GmbH & Co. KG bei Geschäften mit der GmbH: Auf der einen Seite wird die GmbH durch die Geschäftsführer vertreten und die GmbH & Co. KG wiederum über die GmbH-Geschäftsführer durch die GmbH.

Schaubild: GmbH & Co. KG und § 181 BGB

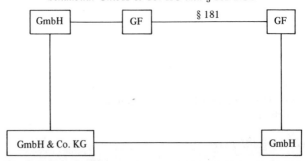

Da § 181 BGB das Selbstkontrahieren ja nicht generell verbietet, sondern es von einer Gestattung des Vertretenen abhängig macht, läßt sich das Problem vor allem für die spätere Tätigkeit der GmbH & Co. KG am besten dadurch

§ 13. Die GmbH & Co. KG 299

lösen, daß durch entsprechende gesellschaftsvertragliche Klauseln sowohl der GmbH als auch deren Organen Befreiung von den Beschränkungen des § 181 BGB erteilt wird.

3. Unternehmensgegenstand

Nach § 10 GmbHG muß bei der Anmeldung zum Handelsregister unter anderem der von der GmbH verfolgte Unternehmensgegenstand angegeben werden. Die Rechtsprechung hatte sich mit dieser Frage verschiedentlich zu beschäftigen, weil der Unternehmensgegenstand zu eng gefaßt wurde. Der ihr zugedachten Funktion als Komplementär-GmbH entsprechend wurde der Unternehmensgegenstand verschiedentlich definiert als „Übernahme der Funktion einer persönlich haftenden Gesellschafterin in der Kommanditgesellschaft..." Die Rechtsprechung verlangt jedoch, daß dem kaufmännischen Rechts- und Geschäftsverkehr eine konkrete Vorstellung vom Unternehmensgegenstand vermittelt werden muß, damit ersichtlich wird, welchem Sachbereich des Handelsverkehrs das Unternehmen zugeordnet ist.

4. Firma

Die GmbH hat nach § 4 GmbHG ihren Namen entweder aus dem Gegenstand des Unternehmens abzuleiten (Sachfirma) oder die Namen der Gesellschafter (oder den Namen wenigstens eines Gesellschafters) mit einem entsprechenden Zusatz zu führen. Der Name der Kommanditgesellschaft ergibt sich aus § 19 HGB. Danach führt diese den Namen der Komplementäre, Kommanditisten dürfen nicht in die Firma aufgenommen werden. Die GmbH & Co. KG muß somit den Namen der Komplementär-GmbH führen mit einem entsprechenden Zusatz, der das Bestehen der Kommanditgesellschaft verdeutlicht. Hier ergeben sich Schwierigkeiten: Weil die Firma der GmbH & Co. KG von der Komplementär-GmbH geprägt wird, könnte es zu Unterscheidungsschwierigkeiten zwischen der GmbH einerseits und der GmbH & Co. KG andererseits kommen. Der bloße Zusatz „KG" ist nach der Rechtsprechung kein ausreichendes Unterscheidungsmerkmal. Da nach § 30 HGB (lesen!) jede neue Firma sich von allen an demselben Ort oder in derselben Gemeinde bereits bestehenden und in das Handelsregister oder in das Genossenschaftsregister eingetragenen Firmen deutlich unterscheiden muß, die GmbH aber vor der GmbH & Co. KG eingetragen wird, unterscheidet sich die Firma von der später einzutragenden GmbH & Co. KG ohne einen weiterführenden Zusatz nur unwesentlich von der ihrer eigenen Komplementärin.

Beispiele:

Lautet die Firma der Komplementärin „Franz Maier GmbH", dann würde sich eine entsprechende „Franz Maier GmbH & Co. KG" firmenrechtlich nicht hinreichend unterscheiden. Die GmbH & Co. KG muß also einen entsprechenden Zusatz aufnehmen wie „Franz Maier Beteiligungsgesellschaft mit beschränkter Haftung" oder „Franz Maier Vertriebs-GmbH & Co. KG" und dergleichen. Das gleiche gilt bei der Wahl von Sachfirmen: „Meta – Metallgesellschaft mit beschränkter Haftung" und „Meta Fabrikationsstätten zur Herstellung metallverarbeitender Produkte und deren Vertrieb GmbH &

Co. KG", oder umgekehrt: „Schweden-Haus Vertriebs- und Beteiligungs-GmbH" – „Schweden-Haus GmbH & Co. KG". Vgl. dazu auch „Grundzüge des Handelsrechts" § 11 Übungsfall c).

5. Anmeldung zum Handelsregister

Die GmbH & Co. KG ist wie jede Kommanditgesellschaft gem. § 162 HGB zur Eintragung in das Handelsregister anzumelden. Bekanntgemacht werden lediglich die Komplementärin sowie die Zahl der Kommanditisten. Name, Stand und Wohnort der Kommanditisten sowie die Höhe ihrer Einlagen werden nicht bekanntgemacht. Während die Anmeldung der zunächst zu gründenden GmbH durch deren Geschäftsführer erfolgt, muß die Anmeldung der GmbH & Co. KG durch alle Gesellschafter, also auch die Kommanditisten, bewirkt werden. Wenn die Kommanditisten identisch sind mit den für die Komplementärin handelnden Geschäftsführern, müssen die Unterschriften in beiden Funktionen geleistet werden. Die Rechtsprechung läßt allerdings die Namensunterschrift des Kommanditisten ausreichen, wenn sich aus dem Inhalt der Anmeldung eindeutig ergibt, daß dieser für sich und zugleich für die Komplementärin als deren Geschäftsführer gehandelt hat.

6. Inhaltskontrolle

Gesellschaftsverträge unterliegen in der Regel keiner Inhaltskontrolle. Es ist also in Streitfällen meist nicht zu überprüfen, ob der Gesellschaftsvertrag einen gerechten Interessenausgleich zwischen den Beteiligten enthält. Von diesem Grundsatz hat die Rechtsprechung für „Publikumsgesellschaften" eine Ausnahme gemacht, da ihre Funktion darin besteht, zum Zwecke der Kapitalansammlung eine unbestimmte Vielzahl von Kommanditisten aufzunehmen, die in der Regel untereinander keinerlei Kontakt haben. Hier drängt sich die Parallelität zu den allgemeinen Geschäftsbedingungen und Formularverträgen auf. Wie bei diesen ist auch bei Publikumsgesellschaften der Vertrag nicht durch Verhandlungen zwischen den Parteien fixiert, sondern unter Verwendung einer Vielzahl gleichgelagerter Fälle einseitig im voraus festgelegt worden. Es fehlt der Vertragskompromiß als Gewähr dafür, daß die Interessen aller Beteiligten hinreichend berücksichtigt worden sind. Deshalb unterwirft die Rechtsprechung Gesellschaftsverträge von Publikumsgesellschaften (hier sind namentlich die „Abschreibungsgesellschaften" angesprochen) einer Inhaltskontrolle. Bei Verstößen gegen Treu und Glauben sind die entsprechenden gesellschaftsvertraglichen Klauseln unwirksam (vgl. dazu den Übungsfall „Das Ende der Publikumsgesellschaft" unten).

7. Wahrung der Beteiligungsidentität

Bei Gründung der GmbH & Co. KG muß die Gesellschafterstellung bei der Komplementär-GmbH mit der bei der GmbH & Co. KG koordiniert werden. Dies erfolgt, von Sonderfällen abgesehen, durch eine Verklammerung der beiden Gesellschaftsverträge. Natürlich kommt es auf den Einzelfall an. So wird die Interessenlage bei der personengleichen GmbH & Co. KG möglicherweise anders sein als bei einer nicht personengleichen GmbH & Co. KG, bei der die einzelnen Gesellschafter der Komplementär-GmbH von Anfang an Interessen verfolgen, die von denen der Kommanditisten abweichen.

Die Notwendigkeit zu besonderen Regelungen ergibt sich zwangsläufig aus der Tatsache, daß Paralleltatbestände bei Kapitalgesellschaften (Komplementär-GmbH) und Personengesellschaften (GmbH & Co. KG) in Teilbereichen gegensätzlich geregelt sind.

Vergleichen Sie nachfolgende Regelungskomplexe:
- **Veräußerung und Vererbung des Gesellschaftsanteils** (bei der GmbH gesetzlicher Regelfall [§ 15 Abs. 1 GmbHG], bei der KG gilt § 177 HGB),
- **Kündigung durch Gesellschafter** (soll eine zulässige Kündigung der KG zugleich eine Auflösung der GmbH zur Folge haben?),
- **Auflösung der Gesellschaft** (vgl. § 61 GmbHG einerseits und §§ 161 Abs. 2, 133 HGB andererseits),
- **Ausschließung von Gesellschaftern** (vgl. §§ 161 Abs. 2, 140 HGB für die KG einerseits, die auf die Gerichtspraxis zurückgehende Ausschlußklage bei der GmbH andererseits),
- **Konkurs eines Gesellschafters** (für die KG gesetzlicher Auflösungsgrund, bei der GmbH fällt der Anteil in die Konkursmasse),
- **Zwangsvollstreckung durch Privatgläubiger** (bei der Kommanditgesellschaft Kündigungsmöglichkeit nach §§ 161 Abs. 2, 135 HGB, bei der GmbH Möglichkeit der Pfändung des GmbH-Anteils).

Die Aufzählung zeigt, daß bei der Gründung einer GmbH & Co. KG die beiden Gesellschaftsverträge genauestens miteinander verglichen und, soweit gewünscht, die voneinander abweichenden, dispositiven Vorschriften des Gesetzes im Kapital- und Personengesellschaftsrecht für den jeweiligen Einzelfall aufeinander abgestimmt werden müssen.

V. Rechte und Pflichten der Gesellschafter

1. Geschäftsführung und Vertretung

Entsprechend den Regeln der Kommanditgesellschaft stehen Geschäftsführung und Vertretung bei der GmbH & Co. KG der Komplementär-GmbH zu (vgl. §§ 164, 170 HGB). Daneben sind auch rechtsgeschäftliche Vertretungsverhältnisse, insbesondere Prokura und Handlungsvollmacht, zulässig. Denkbar ist es, daß Prokuristen die GmbH vertreten (und damit über die Komplementär-Funktion auch die GmbH & Co. KG). Zulässig ist weiter, Prokura für die KG zu erteilen. Wie oben bei oHG und KG ausgeführt, wäre es auch bei der GmbH & Co. KG ein Verstoß gegen das Verbot der Drittorganschaft, den Geschäftsführern der Komplementär-GmbH nur mit Zustimmung der KG-Prokuristen (möglicherweise identisch mit Kommanditisten) Vertretung einzuräumen.

Gewisse Schwierigkeiten für die Vertretung der GmbH & Co. KG ergeben sich aus der bürgerlich-rechtlichen Beschränkung der Vertretungsmacht nach § 181 BGB. Weil dieses Verbot auch für die organschaftliche Vertretung anzuwenden ist, könnte an sich die Komplementär-GmbH keine Rechtsgeschäfte zwischen der GmbH & Co. KG und sich selbst abschließen. Dasselbe gilt für Rechtsgeschäfte des GmbH-Geschäftsführers mit der Komplementär-GmbH oder der GmbH & Co. KG (siehe oben). Die Rechtsprechung hatte nach anfänglich gegenteiliger Meinung später die Anwendung von § 181 BGB auf Rechtsgeschäfte des geschäftsführenden Alleingesellschafters einer GmbH mit sich selbst verneint (vgl. BGHZ 56, 97). Nunmehr bestimmt § 35 Abs. 4 GmbHG, daß auf Rechtsgeschäfte des Geschäftsführers (als Alleingesellschafter) mit der Gesellschaft § 181 BGB Anwendung findet, wenn sich alle Geschäftsanteile in der Hand eines Gesellschafters oder daneben in der Hand der Gesellschaft befinden.

2. Zeichnung der Gesellschaft

Die Zeichnung der GmbH & Co. KG erfolgt durch den organschaftlichen Vertreter, also die Komplementär-GmbH. Für sie wiederum handeln deren Organe, also die Geschäftsführer. Für die bei der Registeranmeldung erforderliche Zeichnung der Firma zur gerichtlichen Aufbewahrung müssen danach die Geschäftsführer der Komplementär-GmbH die Firma der GmbH & Co. KG so zeichnen, daß sie unter die Firma der GmbH & Co. KG die Firma der GmbH und darunter wiederum ihren Gesellschafternamen setzen.

Beispiel:

Wenn Otto Lehmann zusammen mit Fritz Schulze eine GmbH & Co. KG errichten will und Lehmann und Schulze zunächst eine GmbH gegründet hatten, bei der Lehmann Geschäftsführer ist, dann hat die GmbH & Co. KG wie folgt zu zeichnen:

Lehmann und Schulze Industrieanlagen GmbH & Co. KG
Lehmann und Schulze GmbH
Otto Lehmann

Der tägliche Geschäftsverkehr hält sich nicht an die bei der Registeranmeldung geltenden strengen Vorschriften. Wird jedoch, wie manchmal in der Praxis, der (natürliche) Name des Geschäftsführers unmittelbar unter die Firma der GmbH & Co. KG gesetzt, so besteht die Gefahr, daß gutgläubige Dritte den Geschäftsführer möglicherweise für den persönlich haftenden Gesellschafter halten. Daraus könnten sich haftungsrechtliche Konsequenzen ergeben. Zu Recht wird deshalb empfohlen, auch im Geschäftsverkehr die für die Handelsregisteranmeldung erforderliche, die wahre Sachlage präzise verdeutlichende Zeichnung zu übernehmen.

3. Haftung

Wie bereits betont, haftet in der GmbH & Co. KG ausschließlich die Komplementär-GmbH unbeschränkt, wobei jedoch die Realisierbarkeit der Haftung auf das GmbH-Vermögen beschränkt ist. Für die Haftung der Kommanditisten verbleibt es bei §§ 171 ff. HGB. Zum etwaigen „Durchgriff" auf die GmbH-Gesellschafter vgl. oben.

Für das Konkursrecht hat der Gesetzgeber mit §§ 177a, 130a HGB die GmbH

& Co. KG nunmehr der GmbH gleichgestellt. Es ist also schon die Überschuldung der GmbH & Co. KG ausreichender Konkursgrund.

Auch bei den kapitalersetzenden Gesellschafterdarlehen hat der Gesetzgeber die GmbH & Co. KG mit der GmbH gleichgestellt (nach § 172a HGB gelten die §§ 32a, 32b GmbHG entsprechend: An die Stelle der GmbH-Gesellschafter treten die Gesellschafter oder Mitglieder der persönlich haftenden Gesellschafter der Kommanditgesellschaft sowie die Kommanditisten).

4. Gewinn- und Verlustbeteiligung

Die Gewinnverteilung regelt sich entweder nach dem dispositiven § 168 HGB oder nach dem Gesellschaftsvertrag. Da der GmbH & Co. KG ausnahmslos eine genaue Abwägung gesellschaftsrechtlicher Bestimmungsfaktoren vorausgeht, enthalten die Gesellschaftsverträge schon wegen der steuerlichen Gründungsmotive eine genaue Aussage über die Gewinnverteilung. Gesellschaftsrechtlich sind hier alle Modalitäten denkbar. Die herrschende Meinung läßt (gesellschaftsrechtlich) sogar den völligen Ausschluß der Komplementär-GmbH vom Gewinn zu. Steuerlich würde eine verdeckte Gewinnausschüttung vorliegen, wenn die GmbH keine angemessene Abgeltung für das Haftungsrisiko sowie ihren Kapital- und Arbeitseinsatz erhält.

VI. Steuerliche Behandlung der GmbH & Co. KG

Nach Einführung des Anrechnungsverfahrens im Körperschaftsteuerrecht ist die früher bestehende Doppelbelastung ausgeschütteter Gewinne mit Körperschaftsteuer bei der Kapitalgesellschaft und Einkommensteuer bei den Anteilseignern beseitigt. Da die von der Gesellschaft gezahlte Körperschaftsteuer bei den Gesellschaftern auf die Einkommensteuerschuld angerechnet wird, entfällt ein wesentliches Motiv für die Gründung der GmbH & Co. KG. Für die Vermögensteuer bleibt die Doppelbelastung nach wie vor bestehen. Grundsätzlich gilt für die Komplementärbesteuerung das für die Besteuerung bei der GmbH Gesagte.

Hinsichtlich der Steuerbelastung für **ausgeschüttete Gewinne** ergibt sich wegen des Anrechnungsverfahrens für die GmbH und die GmbH & Co. KG kein Unterschied. Für **nicht ausgeschüttete Gewinne** gilt das Anrechnungsverfahren nicht. Hier werden die Gewinne der GmbH stets mit dem linearen Steuersatz von 56% besteuert. Liegt also der Einkommensteuersatz des Gesellschafters unter dem Spitzensteuersatz des Progressionstarifs (von ebenfalls 56%), so ist die GmbH & Co. KG günstiger, weil dieser Satz bei den einzelnen Gesellschaftern erst bei einem zu versteuernden Einkommen ab 130000 DM (Ledige) bzw. 260000 DM (zusammenveranlagte Ehegatten) erreicht wird. Außerdem ist zu beachten, daß bei der GmbH als juristischer Person keine Kirchensteuer anfällt.

Bei der **Gewerbesteuer** ist die GmbH günstiger gestellt:

- Die Bezüge geschäftsführender Gesellschafter sind bei der GmbH als Betriebsausgabe abzugsfähig.

- Pensionsrückstellungen zugunsten der Geschäftsführergesellschafter sind ebenfalls berücksichtigungsfähig.

Bei der GmbH & Co. KG trifft dies nicht zu, wenn bei der personengleichen Gesellschaft GmbH-Gesellschafter, GmbH-Geschäftsführer und Kommanditist identisch sind. Hier sind Gehälter, Tantiemen und Pensionsrückstellung nach § 15 Abs. 1 Nr. 2 EStG wie im voraus ausgeschüttete Gewinne zu behandeln und damit gewerbesteuerrechtlich dem Ertrag zuzurechnen.

Dasselbe gilt für die Miet- und Pachtzahlungen bei Verträgen zwischen dem Gesellschafter einerseits und der Gesellschaft andererseits. Die GmbH & Co. KG dagegen bietet Vorteile bei der **Vermögensteuer**. Die GmbH ist selbständig vermögensteuerpflichtig, ihr Betriebsvermögen wird mit dem Einheitswert dem für juristische Personen geltenden Steuersatz von 0,6 % unterworfen. Die GmbH & Co. KG dagegen ist nicht selbständiges Vermögensteuersubjekt, vielmehr sind ihre Anteile bei den einzelnen Gesellschaftern zu veranlagen. Außerdem gilt für natürliche Personen der ermäßigte Steuersatz von 0,5 %.

Wiederholungsfragen und Übungsfälle zu § 13

Wiederholungsfragen

Aus welchen Gründen wird eine GmbH & Co. KG gegründet? Treffen sie heute noch zu? (Seite 285 ff.)
Wie lautet die Firma der GmbH & Co. KG? (Seite 299)
Was versteht man unter einer „Ein-Mann GmbH & Co. KG", was unter einer „Einheitsgesellschaft"? (Seite 291 f.)
Woher kommt der Name „kapitalistische Kommanditgesellschaft"? (Seite 289 f.)
Gibt es heute noch Determinanten, die die Gründung einer „mehrstufigen GmbH & Co. KG" nahelegen? (Seite 293 ff.)
Wie sind die Haftungsverhältnisse, die Geschäftsführung und die Vertretung bei der GmbH & Co. KG geregelt? (Seite 301 ff.)
Welche Konsequenzen kann es haben, wenn die Komplementär-GmbH bei der GmbH & Co. KG eine nicht ihrem Haftungsrisiko und ihrer Geschäftsführertätigkeit entsprechende Vergütung erhält? (Seite 287)

Übungsfälle

a) Der Streit über die Einlagenhöhe

A, B und C sind alleinige Gesellschafter der X-GmbH und zugleich alleinige Kommanditisten der XY-GmbH & Co. KG, deren persönlich haftende Gesellschafterin die X-GmbH ist. Durch einstimmigen Gesellschafterbeschluß wurde festgelegt, die Einlagen der Gesellschafter in der Kommanditgesellschaft zu erhöhen. Die Kommanditeinlagen von A und B sollten von jeweils 250 000 DM auf 500 000 DM und die feste Kapitaleinlage der Komplementär-GmbH von 100 000 DM auf 200 000 DM aufgestockt werden. Bei der Abstimmung wurde die GmbH von ihrem Geschäftsführer A vertreten, der zugleich auch als Kommanditist für sich selbst abstimmte. Kurze Zeit später kam es zu Differenzen unter den Gesellschaftern. C ist der Meinung, die geänderten Kommandit- und Kapitaleinlagen seien nicht wirksam beschlossen worden. Was meinen Sie?

§ 13. Die GmbH & Co. KG

b) Die verhängnisvolle Unterlassung

Otto und Omar hatten zusammen eine offene Handelsgesellschaft gegründet, die unter der Firma „Otto und Omar" ordnungsgemäß ins Handelsregister eingetragen wurde und sich mit Heizungs-, Sanitär-, Lüftungs- und Klimaanlagen befaßte. Kurz darauf gründeten Otto und Omar die „Progress-Sanitärtechnik Gesellschaft mit beschränkter Haftung". Diese trat als persönlich haftende Gesellschafterin in die offene Handelsgesellschaft ein; Otto und Omar wandelten ihre Beteiligung in die Stellung von Kommanditisten um und bestellten sich zu Geschäftsführern der GmbH. Die so entstandene GmbH & Co. KG führte das Unternehmen unter der bisherigen Firma „Otto und Omar" fort. Die mit der Umwandlung zusammenhängenden Eintragungen in das Handelsregister wurden vorgenommen. Die Änderung der Firma wurde nicht beantragt und daher auch nicht eingetragen. Jahre später hatte die Firma im Rahmen eines Bauauftrages Schornsteinanlagen zu erstellen. In diesem Zusammenhang kaufte sie beim Kaminlieferanten L mehrere Kamine. Für die Erteilung des Auftrages wurde ein Geschäftsbogen mit dem Aufdruck „Otto und Omar" verwandt. Er trug die maschinengeschriebene Unterschrift „Otto und Omar, Heizung + Sanitär + Lüftung + Klima" und den handschriftlichen Namenszug von Otto.

Als L den Kaufpreis für die gelieferten Kamine in Höhe von 100000 DM anmahnt, erfährt er, daß zwischenzeitlich Anträge auf Eröffnung des Konkursverfahrens über das Vermögen der GmbH & Co. KG mangels Masse zurückgewiesen wurden. Jetzt erst wird ihm bewußt, daß sein Abnehmer gar nicht die frühere, von Otto und Omar betriebene offene Handelsgesellschaft war, sondern die infolge der inzwischen erfolgten Umwandlung entstandene GmbH & Co. KG. Er will sich mit dieser Entwicklung nicht abfinden und vertritt die Auffassung, er habe sich auf die persönliche Haftung der früheren oHG-Gesellschafter verlassen dürfen.

Wie ist die Rechtslage?

c) Die verbotene Darlehenstilgung

X und Y waren Kommanditisten der Z-GmbH & Co. KG und zugleich Gesellschafter ihrer Komplementär-GmbH. Sie hatten die GmbH mit einem Stammkapital von 50000 DM gegründet und satzungsgemäß in die danach errichtete Kommanditgesellschaft eingebracht. Ihre Kommanditeinlagen betrugen je 100000 DM. Nach der zum 31. März 1968 vorgelegten Bilanz der KG beliefen sich die Aktiva auf rund 2000000 DM. Dem standen ohne Ansatz des Nennkapitals rund 2100000 DM Passiva gegenüber. Die folgende Bilanz zum 31. März 1969 wies einen Überschuß der Passiva über die Aktiva in Höhe von fast 200000 DM aus. Zum 31. März 1970 ergab die KG-Bilanz einen Fehlbetrag von über 400000 DM, zum 31. März 1971 einen solchen von fast 800000 DM und zum 28. Februar 1972 einen solchen von mehr als 1200000 DM.

Laut Gesellschafterbeschluß vom 25. September 1969 stellten die Kommanditisten der KG zur Überbrückung von Liquiditätsschwierigkeiten 300000 DM als Darlehen zur Verfügung, weitere Darlehen in Höhe von insgesamt 250000 DM gewährten sie der KG gemäß einem Gesellschafterbeschluß vom 25. Mai 1970. Im Juni 1971 erhielt die KG von einem säumigen Schuldner einen größeren Betrag, von dem an Y zur Tilgung des geleisteten Darlehens 200000 DM ausbezahlt wurden.

Im März 1972 wurde über das Vermögen sowohl der Kommanditgesellschaft als auch der Komplementär-GmbH der Konkurs eröffnet. Konkursverwalter K ist der Auffassung, daß bei den Darlehensgewährungen und deren Tilgung nicht alles mit rechten Dingen zugegangen sei; er fragt Sie, wie die Konkursmasse „vergrößert" werden könne.

d) Das Ende der Publikums-Gesellschaft

Im Jahre 1965 wurde von fünf Gründern die „Investa-Kapitalbeteiligungs-GmbH & Co. KG" mit dem Zweck gegründet, bestimmten Zielgruppen, namentlich Angehörigen freier Berufe, durch Zeichnung von Kommanditanteilen steuerbegünstigte Vermögensbeteiligungen zu ermöglichen. Laut Gesellschaftsvertrag war ein Aufsichtsrat gebildet. Dieser hatte folgende Aufgaben:

a) Vertretung aller Kommanditisten und Wahrnehmung der Kommanditistenrechte nach §§ 164, 166 HGB;
b) Beratung und Überwachung der Geschäftsführung;
c) Genehmigung des Jahresabschlusses und Verteilung des Reingewinns;
d) Entlastung der Geschäftsführung und Festlegung der Vergütung;
e) Wahl des Abschlußprüfers und
f) Mitwirkung bei der Geschäftsführung.

Im übrigen galten für den Aufsichtsrat verschiedene Bestimmungen des Aktienrechts analog. Die Gesellschafter konnten sich nach dem Gesellschaftsvertrag jederzeit mündlich über den Stand der Gesellschaft informieren, es war eine abschriftliche Mitteilung des Jahresabschlusses auszuhändigen und außerdem in der Gesellschafterversammlung über das abgelaufene Geschäftsjahr zu berichten und der Jahresabschluß zu erläutern.

Nach anfänglichen Erfolgen wird Jahre darauf nach Verlusten das Konkursverfahren eröffnet. Konkursverwalter K wirft den Mitgliedern des Aufsichtsrates die Verletzung ihrer Pflichten vor. In erster Linie macht er sie dafür verantwortlich, daß noch zwei Jahre vor Konkurseröffnung unzulässigerweise Gewinne in Höhe von 200000 DM ausgeschüttet wurden. Die verklagten Aufsichtsratsmitglieder bestreiten die ihnen vorgeworfenen Nachlässigkeiten und Pflichtverletzungen nicht. Sie berufen sich jedoch auf einen Passus im Gesellschaftsvertrag, der wie folgt lautet:

(1) Ansprüche gegen die GmbH oder gegen die Mitglieder des Aufsichtsrates wegen Verletzung ihrer gesellschaftlichen Obliegenheiten verjähren in drei Monaten. Die Verjährungsfrist beginnt mit dem auf die Beendigung der ordentlichen Gesellschafterversammlung folgenden Tage für alle Ansprüche, die während des Kalenderjahres entstanden sind, dessen Jahresabschluß der ordentlichen Gesellschafterversammlung vorgelegt worden ist.

(2) Die Haftung der GmbH und der Mitglieder des Aufsichtsrates beschränkt sich Gesellschaftern und ehemaligen Gesellschaftern gegenüber auf das in der Gesellschaft angelegte Vermögen der zum Schadenersatz verpflichteten Personen.

Hat die Schadensersatzklage des Konkursverwalters Aussicht auf Erfolg?

Musterlösungen

Zu a) Wiederholen Sie zunächst Seite 297f.

Der von C für unwirksam gehaltene Gesellschafterbeschluß betraf eine Änderung des Gesellschaftsvertrages. Bedenklich könnte sein, daß A sowohl als Geschäftsführer der Komplementär-GmbH als auch als Kommanditist in eigener Angelegenheit mitwirkte. Es ist richtig, daß vertragsändernde Gesellschafterbeschlüsse das Selbstkontrahierungsverbot nach § 181 BGB beachten müssen, Gesellschafter also nicht im eigenen Namen und zugleich als Vertreter eines anderen Gesellschafters mitbestimmen können. Allerdings ist im vorliegenden Fall zu beachten, daß A gestattet war, bei den Beschlüssen über die Erhöhung der Einlagen in doppelter Eigenschaft als Kommanditist und als Geschäftsführer der Komplementär-GmbH mitzuwirken. Diese Gestattung liegt in dem einstimmigen Beschluß, den Gesellschaftsvertrag der Kommanditgesellschaft zu ändern, weil, wie dargelegt, die Kommanditisten der GmbH & Co. KG mit den Gesellschaftern der Komplementär-GmbH personengleich waren. Für jeden von ihnen lag klar auf der Hand, daß A bei der Beschlußfassung über die Erhöhung der KG-Einlagen in doppelter Eigenschaft, nämlich als Kommanditist und als Geschäftsführer der GmbH mitwirkte. Wenn sie unter diesen Umständen einstimmig die Erhöhung billigten, lag darin eine für jeden Anwesenden eindeutig erkennbare allseitige Erklärung, mit der Vertretung der

GmbH durch A trotz seiner persönlichen Beteiligung als Kommanditist einverstanden zu sein (vgl. BGH BB 1976, 901).

Zu b) Wiederholen Sie zunächst Seite 299

Anspruchsgrundlage ist § 433 Abs. 2 BGB. Da der Vertrag von L jedoch nicht mit Otto, sondern mit der GmbH & Co. KG abgeschlossen wurde, kann sich eine persönliche Haftung von Otto und Omar nur aus dem Gesichtspunkt des Rechtsscheins ergeben. Es entspricht einem generellen, aus Treu und Glauben abzuleitenden, namentlich für das Handelsrecht geltenden Grundsatz, daß man sich gegenüber schutzwürdigen Dritten rechtlich so behandeln lassen muß, wie es dem nach außen hin erzeugten Eindruck entspricht. Im vorliegenden Fall hatten Otto und Omar beim Vertragsabschluß mit dem Kaminlieferanten L für ihr Unternehmen die Firma „Otto und Omar" benutzt, ohne Hinweis darauf, daß es sich bei der Gesellschaft um eine GmbH & Co. KG handelte. Die Grundsätze der Firmenfortführung nach Handelsrecht (vergleiche §§ 22 ff. HGB und dazu den Band „Grundzüge des Handelsrechts", § 11 III) erlauben zwar die Fortführung der bisherigen Firma auch beim Inhaberwechsel bzw. beim Ausscheiden und Eintreten von Gesellschaftern. Nach gefestigter Rechtsprechung, die im Zuge der GmbH-Novelle ihren Niederschlag in § 19 V HGB fand, muß die Firma einer Kommanditgesellschaft, deren alleinige, persönlich haftende Gesellschafterin wie im vorliegenden Fall eine GmbH ist, einen verdeutlichenden Zusatz wie etwa „GmbH & Co." haben. Der Grund hierfür liegt darin, daß bei einer GmbH & Co. den Gläubigern de facto nur eine beschränkte Vermögensmasse haftet. Zum Schutze der Gläubiger muß daher diese abgeschwächte Haftungsrealisierung durch einen Zusatz der (fortgeführten) Firma offengelegt werden. Im vorliegenden Fall ist dies nicht geschehen. Gegenüber dem Lieferanten L wurde der Anschein erweckt, es hafte zumindest eine Person uneingeschränkt mit ihrem Privatvermögen. Daran muß sich Otto nach Rechtsscheingrundsätzen festhalten lassen.

1. Zusatzfrage: Wie vereinbart sich dies mit der Publizität des Handelsregisters?

Man könnte erwägen, ob nicht im Hinblick auf § 15 Abs. 2 HGB eine Rechtsscheinhaftung entfällt. Denn L hätte wie jeder andere Gläubiger aus dem Handelsregister die wahre Rechtsform der Firma ersehen können. Diesen Ansatz läßt die Rechtsprechung jedoch nicht gelten. Sie sieht in § 4 Abs. 2 GmbHG eine lex specialis gegenüber § 15 Abs. 2 HGB. Das Gesetz geht davon aus, daß es einem Geschäftspartner darauf ankomme, unterrichtet zu werden, wenn ihm keine natürliche Person mit ihrem Vermögen unbeschränkt haftet. Es verlangt deshalb für die Haftungsbeschränkung auf eine bestimmte Vermögensmasse eine erhöhte Publizität, die über die Eintragung ins Handelsregister hinausgeht. Das bedeutet, daß die Haftungsbeschränkung bereits aus der Firma ersichtlich sein muß. Aus praktischer Sicht ist dieser Auffassung zuzustimmen, denn trotz der uneingeschränkten Offenheit des Handelsregisters wären Geschäftspartner, namentlich bei überörtlichen Lieferbeziehungen, überfordert, wenn sie vor jedem Abschluß Einsicht in das Handelsregister nehmen müßten.

2. Zusatzfrage: Haftet neben Otto auch Omar?

Omar hatte den zur Auftragserteilung verwandten Geschäftsbogen nicht selbst unterschrieben. Er war jedoch zusammen mit Otto Geschäftsführer der Komplementär-GmbH und deshalb verpflichtet, die Eintragung des GmbH & Co.-Zusatzes zum Handelsregister zu veranlassen. Dieser Verpflichtung war er nicht nachgekommen; vielmehr hatte er zusammen mit Otto das Unternehmen auch nach der Umwandlung weiterhin unter der irreführenden Firma „Otto und Omar" betrieben. Aus diesem Grunde trifft ihn unter Anwendung der Rechtsscheinhaftung dieselbe Verantwortung wie Otto. Auch Omar haftet deshalb hinsichtlich der Kaufpreisforderung gegenüber L.

Zu c) Wiederholen Sie zunächst Seite 213, 288f.

Als Anspruchsgrundlage für etwaige Rückzahlungsansprüche gegenüber Y kommt § 31 GmbHG in Betracht. Danach muß ein Gesellschafter Zahlungen, die er entgegen dem Verbot des § 30 Abs. 1 GmbHG aus dem zur Erhaltung des Stammkapitals erforderlichen Vermögen bekommen hat, der Gesellschaft, letztere nach Konkurseröffnung durch den Konkursverwalter vertreten, erstatten. § 30 ist zwar eine Vorschrift aus dem Recht der GmbH, findet aber auch auf Leistungen Anwendung, die aus dem Vermögen einer GmbH & Co. KG an einen Kommanditisten erbracht wurden, der zugleich der Komplementär-GmbH angehört, wenn durch sie mittelbar das Vermögen der GmbH unter den Nennwert des Stammkapitals absinkt. Die Vorschrift gilt entsprechend, wenn beide Gesellschaften bereits überschuldet sind und dem Gesellschafter etwas aus dem Vermögen der Kommanditgesellschaft zugewandt wurde. Einer unerlaubten Auszahlung zu Lasten des Stammkapitals steht es gleich, wenn sich ein GmbH-Gesellschafter Darlehensbeträge, die er der GmbH nach Eintritt ihrer Konkursreife anstelle einer in dieser Lage benötigten weiteren Kapitaleinlage gegeben hat, zurückgewähren läßt, bevor der Zweck der Darlehenshingabe nachhaltig erreicht, also auch unabhängig von der Darlehensvaluta die Gesellschaft zahlungsfähig und ein Aktivvermögen in Höhe des satzungsmäßigen Stammkapitals vorhanden ist (BGHZ 31, 258, 268 ff.; 60, 324, 328 ff. sowie jetzt ausdrücklich §§ 32a, 32b GmbHG). Dasselbe gilt für Gesellschafterdarlehen, die unter den gleichen Voraussetzungen in das Vermögen einer GmbH & Co. KG gelangt und daraus zurückgeflossen sind (BGHZ 67, 171, 175 ff.). Die Gleichbehandlung der GmbH mit der GmbH & Co. KG ordnet § 172a HGB ausdrücklich an. Sie ergab sich nach Auffassung der Rechtsprechung schon früher aus folgender Überlegung: Der tragende Grund für die Behandlung von Gesellschafterdarlehen als haftendes Kapital im Sinne der §§ 30, 31 GmbHG ist der, daß ein Gesellschafter, der die sonst konkursreife Gesellschaft anstatt durch die wirtschaftlich gebotene Zufuhr neuen Eigenkapitals durch Darlehen zu stützen sucht, sich zu seinem eigenen Verhalten und dem Zweck der gesetzlichen Kapitalerhaltungsvorschriften in Widerspruch setzt, wenn er der Gesellschaft die als Kapitalgrundlage benötigten Mittel wieder entzieht, obwohl sie ohne diese nicht lebensfähig ist. Nicht anders liegt es bei Darlehensgewährungen an eine zahlungsunfähig gewordene GmbH & Co. KG, deren Komplementär-GmbH im Hinblick auf ihre Haftung nach § 128 HGB ebenfalls nicht mehr über genügend Kapital oder flüssige Mittel verfügt. Der wirtschaftliche Zusammenbruch einer GmbH & Co. KG wirkt sich wegen der unbeschränkten Haftung nach § 128 HGB regelmäßig zugleich auch auf die Vermögenslage der Komplementär-GmbH aus. Übersteigt der für diese Haftung anzusetzende Passivposten das Aktivvermögen der GmbH oder ist diese sonst außerstande, die fälligen Verbindlichkeiten der Kommanditgesellschaft nach deren Ausfall aus eigenen Mitteln zu erfüllen, so bringt die Zahlungsunfähigkeit der Kommanditgesellschaft zwangsläufig auch die GmbH in eine Lage, die nach §§ 63, 64 GmbHG zur Konkursanmeldung verpflichtet, sofern nicht alsbald genügend neues Kapital beschafft werden kann.

Aus dem geschilderten Sachverhalt ergibt sich, daß die Z-GmbH & Co. KG zum Zeitpunkt der Darlehensgewährung durch X und Y sich bereits in ständigen Zahlungsschwierigkeiten befunden hatte, die nur dadurch überwunden werden konnten, daß die Kommanditisten ihr Darlehen gaben. X und Y haben die Gesellschaft nicht durch eine Kapitaleinlage zu stützen versucht, sondern ein Darlehen zur Verfügung gestellt. Dadurch trat für die GmbH wirtschaftlich der gleiche Zustand ein, wie wenn das Darlehen unmittelbar an sie gegeben worden wäre. Denn mit der darlehensbedingten Wiedererlangung der Liquidität der KG war vorläufig auch die Gefahr der finanziellen Möglichkeiten übersteigenden Inanspruchnahme der GmbH entfallen. Allerdings nur vorläufig und unter der Voraussetzung, daß die kapitalersetzende Darlehensvaluta nicht zur Unzeit zurückbezahlt wurde, also bevor der mit ihrer Hergabe erfolgte Zweck nachhaltig erreicht war. Solange aber die GmbH nicht wieder mit ihrem satzungsgemäßen Stammkapital auskommen konnte, mußte die Darlehensgewährung

§ 13. Die GmbH & Co. KG 309

wie haftendes Kapital behandelt werden. Nur auf diese Weise läßt sich der rechtlichen und wirtschaftlichen Verknüpfung der beiden Gesellschaften und der durch sie bedingten Verantwortung der Kommanditgesellschaft auch für das Kapital der Komplementär-GmbH Rechnung tragen. Nur so wird man dem Umstand gerecht, daß bei einer GmbH & Co. KG der Erhaltung dieses Kapitals mit Rücksicht auf das Fehlen eines mit seinem gesamten Privatvermögen unbeschränkt haftenden Gesellschafters für den Gläubigerschutz erhöhte Bedeutung zukommt (BGHZ 60, 324, 329f.).

Der Sachverhalt ergibt klar, daß die Rückzahlung des Darlehens an Y zur Unzeit erfolgte. Denn die GmbH war bereits im Jahre 1970 überschuldet und infolgedessen konkursreif. Die Bilanzen der Kommanditgesellschaft wiesen ab den Jahren 1970 erhebliche Fehlbestände auf, die das eingebrachte Stammkapital der GmbH weit überstiegen. Daraus ergibt sich, daß auch die GmbH wegen ihrer unbeschränkten Haftung nach § 128 HGB überschuldet war. Die Darlehensrückzahlung im Jahre 1971 an Y ist deshalb wie eine unzulässige Auszahlung aus dem GmbH-Stammkapital zu werten. Y muß deshalb die erhaltenen 200000 DM an die GmbH, vertreten durch den Konkursverwalter, zurückerstatten.

Zu d) Wiederholen Sie zunächst Seite 289f.

Die Schadensersatzklage des Konkursverwalters hat Aussicht auf Erfolg, wenn die in Anspruch genommenen Aufsichtsratsmitglieder ihre Pflichten schuldhaft verletzt haben und Haftungsbeschränkungen dem nicht entgegenstehen. Die materiellen Voraussetzungen des Schadensersatzanspruches werden von den Aufsichtsratsmitgliedern nicht bestritten. Sie berufen sich aber auf den Haftungsausschluß bzw. die Verjährung etwaiger Ansprüche entsprechend der im Sachverhalt erwähnten Klauseln des Gesellschaftsvertrages. Es kommt nun entscheidend darauf an, ob derartige Abreden wirksam sind oder nicht. Grundsätzlich kann ein Schadensersatzanspruch eingeschränkt und die Verjährungsfrist verkürzt werden. Es entspricht des weiteren der Vertragsfreiheit, daß Gerichte nur in Ausnahmefällen solche Klauseln korrigieren können. Überprüfungen sind namentlich im Rahmen von allgemeinen Geschäftsbedingungen und Formularverträgen von der Rechtsprechung und – wie das Gesetz über die allgemeinen Geschäftsbedingungen zeigt – auch vom Gesetzgeber vorgenommen worden. Ein „normaler" Gesellschaftsvertrag einer Kommanditgesellschaft unterliegt in der Regel keiner Inhaltskontrolle dahingehend, ob seine Bestimmungen nach § 242 BGB Treu und Glauben entsprechen. Zu beachten ist jedoch, daß es sich bei dem Unternehmen der vorliegenden Art um eine als GmbH & Co. KG organisierte sogenannte „Publikumsgesellschaft" handelt, die von vornherein darauf angelegt war, zur Kapitalansammlung eine unbestimmte Vielzahl von Kommanditisten aufzunehmen. Die Erfahrungen haben gezeigt, daß Kommanditisten zur Gesellschaft i. d. R. keinerlei persönlichen oder sonstigen Kontakt haben und sich auch untereinander kaum kennen. Die Rechtslage ist daher ähnlich jener bei allgemeinen Geschäftsbedingungen und bei Formularverträgen, die nicht zwischen den Parteien ausgehandelt werden, bei denen vielmehr für eine Vielzahl von gleichgelagerten Fällen der Verwender die künftigen Rechtsbeziehungen einseitig vorweg festlegt. Hier fehlt dann der Vertragskompromiß als Gewähr dafür, daß die Interessen aller Beteiligten berücksichtigt worden sind. Dies ist der entscheidende Gesichtspunkt, weshalb die Rechtsprechung Gesellschaftsverträge von Publikumsgesellschaften einer Inhaltskontrolle unterwirft. Untersucht man nun im vorliegenden Fall den entsprechenden Passus, so läßt sich unschwer feststellen, daß durch die Haftungsbeschränkung und die Verkürzung der Verjährung den gewöhnlichen Kapitalanlegern die Durchsetzung etwaiger Ersatzansprüche gegen die Geschäftsführungs- und Überwachungsorgane der „Investa-GmbH & Co. KG" weitgehend unmöglich gemacht wird. Obwohl die Kommanditisten das Gesellschaftskapital aufbringen und daher in erster Linie schutzbedürftig sind, vereitelt ihnen der im Sachverhalt erwähnte Passus im Endergebnis Schadensersatzansprüche aus pflichtwidrigen Maßnahmen. Erfahrungsgemäß ist ein großer Teil der Kommanditisten bei derartigen Gesellschaften geschäftlich unerfahren; zudem werden fehlerhafte Maßnahmen und Unredlichkeiten der Geschäftsführungs- und Überwachungsorgane meist erst offenkundig, wenn der wirtschaftliche Zusammenbruch des Unternehmens auch in der Öffentlichkeit bekannt wird. Unter solchen Umständen ist die abgekürzte Verjährungsfrist in den meisten Fällen abgelaufen, bevor der Aufsichtsrat zur Verantwortung gezogen werden kann. Aus diesem Grunde ist der im Sachverhalt erwähnte Passus des Gesellschaftsvertrages wegen seines Verstoßes gegen Treu und Glauben unwirksam. Das wiederum bedeutet, daß die in Anspruch genommenen Aufsichtsratsmitglieder sich nicht auf die kurzfristige Verjährung berufen können. Es gilt also die normale gesetzliche Verjährungsfrist. Diese beträgt analog der Rechtslage bei der Gesellschaft mit beschränkter Haftung nach § 52 Abs. 3 GmbHG 5 Jahre. K kann somit – die materiellen Voraussetzungen des Schadensersatzanspruches unterstellt – die Aufsichtsratsmitglieder in Regreß nehmen.

§ 14. Die Doppelgesellschaft

I. Begriff

Von Doppelgesellschaften spricht man bei der „**Betriebsaufspaltung**". Durch sie wird ein Unternehmen in zwei rechtlich selbständige Gesellschaften aufgeteilt, obwohl beide Gesellschaften einem einheitlichen wirtschaftlichen Betrieb dienen. Denkbar sind zwei Fälle:

- Die **echte Betriebsaufspaltung:** Das bestehende Unternehmen wird durch Betriebsteilung in zwei selbständige Gesellschaften mit einheitlichem wirtschaftlichen Zweck und zusammengefaßter Organisation aufgespalten.
- Die **unechte Betriebsaufspaltung:** Es werden von vornherein zwei juristisch voneinander unabhängige Gesellschaften gegründet (also nicht aus einem einheitlichen Unternehmen abgespalten), die jedoch beide über die Organisationsidentität den gleichen wirtschaftlichen Zweck verfolgen.

Kennzeichen der bei einer Betriebsaufspaltung entstehenden Doppelgesellschaft ist also die Teilung des Unternehmens bei parallel verfolgtem wirtschaftlichen Zweck.

II. Erscheinungsformen

In der Regel werden Doppelgesellschaften nach bestimmten Stufen des Betriebsablaufs gebildet. Im einzelnen sind viele Varianten denkbar, beispielsweise die Aufspaltung in:

- **Besitzgesellschaften** und **Betriebsgesellschaften**,
- **Betriebsgesellschaften** und **Vertriebsgesellschaften**.

Denkbar ist auch die Aufspaltung des Unternehmenszweckes durch Bildung von

- **Verlagsgesellschaften** und **Druckereigesellschaften** sowie
- **Fabrikationsgesellschaften** und **Handelsgesellschaften**.

III. Gründungsmotive

Im wesentlichen sind es zwei Gründe, die zur Betriebsaufspaltung führen:
- Die Bildung von Kapitalgesellschaften soll das **Haftungsrisiko** reduzieren.
- Die Gewinnverlagerungen innerhalb der Doppelgesellschaft sollen die **Steuerbelastung** abschwächen.

IV. Modelle der Betriebsaufspaltung

Zwei typische Erscheinungsformen sollen den Sinn der Doppelgesellschaft verdeutlichen:

1. Besitz- und Betriebsgesellschaft

Hier ist die **Besitzgesellschaft** eine **Personengesellschaft**, die **Betriebsgesellschaft** eine **Kapitalgesellschaft**, in aller Regel eine GmbH. Die Besitzgesellschaft verpachtet ihr Anlagevermögen, insbesondere Grundstücke und Maschinenpark, an die Betriebs-GmbH.

2. Produktions- und Vertriebsgesellschaft

Die Doppelgesellschaft wird gebildet von einer produzierenden Personengesellschaft und einer GmbH als Vertriebsgesellschaft.

3. Sonstige Erscheinungsformen

Dasselbe gilt für die übrigen Varianten: Die Verlagsgesellschaft ist meist Kommanditgesellschaft und arbeitet mit einer Druckerei-GmbH zusammen. Denkbar ist auch eine Fabrikations-oHG, deren Produkte von einer Handels-GmbH abgesetzt werden.

Schaubild: Modell der Doppelgesellschaft

Entscheidend für die Abschwächung des Haftungsrisikos ist, daß für den Bereich, der möglicherweise besondere Unwägbarkeiten in sich birgt, die Rechtsform einer Kapitalgesellschaft gewählt wird: Im Konkurs der Produktions-GmbH können dann die im Eigentum der Besitzgesellschaft befindlichen Grundstücke und Maschinen konkursrechtlich „ausgesondert" werden („aussondern" = massenfremde Gegenstände herausnehmen).

Steuerlich entsteht der Betriebsgewinn bei der produzierenden Betriebs-GmbH. Die von ihr aufgrund der Betriebsaufspaltung an die Besitzgesellschaft zu zahlende Pachtsumme für die Benutzung von Grundstücken und Maschinen wirkt sich gewinnmindernd aus.

Nachteilig ist bei der Doppelgesellschaft, daß Gründung und Lenkung einer weiteren Gesellschaft neben zusätzlichen Gründungskosten auch einen erhöhten Personal- und Verwaltungsaufwand zur Folge haben.

V. Steuerliche Problematik der Betriebsaufspaltung

1. Grundsätzliche Zulässigkeit

Die gesellschaftsrechtlich unanfechtbare Betriebsaufspaltung wird auch von der Finanzrechtsprechung anerkannt. Der Bundesfinanzhof spricht jedoch lediglich bei der Teilung eines bestehenden Unternehmens in zwei rechtlich selbständige Gesellschaften von Betriebsaufspaltung (sog. **echte Betriebsaufspaltung**); dagegen lehnt er diesen Begriff bei der Parallelgründung zweier rechtlich selbständiger Gesellschaften ab, da man in diesem Falle nicht von einer „Aufspaltung" (eines von vornherein nicht bestehenden einheitlichen Unternehmens) sprechen könne (sog. **„unechte Betriebsaufspaltung"**).

2. Streit in Detailfragen

Grenzen der Betriebsaufspaltung ergeben sich aus der Abgabenordnung: Mißbräuche von Formen und Gestaltungsmöglichkeiten des Privatrechts sind steuerlich unbeachtlich (vgl. § 42 AO). Liegt ein Mißbrauch vor, wird die abgespaltene Gesellschaft als nicht existent betrachtet, ihr Gewinn und Verlust der Besitzgesellschaft zugerechnet. Die wirtschaftliche Einheit von Besitz- und Betriebsgesellschaft wird von der Finanzrechtsprechung im Hinblick auf die „wirtschaftliche Identität" der beiden Unternehmensteile angenommen. Im einzelnen ist vieles streitig (vgl. dazu etwa Paulick in Handbuch der Personengesellschaften III Rn. 975ff.).

§ 15. Besondere Unternehmensformen für bestimmte Wirtschaftszweige

• **Lernhinweis:** Im folgenden wird kurz auf besondere Rechtsformen hingewiesen, die sich z. T. historisch, z. T. aus speziellen Tätigkeitsbereichen erklären. Wie alle „Orchideen" spielen auch diese Rechtsgebilde trotz ihrer zahlenmäßig geringeren Bedeutung in mündlichen Prüfungen immer wieder eine Rolle. Der Student tut deshalb gut daran, sich wenigstens Begriff, Grundgedanken und Organisationsmodell einzuprägen. In Universitätsstädten wie Hamburg versteht sich allerdings von selbst, daß die Reederei im Examen eine größere Rolle spielt als in Tübingen oder Bayreuth.

I. Reederei

1. Begriff

Unter einer Reederei versteht man gem. § 489 HGB die **Vereinigung mehrerer Personen (Mitreeder) zur Verwendung eines ihnen gemeinschaftlich gehörenden Schiffes auf gemeinsame Rechnung zum Erwerb durch die Seefahrt.** Man spricht auch von der **„Partenreederei"**. Typisch ist, daß mehrere Personen Miteigentümer eines Schiffes sind und dieses durch den (formlos gültigen) Gesellschaftsvertrag zur gemeinschaftlichen Seeschiffahrt verwenden. Hinsichtlich des Schiffes besteht Miteigentum, das Reedereivermögen zerfällt in die einzelnen „Schiffsparten". Die Reederei ist Personengesellschaft.

Schaubild: Organisationsmodell der Partenreederei

```
        Schiffseigentum
       Miteigentumsanteile
    ┌─────┬─────┬─────┬─────┐
    │  A  │  B  │  C  │  D  │
    └──┬──┴──┬──┴──┬──┴──┬──┘
       │  Gesellschaftsvertrag │
       ▼     ▼     ▼     ▼
    ┌─────┬─────┬─────┬─────┐
    │  A  │  B  │  C  │  D  │
    └─────┴─────┴─────┴─────┘
          Schiffsparten
            Reederei
```

Zu betonen ist, daß größere Schiffahrtsunternehmen heute wegen des hohen Kapitalbedarfs meist als Aktiengesellschaft organisiert sind. Daneben sind jedoch auch die GmbH, die oHG und die KG als Unternehmensformen anzutreffen.

2. Gesellschaftsvertrag

Die Reederei entsteht gem. § 490 HGB durch nicht formbedürftigen Vertrag der Schiffseigner. Die Rechte und Pflichten der Gesellschafter untereinander bestimmen sich in erster Linie nach dem Gesellschaftsvertrag. Das Gesetz ist auch hier dispositiv. Maßgebend für die gesetzliche Berechtigung der Reeder untereinander ist die jeweilige Schiffspart. Stimmrechte, Gewinn- und Verlusttragung hängen also von der Höhe des Anteils am Gesellschaftsvermögen ab. Dasselbe gilt für die Beitragspflicht und andere von den Mitreedern zu tragende Pflichten. Dabei ist eine Besonderheit zu beachten: Jeder Mitreeder hat das sog. **„Abandon-Recht"**: Wenn die Kosten für die Ausrüstung einer neuen Reise oder eine Reparatur, die anteilsmäßig zu tragen wären, zu hoch erscheinen, kann der einzelne Mitreeder sich von seiner Beitragspflicht dadurch befreien, daß er seinen Anteil preisgibt (abandonnieren = aufgeben). Die Preisgabe erfolgt durch notariell beurkundete Erklärung. Eine Entschädigung hierfür erfolgt nicht. Der Anteil des ausscheidenden Mitreeders fällt den übrigen Mitreedern nach dem Verhältnis ihrer Schiffsparten zu.

3. Geschäftsführung und Vertretung

An sich stehen Geschäftsführung und Vertretung den Mitreedern gemeinsam zu. Jedoch kann durch Mehrheitsbeschluß sowohl die Geschäftsführung als auch die Vertretung einem einzelnen Mitreeder übertragen werden. Das Gesetz kennt auch die Übertragung von Geschäftsführung und Vertretung auf einen Dritten, also einen Nichtgesellschafter. Voraussetzung hierfür ist ein einstimmiger Gesellschafterbeschluß. In diesen Fällen spricht man von einem **„Korrespondenzreeder"**; man findet auch die Bezeichnung „Schiffsdirektor" und „Schiffsdisponent".

II. Versicherungsverein auf Gegenseitigkeit (VVaG)

1. Begriff

Der VVaG ist eine spezielle Unternehmensform der Privatversicherung. Er ist rechtsfähig und hat gewisse Ähnlichkeiten mit der Genossenschaft. Mit dem Abschluß des Versicherungsvertrages wird die Mitgliedschaft im Unternehmen begründet. Jedes Mitglied ist also zugleich Versicherer und Versicherungsnehmer.

Gründungsmotiv ist der Gedanke, kollektive Risikovorsorge in der Form vorzunehmen, daß eine große Zahl von Risikoträgern durch Zusammenschluß die einzelnen Risiken auf alle Mitglieder im Sinne genossenschaftlicher Selbsthilfe verteilt.

2. Rechtsgrundlagen

Rechtsgrundlage für den VVaG ist das „Gesetz über die Beaufsichtigung der privaten Versicherungsunternehmungen und Bausparkassen (VAG) vom 6. 6. 1931".

3. Organisation

Der Versicherungsverein auf Gegenseitigkeit wird durch notariell beurkundete Feststellung der Satzung mit einem gesetzlich vorgeschriebenen Mindestinhalt gegründet. Die Rechtsfähigkeit wird durch die Betriebserlaubnis des Bundesaufsichtsamts für das Versicherungs- und Bausparkassenwesen erlangt. Nach § 29 VAG sind Organe
- der Vorstand,
- der Aufsichtsrat und
- die „oberste Vertretung" bzw. „oberstes Organ".

Schaubild: Organisationsmodell des Versicherungsvereins auf Gegenseitigkeit

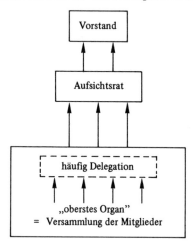

An sich ist die oberste Vertretung identisch mit der Mitgliederversammlung. In der Regel, namentlich beim großen VVaG, handelt es sich jedoch um eine Delegiertenversammlung. Aufgaben und Zuständigkeiten der Organe sind weitgehend dem Aktienrecht nachgebildet, §§ 34–36 VAG.

III. Bergrechtliche Gewerkschaft

1. Begriff

Die bergrechtliche Gewerkschaft ist eine besondere Rechtsform des Bergrechts. Sie bezweckt den gemeinsamen Betrieb eines Bergwerks. Schon das Preußische Allgemeine Landrecht kannte diese Rechtsform. In der Mitte des vergangenen Jahrhunderts entwickelte sich die „Gewerkschaft neuen Rechts". Sie ist juristische Person und wird in das Handelsregister eingetragen.

- **Lernhinweis:** Erfahrungen aus dem mündlichen Examen beweisen (leider), daß nachfolgender banaler Hinweis angebracht ist: Die bergrechtliche

§ 15. Besondere Unternehmensformen

Gewerkschaft hat nichts mit den Gewerkschaften i. S. von Arbeitnehmerorganisationen zu tun, sie kann vielmehr selbst als „Arbeitgeber" auftreten.

2. Rechtsgrundlagen

Gesetzliche Grundlage für die bergrechtliche Gewerkschaft waren lange Zeit ausschließlich die landesrechtlichen Berggesetze, vor allem das Allgemeine Preußische Berggesetz von 1865. Der Bundesgesetzgeber hat die Auflösung bzw. Abwicklung der bergrechtlichen Gewerkschaften im BBergG v. 1980 geregelt (BGBl. I, 1310).

3. Organisation

Organe der bergrechtlichen Gewerkschaft sind
- der Grubenvorstand bzw. der Repräsentant,
- der Aufsichtsrat und
- die Mitgliederversammlung.

Die Mitglieder werden „**Gewerken**", ihre Anteilsrechte „**Kuxe**" genannt. Die Kuxe werden im Gewerkenbuch vermerkt und sind übertragbar.

Anders als bei der Aktiengesellschaft haben die Mitglieder nicht eine einmalige Einlage zu erbringen, sondern auch „Zubußen" zu zahlen. Durch das auch hier anzutreffende Abandonrecht können sich die Gewerken von dieser Pflicht durch Preisgabe ihrer Anteile befreien.

Leitungsorgan der Gewerkschaft ist (wenn es sich um nur eine Person handelt) der Repräsentant oder (bei mehreren Personen) der Grubenvorstand. Ein Aufsichtsrat als Überwachungsorgan ist fakultativ; er ist zwingend zu bilden, wenn das Betriebsverfassungsrecht es vorschreibt (mehr als 500 Arbeitnehmer). Außerdem ist die Mitbestimmung der Arbeitnehmer nach den Mitbestimmungsgesetzen zu beachten.

Schaubild: Organisationsmodell der bergrechtlichen Gewerkschaft

Die Bedeutung der bergrechtlichen Gewerkschaft ist zurückgegangen. Auch auf dem Gebiete des Bergbaus hat sich die Rechtsform der Aktiengesellschaft durchgesetzt. § 163 BBergG hat die Auflösung aller bestehender Gewerkschaften angeordnet, sofern nicht die Umwandlung in eine andere Kapitalgesellschaft beschlossen wird (Das neue Unternehmen darf den bisherigen Namen und die Bezeichnung „Gewerkschaft" als Firmenzusatz benutzen).

IV. Kolonialgesellschaft

Im 19. Jahrhundert wurden Kolonialgesellschaften gegründet zur Durchführung wirtschaftlicher Vorhaben in den damaligen Kolonien. Es handelte sich um Kapitalvereine, bei denen die Kapitalansammlungsfunktion wegen des großen Kapitalbedarfs (Expeditionen, Handelsniederlassungen, Transportwege) im Vordergrund stand. Die geänderten weltpolitischen Umstände haben Kolonialgesellschaften zu einem Anachronismus gemacht. Der Bundesgesetzgeber hat das Gesellschaftsrecht insoweit auch „bereinigt": Das „Gesetz über die Auflösung, Abwicklung und Löschung von Kolonialgesellschaften" bestimmte, daß diese Gesellschaften mit Ablauf des 31. 12. 1976 aufgelöst sind, wenn keine Umwandlung in eine andere Rechtsform erfolgte. Jedoch sollte der Student von der Kolonialgesellschaft wenigstens insofern gehört haben, als § 1 I Nr. 1 Körperschaftsteuergesetz 1977 bei der Aufzählung der körperschaftsteuerpflichtigen Kapitalgesellschaften unter anderem auch die Kolonialgesellschaft erwähnt.

Wiederholungsfragen zu § 15

Ist die Reederei Personen- oder Kapitalgesellschaft? (S. 314)
Was versteht man unter einem „Abandon-Recht"? (S. 315)
Läßt das Handelsrecht bei der Partenreederei eine Fremdorganschaft zu? (S. 315)
Welche Rechtsgrundlage gilt für den Versicherungsverein auf Gegenseitigkeit? (S. 315)
Ist die bergrechtliche Gewerkschaft im Handelsgesetzbuch geregelt? (S. 317)
Wie nennt man bei der bergrechtlichen Gewerkschaft die Mitglieder, wie die Anteilsrechte? (S. 317)
Welche Organe hat die bergrechtliche Gewerkschaft? (S. 317)

5. Kapitel
Tabellarischer Anhang

§ 16. Übersicht über die wichtigsten Regelungskomplexe der Gesellschaften

	Wesen	Rechtsgrundlagen
GbR	Allgemeinste Form gemeinsamer Zweckverfolgung durch mehrere.	§§ 705 bis 740 BGB
oHG	Betrieb eines Handelsgewerbes durch mehrere bei unbeschränkter Haftung aller Gesellschafter.	§§ 105 bis 160 HGB, §§ 705 bis 740 BGB.
KG	Betrieb eines Handelsgewerbes durch mehrere bei teils beschränkter, teils unbeschränkter Haftung der Gesellschafter.	§§ 161 bis 177a HGB, §§ 105 bis 160 HGB, §§ 705 bis 740 BGB
GmbH & Co. KG	Wie KG.	Wie KG, für die Komplementärin Anwendung des GmbH-Rechts.
stG	Beteiligung am Handelsgeschäft eines anderen durch Leistung einer in dessen Vermögen übergehenden Einlage.	§§ 230 bis 237 HGB sowie teilweise §§ 705 bis 740 BGB.
AG	Rechtsform für Großunternehmen, Durchführung von Großvorhaben, Kapitalansammlungsfunktion, Fungibilität der Anteile über den Kapitalmarkt, Anonymität der Gesellschafter.	Aktiengesetz
KGaA	Kombination von AG und KG, organisatorische Zusammenfassung der Kommanditaktionäre, persönliche Haftung der Komplementäre.	§§ 278 bis 290 AktG, im übrigen entspr. Anwendung der Vorschriften für die KG.
GmbH	Verfolgung jedes gesetzl. zulässigen Zwecks in Form einer Kapitalgesellschaft ohne aufwendige Gründungsvorschriften bei unbeschränkter Haftung der Gesellschaft und beschränkter Haftung der Gesellschafter, besonders geeignet für kleinere Unternehmen.	GmbH-Gesetz
eG	Gesellschaften mit eigener Rechtspersönlichkeit von nicht geschlossener Mitgliederzahl, die die Förderung des Erwerbs oder der Wirtschaft ihrer Mitglieder mit-	Genossenschaftsgesetz

320 5. Kapitel. Tabellarischer Anhang

	Wesen	Rechtsgrundlagen
	tels gemeinschaftlichen Geschäftsbetriebs bezwecken. Schwerpunkte in der Landwirtschaft, dem gewerblichen Mittelstand und im Bau- und Wohnungswesen.	

	Rechtsfähigkeit	Formvorschriften bei Gründung	Mindestzahl der Gründer
GbR	Nicht rechtsfähig.	Formfreiheit.	2
oHG	Nicht rechtsfähig (str.), gewisse Elemente der jur. Person gem. § 124 HGB.	Formfreiheit.	2
KG	Siehe oHG.	Formfreiheit.	2
GmbH & Co. KG	Siehe KG.	Formfreiheit.	2
stG	Nicht rechtsfähig.	Formfreiheit	2; Gesellschaft besteht aus max. 2 Gesellschaftern, bei Beteiligung mehrerer entstehen weitere stG.
AG	Juristische Person.	Notarielle Beurkundung.	5
KGaA	Juristische Person.	Notarielle Beurkundung.	5; davon mindestens ein Komplementär.
GmbH	Juristische Person.	Notarielle Beurkundung.	1
eG	Jurstische Person.	Schriftform.	7

	Mindestkapital	Mindesteinzahlung
GbR	Nicht vorgeschrieben.	Nicht vorgeschrieben.
oHG	Nicht vorgeschrieben.	Nicht vorgeschrieben.
KG	Nicht vorgeschrieben.	Nicht vorgeschrieben, aber Bezifferung der (beliebig hohen) Kommanditeinlage.
GmbH & Co. KG	Für KG nicht vorgeschrieben, wohl aber für Komplementär-GmbH nach GmbHG.	Wie KG, bei Komplementär-GmbH gilt GmbHG.

§ 16. Übersicht der Regelungskomplexe der Gesellschaften

	Mindestkapital	Mindesteinzahlung
stG	Nicht vorgeschrieben.	Nicht vorgeschrieben, aber Bezifferung der Einlage des stillen Gesellschafters.
AG	DM 100000,- Mindestgrundkapital, Mindestaktiennennbetrag DM 50,-, höherer zulässig, sofern auf volle DM 100,- lautend.	¼ des Nennbetrags, bei Ausgabe von Aktien für einen höheren als den Nennbetrag auch der Mehrbetrag.
KGaA	Wie AG, für Komplementär keine Vorschriften.	Wie AG.
GmbH	DM 50000,- Mindeststammkapital, Mindestgeschäftsanteil DM 500,-, höhere müssen durch 100 teilbar sein.	Geldeinlagen: ¼ Sacheinlagen: voll zusammen mindestens 25000,-
eG	Nicht vorgeschrieben.	Nicht vorgeschrieben.

	Vermögensverhältnisse	Einlagen
GbR	Beiträge der Gesellschafter u. die durch die Geschäftsführung für die Gesellschaft erworbenen Gegenstände werden gemeinschaftliches Vermögen der Gesellschaft mit gesamthänderischer Bindung.	Geld-, Sach- oder Dienstleistungen.
oHG	Wie GbR.	Wie GbR.
KG	Wie oHG.	Wie oHG; bei nicht in Geld bestehenden Einlagen der Kommanditisten Bezifferung in Geld erforderlich.
GmbH & Co. KG	Wie KG.	Wie KG.
stG	Einlage des stillen Gesellschafters geht in das Vermögen des Inhabers des Handelsgeschäfts über; kein Gesellschaftsvermögen. Bei atyp. stG im Innenverhältnis wirtschaftliche Beteiligung am Geschäftsvermögen (stille Reserven).	Geld-, Sach- oder Dienstleistungen.
AG	Die Gesellschaft ist als jur. Person Inhaberin ihres Vermögens; Mitgliedschaftsrecht der Aktionäre u. Beteiligung am Liquidationserlös.	Geld- und Sachleistungen; bei Sacheinlagen und -übernahmen besond. Angaben in der Satzung gem. § 27 AktG u. besond. Gründungsprüfung gem. § 33 II Nr. 4 AktG.

	Vermögensverhältnisse	Einlagen
KGaA	Wie AG.	Bei Kommanditaktionären wie AG; bei Komplementären Festsetzung der nicht auf das Grundkapital zu leistenden Vermögenseinlagen nach Höhe u. Art i. d. Satzung gem. § 281 II AktG.
GmbH	Die Gesellschaft ist als jur. Person Inhaberin ihres Vermögens.	Geld- oder Sachleistungen; bei Sachleistungen Festsetzung der Person des Gesellschafters, des Gegenstands der Einlage oder Übernahme sowie des Geldwerts, für den die Einlage übernommen wird oder die für die übernommenen Gegenstände zu gewährende Vergütung im Gesellschaftsvertrag gem. § 5 IV GmbHG.
eG	Die Gesellschaft ist als jur. Person Inhaberin ihres Vermögens.	Einlagen in Geld; Statut muß angeben, bis zu welchem Betrag sich die Genossen beteiligen können bzw. müssen (Bestimmtheitserfordernis nach Betrag u. Zeit bis zum Gesamtbetrag von mind. ⅒), § 7 Nr. 1 GenG.

	Registereintragung	Firma
GbR	Keine Eintragung.	Keine Firma.
oHG	Eintragung in das Handelsregister Abtlg. A, Umfang der Anmeldung §§ 106, 107 HGB.	Personenfirma; entweder Namen aller Gesellschafter oder eines Gesellschafters mit einem das Gesellschaftsverhältnis andeutenden Zusatz.
KG	dto., Umfang der Anmeldung § 162 HGB; bei Kommanditisten keine Bekanntmachung von Name, Stand, Wohnort und Betrag der Einlage.	Personenfirma; Name wenigstens eines persönlich haftenden Gesellschafters mit einem das Gesellschaftsverhältnis andeutenden Zusatz (keine Aufnahme von Kommanditisten in den Firmentext).

§ 16. Übersicht der Regelungskomplexe der Gesellschaften

	Registereintragung	Firma
GmbH & Co. KG	dto.	Name der Komplementär-GmbH mit Zusatz.
stG	Keine Eintragung möglich.	Keine Firma.
AG	Eintragung in das Handelsregister Abtlg. B, Inhalt der Eintragung § 39 AktG, Bekanntmachung § 40 AktG.	Grundsätzlich Sachfirma, ausnahmsweise Personenfirma, Zusatz „Aktiengesellschaft".
KGaA	Analog AG, Inhalt der Eintragung gem. §§ 39, 282 AktG.	Wie AG plus Zusatz „Kommanditgesellschaft auf Aktien".
GmbH	Eintragung in das Handelsregister Abtlg. B, Umfang der Anmeldung § 8 GmbHG.	Sach- oder Personenfirma mit Zusatz „Gesellschaft mit beschränkter Haftung".
eG	Eintragung in das Genossenschaftsregister, Umfang der Anmeldung und Eintragung §§ 10f. GenG.	Sachfirma mit Zusatz „eingetragene Genossenschaft" bzw. „eG".

	Selbstorganschaft/ Fremdorganschaft	Organe
GbR	Selbstorganschaft.	Wahrnehmung der Geschäfte durch die Gesellschafter.
oHG	Selbstorganschaft.	Wie GbR.
KG	Wie oHG.	Wie oHG.
GmbH & Co. KG	Wie KG.	Wie KG; bei kapitalistischer KG Konzentration der Kommanditistenvielfalt durch Bildung von Beiräten, Aufsichtsräten oder ähnlichen Gremien möglich und zweckmäßig.
stG	Selbstorganschaft.	Keine besonderen Organe, Wahrnehmung der Geschäfte durch den Geschäfts-Inhaber.
AG	Fremdorganschaft möglich.	Hauptversammlung, Aufsichtsrat, Vorstand.
KGaA	Wie KG.	Hauptversammlung, Aufsichtsrat. Kein Vorstand, da Leitungsfunktionen bei den Komplementären.

	Selbstorganschaft/ Fremdorganschaft	Organe
GmbH	Fremdorganschaft möglich.	Gesellschafterversammlung, Geschäftsführer (gesetzl. Vertreter). Aufsichtsrat fakultativ, sofern nicht aus Mitbestimmungsgesichtspunkten zwingend.
eG	Mitglieder von Vorstand und Aufsichtsrat müssen Genossen sein (§ 9 GenG).	Generalversammlung (sofern nicht Vertreterversammlung), Aufsichtsrat, Vorstand.

	Geschäftsführung
GbR	Im Zweifel gemeinschaftliche Geschäftsführung aller Gesellschafter (§ 709I BGB); Beschränkung der Geschäftsführung auf einzelne oder mehrere durch Gesellschaftsvertrag gem. §§ 710ff. BGB möglich.
oHG	Im Zweifel Einzelgeschäftsführung sämtlicher Gesellschafter (§ 114 HGB); vertragliche Vereinbarung der Gesamtgeschäftsführung durch mehrere oder alle gem. §§ 115ff. HGB möglich.
KG	Im Zweifel Einzelgeschäftsführung bzw. durch Gesellschaftsvertrag begründete Gesamtgeschäftsführung durch Komplementäre; Ausschluß der Kommanditisten von der Geschäftsführung (§ 164 HGB).
GmbH & Co. KG	Wie KG; Geschäftsführung liegt bei der Komplementär-GmbH, handelnd durch deren Geschäftsführer.
stG	Geschäftsführung durch den Inhaber des Handelsgeschäfts.
AG	Geschäftsführung durch den Vorstand, bei mehreren Vorstandsmitgliedern im Zweifel gemeinschaftliche Geschäftsführung; abweichende Bestimmungen in der Satzung zulässig (§ 77 AktG); Bestellung der Vorstandsmitglieder durch den Aufsichtsrat auf max. 5 Jahre (Wiederwahl zulässig).
KGaA	Wahrnehmung der Geschäftsführung durch Komplementäre (§§ 278 II AktG, 114ff., 164 HGB).
GmbH	Wahrnehmung der Geschäftsführung durch die „Geschäftsführer"; Bestellung durch die Gesellschafterversammlung, im Zweifel Gesamtgeschäftsführung.
eG	Geschäftsführung durch den Vorstand.

§ 16. Übersicht der Regelungskomplexe der Gesellschaften

	Vertretung
GbR	Im Zweifel Gesamtvertretung aller Gesellschafter (§ 714 BGB); abweichende Regelung im Gesellschaftsvertrag möglich.
oHG	Im Zweifel Einzelvertretungsbefugnis aller Gesellschafter (§ 125 HGB); abweichende Regelung im Gesellschaftsvertrag zulässig; echte und unechte Gesamtvertretung der Gesellschafter (§ 125 II, III HGB).
KG	Vertretung der Gesellschaft durch die Komplementäre wie bei oHG; Ausschluß der Kommanditisten von der Vertretung nach § 170 HGB.
GmbH & Co. KG	„Vertretung" der Gesellschaft durch die Komplementär-GmbH, diese ihrerseits vertreten durch die Geschäftsführer.
stG	Vertretung durch den Inhaber des Handelsgeschäfts.
AG	Vertretung durch den Vorstand; im Zweifel Gesamtvertretung (§ 78 AktG); bei „Vorstandsgeschäften" Vertretung der AG durch den Aufsichtsrat.
KGaA	Vertretung der Gesellschaft durch die Komplementäre.
GmbH	Vertretung der Gesellschaft durch die Geschäftsführer (§ 35 GmbHG), im Zweifel Gesamtvertretung
eG	Vertretung durch den Vorstand; im Zweifel Gesamtvertretung (§§ 24, 25 GenG). Bei „Vorstandsgeschäften" Vertretung der eG durch den Aufsichtsrat (§ 39 GenG).

	Kontrollrechte
GbR	Auch bei Ausschließung von der Geschäftsführung Recht auf persönl. Unterrichtung über die Angelegenheiten der Gesellschaft, Einsicht in Geschäftsbücher u. Gesellschaftspapiere, Anfertigung einer Übersicht über den Stand des Gesellschaftsvermögens; gesellschaftsvertraglicher Ausschluß der Kontrollrechte möglich, unbeachtlich, wenn Grund zur Annahme unredlicher Geschäftsführung besteht (§ 716 BGB).
oHG	Persönl. Unterrichtung, Einsicht der Handelsbücher u. Gesellschaftspapiere, Anfertigung einer Bilanz und eines Jahresabschlusses (§ 118 HGB); Ausschluß der Kontrollrechte wie bei der GbR.
KG	Kommanditist kann abschriftliche Mitteilung des Jahresabschlusses verlangen u. dessen Richtigkeit unter Einsicht der Bücher und Papiere überprüfen (§ 166 HGB); bei wichtigem Grund auf Antrag eines Kommanditisten jederzeitige gerichtliche Anordnung zur Mitteilung einer Bilanz und eines Jahresabschlusses oder sonstiger Aufklärungen sowie Vorlegung der Bücher u. Papiere.

	Kontrollrechte
GmbH & Co. KG	Wie KG.
stG	Rechtsstellung des stillen Gesellschafters wie die des Kommanditisten.
AG	Überwachung der Geschäftsführung durch den Aufsichtsrat; Einsichts- u. Prüfungsrecht hinsichtlich der Bücher, Schriften und Vermögensgegenstände (insbes. Gesellschaftskasse u. Bestände an Wertpapieren u. Waren) gem. § 111 I, II AktG. Auskunftsrecht des Aktionärs gegenüber dem Vorstand in der Hauptversammlung gem. § 131 AktG.
KGaA	Anwendung der Vorschriften über die KG (§ 278 II AktG) und AG.
GmbH	Auskunfts- und Einsichtsrechte nach §§ 51a, 51b GmbHG.
eG	Überwachung des Vorstands durch den Aufsichtsrat; Recht auf Unterrichtung über den Gang der Angelegenheiten, Berichterstattung, Einsicht der Bücher u. Schriften, Prüfung der Genossenschaftskasse, Effekten-, Handelspapier- und Warenbestände, des Jahresabschlusses, Lageberichts u. Vorschläge zur Verteilung von Gewinn u. Verlust (§ 38 GenG).

	Haftung
GbR	Unbeschränkte, gesamtschuldnerische Haftung der Gesellschafter mit Gesellschafts- u. Privatvermögen.
oHG	Wie GbR. § 128 HGB.
KG	Komplementäre: unbeschränkte, gesamtschuldnerische Haftung wie die Gesellschafter der oHG; Kommanditisten: für Geschäfte der Gesellschaft vor Handelsregistereintragung Haftung wie die Komplementäre, sofern Kommanditist dem Geschäftsbeginn zugestimmt hat u. seine Beteiligung als Kommanditist dem Gläubiger nicht bekannt war (§ 176 HGB); nach Eintragung Haftung bis zur Höhe der Einlage; nach Leistung der Einlage ist die Haftung ausgeschlossen (§ 171 HGB); bei Rückgewähr der Einlage Wiederaufleben der Haftung gem. § 172 HGB.
GmbH & Co. KG	Wie KG; unbeschränkte Haftung der Komplementär-GmbH durch beschränkte Realisierbarkeit des Haftungszugriffs abgeschwächt.
stG	Aus den im Betrieb abgeschlossenen Geschäften wird allein der Inhaber verpflichtet (§ 230 II HGB); Teilhabe des stillen Gesellschafters am Verlust nur bis zum Betrag seiner eingezahlten oder rückständigen Einlage (§ 232 II 1 HGB); Ausschluß der Verlustbeteiligung zulässig (§ 231 II HGB).

§ 16. Übersicht der Regelungskomplexe der Gesellschaften

	Haftung
AG	Verpflichtung der jur. Person; Haftung des Gesellschaftsvermögens in voller Höhe; Realisierbarkeit der Haftung durch Beschränkung auf das vorhandene Vermögen gemindert; vor Eintragung der Gesellschaft persönl. Haftung der in ihrem Namen Handelnden (§ 41 AktG), nach Eintragung keine persönl. Haftung der Gesellschafter; Aktionäre schulden der Gesellschaft lediglich noch rückständige Einlagen.
KGaA	Unbeschränkte Haftung der Komplementäre entspr. den Regeln über die KG (§ 278 AktG); Haftung der Kommanditaktionäre wie bei der AG.
GmbH	Aus Verbindlichkeiten Verpflichtung der Gesellschaft als jur. Person, Gläubigern haftet nur Gesellschaftsvermögen, Haftung der Gesellschafter entfällt nach Eintragung, vorher persönl. u. solidarische Haftung der im Namen der Gesellschaft Handelnden (§ 11 GmbHG); nach Handelsregistereintragung schulden Gesellschafter lediglich rückständige Einlagen, dasselbe gilt bei unzulässiger Rückzahlung gem. §§ 30ff. GmbHG; Vereinbarung von Nachschußpflichten in beschränktem oder unbeschränktem Umfang gem. §§ 26ff. GmbHG möglich.
eG	Für Verbindlichkeiten der eG haftet Gläubigern nur das Vermögen der Genossenschaft (§ 2 GenG); bestimmt das Statut, daß die Genossen, beschränkt auf eine Haftsumme, Nachschüsse zur Konkursmasse zu leisten haben, darf Haftsumme im Statut nicht niedriger als Geschäftsanteil festgesetzt werden (§ 119 GenG). Nach § 6 Nr. 3 GenG kann auch eine unbeschränkte Nachschußpflicht vorgesehen werden.

	Gewinn und Verlust
GbR	Im Zweifel gleiche Anteile an Gewinn und Verlust ohne Rücksicht auf Art und Größe der Gesellschafterbeiträge (§ 722 BGB).
oHG	Im Zweifel Verzinsung der Kapitalanteile mit 4 v. H. u. Restgewinnverteilung nach Zahl der Gesellschafter (§ 121 HGB). Verlust wird nach Köpfen verteilt.
KG	Im Zweifel Verzinsung der Kapitalanteile wie bei der oHG (4 v. H.); Restgewinnverteilung in „angemessenem Verhältnis" (§ 168 HGB).
GmbH & Co. KG	Wie KG; steuerliche Untergrenzen für Gewinnanteil der Komplementär-GmbH (Haftungsrisiko, Geschäftsführerabgeltung); u. U. verdeckte Gewinnausschüttung.
stG	Im Zweifel „angemessener Anteil" des stillen Gesellschafters (§ 231 HGB); Ausschluß der Verlustbeteiligung möglich, nicht jedoch der Beteiligung am Gewinn.

	Gewinn und Verlust
AG	Anteile der Aktionäre am Gewinn bestimmen sich nach dem Verhältnis der Aktiennennbeträge (§ 60 AktG); abweichende Bestimmung in der Satzung zulässig; im übrigen gelten §§ 119, 170, 174 AktG: Grundlage der Gewinnverteilung bildet der festgestellte Jahresabschluß, über die Gewinnverwendung beschließt die Hauptversammlung auf Vorschlag des Vorstandes.
KGaA	Hauptversammlung beschließt über Feststellung des Jahresabschlusses (§ 286 AktG); Anteile der Kommanditaktionäre am Gewinn wie bei AG; Verbot der Gewinnentnahme für den Komplementär gem. § 288 AktG, wenn ein seinen Kapitalanteil übersteigender Verlust auf ihn entfällt.
GmbH	Im Zweifel nach Geschäftsanteilen (§ 29 III GmbHG).
eG	Verteilung von Gewinn u. Verlust für das erste Geschäftsjahr nach dem Verhältnis der auf den Geschäftsanteil geleisteten Einzahlungen, für jedes folgende nach dem Verhältnis ihrer durch die Zuschreibung von Gewinn oder die Abschreibung von Verlust zum Schluß des vorhergegangenen Geschäftsjahrs ermittelten Geschäftsguthabens; die Zuschreibung des Gewinns erfolgt solange, als nicht der Geschäftsanteil erreicht ist (§ 19 GenG); durch Statut Änderung und Ausschluß der Gewinnverteilung sowie Zuschreibung des Gewinns zu der gesetzlichen Rücklage und anderen Ergebnisrücklagen möglich (§ 20 GenG).

	Entnahmen
GbR	Im Zweifel nicht vor Auflösung der Gesellschaft, bei längerer Dauer als Gewinnverteilung am Schluß jedes Geschäftsjahres (§ 721 BGB).
oHG	Im Zweifel bis zu 4 v. H. eines für das letzte Geschäftsjahr festgestellten Kapitalanteils; außerdem Anspruch auf Auszahlung eines diesen Betrag übersteigenden Gewinnanteils, sofern dadurch nicht offenbare Schäden für die Gesellschaft eintreten (§ 122 HGB).
KG	Für Komplementäre nach § 122 HGB, für Kommanditisten kein Entnahmerecht (§ 169 I 1 HGB).
GmbH & Co. KG	Wie KG.
stG	Kein Entnahmerecht des stillen Gesellschafters.
AG	Satzungsmäßige Ermächtigung des Vorstands zur Abschlagszahlung an die Aktionäre auf den voraussichtlichen Bilanzgewinn gem. § 59 AktG möglich.
KGaA	Für Kommanditaktionäre wie AG; für Komplementär Verbot der Gewinnentnahme, wenn auf ihn ein seinen Kapitalanteil übersteigender Verlust entfällt, § 288 I AktG.

§ 16. Übersicht der Regelungskomplexe der Gesellschaften

	Entnahmen
GmbH	Gesellschaftsvertrag maßgebend.
eG	Statutarische Regelungen möglich.

	Stimmrecht
GbR	Nach Köpfen, im Zweifel Einstimmigkeit. Bei Mehrheitsregelungen im Zweifel nach Köpfen (§ 709 Abs. 2 BGB).
oHG	Nach Köpfen, im Zweifel Einstimmigkeit erforderlich, Mehrheiten im Zweifel nach Köpfen (§ 119 HGB).
KG	Wie oHG, sofern nicht bei Kommanditisten Ausschluß von der Geschäftsführung.
GmbH & Co. KG	dto.
stG	Zustimmung des stillen Gesellschafters für Angelegenheiten, die nicht dem Geschäftsinhaber vorbehalten sind (Geschäftsführung).
AG	Nach Aktiennennbeträgen, Stimmrechtsbeschränkung in der Satzung möglich.
KGaA	In der Hauptversammlung; Kommanditaktionäre nach Aktiennennbeträgen, Komplementäre nur stimmberechtigt, wenn sie zugleich Aktionäre sind. Hauptversammlungsbeschlüsse nach § 285 II AktG zustimmungspflichtig.
GmbH	Nach Geschäftsanteilen, Abweichungen im Gesellschaftsvertrag möglich.
eG	Nach Zahl der Genossen, sofern nicht Mehrstimmrechte laut Statut.

	Pflichtprüfung und Publizität des Jahresabschlusses
GbR	Keine Pflicht zur Prüfung und Veröffentlichung des Jahresabschlusses; Ausnahmen entspr. dem Publizitätsgesetz vom 15. 8. 1969 für BGB-Gesellschaft kaum denkbar.
oHG	I. d. R. keine Verpflichtung zur Prüfung und Veröffentlichung des Jahresabschlusses, Ausnahmen für Großunternehmen nach dem Publizitätsgesetz vom 15. 8. 1969 beim Vorliegen von mind. zwei der folgenden Kriterien: Bilanzsumme von mehr als 125 Mio. DM, Jahresumsatz von mehr als 250 Mio. DM, durchschnittl. Arbeitnehmerzahl von mehr als 5000; Pflichtprüfung durch Wirtschaftsprüfer.
KG	Wie oHG.

	Pflichtprüfung und Publizität des Jahresabschlusses
GmbH & Co. KG	Wie KG.
stG	Keine Prüfungs- oder Publizitätspflicht.
AG	Prüfungs- und Publizitätspflichten je nach Größe der Kapitalgesellschaft gem. §§ 316 ff. HGB bzw. §§ 325 ff. HGB.
KGaA	Wie AG.
GmbH	Wie AG.
eG	Publizität gem. § 339 HGB.

	Änderung des Gesellschaftsvertrags
GbR	Vorbehaltlich Gesellschaftsvertrag formfrei; Zustimmung aller Gesellschafter.
oHG	dto.
KG	dto.
GmbH & Co. KG	dto.
stG	dto.
AG	Notarielle Beurkundung; vorbehaltlich Satzung: ¾-Mehrheit des bei Beschlußfassung vertretenen Grundkapitals; Auferlegung von Nebenverpflichtungen nur mit Zustimmung der betroffenen Aktionäre.
KGaA	dto.; Zustimmung der Komplementäre zu Hauptversammlungsbeschlüssen erforderlich.
GmbH	Notarielle Beurkundung; vorbehaltlich Gesellschaftsvertrag; ¾-Mehrheit der abgegebenen Stimmen; zusätzliche Leistungen nur mit Zustimmung sämtlicher beteiligter Gesellschafter.
eG	¾-Mehrheit erforderlich bei wichtigen Änderungen des Statuts (Katalog § 16 GenG); 9/10-Mehrheit für die Einführung oder Erweiterung von Verpflichtungen zur Inanspruchnahme von Einrichtungen oder anderen Leistungen der Genossenschaft oder zur Leistung von Sachen oder Diensten.

	Übertragung der Gesellschafterstellung
GbR	Im Zweifel Zustimmung sämtlicher Gesellschafter erforderlich, § 717 BGB.

§ 16. Übersicht der Regelungskomplexe der Gesellschaften

	Übertragung der Gesellschafterstellung
oHG	Wie bei der GbR.
KG	Wie oHG.
GmbH & Co. KG	Wie KG.
stG	Im Zweifel Zustimmung der Gesellschafter erforderlich.
AG	Freie Übertragbarkeit nach Wertpapierrecht; bei vinkulierten Namensaktien Zustimmung der Gesellschaft erforderlich.
KGaA	Für Kommanditaktionäre wie AG; für Komplementäre wie KG (Ausscheiden von Komplementären gem. § 289 V AktG nur, soweit Satzung dies zuläßt).
GmbH	Im Zweifel Geschäftsanteile frei veräußerlich (notarielle Form), § 15 GmbHG: im Gesellschaftsvertrag häufig von Zustimmungserfordernissen abhängig gemacht; Teilung der Geschäftsanteile dagegen im Zweifel nur mit Genehmigung der Gesellschaft (§ 17 GmbHG).
eG	Austrittserklärung eines Genossen zum Schluß des Geschäftsjahrs mit mind. 3-monat. Kündigungsfrist – schriftlich – möglich; längere Kündigungsfristen im Statut zulässig, § 65 GenG; außerordentliches Kündigungsrecht bei Änderung des Statuts gem. § 67a GenG; Eintritt weiterer Genossen durch Beitrittserklärung gem. § 15 GenG.

	Auflösungsgründe
GbR	§§ 723 ff. BGB: Kündigung durch Gesellschafter, Kündigung durch Pfändungspfandgläubiger, Zweckerreichung bzw. Unmöglichkeit der Zweckerreichung, (vorbehaltlich Gesellschaftsvertrag) Tod eines Gesellschafters, Konkurs eines Gesellschafters.
oHG	§§ 131 ff. HGB: Zeitablauf, Beschluß der Gesellschafter, Konkurseröffnung über das Vermögen der Gesellschaft, Konkurseröffnung über das Vermögen eines Gesellschafters, (vorbehaltlich Gesellschaftsvertrag) Tod eines Gesellschafters, Kündigung durch einen Gesellschafter, Kündigung durch einen Privatgläubiger, gerichtliche Entscheidung.
KG	Wie oHG; Ausnahme: Tod eines Kommanditisten gem. § 177 HGB keine Auflösungsgrund.
GmbH & Co. KG	Wie KG.
stG	Tod des stillen Gesellschafters kein Auflösungsgrund (§ 234 II HGB); entsprechende Anwendung der Vorschriften über die oHG und GbR hinsichtlich Kündigung.

	Auflösungsgründe
AG	Auflösungsgründe gem. §§ 262 ff. AktG: Zeitablauf, Hauptversammlungsbeschluß (mind. ¾-Mehrheit), Eröffnung des Konkursverfahrens über das Vermögen der Gesellschaft, rechtskräftiger Beschluß über die Ablehnung des Konkursverfahrens mangels Masse, rechtskräftige Löschungsverfügung nach §§ 144 f. FGG.
KGaA	Grundsätzliche Anwendung der Vorschriften über die KG (§ 289 AktG), darüber hinaus Auflösung mit Rechtskraft des Beschlusses der Ablehnung des Konkursverfahrens mangels Masse und der rechtskräftigen Registerverfügung gem. § 144 a FGG; keine Auflösung bei Eröffnung des Konkursverfahrens über das Vermögen eines Kommanditaktionärs; keine Kündigung durch Privatgläubiger eines Kommanditaktionärs; für Kündigung der Gesellschaft durch die Kommanditaktionäre und für ihre Zustimmung zur Auflösung der Gesellschaft ist ein Beschluß der Hauptversammlung erforderlich; ebenso beim Antrag auf Auflösung der Gesellschaft durch gerichtliche Entscheidung.
GmbH	§ 60 GmbHG: Zeitablauf, Gesellschafterbeschluß mit ¾-Mehrheit, Gerichtsurteil bei Unmöglichwerden der Zweckerreichung bzw. anderen in den Verhältnissen der Gesellschaft liegenden wichtigen Gründen, behördliche Verfügung bei Gefährdung des Gemeinwohls, Eröffnung des Konkursverfahrens über das Vermögen der Gesellschaft, rechtskräftige Verfügung des Registergerichts gem. §§ 144 ff. FGG.
eG	§§ 78 ff. GenG: Beschluß der Generalversammlung mit ¾-Mehrheit, Zeitablauf, gerichtliche Anordnung beim Absinken der Zahl der Genossen unter 7, behördliche Anordnung bei Gesetzeswidrigkeit. Eröffnung des Konkursverfahrens (§ 101 GenG).
	Insolvenz
GbR	Konkurs über das Vermögen eines Gesellschafters Auflösungsgrund (§ 728 1 BGB); Konkursgrund: Zahlungsunfähigkeit (§ 102 KO), indiziert durch die Zahlungseinstellung.
oHG	Eröffnung des Konkurses über das Vermögen der Gesellschaft u. Eröffnung des Konkurses über das Vermögen eines Gesellschafters sind Auflösungsgründe nach § 131 Nr. 3 u. 5 HGB; Konkursgrund: Zahlungsunfähigkeit, indiziert durch die Zahlungseinstellung; selbständiges Konkursverfahren über das Gesellschaftsvermögen (§ 209 I 1 KO); Sonderfall: § 130 a HGB: Wird eine Gesellschaft, bei der kein Gesellschafter eine natürliche Person ist, zahlungsunfähig oder deckt das Vermögen der Gesellschaft nicht mehr die Schulden, so ist die Eröffnung des Konkursverfahrens oder des gerichtlichen Vergleichsverfahrens zu beantragen. Antragspflichtig sind die organschaftlichen Vertreter der zur Vertretung der Gesellschaft ermächtigten Gesellschafter u. die Liquidatoren; Antragsfrist: ohne schuldhaftes Zögern, spätestens 3 Wochen nach Eintritt der Zahlungsunfähigkeit oder Überschuldung der Gesellschaft; Strafvorschriften gem. § 130 b HGB.

§ 16. Übersicht der Regelungskomplexe der Gesellschaften

	Insolvenz
KG	Wie oHG; §§ 130a u. 130b gelten auch für die Gesellschaft, bei der ein Kommanditist eine natürliche Person ist (§ 177a HGB).
GmbH & Co. KG	Wie KG; insbes. Anwendung der §§ 130a u. 130b HGB.
stG	Innengesellschaft, Einlage des stillen Gesellschafters geht in das Vermögen des Inhabers über, daher Konkurs über das Gesellschaftsvermögen nicht denkbar; Beurteilung der Insolvenz beim tätigen wie beim stillen Gesellschafter getrennt, Konkursgrund: jeweils Zahlungsunfähigkeit; Besonderheiten beim Konkurs des Inhabers: Der stille Gesellschafter ist hinsichtlich seiner Einlage Konkursgläubiger, soweit er nicht zur Verlusttragung verpflichtet ist; Möglichkeit der Konkursanfechtung: bei Einlagenrückgewähr bzw. Rückgängigmachung der Verlusttragungspflicht gem. § 237 HGB.
AG	Konkurseröffnung über das Vermögen der Gesellschaft bei Zahlungsunfähigkeit sowie Überschuldung (§ 207 KO); Antragsberechtigung: außer Gläubigern auch jedes Mitglied des Vorstands u. jeder Liquidator; Antragspflicht des Vorstands bei Zahlungsunfähigkeit bzw. Überschuldung unverzüglich bzw. innerhalb von 3 Wochen (§ 92 AktG); Strafbarkeit bei unterlassener Antragstellung gem. § 401 I 2 AktG.
KGaA	Wie AG; Konkursgrund: Zahlungsunfähigkeit und Überschuldung (§ 209 I 2 KO). Antragsberechtigt u. verpflichtet: Komplementäre (§§ 210 KO, 283 Nr. 14 AktG).
GmbH	Wie AG; Konkursgrund: Zahlungsunfähigkeit sowie Überschuldung (§ 64 GmbHG); Antragspflicht der Geschäftsführer ohne schuldhaftes Zögern, spätestens innerhalb von 3 Wochen; Strafbarkeit bei unterlassener Antragstellung gem. § 84 GmbHG.
eG	Konkursgründe gem. § 98 GenG: (1) Zahlungsunfähigkeit, (2) bei Genossenschaften, deren Genossen Nachschüsse bis zu einer Haftsumme zu leisten haben, auch Überschuldung, wenn diese ¼ des Gesamtbetrags der Haftsummen aller Genossen übersteigt, (3) bei Genossenschaften, deren Genossen keine Nachschüsse zu leisten haben u. bei aufgelösten Genossenschaften ebenfalls Überschuldung; Antragspflicht des Vorstands gem. § 99 GenG: unverzüglich, spätestens innerhalb von 3 Wochen; Strafbarkeit bei unterlassener Antragstellung gem. § 148 I Nr. 2 GenG.
	Liquidation (soweit nicht Konkursverfahren)
GbR	§§ 730ff. BGB (vorbehaltlich anderer Regelungen im Gesellschaftsvertrag), ergänzende Anwendung der Teilungsvorschriften über die Gemeinschaft; typische Vorgänge: Abwicklung schwebender Geschäfte, Rückgabe von Gegenständen, Berichtigung von Gesellschaftsschulden, Erstattung der Einlagen, Verteilung des Überschusses (dabei jeweils Umsatz von Gesellschaftsvermögen in Geld) bzw. Nachschüsse bei Verlust.

	Liquidation (soweit nicht Konkursverfahren)
oHG	§§ 145 ff. HGB: Bestellung von Liquidatoren gem. § 146 HGB, i. d. R. die Gesellschafter, auf gerichtl. Antrag aus wichtigem Grund andere Personen; Anmeldung der Liquidatoren im Handelsregister; Aufgaben wie BGB-Gesellschaft, Verteilung des Gesellschaftsvermögens nach Berichtigung der Schulden gem. § 155 nach dem „Verhältnis der Kapitalanteile, wie sie sich aufgrund der Schlußbilanz ergeben"; nach Rspr. jedoch Verteilung stiller Reserven (weil thesaurierter Gewinn) nach Gewinnverteilungsschlüssel. Nach Beendigung der Liquidation Eintragung des Erlöschens der Gesellschaft in das Handelsregister. Gesellschaftsvertragl. abweichende Art der Liquidation zulässig, im Verhältnis zu Dritten jedoch gem. § 158 HGB Anwendung der für die Liquidation geltenden Vorschriften.
KG	Wie oHG.
GmbH & Co. KG	Wie KG.
stG	Mangels Gesellschaftsvermögens keine besond. Liquidation erforderlich; gegenseitige Ansprüche zwischen stillem und tätigem Gesellschafter entspr. Gesellschaftsvertrag bzw. gem. § 235 HGB: Abwicklung der schwebenden Geschäfte durch den Inhaber bei Gewinn- und Verlustbeteiligung des stillen Gesellschafters; Rechnungslegung am Schluß jedes Geschäftsjahres über zwischenzeitlich beendigte Geschäfte, Auszahlung des dem stillen Gesellschafter gebührenden Betrages u. Auskunft über den Stand der noch schwebenden Geschäfte.
AG	Abwicklung gem. §§ 264 ff. AktG; Abwickler sind i. d. R. die Vorstandsmitglieder, abweichende Bestellung durch Satzung oder Hauptversammlungsbeschluß (bei wichtigem Grund gerichtl. Bestellung auf Antrag des Aufsichtsrats oder einer Aktionärsminderheit, deren Anteile insges. 1/20 des Grundkapitals oder den Nennbetrag von 1 Mill. erreichen); dreimalige Aufforderung der Gesellschaftsgläubiger in den Gesellschaftsblättern; allg. Pflichten der Abwickler: Beendigung der laufenden Geschäfte, Einzug der Forderungen, Umsetzung des übrigen Vermögens in Geld u. Befriedigung der Gläubiger; Eingehung neuer Geschäfte zulässig, soweit es die Abwicklung ermöglicht. Erstellung einer Eröffnungsbilanz für den Beginn der Abwicklung. Gläubigerschutz: Verteilung des nach Berichtigung der Verbindlichkeiten verbleibenden Vermögens der Gesellschaft nur nach Ablauf eines Jahres, nachdem der Aufruf den Gläubigern zum dritten Mal bekanntgemacht worden ist.
KGaA	Abwicklung erfolgt durch alle Komplementäre sowie durch die von der Hauptversammlung gewählten Personen, sofern die Satzung nichts anderes bestimmt (§ 290 AktG).
GmbH	Liquidatoren sind die Geschäftsführer (§ 66 GmbHG); auf Antrag von Gesellschaftern, deren Geschäftsanteile mindestens 1/10 des Stammkapitals ergeben, kann das Gericht aus wichtigen Gründen andere Liquidatoren ernennen; Aufgaben, Sperrjahr u. sonst. Abfolge wie AG.

§ 16. Übersicht der Regelungskomplexe der Gesellschaften

	Liquidation (soweit nicht Konkursverfahren)
eG	Liquidatoren sind i. d. R. die Vorstandsmitglieder (§ 83 GenG), sofern nicht durch Statut oder Beschluß der Generalversammlung andere Personen berufen werden (auf Antrag des Aufsichtsrats oder von mind. $\frac{1}{10}$ der Genossen kann die gerichtliche Ernennung von Liquidatoren erfolgen); anwendbare Vorschrift vgl. § 87 GenG; auf Beschluß der Generalversammlung mit ¾-Mehrheit Verpflichtung zur weiteren Einzahlung für Genossen, die ihren Geschäftsanteil noch nicht voll eingezahlt haben (§ 87a GenG); Aufgaben der Liquidatoren: § 88 GenG; Verteilung des Vermögens der Genossen nicht vor Tilgung oder Deckung der Schulden u. nicht vor Ablauf eines Jahres seit dem Tage, an dem die Aufforderung der Gläubiger in den hierzu bestimmten Blättern erfolgt ist (§ 90 GenG).

§ 17. Übersicht über die steuerlichen Wesensmerkmale der Gesellschaften

	Einkommensteuer/Körperschaftsteuer
oHG KG	Die Gesellschaft selbst ist nicht Steuersubjekt. Es findet lediglich eine einheitliche Gewinnfeststellung durch das für die Gesellschaft zuständige Betriebsfinanzamt gem. § 180 AO statt. Die Gesellschafter sind Mitunternehmer und beziehen Einkünfte aus Gewerbebetrieb gem. § 15 I Nr. 2 EStG. Die Bilanz der oHG wird als Summe der Gesellschafterbilanzen angesehen („Bilanzbündeltheorie").
stG	Die Gesellschaft selbst ist nicht Steuersubjekt. Gewinnanteile der Gesellschafter unterliegen (bei natürlichen Personen) der Einkommensteuer bzw. (bei juristischen Personen) der Körperschaftsteuer (Bsp.: „GmbH und Stille"). Der stille Gesellschafter bezieht bei der typischen stG Einkünfte aus Kapitalvermögen (§ 20 I Nr. 4 EStG), bei der atypischen stG Einkünfte aus Gewerbebetrieb gem. § 15 I Nr. 2 EStG.
GbR	Die Gesellschaft selbst ist nicht Steuersubjekt. Einkünfte der Gesellschafter unterliegen der Einkommensteuer.
AG GmbH	Die Gesellschaft unterliegt als Kapitalgesellschaft nicht der Einkommen- sondern der Körperschaftsteuer („Die Körperschaftsteuer ist die Einkommensteuer der juristischen Personen." Was als Einkommen der Körperschaft gilt und wie es zu ermitteln ist, bestimmt sich daher nach den Vorschriften des EStG unter Berücksichtigung der Besonderheiten des KStG – beachte vor allem die Organschaft und das Problem der „verdeckten Gewinnausschüttung"!) § 1 I Nr. 1 KStG. Die Körperschaftsteuer beträgt gem. § 23 I KStG (linear) 56 v. H. des zu versteuernden Einkommens. Sie ermäßigt sich bei beschränkter Steuerpflicht auf 50 v. H. Für kleinere Körperschaften gewährt das KStG nach § 24 einen Freibetrag von 5000 DM. Die Gesellschafter müssen die Gewinnanteile als Einkünfte aus Kapitalvermögen gem. § 20 I Nr. 1 EStG der Einkommensteuer unterwerfen. Das seit 1.1. 1977 eingeführte „Anrechnungsverfahren" beseitigt die bisherige „Doppelbelastung" wie folgt: Bei den Gesellschaftern wird die auf den ausgeschütteten Gewinn entfallende Körperschaftsteuer in Höhe von 36 v. H. angerechnet. Die Anteilseigner erhalten von der Gesellschaft eine entsprechende Bescheinigung („Steuergutschrift"). Die anzurechnende Körperschaftsteuer ist mit den Einkünften zusammen zu versteuern. Somit kommt es zu einer ESt-Erstattung, wenn der persönliche ESt-Tarif unter 36 v. H., zu einer Nachzahlung, wenn dieser über 36 v. H. liegt. Liegt die Dividende unter DM 100,– oder legt der Gesellschafter eine „Nichtveranlagungsbescheinigung" vor, erstattet ihm die Gesellschaft zusätzlich die auf die Gewinnausschüttung entfallende Körperschaftsteuer (rechnerisch immer $9/_{16}$ der empfangenen Ausschüttung).

§ 17. *Übersicht der steuerl. Wesensmerkmale der Gesellschaften* 337

	Einkommensteuer/Körperschaftsteuer
GmbH & Co. KG	Wie KG und oHG. Also keine Einkommensteuerpflicht der GmbH & Co. KG selbst, lediglich einheitliche Gewinnfeststellung. Einkünfte der (natürlichen) Kommanditisten unterliegen der Einkommensteuer, die der GmbH-Komplementärin der Körperschaftsteuer. Grenzen der zulässigen Gewinnverteilung zwischen GmbH-Komplementärin und Kommanditisten: Die GmbH muß eine angemessene Gewinnquote als Abgeltung für Geschäftsführertätigkeit und Haftungsrisiko erhalten, sonst verdeckte Gewinnausschüttung.
KGaA	KSt-Pflicht wie AG. Jedoch unterliegen die Gewinnanteile des persönlich haftenden Gesellschafters, soweit sie nicht auf Anteile am Grundkapital entfallen, als Einkünfte aus Gewerbebetrieb gem. § 15 I Nr. 3 EStG nicht der Körperschaft-, sondern der Einkommensteuer. Dieser Teil des Gewinns ist bei der Körperschaftsteuerveranlagung der KGaA gem. § 9 Nr. 2 KStG „abziehbare Aufwendung". Gewinnausschüttungen an die Kommanditaktionäre sind wie bei der AG und GmbH zu behandeln.
eG	Die Genossenschaft unterliegt als juristische Person nicht der Einkommen-, sondern der Körperschaftsteuerpflicht gem. § 1 I Nr. 2 KStG. Allgemeiner Steuersatz 56 v. H., keine Begünstigung mehr für die Kreditgenossenschaften und Zentralkassen. Bei land- und forstwirtschaftsbetreibenden Erwerbs- und Wirtschaftsgenossenschaften besonderer Freibetrag von DM 30000,– (§ 25 KStG). Rückvergütungen der Erwerbs- und Wirtschaftsgenossenschaften an ihre Mitglieder können gem. § 22 KStG unter bestimmten Voraussetzungen als Betriebsausgabe abgesetzt werden.

	Kapitalertragsteuer
AG KGaA GmbH eG	Gem. § 43 I Nr. 1 i. V. m. § 20 Abs. 1 Nr. 1 EStG wird die Einkommensteuer erhoben durch den Abzug vom Kapitalertrag bei inländischen Kapitalerträgen in Form von Gewinnanteilen und dgl., Bezügen aus Aktien, Kuxen, Genußscheinen, Anteilen an Gesellschaften mit beschränkter Haftung, Erwerbs- und Wirtschaftsgenossenschaften u. a. Der Schuldner der Kapitalerträge hat für den Steuerschuldner (Gläubiger der Kapitalerträge) die Steuer abzuziehen und an das Finanzamt abzuführen (§ 44 Abs. 1 EStG). Die einbehaltene Steuer gilt als Vorauszahlung auf die Einkommensteuer des Beziehers. Sie beträgt gem. § 43a EStG im Prinzip 25 v.H.
stG	Lediglich der Gewinnanteil des typischen stillen Gesellschafters unterliegt der Kapitalertragsteuer (§ 43 I Nr. 3 EStG), da nur er Einkünfte aus Kapitalvermögen gem. § 20 I Nr. 4 EStG bezieht. Der atypische stille Gesellschafter dagegen bezieht Einkünfte aus Gewerbebetrieb nach § 15 I Nr. 2 EStG. Daher keine Erhebung der Kapitalertragsteuer.
oHG KG GbR	Die Gesellschafter beziehen keine Einkünfte aus Kapitalvermögen. Erhebung der Kapitalertragsteuer entfällt deshalb.

22 Klunzinger, Gesellschaftsrecht 4. A.

	Kapitalertragsteuer
GmbH & Co. KG	Grundsätzliche Behandlung wie bei der gewöhnlichen Kommanditgesellschaft. Deshalb keine Erhebung von Kapitalertragsteuer bei den („natürlichen") Kommanditisten. Bei Gewinnausschüttungen der Komplementär-GmbH an ihre Gesellschafter Erhebung von Kapitalertragsteuer wie bei der GmbH allgemein.

	Gewerbesteuer
oHG KG GbR	Der Gewerbesteuer unterliegt gem. § 2 GewStG jeder inländische stehende Gewerbebetrieb. Als Gewerbebetrieb und gewerbesteuerpflichtig gelten gem. §§ 15 Abs. 3 EStG, 36 GewStG auch die „gewerblich geprägten Personengesellschaften". (Neue Rechtslage mit Beginn des Veranlagungszeitraumes 1986.) Die Besteuerungsgrundlagen der Gewerbesteuer sind der Gewerbeertrag („Gewerbeertragsteuer") und das Gewerbekapital („Gewerbekapitalsteuer"). Als Gewerbeertrag gilt der nach EStG oder KStG ermittelte Gewinn aus Gewerbebetrieb, vermehrt und vermindert um bestimmte Hinzurechnungen und Kürzungen gem. §§ 8 und 9 GewStG. Als Gewerbekapital gilt der Einheitswert des gewerblichen Betriebs, vermehrt und gekürzt um die Hinzurechnungen und Kürzungen gem. § 12 II und III GewStG. Die Berechnung der Gewerbesteuer erfolgt duch Anwendung der Steuermeßzahl auf einen Steuermeßbetrag. Die Steuermeßzahl beträgt, von Ausnahmen abgesehen, für die Gewerbeertragsteuer 5 v. H., für die Gewerbekapitalsteuer 2 v. Tausend.
GmbH & Co. KG	Die Tätigkeit der Komplementär-GmbH gilt gem. § 2 II Nr. 2 GewStG stets als Gewerbebetrieb. Die GmbH & Co. KG unterliegt als Kommanditgesellschaft ebenfalls der Gewerbesteuerpflicht.
stG	Die stille Gesellschaft als solche ist nicht gewerbesteuerpflichtig, vielmehr das Unternehmen des Geschäftsinhabers. Nach § 8 Nr. 3 GewStG sind die Gewinnanteile des stillen Gesellschafters dem Gewerbeertrag des Geschäftsinhabers hinzuzurechnen, wenn diese beim stillen Gesellschafter nicht zur Steuer nach dem Gewerbeertrag heranzuziehen sind. Dasselbe gilt bei der Ermittlung des Gewerbekapitals gem. § 12 II Nr. 1 GewStG für die Verbindlichkeiten (Einlage des stillen Gesellschafters), welche den Gewinnanteilen entsprechen, soweit sie bei der Feststellung des Einheitswerts abgezogen wurden.
AG KGaA GmbH	Die Tätigkeiten dieser Gesellschaften gelten gem. § 2 II Nr. 2 GewStG als Gewerbebetrieb. Die nicht auf das Grundkapital entfallenden Gewinnanteile der Komplementäre bei der KGaA werden gem. § 8 Nr. 4 GewStG dem Gewerbeertrag hinzugerechnet.
eG	Erwerbs- und Wirtschaftsgenossenschaften sind gem. § 2 II Nr. 2 gewerbesteuerpflichtig; unter bestimmten Voraussetzungen sind landwirtschaftliche Genossenschaften gem. § 3 Nr. 8 GewStG befreit.

§ 17. Übersicht der steuerl. Wesensmerkmale der Gesellschaften

	Vermögensteuer
oHG KG GmbH & Co. KG GbR	Personengesellschaften als solche sind nicht vermögensteuerpflichtig. Wohl jedoch findet eine einheitliche Feststellung des Betriebsvermögens statt.
stG	Die stille Gesellschaft ist als solche nicht vermögensteuerpflichtig. Vom Betriebsvermögen des Geschäftsinhabers ist die Beteiligung des Stillen abzusetzen.
AG KGaA GmbH eG	Diese Gesellschaften sind selbständige Steuersubjekte bei der Vermögensteuer. Es tritt also hier ein „Doppelbelastungseffekt" auf, wie früher bei der Körperschaftsteuer/Einkommensteuer: Die juristische Person unterliegt der Vermögensteuer hinsichtlich des ihr gehörenden Vermögens, die einzelnen Beteiligungen werden bei den Anteilseignern zur Vermögensteuer veranlagt.

	Umsatzsteuer
oHG KG GmbH & Co. KG GbR	Der Umsatzsteuer unterliegen insbesondere Lieferungen und sonstige Leistungen, die ein Unternehmer im Inland gegen Entgelt im Rahmen seines Unternehmens ausführt. Unternehmer ist gem. §2I UStG, wer eine gewerbliche oder berufliche Tätigkeit selbständig ausübt. Daher sind die oHG, die Kommanditgesellschaft (somit auch die GmbH & Co. KG) selbständige Umsatzsteuersubjekte, ebenso die GbR bei entsprechender Tätigkeit.
stG	Die stille Gesellschaft als solche ist nicht umsatzsteuerpflichtig, wohl jedoch der Geschäftsinhaber.
AG KGaA GmbH eG	Die Gesellschaften sind gem. § 2 UStG umsatzsteuerpflichtig.

	Kapitalverkehrsteuer
AG KGaA GmbH	Bei der Kapitalverkehrsteuer sind zwei Erscheinungsformen zu unterscheiden: Die Gesellschaftsteuer und die Börsenumsatzsteuer. Der Gesellschaftsteuer unterliegen u. a. der Erwerb von Gesellschaftsrechten an einer inländischen Kapitalgesellschaft durch den Ersterwerber sowie weitere Gesellschafterleistungen (Einzahlungen, Nachschüsse usw.). Der Börsenumsatzsteuer unterliegt der Abschluß von Anschaffungsgeschäften über Wertpapiere gem. §§ 17ff. KVStG. Der Steuersatz für die Gesellschaftsteuer beträgt seit 1.1. 1974 1 v. H., der Steuersatz für die Börsenumsatzsteuer liegt zwischen 2,5 v. Tausend und 1 v. Tausend. Als Kapitalgesellschaften i. S. d. Gesellschaftsteuer gelten die AG, KGaA und die GmbH.

	Kapitalverkehrsteuer
GmbH & Co. KG	Nach § 5 II Nr. 3 KVStG gelten als Kapitalgesellschaften auch Kommanditgesellschaften, zu deren persönlich haftenden Gesellschaftern eine AG, KGaA oder GmbH gehört. Damit unterliegt die GmbH & Co. KG der Kapitalverkehrsteuerpflicht. Dasselbe gilt, wenn als persönlich haftende Gesellschafterin wiederum eine GmbH & Co. KG (und damit eine Personengesellschaft) auftritt („mehrstufige GmbH & Co. KG"), § 5 II Nr. 3 S. 2 KVStG. In diesem Fall wird also eine Personengesellschaft steuerlich als Kapitalgesellschaft behandelt.
oHG KG GbR stG	Diese Gesellschaften fallen nicht unter das Kapitalverkehrsteuergesetz.
eG	Keine Kapitalverkehrsteuerpflicht.

	Grunderwerbsteuer
oHG KG GbR Gmbh & Co. KG	Grunderwerbsteuer fällt an, wenn Grundstücke von Gesellschaften erworben oder veräußert werden. Geht jedoch ein Grundstück vom Alleineigentümer auf eine Gesamthand über, so wird gem. § 5 II GrEStG die Steuer in Höhe des Anteils nicht erhoben, zu dem der Veräußerer am Vermögen der Gesamthand beteiligt ist. Dasselbe gilt, wenn ein Grundstück von mehreren Miteigentümern auf eine Gesamthand dergestalt übertragen wird, daß der Anteil des einzelnen am Vermögen der Gesamthand seinem Bruchteil am Grundstück entspricht. Für den umgekehrten Fall gilt: Geht ein Grundstück von einer Gesamthand in das Miteigentum mehrerer an der Gesamthand beteiligter Personen über, so wird gem. § 6 GrEStG die Steuer nicht erhoben, soweit der Bruchteil, den der einzelne Erwerber erhält, dem Anteil entspricht, zu dem er am Vermögen der Gesamthand beteiligt ist. Dasselbe gilt im Falle der Realteilung bei der Übertragung auf mehrere Personen, wenn Anteilshöhe und Beteiligungsquote identisch sind. Gehört zum Vermögen einer Gesellschaft ein inländisches Grundstück, so fällt Grunderwerbsteuer an bei einem Rechtsgeschäft, das den Anspruch auf Übertragung eines oder mehrerer Anteile der Gesellschaft begründet, wenn durch die Übertragung alle Anteile der Gesellschaft in der Hand des Erwerbers vereinigt werden würden (vgl. zum weiteren § 1 III GrEStG).
stG	Bei der stillen Gesellschaft entsteht kein gesondertes Gesellschaftsvermögen, die Einlage des Stillen geht vielmehr in das Vermögen des Geschäftsinhabers über. Besteht die Einlage des stillen Gesellschafters in einem Grundstück, fällt somit Grunderwerbsteuer an.

§ 17. Übersicht der steuerl. Wesensmerkmale der Gesellschaften

	Grunderwerbsteuer
AG KGaA GmbH eG	Grundstückserwerbe dieser juristischen Personen sind grunderwerbsteuerpflichtig. Zu beachten ist die Grunderwerbsteuerpflicht beim Erwerb sämtlicher Anteile gem. § 1 III GrEStG.

Sachverzeichnis

Abandon-Recht 241, 315
Abhängige Unternehmen 192
Absatzgenossenschaften 262
Abschreibungsgesellschaften 289, 300
Aktiengesellschaft 139 ff.
  Abwicklung 181
  Aktienarten 147
  Aktienstreuung 141
  Anhang zum Jahresabschluß 173
  Aufgaben der Liquidatoren 181
  Auflösungsgründe 181
  Aufsichtsrat 160 ff.
    Abberufung 162
    Amtszeit 162
    Aufgabenbereich 163
    Wahl der Mitglieder 161
    Zusammensetzung 160
  Aufstellung des Jahresabschlusses 168
  Auskunftsrecht des Aktionärs 164
  Bekanntmachung des Jahresabschlusses 174
  Beschlüsse der Hauptversammlung 165
  Depotstimmrecht 165
  Einheitsgründung 150
  Erwerb eigener Aktien 146
  Feststellung des Jahresabschlusses 174
  Fusion 182
  genehmigtes Kapital 180
  Gesetzliche Rücklage 169
  Geschichtliche Entwicklung 142
  Gewinn- und Verlustrechnung 171
  Gewinnverwendung 167
  Gliederung der Jahresbilanz 170
  Gründung 150 ff.
    einfache Gründung 150
    Gründerhaftung 153
    Nachgründung 153
    qualifizierte Gründung 152
  Grundkapital 144
  Hauptversammlung 162
    Aufgabenbereich 163
    Einberufung 163
  Jahresabschluß 168 ff.
  Kaduzierungsverfahren 146
  Kapitalerhöhungen 179
    bedingte Kapitalerhöhung 179
    effektive Kapitalerhöhung 179
    genehmigtes Kapital 180
    ordentliche Kapitalerhöhung 179
  Kapitalerhöhung aus Gesellschaftsmitteln 180
  Kapitalherabsetzungen 180
    effektive Kapitalherabsetzung 180
    nominelle Kapitalherabsetzung 180
  Lagebericht 173
  Liquidation 181
  Mindesteinzahlung 145
  Offenlegung 174
  Organe 155
  Person der Liquidatoren 181
  Prüfung des Jahresabschlusses 173 ff.
  Satzungsänderungen 178
  Steuerliche Behandlung 186
  Stufengründung 150
  Stimmrecht 165
  Umwandlung 184 ff.
    formwechselnde Umwandlung 184
    übertragende Umwandlung 184
    Umwandlungsverbote 185
  Unterpari-Emission 145
  Verbot der Einlagenrückgewähr 146
  Verfassung der Aktiengesellschaft 155 ff.
  Vermögensordnung 144
  Vermögensübertragung 183
  Verschiedene Umwandlungstatbestände 185
  Verschmelzung 182
  Vertretung 159
  Vorstand 157 ff.
    Aufgabenbereich 158
    Bestellung 157
    Bestellung durch das Gericht 158
    Verantwortlichkeit 159
    Widerruflichkeit der Bestellung 158
    Zusammensetzung 157
  Wesensmerkmale 139
  Wirtschaftliche Bedeutung 141
Anwachsung 37
Arbeitsgemeinschaft im Baugewerbe 19
ARGE 19
Ärztliche Gemeinschaftspraxen 17
Auflösungsgründe
  bei der AG 181 ff.
  bei der BGB-Gesellschaft 39
  bei der Genossenschaft 274
  bei der GmbH 247
  bei der KG 113

bei der oHG 86
bei der stillen Gesellschaft 131
Aufsichtsrat
  bei der AG 160 ff.
  bei der GmbH 237
  bei der Genossenschaft 267
  bei der KGaA 190
  beim Versicherungsverein auf Gegenseitigkeit 316
Auskunftsrecht des Aktionärs 164

Baugenossenschaft 263
Bauherrengemeinschaft 20
Bauherrenmodell 20
Bergrechtliche Gewerkschaft 316 ff.
  Begriff 316
  Organisation 317
  Rechtsgrundlagen 317
Bestimmungsfaktoren für die Wahl der betrieblichen Rechtsform 5
Betriebsaufspaltung 311 f.
Bruchteilsgemeinschaft 13

Coupon 150

Depotstimmrecht 165
Doppelgesellschaft 311 ff.
  Begriff 311
  Besitzgesellschaft 311
  Betriebsaufspaltung 311
  Betriebsgesellschaft 311
  Erscheinungsformen 311
  Gründungsmotive 311
  Steuerliche Problematik 313

Eheähnliche Lebensgemeinschaften 25
Ehegatten-Gesellschaft 24
Eingetragene Genossenschaft 260 ff.
Einheitsgesellschaft 292
Einmann-GmbH 211
Einmann-GmbH & Co. KG 291
Einzelfirma m.b.H. 291

Gelegenheitsgesellschaften 17
Genossenschaft 260 ff.
  Aktivgeschäfte 261
  Arten 261 f.
  Auflösung 274
  Aufsichtsrat 267
  Begriff 260
  Erwerb der Mitgliedschaft 273
  Fusion 274
  Generalversammlung 268
  Genossenliste 273
  Geschäftsanteil 264
  Geschäftsguthaben 264
  gesetzliche Rücklage 264
  Gewinnverteilung 272
  Gründung 265
  Jahresabschluß 272
  Konkurs 275
  Lagebericht 272
  Mindesteinlage 264
  Nachschußpflicht 263
  Organe 266 ff.
  Passivgeschäfte 261
  Prüfungsbericht 270
  Rechtsstellung der Mitglieder 271 ff.
  Reservefonds 264
  Rohstoffvereine 262
  Steuerliche Behandlung 276
  Verlust der Mitgliedschaft 274
  Vermögensordnung 263
  Verschmelzung 274
  Vertretung 267
  Vertreterversammlung 268
  Vorstand 267
  Wesensmerkmale 260
Genossenschaftliche Pflichtprüfung 269
Genossenschaftsvermögen 263
Geschäftsführung
  bei der AG 159
  bei der BGB-Gesellschaft 27
  bei der GmbH 232
  bei der GmbH & Co. KG 301
  bei der Genossenschaft 267
  bei der KG 100
  bei der oHG 62
  bei der stillen Gesellschaft 129
Gesellschafterwechsel
  bei der BGB-Gesellschaft 36
  bei der GmbH 246
  bei der Genossenschaft 273
  bei der KG 112
  bei der oHG 81
  bei der stillen Gesellschaft 131
Gesellschaft bürgerlichen Rechts 13 ff.
  Auflösungsgründe 39
  Aufrechnungsverbot 27
  Begriff 13
  Erscheinungsformen 17
  Geschäftsführung 27 f.
  Gesellschaftsvertrag 25
  Gesellschaftsvermögen 26
  Gewinn- und Verlustbeteiligung 36
  Gründung 25
  Kontrollrecht 31
  Liquidation 39
  Rechtsgrundlagen 13
  Schuldenhaftung 33
  Steuerrechtliche Behandlung 40
  Vertretung 32

Sachverzeichnis

Wechsel von Gesellschaftern 36
Gesellschaft mit beschränkter Haftung 205 ff.
Abandon-Recht 241
Abstimmung 236
Amortisation 246
Angaben auf Geschäftsbriefen 235
Auflösungsgründe 247
Aufsichtsrat 237
Ausfallhaftung 240
Beschlußfassung 236
Rechtsmittel gegen Gesellschafterbeschlüsse 236
Dividendenanspruch 238
Durchgriff 247
Einmann-GmbH 211, 217, 227
Einziehung des Geschäftsanteils 240, 246
Entstehung 223
Erscheinungsformen 209
Garantie des Stammkapitals 213 ff.
Geschäftsführer 230 ff.
  Bestellung 232
  Person 230
  Rechtsstellung 232
    Geschäftsführung 232
    Vertretung 232
Gesellschafterversammlung 235 f.
  Beschlußfassung 236
  Kompetenzen 235
Gesellschafterwechsel 246
Gesellschaftsvermögen 212
  Geschäftsanteil 213
  Stammeinlagen 213
  Stammkapital 212
Gesellschaftsvertrag 217
Gründerhaftung 223
Gründung 216 ff.
  Haftung der Anmelder 222
  Haftung der Geschäftsführer 234
Handelndenhaftung 223
Informationsrecht 239
Kaduzierungsverfahren 240
Kapitalerhöhung 245
Kapitalherabsetzung 245
kollektive Deckungspflicht 241
Liquidation 247
Mantelkauf 229
Mindesteinzahlung 219
Mitbestimmungsgesetze 237
Nachschußpflichten 241
Organe 230 ff.
Organisationsmodell 205, 231
  formelles Prüfungsrecht 222
  materielles Prüfungsrecht 222
  Prüfungsrecht des Registergerichts 222
Rechte und Pflichten der Gesellschafter 238 ff.
Reform 207
Sacheinlagen 219
Sachgründungen 208, 220
Satzungsänderungen 245
Stammeinlage 213, 219
Steuerliche Behandlung 248
Vergleich zur Aktiengesellschaft 206
Vertretung 232
Vorgesellschaft 223 f.
Vorgründungsgesellschaft 223 f.
Wesensmerkmale 205
Wirtschaftliche Bedeutung 209
GmbH & Co. KG 211, 281 ff.
Doppelstöckige GmbH & Co. KG 293
Einmann-GmbH & Co. KG 291
Erscheinungsformen 289 ff.
Firma 299
Geschäftsführung 301
Gewinn- und Verlustbeteiligung 303
Gründung 297
Gründungsmotive 285 ff.
Haftung 302
Mehrstufige GmbH & Co. KG 293
  Begriff 293
  Gründungsmotive 293
Personengleiche GmbH & Co. KG 289
Publikumsgesellschaften 289
Nicht personengleiche GmbH & Co. KG 289
Rechte und Pflichten der Gesellschafter 301 ff.
Rechtliche Anerkennung 282
  Handelsrechtliche Entwicklung 282
  Steuerrechtliche Entwicklung 284
Rechtsgrundlagen 285
Steuerliche Behandlung 303 f.
Stimmrecht 238
Treuhandmodell 290
Vertretung 301
Wesensmerkmale 281
Zeichnung der Gesellschaft 302
GmbH & Stille 295
Gesellschaftsverträge (Bestimmungsfaktoren) 6
Gewerke 317
Gewinn- und Verlustverteilung
  bei der AG 167, 171
  bei der BGB-Gesellschaft 36
  bei der Genossenschaft 272
  bei der GmbH 238
  bei der GmbH & Co. KG 303
  bei der KG 104
  bei der oHG 68
  bei der stillen Gesellschaft 126, 130

Gründung
   bei der AG 150 ff.
   bei der BGB-Gesellschaft 25
   bei der Genossenschaft 265
   bei der GmbH 216
   bei der GmbH & Co. KG 297
   bei der KG 97
   bei der oHG 51
   bei der stillen Gesellschaft 126, 130

Haftung
   bei der AG 153
   bei der BGB-Gesellschaft 33
   bei der GmbH 222, 223
   bei der GmbH & Co. KG 302
   bei der KG 107
   bei der oHG 76
   bei der stillen Gesellschaft 128
Hauptversammlungsbeschlüsse 165
   Anfechtungsgründe 165
   Nichtigkeitsgründe 165
Herrschende Unternehmen 192
Holding-Gesellschaften 22, 212

Interessengemeinschaften 22
Investmentclubs 20

Kapitalherabsetzung
   bei der AG 180
   bei der GmbH 245
Kapitalerhöhung
   bei der AG 180
   bei der GmbH 245
kapitalistische Kommanditgesellschaft 96, 289, 300
Kartelle 22
Keinmann-GmbH 292
Kolonialgesellschaft 318
Kommanditgesellschaft 93 ff.
   Auflösungsgründe 113
   Außenverhältnis 105 f.
   Bedeutung in der Praxis 95
   Beitragspflichten 98
   Drittorganschaft 106
   Entnahmen 104
   Erscheinungsformen 96
   Geschäftsführung 100
      Widerspruchsrecht des Kommanditisten 100
   Gesellschaftsvermögen 103
   Gewinn- und Verlustverteilung 104
   Gründung 97
   Gründungsmotive 95
   Grundmodell der Kommanditgesellschaft 94

Haftung 107
   des Kommanditisten 108
   des Komplementärs 107
Hafteinlage 98
Innenverhältnis 98
Kontrollrechte 102
Liquidation 113
Pflichteinlage 98
Rechtsgrundlagen 95
Rechtsnatur 94
steuerliche Behandlung 113
steuerliche Gewinnverteilung 105
Tod eines Kommanditisten 113
Treupflichten 99
Vertretung 105
   unechte Gesamtvertretung 106
Wechsel von Gesellschaftern 112
Wesensmerkmale 93
Kommanditgesellschaft auf Aktien 188 ff.
   Aufsichtsrat 190
   Hauptversammlung 190
   praktische Bedeutung 189
   Rechtsnatur 189
   Verfassung 189
   Wesensmerkmale 188
Konsortien 17
Konsumvereine 262
Konzerne 23, 191 ff.
Korrespondenzreeder 315
Kuxe 317

Landwirtschaftliche Zusammenschlüsse 23
Liquidation
   bei der AG 181
   bei der BGB-Gesellschaft 39
   bei der GmbH 247
   bei der KG 113
   bei der oHG 87
   bei der stillen Gesellschaft 132

Magazinvereine 262
Mantelgründung 229
Mantelkauf 229
Mehrheitsbeteiligung 192
Mitbestimmung der Arbeitnehmer 161, 237
Mitfahrgemeinschaften 19

Nicht rechtsfähige Vereine 23

Offene Handelsgesellschaft 49 ff.
   Auflösungsgründe 86
   Aufwendungsersatz 67
   Ausschließung von Gesellschaftern 84
   Außenverhältnis 70 ff.

Begriff 49
Drittorganschaft 73
Entnahmen 69
Entstehung 56
Erben als Gesellschafter 81
Fortführung mit den Erben 82
Geschäftsführung 62 ff.
 Einzelgeschäftsführung 62
 Entziehung und Kündigung 66
 Gesamtgeschäftsführung 63
 Umfang der Geschäftsführungsbefugnis 64
Gesellschafterbeschlüsse 69
Gesellschaftsvertrag 55
gesellschaftsvertragliche Klauseln beim Tod eines Gesellschafters 86
Gewinn- und Verlustbeteiligung 68
Gründung 51
Haftung 76
Innenverhältnis 58
Kontrollrecht 66
Liquidation 87
Rechtsnatur 49
steuerliche Behandlung 88
Treupflichten 59
Vertragsmängel 56
Vertretung 71 ff.
 Gesamtvertretung 71
 Umfang der Vertretungsmacht 73
 unechte Gesamtvertretung 72
Vertretung der Gesellschaft 71 ff.
Vertretungsmacht 73
 Entzug der Vertretungsmacht 74
 Filialvertretung 74
 Unbeschränkbarkeit der Vertretungsmacht 74
Wechsel von Gesellschaftern 81 ff.
Wettbewerbsverbote 60
wirtschaftliche Bedeutung 51
Organe
 der AG 155 ff.
 der bergrechtlichen Gewerkschaft 317
 der GmbH 230
 der Genossenschaft 266
 der KGaA 189

Partenreederei 314
Partnerschaften bei Architekten 17
Produktivgenossenschaften 262
Publikumsgesellschaften 141, 289
Publizitätsgesetz 177

Rechnungslegung bei der Aktiengesellschaft 177 ff.
Rechtsanwaltssozietäten 17
Rechtsquellen des Gesellschaftsrechts 3

Reederei 314 ff.
 Begriff 314
 Geschäftsführung 315
 Vertretung 315
Regelungsbereich in Gesellschaftsverträgen 6 ff.

Satzungsänderung
 bei der AG 178
 bei der GmbH 245
Scheingesellschaften 57
Steuerliche Behandlung
 der AG 186
 der BGB-Gesellschaft 40
 der GmbH 248
 der GmbH & Co. KG 303
 der Genossenschaft 276
 der KG 113
 der oHG 88
Stille Gesellschaft 120 ff.
 Abgrenzung zu verwandten Beteiligungsverhältnissen 124
 Arten 124
 Auflösungsgründe 131
 Behandlung im Konkurs 133
 Geschäftsführung 129
 Gewinn- und Verlustbeteiligung 126, 130
 Gründung 126
 Gründungsmotive 122
 Haftung 128
 Konkursanfechtung bei stiller Gesellschaft 133
 Kontrollrecht 129
 Kumulation mehrerer stiller Gesellschaften 121
 Liquidation 132
 Modell der stillen Gesellschaft 120
 Rechtsgrundlagen 122
 atypische stille Gesellschaft 125
 typische stille Gesellschaft 125
 Vertretung 128
 Wesensmerkmale 120
 Wechsel von Gesellschaften 131
 Zweigliederigkeit 121
Strohmann-Gründung 217

Talon 150

Überbetriebliche Zusammenschlüsse 22
Unterbeteiligung 121
Unternehmensformen 1
Unternehmensverträge 195

Verbundene Unternehmen 191 ff.

Vermögensordnung
  bei der AG 144
  bei der BGB-Gesellschaft 26
  bei der Genossenschaft 263
  bei der GmbH 213, 219
  bei der stillen Gesellschaft 121
Versicherungsverein auf Gegenseitigkeit 315
  Begriff 315
  Organisation 316
  Rechtsgrundlagen 315
Vertretung
  bei der AG 159
  bei der BGB-Gesellschaft 32
  bei der GmbH 232
  bei der GmbH & Co. KG 301
  bei der Genossenschaft 267
  bei der KG 105
  bei der oHG 71
Vorgesellschaften 23
  bei der GmbH 223f.
Vorschuß- und Kreditvereine 262

Wechselseitige Beteiligungen 194
Werkgenossenschaften 262
Wettgemeinschaften 19

Zusammenschlüsse von Freiberuflern 17
Zusammenschlüsse von Minderkaufleuten 17